Genève

2014

RESPONSABLE D'ÉDITION
Nathalie ETEVENARD - GRIGIS
AUTEURS ET DIRECTEURS DES COLLECTIONS
Dominique AUZIAS et Jean-Paul LABOURDETTE
DIRECTEUR EDITORIAL
Stéphan SZEREMETA
RESPONSABLES ÉDITORIAUX VOYAGE
Patrick MARINGE et Morgane VESLIN
EDITION
Julien BERNARD, Caroline MICHELOT
et Pierre-Yves SOUCHET
ENQUÊTE ET RÉDACTION
Isabelle GUIGNET, Christine GIL,
Gaëlle Sabrina HENNET, Philippe HENRY,
Nathalie ETEVENARD - GRIGIS, Pierrette KROMPHOLTZ,
Nadine BENSADOUN et alter
SERVICE STUDIO
Sophie LECHERTIER assistée de Romain AUDREN
MAQUETTE ET MONTAGE
Julie BORDES, Élodie CLAVIER, Sandrine MECKING,
Delphine PAGANO et Laurie PILLOIS
CARTOGRAPHIE
Philippe PARAIRE et Thomas TISSIER
PHOTOTHÈQUE ✆ 01 72 69 08 07
Robin BEDDAR
RÉGIE PUBLICITAIRE INTERNATIONALE
✆ 01 53 69 65 50
Karine VIROT assistée d'Elise CADIOU,
Romain COLLYER, Camille ESMIEU
et Guillaume LABOUREUR
DIRECTEUR COMMERCIAL
Olivier AZPIROZ assisté de Victor CORREIA
et Michel GRANSEIGNE
RELATION GESTION CLIENTÈLE
Nathalie GONCALVES et Vimla MEETTOO
RESPONSABLE PARTENARIATS EDITORIAUX
Marlène TIR
RESPONSABLE RÉGIE NATIONALE
Aurélien MILTENBERGER
RÉGIE NATIONALE
Caroline AUBRY, Perrine DE CARNE MARCEIN,
Caroline GENTELET, Sacha GOURAND,
Alexandra GUILLAUME, Stéphanie MORRIS,
Caroline PREAU, Virginie SMADJA
assistés de Sandra RUFFIEUX
DIRECTEUR TECHNIQUE WEB
Lionel CAZAUMAYOU
CHEFS DE PROJET DÉVELOPPEUR ET INGÉNIEURS
Jean-Marc REYMUND assisté de Florian FAZER, Anthony
GUYOT, Cédric MAILLOUX et Christophe PERREAU
ANIMATRICE WEB
Caroline LOLLIEROU
DIRECTEUR DES VENTES
Eric MARTIN assisté d'Aissatou DIOP
et Alicia FILANKEMBO
RESPONSABLE DE LA DIFFUSION
Bénédicte MOULET
RESPONSABLE DES VENTES
Jean-Pierre GHEZ
RESPONSABLE RELATIONS PRESSE-PARTENARIATS
Jean-Mary MARCHAL
DIRECTEUR ADMINISTRATIF ET FINANCIER
Gérard BRODIN
RESPONSABLE COMPTABILITÉ
Nicolas FESQUET assisté de Jeannine DEMIRDJIAN,
Oumy DIOUF et Christelle MANEBARD
DIRECTRICE DES RESSOURCES HUMAINES
Dina BOURDEAU assistée de Léa BENARD
et Sandra MORAIS

LE PETIT FUTE GENEVE 2014
15e édition

Le Petit Futé a été fondé par Dominique Auzias.
Il est édité par Les Nouvelles Editions de l'Université
18, rue des Volontaires - 75015 Paris.
✆ 01 53 69 70 00 - Fax 01 42 73 15 24
Internet : www.petitfute.com
SAS au capital de 1 000 000 € - RC PARIS B 309 769 966
Couverture : Vue aérienne de la vieille ville de Genève
de la cathédrale Saint-Pierre et le mont Salève en fond
© antares71
Impression : Imprimerie de Champagne – 52200 Langres
Dépôt légal : décembre 2013
ISBN : 9782746970304

Pour nous contacter par email,indiquez le nom de famille en minuscule suivi de @petitfute.com
Pour le courrier des lecteurs : country@petitfute.com

Bienvenue à Genève !

Genève est une ville ouverte sur le monde ! Elle a toujours su intégrer les différences par la pratique du dialogue et de la non-violence, dans le respect de « l'Esprit de Genève », qui fit d'elle une cité internationale dès le début du XXe siècle. C'est une cité fière dont l'identité n'a cessé de s'affirmer. Ville en mouvement, son architecture, comme sa culture, portent les traces de son particularisme, entre rigueur suisse et tolérance multiculturelle. En préparant cette nouvelle édition, nous avons pu constater de nombreuses modifications dans les établissements sélectionnés. Entre fermetures et déménagements, de nombreuses opportunités se sont dans le même temps proposées pour les plus entreprenants. Car Genève sait rebondir : elle défend tout autant son statut de ville cosmopolite que la valorisation de son terroir et de son patrimoine. Sa mutation devient son atout principal. Le changement s'est déjà opéré dans plusieurs domaines et de nombreux chantiers ont vu le jour (réseau urbain, transports publics, transformation de la plaine de Plainpalais et des quartiers périphériques…). Genève est inventive, créative et sait être attractive. Et malgré sa réputation de ville chère, elle saura vous surprendre par la conjugaison entre les quartiers luxueux et bourgeois, et les plus populaires et festifs. Une part importante du budget de la ville de Genève est consacré aux associations qui se mobilisent pour maintenir une vie de qualité. Ce guide saura vous convaincre de visiter et de séjourner à Genève, mais aussi de découvrir le charme de Carouge la sarde et des bucoliques communes du canton et de la France Voisine, et les richesses agricoles et viticoles des environs. Et comme nous, vous allez adorer Genève !

L'équipe de rédaction

Remerciements à tous les acteurs de la vie politique et économique, du tourisme et du terroir genevois qui nous accueillent chaleureusement pour nous permettre de réunir les informations qui constituent le Petit Futé.

Sommaire

Cathédrale Saint-Pierre.

FRANCE VOISINE

ORGANISER SON SÉJOUR

ONU-Palais des Nations.

Place Neuve.

Place de Plainpalais.

Les horloges sont aussi en fleurs.

Les plus de Genève

Une destination francophone aux portes de la France

L'utilisation du français est un point d'importance non négligeable pour nombre de nos compatriotes pour qui les langues ne sont pas le fort mais qui souhaitent néanmoins se déplacer sans guide et en toute liberté à l'étranger. Genève a l'avantage de pouvoir être rejointe très rapidement à partir de l'Hexagone, sans nécessité de longues heures de transport. L'incidence du coût de la vie sur le budget des voyageurs les plus modestes sera, en partie, compensée par l'économie réalisée sur le prix du voyage pour s'y rendre, la gratuité de nombreux musées et les transports à titre gracieux pour ceux logeant à Genève (Geneva Transport Card).

Un patrimoine important

Genève compte plus de 200 organisations internationales et constitue, avec New York, le premier centre de rencontres et de conférences au monde. Le palais des Nations Unies et le musée international de la Croix rouge et du Croissant rouge sont les principaux points de visite de cette thématique. Toutefois, Genève recèle bien d'autres trésors. Ville d'art et de culture, elle abrite plus de 40 musées et de nombreuses galeries d'art qu'il ne vous faudra, pour certains, manquer sous aucun prétexte. C'est le cas du Musée d'Art Moderne et Contemporain (MAMCO), et de certains musées privés riches en collections, dont la Fondation Baur pour les arts orientaux ou le musée Patek Philippe, dédié à l'horlogerie, ou encore des musées de la ville de Genève, multiculturels et multidisciplinaires. Enfin, même s'il s'agit avant tout de recherche, le Cern, l'un des plus prestigieux laboratoires de physique nucléaire du monde, doit à tout prix figurer au registre de vos visites. La visite du globe et de son exposition permanente « Univers des particules » ainsi que celle du LHC, instrument de collision de particules, valent le détour.

Une ville verte et la proximité du lac Léman

Avec 310 hectares de parcs, 40 000 arbres sur le domaine public, 428 000 plantes pour décorer la ville, dont 40 000 rosiers, Genève peut se targuer d'être une ville verte où il fait bon flâner. Ce haut lieu de la finance internationale cache en réalité bien son jeu derrière tant de verdure et la beauté du lac, une vaste étendue d'eau qu'il vous sera facile de parcourir, le temps d'une croisière de quelques heures à une journée.

Une gastronomie exceptionnelle

Toutes les cuisines du monde sont présentes à Genève, située dans le paradis gastronomique que représente le bassin lémanique. On y trouve en effet la plus grande densité au monde de restaurants gastronomiques dont certains ont atteint une notoriété mondiale. A Genève, vous pourrez tout aussi bien déguster des poissons du lac que des spécialités du canton, tels le cardon et la longeole, accompagnés par les vins des vignobles genevois et voisins.

Fiche technique

Argent

Le franc suisse (code ISO : CHF).

En septembre 2013 : 1 CHF = 0,80 €. 1 € = 1,23 CHF

S'il est possible de payer en euros dans la majorité des cas, il est préférable d'avoir des francs suisses sur soi (que l'on pourra tirer à un distributeur). Cela sera plus apprécié et vous reviendra surtout moins cher. En effet, les commerçants ne se fient pas forcément au taux de change et il arrive parfois que l'on vous fasse payer au taux fantaisiste de 1 CHF = 1 €.

Les billets suisses se répartissent comme suit : 10, 20, 50, 100, 200, 1 000.

Les pièces ont les valeurs suivantes : 5 ct (1 sou), 10 ct (2 sous), 20 ct (4 sous), 1 franc, 2 francs, 5 francs (une thune).

Taxes et pourboires

En Suisse, une TVA de 8 % est incluse dans le prix de vente des marchandises. Les prix incluent toujours le service, mais les Suisses laissent facilement 10 % dans les restaurants, les taxis et les bars.

Les armoiries de Genève

Les armoiries de la République et du canton de Genève ont été adoptées dans leur forme actuelle en 1918. On y trouve l'aigle germanique et une clef d'or, en référence à l'Empire auquel la ville a été rattachée au XIe siècle, et des libertés et franchises obtenues auprès de l'évêché en 1387. Le cimier représente un soleil avec, en son centre, les lettres grecques IHΣ, qui étaient autrefois latines (IHS) et signifient « Iesus Hominim salvator » ou « Jésus, sauveur des hommes ». Les couleurs de la République et du canton de Genève sont le jaune et le rouge. Les armoiries de la ville de Genève sont très proches de celles de la République et du canton. Sa devise est « Post tenebras lux », qui signifie « Après les ténèbres, la lumière ».

Idées de budget

Petit budget : 130 CHF/jour (nuit en auberge de jeunesse ou en camping, 2 repas « sur le pouce », bus, un verre le soir, frais annexes).

Budget moyen : 240 CHF/jour (nuit en petit hôtel, 2 repas dans des restaurants « biens et pas chers », bus, un verre le soir, frais annexes).

Gros budget : à partir de 350 CHF/jour (nuit en hôtel de charme, 2 repas dans de bons restaurants, bus, taxi, un verre le soir, frais annexes).

Genève en bref

Nom officiel : Genève. capitale du canton de Genève (45 communes). Jumelée avec Paris, Alger et Buenos Aires.

Superficie de Genève : 15,92 km² (Canton de Genève : 282 km², Suisse : 41 290 km²).

Langue officielle : français.

Religions dans le canton de Genève (dernières données disponibles en 2000) : chrétiens 53,1 % (catholiques 39,6 %, protestants 17,4 %, autres 2,1 %), autres religions 6,1 %, aucune appartenance 22,6 %, sans indication 12,1 %.

Maire de Genève : Sandrine Salerno, du 1er juin 2013 au 31 mai 2014, élue pour un an)

Président de la Confédération suisse : Ueli Maurer (en 2013, élu pour un an).

La population

Genève est la deuxième ville la plus peuplée de Suisse, derrière Zurich. Sa population totale était, en janvier 2013, de 193 424 habitants.

Répartition de la population à Genève (fin 2011 - OFS) : 53,3 % de Suisses et 46,7 % d'étrangers.

Densité de la population à Genève (mars 2011 - OFS) : 12 035 hab./km² (20 980 hab./km² à Paris – 2008 - INSEE). Densité pour le Canton de Genève 1 890 pers./km ².

Espérance de vie en Suisse (2011 - OFS) : 80,3 ans pour les hommes, 84,7 ans pour les femmes.

Espérance de vie en France (2011 - INSEE) : 78,2 ans pour les hommes, 84,8 ans pour les femmes.

L'économie

- **PIB en PPA (parité de pouvoir d'achat) :** Suisse 665, 98 milliards de US$ (+27,46 %) ; France 2 808, 265 milliards de US$ (+8,53 %) (FMI – 2011)
- **PIB/habitant en PPA** (FMI – 2011) : Suisse 80 391 US$; France 42 377 US$
- **Taux de croissance du PIB réel** (Eurostat – 2011) : Suisse 2,1 % ; France 1,7 %
- **Taux d'inflation annuel** (OCDE – 2011) : Suisse -0,9 ; France 2,6
- **Taux de chômage, en janvier 2013** (République et canton de Genève, et INSEE) : canton de Genève 5,5 % ; Suisse 3,5 % ; France 10,5 %

Téléphone

- **Téléphones utiles :** 112 : numéro d'urgence – pompiers, police, urgences médicales... (commun à la plupart des pays d'Europe, dont la Suisse). 114 : renseignements. 117 : police. 118 : pompiers. 140 : secours routiers. 144 : premiers secours.
- **Indicatif de la Suisse pour l'international :** 00 41.
- **Appeler de France en Suisse.** Code appel international + 41 + indicatif régional sans le 0 + numéro local à 7 chiffres. Par exemple, pour appeler de Grenoble à Genève : 00 + 41 + 22 (indicatif sans le 0) + 123 45 67.
- **Appeler de Suisse vers l'étranger.** Comme partout, le code d'appel international est le 00. Donc 00 + code pays (33 pour la France, 32 pour la Belgique, 352 pour le Luxembourg) + indicatif régional ou portable + numéro local. Exemple, de Genève vers Paris : 00 + 33 + 1 + 12 34 56 78.
- **Appeler d'une région suisse à une autre et dans le même canton.** D'où que vous appeliez en Suisse vers n'importe quel autre point du pays, composez l'indicatif complet suivi du numéro à 7 chiffres. Ainsi pour appeler Montreux depuis Genève : 021 999 99 99. Pour Genève, faites le 022 avant les 7 autres chiffres.

Décalage horaire

Aucun, la Suisse et la France (comme la Belgique et le Luxembourg) fonctionnent sur le même fuseau horaire et passent toutes aux heures d'été et d'hiver en même temps.

Formalités

Seule une pièce d'identité parmi celles reconnues par le gouvernement suisse est nécessaire pour séjourner moins de trois mois en Suisse. Le passeport et la carte d'identité nationale sont acceptés mais pas le permis de conduire.

Climat

L'hiver est froid et généralement peu ensoleillé avec des températures minimales pouvant être très basses. Dès le mois de mars, les températures augmentent et sont presque estivales fin mai. Les étés sont pour leur part chauds et humides, avec des précipitations orageuses assez fréquentes. Les températures se refroidissent ensuite rapidement à partir de septembre et les premiers brouillards apparaissent en octobre. La saison hivernale commence dès novembre avec les premières gelées matinales. A noter : si la pluviométrie annuelle est moins importante que d'habitude ces dernières années, le vent du nord n'a rien perdu de sa fraîcheur, notamment en janvier, février.

- **Températures moyennes :** hiver 10 °C, été 23 °C (une moyenne tempérée due à l'influence du lac).

Saisonnalité

De juin à septembre, pendant la saison estivale, des températures agréables favorisent une grande variété d'activités de plein air. Si vous visitez la Suisse au printemps ou en automne, vous éviterez bien sûr les foules de touristes et pourrez bénéficier de tarifs plus avantageux.

Église Russe.

Idées de séjour

SÉJOUR COURT

Genève est une destination idéale et très facilement accessible le temps d'un week-end ou à l'occasion d'une escapade de 2 à 3 jours. Le choix de visites ou d'activités étant relativement large, ce programme n'est qu'une proposition visant à avoir, lors d'une première visite, une vision la plus large possible de la ville et de ses nombreux attraits.

Jour 1

- **Matinée :** visite de la vieille ville (cathédrale Saint-Pierre, place du Bourg-de-Four, Hôtel de Ville, mur des Réformateurs…).
- **Après-midi :** visite du quartier des Organisations internationales (place des Nations et Chaise cassée, ONU – Palais des Nations, Musée International de la Croix-Rouge et du Croissant-Rouge…). Retour par la Rive droite du lac Léman, en cheminant par le Conservatoire et le Jardin botaniques, le parc de la Perle-du-Lac jusqu'aux quais Wilson et du Mont-Blanc.

Jour 2

- **Matinée :** visite du CERN (Laboratoire de la physique des particules) et du Globe de la science et de l'innovation à Meyrin, ou visite du quartier de Plainpalais avec le marché aux puces, le MAMCO et les galeries contemporaines autour de la rue des Bains, le Patek Philippe Museum (consacré aux plus belles montres du monde), la place Neuve et le parc des Bastions.
- **Après-midi :** promenade sur la rade de Genève (Jet d'eau, Horloge fleurie, Jardin anglais, Ile Rousseau, Monument national, Monument Brunswick, bains des Pâquis…). Traversée de la rade en Mouette (bateau taxi) ou croisière sur le lac.

Jour 3

- **Matinée :** visite de Carouge.
- **Après-midi** (ou le matin, suivant la météo) : excursion au mont Salève en téléphérique.

SÉJOUR LONG

Passer une semaine à Genève est tout à fait possible. Afin de découvrir cette ville comme il se doit, nous vous présentons ici un programme qui ne s'en éloigne pas volontairement, même si de nombreuses autres villes du Lac Léman ne sont qu'à quelques dizaines de kilomètres de là et constituent également d'indéniables points d'intérêt.

- **Jour 1.** Visite de la vieille ville. Promenade sur la rade de Genève juqu'aux Bains des Pâquis, traversée de la rade en Mouette (bateau taxi), shopping dans le quartier de Rive et des Eaux-Vives.
- **Jour 2.** Découverte du quartier des organisations internationales et visite du siège de l'ONU (prévoir 2 heures). Visite des parcs de la rive droite du Léman avec le Conservatoire et le Jardin botaniques, le domaine des Penthes avec son musée des Suisses dans le monde, le parc de la Perle-du-Lac, le musée d'Histoire des sciences, et les quais Wilson et du Mont-Blanc avec leurs hôtels prestigieux.
- **Jour 3.** Promenade des Bastions ; visite du Musée d'Art Moderne et Contemporain dans le quartier de Plainpalais. Balade à Carouge, dont l'urbanisme post médiéval constitue un exemple unique en Europe.
- **Jour 4.** Croisière d'une journée sur le lac. L'occasion de prendre pour quelques heures toute la mesure des magnifiques environs de Genève.
- **Jour 5.** Visite du CERN (Laboratoire de physique des particule) et du Globe de la science et de l'innovation, à Meyrin (prévoir un minimum de 3 heures). C'est l'un des plus grands centres de recherche scientifique. Attention, le centre est fermé le dimanche. Shopping en fin d'après-midi.
- **Jour 6.** Balade en vélo, en ville et/ou dans la campagne environnante. Genève a l'avantage par rapport à d'autres villes, telle Lausanne, d'être plate. Il est donc très facile de la découvrir en vélo. Pour rejoindre la cam-

pagne genevoise, vous pouvez, par exemple, utiliser les parcours Cyclévasions ou emprunter l'un des 4 itinéraires TCS Cyclo-loisirs : des itinéraires balisés entre 27 et 37 km qui vous font découvrir la Champagne (région Ouest du canton de Genève) et le Mandement (la principale zone viticole du canton de Genève).

Jour 7. Excursion au mont Salève. Le Pas de l'Echelle, point de départ du téléphérique, est à seulement 6,5 km du centre-ville de Genève. Accessible par bus (bus TPG, ligne 8). Ou encore, excursion au fil du Rhône (swissboat), du Quai de l'île jusqu'au barrage de Verbois.

SÉJOURS THÉMATIQUES

Séjour thématique « Arts et culture »

Jour 1. Commencez votre séjour par une visite des MAH dont le musée d'Art et d'Histoire, afin d'avoir un aperçu des artistes peintres genevois des siècles passés, et de l'histoire de la traditionnelle fête genevoise de l'Escalade. Ne manquez pas la Fondation Baur, le musée des arts d'Extrême-Orient, et la Maison Tavel, qui retrace l'histoire et la vie quotidienne des genevois.

Après un repas dans la vieille ville, rendez-vous à la Maison des arts du Grütli en empruntant la rue de la Corraterie. Ce sera l'occasion de vous arrêter à la galerie Bel-Air Fine Arts, consacré aux maîtres modernes et contemporains et le musée Rath, premier musée suisse consacré aux Beaux-Arts et lieu d'expositions temporaires d'archéologie, d'art ancien et de peinture moderne et contemporaine. La Maison des arts du Grütli, inaugurée en 1989, est un centre culturel qui accueille divers associations culturelles (cinéma, théâtre, danse..) et un public aussi vaste que diversifié. Plusieurs festivals de cinéma s'y déroulent tout au long de l'année (festival Cinémas Tous Ecrans, festival *Black Movie*...).

Jour 2. Cette seconde journée peut être débutée par la visite du MAMCO, le musée d'Art moderne et contemporain, ou par celle du Centre d'Art contemporain, tous deux situés dans le quartier des Bains. Vous pouvez également flâner dans le quartier où un peu plus d'une quinzaine de galeries se sont regroupées (avec le MAMCO et le centre d'Art contemporain) en une association dénommée « Quartier des Bains ». Trois fois par an, le troisième jeudi de mars à septembre, les artistes qui la composent organisent les « Nuits des Bains », des vernissages communs qui connaissent un succès sans cesse croissant. Après un repas au Café des bains, rejoignez la place de Neuve, de l'autre côté de la plaine de Plainpalais. Vous êtes dans le quartier dédié à la musique. Vous y trouverez le Grand Théâtre, connu aussi comme l'opéra de Genève, et qui déplace certains de ses spectacles dans le magnifique Bâtiment de Forces Motrices. Ne manquez pas le Conservatoire de musique où se déroule chaque année le concours international de musique de Genève. Un peu plus loin, derrière la Maison des arts du Grütli se dresse le Victoria Hall, haut lieu de concerts et siège de l'OSR, l'Orchestre de la Suisse romande. Prenez le temps de visiter l'un de ces hauts lieux consacrés à l'art musical, voir d'y venir en soirée pour un spectacle.

Jour 3. En fonction des expositions programmées, rendez-vous à la Haute Ecole d'Art et de Design (Head), proche de la gare de Cornavin, puis allez visiter l'institut et musée Voltaire, aux Délices, qui présente l'auteur à travers son séjour passé à Genève. Prenez votre déjeuner au Lexique avant de rejoindre Carouge en début d'après-midi. Visitez le musée de Carouge, où des tableaux d'Emile Chambon se mêlent à des faïences et à des œuvres du potier Marcel Noverraz, puis faites un tour de la ville où, au hasard de votre balade, vous découvrirez de nombreux artistes, artisans et plusieurs galeries d'art. Revenez en soirée à Genève. En été, par beau temps, vous pourrez profitez de spectacles et de concerts gratuits au parc de La Grange et au Jardin anglais, notamment à l'occasion des Musiques d'été et des fêtes de Genève qui se tiennent habituellement en juillet et août, mais aussi des concerts dans un cadre romantique au théâtre de l'Orangerie pour le festival de la Bâtie.

Séjour thématique « vin et gastronomie »

Jour 1. Visite de la vieille ville avec ses nombreux restaurants, ses échoppes et ses lieux insolites. Si l'occasion s'y prête (selon le temps et la saison), ne manquez pas la dégustation de vin blanc genevois, tels le chasselas ou le gamaret, ou d'huile d'olive dans un des établissements typiques de vie genevoise de la place du Bourg-de-Four. Déjeuner au café Papon, au café de l'hôtel de ville ou au restaurant Les Armures. Les rues basses et le quartier des chocolatiers, des grandes confiseries, de la boucherie du Molard (rue du Marché) et son épicerie fine. Le *Delicatessa* et le *Food Hall*, avec son bar à vins, de Globus (rue du Rhône) valent le détour ainsi que la boutique Davidoff (rue de la Rive), aux cigares de renom mondial, avant d'arriver aux Halles de Rive, marché couvert et véritable paradis culinaire pour tout gourmet ou « chef en herbe ». Pour votre soirée, optez pour une croisière gastronomique (de fin mai à fin septembre) ou un restaurant, également gastronomique, avec vue sur la rade de Genève.

Jour 2. Le canton de Genève est le 3e producteur de vin en Suisse. Si vous êtes véhiculé, à partir du centre-ville, traversez le secteur des organisations internationales, passez devant l'école hôtelière et prenez la direction du CERN pour rejoindre et suivre la célèbre route du Vignoble genevois. L'autre alternative pour visiter cette partie du vignoble est un parcours à vélo, ou à pied, selon l'itinéraire suivant : point de départ Bourdigny-Choully, Peissy, Russin et Dardagny. Outre les cépages que sont le chasselas et le gamay, Genève produit toujours plus de chardonnay, müller-thurgau, pinot blanc, aligoté, sauvignon blanc, pinot gris, gamaret, merlot, garanoir, cabernet sauvignon et cabernet franc. À noter que de nombreuses dégustations de vins gratuites sont organisées, principalement le samedi, par la plupart des viticulteurs (voir les adresses sur le site de l'office du tourisme de Genève). Pour ravir vos papilles gustatives les adresses sont nombreuses : le Café de Peney de Philippe Chevrier, le Café des Amis à Peissy ou encore le Domaine de Châteauvieux, un restaurant gastronomique de premier choix.

Jour 3. Les adeptes des marchés auront l'embarras du choix avec un marché chaque jour de la semaine dans les différents quartiers de la ville. Le mercredi ou le samedi, optez pour le charmant marché de Carouge. Dans tous les cas, rendez-vous à Carouge, à l'issue de votre tour au marché, afin d'y visiter la ville, y déjeuner dans un des nombreux cafés aux terrasses d'été, et l'un de ses chocolatiers (Philippe Pascoet, Chocolaterie de l'Arve, Marel...). L'après-midi, revenez vers le lac et empruntez une Mouette, l'un des bateaux-taxi de couleur jaune, qui vous conduira jusqu'au débarcadère des Pâquis pour passer un agréable moment autour d'un *afternoon tea* en terrasse de l'Hôtel d'Angleterre. En soirée, rendez-vous au « Vieux bois », le restaurant gastronomique de l'école hôtelière de Genève (visite de l'école pour les groupes de 20 personnes maximum, du lundi à vendredi de 8h à 18h).

Séjour thématique « économie et industrie »

Jour 1. Les foires du Moyen-Âge sont à l'origine de l'économie genevoise. Visiter l'Ile, les rues basses avec leurs places conçues pour les foires et montez au Bourg-de-Four, forum et place de marché de l'antiquité jusqu'aux temps modernes. Profitez-en pour visiter le magasin Caran d'Ache, de la célèbre marque fondée en 1924 par Arnold Schweitzer. Dans l'après-midi, visite du Patek Philippe Museum, installé dans un bâtiment datant du début du XXe siècle. Vous y trouverez d'importantes collections d'horlogerie et d'émaillerie d'origine genevoise, suisse et européenne, allant du XVIe au XXe siècle.

Jour 2. Visite du Musée Ariana, le Musée suisse de la céramique et du verre, ou à la fondation Bruckner, à Carouge, pour la promotion de la céramique. Dans l'après-midi, rendez-vous le long du Rhône et découvrez le Bâtiment des Forces Motrices (ancienne centrale hydroélectrique, aujourd'hui salle de spectacle) en pensant à l'époque où toute l'industrie se trouvait au bord de l'eau, avec le barrage en rideau du Pont de la Machine, qui abrite aujourd'hui l'espace expoSIG (Services Industriels de Genève, qui gère l'eau potable et le Jet d'eau) et la Cité du Temps (musée Swatch), avant de terminer par les Halles de l'Ile, l'ancien abattoir de Genève transformé en brasserie contemporaine.

Jour 3. Visitez le CERN et son Globe de la science et de l'innovation à Meyrin, ou promenez-vous dans le « quartier des banques » (Hollande) où vous lirez les noms de Lombard, Odier, Mirabaud et autres, tous banquiers privés de grande renommée. Après le déjeuner, complétez votre visite avec le musée des Suisses dans le monde. Ce musée traite de toutes les catégories socioprofessionnelles qui ont quitté la Suisse et ont marqué le monde de leur empreinte : marchands, banquiers, ingénieurs, artisans, artistes, chercheurs scientifiques, explorateurs, missionnaires, diplomates, correspondants, délégués humanitaires, aventuriers. Si vous êtes en groupe, vous pourrez facilement visiter l'une des nombreuses usines de chocolat de Genève (chocolaterie du Rhône, chocolaterie de l'Arve, chocolaterie Micheli...)

DÉCOUVERTE

Vue de Genève, du lac Léman et du Jet d'eau depuis la cathédrale Saint-Pierre.

Genève en 20 mots-clés

Armée de milice

Vous croiserez certainement de nombreux uniformes gris-vert, en particulier à bord des trains. L'armée suisse est en effet une armée de milice, où les civils sont formés pour participer à des missions militaires en complément de leurs activités professionnelles. Ainsi, tous les hommes de 18 à 34 ans (42 ans pour les gradés) doivent faire leur service militaire. Après 4 mois dans une école de recrues, ils suivent régulièrement des cours de répétitions de 2 à 3 semaines. Mobilisables 24h/24, ils gardent leur arme et quelques « munitions de poche » (dans des boîtes scellées) chez eux. C'est par ailleurs le passage obligé pour devenir garde suisse au Vatican. A noter que les exemptés « pour raisons médicales » sont de plus en plus nombreux et qu'il est possible, « pour raisons morales », d'effectuer un service civil, mais plus long. Ceux qui ne font ni service militaire ni protection civile doivent payer 3% de leur revenu imposable jusqu'à leurs 34 ans.

Banques

Grâce à son statut de neutralité, la Suisse est restée à l'écart des grands conflits mondiaux. Après la Seconde Guerre mondiale, l'appareil financier n'étant pas touché, la Suisse devient une place financière d'importance internationale. Le fameux secret bancaire, qui interdit aux banquiers de fournir à quiconque l'identité d'un client ou l'état de son compte, officiellement inscrit dans la loi en 1934, a été levé pour la première fois en 1996, afin d'éclaircir l'affaire des fonds juifs déposés en Suisse lors de la Seconde Guerre mondiale. La lutte contre les trafics et le blanchiment d'argent, et la crise financière mondiale remettent aujourd'hui en question ce principe de secret et ses applications.

Buanderie

Au sous-sol ou au dernier étage de la plupart des immeubles genevois, une buanderie est accessible à tous les locataires. Les voisins de palier se retrouvent ainsi à étendre leur linge ensemble. Chaque appartement a droit à une demi-journée ou une journée par semaine ou tous les quinze jours. L'excuse de devoir « faire une machine » pour partir plus tôt du travail ou prendre congé de quelqu'un est souvent utilisée et les gens se montrent alors très compréhensifs !

Calvin

C'est à Genève que l'homme de lettres français Jean Calvin aida Guillaume Farel à consolider la Réforme protestante, dès 1536. Ici, son action embrassa les domaines de la religion, de la culture, mais aussi de l'économie et de la politique. En effet, en dehors de son activité de prêche, l'auteur de *L'Institution de la religion chrétienne* rédigea les Edits civils de 1543, qui servirent de constitution à la République de Genève, et composa les Ordonnances ecclésiastiques. Aujourd'hui, cette figure centrale de l'histoire de la ville compose, avec les statues de Guillaume Farel, Théodore de Bèze et John Knox, le Mur des Réformateurs, situé au cœur du parc des Bastions.

Cardon

Les côtes de cardon, aussi appelées *cardes,* constituent un plat traditionnel des veilles de Noël genevoises, lyonnaises et provençales, lorsqu'elles sont accommodées en sauté ou en gratin. Leur goût, assez proche de celui de l'artichaut, était déjà bien connu des Grecs et des Romains, qui firent du cardon, sauvage à l'origine, une plante potagère adaptée aux différentes zones de productions. Le canton de Genève est la seule région de Suisse à cultiver le cardon épineux argenté, l'une des nombreuses variétés de cardon, qui obtint une AOC (appellation d'origine contrôlée) en 2003.

CERN

Cet acronyme désigne le Centre Européen pour la Recherche Nucléaire, dont le Laboratoire de physique des particules, qui est basé à quelques pas de Genève, dans la commune de Meyrin. Ce centre abrite notamment le Grand collisionneur de hadrons (LHC*)*, un accélérateur de particules gigantesque – 27 km de long, enfoui à 100 m sous-terre, à la frontière franco-suisse – mis en service en 2008 et permettant aux physiciens du monde entier d'étudier les plus petites particules connues.

Ainsi en 2012, on a pu vérifier, avec succès, l'hypothèse de l'existence du boson de Higgs. Une découverte qui va révolutionner notre compréhension du monde et de ses origines !

Chocolat

Au XVIIe siècle, le chocolat, alors consommé sous forme de boisson, est objet de polémique : est-il moral d'en consommer ? Aurait-il des vertus aphrodisiaques ? Le chocolat « à croquer » n'est fabriqué qu'à partir de la seconde moitié du XIXe siècle en Italie, mais ce sont les Suisses qui ont l'idée d'y ajouter des noisettes. Parmi les marques qui ont subsisté, la plus ancienne est celle de François-Louis Cailler, qui a ouvert, en 1819 à Corsier-sur-Vevey, l'une des premières manufactures de chocolat mécanisées. En 1829, Philippe Suchard en ouvre une à Serrières (canton de Neuchâtel). L'année d'après, Charles-Amédée Kohler fait la même chose à Lausanne. Quant au chocolat au lait, il apparaît en 1875 à Vevey, grâce au chocolatier Daniel Peter. Le succès du Gala Peter est tel que, dans les années 1880, toute la profession adopte son procédé, qui contribue pour une bonne partie à asseoir la réputation du chocolat suisse.

Genève Aéroport

Rattachée à la commune de Meyrin, la localité de Cointrin accueille le deuxième plus grand aéroport de Suisse, après l'aéroport de Zurich. L'aéroport de Genève vient couronner la longue tradition dans le domaine aérien de Cointrin. En effet, c'est en 1920 que fut aménagé sur le sol de cette localité le premier terrain d'aviation, dont Genève avait grandement besoin, puisqu'elle était alors le siège de la Société des Nations (SDN). Dans les années 1990, l'aéroport se transforma en un établissement autonome de droit public. Au fil du temps, l'implantation de l'aéroport à Cointrin a contribué à développer tout un ensemble de services liés de près ou de loin à son exploitation, tels qu'une importante galerie marchande, des hôtels, trois centres d'affaires internationaux, un important palais d'exposition (Palexpo), une salle polyvalente (Arena) et une autoroute de contournement permettant de rejoindre Lausanne et la France voisine.

Faire – Ne pas faire

Faire

- **Être ponctuel.** Les Genevois arrivent toujours à l'heure à leur rendez-vous.
- **Respecter la vie privée des gens.** Les Suisses sont discrets et n'iront jamais arrêter une personnalité dans la rue pour lui demander un autographe. C'est aussi pour cela que les célébrités choisissent de s'installer ici.
- **Laisser un pourboire au restaurant ou dans les bars.** Ce n'est pas obligatoire mais en général les Genevois le font.
- **Rouler lentement.** Entre Genève et Lausanne, des radars sont installés tous les 5 à 7 km sur l'autoroute. Et attention, les avertisseurs de radars GPS sont interdits en Suisse !
- **Laisser la priorité au piéton,** même si vous avez largement le temps de passer.
- **Embrasser trois fois** une personne lorsque vous lui faites la bise, et non pas deux.
- **Bien trier ses déchets** et respecter les jours officiels pour le dépôt des ordures.

Ne pas faire

- **Jeter de papiers par terre.** L'environnement est ici l'affaire de tous et vous ne manquerez pas à votre devoir sous peine d'avoir une remarque d'un inconnu si vous êtes pris sur le fait !
- **Prendre un journal dans une boîte sans payer.** Ils sont en libre-service mais il y a une fente sur le côté pour payer. C'est obligatoire.
- **Traverser quand le bonhomme est rouge et hors passage piéton.** Vous risqueriez de déclencher une avalanche de klaxons !
- **Faire preuve d'arrogance.** Ce n'est pas dans la culture suisse et c'est assez mal vu.
- **Imiter l'accent genevois** dans la rue.
- **Tenter de négocier les amendes avec la police.** Ni marchander le prix des légumes au marché. Et quand on vous demande de payer, faites-le immédiatement.

Canton

Trois quarts des habitants de la ville habitent en réalité dans les environs de Genève, répartis en 45 communes. Ce découpage est le témoin du morcellement que Genève connut tout au long de son histoire. En effet, pour être admise dans la Confédération, Genève eut, au début du XIXe siècle, une condition à remplir : celle de s'agrandir en se désenclavant. Ainsi, la France céda, en 1815, 7 communes à Genève, et le royaume de Piémont-Sardaigne, 24 communes du Duché de Savoie, une année plus tard, dont Carouge. Au milieu du XIXe siècle, des scissions de communes augmentèrent leur nombre.

Entracte

En plein milieu d'une course-poursuite ou de retrouvailles émouvantes des héros d'un film, l'écran s'éteint, le rideau se ferme et les lumières aveuglantes se rallument. C'est l'entracte au cinéma. Surprenant la première fois, on se rend vite compte qu'il permet de se dégourdir les jambes, d'acheter une glace et d'échanger quelques impressions avant de connaître le fin mot de l'histoire. Récemment, de gros complexes (qui ont contribué à la fermeture des salles indépendantes) ont supprimé cette tradition, divisant fortement les Genevois.

Escalade

Cette fête, célébrée annuellement le 12 décembre, commémore la victoire de Genève sur les troupes du duc de Savoie Charles-Emmanuel 1er. Celui-ci dirigea en effet, dans la nuit du 11 au 12 décembre 1602, une violente attaque pour s'emparer de la ville, qui commença par l'escalade de ses remparts. Deux combattantes genevoises ont transmis leur nom à la postérité. La première est la dame Royaume, qui abattit d'un jet de marmite de soupe brûlante sur un assaillant. Cette marmite est depuis ressuscitée chaque année, en chocolat et remplie de légumes en massepain. La seconde, dame Piaget, résista en entassant les meubles les plus lourds de sa maison devant sa porte.

Horlogerie

Genève est sans conteste la capitale mondiale de l'horlogerie de luxe. Plusieurs monuments, tels que l'Horloge fleurie, le carillon du passage Malbuisson et l'Horloge solaire et laser, mais aussi des musées, comme le Patek Philippe Museum, quelques manufactures et le célèbre Salon International de la Haute Horlogerie, sont là pour nous le rappeler. Les débuts de cette longue tradition remontent au milieu du XVIe siècle, lorsque le réformateur Jean Calvin, en condamnant le port d'objets ornementaux, favorisa le développement d'un autre art : celui de l'horlogerie. Malgré le départ de nombreux horlogers dans l'Arc jurassien dès le début du siècle suivant, Genève resta associée aux dernières innovations technologiques et esthétiques du domaine.

Jet d'eau

Depuis les rives genevoises du lac Léman, vous pourrez admirer le célèbre jet d'eau de 140 m, qui a fêté en 2011 ses 120 ans. Avant d'être érigé au rang des symboles forts de la ville, il remplissait le rôle de soupape de sécurité lors de surpression de l'eau produite par l'usine hydraulique de la Coulouvrenière sur le Rhône, lorsque les artisans cessaient le travail le soir et le week-end. Il mesurait alors 30 m. Rapidement devenu la distraction favorite des ouvriers de l'usine et des touristes de passage, le Conseil administratif de la Ville décida en 1891 de le déplacer, à la vue de tous, au bout de la jetée des Eaux-Vives. Depuis 1951, le jet d'eau fonctionne avec une station de pompage autonome, utilisant l'eau du lac, sous la responsabilité de la SIG.

Longeole

Cette saucisse de porc parfumée au fenouil ou au cumin fait partie intégrante de la tradition culinaire genevoise. En 2009, l'Office fédérale de l'agriculture (OFAGE) lui décerna même une indication géographique protégée (IGP). Ainsi, pour être nommée *longeole*, cette saucisse composée d'épaule de porc et de couenne doit obligatoirement être élaborée dans le canton de Genève et répondre à une recette précise.

Médecine

Genève constitue l'un des principaux pôles de recherche et d'innovation de Suisse, notamment dans le domaine médical, grâce aux HUG (Hôpitaux Universitaires de Genève), travaillant en étroite collaboration avec la faculté de médecine de l'Université de la ville. Les fruits de cette collaboration, sensibles dans de nombreuses disciplines médicales, font régulièrement l'objet de publications scientifiques.

EAU DE GENÈVE

La nouvelle carafe Eau de Genève par Ben

Graphisme - Ben Vautier ©

Vendue au prix de CHF 20.-, SIG reverse 100% des bénéfices (soit CHF 5.- par carafe) pour rendre potable de l'eau dans les pays en voie de développement.

Je bois de l'eau
donc je suis
Ben

En vente :

- À Quartier Libre – SIG, Pont de la Machine
- Sur www.sig-eaudegeneve.ch

L'EAU SIG

Organisations internationales

Davantage que n'importe autre ville du même nombre d'habitants, Genève se distingue par son rayonnement international. Elle accueille en effet une vingtaine d'organisations internationales et est, avec New York, le premier centre de rencontres et de conférences au monde, principalement grâce à la présence sur son sol de l'ONU (Organisation des Nations Unies). Les domaines du commerce, des droits de l'Homme, de l'environnement, de l'éducation, de la santé, du maintien de la paix, de la propriété intellectuelle, de la météorologie, du travail et de la télécommunication sont également représentés par une organisation.

Parc

Véritable cité des parcs, la ville de Genève disposent d'environ 50 parcs répartis sur plus de 310 hectares de parcs – 428 000 plantes dont 40 000 rosiers et 40 000 arbres. Ceux-ci sont pour la plupart d'anciens domaines privés, légués au fil du temps à la Ville et devenus publics. Leurs rôles sont multiples. Outre les indéniables rôles sociaux, esthétiques et climatiques qu'ils assument, certains parcs, tels que le Conservatoire et jardin botaniques, le parc La Grange et le Bois-de-la-Bâtie, vous permettront de découvrir la grande variété de la faune et de la flore locales.

Rousseau

Genève a célébré en 2012 le tricentenaire de la naissance de ce musicien, philosophe et écrivain, auteur notamment des *Confessions*, de l'*Emile*, du *Contrat social* et de *Julie ou la Nouvelle Héloïse*. Bien que des voyages l'aient amené à sillonner la Suisse, la France et l'Italie, c'est à Genève qu'il passa les seize premières années de sa vie, marquées par un apprentissage de graveur chez Abel Ducommun. La bucolique Ile Rousseau, située au cœur de la ville, lui rend hommage.

Tramway

Les Transports Publics Genevois (TPG) sont indissociables de la vie genevoise. En témoigne les nombreuses occurrences des termes, *trams*, *Mouettes* (petits bateaux traversant les rives du lac Léman) *trolleybus* et *bus* ressortant des conversations. En 1900, Genève comptait déjà un réseau de trams de plus de quatre-vingt-dix kilomètres, comprenant des tramways électriques, à vapeur, mais aussi des wagons tirés par des chevaux. Ce réseau était alors géré par la CGTE, l'ancêtre des TPG, une régie publique autonome fondée en 1977. Aujourd'hui, les TPG sont dotés de 7 lignes de trams et d'une cinquantaine de lignes de bus, desservant la ville et ses environs, et ont fêtés en 2012 les 70 ans des *trolleybus* et les 150 ans des tramways.

Vignoble

Avec ses 1400 hectares de vignes, Genève est le troisième canton viticole de Suisse. Cette tradition, que les Romains initièrent sur le sol genevois, fut toutefois menacée à la fin du XIXe siècle par la concurrence des vins français arrivés à Genève par voies ferroviaires. Fort heureusement, la vingtaine de cépages que compte Genève et ses environs continueront de ravir vos papilles, à l'image du chasselas, du muscat et du pinot noir, et de nouveau cépages comme le gamaret et le garanoir, tandis que le vin biologique se développe fortement dans le canton. L'office de promotion des produits agricoles genevois OPAGE, organise chaque année une fête, Caves Ouvertes, pour faire découvrir les vins de Genève.

Toblerone.

Survol de Genève

GÉOGRAPHIE

Le canton de Genève est situé à l'extrême sud-ouest de la Suisse et du lac Léman. Encadré par des montagnes (les Voirons, le Salève, le Môle, le Vuache et le massif du Jura), qui se trouvent toutes sur le territoire français, le canton de Genève forme comme une cuvette bien entourée. Genève, deuxième ville la plus peuplée de Suisse, appartient au canton du même nom, le plus petit de Suisse, avec ses 282 km² sur lesquels se repartissent 45 communes. Parmi ces communes, 12 sont des villes, dans la mesure où elles comptent plus de 10 000 habitants. Le Rhône et l'Arve sont les principaux cours d'eau qui traversent la ville de Genève, culminant à 373 m.

Un canton frontalier

Entouré par le département de l'Ain au nord et de la Haute-Savoie au sud, le canton de Genève est bordé de frontières françaises. Les rives du lac Léman mènent quant à elles au canton de Vaud, une fois la commune de Versoix dépassée. Les frontières genevoises sont longues de 107,5 km, dont 103 km avec la France et seulement 4,5 avec le canton de Vaud.

Le lac Léman

Entouré par la chaîne majestueuse des Alpes, du Jura, et ponctué de villas et d'hôtels de luxe sur ses rives, la lac Léman ne manque pas de chic. D'une superficie de plus de 580 km² et long de 72 km, c'est l'un des plus grands lacs d'Europe et il a la particularité d'être franco-suisse. Le rivage nord et les deux extrémités du croissant sont helvétiques, tandis que le rivage sud appartient à l'Hexagone. La frontière passe au milieu du lac pendant une cinquantaine de kilomètres avant de couper la ville de Saint-Gingolph en deux. Le lac Léman se serait formé lors du retrait du glacier du Rhône, il y a 15 000 ans environ. De nombreux cours d'eau s'y déversent, le plus important étant le Rhône, qui le traverse d'est en ouest. Sa largeur varie entre 2,5 et 14 km et sa profondeur maximale atteint 310 m, mais le niveau des eaux peut perdre ou gagner de 60 cm à 1,50 m en moins d'une demi-heure. Ce phénomène s'explique par des variations de pression atmosphérique, appelées seiches.

CLIMAT

Grâce à la protection que les montagnes entourant la Suisse romande, particulièrement le canton de Genève, accordent à tout le Plateau suisse, le climat continental permet à la région de bénéficier de températures oscillant entre -5 °C en hiver et +30 °C en été. Deux vents soufflent sur la région lémanique : le foehn, vent fort, chaud et sec, qui trouve son origine dans les Alpes et qui entraîne une fonte des neiges rapide au printemps. Et la bise, un vent du nord, froid et généralement sec, prenant naissance dans le nord-est de l'Europe et soufflant à travers le Plateau suisse jusqu'au sud du Massif central en France. Beaucoup plus forte à Genève qu'à Lausanne, on l'appelle alors la bise noire. Présente en toute saison, la bise est toutefois plus forte en automne et en hiver, accompagnée de lourds nuages noirs, d'averses ou de giboulées. Une ville cependant y échappe : Montreux, située dans le canton de Vaud. Protégée par un cercle montagneux qui bloque les vents, elle bénéficie d'un microclimat permettant de faire pousser palmiers et bananiers. Enfin, le lac Léman est parfois recouvert d'un épais brouillard. Il s'agit du stratus, un nuage bas qui se forme avec l'air humide du lac.

Retrouvez l'index général en fin de guide

ENVIRONNEMENT – ÉCOLOGIE

La protection de l'environnement constitue l'un des objectifs majeurs de la politique genevoise. Et les habitants ne plaisantent pas avec le recyclage de leurs déchets. La poubelle française destinée aux « emballages », dans laquelle on mélange allègrement bouteilles en plastique, cartons et boîtes de conserve, est divisée en trois containers différents en Suisse. Les étiquettes des yaourts sont même prédécoupées, afin d'être jetées avec les papiers, et le pot dans la poubelle générale. Grâce à ces actions, Genève, et plus largement la Suisse, sont championnes en matière de recyclage. En 2007, 51 % des déchets urbains suisses ont ainsi pu être recyclés.

Genève : cité des parcs

La ville de Genève est riche en parcs, comptant 310 hectares d'espaces verts, qui représentent 20 % du territoire communal. Le nom de « cité des Parcs » lui revient de droit. A noter que la plupart des parcs publics sont d'anciens domaines privés, légués généreusement à la ville par leurs propriétaires.

FAUNE ET FLORE

Un lac riche en poissons

Une trentaine d'espèces de poissons nagent et se cachent dans les plantes aquatiques qui tapissent les profondeurs du lac Léman. Environ la moitié d'entre elles sont endémiques, les autres ont été introduites. Parmi les plus pêchées : la féra, la perche (qui a bien failli disparaître dans les années 1980 en raison de la surpêche, mais qui prolifère de nouveau), le brochet (le plus grand du Léman et en forte augmentation depuis les années 1990), la truite lacustre et l'omble chevalier. A noter que l'écrevisse américaine, relâchée par erreur dans le lac dans les années 1980, s'est tout à fait adaptée.

L'escale des oiseaux d'eau

Situé sur le couloir migratoire entre les Alpes et le Jura, le lac Léman constitue une escale idéale pour les oiseaux d'eau. Certaines espèces y passent tout l'hiver.

C'est d'ailleurs à cette saison que vous pouvez y voir une grande variété de canards. Parmi les 148 espèces d'oiseaux, dont certains sont venus de Scandinavie ou de Sibérie, on peut citer le grand cormoran, le héron cendré, le grèbe huppé, les canards fuligule morillon et fuligule milouin, et la mouette rieuse.

Vue de Genève, du lac Léman et du Jet d'eau depuis la cathédrale Saint-Pierre.

Histoire

Les premiers habitants

Les traces les plus anciennes attestant d'une présence humaine dans la région de l'actuelle Genève sont des ossements et des objets de pierre retrouvés près de la commune de Veyrier, non loin du Salève. Ces indices permettent de dater à douze ou dix mille ans avant J.-C la présence de l'Homme dans cette région. De nouveaux indices d'occupation humaine sont ceux laissés à partir de 4 000 à 3 500 av. J.-C par des peuplades regroupées sous le nom de Lacustres, qui ont construit des villages au bord du lac Léman. Ici, elles développèrent l'agriculture, tout en y pratiquant l'élevage, le tissage et l'art de la poterie. Toutefois, ces peuplades seront amenées à quitter la région à partir du IXe siècle av. J.-C, lorsque des changements climatiques provoquèrent d'importantes inondations. Par ailleurs, des fouilles effectuées depuis 1987 dans le temple de Saint-Gervais ont montré que les rives du lac n'étaient pas le seul endroit propice à l'occupation humaine 4 000 av. J.-C.

Genève romaine

La présence de la population celtique des Allobroges sur le territoire genevois est attestée dès le Ve siècle avant J.-C. Alors que ceux-ci tombaient sous domination romaine, le territoire des Helvètes, situé de l'autre côté du Rhône, était menacé par d'autres peuples, cherchant à s'établir sur le Plateau suisse. En 58 av. J.-C, les Helvètes décidèrent donc de quitter leur territoire pour gagner le sud-est de la Gaule. Ainsi, ils tentèrent de traverser le pont de l'Ile, situé sur le territoire romain, mais Jules César les arrêta. Cet épisode est relaté au début des *Commentaires de la Guerre des Gaules*. Il s'agit de la première mention du terme latin *Genua* (Genève), signifiant « l'embouchure », dans un document historique. Soumise désormais à la destinée de l'Empire romain, Genève doit faire face aux menaces des Alamans et des Germains au IIIe siècle ap. J.-C. Durant le IVe siècle, elle devient le chef-lieu d'un diocèse, et adopte de fait progressivement le christianisme comme religion d'Etat. Un siècle plus tard, elle doit accepter l'implantation par voie d'alliance des Burgondes sur son sol.

L'Esprit de Genève

Symbole de neutralité et de paix internationale, l'Esprit de Genève trouve son origine dans l'histoire de Genève : cinq Genevois (dont l'humaniste et homme d'affaires Henry Dunant) fondent en 1863 un Comité international de secours aux blessés de guerre, bientôt CICR (Comité International de la Croix-Rouge). La ville prend alors une part active au service de la neutralité et devient le siège d'organisations et d'arbitrages internationaux. A l'issue de la Première Guerre mondiale, le président américain Woodrow Wilson impose Genève comme siège de la Société des Nations (SdN), dont le Pacte a été adopté le 28 avril 1919 par la Conférence de la paix de Paris. La SdN a suscité en son temps une foi et une espérance dont peu d'organisations internationales ont bénéficié par la suite. Mais après la Deuxième Guerre mondiale, la ligue ayant échoué à maintenir la paix, il fut décidé à la conférence de Yalta, de créer une nouvelle organisation : l'ONU (Organisation des Nations Unies). Beaucoup des organes de la SdN, par exemple l'Organisation internationale du travail, continuèrent à fonctionner pour finalement être rattachées à l'ONU. Lors d'une réunion de l'Assemblée en 1946, la SdN est dissoute et ses services, mandats, et propriétés sont transférés à l'ONU.

La SdN a attiré vers elle des apôtres dévoués qui ont consacré une grande partie de leur vie à la défendre et à la servir. L'Esprit de Genève est devenu un mythe, au moment où l'élite cultivée ayant épousé les idées humanitaires, a pu faire entrer une sensibilité internationale dans la culture politique locale, auparavant caractérisée par une gestion autoritaire et des émeutes populaires. Aujourd'hui, ce symbole est bien vivant, et présent dans nombre d'évènements qui ont pour but de valoriser Genève, son histoire et son patrimoine.

Du régime féodal à la formation de la Commune

Face à l'effondrement de l'Empire romain puis de l'Empire carolingien, une figure de stabilité et de protection demeure : celle de l'évêque de Genève. L'évêque, véritable maître et seigneur de la ville, allie en effet pouvoirs religieux et politiques. Mais son statut attire, dès le XIIe siècle, la convoitise des comtes, qui parviennent, à l'image d'Aymon Ier, à usurper des biens et des droits appartenant à l'Eglise. Les conflits entre comtes et évêques prendront fin en 1219 par le traité de Desingy, consacrant la vassalité des comtes de Genève à l'égard de l'évêque. Mais une autre rivalité, cette fois entre les comtes de Genève et ceux de Savoie, remplacera la précédente pour marquer durablement l'histoire des XIIIe et XIVe siècles genevois. Cette rivalité conduira, à partir de 1424, à l'effacement de la Maison de Genève au profit de celle de Savoie dans la plupart des territoires compris entre l'Arve et l'Aar. Les comtes de Savoie s'implanteront aussi solidement à Genève en gagnant notamment sur l'évêque, en 1290, la charge de vidomne, un fonctionnaire chargé de juger les procès et de mener des affaires pénales. Mais l'événement qui marquera le plus durablement la Genève médiévale est la naissance de la Commune, c'est-à-dire d'une association jurée d'artisans et de commerçants. Cette naissance, tardive, remonte à 1263. Au départ, la Commune est appuyée par les comtes de Savoie, souhaitant eux-aussi affaiblir les pouvoirs de l'évêque. Dès 1308, la Commune est reconnue, a le droit de se donner des représentants (syndics ou procureurs) et l'évêque s'y rallie. Parallèlement à ce développement, l'Europe occidentale connaît une crise de famines, d'épidémies de peste et de guerres. Alors que le climat européen est à la récession, Genève fait exception, grâce aux foires, qui font de la ville un des principaux lieux d'échanges de marchandises d'Europe. Leur déclin se fera ressentir dès le début du XVe siècle.

L'affaire Michel Servet (1553)

Le médecin Michel Servet (1511-1553) s'était rendu haïssable de toutes les Eglises en niant le dogme de la Trinité. Condamné une première fois par l'Inquisition à Vienne, il parvint à s'évader en 1533 de sa prison, puis regagna Genève. Ici, Calvin le reconnaîtra à l'un de ses sermons, avant de le dénoncer au magistrat. Peu après, le Petit Conseil de Genève condamna Michel Servet à la peine de mort. Ainsi, Michel Servet fut l'une des seules victimes des oppositions religieuses à Genève. Il fut brûlé en 1553 à Champel.

Les combourgeoisies et la Réforme protestante

Entre le dernier tiers du XVe siècle et le premier tiers du XVIe siècle, Genève s'ouvre sur les Suisses. En 1477, le premier acte de rapprochement officiel est signé. Ce traité de combourgeoisie temporaire et d'assistance mutuelle unit Genève aux villes de Berne et Fribourg. La menace d'une annexion de Genève à la Savoie offrira une deuxième occasion aux cantons suisses de se rapprocher de Genève. En effet, pendant que se forme à Genève un esprit de résistance et de patriotisme genevois, incarné notamment par Philibert Berthelier, le cas genevois attire la sympathie du canton de Fribourg. Une combourgeoisie avec ce dernier est acceptée par le Conseil général en 1519. La combourgeoisie de 1526, alliant les cantons de Genève, Berne et Fribourg empêchera définitivement l'idée d'une annexion de Genève à la Savoie. Ce triomphe de la cause suisse aura aussi pour conséquence de modifier profondément la politique intérieure genevoise, par la création notamment du Conseil des Deux-Cents, l'ancêtre du Grand Conseil. Parallèlement à ces événements se fait jour la première étape du ralliement de Genève à la Réforme protestante, qui eu lieu d'ailleurs bien après que dans les autres villes du Plateau suisse. En effet, des marchands allemands, des pasteurs et des alliés bernois commencent, dès 1525, à diffuser les idées de Luther et de Zwingli. Dès 1532, des affrontements publics entre partisans et adversaires des idées nouvelles sont attestés. Puis, de 1534 à 1536, la majorité de la population et des Conseils genevois adhère à la foi nouvelle, fait qui marque le début d'un véritable exode catholique. Calvin, qui est la figure marquante de la Réforme genevoise, fait un premier séjour à Genève de 1536 à 1538, puis y retournera en 1541 pour entreprendre les réorganisations de l'Eglise, sur le modèle de l'Eglise réformée de Strasbourg, des ordres juridiques et politiques, par la rédaction d'ordonnances et d'édits, mais aussi de l'enseignement. La réorganisation de ce dernier domaine sera assurée par la fondation du Collège et de l'Académie de Genève en 1559, prévoyant un système scolaire complet de l'enfance à l'entrée dans la vie professionnelle, placé sous l'égide de l'Eglise.

De la réapparition de la menace savoyarde aux Refuges

Le duc Emmanuel-Philibert avait complètement reconstitué l'Etat savoyard en 1559. Son fils, Charles-Emmanuel, recommencera, dès son avènement en 1580, les assauts contre Genève. Ceux-ci poussèrent à bout les Genevois, qui prirent l'initiative d'une guerre en 1589, aidés par des renforts français et bernois. Ils obtinrent une série de victoire, dont la dernière en date est celle de l'Escalade, une attaque nocturne des troupes de Charles-Emmanuel, qui eut lieu le 11 décembre 1602. Suite à cette défaite, le duc reconnaîtra en 1603, dans le Traité de Saint-Julien, l'indépendance de Genève.
Durant la seconde moitié du XVIIe siècle, qui correspond aux premières persécutions des adeptes de la nouvelle foi en France, en Italie et en Angleterre, Genève, devint une terre d'accueil. Ainsi, le Premier Refuge s'amorce dès 1542. La révocation de l'Edit de Nantes en 1685, qui obligea à l'exil ceux qui ne voulaient pas abjurer, marque le commencement du Second Refuge. Ainsi, des milliers de réfugiés arrivent à Genève, où ils trouveront rapidement un emploi, étant pour la plupart des artisans et des commerçants. Leur savoir-faire contribuera à l'essor de certains secteurs clés de l'économie genevoise, comme l'horlogerie et la banque.

La Genève des Lumières

L'économie genevoise du XVIIIe siècle est prospère, grâce au développement des métiers de l'horlogerie, de la bijouterie et de l'orfèvrerie, regroupés sous le nom de Fabrique. Ainsi, de petits ateliers d'artisans s'installent aux abords de Saint-Gervais. L'industrie des toiles peintes, la deuxième plus importante après la Fabrique, est quant à elle structurée dans de grandes manufactures. À côté de ce rayonnement économique, Genève brille aussi d'un point de vue culturel, dès le début du XVIIIe siècle. En ce sens, Jean-Robert Chouet et Jean-Alphonse Turrettini marquèrent les esprits. Le premier a en effet contribué à créer les chaires de mathématiques et de droit naturel à l'Académie de Genève, tout en introduisant des expériences dans ses cours de sciences et de philosophie. Son travail marque ainsi le point de départ d'une véritable tradition scientifique genevoise, que le philosophe et physicien Horace-Bénédict de Saussure, pionnier de l'étude des montagnes, et le naturaliste Charles Bonnet poursuivront. Quant au professeur de théologie Jean-Alphonse Turrettini, il inaugura une doctrine plus tolérante vis-à-vis des divergences d'interprétation des textes religieux.
Genève est aussi, au cours du XVIIIe siècle, le terrain propice à des troubles politiques, liés aux droits dont jouissent les Genevois de l'Ancien Régime. Ainsi, a lieu en 1707 une révolte de la bourgeoisie contre les pouvoirs politiques de l'aristocratie. En 1734, de nouveaux troubles éclatent, liés à la perception de nouveaux impôts pour le financement de la réfection des fortifications de la ville. Enfin, le citoyen de Genève Jean-Jacques Rousseau sera l'une des causes d'une querelle entre la bourgeoisie et l'aristocratie, en 1762. C'est à cette date en effet que le Petit Conseil condamna l'*Emile* et *Le Contrat social* à être brûlés devant l'Hôtel de Ville, sous prétexte qu'ils tendaient à détruire la religion et toutes formes de gouvernement. Dès lors, une bataille s'engage entre les Représentants, les citoyens soutenant Rousseau et les Négatifs, à savoir l'aristocratie au pouvoir. Pour rester au pouvoir, cette dernière fera appel aux armées française, sarde et bernoise, qui assiègent Genève en 1782.

Le canton de Genève

Suite à la Révolution française de 1789, Genève est occupée militairement en 1798. Ainsi, l'Ancien Régime est remplacé par la République helvétique, et des institutions démocratiques mais centralisatrices voient le jour. Toutefois, l'Eglise protestante, le Collège et l'Académie de Genève continuent leur existence propre sans ingérence française. L'annexion de Genève à la France sera de courte durée. En effet, la garnison française est évacuée par le général autrichien Bubna, et l'indépendance est proclamée le 1er janvier 1814. Dès lors, le prochain objectif du gouvernement sera de transformer Genève en canton suisse. Pour être admise dans la Confédération, les autres cantons demandèrent alors à Genève de s'agrandir, pour permettre une contiguïté avec la Suisse.
La France et la Sardaigne, après de longs pourparlers, cédèrent quelques territoires. D'autre part, la Suisse demanda à Genève de se doter d'une constitution conservatrice. Celle-ci fut votée en 1814. Une année plus tard, le traité définitif stipulant l'entrée dans la Confédération de Genève fut signé.

Les années 1840 seront marquées par des changements politiques d'envergure. A l'image de la plupart des cantons suisses qui libéralisent leur constitution en proclamant le suffrage universel, l'Association du Trois Mars, qui comprend des libéraux et une aile gauche menée par James Fazy, voit le jour à Genève. Leurs actions mèneront à une nouvelle constitution en 1842, adoptant notamment le suffrage universel. C'est à cette époque aussi que la Ville de Genève devient une commune indépendante. Toutefois, James Fazy et ses collaborateurs ne sont pas encore satisfaits, puisque le Grand Conseil genevois et le Conseil d'Etat sont majoritairement conservateurs. Leur utilisation politique d'un événement majeur de l'histoire suisse leur permettra de gagner le pouvoir. En effet, la Suisse est divisée par deux courants. L'un est mené par les radicaux, protestants pour la plupart, qui souhaitent transformer le pays en un Etat démocratique, l'autre par les conservateurs, à majorité catho-

Chronologie

- **4 000 av. J.-C >** Les premiers habitants s'installent sur les rives du lac Léman.
- **58 av. J.-C >** Jules César arrête la marche des Helvètes vers la Gaule.
- **443 >** Genève est la première capitale du royaume burgonde.
- **1032 >** Genève est rattachée au Saint Empire romain germanique.
- **1260 >** Construction des halles et essor des foires à Genève.
- **1526 >** Combourgeoisie entre Genève, Berne et Fribourg.
- **1536 >** Adoption de la Réforme par le Conseil général.
- **1559 >** Fondation de l'Académie de Genève.
- **1584 >** Combourgeoisie entre Genève, Berne et Zurich.
- **1602 >** Echec de l'Escalade tentée par Charles-Emmanuel Ier contre Genève.
- **1603 >** Reconnaissance de l'indépendance de la République.
- **1616 >** Epidémie de peste.
- **1652 >** La dernière « sorcière », Michée Chauderon, est brûlée à Genève.
- **1685 >** Révocation de l'Edit de Nantes.
- **1712 >** Naissance de Jean-Jacques Rousseau.
- **1754 >** Traité de Turin.
- **1755 >** Voltaire s'installe aux Délices, un domaine situé dans le quartier de Saint-Jean.
- **1757 >** Article *Genève* de l'*Encyclopédie* de Diderot et d'Alembert.
- **1782 >** Révolution. Intervention de Berne, de la France et de la Sardaigne.
- **1789 >** Mort de Jean-Etienne Liotard, peintre genevois connu pour ses pastels.
- **1792 >** Installation de comités provisoires.
- **1798 >** Genève est annexée à la France.
- **1814 >** La Diète vote l'entrée de Genève dans la Confédération suisse.
- **1857 >** Création de la Bourse de Genève.
- **1864 >** Fondation de la Croix-Rouge.
- **1891 >** Inauguration du Jet d'eau.
- **1901 >** Premier prix Nobel de la paix décerné à Henri Dunant.
- **1907 >** Séparation de l'Eglise et de l'Etat.
- **1919 >** Genève est choisie comme siège de la Société des Nations.
- **1932 >** Manifestation et fusillade à Plainpalais.
- **1946 >** Genève devient le siège européen des Nations Unies.
- **1960 >** Adoption du suffrage féminin.
- **2012 >** Rémy Pagani, formation Ensemble à Gauche, est élu maire de Genève.
- **2013** > Ueli Maurer est élu nouveau président de la Confédération.

liques, partisans de la tradition. En 1845, sept cantons catholiques s'allient. Alors que les radicaux veulent la dissolution de cette alliance, les autorités genevoises interdisent à la députation genevoise à la Diète fédérale de voter pour cette dissolution. Dès lors, les radicaux se servirent de cet argument pour gagner l'opinion populaire. Après un soulèvement, le Conseil d'Etat démissionna, et une nouvelle constitution genevoise, dont les principes sont encore en vigueur aujourd'hui, vit le jour en 1847.

La Suisse neutre

Dès 1858, Genève s'ouvre aux chemins de fer et, par conséquent, au tourisme. Parallèlement à cela, Genève devient le berceau du droit humanitaire, grâce à la fondation en 1863, sous l'égide d'Henri Dunant, du Comité international de la Croix-Rouge. En 1920, Genève deviendra le Siège de la Société des Nations, ainsi que celui du Bureau international du Travail (BIT). Dans les domaines de la culture et de la science, Genève connaît également, au cours de la fin du XIXe siècle et du début du XXe siècle, un essor considérable. Ainsi, l'Université accueille entre 1876 et 1915 deux nouvelles facultés, celle de Médecine et des Sciences économiques et sociales.

Le jour même de l'Armistice, le 11 novembre 1918, les chefs socialistes les plus extrémistes de Suisse lancent une grève générale, qui est suivie principalement par les cheminots et les employés des PTT. La grève, malgré son échec, permet d'introduire la semaine de 48 heures et l'assurance vieillesse (mise en application en 1947 seulement). Le traité de Versailles, à l'issue de la guerre, reconnaît la neutralité perpétuelle de la Suisse en échange de l'abandon du droit d'occuper la Savoie en cas de conflit. La Première Guerre mondiale crée un fossé entre Suisses allemands, en faveur d'une victoire de l'Allemagne, et Suisses romands, qui souhaitent voir la France et ses alliés l'emporter.

Des années 1950 aux années 1990

Après les années difficiles de la crise économique et de la guerre, la prospérité des années 1950 à 1975 transforme la vie des Genevois : voitures, loisirs, télévision, supermarchés, etc. La période de l'après-guerre en Suisse se caractérise aussi par une volonté de renforcer les aides sociales pour le peuple. En 1946, l'assurance vieillesse et survivants est établie, garantissant une retraite à tout le monde, et elle est renforcée en 1972 par le système des trois piliers : prévoyance sociale, prévoyance professionnelle et prévoyance individuelle. En 1959, lors de l'élection du nouveau Conseil fédéral, est introduite une nouvelle distribution, dite « la formule magique » : deux sièges au Parti radical, au Parti démocrate-chrétien et au Parti socialiste ; et un siège au Parti agrarien, aujourd'hui Union démocratique du centre (UDC). Dans les relations internationales, la Suisse garde longtemps sa place en dehors de l'ONU et de l'Otan, et revendique une neutralité stricte. Elle devient membre du Conseil de l'Europe en 1963 et de l'Association européenne de libre-échange en 1960, créée comme un contrepoids à la CEE initiale. Au moment où s'effondre le communisme, la Suisse doit faire face à une sérieuse crise économique : le chômage monte à plus de 6 %.

Malgré ces troubles, l'épargne helvétique est importante, le pays possède une industrie robuste et les espaces bancaires y sont très étendus. En décembre 1992, le peuple suisse refuse l'adhésion à l'Espace économique européen (EEE). Lors de cette votation, déterminante pour l'avenir de la Suisse et de l'Union européenne, le parti populiste du milliardaire Christoph Blocher, l'UDC, gagne du terrain. Le non à l'EEE a été l'occasion pour les Suisses de rappeler qu'ils jugeaient l'Union européenne incompatible avec leur démocratie directe et avec certains secteurs clés de leur économie. Cependant, les négociations avec Bruxelles se poursuivent.

Les années 2000

Un nouveau cap est franchi le 20 mai 2000 : les Suisses acceptent à 67,5 % les accords bilatéraux, permettant, entre autres, la libre circulation des personnes au sein des 15 pays européens. Et, en 2002, la Suisse adhère à l'ONU. En 2010-2011, la Suisse enchaîne les affaires d'évasion fiscale de clients américains de la banque suisse UBS, puis celle de Français, dont certains sont dénoncés par un ancien employé d'une filiale genevoise de la banque britannique HSBC, et enfin d'Italiens et d'Allemands. Sous la pression des gouvernements étrangers, la Suisse fait profil bas et le secret bancaire se réduit comme une peau de chagrin. La Suisse doit également faire face à un franc fort, qui la rend de moins en moins compétitive. Aujourd'hui, la plupart des analystes affirment que le pays, historiquement neutre, doit à présent se réinventer pour sortir de son isolement.

Politique et économie

POLITIQUE

L'organisation du pouvoir en Suisse répond à un système fédéral, composé de 26 cantons, subdivisés eux-mêmes en communes et où la Constitution fédérale confère la souveraineté au peuple. Depuis la naissance de ce système, en 1848, les idées d'organisation politique reposent sur deux piliers qui, au premier abord, semblent contradictoires : un système politique libéral, favorisant les libertés aussi bien individuelles qu'économiques, et un système de solidarité pour une intégration de tous les citoyens, issus de tous les courants politiques et sociaux, au sein de la communauté.

Structure étatique

Le gouvernement fédéral

Le gouvernement fédéral a des pouvoirs bien arrêtés, concernant l'armée ou la politique étrangère par exemple. Sept personnes, élues par le Parlement (l'Assemblée fédérale), pour une période indéterminée, le dirigent. Les décisions sont prises collégialement, le consensus étant plus important que les alliances politiques. Il s'agit d'un système de concordance. En effet, il y a séparation des pouvoirs entre le législatif (l'Assemblée fédérale), l'exécutif (le Conseil fédéral) et le judiciaire (les Tribunaux fédéraux).

L'Assemblée fédérale ou Parlement (pouvoir législatif)

L'Assemblée fédérale est composée de deux Chambres : le Conseil national et le Conseil des Etats. Ces deux Chambres possèdent les mêmes compétences et l'on désigne donc le système suisse comme celui du bicaméralisme parfait. Chaque conseil doit élire, pour un an, l'un de ses membres à la présidence, un autre à la première vice-présidence, et un troisième à la seconde vice-présidence. Le Conseil national représente le peuple. Il est composé de 200 conseillers nationaux (députés) élus au suffrage proportionnel tous les 4 ans. Chaque canton constitue une circonscription électorale qui élit au moins un député, même si sa population est inférieure à la moyenne nationale d'habitants (actuellement de 36 000 pour un siège).

La démocratie directe

La particularité du système politique suisse est la démocratie directe, ou plutôt semi-directe. Ainsi, les citoyens sont appelés à voter tous les trois mois environ sur des sujets précis, comme une nouvelle loi sur l'immigration, sur les allocations sociales, etc. Les décrets sont généralement pris par les élus, mais n'importe qui a le droit de contredire ces décisions et de lancer un référendum populaire. En effet, en Suisse, les citoyens disposent de deux instruments qui leur permettent d'agir sur un acte décidé par l'Etat : le référendum, qui peut être facultatif ou obligatoire, et l'initiative populaire, qui est le droit d'une fraction du corps électoral de déclencher une procédure permettant l'adoption, la révision ou l'abrogation d'une disposition constitutionnelle.
Le référendum facultatif permet de discuter une loi votée par l'Assemblée fédérale. A cet effet, 50 000 signatures doivent être réunies dans une période de 100 jours. Le référendum obligatoire exige quant à lui nécessairement une consultation populaire dans les cas prévus par la Constitution fédérale. Il suppose la double majorité de la population et des cantons. Ces initiatives sont fréquemment refusées, faute d'obtention de la majorité des voix des citoyens et de l'administration cantonale.

Un système de milice

Les députés fédéraux n'exercent pas tous leur mandat comme un métier, mais en plus de leur activité professionnelle. Ils ne perçoivent donc pas un salaire mais une indemnité. Les avantages : l'absence de clans politiques, la proximité de la population et une plus grande diversité parmi les dirigeants. C'est également l'un des systèmes parlementaires les moins chers de l'Organisation de coopération et de développement économique (OCDE). Ce système comprend aussi certains inconvénients, comme un plus grand taux d'absentéisme et des difficultés à mener de front activité professionnelle et investissement politique.

Le Conseil des Etats représente les cantons. Il comporte 46 conseillers aux Etats répartis à raison de 2 sièges pour chacun des 20 cantons et d'un siège pour chacun des 6 anciens demi-cantons. Le mode de désignation des conseillers est déterminé par la législation de chaque canton. Depuis le 21 octobre 2007, Liliane Maury-Pasquier (PS) et Robert Cramer (les Verts) sont les représentants élus du canton de Genève.

Le Conseil fédéral (pouvoir exécutif)

Le pouvoir exécutif est représenté par le Conseil fédéral, formé de 7 membres (les conseillers fédéraux), élus pour 4 ans par l'Assemblée fédérale qui, en règle générale, reconduit les candidats sortants si ces derniers désirent poursuivre leurs fonctions. Chaque conseiller fédéral préside l'un des sept départements fédéraux qui correspondent aux ministères français.

- **La présidence du Conseil fédéral** est assurée par le président de la Confédération, élu également par l'Assemblée fédérale pour une année. Son rôle est principalement symbolique et médiatique. Traditionnellement, les conseillers fédéraux remplissent les fonctions de président chacun à leur tour, selon les anciennetés. En 2011, la présidence de la Confédération est assumée par Micheline Calmy-Rey.

Les Tribunaux fédéraux (pouvoir judiciaire)

Le Tribunal fédéral, dont le siège est à Lausanne, est l'autorité judiciaire suprême de la Confédération. Il est accompagné du Tribunal pénal fédéral et du Tribunal administratif fédéral. Par ailleurs, chaque canton possède son propre système judiciaire, dont les tribunaux statuent, en règle générale, dans tous les domaines.

À l'échelle cantonale

Les 26 cantons ont chacun leurs propres Constitution, Parlement, gouvernement et Tribunaux.

- **La Constitution** est susceptible d'être modifiée si le peuple le demande. Un certain nombre de domaines sont gérés uniquement au niveau cantonal, comme l'éducation (excepté des écoles et universités fédérales), la santé, l'aide sociale, l'organisation de la justice, la police, les transports ainsi que les impôts et les taxes. Ainsi, un professeur formé dans le canton de Genève ne peut pas exercer dans le canton de Vaud. Ne sont guère délégués au gouvernement que la Défense, les Douanes, les Affaires étrangères et les grandes infrastructures comme les chemins de fer et la construction des autoroutes.
- **Le Parlement, appelé Grand Conseil,** est composé de 100 députés.
- **Le Gouvernement, dit Conseil d'Etat,** est composé de 8 membres, portant le titre de conseillers d'Etats et élus pour 4 ans.

Les pouvoirs communaux

Comme pour les cantons envers l'Etat fédéral, les communes genevoises ne délèguent que certaines prérogatives au canton de Genève. Chaque commune décide par exemple du montant des impôts et des taxes qui s'appliquent à ses résidents.

- **Le pouvoir législatif est attribué au Conseil municipal.** Ses tâches principales sont l'acceptation du budget et des comptes ainsi que le contrôle de la gestion de la commune. En Ville de Genève, ce Conseil compte 80 membres.
- **Le pouvoir exécutif est quant à lui assumé par le Conseil administratif,** composé de 5 membres pour la Ville de Genève (3 pour les communes) et élus pour 4 ans. Chaque année, un membre de ce Conseil est élu maire de la Ville.

Partis

Les partis gouvernementaux. Les partis politiques sont nombreux en Suisse, mais il faut distinguer les partis gouvernementaux de ceux qui fonctionnent à l'échelle du canton, voire des partis temporaires créés lors d'une votation (scrutin). Les partis gouvernementaux sont le Parti socialiste (PS), le Parti démocrate chrétien (PDC), le Parti radical-démocratique (PRD) et l'Union démocratique du centre (UDC), qui représentent, à eux quatre, environ 80 % des électeurs. Ces partis étant tous de taille modeste, il n'existe par de réelle force d'opposition en Suisse.

Une année de succès pour le MCG. Le Mouvement Citoyens Genevois est un parti politique populiste du canton de Genève qui connaît, depuis sa création en 2005, un succès que nombre de Genevois jugent inquiétant. Le discours de ce parti réclame la priorité aux Genevois en matière d'emplois, en niant pourtant toute xénophobie et appartenance à la gauche ou à la droite. Toutefois, les détracteurs du MCG le jugent d'extrême-droite, en soulignant qu'il est totalement inepte d'établir un lien direct entre le taux de travailleurs frontaliers à Genève et le taux de chômage du canton. 2011 est sans conteste l'année du succès pour le MCG. En effet, le parti sort grand vainqueur des élections législatives communales, en placant 73 élus dans 16 communes, contre 12 élus dans 3 communes lors des précédentes élections en 2007. Le repli identitaire semble donc de mise à Genève.

ÉCONOMIE

Résolument ouverte sur l'extérieur, l'économie genevoise, tout comme l'économie nationale, se porte bien, malgré la crise financière de 2009. Le manque de ressources naturelles n'empêche pas l'économie suisse de figurer parmi les plus performantes au monde. Les secteurs de l'horlogerie, de la finance et de la pharmacie jouent un rôle important et l'environnement des affaires, doté d'une fiscalité intéressante, attire les entreprises étrangères, notamment françaises. Toutefois, une crise monétaire menace la Suisse : celle de la surélévation du franc face à l'euro.

Principales ressources

Un secteur tertiaire dominant. Dans le canton de Genève, le secteur primaire ne représente que 1,5 % des emplois, le secteur secondaire 16,2 %, alors que le secteur tertiaire crée le maximum d'emplois avec 82,3 %.

Un taux de chômage important

Accentué par la crise financière, Genève décroche en 2011 le triste titre du canton suisse ayant le plus haut taux de chômage. En effet, celui-ci s'élève à 5,2 % (12 658 personnes), alors que le taux de chômage moyen en Suisse est de 3,3 %. Toutefois, ce taux reste bien inférieur à ceux des pays membres de l'Union européenne (10 % en France).

L'économie du canton de Genève est fortement axée sur les services à haute valeur ajoutée : finance, assurances, santé, conseil et formation. Genève possède également des activités industrielles de premier plan, notamment dans les secteurs de la micromécanique, de l'électronique, de l'horlogerie et des technologies médicales. Parmi les principaux employeurs du canton, on peut citer l'horloger genevois Rolex, les groupes actifs dans le secteur de la grande distribution Migros et Coop, la multinationale Procter & Gamble, les banques Pictet et UBS ainsi que l'entreprise privée dans le domaine de la parfumerie Firmenich. Si ce recensement ne contient que deux banques, c'est essentiellement en raison de la crise financière de 2009, dont les conséquences sur les emplois se ressentent encore aujourd'hui. Notons d'autre part que certaines entreprises de négoce international, comme le groupe Essent, leader en matière de courtage d'énergie électrique et Addax Petroleum, sont en pleine expansion.

Une présence française naturelle. Bordée de frontières, Genève est une destination naturelle pour les entreprises françaises. On remarque ainsi la présence de structures de négoce pour les biens de consommation dans le secteur du luxe et les produits agroalimentaires, des entreprises implantées dans le domaine financier et, surtout, dans les assurances. Les grands groupes français du luxe tiennent également à collaborer avec le secteur de l'horlogerie pour bénéficier du savoir-faire suisse et du label *Swiss Made*. Genève attire

Genève attire les milliardaires

Le canton de Genève fait partie des destinations favorites des ultra-riches, et ce ne serait pas trop s'avancer de dire qu'il s'agit même de la première d'entre elles. Raison n°1 : la fiscalité, bien sûr. Mais c'est aussi la beauté du paysage qui est invoquée, des villas au bord du lac plus accessibles qu'à Monaco, la tranquillité et la discrétion. A lire les témoignages des *people* installés dans la région, il semblerait qu'ils aiment aussi quitter leur yacht de temps en temps pour se sédentariser et que les rives du Léman sont les plus appropriées, avec notamment de bonnes écoles et universités pour leurs enfants. De plus, la population suisse, bien trop polie, n'aborde pas sauvagement les célébrités lorsqu'elles se baladent en ville, comme tout le monde.

aussi de nombreux travailleurs frontaliers. Suite à la crise financière, leur nombre est en constante augmentation. Fin 2011, on comptait ainsi plus de 65 150 travailleurs frontaliers actifs dans le canton (soit une progression de 5,7 % en une année). Cette hausse reste relativement forte en comparaison historique, même si elle est plus faible que celle enregistrée en 2011 (+ 8 %). Le climat conjoncturel incertain peut expliquer ce ralentissement.

Place du tourisme

Fidèle à sa tradition de pionnière du tourisme, Genève dispose d'un potentiel naturel évident qu'elle sait utiliser, à l'image de la Suisse. En effet, son emplacement en plein cœur de l'Europe attire un tourisme de loisirs d'une part, mais surtout un tourisme d'affaires. Congrès et séminaires ponctuent ainsi les semaines genevoises. Grâce aux nombreuses organisations internationales que Genève accueille sur son sol, le tourisme d'affaires représente ainsi 75 à 80% du tourisme genevois. En outre, le développement du TGV, mais aussi l'offre culturelle, favorisent les courts séjours à Genève, souvent le temps d'un week-end. L'été, c'est le tourisme de loisirs qui prend le dessus.

Enjeux actuels

Lutter durablement contre le franc fort. Le franc suisse a longtemps été une valeur refuge, en raison de la grande prospérité de l'économie suisse en comparaison de celles des pays de l'Union européenne, mais aussi de l'Amérique. En conséquence, la monnaie suisse a pris ces dernières années de plus en plus de valeur. Au cours de l'été 2011, le dollar est même passé sous le franc et la monnaie suisse a approché de la parité avec l'euro. Pour parer à cette surélévation du franc, qui rend de fait la Suisse de moins en moins compétitive, la BNS (Banque Nationale Suisse) a racheté des devises en quantité illimitée pour stabiliser le cours du franc à 1,20 pour un euro. Si cette mesure permet en effet d'éviter à court terme une crise économique majeure, aucune solution d'avenir n'a encore été énoncée par les autorités suisses.

La Suisse et l'Union européenne

A la suite du refus de la Suisse de ratifier par référendum l'accord sur l'Espace économique européen, ou EEE, en 1992, le Conseil fédéral suisse entreprend une série de négociations bilatérales avec l'Union européenne. Celles-ci aboutissent à la signature, en 1999, des Accords bilatéraux. Ces accords portent essentiellement sur l'ouverture réciproque des marchés. Ils concernent sept domaines particuliers : la libre circulation des personnes, les obstacles techniques au commerce, les marchés publics, l'agriculture, le transport aérien et les transports terrestres ainsi qu'une participation de la Suisse aux programmes de recherche de l'UE. L'ensemble de ces accords, approuvé par 67,2 % des électeurs suisses en 2000, est entré en vigueur en 2002. En 2001, la Suisse et l'Union européenne décident d'ouvrir de nouvelles négociations bilatérales sur 10 thèmes. Les thèmes de la fiscalité de l'épargne et de la lutte contre la fraude correspondent à des demandes de l'UE, le thème des conventions de Schengen et de Dublin à une demande de la Suisse. Les Accords bilatéraux II sont signés en 2004. De manière générale, les Suisses préfèrent la coopération actuelle sous forme d'accords bilatéraux avec l'UE plutôt qu'une adhésion véritable, pour des raisons économiques essentiellement.

Population et langues

Population

Genève compte 195 031 habitants (mai 2013) et 466 536 (novembre 2011) en incluant les communes. Il s'agit de la deuxième ville la plus peuplée de Suisse après Zurich. A l'image de la majorité des pays occidentaux, la Suisse voit sa population vieillir. Ces dix dernières années, le nombre de décès des citoyens suisses était plus important que celui des naissances. Si la population genevoise accroît son nombre en dépit de la diminution des naissances, c'est exclusivement en raison d'un plus grand nombre d'immigrés et d'un taux de natalité plus élevé parmi les étrangers résidant sur le territoire.

Parmi ces étrangers habitant à Genève, les Portugais sont les plus nombreux, viennent ensuite les Français, suivis par les Italiens. On recense également un nombre important de ressortissants d'ex-Yougoslavie et d'immigrés du continent africain, dont des Marocains et des Congolais de la République démocratique du Congo (RDC).

Il faut prendre en compte qu'il est difficile d'obtenir la nationalité suisse. La question de la naturalisation se règle au niveau fédéral et revient régulièrement au cœur des débats sur la politique migratoire et la politique d'intégration des étrangers. L'existence de pratiques discriminatoires dans certaines communes, et pour des groupes d'étrangers en particulier, ont d'ailleurs montré les limites du système fédéraliste réglementant la naturalisation.

Les ressortissants des pays méditerranéens, arrivés dans les années 1960 et 1970, sont les plus nombreux à pouvoir participer à la vie politique genevoise. Ainsi, parmi les Italiens ou les Espagnols, 8 personnes sur 10 commencent à accéder aux droits politiques. En revanche, pour les ressortissants d'autres continents, le droit de vote est encore loin, à l'exception des réfugiés du Chili, du Vietnam, du Sri Lanka ou encore du Congo-Kinshasa, qui peuvent bénéficier de droits communaux. Les droits cantonaux et fédéraux restent exclusivement réservés à ceux qui ont la nationalité suisse.

Derniers arrivés, les Kosovars sont souvent stigmatisés, et désignés par les autorités fédérales pour être reconduits à la frontière. Bien que la plupart d'entre eux soient parfaitement assimilés et ce bien avant les années 1990, des groupes d'adolescents, peu éduqués et sur lesquels l'autorité parentale n'a plus d'impact, sont impliqués dans de nombreux faits divers. Des événements tragiques (viols, profanation de tombes) que l'UDC sait habillement récupérer.

Langues

Dans le canton de Genève, la langue est le français. Mais la Suisse reconnaît quatre langues nationales, parlées par 92 % des habitants : 64% des Suisses parlent allemand, 19% français, 8% italien et 1% romanche (parlé uniquement dans le canton des Grisons). Les dialectes couvent les 8 % restants. Le romanche en a émergé pour accéder au rang de langue nationale sous la pression politique de la Ligue romanche, en 1938. Une reconnaissance peut-être un peu exagérée pour une langue en fait divisée en cinq dialectes, ce qui limite l'établissement d'une véritable identité culturelle romanche.

Quelques expressions à connaître !

A Genève, on parle français et « gen'vois » (comprenez genevois). L'expression *ou bien*, qui, contrairement à ce que l'on pourrait penser, vise rarement à unir deux parties d'un discours mais plutôt à se glisser malencontreusement après un *comment ça va*, en est un parfait exemple. Il pourrait résumer le « oui ou bien non » que l'on se pose intérieurement en exprimant une question. Ne vous étonnez donc pas si un étudiant vous salue en vous disant : « Adieu (bonjour), ça va ou bien ? », avant de vous inviter pour le souper (le dîner) chez des amis. Vous n'oublierez pas votre caleçon de bain pour profiter de leur piscine, ni votre lavette (gant de toilette) pour vous rafraîchir. Si le nettoyage est nécessaire, il faudra panosser (récurer) le plancher et, quand vous éternuerez, on vous dira cordialement *santé* !

Mode de vie

Mœurs et faits de société

- **Les Genevois sont des lève-tôt.** A Genève, les rues s'animent dès 7h, voire 6h du matin. Le rythme de vie semble strictement organisé et la ponctualité est de rigueur. En effet, il n'est pas rare de voir des employés à leur bureau à 7h30, mais, en contrepartie, ils en repartent vers 16h ou 17h, ce qui laisse du temps pour les activités extraprofessionnelles ainsi que pour les courses dans les magasins, qui ferment à 19h, hormis le jeudi, où une grande partie des magasins du centre-ville restent ouverts jusqu'à 21h. Notons aussi que le samedi, vous ne pourrez guère faire du shopping au-delà de 18h.
- **Respect des règles.** Les Genevois respectent en général scrupuleusement les règles admises dans la société. Attente des piétons quand leur feu est rouge, papiers jetés dans la poubelle et non dans le caniveau et encore moins sur le trottoir, excréments des animaux domestiques ramassés par les propriétaires à l'aide de sacs prévus à cet effet... Ce respect des règles procure par ailleurs un sentiment de sécurité. Quant à ceux qui ne les respectent pas, ils sont aussitôt sanctionnés par des amendes, dont le montant aide à changer de comportement. Les lettres de rappel à l'ordre sont d'ailleurs tournées de telle manière à ôter toute envie de plaisanter !

Le jeûne genevois : un jour férié spécifique à Genève

Le jeûne genevois est un jour férié spécifique au canton de Genève, fixé le jeudi qui suit le 1er dimanche de septembre. Dès le XVe siècle, la pratique du jeûne est en vigueur dans les cantons suisses. L'origine du jeûne genevois remonterait au premier jeûne connu à Genève, au début du mois d'octobre 1567, à l'occasion d'une répression contre les protestants lyonnais. Dès 1640, le jeûne est perçu comme un acte moral et religieux et devient pratiquement annuel à l'initiative des cantons réformés. Il s'agit d'un acte d'humilité et de solidarité face aux plus démunis. A Genève, traditionnellement, des tartes aux pruneaux sont préparées ce jour-là. Elles constituaient initialement le seul repas de la journée.

Religion

Bien qu'historiquement protestante (Réforme en 1535), Genève est aujourd'hui majoritairement catholique. Notamment en raison des vagues d'immigration italienne, espagnole puis portugaise dans les années 1960-1970.

La plupart des cantons soutiennent financièrement au moins l'une des trois communautés principales – Eglise catholique-romaine, Eglise catholique-chrétienne et Eglise réformée – grâce à un impôt ecclésiastique. Celui-ci est facultatif à Genève et dans le canton de Neuchâtel, en raison d'une séparation stricte de l'Eglise et de l'Etat. Dans les autres cantons, il est obligatoire, que l'on soit croyant ou non, pratiquant ou non.

L'Eglise catholique-chrétienne

L'Eglise catholique-chrétienne est également appelée Eglise vieille-catholique, dite aussi Union d'Utrecht. Elle regroupe, depuis 1870, des catholiques qui refusent le dogme de l'infaillibilité pontificale, mais surtout celui de la juridiction universelle de l'évêque de Rome. Ces Eglises catholiques autocéphales se sont rassemblées à partir de 1889 et forment une unité autour de la Conférence internationale des évêques vieux-catholiques, sur la base de la Déclaration d'Utrecht. L'Eglise vieille-catholique reste ancrée dans la tradition catholique et connaît les mêmes sacrements que l'Eglise catholique-romaine. Ses pratiques se sont cependant éloignées de celles de l'Eglise romaine sur plusieurs plans et cela à différents degrés selon les pays. Ainsi, en Suisse, aux Pays-Bas, en Autriche, en Belgique et en Allemagne, elle admet les prêtres mariés, l'ordination des femmes, les remariages après divorce, la contraception artificielle et parfois même les bénédictions de couples homosexuels.

Arts et culture

Genève a été la terre natale ou d'accueil de nombreux artistes, qu'ils soient architectes, cinéastes, peintres, acteurs ou écrivains. Et cette longue tradition artistique n'est pas prête de s'éteindre dans une ville où l'offre culturelle est non seulement soutenue, mais également proposée par la ville qui est propriétaire de 22 musées multidisciplinaires.

ARCHITECTURE

La Suisse est fière de ses architectes mondialement connus, tels que Peter Zumthor, Mario Botta, Le Corbusier ou encore Bernard Tschumi. Perpétuant cette tradition, le pays se positionne aujourd'hui au premier rang en matière de formation architecturale mondiale, grâce à sa prestigieuse Ecole polytechnique fédérale, située à Lausanne. A Genève, une jeune génération dynamique d'architectes entreprend pas à pas de faire de la ville une référence en matière d'urbanisme moderne.

EXPRESSIONS MODERNES

Une ville de théâtre et de danse. Disposant d'une trentaine de salles, Genève est l'une des villes proposant la plus grande offre culturelle au monde proportionnellement à son nombre d'habitants. Des pièces classiques revisitées à celles d'auteurs contemporains, en passant par les shows d'humoristes de talent, vous trouverez assurément de quoi satisfaire vos envies en la matière à Genève. En été, Le Théâtre de l'Orangerie accueille dans un charmant kiosque situé dans le parc La Grange des pièces connues du répertoire. Enfin, les Genevois sont nombreux à apprécier le festival de la Bâtie, mettant en avant des créations pluridisciplinaires.

La danse, qui est l'honneur dans ce festival, connaît plus largement à Genève un développement bienvenu, par le rapprochement des institutions classiques et contemporaines. C'est le cas par exemple du Ballet du Grand Théâtre qui, depuis quelques années, fait montre d'une certaine audace.

CINÉMA

Comparée à celle de ses voisins, la production cinématographique suisse reste mineure. Toutefois, la jeune génération suisse romande est particulièrement active. Parmi les « anciens », notons quand même que Jean-Luc Godard, né de parents suisses à

Maurice Braillard, l'architecte du canton de Genève.

Bien que né dans le canton de Neuchâtel en 1879, c'est à Genève que cet architecte de renommée internationale ouvre son bureau, en 1907. Ses réalisations, comprenant notamment la mairie d'Onex (1908-1909), les immeubles-squares de Montchoisy (1926-1929), la maison Ronde du quartier de Saint-Jean (1928), le garage des Nations (1935-1936) et le téléphérique du Salève (1932), affirment son caractère régionaliste, mais aussi profondément moderne, lorsqu'il utilise le béton en milieu urbain. Membre fondateur de la section romande de la Fédération des architectes suisses en 1909, puis conseiller en urbanisme pour la Ville de Genève avant la Première Guerre mondiale, Maurice Braillard est également un politicien actif, élu conseiller d'Etat en charge des travaux publics entre 1933 et 1936. Décédé en 1965 à Genève, il est enterré au cimetière des Rois de Plainpalais.

Le regretté Michel Simon

Michel Simon naît en 1895 à Genève. Très tôt, il partira pour Paris, mais il sera vite rappelé en Suisse au moment de la Première Guerre mondiale. Lors d'une permission, il tombera sous le charme de la performance du comédien Georges Pitoëff dans la pièce *Heda Gabler* d'Henrik Ibsen. Il rejoint sa troupe, qui s'établira en 1922 à Paris. Là, il commence une brillante carrière d'acteur. Mais c'est le cinéma qui l'a surtout rendu célèbre auprès du public, et notamment ses rôles dans *La Chienne* (1931) et *Boudu sauvé des Eaux* (1932) de Jean Renoir, dans *Drôle de drame* (1937) de Marcel Carné ou encore dans *Le Vieil homme et l'enfant* de Claude Berri (1966). Il s'éteint à Bry-sur-Marne, dans le Val-de-Marne, en 1975.

Paris, a grandi dans le canton de Vaud, à Nyon. Il a aussi réalisé ses premiers courts-métrages en Suisse, avant de repartir en France où il est devenu chef de file de la Nouvelle Vague. Du cinéma suisse romand, on retient également les noms de Claude Goretta, Lionel Baier, Jean-Stéphane Bron, Fernand Melgar ainsi que celui de Jacqueline Veuve dans le domaine du documentaire et de Freddy Buache, directeur de la Cinémathèque suisse de 1951 à 1996. Sans oublier Michel Sutter et Alain Tanner, les deux grands réalisateurs nés à Genève, avec l'acteur Michel Simon. Pour des projections de films anciens et récents, qui jalonnent l'histoire du Septième Art, rendez-vous dans les deux salles du cinéma du Grütli.

LITTÉRATURE

Genève a toujours attiré de nombreux artistes et en particulier des écrivains en quête d'inspiration. Ces derniers ont ainsi considérablement contribué à l'enrichissement du patrimoine culturel de la ville. Deux grands auteurs en particulier ont exercé une forte influence sur le développement du tourisme genevois : Jean-Jacques Rousseau et l'excentrique Lord Byron.

Des cinéastes genevois de renom !

Michel Soutter

Michel Soutter est né à Genève en 1932. En 1961, il entre à la Télévision Suisse Romande où il travaille comme assistant réalisateur, avant de devenir lui-même réalisateur, en 1966, avec son premier film, *La Lune avec les dents*. Suivront *Les Arpenteurs* (1971), *L'Escapade* (1972), mettant à l'honneur Marie Dubois et Jean-Louis Trintignant, puis *Repérages* (1977). Notons que Michel Soutter fut aussi l'initiateur du Groupe 5, une structure composée de cinéastes suisses s'appuyant sur le pré-achat par la Télévision suisse d'un film de format cinéma. Ce procédé eut non seulement l'avantage de lui permettre de réunir les fonds nécessaires à la réalisation de ses projets, mais aussi celui de favoriser la diffusion du cinéma suisse. Michel Soutter est mort en 1991 à Genève.

Alain Tanner

Né à Genève en 1929, Alain Tanner fonda en 1951, avec le célèbre réalisateur suisse Claude Goretta, le ciné-club universitaire de Genève. Toujours avec Claude Goretta, il réalisa en 1957 son premier film, *Nice time (Piccadilly la nuit)*. La décennie suivante, il fonde l'Association suisse des réalisateurs et élabore plusieurs courts-métrages. Les films les plus reconnus par le grand public seront ceux des années 1970, à l'image de *La Salamandre* et de *Jonas qui aura 25 ans en l'an 2000*, immergeant tous deux le spectateur dans les combats de prolétaires en proie aux désillusions inspirées par la société capitaliste. *Les années lumières* a reçu en 1981 le Gand Prix Spécial du Jury au festival de Cannes.

A noter que parmi de nombreuses personnalités, Genève a aussi reçu l'écrivain Fiodor Dostoïevski, qui participa en 1875 au Congrès de la paix et de la liberté aux côtés notamment de Victor Hugo et Bakounine. Genève a également accueilli le jeune Jorge Luis Borges, qui s'y réfugia pendant la Première Guerre mondiale, puis qui y mourut en 1986, mais encore le libertin vénitien Casanova, qui relate d'ailleurs dans ses *Mémoires* un épisode érotique déroulé à la villa Mon-Repos avec deux jeunes femmes. Enfin, Genève servit de cadre au *Fanal Bleu*, le dernier roman de Colette, qui s'installa à l'Hôtel Richemont en 1946.

Voltaire

Chassé du royaume de Prusse, ce célèbre poète, historien, philosophe et écrivain s'installa en 1755 à Genève, où il acquit le domaine de Saint-Jean, qu'il nomma « Les Délices ». Dans ce lieu, devenu aujourd'hui un institut et un musée entièrement dédiés à son œuvre et son temps, il reçut les personnalités les plus éminentes de la société mondaine genevoise, malgré une certaine défiance du peuple à son égard, due au mépris que Voltaire affichait à l'égard des calvinistes. En 1760, il quitta son domaine de Saint-Jean pour s'établir à Ferney (France).

Lord Byron

Poète britannique né en 1788 et grand voyageur, George Gordon Byron se rend en Suisse avant de continuer son voyage vers l'Italie. A Genève, il séjourna à l'Auberge de Sécheron puis, en 1818, dans la villa Diodati à Cologny. On raconte que Byron, fidèle à sa réputation d'excentrique, se promène armé de deux pistolets. Il aime à sortir en bateau les jours de tempête et manque plus d'une fois de se noyer. Sous l'un de ces ciels sombres, son batelier lui raconte la légende du prisonnier Bonivard, enfermé dans le château de Chillon. Byron visite alors la geôle de ce dernier et y trouve l'inspiration pour écrire *Le Prisonnier de Chillon*.

Frankenstein

Saviez-vous que ce personnage de fiction est originaire de Genève ? C'est en effet durant l'été 1816 que Mary Godwin, accompagnée de son futur mari et de sa demi-sœur, est venue rendre visite à Lord Byron et John William Polidori, qui résidaient à la villa Diodati, située dans la commune de Cologny. Lors d'une nuit d'orage, les convives se racontèrent des histoires de fantômes, jusqu'au moment où ils se mirent au défi d'en écrire chacun une durant la nuit. Mary ne sut pas honorer ce défi, mais, quelques jours plus tard, elle fît un rêve dans lequel apparaissait un étudiant penché sur la créature qu'il avait animée. En hiver 1816, Mary, désormais mariée au poète Percy Bysshe Shelley, elle commença la rédaction de *Frankenstein*, qu'elle publia en 1818.

Albert Cohen

Ce célèbre écrivain, poète et dramaturge né en Grèce en 1895 est arrivé à Genève en 1914, pour y étudier le droit. Peu après, il obtient la nationalité suisse, avant de publier en 1968 le roman *Belle du Seigneur*, dont l'intrigue se déroule en grande partie dans le Genève des années 1930. Pour ce livre, il reçut le Grand prix du roman de l'Académie française. Il décéda en 1981 à Genève.

Robert Pinget

Né à Genève en 1919, Robert Pinget y exerce la profession d'avocat jusqu'à ses 27 ans, âge auquel il part pour Paris, où il s'inscrit aux Beaux-Arts. Quelques années plus tard, il écrira son premier roman, *Entre Fantoine et Agapa*, publié en 1951. Proche de Jérôme Lindon, le directeur des célèbres *Editions de Minuit*, ce dernier publiera la quasi-totalité des romans et pièces de théâtre de l'auteur genevois, souvent cité par la critique comme l'un des représentants du Nouveau Roman. Ce mouvement littéraire des années 1953-1970 rassemble des auteurs, tels qu'Alain Robbe-Grillet, Marguerite Duras, Samuel Beckett ou encore Nathalie Sarraute, questionnant tous dans leurs écrits la position du narrateur et la nécessité de la présence des personnages. De la pièce *Abel et Bela* au roman *Monsieur Songe*, la plupart des œuvres de Pinget rendent ces questionnements sensibles, en invitant dès lors le lecteur à enquêter sur les potentialités de l'écriture romanesque.

Nicolas Bouvier

Le monde est le royaume de cet écrivain voyageur, davantage que la commune genevoise du Grand-Lancy où il naquit en 1929. Agé d'à peine seize ans, il la quitte déjà pour Florence. En 1951, il s'embarque avec le dessinateur Thierry Vernet pour un long périple, qui s'acheva à Kaboul. De cette aventure naîtra *L'Usage du monde*, un récit de voyage devenu culte. En quête de lui-même et du monde, Bouvier poursuivra seul sa route, pour gagner la Chine. Bloqué à Ceylan, il en profita pour rédiger *Le Poisson-Scorpion*, qu'il publiera vingt-cinq ans plus tard, en 1982. *La Chronique japonaise*, le *Journal d'Aran* et une multitude d'autres ouvrages immortaliseront le voyage au cœur des mots de ce grand homme genevois, qui s'éteignit à Genève en 1998.

Grisélidis Réal

Son nom ne vous dira peut-être rien, mais le parcours et l'œuvre de cette femme d'exception méritent d'être brièvement relatés. Née à Lausanne en 1929, Grisélidis Réal passe son enfance en Egypte et en Grèce, avant de suivre des études aux Arts décoratifs de Zurich. Sans ressource financière au début des années 1960, cette jeune divorcée mère de quatre enfants décide d'exercer le plus vieux métier du monde en Allemagne, puis à Genève, dans le quartier des Pâquis. Dans le courant des années 1970, elle deviendra l'une des « courtisanes révolutionnaires » les plus médiatisées, en luttant activement pour la reconnaissance des droits des prostituées. C'est à cette époque qu'elle écrit ses deux ouvrages les plus célèbres, *Le Noir est une couleur*, une autobiographie, et le *Carnet de bal d'une courtisane*, un petit répertoire dans lequel sont consignés les noms et pratiques sexuelles favorites de ses clients genevois. Décédée à Genève en 2005, elle est enterrée au cimetière des Rois de Plainpalais.

MÉDIAS

Genève dispose d'une importante offre médiatique, dont la radio, la télévision tiennent une grande part. Ainsi, la région genevoise est dotée d'une chaîne de télévison, *Léman Bleu*. *Web TV Genève* diffuse aussi de l'info en continu sur le net. Quant à la presse écrite genevoise, elle est assez diversifiée : les journaux peuvent être achetés en kiosques et dans des caissettes situées sur les lieux fréquentées (gares, arrêts Tram, etc...).

COLOR MY GENEVA

www.colormygeneva.ch
info@colormygeneva.ch
Site spécialement consacré à la culture urbaine et contemporaine, à consulter lorsqu'on ne sait comment occuper sa soirée.

MÉTÉO GENÈVE

www.meteo-geneve.ch
Le site météorologique de Genève.

SORTIR.CH

www.sortir.ch
Site internet agenda culturel.
Envie de sortir ce soir ? Consultez cet agenda culturel en ligne, proposant une sélection de spectacles, concerts, expositions... sur l'ensemble de la Suisse Romande. Sympa : il est possible de faire un tri par canton. Exemple : en cliquant sur GE, l'offre genevoise est proposée. Ce site est également accessible via le portail de la Radio Télévision Suisse (RTS), www.rts.ch, dont les programmes sont destinés au public francophone suisse

WEB TV GENEVE

20, rue des Grottes
www.webtvgeneve.ch – info@webtvgeneve.ch
Web TV.
Voilà un bon moyen de rester informé sur les actualités concernant la vie de la ville : cette télévision en ligne diffuse en continu des courts reportages, 7 jours sur 7 et 24 heures sur 24. Beaucoup d'images, de témoignages... une TV de proximité qui fait aimer Genève.

WWW.AGENDADEGENEVE.CH

www.agendadegeneve.ch
agenda@agendadegeneve.ch
Site pour se tenir au courant des événements sur Genève.

Presse écrite

LE COURRIER

✆ +41 22 809 55 66 – www.lecourrier.ch
Quotidien. Prix : du lundi au vendredi : 2,70 CHF. Edition du week-end : 3 CHF.
Le Courrier est un quotidien indépendant, couvrant l'ensemble de la Suisse romande. Il propose des analyses et des enquêtes, avec une vraie liberté de ton sur des sujets aussi variés que les problèmes sociaux, les rapports Nord-Sud, la solidarité, l'écologie, etc.. Chaque canton dispose de ses pages locales : on y trouve donc une vue essentielle de l'information à Genève. Le samedi, *Le Mag'* donne un bel aperçu de l'actualité culturelle. Il est possible de soutenir le quotidien par des dons.
✆ +41 22 989 53 10
www.radiofrontier.ch

LE MATIN

✆ +41 21 349 49 49
www.lematin.ch
Quotidien. Prix : 2,40 CHF du lundi au samedi. 4,50 CHF le Matin dimanche.
Ce quotidien est reconnaissable à la grande photo en une. Il se lit vite grâce à ses articles courts. Surtout axé sur les faits divers et le sport, il traite néanmoins brièvement l'actualité nationale et internationale. Le dimanche on trouve *Itv* ainsi que *Femina*, destinées aux femmes.

LE TEMPS

✆ +41 22 888 58 58
www.letemps.ch
Quotidien. Prix : 3,40 CHF en semaine, 4,20 CHF le samedi.
Fondé en 1998, ce quotidien très complet est diffusé partout en Suisse romande. Il est également lu en Suisse alémanique. Ses articles sont de qualité et ont vocation de traiter la politique suisse et internationale au travers de papiers de fond.

LA TRIBUNE DE GENÈVE

✆ +41 22 322 40 00
www.tdg.ch
Quotidien. Prix : 3 CHF en semaine, 3,60 CHF le samedi. France : 2,30 €.
La Tribune est le journal des Genevois. Chaque jour, un feuillet entier ne traite que d'actualité locale. Ses colonnes s'ouvrent également sur l'actualité nationale et internationale, et fait la part belle aux sports. *Le Guide Loisirs*, supplément culturel paraissant le samedi, couvre l'actualité des spectacles, cinémas, concerts, expositions et loisirs et sert également de programme de télévision. Une fois par mois, *La Tribune des Arts* offre un aperçu très complet des ventes aux enchères comme des expositions suisses et étrangères. *La Tribune* a développé son offre sur Internet, en proposant de l'actu en continu, des blogs, des images, des podcasts, des vidéos…

Radio

ONE FM

✆ +41 848 807 807
✆ +41 848 107 107
www.onefm.ch
agenda@onefm.ch
Fréquences : 107 FM.
Radio privée numéro un à Genève, One FM s'adresse principalement aux jeunes, avec les derniers tubes, les news musicales et people, des invités, des anecdotes et des animations mais aussi l'actualité de la région et des médias, le tout dans la bonne humeur. En plus des émissions musicales, comme *Club'inSide*, *Dance Floor One*, *Maximum Hit Music*, la radio découpe son programme du lundi au vendredi jusqu'à 16h en trois tranches horaires : des chroniques souvent humoristiques ou parodiques dans la One Team 6h-9h, et une « chronique éco » chaque vendredi matin ; des bons plans, sorties et news de 9h à 13h ; les meilleurs Hit de One FM de 13h à 16h. Et pour finir la journée dans la bonne humeur, les Colocs vous accompagnent de 16h à 20h !

RADIO CITÉ GENÈVE

✆ +41 22 309 09 50
www.radiocite.ch
92.2 FM.
Le programme met un accent particulier sur l'actualité sociale, économique, culturelle, artistique et religieuse dans la région genevoise. Futé recommande *Cité Mag*, rendez-vous quotidien en compagnie d'Anne-Catherine Clément et de Gilles Soulhac, qui ouvrent nos esprits sur la vie associative de Genève, les sorties, la culture, l'art et la jeunesse. Du lundi au vendredi à 11h et 17h, rediffusion le week-end. Les mercredis à 13h : *Parole de Femme* invite des Genevoises de divers horizons, lesquelles témoignent avec passion de manière personnelle et spontanée… Dans *Mix-Cité*, tous les lundis, mercredis et vendredis à 10h et 14h, on s'enrichit en découvrant les parcours, les histoires, les cultures et les infos de toutes les communautés présentes à Genève, en compagnie de Rayane Ben Amor. Sans oublier les *Portugalidades* et *Mess'ora Italia*, qui donnent l'antenne aux communautés lusophone et italienne… Riche programme à découvrir sur le site internet de la radio genevoise, où l'on nous propose les poscast.

RADIO SUISSE ROMANDE

✆ +41 58 236 36 36
www.rsr.ch
Fréquences : La Première 94.9 ou 91.2 FM. Espace 2 101.7 ou 100.1 FM. Couleur 3 104.4 ou 105.6 FM. Option Musique 90.8 FM.
La Radio suisse romande propose quatre stations avec chacune son identité. La Première est la station généraliste (magazines de la rédaction, infos toutes les heures, divertissements, etc.). Espace 2 est orienté vers la

culture et la musique classique. Couleur 3 est une chaîne jeune qui diffuse une musique variée hors du registre commercial. Option Musique diffuse des tubes d'hier et d'aujourd'hui en mettant l'accent sur la chanson francophone.

■ WRS
Images Building
9, rue de Veyrot
MEYRIN
✆ +41 22 989 53 10 / +41 22 989 53 11
www.worldradio.ch
Web radio.
La radio de la communauté internationale à Genève. Les programmes sont en anglais, avec une large part à l'information made in BBC, au monde, à l'économie et aux informations locales. Et, pour le plus grand plaisir de nos amis expatriés, une bonne dose de musique anglo-saxonne !

■ YES FM
12 Route des Jeunes
✆ +41 22 818 86 10
www.yesfm.ch
contact@yesfm.ch
Fréquence : 91.8 FM.
Principalement de la musique au programme de Yes FM, anciennement Radio Lac : les derniers tubes et les incontournables de la pop sont rythmés de jeux, de rubriques pratiques, de news musicales, d'interviews ou de chroniques. Sans oublier des rendez-vous d'information et la retransmission en direct des matchs du Genève-Servette Hockey Club.

Télévision

■ LÉMAN BLEU TÉLÉVISION
10 route des Jeunes
✆ +41 22 309 43 21
www.lemanbleu.ch
info@lemanbleu.ch
La télévision genevoise, chaîne de proximité, soucieuse de parler aux téléspectateurs de ce qui les touche. Politique, économie, culture, sports, elle permet de tout savoir sur Genève et sa région.

■ TÉLÉVISION SUISSE ROMANDE
✆ + 41 58 236 36 36
www.tsr.ch
La TSR est la chaîne nationale francophone. Depuis plus de cinquante ans, elle offre aux Romands des programmes très variés avec des émissions-cultes comme « Temps Présent » (reportages), « A Bon Entendeur » (le magazine des consommateurs), « Mise au Point » (actualité), sans oublier les journaux de midi, du soir et de la nuit. La chaîne TSR2, rediffuse une partie de ces programmes, quand elle ne se consacre pas aux retransmissions ou aux journaux sportifs.

MUSIQUE

Genève est une mélomane accomplie, particulièrement en été, lorsque la Fête de la Musique emplit ses rues et même ses monuments, le temps d'un concert. Mais Genève fut aussi la terre natale ou d'accueil de quelques musiciens de renom.

Franz Liszt

De prime abord, on pourrait penser qu'il n'y a que peu de liens entre ce compositeur né en Autriche en 1811 et Genève. Et pourtant, c'est à l'extrémité de la promenade Saint-Antoine, sur la place appelée depuis *Franz Liszt*, qu'il séjourne de 1835 à 1836 avec la comtesse française Marie d'Agoult, de six ans son aînée, qui avait quitté son mari et ses enfants pour vivre une passion secrète avec le musicien. Ensemble, ils auront deux filles dont l'une, Cosima, deviendra plus tard la femme de Richard Wagner.

Richard Wagner

La Suisse a reçu ce célèbre compositeur allemand à plusieurs reprises. Suite aux événements révolutionnaires de 1848, c'est à Zurich qu'il se réfugia l'année suivante, puis sur les bords du lac des Quatre-Cantons. En 1856, il passe pour la première fois à Genève, avant de s'y installer de 1865 à 1866, dans une villa proche du Jardin des Cropettes. Là, il se remet à la composition des *Maîtres chanteurs de Nuremberg*, le seul des opéras de Wagner à appartenir au genre de *comédie*.

Émile Jaques-Dalcroze

Né à Vienne en 1865, ce compositeur, pédagogue et chansonnier suisse s'établit à Genève dès 1875. C'est en enseignant au Conservatoire de Genève qu'il invente une pédagogie artistique mondialement connue : la rythmique. En effet, constatant que ses élèves n'avaient qu'une perception théorique de la musique, il décide de les faire bouger par la danse, des exercices de mouvements et des chansons. Il quitta Genève dès 1910 mais il y retournera durant la Première Guerre mondiale, avant de voir l'ouverture en 1915 d'un Institut à son nom. Promu citoyen d'honneur par la Ville, Emile Jaques-Dalcroze y poursuivra son œuvre jusqu'à sa mort en 1950.

Ernest Ansermet

Bien que né à Vevey en 1883, c'est à Genève que ce célèbre musicologue s'installa dès 1915. Une année plus tard, il prend la tête de l'Orchestre des Concerts d'abonnements de Genève. En 1918, il fonde l'Orchestre de la Suisse romande, en groupant des musiciens professionnels. De 1915 à 1923, Serge de Diaghilev lui confie la direction musicale de spectacles des Ballets russes, ce qui le fait connaître dans le monde entier. Etroitement mêlé dès lors à la musique vivante, il dirige Debussy, Ravel, Stravinski, Bartok, de Falla, Honegger et bien d'autres. Décédé à Genève en 1969, il est enterré dans le cimetière des Rois de Plainpalais.

PEINTURE ET ARTS GRAPHIQUES

Jean-Étienne Liotard

Né à Genève en 1702, Liotard reçu une formation de miniaturiste et d'émailleur à Paris, avant d'effectuer en compagnie de son ami lord Bessborough un voyage à Rome, suivi d'un long séjour à Constantinople. Durant ce voyage en Orient, Liotard réalisa de nombreux dessins, mais aussi des huiles et des pastels, constituant la partie la plus connue de son activité artistique. De retour en Europe, il devint en 1743 le peintre officiel de la cour des Habsbourg. Il mourut à Genève en 1789.

Jean-Pierre Saint-Ours

Jean-Pierre Saint-Ours est un peintre et dessinateur néo-classique d'origine française né à Genève en 1752. Il fut notamment l'élève à Paris de Joseph-Marie Vien, aux côté de Jacques-Louis David. Comme ce dernier, il réalisa un tableau sur le thème de *L'Enlèvement des Sabines*, qui remporta le Prix de Rome en 1780. Toutefois, il sera refusé à l'Académie de France à Rome, en raison de ses origines suisses. En 1792, il regagna la Suisse suite aux événements de la Révolution et y mourut en 1809. Certains de ses tableaux de paysages sont exposés au musée d'Art et d'Histoire de Genève.

Jacques-Laurent Agasse

Ce peintre animalier né à Genève en 1767 est l'un des rares artistes suisses à avoir étudié à Paris dans l'atelier du célèbre peintre Jacques-Louis David, auteur du *Serment des Horaces* notamment, puis sous la direction du peintre Jean Horace Vernet. En 1800, Agasse s'installa à Londres, où il exposa à la Royal Academy, avant sa mort en 1849.

Ferdinand Hodler

Bien que né à Berne (1853), Hodler a toute sa place dans cette rubrique artistique genevoise. En effet, c'est à Genève qu'il s'installa en 1872 pour y effectuer son apprentissage de peintre-décorateur dans l'atelier du peintre ingresque Barthélemy Menn. Quelques années plus tard, il exécuta de grandes compositions historiques comme *La Retraite de Marignan* (1897), avant de peu à peu laisser place à une peinture monumentale à l'atmosphère souvent mystique et à l'ordonnance rigoureuse, à l'image de son tableau *La Nuit* (1890). Durant les dernières années de sa vie, passées à Genève, il réalisa des portraits et des paysages qui influencèrent l'Expressionnisme allemand.

Émile Chambon

Peu connu internationalement, Emile Chambon n'en demeure pas moins un artiste de qualité. Peintre et dessinateur né à Genève en 1905, Chambon se familiarisa avec les œuvres d'artistes cubistes au cours d'un premier séjour à Paris qu'il effectua avec son père, en 1921. Toutefois, son œuvre demeure difficilement classable dans un courant artistique, bien que souvent qualifié de *peintre réaliste*. Avant sa mort en 1993, Chambon légua au musée de Carouge huit grands tableaux, que vous pourrez toujours admirer sur place. Quant à la Fondation Emile Chambon, qui vit le jour deux ans après le décès de l'artiste, elle organise régulièrement des expositions.

Festivités

Ville cosmopolite au rayonnement international, la contemporaine Genève est le théâtre de nombreuses manifestations et festivités de qualité qui font le bonheur des publics les plus divers (sportifs, gastronomes, mélomanes, amateurs de spectacles et d'art, adeptes de la scène underground, etc.). Elle représente, avec sa voisine Carouge, siège historique des soirées festives des Genevois, le berceau de nombreuses manifestations culturelles et sportives dont les sites s'étendent au-delà de la capitale, dans les communes du canton jusqu'à la France voisine. Des manifestations, festivals, animations et événements insolites majeurs sont organisés toute l'année, et particulièrement en été lorsque les beaux jours permettent de profiter pleinement des espaces urbains et des parcs, mis en valeur par la beauté de l'environnement lacustre et fluvial exceptionnels du lac Léman et du Rhône. La ville de Genève consacre un effort important au soutien de manifestations publiques gratuites et aux associations qui les organisent. Une occasion unique pour les visiteurs de prendre le pouls d'une ville et d'un canton qui savent allier traditions et avant-gardisme, au profit du plus grand nombre !

Renseignements : www.ville-geneve.ch – www.geneve-tourisme.ch – www.carouge.ch.

Janvier

ARTGENÈVE
Palexpo
30, route François-Peyrot
✆ +41 22 761 11 11
artgeneve13.ch – info@artgeneve13.ch
Du 30 janvier au 2 février 2014.
Salon international d'art. Succédant à Art by Geneva, Artgenève devient l'événement annuel d'art contemporain, moderne et de design. Une mosaïque d'artistes, de galeristes, d'éditeurs d'art et de musées provenant du monde entier, rassemblés pour mettre en lumière les tendances artistiques émergentes ou simplement pour que les amateurs d'art puissent trouver des pièces inédites pour leur collection privée. Ce panorama de l'actualité artistique contemporaine touche tous les domaines de la création : peinture, photographie, vidéo, sculpture...

Février

FESTIVAL ANTIGEL
Code postal 5635
www.antigel.ch – info@antigel.ch
Du 1er au 16 février 2014.
Le festival Antigel met à l'honneur la danse et la musique, et ce, dans divers lieux et communes de Genève. Pourquoi ne pas regarder un concert de pop-rock dans l'église de Carouge, s'émerveiller devant un spectacle de danse à la piscine ou encore sur la patinoire ? Les années précédentes, Patti Smith, Nada Surf, dEUS ou encore The Dø étaient présents.

Mars

AMR JAZZ FESTIVAL
AMR – Sud des Alpes
10, rue des Alpes
www.amr-geneve.ch – infos@amr-geneve.ch
Mi-mars.
Un excellent festival de jazz réunissant des artistes d'envergure internationale, européens ou américains, ainsi que des artistes locaux émergents ou confirmés.

Nettoyage du lac Léman !

Depuis 1992, c'est devenu un rituel ! Le 3e dimanche de septembre, environ 200 personnes (plongeurs, nageurs et accompagnateurs) se transforment en éboueurs pour débarrasser les rives de ses très nombreux et insolites déchets ; on a ainsi retrouvé, une année, un parcmètre (vengeance d'un automobiliste verbalisé !). C'est l'occasion aussi de se retrouver aux Bains des Pâquis le dimanche (dès 10h) pour finir la soirée autour d'une fondue, les pieds dans l'eau ! Une expérience unique et conviviale !

Pour connaître la date et en savoir plus : info@aqua-diving.ch. www.aqua-diving.ch – Tél. +41 79 606 25 06. Photos et comptes rendus des années précédentes : www.scuba-dream.ch

SALON INTERNATIONAL DE L'AUTO ET ACCESSOIRES

Palexpo
30, route François-Peyrot
www.salon-auto.ch
info@geneve-tourisme.ch
Début mars.

Voilà une manifestation pour les passionnés d'automobile : ce salon est une véritable référence dans le milieu, réunissant les constructeurs du monde entier et attirant plus de 700 000 visiteurs chaque année au Palexpo. Stands, animations et concours ponctuent la visite.

VOIX DE FETES

www.voixdefete.com
Du 12 au 16 mars 2014.

Rendez-vous genevois incontournable, depuis 1999, pour découvrir et confirmer les nouveaux talents francophones. Dans une quinzaine de salles, allant du Palladium au Chat Noir, le festival déborde Genève jusqu'au canton, et même à Annemasse dans les « bars en fête ». Des artistes confirmés comme des jeunes talents sont programmés pour tous les publics (15 000). Voix de Fêtes, c'est aussi l'équipe talentueuse du Chat Noir qui, par sa grande expérience de la programmation, sait dénicher et promouvoir quelques pépites – Gaetan Roussel y a par exemple été programmé bien des années avant sa Victoire de la musique !

Avril

MONTGOLFIADES INTERNATIONALES

www.montgolfiades.ch
Mi-avril (en fonction de la fenêtre météorologique).

Sous réserve des conditions météorologiques, cette grande manifestation aérienne anime la ville par un spectacle gratuit, populaire et coloré. Les MIG offrent un spectale exceptionnel le temps d'un week-end : 13 nations représentées. 5 vols répartis dans les 5 parcs importants de la ville : Bertrand, Bastions, Mon-Repos, La Grange et Eaux-Vives. Le gonflage de nuit des ballons, sur le tarmac de l'aéroport, peut attirer jusqu'à 1 500 spectateurs.

PRINTEMPS CAROUGEOIS

Carouge
✆ +41 22 307 89 87 / +41 22 307 89 75
www.printemps-carougeois.ch
Les 2 week-ends suivant Pâques.

La ville s'anime et le Musée de Carouge sort de ses murs. De nombreux spectacles s'organisent dans divers lieux culturels et symboliques comme le Théâtre de Carouge ou la place du Temple.

SALON INTERNATIONAL DES INVENTIONS

Palexpo
30, route François-Peyrot
www.inventions-geneva.ch
expo@inventions-geneva.ch
Début avril.

Le plus important salon de ce type au monde, avec plus de 600 exposants. D'innombrables inventions inédites sont exposées par des entreprises, des chercheurs, des inventeurs, des universités et des organismes privés et d'Etat.

Mai

CAVES OUVERTES

Canton de Genève
www.opage.ch
Fin mai 2014. 27e édition. Accès aux caves par navettes gratuites mises en place par les TPG (Transports Publics Genevois).

Les vignerons genevois ouvrent les portes de leur cave aux visiteurs pendant cette journée. Voilà l'occasion de découvrir et de déguster des crus de la région, dans une ambiance chaleureuse et bon enfant. Les dégustations sont le plus souvent accompagnées de produits du terroir à grignoter. On peut acheter son verre pour la journée, par exemple le millésime de l'année des vins genevois ou les crus élevés en fût de l'année précédente. Cette manifestation est organisée avec les producteurs par l'Opage, un organisme qui assure la promotion des vins de Genève (80 domaines, vendus sur Genève et en Suisse alémanique).

FÊTE DE L'ESPOIR

Stade du Bout-du-Monde
12, route de Vessy
www.espoir.ch
Fin mai 2014.

Cette grande manifestation populaire, gratuite, a lieu chaque année depuis 15 ans, le dernier samedi de mai. Elle a pour objectif de réunir des artistes de tous horizons. Faire de Genève, ce jour-là, la capitale de l'Espoir ! Rendre cette journée exceptionnelle, accessible à tous les publics, et en particulier aux familles, aux jeunes et aux plus défavorisés. Une très belle initiative de l'association « Pour y croire encore », qui œuvre pour rassembler pendant une journée de nombreuses personnalités du monde artistique (musique, littérature, cinéma, médias, sciences, économie, politique) autour d'un grand spectacle musical et de nombreuses animations intergénérationnelles et multiculturelles ! Le stade du Bout-du-

Monde accueille les visiteurs, de 14h à 2h du matin. L'après-midi : initiation à l'escalade, concerts, maquillage, concours, jeux, écran géant, et match de gala avec la participation des artistes. A partir de 17h, des artistes nationaux et internationaux se produisent sur scène, de 15 à 30 min chacun. La programmation est variée. Ainsi, on a pu voir Axelle Red, Maurane, MC Solaar, Thiéfaine, Alepok, Sinsemillia, Inna Modja, Joyce Jonathan... Ces artistes connus et reconnus acceptent de venir se produire gracieusement pour soutenir cette généreuse initiative. Les frais d'organisation sont financés en partie par la vente de petite restauration et de boissons sur place ; l'association reçoit en complément le soutien de la ville de Genève et celui de quelques entreprises genevoises. Buvettes et stands, ambiance très bon enfant qui vaut vraiment le déplacement. 2014 sera la 16e édition de la Fête de l'Espoir !

GENÈVE MARATHON

www.genevemarathon.ch
info@genevemarathon.org
Du 3 au 4 mai 2014. 10e édition.
Courir pour défendre une cause ! C'est la mission de Genève Marathon qui se mobilise pour l'UNICEF. Hommes et femmes courent dans 3 courses importantes : le marathon (42 km), le semi-marathon (21 km) et la Genevoise (5 km), exclusivement réservée aux femmes. A noter aussi, les courses juniors (de 1 à 3 km). Avec ses parcours magnifiques sillonnant la campagne genevoise et la rade, au cœur de Genève, le Genève Marathon for Unicef est un des temps forts du calendrier sportif de la région. Pour la 9e édition, 3 jours de fêtes sont prévus au bord du Léman pour les amateurs de course à pied, qui viennent des 4 coins du monde pour l'occasion.

SALON INTERNATIONAL DU LIVRE ET DE LA PRESSE

Palexpo
30, route François-Peyrot
www.salondulivre.ch
livre@geneva-palexpo.ch
Du 30 avril au 4 mai 2014.
Avec plus de 300 exposants à chaque édition, ce salon est l'un des plus grands de Suisse. Chaque année, un pays et sa littérature sont à l'honneur ainsi qu'une grande exposition d'art, un salon africain, un salon étudiant, un village BD, une cuisine des livres... Des dédicaces, des conférences et ateliers d'écriture animent le salon.

LA VILLE EST A VOUS

http : //evenements.ville-geneve.ch/vav/

De mai à septembre. Entrée libre et gratuite, tout public.

Une dizaine de quartiers de la ville participent à cette manifestation qui permet de se réapproprier l'espace public pour le transformer pendant un week-end en un lieu festif, convivial et artistique. Tout le quartier se mobilise pour organiser vide-greniers, fêtes de rues, animations, scènes musicales...

Juin

AMR AUX CROPETTES

Parc des Cropettes
Rue de Montbrillant
www.amr-geneve.ch
infos@amr-geneve.ch

Dernière semaine de juin. Du mercredi au dimanche.

Concerts et animations offerts dans le Parc des Cropettes, en plein air, par l'AMR (Association pour l'encouragement de la musique improvisée). Concerts en soirée la semaine et dès l'après-midi le week-end.

BOL D'OR MIRABAUD

Cercle de la Voile SNG
Port Noir
Cologny
www.boldormirabaud.com

Mi-juin 2014.

Créée en 1939, c'est la plus importante régate européenne de voiliers en bassin fermé. Organisée par le Cercle de la Voie de la Société Nautique de Genève (SNG), elle est ouverte au grand public. Chaque année, des concurrents venus de l'Europe entière se retrouvent sur la ligne de départ : 3 000 participants, environ 500 voiliers monocoques et multicoques inscrits (350 à l'arrivée avant la clôture, ou beaucoup moins selon les années) ; un parcours aller et retour de 66,5 milles nautiques (123 km), 30 heures de course maximum (entre 5h01mn et 19h33mn pour les plus rapides, selon les années et les vents). Le vainqueur en temps réel du parcours Genève/Le Bouveret/Genève remporte le Bol d'Or, qui est remis en jeu chaque année, sauf s'il est gagné 3 fois dans les cinq ans par le même propriétaire. 3 bateaux ont réussi ce défi en plus de 70 ans ! De prestigieux participants ont marqué l'histoire de la régate : Eric Tabarly en 1994 et plus récemment Russel Couts en 2006 (triple vainqueur de l'America's Cup), ou encore Alain Gauthier et Michel Desjoyaux en 2009. Depuis 2012, on peut suivre la course des bateaux (avec balises ou géolocalisation) en direct sur le site Internet du Bol d'Or et depuis son smartphone.

CONTER ENTRE VOISINS

Plan-les-Ouates
✆ +41 79 903 38 34
www.auboutduconte.ch
info@auboutduconte.ch

Derniers mercredi et week-end de juin.

Festival franco-genevois de contes qui se déroule sur 3 jours (fin juin) dans divers lieux du canton genevois et de France voisine, pour découvrir des conteurs sans compter ! Une balade historique à travers les sites régionaux, mis en couleur par des conteurs qui mêlent parole, chant et musique pour nous faire découvrir et aimer Genève et ses alentours.

FÊTE DE LA MUSIQUE

www.fetedelamusique.ch
fetedelamusique@ville-ge.ch

Mi-juin 2014.

La Fête de la musique est un véritable événement ! Organisée par la ville de Genève, avec ses partenaires, dans les rues de la ville, cette grande fête populaire fait descendre la musique dans les rues, avec des centaines de concerts en tous genres et un public de tous âges. Une fête élargie sur un grand week-end et les deux rives pour offrir des évènements et des animations musicales dans les lieux les plus divers, des plus simples aux plus prestigieux. Une équipe InfoTeam mobile se déplace à la rencontre du public dans les rues de la ville, pendant les trois jours, pour l'informer et distribuer gratuitement le programme. L'ambiance est à son comble et l'on peut se restaurer, un peu partout, dans les stands du Village des associations (bénéfices reversées pour des œuvres culturelles, sociales, éducatives et humanitaires), de spécialités venant du monde entier. Et pour rendre cette manifestation la plus écologique possible, de multiples actions ont été mises en place, dont une gestion des déchets avec des pompes à boisson et des flacons respectant l'environnement à la place des canettes d'aluminium, tandis que les gobelets sont consignés afin d'en limiter le nombre. Une Fête de la musique durable !

JARDINS OUVERTS

www.jardinsouverts.ch

2 samedis en juin.

Jardins Ouverts est un projet lancé par le Centre social protestant (CSP) pour susciter la curiosité et le soutien de ses actions sociales ; mais aussi pour inciter au partage de lieux conviviaux

(Cultiver le partage). En effet, deux samedis par an, en juin, les jardins privés s'ouvrent au grand public (sur inscription). Deux jours pour aller à la rencontre du monde des jardins, petits ou grands et de celui du CSP. A cette occasion, plusieurs propriétaires vous accueillent dans leur clos privé. Jardins de quartier ou jardins plus confidentiels se dévoilent pour recevoir en toute intimité, concerts, visites guidées, dégustations...

Juillet

AUBES MUSICALES

Quai du Mont-Blanc 30
✆ +41 22 732 29 74
www.aubp.ch
De mi-juillet à début septembre 2014.
Un festival inédit et original qui prend place aux Bains des Pâquis, pour saluer le soleil. Tous les matins de 6h à 7h, durant six semaines, des groupes de musique ou des spectacles sont programmés en hommage au jour qui se lève. Classique, jazz, chanson, musique traditionnelle, danse... Une manière bien agréable de commencer sa journée ou de la finir ! L'entrée est libre et le café est offert.

FÊTES DE GENÈVE

✆ +4122 909 70 70
✆ +41 22 909 70 00
www.fetes-de-geneve.ch
info@fetesdegeneve.ch
Dès mi-juillet à début août 2014.
C'est le point culminant de l'été, avec nombreux concerts et animations autour du Jardin anglais et de la rade de Genève ! A ne pas manquer ! Plus fastueux d'année en année (sous la responsabilité de Genève Tourisme et ses partenaires), il séduit les Genevois et les visiteurs qui se déplacent en nombre pour fêter ensemble la belle ville de Genève et son lac Léman, avec ses incontournables et ses nouveautés. Chaque année, une nouvelle thématique est déclinée comme fil conducteur de ces 3 semaines de fêtes (l'Inde, l'eau, etc.). Des fêtes qui se veulent ludiques, artistiques et didactiques !
Ses incontournables : en prélude aux Fêtes de Genève (dès le premier jour), le Jardin anglais s'anime tous les soirs avec des concerts en plein air et des espaces de restauration ; au programme également, l'élection de Miss Fêtes de Genève, Babyplage, le beach rugby, la Fête de la rade et son grand feu d'artifice pyromélodique, le SlowUp transfrontalier, et la course des serveuses et garçons de café.
Les nouveautés : une scène dansante (avec cours dès 16h) sur le quai Wilson, des démonstrations aéronautiques au-dessus de la rade, et des performances artistiques sur le thème (photographies, sculptures, installations, etc.). Chaque année, les Fêtes de Genève accueilleront à nouveau un pays comme hôte d'honneur.

MUSIQUES EN ETE

Parc de La Grange
✆ +41 22 418 36 18
www.ville-ge.ch/musiquesenete
Juillet et août.
Durant l'été, des concerts classiques, de jazz, de musique du monde et de variétés sont donnés dans des lieux d'exception à Genève, notamment au Victoria Hall (concerts extraordinaires), dans la cour de l'Hôtel de Ville (classique et jazz estival) ou sur la scène Ella Fitzgerald du parc de la Grange (Musiques colorées). Des concerts de très grande qualité, donnés par des artistes reconnus dont certains concerts sont gratuits, notamment les Musiques colorées : musiciens de la chanson, de la pop, du jazz ou de la soul (Alice Russell, El Gusto, Jamait, Bonga, The Vox, Selah Sue...). En cas de mauvais temps, replis dans les rocades du Conservatoire de musique et du Casino Théâtre.

ORANGE CINÉMA

Port-Noir
Quai Gustave-Ador
✆ +41 22 840 04 04
www.orangecinema.ch
De début juillet à fin août. Horaires variables. Entrée : 18 CHF, AVS et enfants de moins de quinze ans : 14 CHF. Abonnement transmissible 3 séances. Cartes Ciné Pass acceptées. Possibilité d'acheter les billets sur Internet.
Pour se rendre au Port-Noir, prendre la direction de Vésenaz. Ensuite on ne peut pas rater la structure. Orange Cinéma est désormais un rendez-vous qui compte l'été pour les cinéphiles. Un écran géant a été installé en bord de lac, et plus de 1 200 personnes peuvent regarder le film avec le lac et sa rive droite en arrière-plan. Les places n'étant pas numérotées, le premier arrivé est le premier servi ! On peut aussi boire un verre, grignoter ou dîner sur place en réservant sur Internet. Pour le programme, consulter le site ou les journaux. On se gare sans problème au nouveau parking du Port-Noir. Les films sont projetés par tous les temps, et en cas de pluie des pèlerines sont fournies. Conseil de *Petit Futé* : prévoir de toute façon sa lotion anti-moustiques et un bon pull-over...

LAKE PARADE

www.lakeparade.ch

1er ou 2ème samedi de juillet. Départ 16h, arrivée 20h.

Le rendez-vous incontournable des adeptes de la musique techno et house avec une parade (la Lake parade) le long des quais : du parc de Mon-Repos jusqu'au parc des Eaux-Vives, en passant par le pont du Mont-Blanc. Un grand moment festif, même les enfants y participent ! A l'arrivée, une nuit de Lake Sensation : des scènes mobiles et des dancefloors (dont un dancefloor solaire) sur les quais et devant le parc des Eaux-Vives. Plus de 250 000 personnes suivent cette manifestation !

Août

LA BATIE – FESTIVAL DE GENEVE

www.batie.ch

info@batie.ch

Fin août à mi-septembre 2014.

La Bâtie – Festival de Genève, c'est une programmation éclectique de musique, danse, performance et théâtre ayant lieu tous les ans : 50 spectacles dans 30 lieux à Genève, ses environs, et en France voisine. Dans un esprit très contemporain, les arts vivants sont à l'honneur pendant 16 jours. Pour découvrir les tendances les plus actuelles de la scène suisse et internationale.

BIM BADA BOUM

Chêne-Bougeries

✆ +41 78 808 49 68

www.bimbadaboum.ch

info@bimbadaboum.ch

Un week-end à la mi-août.

Bim Bada Boum, un festival international inédit pour jeune public. L'occasion de se retrouver en famille le temps d'un week-end, dans un lieu bucolique, à travers 1 001 activités ludiques et culturelles. Cirques, concerts, contes, magie, humour, jeux, animaux et autres surprises raviront les petits et les grands (près de 25 000 personnes). Un week-end de véritable partage entre les générations !

CIRQUE KNIE

Plaine de Plainpalais

www.knie.ch

De fin août à mi-septembre.

Un cirque de tradition ! La famille Knie perpétue en effet cet art depuis huit générations (1803), pour notre plus grand plaisir et toujours dans le plus grand respect des artistes et des animaux. Chevaux, éléphants, zèbres mais aussi acrobates, trapézistes, jongleurs et clowns raviront les petits et les grands sur la plaine de Plainpalais. Un cirque qui part également en tournée dans toute la Suisse, avec son zoo.

FÊTE NATIONALE

www.ville-geneve.ch

Le 1er août 2014.

La traditionnelle fête nationale suisse commémore chaque année, le 1er août : l'alliance entre les cantons d'Uri, de Schwytz et d'Unterwald en août 1291, dans la prairie du Grütli (près du lac des Quatre-Cantons), marquant la naissance de la Confédération. Bien que cet événement date de 700 ans, les Suisses le célèbrent depuis un siècle seulement ! Ce jour-là, chaque commune suisse est en fête. Sur la plaine de Plainpalais réaménagée, cette fête se veut ancrée dans la tradition et ouverte sur le monde. Discours, défilé aux lampions, spectacle patriotique, feu de joie et feu d'artifice animent Genève, ainsi que des traditions helvétiques bien vivantes, comme le combat des Reines (vaches de la race suisse de Hurens) et une ville d'un autre canton invitée d'honneur, mais aussi des groupes musicaux d'autres cultures (africaine, manouche, etc.). Un pont jeté entre la dimension nationale de Genève et sa vocation internationale et multiculturelle.

Septembre

FETE DES VENDANGES DE RUSSIN

Russin

www.fetedesvendangesrussin.ch

Mi-septembre 2014.

Chaque année, pendant le week-end de mi-septembre, le village de Russin célèbre la vigne et le vin avec la célèbre Fête des vendanges. De nombreuses caves et fermes, animées par des fanfares, des groupes musicaux ou folkloriques, offrent la possibilité de déguster les crus genevois accompagnés de petite restauration. Une véritable fête populaire ! Des bals dans les guinguettes sont organisés tard dans la nuit et, le dimanche, un cortège défile en début d'après-midi. Service spécial de transports assuré par NOCTAMBUS (gratuit) en soirée.

SEMAINE DU GOUT

Parc des Bastions

www.gout.ch

Mi-septembre 2014.

Une semaine nationale pour fêter le goût et découvrir la cuisine et les produits des cantons suisses. Pour réveiller vos papilles, dégustations et animations se déroulent dans tout le canton genevois. Traditionnellement à Genève, elle débute par la soupe des chefs ! Une vingtaine de grands chefs genevois et des cuisiniers de cantines scolaires emploient tout leur savoir-faire pour concocter des soupes à base de fruits et légumes, pour le plus grand plaisir des Genevois.

■ VOGUE DE CAROUGE

Carouge
Place de Sardaigne
carouge.ch
Premier week-end de septembre.
L'ancienne cité sarde s'anime pour accueillir artisanat, stands, forains, jeux, animaux, musique et cortège. On mange dans les rues et on se promène d'animations en animations de la place de Sardaigne à la place du Marché en passant par le parc Cottier ou le boulevard des Promenades. Voilà une petite fête populaire sans prétention mais tout à fait sympathique, parfaite pour une promenade en famille !

Octobre

■ SALON INTERNATIONAL DES CHOCOLATIERS ET DU CHOCOLAT

Bâtiment des Forces Motrices
2, place des Volontaires
✆ +41 22 347 30 00
www.salondeschocolatiers.com
info@salondeschocolatiers.com
Début octobre 2014.
Le rendez-vous de l'excellence et de la créativité avec les meilleurs artisans internationaux. Au programme : des dégustations, des conférences inédites, un espace convivial pour les enfants et plein de surprises chocolatées ! Chaque année, le salon choisi un thème comme fil conducteur spécifique, toujours aussi succulent et attirant, d'année en année.

Novembre

■ LES AUTOMNALES

Palexpo
30, route François-Peyrot
Grand-Saconnex
www.automnales.ch
Du 7 au 16 novembre 2014.
Les Automnales, qui ont remplacé la Foire de Genève, réunissent pendant 10 jours plus de 650 exposants autour des domaines de l'habitat, de la gastronomie, de la mode et de l'art. Cette grande vitrine commerciale permet d'avoir une vue d'ensemble sur de nombreux secteurs d'activités. Que l'on veuille réaménager son intérieur, enrichir sa cave à vin, s'habiller de la tête aux pieds ou découvrir les dernières innovations du multimédia, c'est ici qu'il faut venir. Cette foire d'automne intègre également le salon de l'Art du mouvement, une fusion entre le salon des Arts martiaux et sports de combat et Expo danse. Les visiteurs peuvent participer à des animations avec la Ferme ou les ateliers de *relooking*, déco, etc., et se restaurer dans une quinzaine de restaurants dont le gastronomique Table des Chefs !

■ FESTIVAL TOUS ÉCRANS

Maison des Arts du Grütli
16, rue du Général-Dufour
✆ +41 22 809 69 20
www.tous-ecrans.com
info@tous-ecrans.com
Début novembre 2014.
L'unique festival à mettre en rapport le cinéma et la télévision, souvent considérés comme les frères ennemis. Chaque année, la première semaine de novembre (du vendredi au jeudi), la maison des Arts du Grütli accueille ce festival qui a pris en 2012 le nouveau nom de Festival Tous Ecrans. Il va au-delà des frontières entre télévision et cinéma et s'intéresse avant tout à la qualité artistique des productions. De notoriété internationale, ce festival est destiné aux professionnels, avec des conférences et des colloques traitant des enjeux actuels du secteur, mais il s'adresse aussi au grand public, avec un programme de qualité et des rencontres avec les cinéastes.

■ FILMAR EN AMERICA LATINA GENEVE

17, rue Necker
✆ +41 22 732 61 58
www.filmaramlat.ch
Dès mi-novembre à début décembre 2014.
Découverte du cinéma hispanique pendant trois semaines, en novembre, à divers endroits de Suisse romande et en France voisine. Les principales projections ont lieu dans les salles de Genève (cinémas Grütli, Bio à Carouge, etc. – voir programme sur le site Internet deux semaines avant le festival). Chaque année, un pays est à l'honneur. L'occasion de découvrir les réalités d'un peuple et l'actualité cinématographique de ses réalisateurs, présents pour certains. Une exploration contemporaine passionnante de ce continent, à travers le Septième Art.

Décembre

■ CONCOURS HIPPIQUE INTERNATIONAL

Palexpo
Route François-Peyrot
www.chi-geneve.ch/
Début décembre 2014.
Finales de la Coupe du monde de saut d'obstacle et d'attelage sur la plus grande arène équestre *indoor* du monde. Un spectacle exceptionnel et unique en Suisse.

■ COUPE DE NOEL

Jardin anglais
www.coupedenoel.ch
Mi-décembre 2014.
Voilà un concours interdit aux frileux ! En effet, la Coupe de Noël est un concours de natation ayant lieu dans les eaux glaciales du lac, un dimanche de décembre. Des participants courageux et festifs car nombre d'entre eux rivalisent d'originalité pour leur costume de bains ! Avis aux amateurs...

■ COURSE DE L'ESCALADE

Promenade des Bastions
escalade.ch
Début décembre 2014.
Chaque année, le premier samedi de décembre, se déroule dans les rues de la vieille ville de Genève la célèbre Course de l'Escalade. Cette course populaire s'adresse à tous, athlètes de haut niveau ou coureurs amateurs, enfants comme adultes. Les distances parcourues varient de 2 à 8 km selon les catégories. Les courses ont lieu dans les rues étroites de la vieille ville et s'achèvent dans le parc des Bastions. Ce n'est pas réellement une compétition, l'objectif est de s'amuser et, pour ce faire, les participants sont invités à effectuer la course vêtus du déguisement de leur choix. Une manifestation sportive populaire et festive !

■ FÊTE DE L'ESCALADE

www.1602.ch
Mi-décembre 2014.
La Fête de l'escalade commémore la victoire des Genevois sur leurs assaillants savoyards le 12 décembre 1602. Aujourd'hui, en souvenir de cette victoire synonyme de l'indépendance de Genève, des défilés historiques en costumes du XVIIe siècle, des jeux, des stands de vin chaud, des concerts animent la manifestation. Les enfants chantent, en costumes, de bistrot en bistrot (notamment le chant patois « Ce q'uè l'ainô » qui raconte cet épisode), tandis que la compagnie 1602 défile en costumes et à cheval. A cette occasion, le passage de Monetier (fortifications romaines) est exceptionnellement ouvert au public. La tradition est d'offrir un verre de vin chaud à la sortie du passage ou un bol de soupe fumante de Mère Royaume – celle qui assomma un Savoyard avec sa marmite – sous l'ancien Arsenal. Depuis, le 12 décembre au soir, la tradition veut que chaque famille dispose d'une marmite en chocolat frappée aux armes de Genève et remplie de légumes au massepain, tandis que le plus vieux et le plus jeune la brisent en chantant la première strophe de « Ce q'uè l'ainô » !

■ SUPERCROSS INDOOR

Palexpo
Route François-Peyrot
Grand-Saconnex – www.dpo.ch
5 et 6 décembre 2014.
Le Supercross international de Genève accueille un concours et des démonstrations de cross et de jump sur la plus longue piste *indoor* d'Europe. Le 1er week-end de décembre, les meilleurs pilotes du monde sont réunis pour cette manifestation qui allie sport et spectacle. Parallèlement, se déroule une exposition de motos et d'accessoires regroupant la majorité des constructeurs et fournisseurs du milieu motocycliste.

Cuisine suisse

La fondue et les rösti font partie intégrante de la culture suisse et vous trouverez quelques restaurants genevois qui les proposent. Cependant, chaque canton a ses spécialités, et celles du canton de Genève ne décevront personne ! Les repas suivent le même ordre et se prennent aux mêmes horaires que les repas français, mais ne sont pas désignés de la même manière (excepté dans les hôtels qui s'adaptent à une clientèle internationale) ; ainsi, on ne prend pas un petit déjeuner mais un déjeuner, on dîne à midi et on soupe à l'heure du dîner. Pour une plus grande clarté et pour préserver la cohérence du guide, nous garderons l'appellation internationale usuelle.

PRODUITS CARACTÉRISTIQUES

Produits de l'agriculture

- **Les cardons épineux de la plaine de Plainpalais**, le seul légume a bénéficier d'un AOC. Ils ont été introduits à Genève par les maraîchers du sud de la France, suite à la révocation de l'Edit de Nantes. Le cardon est un légume que les Romains connaissaient déjà. La variété la plus cultivée à Genève est le cardon épineux argenté de Plainpalais, qui n'est cultivé qu'ici.
- **La poire à rissoles**, une variété ancienne tombée dans l'oubli. Trop dure pour être croquée, elle ne peut-être déguster crue et nécessite une cuisson d'environ 2h et une réduction en compote. Elle sert de base à la confection d'une garniture de pâte brisée cuite au four : les fameuses rissoles genevoises. Cette variété suscite un intérêt nouveau auprès des consommateurs et des producteurs.

Viandes et poissons

- **La longeole** est l'une des fiertés culinaires du canton, produite surtout en hiver, et bénéficiant de l'appellation IGP. La plus ancienne recette connue de cette saucisse de porc remonte à la fin du XIXe siècle. Celle-ci décrit une longeole composée de viande de porc, de lard de bajoue et/ou de nuque, de couenne crue assaisonnés avec sel, poivre, et graines de fenouil (parfois avec ail et échalotes). Elle doit être pochée 2h30 à 3h dans l'eau frémissante pour la chair s'attendrisse, et s'imprègne des sucs gélatineux de la couenne.
- **Dans le lac Léman, on pêche la féra,** que l'on mange en poisson entier, en filets, fumé, sous forme de mousse ou encore de terrine. Ainsi que des perches, des truites, des brochets et, un peu plus rarement, des ombles chevaliers et des écrevisses.

Genève Région – Terre Avenir : un label pour les produits agricoles genevois !

Ce label, géré par la Direction Générale de l'Agriculture et soutenu par l'OPAGE, est la marque de garantie des produits agricoles genevois. Ses objectifs ? Favoriser la consommation de produits locaux, qui respectent les contraintes écologiques de production et les conditions sociales des ouvriers agricoles genevois. Cette marque défend quatre principes : la qualité, la proximité, la traçabilité et l'équité. Il contribue à l'engagement des producteurs, des partenaires de transformation et de distribution, et des consommateurs également, qui contribuent ainsi à la pérennité d'une production agricole de qualité, équitable. Chez le petit commerçant comme dans la grande distribution, le consommateur, en repérant la marque *Genève Région – Terre Avenir,* peut identifier et choisir la production locale du canton genevois répondant à ces critères. Un programme d'action a également été mis en place pour favoriser ces produits locaux dans la restauration collective. Terre Avenir, c'est aussi un club dont l'objectif est de rapprocher ville et campagne.

Renseignements : club@opage.ch – www.opage.ch – www.terre-avenir.ch

EAU DE GENEVE

Depuis le printemps 2009, SIG (Services Industriels de Genève), une entreprise de droits publics chargée, entre autres, de la gestion du réseau d'eau potable ainsi que de celle du jet d'eau de Genève, a lancé sa marque : Eau de Genève, purement et simplement ! Une eau du robinet, d'excellente qualité (équilibrée en sels minéraux), qui provient principalement du lac Léman et aussi des nappes phréatiques de l'Arve et du Genevois. Chaque année, à l'occasion d'évènements (journées Eau de Genève organisées pendant le marathon, etc.), SIG installe des animations et un bar à eau où on distribue l'Eau de Genève. SIG propose également la vente de très jolies carafes « designées » – habillées par l'artiste Ben Vautier et par l'artiste genevois ZEP, créateur de Titeuf, ainsi que des gourdes originales « Eau de poche », pour l'emporter avec soi ! Ces carafes et ces gourdes sont en vente sur le site du SIG ou à l'espace ExpoSIG (Pont de la Machine), ainsi qu'une série de trois T-shirts, depuis l'été 2012 : les bénéfices des ventes sont entièrement reversés aux associations œuvrant pour rendre l'eau, potable, dans les pays en voie de développement. Une bien jolie manière de défendre son patrimoine et de préserver l'environnement : boire 2 litres d'eau par jour pendant 1 an, au robinet, revient à effectuer 2 km en voiture, tandis que boire cette même quantité en important des bouteilles d'un pays européen, reviendrait à rouler jusqu'à 2 000 km ! Enfin, l'application Eau de Genève pour smartphone permet de localiser la fontaine publique la plus proche pour se désaltérer.
Renseignements : www.sig-ge.ch/eaudegeneve/

Mets au fromage

- **Le Malakoff** est un délicieux beignet au fromage et à l'œuf, introduit dans le canton de Genève à la fin du XIXe siècle. Il existe de nombreux restaurants de Malakoff sur la côte, entre Genève et Lausanne.

- **La fondue** est une spécialité suisse, de la région de Gruyère. Quelques restaurants genevois vous proposeront l'une de ses deux recettes. En effet, on différencie la fondue « moitié-moitié », qui se compose d'un savant mélange de vacherin et de gruyère de montagne, et la « pure vacherin », plus solide. Un petit conseil : évitez de boire de l'eau froide en la dégustant, elle risquerait de durcir le fromage brûlant dans l'estomac et de compliquer la digestion. Enfin, n'hésitez pas à déguster ce que tout le monde se dispute à la fin, la Religieuse.

- **La raclette** est une spécialité suisse originaire du canton du Valais. Comme son nom l'indique, elle se savoure en raclant le fromage, de lait de vache. A Genève, elle est à l'honneur lors des fêtes locales.

- **La croûte au fromage** se compose d'une épaisse tranche de pain grillé, imbibée de vin blanc et recouverte de fromage. Elle peut être accompagnée d'un œuf ou d'une tranche de jambon par-dessus.

- **Le vacherin Mont d'Or**, originaire du canton du Jura, est largement répandu dans le canton de Genève. Fromage à pâte molle et à la consistance crémeuse, il est contenu dans une sangle en épicéa et se déguste à la cuillère, chaud ou froid.

Desserts et friandises

- **Les bricelets,** sucrés ou au cumin, sont des sortes de gaufres fines et croustillantes cuites dans un fer à bricelets.

- **Les figasses** sont de petits gâteaux aux fruits divers préparés dans la campagne genevoise à l'occasion des fêtes locales.

- **Les pavés** sont de petits cubes de chocolat tendre enrobés d'une fine couche de cacao. Ils ont été inventés dans les années 1930 par des chocolatiers genevois.

- **La tarte aux pruneaux** est traditionnellement savourée durant le Jeûne genevois qui a lieu le jeudi qui suit le premier dimanche de septembre.

- **Le bircher müesli** est une recette suisse appréciée dans le monde entier. Un produit naturel à haute teneur en germes de blé avec des céréales et des flocons de fruits. A savourer avec du lait, du yaourt et des fruits frais.

▶ **Le bonbon aux herbes** signé *Ricola*, connu internationalement, est produit dans le canton de Bâle-Campagne. Sa recette est précieusement gardée dans un coffre, à l'abri des concurrents potentiels.

Boissons

▶ **L'eau du robinet** est d'excellente qualité à Genève, mais il arrivera que certains restaurants refusent de vous donner une carafe gratuitement. Il faudra alors commander une bouteille d'Henniez, dernière source d'eau minérale rachetée en 2007 par Nestlé.

▶ **Autre boisson très appréciée** dans toute la Suisse : Rivella. Cette sorte de limonade à base de lactosérum se décline en différentes couleurs : rouge, bleue (sans sucre), et verte (aux extraits de thé vert).

▶ **Avec ses 1 400 hectares de vignoble,** le canton de Genève produit des vins de qualité et de plus en plus de vins bio. Les plus connus sont sans conteste le chasselas, le chardonnay, l'aligoté, le gamay, le pinot noir, le gamaret, le garanoir et le merlot.

DÉCOUVERTE

RECETTES

La marmite de la Mère Royaume

Cette recette, dédiée à la Mère Royaume qui se rendit célèbre pour s'être opposée à l'invasion savoyarde de 1602 en vidant sa marmite de soupe sur les envahisseurs, est ici prévue pour 5 personnes.

▶ **Ingrédients :** 500 g de lard, 1 kg de pommes de terre, 1 gros oignon, 3 poireaux, 150 g de riz.

▶ **Préparation :** mettez le lard dans une marmite avec 4 litres d'eau salée. Epluchez, lavez et émincez ensuite les pommes de terres, l'oignon et les poireaux. Assaisonnez la préparation et la mettre sur un bon feu. A ébullition, écumer la préparation et laissez cuire doucement pendant 2 heures. Retirez le lard une fois cuit et, 25 minutes avant de servir, ajoutez le riz. Enfin, vous couperez le lard en tranches minces et pourrez soit le laisser dans la marmite, soit le servir à part.

Les vins du canton de Genève

Troisième canton viticole de Suisse avec ses 1 400 ha de vignes, le canton de Genève produit 11 millions de litres par an ! Un sol tantôt sablonneux, tantôt argileux, et un climat doux sont autant d'atouts pour ce domaine de viticulture vieux de 2 000 ans. Après une apogée au XVIIIe siècle et une période très difficile au XIXe siècle (avec la rude concurrence des vins français et la maladie du phylloxéra), le vignoble genevois se redresse et développe des vins de haute lignée. Une AOC (Appellation d'Origine Contrôlée) reconnaît depuis 1988 le fruit exigeant de ce labeur. Traditionnellement des blancs de cépage chasselas et des rouges issu du gamay, les vins genevois tentent aussi l'avant-garde avec l'implantation de nouveaux cépages : chardonnay blanc, pinot blanc et gris, viognier, gewürztraminer entre autres pour les vins blancs, pinot noir, garamet ou garanoir, cabernet sauvignon, cabernet franc pour les vins rouges. Le fameux cépage noir gamaret ou garanoir a été obtenu à partir d'un croisement de gamay et de reichensteiner dans les années 1970, à Pully (canton de Vaud), et sa production est confidentielle, puisque limitée aux vignobles stiués autour du lac Léman. De nouvelles spécialités genevoises apparaissent, vinifiées à partir de cépages comme la petite arvine, le savagnin et le nebbiolo. Aujourd'hui, le domaine genevois représente 95 caves – même l'Etat de Genève possède un domaine – et la moitié des vins biologiques suisses mûrit dans le canton. Des vins appréciés par les amateurs comme par les professionnels (carte conséquente dans de nombreux restaurants de qualité) et qui font la fierté du Canton de Genève. Des manifestations, animations, dégustations et cours d'œnolologie sont organisés toute l'année pour faire découvrir et promouvoir la viticulture genevoise (Fête des vendanges à Russin, Caves Ouvertes...).Site Internet : www.lesvinsdegenève.ch

Fricandeau de veau à la genevoise

Ingrédients (pour 5 personnes) : 1 kg de longe de veau, 200 g de lard gras, 100 g de lardons, 4 dl de vin blanc, poivre, sel et farine.

Préparation : lardez 1 kg de longe de veau avec 200 g de lard gras puis assaisonnez avec sel et poivre. Après avoir fait revenir les lardons, ajoutez la viande, accompagnée de matière grasse et d'une grosse cuillerée de farine. Dorer la préparation au four en l'arrosant souvent avec de l'eau. Ajoutez ensuite le vin blanc. Une fois cuite, retirez la viande du four et réduisez la sauce à sa consistance normale. Vous pourrez accompagner la viande de pâtes.

Rissoles genevoises

Ingrédients (pour 4 personnes) : 1 kg de poires à cuire, 100 g de raisins secs, un citron, du rhum, de la pâte brisée, 1 œuf.

Préparation : épluchez les poires puis coupez-les finement. Faites les ensuite cuire dans un petit peu d'eau jusqu'à ce que leur consistance soit tendre et qu'il ne reste pratiquement plus d'eau dans votre casserole. Parallèlement, faites tremper une poignée de raisins secs dans de l'eau tiède. Après avoir écrasé les poires et ajouté dans la préparation initiale un peu de sucre, le zeste et le jus d'un demi-citron, rajoutez les raisins égouttés dans la casserole. Vous pouvez aussi y ajouter un peu de cannelle. Faites cuire cette marmelade jusqu'à bonne consistance puis parfumez-la avec un peu de rhum, avant de laisser refroidir le tout. Préparez ensuite la pâte brisée en la découpant en cercle, à l'aide d'un verre par exemple. Farcissez les cercles de marmelade, dorez à l'oeuf la pâte et glissez la préparation dans un four chaud pendant 15 min. Servez tiède.

Référence : Lamotte, Jean, *Les Fumets du Terroir genevois*, Genève, Slatkine, 2000.

Jeux, loisirs et sports

Grâce à un environnement privilégié, entre lac et montagnes, Genève offre la possibilité de pratiquer quasiment tous les sports possibles et imaginables. Plus que tout autre sport, le hockey sur glace remporte ici un franc succès et l'ambiance est toujours très vive lors des matchs impliquant le Genève-Servette Hockey Club à la patinoire des Vernets. Chaque année, la voile est également à l'honneur avec le bol d'or Mirabaud.

DISCIPLINES NATIONALES

Le football

La sélection helvétique, entraînée depuis le 1er juillet 2008 par Ottmar Hitzfeld, est actuellement classée 14e au classement FIFA. Au cours de la dernière coupe du Monde de la FIFA en Afrique du sud, elle s'est notamment fait remarquer en battant le champion d'Europe, l'Espagne, avant d'être éliminée en phase de groupe.

D'autre part, la Suisse est reconnue pour ses jeunes talents. Ainsi, l'équipe de football suisse des moins de 17 ans est devenue championne d'Europe en 2002, puis du monde en 2009.

Le hockey sur glace

Il s'agit de l'un des sports les plus populaires de Suisse. Au niveau cantonal, l'équipe Genève-Servette hockey club, entraînée par Chris McSorley, fait partie de l'élite du hockey suisse. En effet, elle a été deux fois finaliste en 5 ans du championnat suisse. Quant à l'équipe nationale, elle occupe le 7e rang au classement IIHF 2013.

Les disciplines alpines

Le terrain montagneux de la Suisse a évidement favorisé l'émergence des sports alpins en disciplines nationales. Dans les années 1980, le ski alpin suisse a été largement récompensé dans des compétitions mondiales. Ainsi, parmi les sportifs les plus connus de la discipline, on compte Pirmin Zurbriggen, qui remporta la coupe du Monde masculine en 1984, 1987, 1988 et 1990, Vreni Schneider, qui remporta dans les années 1980 14 courses, Erika Hess, Franco Cavegn, et plus récemment Didier Cuche, qui remporta notamment en 2009 une médaille d'or en super G au championnat du Monde de Val d'Isère. Le saut à ski est aussi très bien représenté en Suisse en la personne de Simon Ammann, qui est le seul sauteur de l'histoire à avoir remporté quatre titres olympiques en individuel, deux lors des Jeux olympiques d'hiver de 2002 et deux en 2010. Il a également décroché deux titres de champion du Monde en 2007 sur grand tremplin, en 2010 en vol à ski. Quant au ski alpin, Carlo Jankas a remporté le titre de champion suisse en 2010 avec le parcours de slalom géant.

Le tennis

Après le football, la Fédération du tennis compte le plus grand nombre de licenciés. Pour les Suisses, le tennis évoque le Genevois Marc Rosset, Roger Federer, qui est le recordman des victoires de tournois en Grand Chelem (17), Stanislas Wawrincka, classé parmi le top 10 des meilleurs joueurs mondiaux, ou encore Martina Hingis, qui fut la plus jeune numéro 1 mondial en 1997.

ACTIVITÉS À FAIRE SUR PLACE

Autour du lac

Baignades, pédalo, croisières, plongée, wakesurf, ski nautique, toutes les activités nautiques se pratiquent sur le lac Léman, et il est possible d'acheter ou de louer le matériel sur place. Il est également possible de pratiquer des activités extrêmes comme le parapente, plutôt du côté du Salève.

Genève est aussi une ville très agréable à découvrir en vélo. Ainsi, les cyclistes disposent ici de nombreux circuits, dont le plus beau est sans conteste le long du lac.

Randonnée

La randonnée est très prisée des Genevois. La géograhie de la Suisse s'y prête parfaitement, d'où les très nombreuses possibilités de circuits. En effet, plus de 50 000 sentiers balisés sont répartis sur le territoire, ainsi que des parcours didactiques, ponctués de panneaux explicatifs sur l'environnement immédiat des marcheurs. La France voisine est aussi idéale pour la randonnée. Ainsi, une ascension du Salève sera bienvenue. En hiver, vous pourrez aussi vous familiariser, en France voisine comme en Suisse, avec le *nordic walking*, une technique qui s'apparente à celle du ski de fond.

Sports d'hiver

Il existe de nombreuses stations de ski près de Genève. Parmi elles, citons Les Diablerets, les Pléiades et Leysin en stations vaudoises, mais aussi, côté français, les Habères, le Morillon, le Grand-Bornand et la Clusaz, située sur le massif des Aravis. Pour de plus grandes stations, nous vous conseillons de vous rendre dans le canton du Valais, où les stations de Crans-Montana, de Morgins, de Nendaz ou de Zermatt sauront vous séduire.

Navigation en tout genre sur le lac.

Enfants du pays

John Armleder (1948)

Cet artiste genevois se forma à l'Ecole des beaux-arts de Genève entre 1966 et 1967. En 1969, il est cofondateur avec P. Lucchini et C. Rychner du groupe *Ecart*, influencé par la démarche dadaïste et le mouvement *Fluxus*. En 1984, il organise à Genève l'exposition *Peinture abstraite*. Son œuvre, très riche, se compose de dessins abstraits, de performances et de mises en scène de peintures abstraites et d'objets dans l'espace. Ainsi, il crée en 1979 son premier meuble peint. Par ailleurs, son travail a aussi pour objectif de questionner le spectateur, à l'image de sa peinture abstraite *Sans titre*, datant de 1984. Depuis 1987, il crée des œuvres minimales aux couleurs décoratives.

Jean-Luc Bideau (1940)

Cet acteur genevois, que le grand public français reconnaît surtout pour le rôle du docteur Strauss qu'il tenait de 1998 à 2002 dans la série télévisée comique *H*, s'est passionné très tôt pour le théâtre. Ainsi, il réussit, après son baccalauréat, le concours d'entrée du prestigieux Conservatoire de Paris. Son début sur les planches se fera sous la direction de Jean Vilar, dans la pièce *Arturo Ui* de Berthold Brecht. En 1967, il apparaîtra dans *Le Voleur* de Louis Malle, juste avant de revenir en Suisse, où il obtiendra des rôles pour les films des réalisateurs les plus connus du pays, tels Alain Tanner, Michel Soutter ou encore Claude Goretta. Suite à ces succès, il aura l'occasion d'exprimer son talent dans les films des plus grands réalisateurs français, à l'image de Jean-Luc Godard (*Passion*, 1981), Jean-Pierre Mocky (*Y a-t-il un Français dans la salle ?*, 1982 ; *Les saisons du plaisir*, 1987), Claude Sautet (*Un cœur en hiver*, 1991), Bertrand Tavernier (*La Fille de d'Artagnan*, 1993) et Jean-Jacques Annaud (*Sa Majesté Minor*, 2007).

Philippe Chevrier (1960)

Né à Genève, Philippe Chevrier se passionna dès son plus jeune âge pour la cuisine. Entre 1976 et 1979, il effectue son apprentissage au sein du restaurant *Le Chat Botté* de l'Hôtel Beau Rivage de Genève. Suivront deux engagements comme commis dans des établissements suisses de renom et deux stages lui permettant d'acquérir des connaissances dans les domaines de la boulangerie et de la pâtisserie. Mais sa notoriété publique commencera à voir le jour lorsqu'il reprend, en 1987, le *Domaine de Châteauvieux*, situé dans la commune genevoise de Satigny. Deux ans plus tard, il en devient propriétaire, avant d'obtenir son premier macaron au guide Michelin, en 1991. Il recevra le deuxième en 1994, et sera fait Chevalier de l'ordre du mérite agricole en 1996. Sa cuisine française audacieuse lui vaudra également d'excellentes notes au Gault-Millau. Aujourd'hui, Philippe Chevrier est propriétaire de nombreux restaurants et organise régulièrement des croisières gastronomiques sur le lac Léman.

Alain Morisod (1949)

Pianiste, chanteur, animateur télé et producteur né à Genève. Après des études de Droit à l'Université de Genève, il commence sa carrière en accompagnant au piano des artistes confirmés tels qu'Arlette Zola, l'humoriste français Fernand Raynaud et Henri Dès. En 1971, il sort son premier album, qui se vendra à plus de deux millions d'exemplaires. En 1977, il créé, pour participer au Concours Eurovision de la chanson, le groupe *Sweet People*. L'année d'après marque le commencement d'une longue histoire d'amour entre Alain Morisod et le Canada. En effet, il y donnera 1 400 concerts, vendra 3,5 millions d'albums dans le pays et remportera plus de 40 disques d'or ou de platine. Après avoir relancé la Revue genevoise du Casino-Théâtre en 1979, il devient, de 1980 à 1985, producteur à la Télévision suisse romande, pour laquelle il anime plusieurs émissions de variétés. Son activité de producteur l'amène aussi à produire 4 albums de Christian Morin, l'un de ses amis clarinettistes. Plus récemment, il publia son autobiographie, devenue rapidement un best-seller en Suisse romande.

Vincent Pérez (1962)

C'est entre Genève et Lausanne que cet acteur suisse étudia l'art dramatique, avant de partir pour Paris. Nominé au césar du meilleur espoir masculin pour *Cyrano de Bergerac*, en 1992, on le retrouve l'année suivante dans *Indochine*. Il obtient la même année le prix Jean-Gabin. Dès lors, il interprète des personnages d'amants romantiques dans *La Reine Margot* et *Fanfan*.

Il joue par la suite dans une trentaine de films européens ou américains et est nominé au césar du meilleur acteur dans un second rôle pour son interprétation dans *Le Bossu* (1998) et, l'année suivante, pour *Ceux qui m'aiment prendront le train*. En 2002, il réalise son premier long-métrage, *Peau d'ange*. En 2004, il reprend son accent vaudois pour tourner *Bienvenue en Suisse*, un film qui passe en revue tous les clichés du pays. En 2007, il réalise le thriller *Si j'étais toi*. Plus récemment, on l'a vu jouer dans *Monsieur Papa* (2010), *Les Lignes de Wellington* (2012) ou *Un prince (presque) charmant* (2013).

Charles Poncet (1946)

Né à Genève et issu d'une famille de juristes et d'avocats, Charles Poncet obtient son brevet d'avocat en 1972. Auteur de nombreuses publications juridiques ayant notamment trait au droit de la presse et aux questions d'arbitrages, le brillant avocat a aussi été député au Grand Conseil genevois et au Conseil national de 1989 à 1995. Passionné d'histoire, il a également créé une série d'émissions de télévision sur des procès marquants, intitulée *Dossiers justice*. Polémiste dans l'âme, il a marqué l'actualité en 2010, en défendant la cause de l'Etat libyen dans l'affaire Annibal Kadhafi.

Marie-Thérèse Porchet (1993)

Fêtant sa majorité cette année, Marie-Thérèse Porchet est sans conteste le personnage qui fait le plus rire les Suisses, tant romands qu'alémaniques, avec son tailleur Chanel ringard, sa mise en pli surannée et surtout sa langue de vipère. Derrière elle, se cache l'humoriste Joseph Gorgoni, né à Genève en 1966. Passionné de danse et de chant, Joseph Gorgoni se forme entre Genève et Paris, avant de participer à la comédie musicale *Cats* en 1979. Sa rencontre avec le metteur en scène Pierre Naftule l'amènera à créer le personnage de Marie-Thérèse Porchet en 1992, pour le spectacle genevois *La Revue*. Après plusieurs passages à la Télévision suisse romande, l'humoriste incarnera ce personnage dans un premier spectacle en 1996, intitulé *La truie et moi*. Suivront des tournées avec le cirque *Knie* et plusieurs spectacles, dont *Marie-Thérèse amoureuse*, joué aussi à Paris, *Soleil !*, *EuroPorchet* et *Superporchet*.

Statue de Sissi, rotonde Beau-Rivage.

Marc Rosset (1970)

Né à Genève, Marc Rosset est un joueur de tennis classé professionnel de 1988 à 2005. Au cours de sa carrière, il remporta 15 titres en simple et 8 en double. L'année 1992 est celle de sa consécration. En effet, il remporta la médaille d'or aux Jeux olympiques de Barcelone en simple, Roland-Garros en double et se retrouve finaliste de la Coupe Davis. En 2005, il met définitivement un terme à sa carrière suite au tournoi de Bâle. Depuis, il est régulièrement consultant de la Télévision suisse romande, lors des tournois. Très apprécié des Genevois pour son franc-parler, Marc Rosset est aussi un grand chanceux. En effet, lorsqu'il se retrouva éliminé du tournoi de l'US Open en 1998, il décida de ne pas prendre l'avion pour lequel il avait réservé un billet, afin de profiter de la vie nocturne new yorkaise. Le lendemain, la Suisse apprenait que ce vol s'était écrasé au large des côtes canadiennes, ne laissant aucun survivant.

Zep (1967)

Son nom ne vous dira peut-être rien, et pourtant cet auteur de bandes dessinées né dans la commune genevoise d'Onex est le père de Titeuf ! Philippe Chappuis de son vrai nom adopte très tôt le pseudonyme de Zep, en hommage au groupe Led Zeppelin, dont il est fan. Très tôt aussi, il se passionna pour la bande dessinée. Ainsi, il est engagé par *Le Journal de Spirou* bruxellois en 1984, puis publie trois albums, entre 1988 et 1991. En 1992, la création du personnage Titeuf pour le fanzine *Sauve qui peut* lui vaudra d'être repéré par les célèbres éditions Glénat. Cette rencontre marquera ainsi le début de la longue série de bandes dessinées (10 tomes) *Titeuf*, abordant avec humour le quotidien et les questionnements de ce jeune garçon de primaire à la mèche blonde. Un dessin animé, ainsi que de nombreux produits dérivés témoignent aujourd'hui du succès international de sa création.

Lexique

Dans le canton de Genève, on parle français et... gen'vois (comprenez *genevois*). En effet, les termes utilisés et les expressions ne sont pas toujours les mêmes qu'en France. Certaines sont bonnes à connaître, même si la jeune génération a tendance à les oublier.

- **Action :** promotion
- **Adieu ! :** bonjour ou au revoir
- **Bancomat :** distributeur de billets
- **Barjaque :** se dit d'une personne bavarde
- **Basanes :** chaussons de sport
- **Benzine :** essence
- **Carnotzet :** cave à vin
- **Cheni (« ch'ni ») :** désordre
- **Collège :** lycée
- **Cornet ou sachet :** sac (en plastique ou en papier)
- **Costume de bain :** maillot de bain
- **Couenne :** croûte du fromage
- **Cuite à nonante :** lessive à 90°C
- **3 décis :** un « demi » de bière
- **5 décis :** une « pinte » de bière
- **Déjeuner :** petit déjeuner
- **Dîner :** déjeuner
- **A l'emporter :** à emporter
- **Etendage :** sèche-linge
- **Faire les marioles :** faire les fous
- **Foehn :** sèche-cheveux (du nom du vent chaud et sec)
- **Galetas :** grenier
- **Gruyère :** (la) crème et (le) fromage
- **Jaquette :** gilet
- **Lavette :** gant de toilette
- **Linge :** torchon
- **Linge de bain :** serviette de bain
- **Manteau de pluie :** imperméable
- **Matu (rité) :** bac (calauréat)
- **Natel :** téléphone portable
- **Nonante :** quatre-vingt-dix
- **Numéro postal :** code postal
- **Ou bien ? :** (à la fin de nombreuses questions !)
- **Panosse :** serpillière
- **Patte :** chiffon
- **Pive :** pomme de pin
- **Relaver :** faire la vaisselle
- **Renversé :** café au lait, café-crème
- **Samaritain :** secouriste
- **Sans autre :** sans manières
- **Santé ! :** à tes souhaits !
- **Semaine passée :** semaine dernière
- **Se parquer :** se garer
- **Septante :** soixante-dix
- **Service :** je vous en prie
- **Signofile :** clignotant
- **Socquettes :** chaussettes légères
- **Sous-tasse :** soucoupe
- **Tea-room :** salon de thé
- **Tout de bon ! :** bonne chance !
- **Uni (université) :** fac (faculté)
- **Verrée :** pot, tournée
- **Votation :** scrutin
- **Voussoyer :** vouvoyer
- **V double :** *w*

Exemples de prononciation

- **Vingt :** prononcer le t
- **Stand :** ne pas prononcer le d
- **Bach :** prononcer « Barrr », comme en allemand
- **Mots latins en um (maximum, aluminium...) :** prononcer « oum » et non « om »
- **Vélo, photo... :** ouvrir le o

Références

- **Arès, Georges, *Parler suisse,*** *parler français*, éditions de l'Aire, 1994.
- **Thibault, André, *Dictionnaire suisse romand,*** sous la direction de Pierre Knecht, éditions Zoé, 1997.

CRÉDIT SUISSE
CRÉDIT AGRICOLE

GENÈVE

Vue sur Genève.

Genève

QUARTIERS

Genève comporte de nombreux quartiers morcelés, à l'image de sa structure, constituée de communes successives, devenues des quartiers. Ils sont répartis sur les deux rives, de part et d'autre du Léman, autour de la rade genevoise : la rive droite depuis le quai du Mont-Blanc pour le quartier des Pâquis ; rive gauche avec le quai Gustave-Ador, pour les Eaux-Vives. Une Genève partagée également par le Rhône. Au centre de Genève, vous trouverez les quartiers Saint-Jean, Charmilles, Les Grottes, le quartier de Saint-Gervais et le quai des Bergues et du Seujet. Du côté des quais, le quartier Général-Guisan, quartier de la Poste et du Rhône, la vieille ville et les rues basses, ainsi que la Jonction. La rivière nommée l'Arve, au sud, sépare Genève de Carouge, charismatique ville voisine. Pour une approche clarifiée de la ville, nous avons opté pour un découpage en cinq quartiers principaux, s'étendant parfois sur des surfaces assez importantes. Toutefois, ce découpage a l'avantage de ne jamais s'éloigner considérablement du centre-ville. Pour les adresses d'établissements en dehors de la ville, consultez notre rubrique *Les environs de Genève*, recensant plus de quarante communes genevoises.

Vieille ville et Bastions

La vieille ville est un des lieux de ralliement des Genevois avec les nombreuses ruelles pentues de la vieille ville et la place du Bourg-de-Four. Le centre historique de la ville allie, aujourd'hui, l'austérité du pouvoir judiciaire, via notamment le rigoureux bâtiment du palais de Justice, et la distraction des terrasses de café, particulièrement remarquable l'été, qui s'étendent sur la place fermée à la circulation. Au centre, la fontaine fleurie, le lieu de rendez-vous habituel des Genevois, apporte une touche de fraîcheur au cœur des midis estivaux.

Centre politique, religieux et judiciaire, la vieille ville assume également les fonctions de centre culturel et éducatif. La rue des Chaudronniers, qui part de la place du Bourg-de-Four, permet de rejoindre les arcades médiévales du collège Calvin ou les colonnades néoclassiques du musée d'Art et d'Histoire (rue Charles-Galland). Encore un peu plus loin, les bulbes dorés de la cathédrale de l'Exaltation de la Sainte-Croix étonnent par leur aspect arrondi et profondément oriental, en parfaite rupture avec les saillies aiguës de la cathédrale Saint-Pierre. La Maison Tavel, située rue Jean-Calvin, consiste en un ensemble architectural du Moyen Age qui date pour sa partie la plus ancienne de 1334. Elle mérite d'autant plus un détour que Tavel, ainsi que la chancellerie d'Etat (rue de l'Hôtel-de-Ville), abritent depuis le XVIe siècle le cœur du pouvoir politique genevois. En contrebas de la vieille ville, vers le Rhône et le lac, on trouve le quartier dit des « rues basses ». C'est là que passent la plupart des transports publics permettant de rejoindre la rive droite d'une part et les Eaux-Vives d'autre part.

L'Ancien Arsenal, un témoignage de l'histoire de Genève

En face de l'Hôtel de Ville trônent cinq canons des XVIIe et XVIIIe siècles, témoins du passé défensif de Genève. Juste derrière, vous apprécierez trois fresques de mosaïque signées Alexandre Cingria (1879-1945), représentant l'arrivée de Jules César à Genève en 58 avant J.-C., les foires du Moyen Age et l'accueil des réfugiés huguenots pendant la Réforme. Quant au bâtiment principal, datant du XVe siècle, il s'agit d'un ancien grenier à blé, tranformé ensuite en dépôt d'armes et devenu depuis le siège des Archives de l'Etat.

Statue ornant l'entrée d'un pont de Genève.

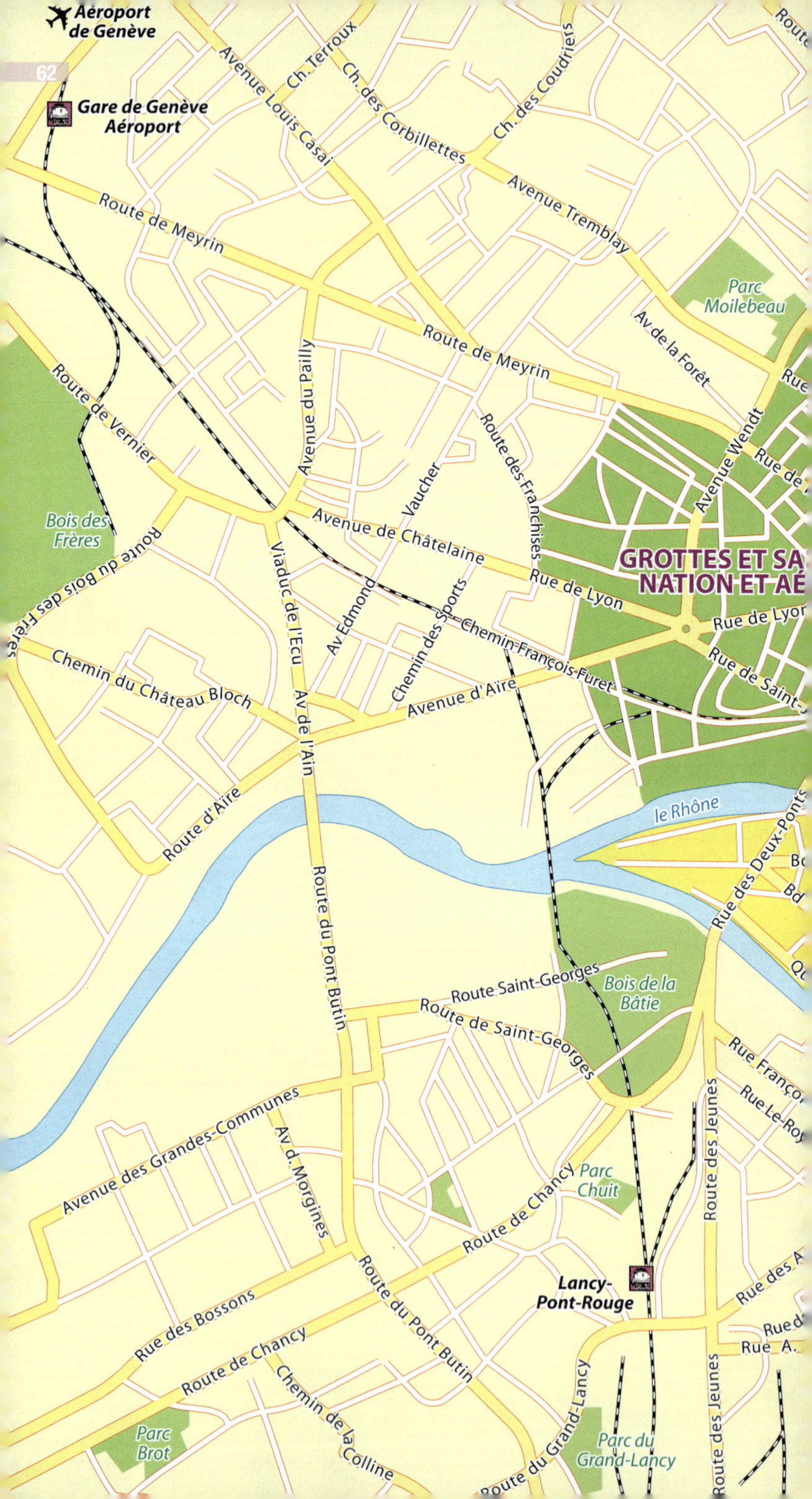
Aéroport de Genève
Gare de Genève Aéroport
Avenue Louis Casai
Ch. Terroux
Ch. des Corbillettes
Ch. des Coudriers
Avenue Tremblay
Route de Meyrin
Parc Moilebeau
Av. de la Forêt
Avenue du Pailly
Route de Meyrin
Route de Vernier
Route des Franchises
Avenue Wendt
Vaucher
Bois des Frères
Avenue de Châtelaine
Route du Bois des Frères
Viaduc de l'Ecu
GROTTES ET SA
NATION ET AÉ
Rue de Lyon
Rue de Lyon
Av. Edmond
Chemin des Sports
Chemin François Furet
Rue de Saint-
Chemin du Château Bloch
Av. de l'Ain
Avenue d'Aïre
Route d'Aïre
le Rhône
Rue des Deux-Ponts
Route du Pont Butin
Route Saint-Georges
Route de Saint-Georges
Bois de la Bâtie
Rue Franço
Rue Le-Roy
Avenue des Grandes-Communes
Av. d. Morgines
Route des Jeunes
Parc Chuit
Route de Chancy
Lancy-Pont-Rouge
Rue des A
Rue d
Rue A.
Rue des Bossons
Route du Pont Butin
Route de Chancy
Chemin de la Colline
Route du Grand-Lancy
Parc Brot
Parc du Grand-Lancy
Route des Jeunes

Musée
Curiosité
Edifice religieux
Gare ferroviaire
LAC LÉMAN
Musée de l'Ariana
Parc de l'Ariana
Halte de Genève Sécheron
La Perle du Lac
Parc Mon Repos
Avenue de la Paix
Avenue de France
Route de Lausanne
Quai Wilson
Rue de Montbrillant
GARE ET PÂQUIS
Gare de Genève
Rue de Lausanne
Rue des Pâquis
Rue Philippe-Plantamour
Quai du Mont-Blanc
R. de Chantepoulet
Le Bain des Pâquis
Le Jet d'eau
Rade de Genève
Parc de la Grange
Pont de la Machine
Pt. Coulouvrière
Jardin anglais
Quai Gustave Ador
Rue des Eaux-Vives
Rue de Montchoisy
Route de Frontenex
Av. de la Gare des Eaux-Vives
VIEILLE VILLE ET BASTIONS
Cathédrale Saint-Pierre
Rue Fr. Versonnex
Rue de la Terrassière
Route de Chêne
Parc des Bastions
Plaine de Plainpalais
Av du Mail
Bd G. Favon
Musée d'Art et d'Histoire
Musée d'Histoire naturelle
Rte. de Malagnou
Boulevard des Tranchées
Bd des Philosophes
R. M. Servet
R. de Contamines
RIVE ET EAUX-VIVES
PLAINPALAIS ET PRÉVOST-MARTIN
Rue Dancet
Rue de Carouge
Quai Capo d'Istria
l'Arve
Bd de la Cluse
Avenue de la Roseraie
Avenue de Champel
Parc Bertrand
Av. Peschier
Av. Dumas
Ch. Rieu
Route de Florissant
Avenue Peschier
Chemin de Beau-Soleil
N
Place du marché
Rte. de Veyrier
de la Fontanette
Cimetière de Carouge
0 km
300
600
900
1200 km

Une patinoire de Noël au parc des Bastions !

De mi-novembre à mi-février, le parc des Bastions devient un rendez-vous de choix pendant l'hiver : il accueille une patinoire en plein air qui fait le bonheur des petits et des grands. 400 m² pour glisser et tournoyer dans le cadre magnifique du parc. L'accès est gratuit, seule la location des patins est payante (somme modique).

La rue du Marché, qui se transforme en la rue de la Croix-d'Or vers Rive (où passent les tramways), représente également la principale artère commerçante de la ville. Calme en semaine, elle se révèle dynamique et bondée le samedi. En effet, en Suisse, le dimanche, presque tous les magasins sont fermés et il faut se dépêcher de faire les courses avant 18h le samedi. Les « rues basses » sont réputées pour offrir un composite intéressant de bâtiments des XVIIIe et XIXe siècles et de réalisations beaucoup plus récentes, ce qui n'est pas toujours un succès. On appréciera tout de même – comme les Genevois d'ailleurs – la place du Molard et ses pavés joliment illuminés le soir : malgré son nom peu engageant, c'est un très bon endroit pour prendre un verre en terrasse et profiter de l'ambiance bigarrée du lieu entre néoclassique

Rue de la Taconnerie dans la vieille ville.

et médiéval, avant de rentrer dans « Globus », l'un des deux grands magasins de la ville, qui propose une excellente restauration au rez-de-chaussée et des rayons de vêtements bien garnis dans les étages.

▶ **Le parc des Bastions,** en contrebas de la vieille ville, du côté de Plainpalais, se rejoint par la pittoresque rue de la Terrasse ou la Rampe de la Treille, depuis laquelle s'ouvre un beau panorama sur tout le sud de la ville. Depuis les rues basses, dans le prolongement de la rue de la Corraterie, on déboule sur la place Neuve, avec le Grand Théâtre, le Conservatoire de musique et le musée Rath. Depuis la place, on entre dans le parc des Bastions, lieu de promenade très apprécié des locaux, avec ses jeux d'échecs grandeur nature, ses belles pelouses et son très beau restaurant des Bastions et sa belle terrasse qui devient dès mi-novembre une patinoire d'hiver. Le parc contient aussi des bâtiments de l'université de Genève (Uni Bastions), notamment la bibliothèque, et reste donc un point de ralliement estudiantin. L'austère mur des Réformateurs, situé parc des Bastions, où l'on retrouve la figure titulaire de Calvin, est aussi un symbole de l'importance de la foi protestante à Genève.

Rive et Eaux-Vives

▶ **Le quartier des Eaux-Vives** s'étend entre rade et route de Malagnou, du rond-point de Rive aux parcs des Eaux-Vives et de la Grange, sur la rive gauche du lac, antichambres des demeures cossues des communes de Cologny et de Vandoeuvres, et préludes bucoliques à la jolie campagne Genevoise, atteignable en quelques arrêts de bus ou de tram (voir «Environs de Genève»). La colonne vertébrale du quartier est la rue des Eaux-Vives, le long de laquelle se trouvent les principaux restaurants et boutiques, et qui est desservie par les trams sur toute sa longueur.

Les Eaux-Vives étaient à l'origine une commune séparée de Genève, encore au début XIXe siècle. Il s'agissait alors d'un village de pêcheurs, installés aux abords immédiats du lac, avec plusieurs pontons où étaient arrimées leurs barques (dont le Port Noir, d'où partent encore les Mouettes vers la rive droite), et d'artisans, qui occupaient les rues hautes du quartier et dont certaines des arcades sont encore visibles, notamment rue Maunoir. Le quartier se modifie surtout après les révolutions européennes des années 1840-1850, quand les familles aristocratiques viennent chercher dans la paisible Suisse un refuge face aux turpitudes de la création des Etats-Nations. Le grand homme politique genevois James Fazy donne une impulsion urbaine sans précédent à la ville et transforme la rade. Le long de la nouvelle allée qui longe le lac, les maisons se construisent pendant toute la fin du siècle. Ces grandes demeures, parfois excentriques, appartiennent à de riches familles locales et européennes. Citons deux beaux exemples de cette architecture balnéaire : la Maison Royale (48, quai Gustave-Ador, 1885) sur la rive gauche de la rade, et sur la rive opposée, l'Hôtel Beau rivage (13, quai du Mont-Blanc, 1865) appartenant au quartier des Pâquis, rive droite. La ville devient un lieu de villégiature privilégié des grands bourgeois et de l'aristocratie européenne, qui ne trouvent plus le repos dans une Europe en prise aux révolutions sociales de la seconde moitié du XIXe siècle.

Cette touche balnéaire et excentrique est encore la marque du quartier aujourd'hui, à la fois très urbain et lacustre, comme son pendant de la rive droite, les Pâquis. Hormis la Maison Royale, ce quartier propose d'autres exemples intéressants d'architecture : les façades des immeubles du quai Gustave-Ador sont un bel exemple d'éclectisme, des balcons un peu rococo aux encorbellements aux lignes rigides du Bauhaus au numéro 52, c'est l'excentricité tape-à-l'œil des familles fortunées qui s'expose. Le quai Gustave-Ador borde le lac et offre une belle vue sur le Jura. Il est fermé à la circulation deux semaines pendant les fêtes de Genève. Le parc La Grange et le parc des Eaux Vives (arrêt Parcs), et au-delà la Société nautique et Genève-Plage, clôturent majestueusement le quartier. Ces espaces de nature et d'activités nautiques sont très appréciés des Genevois qui profitent des pelouses dès le printemps et des baignades dans le lac en été avec, en contrebas du parc La Grange, la petite plage de « Baby Plage » qui permet de profiter du lac, en toute proximité. Elle est en revanche vite surchargée l'été. L'entrée en gratuite, et si la plage de sable artificiel pourrait être mieux entretenue, l'eau du Léman est en revanche toujours propre. Plus loin en suivant le quai, on trouve le complexe de Genève-Plage. L'entrée est payante mais le service est au rendez vous. En plus de la plage surveillée, on trouve également une piscine olympique en plein air (ouverte de mai à septembre) et des pelouses. Le quartier des Eaux-Vives, s'est développé au-delà de la route de Frontenex, jusqu'à la route de Malagnou où se situe le Musée d'Histoire naturelle, un des seuls monuments à visiter à proprement parler.

▶ **Rive** est en réalité un ensemble de rues dévolues aux commerces. Associées au quartier des Eaux-Vives : la rue de Rive, une des rues basses en contrebas de la vieille ville, le cours de Rive où se succèdent de nombreuse arcades, traversée par le boulevard Helvétique qui accueille les marchés et les fameuses Halles de Rives. Entre les deux, le rond-point de Rive, très circulant, qui distribue la circulation au sud, vers les quais Général-Guisan, en direction du pont du Mont-Blanc et de la rive droite, et vers les quais Gustave-Ador ; et enfin au nord, vers Champel et Plainpalais.

▶ **Le quartier Champel**, derrière le quartier historique des Eaux-Vives, a été en partie associé à celui-ci (de la route de Malagnou jusqu'au parc Bertrand) dans ce guide. C'est un quartier résidentiel, essentiellement composé de résidences cossues, de parcs et espaces verts. Plus près de l'Arve, la Tour-de-Champel domine les falaises, le plateau de Champel et le parc Bertrand : une colline emblématique qui fut le théâtre de l'épisode tragique de Michel Servet, brûlé pour hérésie, en 1553.

Plainpalais et Prévost-Martin

▶ **Plainpalais,** ancienne commune du canton, a été intégrée à la ville en 1931. Ses faubourgs, Palais (une plaine marécageuse), Saint-Léger et Saint-Victor, distribués entre Rhône et Arve, sont devenus des quartiers de Genève (Plainpalais, La Cluse, Jonction, Tranchées, Champel, Bout-du-Monde, Acacias et les Vernets). Bordé par le Rhône au nord, la vieille ville, Bastions puis Rive à l'est, l'Arve à l'ouest et au sud vers Carouge, le quartier de Plainpalais s'organise dans un losange géographique de part et d'autre de l'avenue du Mail et du boulevard Georges-Favon, autour de la « plaine de Plainpalais ». Cet ancien marécage resté libre de toute construction accueille aujourd'hui le célèbre cirque suisse Knie et aussi des manifestations ponctuelles (grands écrans pour les événements sportifs d'importance, concerts, et depuis 2012 la Fête nationale suisse) et surtout, un grand marché aux puces les mercredi et samedi (8h-15h) qui séduit les chineurs. Un vaste chantier de réaménagement est en cours (en 3 phases, de 2009 à 2014) pour offrir aux Genevois de nouveaux espaces conviviaux et adaptés.

Le réaménagement de la plaine de Plainpalais.

Un vaste chantier de réaménagement est en cours sur cette plaine qui accueille de nombreuses manifestations et marchés, dont un cirque, un skatepark et des espaces de jeux, ainsi qu'un marché aux puces renommé. Ces travaux se déroulent en 3 phases, de 2009 à 2014, pour offrir aux Genevois de nouveaux espaces conviviaux, adaptés et nouvellement arborés. L'espace central sera totalement libéré et recouvert d'un mélange minéral perméable qui résiste à l'ancrage des chapiteaux et des tentes, et permettra aux cyclistes et aux piétons de circuler librement. De nouveaux espaces de jeux seront mis en place et le Mail sera élargi et réarboré : il recevra au final 284 arbres d'une grande diversité biologique. A ce jour, la quasi-totalité des travaux est achevée et la plaine a déjà retrouvé dans son centre le cirque Knie, les espace de jeux (avec un nouveau skatepark, le plus grand d'Europe, avec un «bowl» enterré), deux buvettes, des espaces de promenades et les marchés (qui retrouveront un emplacement sur le Mail, élargi en 2014.

Le quartier de la Jonction a été dans ce guide, réuni au quartier de Plainpalais. Du côté de l'Arve, de l'autre côté du losange de Plainpalais, le quartier s'anime autour de la rue des Bains : le soir, les amateurs de sorties nocturnes et branchées se retrouvent dans les cafés et les clubs. Il comprend de nombreuses galeries qui profitent des arcades en rez-de-chaussée, construites pour l'essentiel au XIXe siècle, et offrent de beaux espaces favorables aux expositions artistiques. Ces galeries font portes ouvertes 2 week-ends dans l'année (mai et novembre) et pour les fameuses «Nuits des Bains», le troisième jeudi de mars, mai et septembre. Au cœur même de ce quartier, on entre de plain pied dans l'art contemporain avec le Mamco, le musée d'art contemporain de Genève, dont l'entrée se trouve rue des Vieux-Grenadiers. Le Mamco forme d'ailleurs un ensemble de style contemporain industriel avec le restaurant Curiositas et la discothèque la SIP. Perpendiculaire à la rue des Bains, le boulevard Carl-Vogt invite à une promenade boisée et des cafés ouvrent leurs portes sur ses larges trottoirs. C'est aussi un lieu couru pour ses boutiques de créateurs.

En descendant vers le Rhône, on arrive vers le parc Gourgas, le Village suisse (exposition nationale à Genève, en 1896) et la Jonction, qui précède la confluence des eaux limpides du Rhône et celles plus troubles de l'Arve. On y compte de nombreux bars et le cœur de l'univers alternatif bat ici plus fort qu'ailleurs. La partie la plus proche du Rhône, près du BFM, Bâtiment des Forces Motrices (ancien local technique reconverti de façon très réussie en salle de théâtre accueillant spectacles et expositions), possède un charme particulier, qui n'est pas sans rappeler un dock réhabilité. A proximité, on trouve certains des lieux alternatifs de Genève, comme l'Usine (scène alternative, café-concert) ou la Barge (café à ciel ouvert).

Rue Prévost-Martin et rue de Carouge : à l'est de la plaine de Plainpalais (de Carouge vers la vieille ville), il ne faut pas se laisser intimider par la déroutante rue de Carouge, encombrée et sans charme, et ne pas hésiter à prendre les ruelles de ce quartier authentiquement genevois, où se sont implantés depuis quelques années des boutiques tendance, où l'on trouve aussi bien des objets de design onéreux que des arcades vintage. Le quartier est bien desservi par les trams qui prennent toute la rue de Carouge. Une bonne introduction à ce quartier – que les Genevois appellent « Prévost-Martin » – est la rue Leschot, fermée à la circulation et riche de nombreuses librairies. En s'éloignant vers le sud de Plainpalais, on tombe sur la rue Prévost-Martin proprement dite.

En arrivant vers l'Arve, changement de décor. L'aspect ultra urbain du quartier laisse apparaître le paysage montagneux du Salève et de l'autre côté de la rivière, les maisons de Carouge, l'ancienne cité sarde.

Gare et Pâquis

Les Pâquis, rive droite de Genève, un quartier urbanisé à partir du début du XIXe siècle. Il doit son nom aux pâturages descendant jusqu'au Léman et appartenant à la commune de Petit-Saconnex, alors que Genève était circonscrite uniquement dans ses fortifications. Comme dans le quartier rival des Eaux-Vives, de l'autre côté de la rade, les Pâquis doivent leur développement à la destruction des fortifications et l'urbanisation de nouveaux espaces. C'est cette urbanisation tardive qui donne l'homogénéité architecturale des rues formant les Pâquis. A la différence des Eaux-Vives, la situation au sud de la berge en faisait un lieu idéal pour accueillir des hôtels de luxe. Et ce seront ces établissements qui seront presque les premiers à s'implanter sur ces nouvelles terres, profitant du *boom* touristique de la Suisse à l'époque auprès des familles aristocrates et de la grande bourgeoisie européenne. Ainsi, sur le quai du Mont-Blanc apparaissent les grands hôtels qui existent encore aujourd'hui, tels que l'hôtel Beau Rivage, l'hôtel Angleterre ou l'hôtel Wilson (autrefois National), quai Wilson. L'été, ces palaces sont plébiscités, pour le cadre exceptionnel, mais réservés aux plus fortunés. Le quai du Mont-Blanc offre une superbe opportunité de promenade le long du lac, en passant notamment devant l'embarcadère des Pâquis, puis par le petit port de plaisance avant les Bains des Pâquis, lieu incontournable de Genève. Au niveau de la jetée des Pâquis, le quai devient le quai Wilson et le paradis des joggeurs, qui suivent la berge en direction de la Perle du Lac puis de Mon-Repos, un grand parc (environ à 10 min à pied de la jetée), doté de pelouses toujours vertes et appréciées des pique-niqueurs et des baigneurs l'été, avec une commode petite ouverture vers l'eau translucide. Ce parc comprend aussi le bâtiment de l'Organisation Mondiale du Commerce (OMC) et le musée d'Histoire des Sciences. On rejoint à son extrémité le Conservatoire et le jardin botaniques, et la Genève internationale, et au-delà, le Parc de l'Impératrice. Des parcs somptueux aux vues privilégiées sur le Léman et les Alpes.

Parallèlement à l'aspect balnéaire le long des quais, l'intérieur du quartier s'accapare les plaisirs : casinos, estaminets et finalement maisons closes apparaissent au début du XXe siècle. L'identité du quartier est marquée par cette histoire, un savant mélange d'élégantes maisons bourgeoises et de ruelles populaires et certaines mêmes quelque peu dépravées pour l'époque.

Un quartier traversé de part en part par la rue des Pâquis, le long de laquelle se succèdent les bars et restaurants, avec notamment le café Arts. La rue de Berne, un peu plus proche de la gare, parallèle à celle des Pâquis, concentre elle aussi de nombreux lieux de sortie, notamment le Palais Mascotte et son ambiance néo-burlesque, l'un des établissements phares de la nuit genevoise. La rue de Berne marque aussi l'entrée dans ce qu'il faut bien appeler le quartier « chaud » de Genève. Si celui-ci est très circonscrit, sa présence en plein centre, dans une ville encore bourgeoise et pudibonde, ne manque pas de surprendre. Malgré ces quelques rues orientées, le quartier est animé sans être dangereux.

Jetée des Pâquis et son phare.

La gare de Cornavin, point de contact de l'ensemble des lignes de transports publics, au croisement de la remontée du pont du Mont-Blanc et de la rue de Lausanne, permet de rejoindre les destinations régionales, nationales et internationales. L'avenue de France, puis la route de Ferney rejoignent l'autoroute qui contourne Genève vers la France, et le lac Léman vers le reste de la Suisse.

La gare et son architecture constructiviste subit depuis quelques années d'importantes transformations qui s'achèveront fin 2013. Sans perturber les communications ferroviaires, le bâtiment ne conserve que sa façade et ses peintures murales, chères au cœur des Genevois et qui méritent un coup d'œil. Devant cet ensemble imposant, la traversée de la place, par le passage des Alpes, permet de rejoindre le quartier des Grottes (à l'opposé du lac), tandis que la rue James-Fazi, que croise la rue Chantepoulet, mène au quartier Saint-Gervais. La rue de Cornavin descend vers le Rhône pour rejoindre les petites rues entourant le grand magasin Manor (que les Genevois appellent la placette, à cause de la place De-Grenus). Ces ruelles centrales sont l'occasion d'une balade shopping, et de promenade jusqu'aux quais des Bergues et les petites îles aménagées sur le Rhône, comme l'île Rousseau, le pont de la Machine, ou les quais de l'île.

Grottes, Saint-Jean, Nations et aéroport

Le quartier des Grottes est atypique. Ses habitants sont viscéralement attachés à leur petit quartier d'immeubles populaires, à peine rénovés, du début du siècle et de nouvelles constructions issues des années 1980. En effet, ce quartier populaire avait mauvaise réputation au début du siècle. Il accueillait une foule d'immigrants et, parmi eux, des réfugiés politiques recherchés par les polices de toute l'Europe (Kropotkine et Lénine y auraient séjourné). La ville comptait le détruire mais les différends projets n'aboutirent finalement pas et les 70's virent les Grottes devenir un quartier de squats, de lieux autogérés, bref, un monde alternatif à la marge d'une Genève au fait de sa gloire financière. Cette identité de squats reste très forte dans ce quartier profondément solidaire. On assiste quand même dans les années 1980 à la construction des maisons des Schtroumpfs (rue Louis Favre), des immeubles construits selon les principes architecturaux de Gaudi, sans angles droits, ainsi qu'à la rénovation des façades (ce qui a donné les jolies couleurs pastel des murs). La rue des Grottes est l'épine dorsale de ce petit coin, où, de la rue Sibérie à la rue de Faucille, l'ombre de la révolution n'est jamais loin. Les Grottes sont donc aujourd'hui cet ensemble de petites rues arborées, de cours communicantes, de lieux associatifs, de boutiques autogérées et du charmant parc des Cropettes qui suscitent tellement l'adhésion de ses habitants.

Saint-Jean est un espace marqué par le Rhône et Jean-Jacques Rousseau. On y trouve les rues des Confessions, du Contrat social, de l'Encyclopédie, de Madame de Warens. Pas de doute, c'est Rousseau le Genevois qui est commémoré dans ce quartier résidentiel où il fait bon se promener au bord du fleuve. Les principales artères commerçantes se trouvent plus près du centre, notamment la rue Voltaire, avec quelques bons cafés comme Chez Quartier.

Le quartier des Nations, à l'extrémité de la rive droite, jouxtant le Conservatoire et le jardin botaniques, le parc de l'Ariana et le Musée du verre et de la céramique, occupe la colline surplombant le Léman. En face, le Salève, puis les Alpes et, les jours de beau temps le Mont Blanc, barrent le paysage de leurs formes paisibles et immuables. Quel meilleur lieu pour parler diplomatie, santé, économie ou droit ? C'est donc dans ce décor que se sont implantés à partir de 1945 (et auparavant la Société des Nations) les grandes institutions du multilatéralisme, ONU en tête, mais aussi HCR, OPI (Propriété Intellectuelle). Ces organisations situées autour de l'avenue de France et du parc de l'Ariana sont aussi des lieux de visite possible, comme l'excellent musée de la Croix-Rouge et du Croissant-Rouge, ou le bâtiment du palais des Nations. Le jardin botanique, que les Genevois appellent aussi jardin de l'ONU, avec ses animaux et sa serre, sont plébiscités par les enfants, pendant que les parents profite de la vue exceptionnelle. Prégny-Chambésy et son domaine des Penthes, avec le Musée des Suisses dans le monde, est à deux pas. En revanche, mis à part les organisations internationales et quelques établissements, le quartier est assez vide de boutiques et il faut retourner vers le centre, de l'autre côté de l'avenue de France, pour retrouver un peu plus d'activité.

Plateau des Tranchées.

Plateau des Tranchées.

Passage des degrés de poules dans la vieille ville.

Quai Gustave Ador.

Quai du Mont-Blanc.

Jetée des Pâquis et son phare.

Les quartiers proches de l'aéroport sont situés en partie sur Genève (Petit et Grand-Saconnex) et en partie dans ses environs (Vernier). L'aéroport se trouve également tout près de Meyrin et du CERN. Aux alentours de l'aéroport, on trouve essentiellement une zone de grands commerces, Emotions Airport Shopping (ouvert le dimanche), Migros, Balextert, Ikea, et d'immeubles de bureaux. Les restaurants sont regroupés près de l'aéroport (Swiss Chalet, Montreux Jazz Café, l'Olivo, l'Altitude), et sur les communes alentours, Petit et Grand-Saconnex (Café du Soleil), et un peu plus loin : Vernier et Satigny (café de Peney).

SE DÉPLACER

Genève est une ville dont les transports publics sont très bien organisés et très fiables. Durant ces dernières années, Genève a considérablement développé la mobilité douce, au détriment parfois des axes automobiles. La circulation automobile est complexe et le stationnement des véhicules est onéreux. Dès lors, les détenteurs de voitures doivent souvent s'armer de patience. Aussi, pour se déplacer sans soucis à Genève, préférer en ville les transports publics (climatisés), composés de tramways, bus et trolleybus, desservant d'ailleurs nombre de communes adjacentes. Mais, en période estivale, le vélo, à louer ou à acheter, permet une découverte originale de la ville, de ses abords et des environs jusqu'à la France voisine. Les *Mouettes genevoises* – des petits bateaux jaunes et rouges d'une cinquantaine de places gérés par UNIRESO et Swissboat – sont quant à elles adéquates pour se déplacer d'une rive genevoise à l'autre du lac Léman, tout en passant un agréable moment. La flotte de la CGN (Compagnie Générale de Navigation) permet de traverser le Léman d'une rive à l'autre, en Suisse et France voisine. Enfin, le réseau ferroviaire genevois est idéal pour des escapades en dehors de la ville.

UNIRESO
Agence TPG
Place Cornavin
Gare de Cornavin
✆ 0900 022 021 / +41 22 308 33 11
Du lundi au vendredi de 7h à 19h et le samedi de 9h à 17h. Billet «Tout Genève» 60 min : 3,50 CHF. Billet régional 120 min : 4,80 CHF. Carte journalière régionale : 18,50 CHF. Renseignements : Info Mobilité UNIRESO, du lundi au vendredi de 7h à 19h, et le samedi de 9h à 17h. Informations TPG en temps réel (info trafic et horaires) : TPG app pour smartphones et web mobile.

Une communauté tarifaire, mise en place dans la région franco-valdo-genevoise, pour voyager avec un seul titre de transport sur plusieurs types de transports publics ! UNIRESO permet de voyager en trains (CFF), trams et bus (TPG, TPN, TAC), bateaux (SMGN), soit 450 km de réseau, pour faciliter les déplacements et réduire l'usage de la voiture. Un billet, une carte ou un abonnement permet d'entreprendre un trajet avec plusieurs modes de transports et un seul prestataire à consulter. Ainsi, le billet UNIRESO «Tout Genève» (zone 10) permet, pendant 60 min, de se déplacer dans les limites du canton ; tandis que le billet UNIRESO régional est valable, pendant 120 minutes, sur le canton de Genève et vers les zones transfrontalières vaudoises et françaises. UNIRESO, c'est aussi un guide gratuit des adresses du canton de Genève accessibles par les transports publics.

L'arrivée

Avion

Genève aéroport offre, à tous les passagers arrivant à Genève, l'accès à UNIRESO gratuit pendant 80 min : billet valable sur les bus 10, 5 (pour rejoindre l'ONU). En cas de contrôle, les personnes en possession de ce type de billet devront justifier d'un titre de transport aérien prouvant leur arrivée à Genève le jour-même.

Geneva Transport Card

Cette carte personnelle est offerte à tous les clients d'hôtel, auberge de jeunesse ou camping du canton genevois. Il suffit de la demander à la réception de votre établissement. Elle permet d'utiliser sans restriction tout le réseau des transports publics du canton : UNIRESO (bus, trams et mouettes) et CFF (train) pendant toute la durée de votre séjour, y compris le jour du départ. Renseignements : www.unireso.ch ou auprès de votre lieu d'hébergement.

Accès. En voiture, comptez une vingtaine de minutes pour rallier l'aéroport depuis la ville de Genève. Bon à savoir : l'aéroport est situé au bord de l'autoroute de contournement (le « périphérique » genevois, direction Lausanne Aéroport), ce qui permet d'éviter les bouchons aux heures de pointe. En taxi (niveau Arrivée), il faut compter de 30 CHF à 45 CHF. En bus, le n° 10 depuis le centre-ville (toutes les 10 min), n° 5 depuis l'ONU et n° 14 depuis Meyrin. Le plus rapide reste le train express, qui couvre le trajet Cornavin – Aéroport en 7 min. Quatre départs par heure, billet à 8 CHF. Une ligne de bus y dessert la France voisine et le pays de Gex. Un distributeur est installé à cet effet dans le hall de distribution des bagages.

GENEVE AEROPORT
21 route de l'Aéroport
✆ +41 22 717 71 11
✆ +41 90 057 15 00
www.gva.ch
info@gva.fr
Situé à environ à 4,5 km du centre-ville.
Renseignements : réception Genève Aéroport et Informations vols arrivées-départs.
Genève Aéroport accueille presque 14 millions de passagers en 2012, et 54 compagnies desservent 124 destinations nationales et internationales. L'aéroport propose 80 boutiques, restaurants et services : centre d'informations pour les voyageurs, locations de voiture, agence de voyage, nurserie, salles de séminaires... L'aéroport offre de nouveaux moyens de communication, efficaces pour s'informer ou s'orienter : accès au Free wi-fi GVA (1h gratuite) et une application smartphone GVApp. L'accès à UNIRESO est gratuit pendant 80 min pour les passagers à l'arrivée de Genève Aéroport. Vous pourrez retirer le billet de transport UNIRESO au distributeur en zone de récupération des bagages (niveau arrivée) : billet valable sur tous les bus, trains et bateau de la communauté UNIRESO. Pour rejoindre le centre-ville, utilisez les bus 10, 5 (pour rejoindre l'ONU) et 28 au départ de Genève Aéroport. Une ligne de bus en partance de l'aéroport dessert la France voisine et le pays de Gex, et tous les trains au départ de l'aéroport (5 par heure) s'arrêtent à la gare de Genève Cornavin en 7 min (billet UNIRESO valable). L'aéroport est aussi la porte d'entrée idéale vers les Alpes (Chamonix) et les montagnes du Jura, toutes proches.

Train

Le train reste un moyen rapide et avantageux pour rejoindre d'autres villes suisses depuis Genève. Pour rejoindre Lausanne, c'est la solution la plus économique (26 CHF le billet plein tarif, prix en vigueur en juin 2013). Les taxis sont plutôt chers : comptez au moins 250 CHF jusqu'au centre-ville (prévoir 40 minutes). Il existe aussi un service de Shuttle. La gare de Cornavin dessert les communes hors Genève pour les trajets en train régionaux, nationaux et internationaux (TGV).

La flotte Belle Epoque classée monument historique !

La CGN (Compagnie Générale de Navigation) sur le lac Léman a la charge magnifique et délicate de conserver un patrimoine unique et inestimable, la flotte Belle Epoque : 8 bateaux à vapeur et à roues à aube, construits entre 1904 et 1927. Ce fleuron touristique est la plus prestigieuse et la plus grande (en capacité d'accueil de passagers) flotte du genre dans le monde. Grâce à la mobilisation de l'association des amis des bateaux à vapeur du lac Léman, et au soutien de la population des canton genevois et vaudois, la flotte Belle Epoque a été classée monument historique en juin 2011 ! Une mesure de protection qui assure la pérennité de cet emblème du transport lacustre suisse, mais nécessite de trouver les fonds indispensables pour leur entretien et leur rénovation. Des croisières Belle Epoque sont proposées : au départ de Genève sur le Savoie (1914) et le Simplon (1914-1920), au départ de Lausanne sur le Montreux (1904), le Suisse (1910) et le Rhône (1927) ; tandis que le Vevey (1907), l'Italie (1908, désarmé en 2005) et l'Helvétie (1926, désarmé en 2002) attendent leur rénovation. Découvrir Genève, c'est aussi se déplacer d'une rive genevoise à l'autre et explorer ses environs, pour une traversée ou une croisière gourmande, par bateau à vapeur, un moyen de transport original et typique pour naviguer sur le majestueux Léman.
Renseignements : www.cgn.ch ✆ +41 84 881 18 48

Time for
Shopping!
EMOT!ONS
Airport Shopping
80 shops & restaurants 7/7

Gare de Genève Cornavin, un nouvel élan !

En travaux de rénovation depuis début 2010, la gare CFF de Genève Cornavin sera totalement rendue aux usagers dans le courant de l'année 2014. Derrière sa façade extérieure, partiellement classée aux monuments et sites, le voyageur peut prendre son temps calmement et profiter de tous les avantages d'un centre de vie. Il y retrouvera notamment une trentaine d'enseignes commerciales allant de la restauration au prêt-à-porter, du kiosque presse et livres au salon de coiffure, du service de change à l'agence de voyages. Aérée, lumineuse et spacieuse, la nouvelle architecture intérieure de la gare intègre parfaitement modernité, dynamisme et patrimoine historique. Centre névralgique des transports publics genevois (trains, trams, bus, taxis et même vélo-station), la gare CFF, située sur la rive droite de la ville, est le point de départ/arrivée de toutes vos escapades.

La gare de Cornavin et la gare des Eaux-Vives subissent toutes deux de profondes transformations : la gare de Cornavin a entamé sa réhabilitation depuis 2010 et l'achèvera fin 2013, sans supprimer ses services ; tandis que la gare des Eaux-Vives a fermé ses portes en novembre 2011, pour être entièrement détruite puis entièrement reconstruite dans le cadre des projets du CEVA (Cornavin-Eaux-Vives-Annemasse) et rouvrira fin 2017-début 2018. Pour les déplacements en France voisine, nous vous conseillons de vous renseigner dans les points de vente CFF ou TPG de la gare Cornavin. Une nouvelle ligne directe en bus (n° 61) reliant la gare d'Annemasse à la gare de Cornavin a été mise en place le 1er avril 2013. Pour plus d'infos, consultez le site du CEVA : www.cevaplus.info

■ CFF – CHEMINS DE FER FÉDÉRAUX SUISSE

Gare de Cornavin ✆ +41 900 300 300
www.cff.ch
Agence de voyages ouverte du lundi au vendredi de 8h30 à 18h et le samedi de 9h à 12h. Application Mobile CFF – Horaire, distributeur de billets et bien plus encore téléchargeable sur le site internet.
Plus de 200 trains partent quotidiennement de Genève pour le reste de la Suisse, la France et l'Italie. Les CFF proposent des abonnements et autres réductions : des cartes journalières – valables uniquement avec un abonnement demi-tarif et qui offrent une alternative aux billets ordinaires, excessivement chers en Suisse –, des abonnements demi-tarif et des billets dégriffés. Offres exclusives pour les touristes étrangers, les titres de transport Swiss Travel System donnent accès à un système de transport unique au monde et offrent non seulement la libre circulation en train, en car et en bateau, mais également de nombreuses prestations complémentaires. Les guichets d'information de la gare de Cornavin regorgent de bonnes idées et de promotions pour des excursions dans les environs ; N'hésitez pas à jeter un coup d'œil sur leurs brochures. Les CFF font partie de la communauté tarifaire UNIRESCO (www.unireso.com) : une tarification unique est applicable aux déplacements en trains, mais aussi bus, tram (TPG) et bateaux (SMGN) sur le canton de Genève, voire plus

La gare de Cornavin est en pleine mutation.

loin avec des offres combinées régionales (Annemasse, Nyon...). Vous passez ainsi d'un mode de transport à l'autre avec le même titre. Par ailleurs, au départ de n'importe quelle localité suisse, vous pouvez vous rendre à Genève et également profiter du réseau des transports publics genevois (CFF, TPG, SMGN) avec un billet ou abonnement unique UNIRESO. Il s'agit du City-Ticket (pour une journée) ou de l'abonnement Inter (mensuel ou annuel). Renseignements dans tous les points de vente CFF ou sur Internet. Dans les deux agences de voyages CFF, il est également possible de réserver un séjour complet dans toute l'Europe et le monde, avec train, avion, hôtel, croisières et prestations spéciales.

Autre adresse : Rail service : Tél. +41 900 300 300 (CHF 1.19/min. depuis le réseau fixe suisse), 7j/7, 24h/24 et depuis l'étranger Tél +41 51 225 78 00.

Bus

GARE ROUTIÈRE DE GENÈVE

Place Dorcière ✆ +41 90 032 02 30
✆ +41 22 732 02 30
www.gare-routiere.com

Renseignements, réservations et paiement en cinq langues sur Internet. Ouvert tous les jours, de 6h45 à 20h.

A 2 min de la gare de Cornavin, la gare routière propose de nombreuses liaisons régulières avec la France, ainsi que des liaisons internationales avec notamment l'Espagne, le Portugal, l'Italie, la Pologne, la République tchèque, la Slovaquie, la Croatie, la Bosnie-Herzégovine, la Bulgarie et la Roumanie. Les autocars emmènent les vacanciers tous les jours et même plusieurs fois par jour vers les stations de ski alpines : Val-d'Isère, Tignes, Courchevel..., dont trois allers-retours quotidiens pour Chambéry (comptez 2 heures 30) en partant soit de l'aéroport soit de la gare routière. On peut acheter des forfaits comprenant le transport et les remontées mécaniques. L'aller-retour est valable deux mois.

Autre adresse : Genève Aéroport. Arrivée, face à la sortie des passagers. Ouvert 7j/7 de 9h à 19h.

Bateau

CGN – COMPAGNIE GÉNÉRALE DE NAVIGATION SUR LE LAC LÉMAN

Quai du Mont-Blanc ✆ +41 84 881 18 48
www.cgn.ch
info@cgn.ch

Carte journalière 2e classe : 64 CHF (tarif sous réserve de modification). Croisière de 19 CHF à 50 CHF (selon la durée et le type de bateau). Croisière gourmande : rajouter le prix du repas.

La CGN fondée en 1873, dispose d'une flotte de 19 bateaux, dont 8 bateaux Belle Epoque. En été, elle propose plusieurs croisières touristiques et gourmandes avec de nombreuses escapades à destination des rivages suisses et de la France voisine pour une heure, un jour ou un soir, ainsi que des liaisons régulières avec les principales villes suisses (Lausanne, Morges, Vevey, Montreux) et françaises (Evian, Thonon, Yvoire) : départs de la rade genevoise, des quais du Mont-Blanc, du Jardin anglais, mais aussi des Pâquis et des Eaux-Vives. Attention, la plupart des villes ne sont desservies que de mi-mai à mi-septembre, et éventuellement le dimanche hors saison. Possibilité de location de bateaux pour des croisières privées à la carte : pour tous les budgets, de 10 à 700 convives, 43 lieux d'embarquement. Repas, buffet, cocktail, soirée dansante, on peut tout envisager. Dépaysement et romantisme garantis !

GENÈVE

Voiture

AMBASSADOR LIMOUSINE ET MINIBUS

7, rue Docteur-Alfred-Vincent
✆ +41 22 731 92 70
www.ambassador-limousine.com
info@ambassador-limousine.com
Ouvert du lundi au vendredi de 8h30 à 17h, le samedi de 8h à midi.

Depuis quinze ans on loue une soixantaine de limousines : des Mercedes classe E jusqu'aux classes S. Les minibus et vans emmènent les particuliers et les sociétés (entre 12 et 14 personnes) jusqu'à Chamonix ou les ramènent d'un mariage. Leurs chauffeurs parlent anglais, sont en uniforme, guident et assistent leurs passagers. C'est dire qu'ici on prend soin des clients.

AUTO-SECOURS

Rive gauche
70 rue de Montchoisy
✆ +41 22 735 22 25 / 0840 225 225
www.auto-secours.com
Dépannage tous les jours 24h/24 (panne, accrochage, accidents).

▶ **Autre adresse :** Rive droite – 18, chemin de Delay – 1214 Vernier – Tel +41 22 341 48 48.

EASY-PARK

8, chemin de l'Emeraude
VERNIER
✆ +41 22 341 31 25 / +41 78 935 31 25
www.easy-park.ch
info.easypark@gmail.com
Ouvert de 4h30 à 1h. Service 24h/24 et 7j/7. Bureau : du lundi au vendredi de 7h30 à 12h et de 13h à 16h30. Réservation obligatoire. Prise en charge du véhicule : 20 CHF (obligatoire) + les 4 premières nuits : 15 CHF par nuit et à partir de la 5e nuit : 10 CHF supplémentaires.

A l'aéroport de Genève Cointrin, pour voyager et confier sa voiture en toute tranquillité ! On réserve sa place par téléphone ou sur le site internet. Le rendez-vous avec le voiturier se situe au niveau des caisses centrales au parking des départs. On confie ses clefs en toute sécurité et on voyage l'esprit libre. Le parking est fermé et sécurisé et les véhicules assurés dès qu'ils sont sous la responsabilité d'Easy-Park. Au jour et à l'heure du retour mentionné par nos soins, notre véhicule nous attendra au parking des arrivées et le voiturier au niveau des caisses centrales de ce parking, pour nous remettre les clefs. La réservation est obligatoire.

ELITE RENT-A-CAR

51, rue des Pâquis
✆ +41 22 909 87 87
www.eliterent.com
elite@eliterent.com
Ouvert du lundi au vendredi de 8h à 19h, le samedi et le dimanche de 8h à 17h.

Du simple transfert depuis l'aéroport à une journée en Porsche, en Ferrari ou en Jaguar, on trouvera sur le site Internet toutes les informations pour se déplacer dans le luxe ou, tout simplement, pour épater les copains (et les copines). Et vous pouvez même avoir un chauffeur qui s'occupe de se garer.

Parkings

Se garer à Genève peut être un exercice délicat, les parkings sont une solution pratique car ils se situent généralement à proximité des lieux de visites importants ; l'inconvénient peut être leur coût horaire parfois prohibitif ! Les parkings indiqués dans cette rubrique sont les plus pratiques et certains présentent quelques avantages : le parking des Arcades est d'un prix attractif et le ticket du parking du Mont-Blanc donne accès durant 90 minutes au réseau des TPG (Transports Publics Genevois) pour deux personnes. Depuis 2013, Parku AG, une start-up de Suisse alémanique, propose un site web et une application mobile qui fonctionnent comme une bourse d'échange entre l'offre et la demande de places de stationnement. Son objectif est de faciliter la recherche de places pour se garer en ville, en amenant les propriétaires d'emplacements disponibles à les proposer à ceux qui en recherchent. Les places de stationnement libres peuvent être réservées ou se trouver en temps réel, via le site internet ou l'application correspondante (pour iPhone). Ce procédé est une source facile de revenus complémentaires pour les détenteurs de places de stationnement, et elle fait gagner du temps à ceux qui cherchent à se garer, pour un montant en général de 3 CHF sur Genève. Pour plus d'infos : www.parku.ch

■ **EUROPCAR**

37, rue de Lausanne
✆ +41 22 909 69 90
✆ +41 84 880 80 99
✆ +41 22 798 11 85
www.europcar.ch
info@europcar.ch
Ouvert du lundi au vendredi de 7h30 à 19h, le samedi de 8h à 13h et le dimanche de 14h à 18h.
Réductions pour les titulaires d'un abonnement général ou d'un abonnement demi-tarif CFF.

▶ **Autre adresse :** Aéroport – 1215 Cointrin – Tél 022 717 81 10. Ouvert tous les jours de 7h à 23h30 – Pour des véhicules utilitaires : C.Cial de Balexert – 27, avenue Louis-Casaï – 1209 Genève – Tél 022 796 44 28.

■ **MOBILITY**

✆ +41 84 882 48 12
www.mobility.ch
info@mobility.ch
Service 24h/24, 7j/7. 2 600 véhicules en libre service dans toute la Suisse. Abonnement annuel : 290 CHF. Abonnement en partenariat avec La Poste et CCF : 190 CHF. Abonnement d'essai 4 mois : 70 CHF. App « Mobility Car » pour smartphone.

L'autopartage (*CarSharing*, en anglais), c'est la solution pour les personnes qui roulent trop peu en voiture pour vouloir en acheter une ou pour ceux qui préfère rentabiliser l'utilisation des véhicules et rouler intelligent. Et en plus, c'est moins cher que la location. En 2011, Mobility a mis à disposition de plus de 100 000 membres près de 2 650 véhicules sur 1 380 emplacements dans toute la Suisse. Une fois l'abonnement annuel payé (diverses réductions possibles), il suffit de réserver une voiture à proximité de chez soi et d'aller la chercher. Une carte magnétique personnelle permet d'ouvrir le véhicule. Le paiement se fait à la fois selon un tarif horaire et un tarif kilométrique, et comprend l'essence, le nettoyage, les réparations, les assurances, les frais administratifs, la vignette, la location de la place de parking et la TVA. Il est également possible de devenir sociétaire Mobility et de bénéficier de rabais. L'app «Mobility Car» permet de repérer, en temps réel sur son mobile, le véhicule libre le plus proche. Et pour ceux qui souhaitent bénéficier de ce service ponctuellement, une location «click & drive» est possible auprès d'une des 75 gares CFF !

FONDATION DES PARKINGS
1 carrefour de l'Etoile
✆ +41 22 827 44 90
www.ge.ch/parkings
admin@fondation-parkings.ch
Accueil à la clientèle : du lundi au vendredi de 8h à 16h30 sans interruption. Service de stationnement : ouverture du lundi au vendredi de 8h à 16h30 sans interruption.
Au service de la mobilité depuis plus de 40 ans, la Fondation des parkings propose des abonnements simples, mais aussi des combinés : le P+R (stationnement véhicule et transports en commun), le macaron Multizones Plus et le macaron Tout Public, le P+B (stationnement véhicule et vélo). En effet, depuis 2009, cinq nouveaux parkings à vélos sécurisés ont été mis en place : Voie Centrale, Sous-Moulin, Bernex, Sécheron et Pré-Bois et, en 2012, la capacité du P+B Etoile a été pratiquement doublée. Elle joue ainsi un rôle central dans la mise en place de la politique du stationnement qui représente un maillon indispensable de la politique de mobilité, au même titre que le développement des infrastructures routières et des transports publics.

INFO ROUTE
Touring Club Suisse
2, quai Gustave-Ador
✆ +41 900 57 12 34 / +41 22 735 46 53
www.inforoute.ch – reception@tcsge.ch
Informations touristiques et routières, assré par le TCS (Touring Club Suisse).

En ville

SERVICE DES AUTOMOBILES ET DE LA NAVIGATION
86, route de Veyrier
✆ +41 22 388 30 30
www.ge.ch/san
secretariat.san@etat.ge.ch
Contrôle technique du véhicule. Ouvert du lundi au vendredi de 7h30 à 16h.
Permis de conduire, immatriculation d'une voiture ou d'un bateau, contrôle technique, le Service des automobiles et de la navigation est l'organisme à contacter.

TRANSPORTS PUBLICS GENEVOIS
1, route de la Chapelle
Grand-Lancy
LANCY
✆ +41 90 002 20 21
✆ +41 22 308 33 11
www.tpg.ch
Billet unique «Tout Genève» : 60 min à 3,50 CHF. Billet «Saut de puce» (3 arrêts) : 2 CHF. Carte journalière : 10,60 CHF (valable pour 2 personnes le samedi ou le dimanche), 8 CHF (dès 9h). Renseignements : Info Mobilité UNIRESO du lundi au vendredi de 7h à 19h, le samedi de 9h à 17h. TPG appli smartphone et web mobile.
Le réseau des bus, trams et trolleybus et si dense et compliqué à Genève qu'il vaut mieux passer par le nouveau site Internet des TPG, très explicite et en temps réel (info trafic et horaires), pour être sûr de trouver la bonne ligne et les bons horaires.
A Genève c'est le moyen de transport le plus pratique et le plus sûr pour circuler, compte tenu d'une circulation routière de plus en plus dense. Il est possible de profiter de l'ensemble du réseau UNIRESO avec un titre de transport unique, pour une heure, une journée ou plus.
Les horaires et le plan du réseau sont affichés à chaque arrêt de bus ou de tram, et disponibles dans les agences et les lieux d'informations touristiques.

Où se donner rendez-vous à Genève ?

Pour les locaux : la place du Bourg-de-Four est un lieu de rendez-vous incontournable, que l'on soit étudiant, avocat sortant du palais de Justice ou un groupe de copines qui se réunit.
De nombreux bars et cafés se répartissent sur la place et dans les rues alentour, pour se retrouver en fin d'après-midi, avant de rentrer tranquillement chez-soi ou d'entamer les festivités du week-end.

Pour les touristes : l'Horloge fleurie. A l'extrémité du pont du Mont-Blanc et à l'entrée du Jardin anglais, ce symbole de l'industrie horlogère genevoise florissante compte en fleurs les heures et les minutes depuis 1955. C'est un point de rendez-vous central et facilement repérable.

P+B
Parking+bike
Parquez votre voiture
et votre vélo dès
CHF 45.-/mois*!
Etoile
Sous-Moulin
Bernex
Voie Centrale
Sécheron
Pré-Bois
* Les tarifs varient selon
les parkings:
de CHF 45.- à 120.-/mois
de CHF 495.- à 1320.-/an
© Photo Marc Guillemin

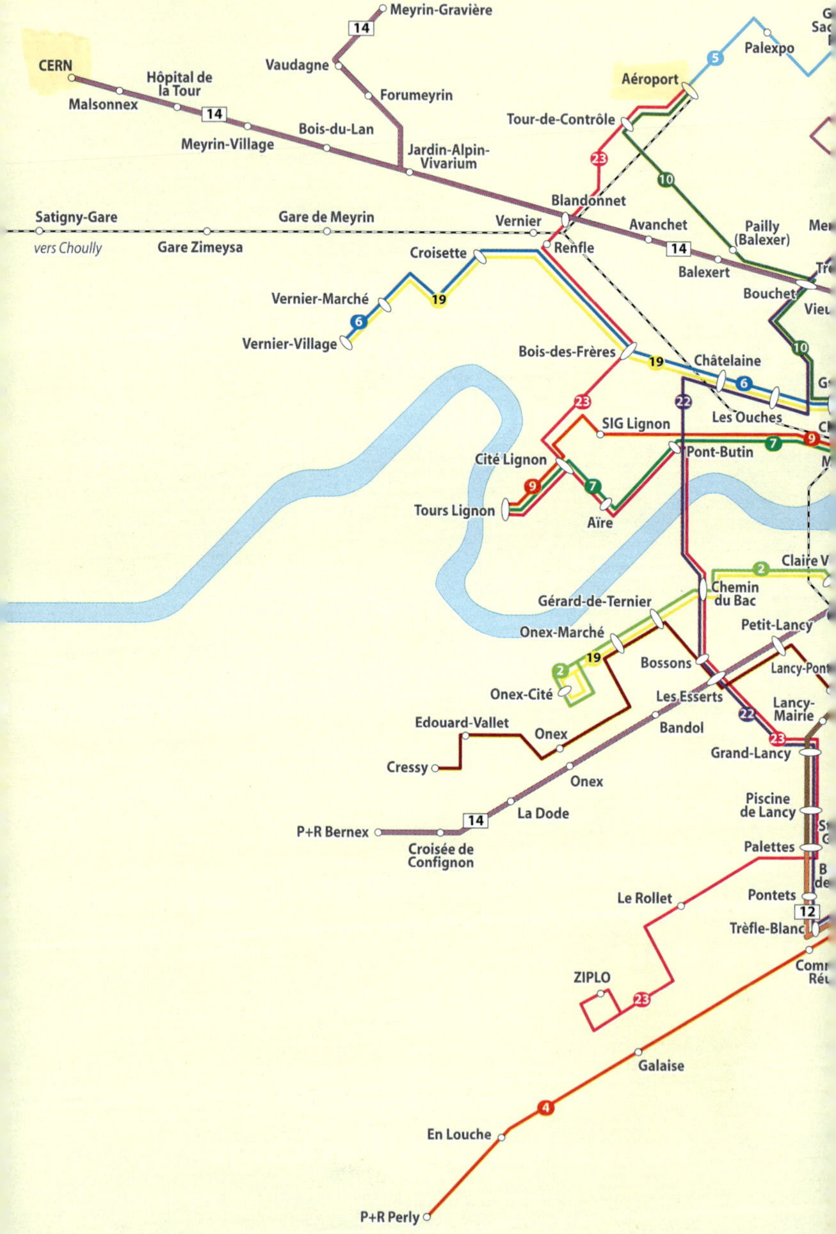

Meyrin-Gravière
14
Vaudagne
Forumeyrin
CERN
Hôpital de la Tour
Malsonnex
Meyrin-Village
Bois-du-Lan
Jardin-Alpin-Vivarium
Palexpo
5
Aéroport
Tour-de-Contrôle
23
10
Blandonnet
Vernier
Renfle
Avanchet
Pailly (Balexer)
Balexert
Bouchet
Satigny-Gare
vers Choully
Gare Zimeysa
Gare de Meyrin
Croisette
Vernier-Marché
19
6
Vernier-Village
Bois-des-Frères
Châtelaine
22
Les Ouches
SIG Lignon
Pont-Butin
7
9
Cité Lignon
Tours Lignon
Aïre
2
Chemin du Bac
Gérard-de-Ternier
Onex-Marché
Petit-Lancy
Bossons
Lancy-Pont
Onex-Cité
Les Esserts
Lancy-Mairie
Bandol
Edouard-Vallet
Onex
Cressy
Grand-Lancy
La Dode
Piscine de Lancy
P+R Bernex
Croisée de Confignon
Palettes
Le Rollet
Pontets
12
Trèfle-Blanc
ZIPLO
Galaise
4
En Louche
P+R Perly

Les transports
ZOOM CENTRE VILLE
FRANCE
vers Coppet
Les Tuileries
Chambésy
Genève-Sécheron
Jardin botanique
Sismondi
France
Vidollet
Butini
Môle
Cantons
Gare Cornavin
Chantepoulet
Mont-Blanc
Bel-Air
Stand
Mollard
Cirque
Pl. de Neuve
Place des Eaux-Vives
Villereuse
Genève-Plage
Gradelle
Montagne
Seymaz
Petit-Bel-Air
Gare des Eaux-Vives
Grange-Canal
Amandolier
Roches
Rieu
Ermitage
Grange-Falquet
Chêne-Bougeries
Gare de Chêne-Bourg
vers Annecy
Place Favre
Peillonnex
Graveson
Mollesulaz
Thônex-Vallard
Malagnou
Vallon
Athénée
Tranchées
Muséum
Contamines
Plainpalais
Florissant
Claparède
Peschier
Calas
Pont d'Arves
Augustins
Blanche
Epinettes
Louis-Aubert
Crêts-de-Champel (Cité universitaire)
Armes
Marché
Ancienne
Carouge
Bout-du-Monde
Conches
Pont-Sierne
Sierne
Stand-de-Veyrier
Petit-Veyrier
Veyrier-Douane
La Salésienne
Veyrier-Tournettes
Monthoux
Alpes
Lyon
22-Cantons
Simon-Goulart
Isaac-Mercier
Coutance
Eglise anglaise
Ile Rousseau
Molard
Horloge fleurie
Place du Port
Jardin Anglais
Métropole
Pierre-Fatio
Rive
Eaux-Vives
Synagogue
Théâtre
Victoria Hall
Grand Théâtre
Bibliothèque de la Cité
Bovy-Lysberg
Maison Tavel
Cathédrale
Place de Neuve
Hôtel de Ville
Cathédrale St-Pierre
Ligne 1 Jardin botanique / Petit Bel-Air
Ligne 2 Genève-Plage / Onex-Cité
Ligne 3 Gardiol / Crêts-de-Champel
Ligne 4 R+P Perly / Bel-Air
Ligne 5 Thônex-Village / Aéroport
Ligne 6 Genève-Plage / Vernier-Village
Ligne 7 Hôpital / Tours Lignon
Ligne 8 OMS / Veyrier-Douane-Tournettes
Ligne 9 Petit-Bel-Air / Tours Lignon
Ligne 10 Aéroport / Rive
Ligne 11 Bout-du-Monde / Jardin botanique
Tramway ligne 12 (Palettes / Moillesulaz)
Tramway ligne 14 (Meyrin-Gravière / P+R Bernex)
Tramway ligne 15 (Nations / Palettes)
Ligne 19 Onex-Cité / Vernier-Village
Ligne 21 Gare des Eaux-Vives / Cressy
Ligne 22 Nation / Tours de Carouge
Ligne 23 Aéroport / ZIPLO

ONDATION FOYER-HANDICAP

irection des Transports – Unité des Moyens Auxiliaires
116 chemin du Pont-du-Centenaire
PLAN-LES-OUATES
✆ +41 22 794 52 52
✆ +41 22 794 52 54
www.foyer-handicap.ch
transports@foyer-handicap.ch

Transport 7j/7 de 7h à minuit, sur réservation du lundi au vendredi de 7h30 à midi et de 14h à 17h30. Mobilité pour tous : Tél +41 22 328 11 11, accompagnement du lundi au vendredi de 8h à 18h30 sur réservation.

Si, pour vous déplacer, votre autonomie est réduite par l'âge, la maladie ou un accident, vous pouvez faire appel aux transports adaptés de la Fondation Foyer-Handicap, très active et très chère au cœur des Genevois, depuis 1969. Ce service est ouvert 7 jours sur 7, de 7h à minuit. Les prix restent compétitifs. L'offre est vaste puisqu'il existe 50 véhicules adaptés aux personnes à mobilité réduite (en fauteuil ou à pied), accompagnés de chauffeurs formés à ce type de déplacement.

D'autre part, Foyer-Handicap propose un service de location de ces véhicules, pour un usage privé, équipés pour la prise en charge de personnes à mobilité réduite, avec ou sans chauffeur (capacité des véhicules égale ou inférieure à 9 places – permis B suffisant). La fondation privée de droit suisse dispose également d'une Unité des Moyens auxiliaires destinée aux personnes à mobilité réduite ou en situation de handicap. L'équipe répond avec précision à toute demande de réparation, d'entretien et d'achat (solution sur mesure) de matériel. L'Unité des Moyens auxiliaires est ouverte du lundi au vendredi de 8h à 12h et de 13h à 17h30.

■ NOCTAMBUS

✆ +41 90 002 20 21
www.noctambus.ch – info@noctambus.ch

Vendredis et samedis de minuit à 5h. Billet Tout Genève : 3,50 CHF. 12 lignes en service : Genève, Bernex, Carouge, Chêne-Bougeries, Chênes-Bourg, le Grand-Saconnex, Lancy, Meyrin, Onex, Thônex, Vernier, et Veyrier. Renseignements : Info Mobilité. On peut aussi télécharger l'app pour smartphone des TPG.

Noctambus est un service et une association créée à l'initiative du « Parlement des jeunes de Meyrin ». L'association représente les communes bénéficiant du service des TPG, qui exploite le réseau, et veille au bon déroulement de ces trajets nocturnes. Plusieurs modérateurs sont présents dans les bus pour rappeler les règles de bonne conduite à ceux qui auraient perdu la mémoire pendant la soirée ! En progression de près de 3 % en 2012, les Noctambus ont transporté 628 342 passagers durant l'année avec une moyenne de 11 968 clients par week-end. Plus que jamais, les Noctambus rendent service aux noctambules en leur permettant de regagner leur domicile le vendredi et le samedi soir. Sur les 12 lignes régionales nocturnes véhicules (dont la lettre N précède l'autre lettre), ainsi que sur les 11 lignes urbaines, le billet « Tout Genève » coûte le même prix que sur le réseau de jour. Entre minuit et 2h du matin, les lignes de bus et de trams ont été renforcées (20 min à 30 min d'attente maximum), et desservent régulièrement le centre-ville et l'agglomération. Et toujours, le 31 décembre, les Noctambus sont présents toute la nuit pour conduire ou ramener à bon port ! Véritable atout pour se déplacer Noctambus crée une dynamique sur la région « franco-valdo-genevoise » avec un réseau qui s'étend et dessert, depuis décembre 2012 les communes de Sergy et Thoiry et depuis 2013, la commune de Cessy.

Mobilité pour tous : accompagnement dans les transports en commun de Genève

Pour toute personne pouvant marcher mais dans l'impossibilité d'accéder de manière autonome au réseau de transports publics, la Fondation Foyer-Handicap organise, en partenariat avec les transports publics genevois (TPG), un accompagnement gratuit hormis le coût du titre de transport.

▸ **Réservations,** dans la mesure du possible 48 heures avant le trajet du lundi au vendredi de 8h à 18h (sauf jours fériés). Tel. +41 22 328 11 11 – mobilitepourtous@foyer-handicap.ch

Tram sur la place Neuve.

On peut télécharger l'application TPG avec tous les horaires en ligne. Enfin, sur les réseaux sociaux vous pourrez vous informer en temps réel des changements d'itinéraires, des arrêts déplacés, des changements sur le réseau, mais aussi des bons plans de sorties nocturnes, des cadeaux à gagner... Utile et pratique !

Taxi

■ AMBASSADOR TAXI

✆ +41 22 731 41 41
www.ambataxi.ch
info@ambataxi.ch
Carte bancaire acceptée.Facture mensuelle possible.
Taxi Ambassador gère une flotte de 150 véhicules de classe supérieure (spacieux, bien équipés) qui se déplacent 24h/24. Possibilité de véhicule jusqu'à 6 passagers sur demande. La société propose un second service Ambassador Limousines et Minibus : vous pouvez la contacter par email : info@ambassador-limousine.com

■ CYCLOPOD CAB

Jardin anglais
✆ +41 79 380 61 73
www.cyclopod.ch
reservation@cyclopod.ch
Ouvert d'avril à octobre, du mardi au dimanche, de 14h à 20h (22h en été). Sur réservation de novembre à mars. Départ du centre-ville de Genève (depuis un hôtel du centre-ville sur demande). Tarif pour un transfert (1 à 2 adultes et un enfant de moins de 6 ans) : 1 CHF/min + 5 CHF de prise en charge.
Un vélo-taxi à vocation touristique, créé par la société Cyclopod (Genève) avec le concours de l'association Cyclopod Tourisme, qui agit pour développer un tourisme durable. Il s'agit d'un engin révolutionnaire, le Cyclopod, un véhicule urbain écologique composé d'une cabine de 2 à 3 places à l'arrière et d'un conducteur guide à l'avant. Ce véhicule à pédales (avec assistance électrique) circule silencieusement et efficacement au centre-ville. Le Cyclopod Cab est pratique et rapide grâce à la circulation en zones piétonnes et pas uniquement sur pistes cyclables. Il est accessible aux personnes à mobilité réduite et les animaux de compagnie sont acceptés. Cette structure propose également des visites guidées : Cyclopod-tours, balades thématiques originales, personnalisées et écologiques à Genève. Ces services ralentissent leur activité en basse saison pour être disponible uniquement sur réservation. Ainsi, les passagers et touristes peuvent se déplacer et visiter Genève au chaud, puisque les Cyclopods sont équipés de couvertures polaires, et sont abrités de la pluie et du vent.

■ ECOW MOBILITY

✆ +41 22 557 19 91
www.ecow.ch
reservation@ecow.ch
Service « chauffeur » avec flotte de véhicules électriques et hybrides. 24/7. Connexion wifi gratuite. Devis calculés sur les trajets les plus courts. Porte-vélos, siège bébé, transport de bagages, bouteille d'eau et presse quotidienne sans majoration et sur réservation. Carte bancaire acceptée dans tous les véhicules. Prise en charge : 10 CHF. Prix par km : 5 CHF. Opérateur téléphonique de 7h30 à 19h. Calculateur et réservation 24/24 sur le site Internet.
Une manière peu banale de voyager avec un chauffeur tout en maîtrisant ses coûts et son bilan carbone. Il suffit de donner un coup de fil ou bien de faire sa réservation en ligne : pas de surprise, le prix annoncé est respecté, même si un trajet plus long doit être effectué, en cas de bouchon par exemple. Vous arrivez à l'aéroport ? Le chauffeur à la cravate verte vous attend au hall Arrivée et vous dépose à l'adresse convenue. Vous avez réservé un porte-vélos ou bien un siège bébé ? Tout est compris. Il vous suffit d'embarquer à bord de la voiture électrique ou hybride (Fluence ZE ou Prius)... Jusqu'à 6 places. Plus qu'un service de transport, Ecow Mobility vous propose également une sélection d'excursions « découvertes écoresponsables » et entièrement personnalisable au départ de Genève.

■ TAXIBIKE

✆ +41 78 607 10 10
info@taxibike.ch
Taxibike, c'est un concept original de vélo-taxi. Présentes déjà à Berlin, Londres, Paris et New-York, ces visites guidées décalées ont fait preuve de leur succès, également à Genève. Le service est à disposition tous les jours de la semaine et il est possible, selon vos envies, de choisir des «excursions à la carte» : horloge fleurie, jet d'eau, vieille ville, carouge, jardin anglais, place neuve, et autres lieux emblématiques de la ville. A noter que ces tricycles électriques n'émettent aucun gaz polluant, ce qui est une excellente alternative écologique.

TAXI PHONE

✆ +41 22 331 41 33
www.taxi-phone.ch
info@taxi-phone.ch

Carte bancaire acceptée. Taxi Phone dispose de 500 véhicules et de 750 chauffeurs. Les voitures circulent 7j/7, 24h/24, week-ends et jours fériés inclus.

Tous équipés de GPS, les taxis arrivent en moyenne dans les 3 minutes à l'adresse indiquée. La centrale propose des taxis sur mesure, comme une grande voiture avec un chauffeur parlant une langue étrangère. Il est aussi possible de commander un taxi en ligne. Les bons de valeur permettent de payer les courses avec 10 % de réduction ; quant aux clients réguliers, grâce aux bons à crédit, ils règlent chaque mois.

Vélo

La Ville de Genève encourage les déplacements à vélo et poursuit la mise en place de son réseau cyclable qui totalise près de 100 km de rues adaptées à la circulation des vélos. Elle subventionne l'association Genèveroule, qui propose des vélos gratuits de mai à octobre et qui en loue, toute l'année, à des tarifs très intéressants. Deux arcades sont ouvertes 7 jours sur 7 à Genève, et une autre à Meyrin. Les cabines de prêt saisonnières sont installées autour de la rade, à Plainpalais et à Carouge. Pour garer son vélo en toute sécurité, la Vélostation Montbrillant (parking à vélo couvert et sécurisé, payant) est située derrière la gare Cornavin, très pratique pour les voyageurs CFF ou les habitants du quartier. Des circuits très variés sont proposés aux cyclistes : une exploration de la ville et du canton, sous ses aspects culturels les plus divers. Plusieurs publications sont éditées pour les faire connaître. La plus utile à tout cycliste est sans conteste la carte «Vélo Genève ville et environs». Le périmètre de cette carte s'étend jusqu'aux localités de France voisine, avec des suggestions de parcours pour s'y rendre. Pour les visites urbaines, cinq dépliants vélo-tours proposent des balades culturelles, avec un circuit en boucle qui emprunte des rues adaptées au vélo. Les adeptes du vélo électrique trouveront leur bonheur avec les circuits ebiketour qui proposent une découverte de la campagne genevoise. Et pour celles et ceux qui ne savent pas faire du vélo, ou qui ont besoin d'être aidés pour se sentir à l'aise, l'association Pro Vélo Genève organise des cours de conduite cycliste, pour les enfants, les familles et les adultes !

▶ **Renseignements pour les cartes et publications :** www.ville-geneve.ch – Tél +41 22 418 20 70 -Pro Vélo Genève : www.pro-velo-geneve.ch – Tél +41 22 329 13 19 - www.geneve-tourisme.ch – Tél +41 22 909 70 00 - wwwsuissemobile.ch

GENÈVEROULE

Arcade de Montbrillant
17, place de Montbrillant
✆ +41 22 740 13 43
www.geneveroule.ch
info@geneveroule.ch

Horaires : Montbrillant et Terrassière : de 8h à 21h l'été et 18h l'hiver. Meyrin : de 9h à 19h. Vélos prêtés pour 4 heures (caution de 20 CHF et présentation d'une pièce d'identité), surtaxe de 2 CHF par heure, à partir de la 5e heure. Location : à partir de 8 à 17 CHF la demi-journée selon modèle (ex : vélo électrique : 17 CHF, tandem : 25 CHF…) Réservations en ligne possibles.

Grâce au soutien de la ville de Genève et de sponsors, Genèveroule prête gratuitement des vélos de ville et des bakfiets (vélos avec une caisse en bois à l'avant) d'avril à octobre, 7 jours sur 7 dans 7 sites

VELOSTATION MONTBRILLANT

Parking à vélos couvert et sécurisé derrière la gare CFF de Cornavin

Point de vente : Genèveroule
17, pl. de Montbrillant - 022 740 13 43

de prêt. Ces vélos peuvent être rapportés dans n'importe lequel des sept lieux, de 9h à 19h pour nos conteneurs et Meyrin, et de 8h à 21h pour les arcades de Montbrillant et Terrassière. Les arcades de Montbrillant, Terrassière et Meyrin louent, toute l'année, des vélos pour de plus longues durées. La structure propose également des solutions de mobilité aux entreprises et aux collectivités.

Autres adresses : Arcade de Terrassière – 4, ruelle des Templiers Tél. +41 22 735 06 38 • Arcade Meyrin – 1, avenue de Vaudagne. Tél. +41 22 740 10 70 • Carouge – Place de l'Octroi • Gare de Cornavin – 17, place de Montbrillant • Plaine de Plainpalais • Quartier des Pâquis – Quai du Mont-Blanc

RENT-A-BIKE

Dans la Gare de Cornavin
✆ +41 51 225 14 82
www.rentabike.ch
info@rentabike.ch

Réservations sur le site internet. Pour retirer/rendre son vélo à Genève : ouvert du lundi au vendredi de 8h30 à 18h45. Samedi et dimanche de 9h à 13h et de 14h à 18h30.

Rent a Bike loue des vélos sur toute la Suisse depuis plus de 25 ans. Il est préférable de réserver directement son vélo sur internet. A Genève, il faut le retirer sur le quai 3 aux horaires indiqués. Vous pouvez toujours tenter sans réservation, mais les disponibilités ne sont pas garanties. C'est un service très pratique pour sillonner la Suisse en randonnée cyclable ! Le parc se compose exclusivement de vélos « made in Switzerland ». Aujourd'hui, 4 500 vélos différents sont disponibles dans les 200 stations de location. La possibilité de restituer les vélos dans une autre gare que celle de retrait est absolument unique.

VÉLOSTATION MONTBRILLANT

Place de Montbrillant
✆ +41 22 740 13 43
www.geneveroule.ch

Journée : 1 CHF. Semaine : 5 CHF. Mois : 15 CHF. Année : 150 CHF. Vente : Genèveroule, de 8h à 18h (21h en été). Distributeur automatique sur place 24h/24.

La Vélostation Montbrillant est un parking public de la ville de Genève destiné aux vélos. Exploitée par la Fondation des parkings, c'est l'association Genèveroule qui en gère l'accès et le contrôle. La vélostation propose 338 places couvertes et sécurisées par vidéosurveillance. Des prises électriques sont à la disposition des usagers qui ont besoin de recharger leurs batteries. Il est également possible de louer un casier, idéal pour laisser des effets personnels. Pour y accéder, un distributeur automatique, situé à l'entrée, permet de prendre un ticket journalier.

Les meilleures balades à vélo !

Que l'on soit un «lièvre pressé» ou un «lièvre futé», l'important est de prendre le bon itinéraire, fiable, actualisé. La carte vélo «Genève et environs» conseille des itinéraires, élaborés par la Ville et le canton de Genève, sur l'ensemble du territoire genevois et de la France voisine. Elle existe sous forme de carte recto/verso, à télécharger sur le site de l'Etat de Genève, dans la rubrique «Mobilité douce», ou à se procurer gratuitement à l'Espace Ville Genève (pont de la Machine). Pour les « lièvres pressés » qui souhaitent utiliser des voies directes et rapides, on repère le parcours en rose ; pour les « lièvres futés », qui cheminent vers leur destination par des chemins plus calmes, on suit le parcours orange. Pour les balades entre ville et campagne, la gare CFF de Cornavin est un point de départ incontournable. La fondation SuisseMobile conseille des balades de tout type (app gratuite pour smartphone) dont de nombreux itinéraires à vélo. La Via Rhôna est le plus long itinéraire cyclable fléché à Genève (23 km) ; il traverse la moitié du canton d'est en ouest, en longeant le Rhône du Valais au Léman, dont il suit les rives jusqu'à Chancy. Des itinéraires locaux (Cyclévasion) prennent Genève comme point de départ pour explorer la campagne environnante : le 102 « Genève-Satigny » emmène à la découverte de la rive droite et des beaux vignobles du Mandement ; le 103 «Genève-Sèzenove» chemine du Seujet vers le Rhône et surplombe la plaine de L'Aire ; le 104 « Genève-Salève » traverse les parcs de la rive gauche, puis franchit l'Arve sur le pont de Sierne pour rejoindre le départ du téléphérique du Salève (les vélos peuvent être pris à bord). Pour les visites urbaines, des dépliants vélo-tours (cinq sont édités et téléchargeables à ce jour) proposent des balades culturelles, avec un circuit en boucle qui emprunte des rues adaptées au vélo : « Genève et ses lieux de culte », « Les débuts du logement social », « Femmes et littérature », « L'esprit 1900 dans l'architecture » et « Cocktail de jardins urbains ». Renseignements : Espace Ville Genève – Pont de la Machine – ✆ 41 22 418 99 00 – www.ville-geneve.ch – www.ge.ch – www.suissemobile.ch

D'avril à septembre, un samedi par mois, des vélos-tours thématiques et gratuits, avec un guide et un accompagnant pour une découverte insolite du patrimoine genevois (inscription obligatoire). Renseignements : www.samediduvelo.ch – samediduvelo@pro-velo-geneve.ch – ✆ +41 22 329 13 19

Genève roule !

Pour le stationnement de plus longue durée, il faut souscrire un abonnement auprès de Genèveroule. Sa situation, derrière la gare Cornavin, à quelques minutes des quais, permet de faire du vélo un moyen de transport à privilégier : économique, fonctionnel et sécurisé. On peut donc, en toute tranquillité, visiter Genève et ses environs, en combinant plusieurs moyens de transport !

Moto / Scooter

■ SCOOTER SHOP

63, route de Chêne
✆ +41 22 736 01 34
www.cdscootershop.ch
info@cdscootershop.ch
Ici, on propose l'arsenal de celui qui ne veut plus attendre dans les bouchons. Pour les plus paresseux ou les plus pressés, un scooter s'impose. MBK, Yamaha ou les très fiables (d'après le patron) Peugeot, voilà la gamme que l'on propose ici. Sinon, pour les sportifs ou les écologistes, on peut trouver des vélos Peugeot, VTT ou de course. Atelier de réparation et véhicules d'occasion.

En bateau

■ CGN – COMPAGNIE GÉNÉRALE DE NAVIGATION SUR LE LAC LÉMAN

Quai du Mont-Blanc ✆ +41 84 881 18 48
Voir page 75.

■ MOUETTES GENEVOISES NAVIGATION

8, quai du Mont-Blanc
✆ +41 22 732 29 44
www.mouettesgenevoises.ch
info@mouettesgenevoises.ch
Trajet unique : 2 CHF. Trajet 60 min : 3,50 CHF. De 7h15 à 19h15, toutes les 10 min (M3 et M4 toutes les 30 min) en semaine, et de 10h à 19h30 (18h en basse saison) le week-end et les jours fériés.
La SMGN (Société Mouettes Genevoises Navigation) exploite 6 bateaux, dont 2 solaires, qui croisent dans la rade de Genève pour desservir les rives genevoises : les fameuses *Mouettes genevoises*. Intégrées dans le réseau des transports publiques genevois UNIRESO, ces petites embarcations permettent de passer d'une rive genevoise à l'autre en quelques minutes, avec son ticket TPG qui permet de se déplacer indifféremment par bus, tram ou *mouettes*. Elles relient les Pâquis au Molard (M1), aux Eaux-Vives (M2) et à Genève-plage (M3). Et la ligne M4 relie cette dernière à De Chateaubriand (parc Mon-Repos près de la Perle du Lac). La SMGN loue, pour une sortie privée ou professionnelle, un voilier de 35 à 90 places, le Neptune.

Mouettes Genevoises naviguant près du Jet d'eau.

À pied

Rien de tel que la marche à pied pour explorer une cité. Et Genève est une ville à l'échelle du piéton qui se traverse en une demi-heure. Pour promouvoir ce mode de déplacement doux et bon pour la santé, la Ville de Genève développe et facilite le cheminement des piétons. Elle incite les habitants et visiteurs à laisser leurs véhicules pour découvrir la ville sous d'autres facettes. Elle a édité dix itinéraires de promenades, avec commentaires et anecdotes. Au total, près de 70 km de parcours originaux empruntent des rues, des parcs et des sentiers souvent peu connus du public. On peut se procurer gratuitement et sur demande ces dépliants à l'Espace Ville, située sur le pont de la Machine, et dans les points d'information touristique. Des balades et des idées, des randonnées et des paysages : chaque dépliant-guide est placé sous un thème principal, comme la santé, l'urbanisme, la botanique ou l'Esprit de Genève.

▶ **Renseignements :** www.ville-geneve.ch – « Genève à pied, 10 parcours à thèmes » (avec plan), coédition Ville de Genève/Slatkine (2008).

Voiture

■ PARKING DES ARCADES

11-19 rue de Lausanne ✆ +41 22 316 08 82
www.parkgest.ch
Ouvert : 24h/24, 7j/7. Renseignements : du lundi au vendredi de 8h à 18h. 293 places + 3 places handicapés. Parking sous surveillance vidéo. Possibilité de stationnement longue durée : 36 CHF le premier jour, puis 15 CHF chaque jour suivant.

A proximité de la gare, dans le célèbre quartier des Pâquis, le parking des Arcades donne accès à la vie cosmopolite et populaire de la rive droite de Genève. Bien situé, à deux pas du lac Léman et des plus beaux hôtels de la ville, ce parking parfaitement entretenu et très sécurisé, permet de découvrir les merveilles du Jardin botanique de Genève, ou le quartier des organisations internationales telles que l'Unicef, l'ONU ou le BIT.

■ PARKING DU MONT-BLANC

Quai du Général Guisan
✆ +41 22 316 08 80
www.parkgest.ch
parkingdumontblanc@parkgest.ch
Ouvert 24h/24 et 7j/7. Renseignements : du lundi au vendredi de 8h à 18h. 1 531 places + 6 places pour handicapés. Parking sous surveillance vidéo. Places sécurisées réservées aux dames le soir, à partir de 18h, aux niveaux 1 et 2 (surveillance accrue). Possibilité de stationnement longue durée : 69 CHF le premier jour. 40 CHF le 2ème jour et 25 CHF dès le 3ème jour.

Construit sous le lac Léman, c'est le parking le plus connu de Genève. Il donne accès directement à la rade et son jet d'eau. Idéal pour aller faire son shopping dans les rues Basses, donc souvent pris d'assaut le samedi… Les entrées se trouvent sur le pont du Mont-Blanc (côté rive gauche) dans les deux sens. Le tarif de nuit est particulièrement attractif. Le ticket de parking donne accès à l'ensemble du réseau TPG sur Genève – donc aux fameuses *Mouettes genevoises* qui circulent d'une rive à l'autre dans Genève – pour deux personnes pendant 90 minutes (oblitérer son ticket aux bornes des sorties piétonnières).

PRATIQUE

Une rubrique indispensable pour repérer les adresses et numéros de téléphone les plus utiles (pour plus d'informations, voir la rubrique *Organiser son séjour*, en fin de guide).

Tourisme – Culture

■ ASSOCIATION BIENVENUE

1 avenue du Mail
✆ +41 22 809 02 65
www.bienvenue-welcome.ch
peracino@bienvenue-welcome.ch
Toute l'année dans les espaces publics genevois : gares CCF, réseau de transports publics TPG, aéroport de Genève, centre-ville. De 13h à 17h (de 11h à 18h en été).

Les *stewards* urbains de l'association Bienvenue accueillent, informent et orientent le visiteur comme le citoyen ! On les reconnaît à leur T-shirt vert portant la mention «Geneva Bienvenue Welcome». Une quinzaine de personnes multilingues (français, anglais, allemand, italien, portugais, espagnol, russe et letton) à qui demander son chemin et des informations pratiques et culturelles. Ces *stewards* urbains de Bienvenue se situent principalement dans les lieux de passages et d'intenses activités : gare Cornavin, aéroport (en hiver), lieux de manifestations avec le réseau de transports publics, centre-ville (vieille ville) et lieux de travaux du futur CEVA (liaison des gares Cornavin et Eaux-Vives). Pendant l'été, ils ont une action commune avec les Geneva Tourist Angels (T-shirt orange) car le pic de fréquentation touristique est important à cette période, mais à la différence des précédents, les personnes recrutées

Geneva Tourist Angels

May I help you ? est le message imprimé sur les T-shirts orange, issus du commerce équitable, des Geneva Tourist Angels. Leur mission ? Accueillir le visiteur, si possible dans sa langue (russe, chinois, japonais, arabe, portugais, espagnol, italien, allemand), ou en français et en anglais ; de l'aider à s'orienter dans la ville, et de l'informer. Mise en place par Genève Tourisme & Congrès depuis 2011, cette brigade de jeunes étudiants (8 équipes de 2 personnes) est visible de mi-juillet à mi-août, tous les jours de 10h à 19h.

sont des emplois de solidarité et l'action de ces professionnels s'étend toute l'année. Un service permanent d'accueil et d'information, dans les espaces publics, qui œuvre pour la qualité de vie en milieu urbain à Genève.

C.A.R.

Gare Cornavin
Rue du Mont-Blanc ✆ +41 22 731 46 47
www.car-ge.ch/ – info@car-ge.ch
Ouvert de mi-juin à mi-septembre : tous les jours de 9h à 21h.

La C.A.R. (Coordination Accueil & Renseignements pour les jeunes) est présente, sous la forme d'un wagon orange et jaune baptisé le CAR Bleu, à la sortie de la gare de Cornavin (en dessous), dans la zone piétonne. Cette association collabore avec les offices de tourisme pour accueillir les jeunes touristes et les visiteurs à petit budget (les contacter par courriel en dehors des périodes d'ouverture). Leurs «bons tuyaux» sont également diffusés dans le dépliant CAR INFO à télécharger sur le site. Si ces conseils visent les jeunes en priorité, ils peuvent également servir les moins jeunes en quête de bons plans à Genève, sympathiques et bon marché. Hébergement, restos, bars, sorties, concerts, musées, excursions, et même cours de français pour celles et ceux qui tombent amoureux de la ville, le tout présenté avec le sourire.

ESPACE VILLE DE GENÈVE

Pont de la Machine ✆ +41 22 418 99 00
www.ville-ge.ch/culture
Ouvert tous les jours, sauf le dimanche. Le lundi de 12h à 18h, du mardi au vendredi de 9h à 18h et le samedi de 10h à 17h. La billetterie ferme 1/2 h plus tôt.

L'Espace Ville de Genève accueille à la fois l'arcade d'information municipale et celle des pièces d'identité. Cet espace mixte dispense tous les renseignements utiles et pratiques d'ordre touristique, culturel, social et sportif, pour le touriste comme pour les autochtones. On peut également y acheter ses billets de spectacles et pour les personnes domiciliées dans la ville de Genève, il est possible de retirer sa carte journalière de train CFF. L'accueil est sympathique, efficace, quadrilingue (voire plus). Situé sur le pont de la Machine, accessible à pied par une passerelle, le bâtiment abrite également la Cité du Temps et le lieu d'exposition « Quartier Libre SIG ». En aval, on aperçoit le barrage du Seujet et on domine le Rhône ressortant des fonds du Léman. Le bâtiment vaut à lui seul une visite.

GENÈVE

GENEVA PASS

Une carte valable 24, 48 ou 72h (25, 35 ou 45 CHF repectivement) et qui permet de bénéficier des meilleurs tarifs sur l'offre touristique genevoise (musées, croisières, visites, excursions, galeries, etc.). Elle est valable une fois dans chacun des établissements ayant contracté un partenariat avec Genève Tourisme & Congrès : soit plus de 50 offres en 2013, pouvant aller de la simple réduction (10% à 50%) à la gratuité d'une prestation. On peut ainsi découvrir les collections du Musée National Suisse (ou celles, très contemporaines, du MAMCO), effectuer un tour en mini-train électro-solaire pour découvrir la rive gauche de Genève ou la croisière de la Sirène (1h sur le lac Léman) ou encore s'élever jusqu'au sommet du Salève par son téléphérique urbain ! Renseignements : www.geneva-pass.ch www.geneve-tourisme.ch – ✆ +41 22 909 70 00

■ **GENÈVE ACCUEIL**
Café Floortwo – Grand Hôtel Kempinski
19, quai du Mont-Blanc
www.geneve-accueil.org
secretariat@geneve-accueil.org
Permanences téléphoniques le lundi de 9h à 11h (Tél. +41 22 731 67 42), le mercredi de 9h à 11h (Tél. +33 4 50 40 56 90 – France), et le jeudi de 9h à 11h (Tél. +41 22 733 03 61).
Dans cette association, des bénévoles accueillent les francophones arrivant à Genève et sa région pour les aider à s'adapter, à résoudre les problèmes pratiques et à rencontrer des compatriotes et gens du pays grâce à des conférences, cafés-rencontres, sorties ou ateliers.
Une équipe de bénévoles les accueille et les inscrit aux visites organisées. Cela se passe au café Floortwo de l'hôtel Kempinski, lors des rendez-vous mensuels, chaque premier vendredi du mois, de 10h à 12h. Pour les expatriés, notons également le site riche en informations : www.cityexpat.com
L'association est aussi affiliée à la Fédération internationale des accueils français et francophones à l'étranger (FIAFE) : www.fiafe.org

■ **GENÈVE TOURISME & CONGRÈS**
18, rue du Mont-Blanc
✆ +41 22 909 70 00
www.geneve-tourisme.ch
info@geneve-tourisme.ch
Ouvert 7j/7 : le lundi de 10h à 18h, du mardi au samedi de 9h à 18h et le dimanche de 10h à 16h.
Dynamique, efficace, cette fondation a plusieurs missions. Répondre avec une grande exigence de qualité, aux besoins du tourisme de loisirs et d'affaires, tant dans l'accueil que l'information ; promouvoir Genève comme haute destination de tourisme, et organiser des évènements et manifestations d'intérêt touristique (*Fêtes de Genève*). Dans l'imposant monument qui abrite la Poste, à quelques enjambées de la gare, Genève Tourisme & Congrès est non seulement une mine d'informations mais aussi l'initiateur de projets innovants pour promouvoir Genève, comme les Geneva Amazing Experiences. Présentées dans des *pockets maps*, ces expériences suggèrent des visites originales et personnalisées de la ville et de ses environs. Toutes les cartes sont bilingues anglais et langue du visiteur (arabe, chinois, russe, anglais, allemand, français, brésilien, espagnol et hindi). Il existe aussi une carte sur le thème de l'horlogerie, la Geneva Watch Tour.
D'autres initiatives sont à saluer : audioguides de Genève (2 visites : Vieille ville et Quartier international) en 5 langues (français, anglais, allemand, russe et espagnol), des forfaits hôteliers on line super intéressants et le GENEVA PASS, une *city card* proposant plus de 60 attractions gratuites ou à prix particulièrement avantageux durant 24, 48 ou 72h, sans oublier les Geneva Tourists Angels ! De jeunes étudiants formés à l'accueil des touristes et sélectionnés pour leur capacité à s'exprimer dans les langues les plus diverses (de mi-juillet à mi-août). Et cerise sur le gâteau, à Genève, les transports publics sont gratuits pour tous les clients des hôtels, des auberges de jeunesse et des campings durant la durée de leur séjour. Des initiatives qui font aimer Genève aux visiteurs, comme aux Genevois !

▶ **Autre adresse :** Genève Aéroport – Hall d'Arrivée (Visitor's Center) – Tél. +41 22 717 80 83

LOCASKI
M-Parc – 34, avenue Vibert
✆ +41 22 307 29 80
www.locaski.ch
locaski@gmge.migros.ch
Prendre à gauche quand on arrive sur le parking M-Parc.
Ouvert d'octobre à fin avril, du lundi au mercredi de 8h30 à 19h, le jeudi et le vendredi de 8h30 à 19h30 (21h d'octobre à décembre) et le samedi de 8h à 18h.
Dans ce magasin de Migros, on trouve tout le matériel de ski alpin, randonnée, telemark, free style, free ride, ski de fond, snowboard ou encore luges, patins de loisirs ou de hockey sur glace, toute la glisse à disposition. La location-vente est également possible pour tout le matériel neuf loué à la saison. Une grande gamme d'accessoires est aussi proposée : casques, masques, gants, bâtons, ARVA, divers sacs à dos, à chaussures, de voyage ainsi que produits de fartage et services d'entretien de votre matériel personnel. Près de 30 000 articles sont proposés à la location journalière, pour un week-end, une semaine ou même une saison si besoin. Les prix sont dégressifs et très abordables.

Représentations – Présence française

CONSULAT DE FRANCE
2 cours des Bastions ✆ +41 22 319 00 00
www.consulfrance-geneve.org
Horaires : Pour toutes formalités (hors visas) : sans rendez-vous du lundi au vendredi de 8h30 à 13h30 sans interruption.Pour le retrait des passeports et des cartes d'identité : sans rendez-vous du lundi au jeudi de 8h30 à 15h30 et de 8h30 à 14h30 le vendredi sans interruption.Pour les visas : uniquement sur rendez-vous pris au préalable en téléphonant au 0900 847 237 (forfait 7,50 CHF par appel d'un téléphone fixe en Suisse) 24h/24 et 365 jours par an.

Argent

Les banques sont ouvertes généralement du lundi au vendredi de 8h30 à 17h30 (voire 16h30). Peu d'agences sont ouvertes le samedi. Attention ! La loi les oblige à demander une pièce d'identité dès 5 000 CHF de retrait. Les *bancomat* permettent des retraits à toute heure dans la monnaie du pays. Les bureaux de change ont des horaires plus élargis et certains permettent le change de traveller's chèques.

GENÈVE

■ **BUREAU DE CHANGE GARE DE CORNAVIN**
Place de Cornavin
Du lundi au vendredi de 7h à 20h. Le samedi de 7h à 19h. Dimanche 9h à 13h30 et 14h30 à 17h50
Lorsque vous arrivez à la gare de Cornavin ou de Genève Aéroport, vous trouvez un bureau de change, ouvert même le dimanche. Les guichets du Change CFF proposent plus de 90 devises étrangères. Si la devise souhaitée n'est pas disponible, elle peut être commandée dans un délai raisonnable. Les agents peuvent aussi reconvertir vos devises étrangères en francs suisses.Avec Western Union Money Transfer, vous pouvez envoyer ou recevoir de l'argent dans plus de 200 pays du monde. Quelques minutes plus tard, l'argent est disponible dans l'une des 400 000 agences de paiement. Si vous envoyez de l'argent à l'étranger, vous vous acquittez d'une taxe de service dont le montant est fonction de la somme à transférer. A Genève, les envois et les retraits se font uniquement en francs suisses. Hotline Western Union gratuite : 0800 007 107

Autres adresses : Gare CFF de Genève Aéroport du lundi au dimanche de 7h10 à 20h. • Point de vente CFF dans le centre commercial de Balexert du lundi au vendredi de 10h à 19h.

■ **BANQUE CANTONALE DE GENÈVE**
17, quai de l'Ile ✆ +41 58 211 21 00
www.bcge.ch – info@bcge.ch
Ouvert du lundi au vendredi de 9h à 17h30.
Avec 22 agences (dont 7 sur Genève), la BCGE offre le réseau bancaire le plus dense du canton et une batterie de guichets automatiques ou bancomat. Plus d'un habitant sur deux dispose d'un compte auprès de la BCGE, c'est plutôt rassurant ! Il est vrai que la banque mise beaucoup sur le conseil et sur l'accueil de ses clients. Les agences de l'Ile, de la rue Servette-Wendt, et de Chêne-Bourg sont ouvertes le samedi matin de 8h15 à 12h, uniquement sur rendez-vous.

Téléphoner en Suisse

Pour appeler de l'étranger, on compose le 00 41, suivi du numéro du correspondant. A Genève les numéros commencent toujours par 22, à Lausanne par 21 ! En Suisse et à Genève, on compose directement le numéro du correspondant en commençant par 022. Attention ! Les numéros de type 0800 ou 0900 ne sont pas accessibles depuis l'étranger. On peut rechercher le numéro téléphonique d'un correspondant en Suisse par téléphone au 1811 (Swisscom : 1,70 CHF l'appel + 0,22 CHF/min) et sur Internet (www.local.ch).

■ **CHANGE MIGROS**
www.migrosgeneve.ch
Change Migros est leader sur le marché du change à Genève. Sept agences installées sur le territoire genevois vous proposent, à la vente et à l'achat, la plupart des monnaies utilisées à travers le monde. A Genève, Change Migros est une référence depuis plus de 50 ans (la première agence de change Migros a ouvert ses portes le 3 mars 1961 au Plaza). Depuis, les choses ont bien évolué, et le change compte aujourd'hui une soixantaine de collaborateurs, sept agences (Balexert, Mont-Blanc, MParc La Praille, Plan-les-Ouates, Rive, Thônex et Vernier) et deux appareils automatiques *Changemat* à Thônex. Un huitième bureau de change Migros vous accueillera dès mai 2014 au Grand-Saconnex. Pour plus d'informations, merci de consulter le site internet.

■ **GMT FINANCES**
30, rue Jean-Jacques-Rousseau
✆ +41 22 738 87 77
Ouvert du lundi au samedi de 8h30 à 18h45, le samedi jusqu'à 17h.
A côté de Manor, cette maison est réputée pour ses bons cours fidélisant ainsi sa clientèle. Les touristes de passage, ceux qui veulent changer plus de 500 CHF et les clients qui ont de gros montants à changer s'adressent à GMT, car ici ils disposent de conseils professionnels donnés en anglais, arabe, italien, français. On peut aussi envoyer et recevoir de l'argent du monde entier en quelques minutes grâce à Moneygram.

Autres adresses : 27, rue du Petit-Chêne – 1003 Lausanne – Tel +41 21 312 62 12. • 4, cours de Rive – 1204 Genève – Tel +41 22 310 93 63.

Moyens de communication

■ **CHARLY'S MULTIMEDIA CHECK POINT**
7, rue de Fribourg
✆ +41 22 901 13 13
www.charlys.com
Ouvert de 9h à minuit, tous les jours, sauf le dimanche de 13h à 23h. 4 CHF de l'heure.
Café Internet en plein Pâquis, dans la rue de Fribourg qui regorge de bonnes adresses. Vidéo et DVD en anglais dans un cadre spacieux un peu poussiéreux, mais chaleureux.

TOUT POUR LA GLISSE!
LOUEZ, SKIEZ !
Av. Vibert 34 - 1227 Carouge / Genève
A côté du M-Parc La Praille, accès facile
Renseignements: + 41 22 307 29 80
www.locaski.ch
CUMULUS
POINTS. ÉCONOMIES. PLAISIR.
www.migrosgeneve.ch
LOCASKI
MIGROS

Deux salles avec PC et photocopies laser couleurs. La toute première fois, les quinze premières minutes sont gratuites avec un bon distribué par l'office du tourisme.

HED DIFFUSION
1, rue de l'Ecole-de-Médecine
✆ +41 22 781 06 04
Ouvert le lundi de 14h à 18h45, du mardi au vendredi de 10h à 18h45 et le samedi de 10h à 14h.
Voici une échoppe de quartier tout près de la plaine de Plainpalais. Il y a du choix, et on prend le temps de vous écouter et de vous conseiller ; c'est l'avantage de la proximité. Les réparations sont si nombreuses que le magasin se nomme « la clinique du téléphone portable » : plus de 100 cellulaires en attente des bons soins de M. Jaccard, mais la petite réparation sera faite sur-le-champ, avec le sourire en prime. De nombreuses promotions sur les téléphones et les abonnements de toutes les grandes marques.

ORANGE CENTER
13, rue du Mont-Blanc
✆ +41 80 070 07 00 – www.orange.ch
Ouvert le lundi, le mardi, le mercredi et le vendredi de 9h à 18h30, le jeudi de 9h à 20h et le samedi de 9h à 17h.
Orange propose un bon choix de téléphones portables avec les accessoires indispensables et superflus et bien-sûr des abonnements Orange (filiale de France Télécom) avec notamment des kits téléphone et abonnement très avantageux.

Autres adresses : 20, rue du Marché – Tel +41 80 070 07 00 • 4, rue de la Corraterie – Tel +41 80 070 07 00 • Centre commercial de Carouge – 36, avenue Cardinal-Mermillod – 1227 Carouge – Tel. +41 80 070 07 00 • Orange Globus – 48, rue du Rhône – Tel. +41 80 070 07 00

POINT 6
12, rue Jean-Violette ✆ +41 22 800 26 00
www.point6.ch – info@point6.ch
Ouvert du lundi au jeudi de 11h à minuit, le vendredi et le samedi de 11h à 2h et le dimanche de midi à 22h. 5 CHF l'heure. A partir de 5 heures à jouer : 4 CHF.
Pour écrire, surfer sur le Net ou encore jouer aux jeux en réseau. Le site est à consulter : on prend connaissance des actualités du monde du jeu et on y connaît le temps d'occupation des machines et leur disponibilité avant de s'y rendre.

SWISSCOM SHOP
19, rue du Mont-Blanc
✆ +4122732 71 20 – www.swisscom.ch
Ouvert du lundi au vendredi de 9h à 19h, le samedi de 9h à 18h. Abonnements et déménagements : 0800 800 800. Infoline : 0800 89 46 36.
Les boutiques Swisscom proposent tous les services de l'opérateur fédéral : la téléphonie fixe (ouverture de ligne, déménagements, téléphones, fax...), la téléphonie mobile (vente de téléphones portables et abonnements) et l'Internet (connexions modems ou adsl). Le ticket numéroté permet d'éviter de rester à faire la queue quand il y a trop de monde.

Autres adresses : 23, boulevard Carl-Vogt – Tel +41 22 781 70 00 • 3 bis, rue de Rive – Tel +41 22 840 31 05 • Centre Balexert – 27, avenue Louis-Casaï – Tel +41 22 797 78 30

Santé – Urgences

AMBULANCES ET MÉDECINS
✆ 144

HÔPITAL CANTONAL DE GENÈVE
4 rue Gabrielle-Perret-Gentil
✆ +41 22 3723311 / +41 22 3728120
www.hug-ge.ch

HÔPITAL DE LA TOUR
3, avenue J.-D.-Maillard
MEYRIN ✆ +41 22 719 61 11
✆ +41 22 719 60 00 – www.latour.ch
Urgences 24h/24 et urgences pédiatriques jusqu'à minuit.

NUMÉRO D'URGENCE COMMUN
✆ 112
Le 112 peut être composé à partir d'un téléphone fixe ou portable, théoriquement sans crédit, avec n'importe quel opérateur européen. Il permet de faire appel aux services publics d'urgence (pompiers, police...)

POLICE
✆ 117 / +41 22 427 81 11
24h/24 : pour déposer une plainte.
Dépôt de plainte urgent ouvert 24h/24 gare de Cornavin, passage sous voie. Pour les dépôts de plainte non urgents, on s'adressera au poste de police du quartier. Autre numéro utile, le +41 22 427 89 60, pour les contraventions. Mais, attention, ne sont pas traités par téléphone les cas particuliers, il est simplement donné des informations d'ordre général.

RENSEIGNEMENTS
✆ 1811
Outre les numéros de téléphone sur toute la

Suisse, on peut aussi obtenir les coordonnées des pharmacies ou des vétérinaires de garde.

■ **SOS CLÉS**
11, rue de l'Ancien-Port
✆ +41 22 311 12 22
www.sos-serrures.ch
Magasin ouvert du lundi au vendredi de 8h à midi et de 13h30 à 17h30.
Quand on s'est enfermé dehors, qu'on a perdu ou cassé sa clé, il suffit de téléphoner. Le tarif dépend du travail. Il sait aussi faire des copies de clés, installer ou modifier les serrures électroniques.

■ **VÉTÉRINAIRES DE GARDE**
✆ 09 00 83 83 43
www.sgv.name/site/index.php/Accueil
2 CHF la minute depuis une ligne fixe. Joignable tous les soirs dès 19h. Joignable 24h/24, week-end et jours fériés.

Adresses utiles

■ **ÉCOLE SIGHT AND SOUND**
2, rue Leschot
✆ +41 22 708 10 40
www.sight-sound.ch
info@sight-sound.ch
Ouvert du lundi au vendredi de 8h à 20h et le samedi de 9h à midi.
Cette école sympathique propose des formations très ciblées et personnalisées, répondant aux attentes des particuliers et des entreprises, dans de nombreux domaines comme les langues, la bureautique, le secrétariat, la comptabilité et la gestion de stocks. Elle prépare aux diplômes officiels. Les cours de langues, de bureautique, etc., peuvent être suivis en partie à l'école, en ligne ou en entreprise. Les cours commencent à tout moment de l'année et la méthode conjugue, en horaires à la carte, des leçons individuelles ou parfois en microgroupes avec un professeur et un programme sur mesure élaboré sur ordinateur. L'école utilise des méthodes particulièrement efficaces et exclusives qui permettent par exemple l'apprentissage de la frappe à l'aveugle en 15 heures seulement. Elle bénéficie depuis plusieurs années du label Eduqua. Tests gratuits de langues et d'orthographe en ligne sur le site. Nombreuses offres spéciales tout au long de l'année. Possibilité de suivre les cours à deux au prix d'un seul cours, sur présentation du guide Petit Futé lors de l'inscription (sauf frais d'inscription et de matériel, et offres spéciales).

Fourchette de prix sur Genève !

A titre indicatif, nous vous communiquons une fourchette de prix en fonction de la classification d'hôtels sur Genève, mais celle-ci peut varier selon les périodes et au cours de l'année.

- **Bien et pas cher :** hôtels 1* et 2 ** et auberges de jeunesse, à moins de 100 CHF et entre 100 CHF et 110 CHF la nuitée.
- **Confort et charme :** hôtels 3*** dès 135 CHF la nuitée.
- **Luxe :** hôtels 4 **** dès 200 CHF la nuitée et 5***** dès 500 CHF la nuitée.

■ CENTRE D'ACCUEIL – GENÈVE INTERNATIONALE (CAGI)

106 Route de Ferney
✆ +41 22 546 14 00
www.cagi.ch – welcome@etat.ge.ch
Ouvert du lundi au vendredi de 8h30 à 17h15.
Fondé en 1996 par la Confédération et le Canton de Genève, soutenu par des entités nationales et locales, publiques et privées, le Centre d'Accueil – Genève Internationale (CAGI) a pour objectif de faciliter l'installation et l'intégration dans la région lémanique des fonctionnaires internationaux, membres de missions permanentes, de consulats, d'ONG, d'entreprises multinationales ainsi que de leurs familles. Outre l'assistance pratique qu'il fournit, il organise ou soutient des événements culturels ou sociaux favorisant les échanges entre la « Genève internationale » et les communautés locales.

■ LA POSTE

16, rue des Gares
Montbrillant ✆ +41 848 888 888
www.laposte.ch – serviceclientele@post.ch
Ouverte du lundi au vendredi de 8h à 19h, le samedi de 8h à 12h et le dimanche de 15h à 18h45. Services Swiss-express.
Elle se situe dans le bâtiment rénové de la station Montbrillant, près de la gare Cornavin, qui regroupe plusieurs administrations.

- **Autres adresses :** 18, rue du Mont-Blanc – Tel. +41 848 888 888 • Genève Aéroport – Arrivée – 9 route de l'aéroport – Tél : +41 58 454 00 39

■ SIG

2, chemin du Château-Bloch
Le Lignon ✆ +41 844 800 808
www.sig-ge.ch
SIG (Services Industriels de Genève) est une entreprise autonome de droit public engagée au service de la collectivité genevoise. Elle distribue l'eau, le gaz, l'électricité et l'énergie thermique, traite les eaux usées, valorise les déchets, tout en cherchant à favoriser les économies d'énergies et les énergies renouvelables. SIG gère un patrimoine lié à l'histoire des énergies de Genève, des sites industriels remarquables : le Jet d'eau, le pont de la Machine, le barrage de Seujet, le barrage de Verbois... au total 12 sites énergétiques dont 8 où sont proposées des visites guidées pour les groupes. Des expositions gratuites sont aussi organisées tout au long de l'année à l'espace Quartier Libre SIG du pont de la Machine. SIG promeut aussi largement « l'Eau de Genève », l'eau du réseau potable, d'excellente qualité à Genève.

Enseignement

■ ÉCOLE-CLUB MIGROS

5, rue du Prince ✆ +41 22 319 61 61
www.ecole-club.ch
Parmi les très nombreuses formations proposées par l'Ecole-club Migros, les formations en informatique ne manquent pas. Langues, arts appliqués, cuisine et gastronomie, environnement, bien-être et sport, mais encore danses, musique et théâtre sans oublier l'offre de l'école-club Business Management et Economie, Informatique, et diplômes de langues. De plus une cinquantaine de cours de l'école-club Migros peuvent être financés par le Chèque Annuel de Formation (CAF) que délivre l'Etat de Genève. Toutes les offres sont présentées dans une brochure gratuite, à télécharger sur Internet ou, pour les grands débutants, à commander par téléphone.

- **Autres adresses :** 1, chemin de Crève-Cœur – 1260 Nyon – Tel +41 22 362 08 00. • Centre Balexert – 21, avenue du Pailly – 1220 Les Avanchets – Tel +41 22 795 11 70.

■ ÉCOLE SIGHT AND SOUND

2, rue Leschot ✆ +41 22 708 10 40
Voir page 97.

SE LOGER

Genève est souvent considérée comme une ville d'affaires et de conférences internationales, ce qui explique le nombre important d'hôtels, plus de 140 de toutes catégories, de l'auberge de jeunesse à l'hôtellerie de luxe, majoritairement située sur la rive droite de Genève. Mais il ne faut pas oublier que Genève est aussi une destination « shopping », une étape en hiver sur la route des sports d'hiver et le charme d'une ville de taille moyenne, facilement accessible au départ de nombreuses villes dans le monde entier. L'aéroport est à 20 min du centre-ville, les gares de Cornavin et Genève Aéroport offrent des liaisons dans toute l'Europe ainsi que le réseau routier et autoroutier. Idéalement située en bordure d'un immense lac et à proximité des Alpes et du Mont-Blanc, il est agréable de séjourner dans cette ville de Suisse romande, au climat tempéré.

Bon à savoir : tous les hôtels délivrent la carte Geneva Transport Card, pour bénéficier de trajets gratuits sur Genève. Genève Tourisme propose des packages, des week-ends avec nuit d'hôtel, petit déjeuner et toutes informations utiles pour vous orienter dans Genève.

Locations

ADAGIO GENEVE MONT-BLANC

4, Rue Sigismond Thalberg
✆ +41 22 716 40 00 – www.adagio-city.com
h8902@adagio-city.com
Résidences hôtelières. Studios, appartements deux-pièces et suite. Cuisine équipée avec four traditionnel et micro-ondes. Wifi gratuit. Studios de 220 à 280 CHF, dégressif à partir de 4 nuits. Petit déjeuner continental : 15 CHF. Breakfast 18 CHF.
L'aparthôtel l'Adagio Genève Mont Blanc 4-étoiles vous accueille au cœur de la ville, sur les rives du Léman, à deux pas des commerces et des jardins. 102 appartements climatisés et tout équipés sont proposés, allant du studio 2 personnes au deux-pièces 4 personnes. Le wifi est à disposition gratuitement. Situé à proximité de la gare Cornavin, il est idéal pour les séjours d'affaires mais également pour les familles.

HÔTEL AT HOME

16, rue de Fribourg ✆ +41 22 906 19 00
www.hotel-at-home.ch
athome@bluewin.ch

Chambres, studios et appartements. Chambre double dès 140 CHF, single 100 CHF. Studios, appartements et suites à louer au mois à partir de 2'700 CHF. Animaux non admis.

Cet établissement proche de la gare affiche fièrement ses quatre-vingts ans d'existence et son esprit at home qui perdure malgré sa modernisation il y a plus de quinze ans. Les chambres sont bien tenues, insonorisées, personnalisées et équipées (télévision câblée, sèche-cheveux, etc.). Possibilité de louer studios, appartements et suites au mois pour se sentir encore davantage chez soi dans un décor chaleureux.

Vieille ville et Bastions

La Vieille-Ville est un quartier calme le soir, tout en étant idéalement situé, proche du centre-ville. De plus, les hôtels du quartier sont pour la plupart d'anciennes bâtisses, dont la beauté pittoresque en ravira plus d'un. Mais l'offre est succinte, car les hôtels se regroupent essentiellement dans les rues proches du lac, près des organisations internationales et dans les quartiers autour de la gare de Cornavin.

Bien et pas cher

HOME SAINT PIERRE

4, cour de Saint-Pierre
✆ +41 22 310 37 07 – www.homestpierre.ch
info@homestpierre.ch

Dortoirs : de 29 à 31 CHF. Chambre double : 36 CHF par personne.

Une très bonne adresse pour les petits budgets, à condition de réserver bien à l'avance. Les chambres sont normalement prévues pour les femmes (l'établissement accueillait des pèlerins protestants dans le passé). Il y a toutefois quelques places pour les hommes. La terrasse au dernier étage vaut vraiment l'effort de grimpette.

Confort ou charme

HÔTEL BEL'ESPÉRANCE

1, rue de la Vallée ✆ +41 22 818 37 37
www.hotel-bel-esperance.ch
contact@hotel-bel-esperance.ch

40 chambres, de 105 à 190 CHF. Chambres familiales : 235 CHF, petit déjeuner inclus. Les transports publics sont à 2 minutes de l'hôtel (arrêt Rive). Parking public Saint-Antoine à proximité. La rue de la Vallée est perpendiculaire à la rue Verdaine.

L'hôtel Bel'Espérance, au cœur de la vieille ville et du centre historique de Genève, offre un confort douillet, un accueil chaleureux et une atmosphère très cosy. Cet hôtel est administré par l'Armée du Salut, dans le respect des valeurs chrétiennes de l'association. L'hôtel est totalement non-fumeur. Douillettes et coquettes, les chambres sont fonctionnelles, toutes équipées de télévision et wi-fi. Les clients apprécient le grand salon, la cuisine à disposition, la terrasse fleurie avec vue sur le Jet d'eau, l'ambiance et la situation privilégiée. Réservation indispensable. Une bonne adresse *Petit Futé*.

La version numérique de ce guide offerte !

Version numérique uniquement disponible depuis la boutique en ligne Petit Futé.

© Ariwasabi - Fotolia

1. Rendez-vous sur la boutique en ligne Petit Futé : http://boutique.petitfute.com
2. Cliquez sur l'onglet « **Cherchez votre destination** » et saisissez le titre de votre guide, puis cliquez sur le bouton **OK.**
3. Cliquez sur le lien **« Guides numériques »** de **« Type Guide »** dans la colonne gauche et faites défiler les couvertures à l'aide des flèches droite ou gauche, puis cliquez sur **la couverture** de votre guide.
4. Sur la page de présentation de votre guide numérique, cliquez plus bas sur le bouton **« Ajouter au panier »** et cliquez à droite sur le bouton **« Valider ».**
5. Saisissez le **« Code de remise »** ci-dessous et cliquez sur le bouton **« Utiliser un bon de réduction ».**

EK39B8QQVRW6

Le code ne peut être utilisé qu'une seule fois. Il faut respecter les caractères en majuscule du code.

6. Cliquez sur le bouton **« Passer la commande »** avec un montant global à 0€.
7. Connectez-vous à votre compte avec le bouton **« Se connecter »** ou créez votre compte en cliquant sur le lien **« S'enregistrer »** (après la création du compte, cliquez à nouveau sur le bouton **« Valider »** mon panier à droite et répétez l'étape 6).
8. Sélectionnez votre adresse de facturation et cliquez sur le bouton **« Poursuivre »,** ou renseignez les champs **« Informations de facturation »** avant de cliquer sur le bouton **« Poursuivre ».**
9. Sélectionnez le mode de paiement **« Valider ma commande offerte »** et cliquez sur le bouton **« Poursuivre »,** puis sur le bouton **« Valider la commande ».**
10. Cliquez directement sur le lien **« Mes guides téléchargeables »,** ou cliquez tout en haut sur le lien **« Mon compte »** et cliquez plus bas sur le lien **« Mes guides téléchargeables »** dans la colonne gauche **« Mon compte »,** puis sélectionnez à droite votre version numérique avec les liens **« Télécharger ».**

e valable jusqu'au 31/12/2014 sous réserve de l'arrêt de commercialisation de certains titres en France métropolitaine et dans le monde et sous réserve que le nombre de téléchargements soit inférieur ou égal ombre d'exemplaires de guides papier imprimés. Formats disponibles pour smartphones, tablettes, liseuses et ordinateurs PC ou MAC.

■ **HÔTEL CENTRAL****
2, rue de la Rôtisserie ✆ +41 22 818 81 00
www.hotelcentral.ch – info@hotelcentral.ch
Chambre budget (lits superposés), douche, sans WC, 1 ou 2 personnes : 105 CHF, 3 personnes : 140 CHF. Chambre compact (lit double), douche, WC, 1-2 personnes : 125 CHF. Chambre standard (lit double ou 2 lits), 1-2 personnes : 155 CHF, 3 personnes : 190 CHF. Chambre large (lit double ou 2 lits), 1 ou 2 personnes : 175 CHF, 3 personnes : 210 CHF, 4 personnes : 245 CHF, 5 personnes : 280 CHF. Chambre junior suite (lit à baldaquin, salon), 1 ou 2 personnes : 225 CHF. 6 appartements : de 190 CHF à 390 CHF. Petit déjeuner inclus servi en chambre.
L'hôtel Central porte bien son nom, car il est idéalement situé : proche de la vieille ville et du lac. C'est un établissement familial, tenu par Erik et Christine Gangsted. Dans toutes les chambres, il y a la télévision, la vidéo, le wi-fi gratuit et le téléphone avec prise fax-modem et répondeur. Certains des appartements peuvent accueillir jusqu'à six personnes et la plupart sont parfaitement équipés avec options lave-linge et lave-vaisselle. Il y existe la possibilité d'avoir des chambres avec balcon. La décoration est sobre et d'assez bon goût. Les chambres ayant des configurations un peu différentes les unes des autres, il vaut la peine d'en regarder plusieurs avant de faire son choix. Les salles de bains sont petites, mais agréables et fonctionnelles. L'accueil est chaleureux et la propreté impeccable. C'est un excellent rapport qualité/prix pour un hôtel sis au cœur de la ville.

Luxe

■ **HÔTEL LES ARMURES*******
1, rue du Puits-Saint-Pierre
✆ +41 22 310 91 72
www.hotel-les-armures.ch
armures@span.ch
Cinq étoiles. 32 chambres de luxe dont 4 suites junior et 1 suite junior prestige. Chambres à partir de 435 CHF pour 1 personne et de 675 CHF pour 2 personnes, petit déjeuner inclus. Lit supplémentaire : 140 CHF. Lit pour bébé : 40 CHF. Garage : 40 CHF. Animaux admis.
Situé au cœur de la vieille ville, cet hôtel de charme est véritablement un monument historique du XVIIe siècle. Si l'esprit général de l'hôtel reste dans le registre de l'histoire, les chambres, elles, ont été entièrement rénovées. La moitié d'entre elles sont de style classique et l'autre moitié de style contemporain. Toutes sont personnalisées avec soin et raffinement. Le restaurant Les Armures se trouve au rez-de-chaussée. Il s'agit du plus vieux restaurant de Genève. On y goûte des spécialités suisses et de la cuisine française de qualité.

Rive et Eaux-Vives

Dans ce quartier très touristique, les hôtels bon marché font défaut. Toutefois, vous trouverez au fil de cette rubrique des établissements jouissant d'un bon rapport qualité-prix.

Bien et pas cher

■ **HÔTEL PAX**
68 rue du 31-Décembre
✆ +41 22 787 50 70
direction@hotel-pax-geneva.ch
Hôtel 2 étoiles au centre de Genève. 32 chambres avec télévision, téléphone et wifi. Balcon pour certaines. Proches des transports publics.
Petit hôtel de 32 chambres situé au cœur de Genève, dans le quartier des Eaux-Vives. Des petites chambres, ainsi que des spacieuses avec balcons et cheminées anciennes. Service pressing et animaux bienvenus (sans supplément).

Confort ou charme

■ **HÔTEL CALVY*****
5, ruelle du Midi ✆ +41 22 718 16 16
www.calvy.ch
calvy@bluewin.ch
31 chambres avec coin kitchenette, de 160 à 350 CHF la nuit. Lit supplémentaire de 40 à 60 CHF. Petit déjeuner inclus. wi-fi sur demande. Animaux acceptés. Restaurant sur place (Le Moulin à Poivre). Salle de conférence. Salle de spectacle de 100 places (La Scène, 500 CHF la soirée). Parking à proximité.
Si vous souhaitez être au cœur de la ville dans une ruelle tranquille avec une ambiance de village et dans un hôtel calme, au confort simple mais de bonne qualité, l'Hôtel Calvy répond à ces critères de sélection. Les chambres en plus des services habituels, téléphone direct, télévision, salle de bains, possèdent toutes un placard kitchenette, pratique pour se restaurer à moindre frais. Sur place le restaurant le Moulin à Poivre propose aussi une cuisine internationale. L'hôtel est facilement accessible en transports en commun et le parking de Villereuse est juste à côté.

■ HÔTEL LES HAUTS DE RIVE**
48, boulevard des Tranchées
✆ +41 22 346 29 33
www.hotel-leshautsderive.ch
info@hotel-leshautsderive.ch
Hôtel 2 étoiles. Chambre pour 1 personne dès 120 CHF (100 CHF avec douche mais WC séparés). Chambre double dès 150 CHF. Petit déjeuner continental inclus. Téléphone et télévision dans toutes les chambres. Parking Villeureuse.
Hôtel idéalement situé en plein centre-ville, dans le quartier de Rive. Chambres coquettes, accueil chaleureux et personnalisé. Téléphone et télévision dans toutes les chambres. Parking Villeureuse à proximité.

■ HÔTEL LONGEMALLE***
13, place Longemalle ✆ + 41 22 818 62 62
www.longemalle.ch – info@longemalle.ch
58 chambres de 280 à 480 CHF. Appartement triplex : 850 CHF. Room-service jusqu'à 23h. wi-fi. Petit déjeuner inclus. Animaux acceptés. Parking à proximité. Service voiturier.
Avec sa façade Belle Epoque, son balcon fleuri au premier étage, sa banque de réception d'inspiration baroque, ses hauts plafonds, son lustre Grand Siècle et ses miroirs monumentaux, l'Hôtel Longemalle est plus un lieu d'exception qu'un hôtel trois étoiles. Sa situation idéale sur la place Longemalle, près des rues commerçantes, à deux pas du lac et au pied de la vieille ville fait de cet établissement un lieu privilégié de villégiature à Genève et diffère des grands hôtels standardisés. Vous apprécierez ainsi de passer un séjour avec un accueil personnalisé propre à cette maison qui possède aussi, dans le même bâtiment, l'Hôtel de la Cigogne, un Relais & Châteaux.

■ SAGITTA HÔTEL
6, rue de la Flèche ✆ +41 22 786 33 61
www.hotelsagitta.ch
reservation@hotelsagitta.ch
42 studios et appartements climatisés de 190 CHF à 320 CHF en single, de 230 CHF à 390 CHF en double. Kitchenette. Petit déjeuner inclus. Parking : 20 CHF. Tarif pour les longs séjours. Petits animaux admis. Wifi gratuit.
Sur la rive gauche, non loin de la place des Eaux-Vives, à quelques minutes à pied du lac, le Sagitta nous accueille dans des chambres-studios et des appartements modernes et fonctionnels aux teintes chaudes. Toutes les chambres, relativement spacieuses, sont climatisées et équipées de kitchenettes, salle de bains avec sèche-cheveux, télévision câblée et mini-bar. Les appartements de deux pièces disposent d'un salon-salle à manger et peuvent accueillir jusqu'à quatre personnes.

Luxe

■ HÔTEL DE LA CIGOGNE*****
17, place Longemalle
✆ +41 22 818 40 40
www.cigogne.ch
cigogne@relaischateaux.com
Cinq étoiles. 43 chambres climatisées dès 550 CHF, petit déjeuner inclus. Garage. Animaux admis. Menu à partir de 65 CHF.
Idéalement situé entre lac et vieille ville, cet hôtel de charme luxueux fait partie des Relais et Châteaux. Toutes les suites et les chambres sont personnalisées et ont des décors différents : romantique ou ambiance 1970. Certaines sont en duplex et d'autres possèdent même une vraie cheminée. Les clients de l'hôtel peuvent bénéficier du club de fitness, le Holmes Place, à deux pas, pour la mise en forme et pour la détente. Le restaurant au cadre rétro offre une table classique gastronomique dont une cave dotée de 350 crus.

Plainpalais et Prévost-Martin

Les hôtels, notamment à bas prix, se font assez rares dans ce quartier, pourtant situé en plein centre-ville. Mais les trois établissements cités dans cette rubrique sauront combler ce manque. Ceux-ci se révèlent en effet confortables et, pour certains, luxueux, tout en étant particulièrement calmes la nuit.

■ HÔTEL COMÉDIE***
12, rue de Carouge
✆ +41 22 322 23 24
www.hotel-comedie.ch
info@hotel-comedie.ch
27 chambres et une suite. Chambre simple de 150 à 195 CHF, chambre double de 180 à 230 CHF, chambre triple à 270 CHF. Suite pour 2 personnes : 295 CHF. Tarifs variables selon les périodes. Petit déjeuner et TVA inclus. Taxe de séjour : 2,95 CHF par personne et par nuit. Accès wi-fi gratuit.
Ce petit hôtel de quartier est idéalement situé à deux pas du parc des Bastions, de la Vieille-Ville, de la plaine de Plainpalais et des accès aux transports publics. Outre cet atout majeur, l'établissement se distingue par la qualité de son service et le confort de ses chambres, dont la déco, certes sans prétention, demeure agréable.

■ **LA COUR DES AUGUSTINS******
15, rue Jean-Violette
✆ +41 22 322 21 00
www.lacourdesaugustins.com
4 étoiles. 30 suites avec cuisines équipées et 10 chambres, de 190 à 690 CHF. Suites de 300 à 1 440 CHF. Petit déjeuner (buffet) en supplément : 25 CHF.
Cet hôtel-résidence branché et design est situé près de Plainpalais. Réparties entre deux bâtiments anciens, les suites et chambres sont toutes différentes et offrent à chacun l'impression d'être chez soi. Un chez-soi résolument contemporain, conçu en respect de normes antiallergiques et écologiques. Le plus difficile pour les deux créateurs du lieu, a été de concilier déco et normes hôtelières… Le pari n'était pas facile, mais ils y sont arrivés avec brio et ils nous font profiter de leur expérience dans la galerie jouxtant l'établissement qui vend meubles et objets design de l'hôtel. Machine Nespresso et capsules offertes dans toutes les chambres. A découvrir aussi la collection privée d'objets et statues d'art africain et les expositions de tableaux. Pas de restauration mais room-service possible avec Le Café Jules Verne, juste en face.

■ **HÔTEL TIFFANY******
20, rue de l'Arquebuse
✆ +41 22 708 16 16
www.hotel-tiffany.ch
info@hotel-tiffany.ch
65 chambres et suites. Chambres climatisées de 330 CHF à 350 CHF, suites de 660 CHF à 730 CHF. Petit déjeuner buffet : 30 CHF. Forfaits promotionnels en week-end : 340 CHF la nuit pour 2 personnes avec buffet-petit déjeuner inclus, apéritif offert et corbeille de fruits en chambre, à condition que la nuit du samedi soit incluse. Garage sur demande. Animaux admis.
La bâtisse datant de la fin du XIXe siècle donne tout de suite le ton. Charme et élégance Belle Epoque sont réunis au cœur du quartier des affaires dans cet hôtel qui mêle luxe et simplicité, tradition et confort du contemporain : accès wi-fi, télévision câblée, climatisation, etc. L'hôtel a été entièrement rénové et la beauté de l'ancien étincelle à nouveau. On s'imagine volontiers une clientèle d'hommes d'affaires discutant dans le salon-bar au caractère *british*. Le décor Art Nouveau du restaurant a été entièrement revisité pour l'inscrire dans notre époque sans perdre son caractère très Brasserie chic. Riche en couleurs et saveurs gourmandes, inspirée des produits frais du marché, la cuisine du chef des lieux fleure bon l'authenticité et respire la joie de vivre. Elle fait du restaurant Tiffany une adresse très prisée par la clientèle cosmopolite genevoise. Dès le printemps, le restaurant s'ouvre sur une terrasse joliment aménagée qui permet de savourer les beaux jours à toute heure de la journée. Les autres prestations : Jacuzzi dans les suites, salle de fitness, bureau Internet, service de la couverture, room-service, petite restauration l'après-midi, brunch en week-end.

Gare et Pâquis

Les quartiers Gare et Pâquis couvrent à eux seuls la majorité de l'offre d'hébergements de la ville de Genève. Les extrêmes s'y rassemblent, et sa proximité des gares ferroviaire et routière de Cornavin, du secteur des banques et des affaires, du quartier des organisations internationales et des parcs et quais du Léman en fait un emplacement idéal pour séjourner à Genève, aussi bien pour les loisirs que pour le travail. Vous y trouverez en effet des auberges de jeunesse et des hôtels 2 à 3 étoiles aux abords de la gare, et des hôtels de prestige 4 à 5 étoiles le long des quais.

Bien et pas cher

■ **AUBERGE DE JEUNESSE GENÈVE**
28-30 rue Rothschild
✆ +41 22 732 62 60
www.youthhostel.ch
info@genevahostel.ch
Ouvert toute l'année, réception 24h/24. Prix 2014 avec la carte de membre : lit en dortoirà 32 CHF la nuitée, chambre 4 litsà 135 CHF, chambre 2 lits sans douche et sans WCà 90 CHF, chambre 2 lits avec douche et WCà 100 CHF. Supplément pour les non-membres des auberges de jeunesse : 6 CHF par personne et par nuit. Carte de membre valable une année dans toutes les auberges de jeunesse du monde : 36 CHF la nuitée, chambre 4 litsà 153 CHF, chambre 2 lits avec WCà 100 CHF, chambre 2 lits avec douche et WCà 110 CHF. Supplément pour les non-membres des auberges de jeunesse : 6 CHF par personne et par nuit. Carte de membre valable une année dans toutes les auberges de jeunesse du monde : 33 CHF. Petit déjeuner inclus. Accès facilité pour les personnes handicapées. Repas du soir : 12,50 CHF et

16 CHF avec dessert et boisson. Pique-nique : 14 CHF. Check in dès 14h jusqu'à 24 heures en fonction des disponibilités. Parking.
Dans le quartier des Pâquis, près de la gare et du lac, l'auberge de jeunesse est un bon plan pour bien se loger à moindre coût. Elle dispose de 340 lits et de plusieurs chambres équipées de sanitaires complets. Le grand bâtiment a été entièrement refait, et tout respire la propreté et l'ordre. Machines à laver et à sécher le linge (8 CHF pour un lavage et un séchage plus 5 CHF de dépôt, rendus après restitution de la carte), cuisine, restaurant en self-service avec coin pique-nique, salle de loisirs avec télévision et salle de lecture, salle multimédia avec des ordinateurs connectés à Internet (à partir de 2 CHF les 15 minutes), wi-fi gratuit, bibliothèque, une salle de conférence et jardin, apportent à chacun tout ce dont il peut avoir besoin.

■ CITY HOSTEL GENÈVE

2, rue de Ferrier
✆ +41 22 901 15 00
www.cityhostel.ch
info@cityhostel.ch
Auberge de jeunesse. Dortoir à 3 lits : 32 CHF. Dortoir 2 lits : 37,50 CHF. Chambre double : 89 CHF. Chambre simple : 61 CHF. Chambre simple avec TV : 66 CHF. wi-fi dans toutes les chambres (2 CHF par jour). Non-fumeur.
Une adresse de backpacker, économique, on y dort dans des dortoirs et on se fait sa petite cuisine. On peut également y faire sa lessive et l'auberge dispose d'un salon-Internet et salon TV. L'établissement est loin d'être luxueux, on l'aura compris, mais rares sont les adresses à Genève accessibles aux petits porte-monnaie. Une carte de transport est offerte.

Confort ou charme

■ HÔTEL ADMIRAL***

8, rue Pellegrino-Rossi
✆ +41 22 906 97 00
www.hoteladmiral.ch
info@hoteladmiral.ch
25 chambres sur 5 étages, chambres singles dès 200 CHF. Petit déjeuner compris. Prix plus bas en week-end et en basse saison.
L'hôtel Admiral est situé tout près de la gare et du lac, à deux pas de la rue du Mont-Blanc dans le quartier des Pâquis. Un accueil agréable, des douches partout, avec des ventilateurs pour rendre la chaleur douce, beaucoup de gravures au mur et une décoration cosy nous l'ont fait adopter immédiatement.

■ HÔTEL ASTORIA BEST WESTERN***

6, place Cornavin ✆ +41 22 544 52 52
www.astoria-geneve.ch
hotel@astoria-geneve.ch
63 chambres de 131 CHF à 300 CHF selon période et catégorie. Petit déjeuner inclus. Il y a aussi la possibilité d'un buffet-petit déjeuner à 20 CHF. Parking à proximité. Animaux admis : 10 CHF. Ordinateur à disposition à la réception.
Face à la gare CFF de Cornavin, cet hôtel offre des chambres refaites avec une décoration recherchée : l'art s'est invité avec des fresques murales. Les chambres, simples ou doubles donnent sur la basilique Notre-Dame ou sur le carrefour de Chantepoulet. Toutes les chambres ont des fenêtres insonorisées, sont équipées de wifi et permettent de consulter Internet au moyen de l'écran de télévision et d'un clavier. Les prestations sont nombreuses et de qualité avec sauna, blanchisserie, room-service, service à chaussures. Le petit déjeuner se prend au pub du rez-de-chaussée. On peut également y déjeuner (du lundi au vendredi de midi à 14h) ou y prendre un verre. Pour les repas du soir, petit snack (de 16h à minuit).

■ HÔTEL CRISTAL***

4, rue Pradier ✆ +41 22 716 12 21
www.fassbindhotels.com
cristal@fhotels.ch
78 chambres. Chambre pour une personne dès 108 CHF, chambre pour deux personnes dès 146 CHF, chambre pour trois personnes dès 179 CHF. TVA et taxe de séjour incluses. Petit déjeuner inclus. Accès Wifi payant. Chambres pour personnes handicapées.

Situé à moins de 50 mètres de la gare, l'Hôtel Cristal, appartenant au groupe Fassbind qui gère des hôtels à Genève, Lausanne et Berne, a récemment été entièrement rénové. Ainsi, il s'est transformé en un véritable Palais des glaces, qui ne laissera personne indifférent. Les chambres, faisant la part belle à la couleur bleue, affichent en effet un design épuré, ne cachent pas leurs nombreux jeux de miroirs et savent allier des matériaux typiquement contemporains. Quant à la salle des buffets, elle propose un panorama impressionnant sur les toits et le jet d'eau genevois.

■ HÔTEL DRAKE LONGCHAMP***

7, rue Butini
✆ +41 22 716 48 48
www.hdlge.ch
reservations@hdlge.ch
157 chambres avec cuisinettes. Chambres single de 185 CHF à 240 CHF. Chambres doubles de 240 CHF à 370 CHF. Chambres triples de 285 CHF à 425 CHF. Location au mois possible. Petit déjeuner inclus. Nouvelle salle de petit déjeuner. Garage sur demande.
Situé près du lac (il y a quelques chambres avec vue) et à quelques minutes à pied de la gare, l'Hôtel Drake-Longchamp offre des chambres assez spacieuses au décor contemporain, claires et fonctionnelles, toutes équipées de kitchenettes, de salle de bains avec sèche-cheveux, de télévision câblée, de coin salon, mini-bar, de coffre et de wifi.

■ HÔTEL EDELWEISS MANOTEL***

2, place de la Navigation
✆ +41 22 544 51 51
www.manotel.com
edelweiss@manotel.com
42 chambres climatisées de 134 CHF à 420 CHF (en fonction de la période). Wifi gratuit. Animaux admis. Restaurant Edelweiss : menus à 47 CHF et 59 CHF.
Fleur emblématique des montagnes suisses – l'Edelweiss, situé au centre-ville et à deux pas du lac, est un concentré de folklore du pays. L'accueil en costumes traditionnels, la décoration en bois clair ouvragé dans un style de chalet suisse jusque dans les chambres confortables (non-fumeurs sur demande, climatisation, télévision satellite, minibar, coffre, prises PC). Le restaurant (ouvert uniquement le soir) de spécialités suisses, bien sûr, est dans le même esprit et son cadre est renversant. Tous les soirs des animations folkloriques y ont lieu. Le tout dans une ambiance décontractée et bon enfant.

■ HÔTEL INTERNATIONAL & TERMINUS

20, rue des Alpes
✆ +41 22 906 97 77
www.international-terminus.ch
international-terminus@swissonline.ch
63 chambres et suites dès 125 CHF pour 1 personne et à partir de 145 CHF en fonction des périodes. Petit déjeuner inclus. Parking à proximité. Restaurant La Véranda : menus à 31 CHF et 44,50 CHF, pizzas à partir de 16,50 CHF.
L'hôtel International et Terminus est un lieu cosy et bien situé au cœur de Genève, à 80 m de la gare, à proximité des lieux de shopping et à deux pas du lac. On accède facilement à l'aéroport, à Palexpo et au Centre des congrès grâce aux nombreux moyens de transports au départ de la gare. La salle de remise en forme offre des appareils de dernière génération et pour un séjour de longue durée, une «suite» a été spécialement aménagée en appartement moderne avec chambre séparée, salle de bains, salon et cuisine équipée (prestations de qualité identiques à celles des Junior Suites). L'accueil est très prévenant et sur place le restaurant La Véranda offre une cuisine familiale de qualité, à des prix raisonnables, avec une grande et belle terrasse intime, et un four à pain pour les pizzas. On peut bénéficier d'un tarif promotionnel en insérant le code FUTE, sur la page de réservation du site Internet de l'hôtel.

■ HÔTEL JADE***

55, rue Rotschild ✆ +41 22 544 38 38
www.manotel.com
royal@manotel.com
47 chambres climatisées avec minibar, de 180 à 420 CHF, petit déjeuner inclus. TV interactive, room service, service pressing. Business center en libre accès. wi-fi gratuit. Carte TPG. Garage.
Idéalement situé au centre-ville, à deux pas de la gare, l'Hôtel Jade avec sa décoration inspiré du Feng Shui est une invitation au calme et à la détente. Comme dans tous les hôtels du groupe Manotel, vous serez très bien accueilli et avec un excellent service. Le petit plus de l'hôtel, un jardin intérieur qui vous permet en été de prendre le petit déjeuner en toute tranquillité.

■ HÔTEL KIPLING***

27, rue de la Navigation
✆ +41 22 544 40 40
www.manotel.com
kipling@manotel.com

62 chambres climatisées de 180 CHF à 430 CHF. Chambres exécutives de 250 CHF à 520 CHF.

C'est un hôtel qui invite aux voyages, exotisme et tonalités chaudes, pour une ambiance sensuelle et colorée. Situé à l'orée des Pâquis, il n'est pas loin du lac et dispose des prestations suivantes : air conditionné, minibar, TV, business centre, wifi, pressing et parking. L'adresse est confortable et le clin d'œil aux Indes et à l'Orient ajoute un petit charme. Dix-huit chambres sont équipées d'une kitchenette. Une bonne alternative à l'Hôtel Royal situé à 100m de la même chaîne Manotel.

Autre adresse : Hôtel Jade 55, rue Rothschild – 1202 Genève – ✆ +41 22 544 38 38.

HÔTEL LIDO**

8 rue de Chantepoulet
✆ +41 22 731 55 30
www.hotel-lido.ch
info@hotel-lido.ch

Ouvert 24/24. 29 chambres insonorisées réparties en simple, double, triple et quadruple à partir de 140 CHF chambre simple, 180 CHF chambre double et tarifs spéciaux le week-end. Petit déjeuner inclus. Animaux acceptés. Wifi. Parking public à proximité.

L'Hôtel Lido, entreprise familiale, est situé en plein centre-ville de Genève, et offre de nombreux avantages : sa situation à côté de la gare, des commerces et du lac, une proximité appréciée des touristes et des hommes d'affaires, des chambres propres, simples et spacieuses pouvant accueillir jusqu'à quatre personnes et des prix raisonnables. Le personnel est professionnel, accueillant et très à même d'aider les clients à s'orienter durant leur séjour.

HÔTEL SUISSE

10, place Cornavin
✆ +41 22 732 66 30
www.hotel-suisse.ch
reservation@hotel-suisse.ch

62 chambres de 205 à 295 CHF, chambre supérieure à 305 CHF. Petit déjeuner inclus. Petits animaux admis. wi-fi, et coin Internet dans le lobby. Salle de conférence de 2 à 6 personnes. Prix spéciaux le week-end.

Face à la gare CFF de Cornavin, l'Hôtel Suisse bénéficie d'une situation idéale d'accès en centre-ville. Il offre des chambres lumineuses décorées avec soin, confortables, climatisées, complètement insonorisées grâce à un double vitrage, télévision câblée et système Pay TV, coffre-fort, mini-bar, prises modem et bouilloire individuelle. Le sens de l'accueil et du service est fidèle à la tradition suisse. A ne pas manquer : l'ancienne cage d'escalier transformée en cabine téléphonique. Réservation conseillée.

Luxe

EASTWEST****

6, rue des Pâquis
✆ +41 22 708 17 17
www.eastwesthotel.ch
info@eastwest.ch

41 chambres et suites. Chambre solo de 235 CHF à 510 CHF. Chambre de luxe de 330 CHF à 660 CHF. Suite junior de 440 CHF à 960 CHF et suite duplex de 481 CHF à 1 490 CHF. Les prix varient selon les périodes.

Au cœur des Pâquis et à une enjambée du lac, un hôtel de charme a ouvert ses portes. Le Eastwest Hôtel porte bien son nom, puisque derrière les murs de cet immeuble ancien, on se retrouve dans un décor sobre et design jouant subtilement sur l'alliance Orient et Occident : fantaisie et élégance, tradition et technologie, jeu d'ombres et de lumières. La cheminée centrale dans le bar et le mur d'eau dans le patio rendent l'atmosphère chaleureuse et intime. Les chambres, dans des couleurs chaudes, sont tout aussi raffinées et résolument contemporaines, elles disposent de tous les équipements technologiques actuels. De petites attentions et un hôtel de caractère, pour des voyages d'affaires mais aussi idéal pour des lunes de miel.

FOUR SEASONS HÔTEL DES BERGUES***

33, quai des Bergues
✆ +41 22 908 70 00
www.fourseasons.com/geneva
info.gen@fourseasons.com

80 chambres climatisées de 580 CHF à 780 CHF et 35 suites de 1 480 CHF à 8 000 CHF (suite présidentielle). Petit déjeuner : 55 CHF. Parking. Animaux admis. Fitness ouvert 24h/24. Restaurant Il Lago et bar (carte : 150 CHF par personne).

Le mythique et majestueux Hôtel des Bergues créé en 1834, classé aux Monuments historiques, allie tradition et modernité grâce à la décoration de Pierre-Yves Rochon (Le George V à Paris). La plupart des pièces et suites sont spacieuses et décorées avec raffinement dans un style Directoire ou Louis-Philippe, dans les tons pastel, beiges, bleus ou verts. Le restaurant Il Lago permet de déguster la gastronomie italienne préparée par Marco Garfagnini, un chef étoilé au Michelin (pour le Ninan en Italie), sur la terrasse avec vue sur le lac ou dans une salle à manger de toute splendeur. Sur place, on peut profiter du Spa.

HÔTEL BEAU-RIVAGE***

13, quai du Mont-Blanc
✆ +41 22 716 66 66
www.beau-rivage.ch
info@beau-rivage.ch

93 chambres et suites climatisées. Chambre double : de 870 CHF à 1 320 CHF. Suites : de 1 620 CHF à 12 000 CHF. Prix variables selon la catégorie et la période. Petit déjeuner : de 37 CHF à 47 CHF. Garage. Animaux admis. Restaurants : Le Chat Botté (menus de 70 CHF, le midi en semaine, à 220 CHF), et le Patara Fine Thai (menus de 95 à 125 CHF). Bar l'Atrium.

L'histoire de cet hôtel est empreinte du passage des grands de ce monde d'hier et aujourd'hui, comme l'impératrice d'Autriche Sissi ou le grand-duc Pierre de Russie. Les chambres, dont la plupart ont vue sur le lac, sont décorées avec raffinement et meublées dans les styles classique et romantique français ou anglais. Elles ont le charme d'antan avec tout le confort moderne. On profitera d'aller déguster la cuisine de Dominique Gauthier, le chef du restaurant gastronomique Le Chat Botté, a été nommé meilleur cuisinier de l'année 2009 par le GaultMillau suisse et noté 18/20 en 2012 par le même guide (4 années de suite) ; il a en outre reçu une étoile au guide Michelin en 2010, et l'a conservée. Il y a aussi Le Patara Fine Thaï Cuisine (de midi à 14h et de 19h30 à minuit). On peut s'attarder à toute heure de la journée au bar L'Atrium.

HÔTEL BRISTOL**

10, rue du Mont-Blanc
✆ +41 22 716 57 00
www.bristol.ch – bristol@bristol.ch

Chambres climatisées de 365 CHF à 685 CHF. 5 suites junior : 1 010 CHF. 1 suite de 2 100 CHF à 2 600 CHF. 4 appartements duplex : 1 010 CHF. Petit déjeuner : 10 CHF. Service voiturier. Animaux admis.

Proche de la gare et du lac, le Bristol, a été entièrement rénové. Il s'ouvre sur un hall cosy et des chambres personnalisées au décor raffiné avec beaucoup de bois, dans différentes catégories (standard, supérieure, de luxe, quatre appartements en duplex et une suite de trois pièces, chambres non-fumeurs sur demande). Une salle de fitness rénovée récemment est à disposition. Le restaurant Le Relais Bristol et sa salle à manger donnant sur la cour jardin proposent une cuisine d'inspiration méditerranéenne.

HÔTEL CORNAVIN**

23, boulevard James-Fazy
✆ +41 22 716 12 12
www.fhotels.ch
cornavin@fhotels.ch

164 chambres. Chambre double de 311 à 465 CHF (selon la catégorie et la période). Petit déjeuner non compris : 19 CHF. Tarifs spéciaux sur Internet. Parking payant à 30 m. wi-fi gratuit.

Dans l'album d'Hergé, *L'Affaire Tournesol*, on apprend que le professeur séjourne régulièrement dans ce grand hôtel connu de tous les Genevois, plus précisément dans la chambre 122. Si passer la porte de cet hôtel ne suffit pas à vous propulser dans l'univers tintinesque, sachez que ce solide bâtiment à l'architecture contemporaine, entièrement rénové, au décor sobre, clair et reposant, abrite des chambres confortables, insonorisées, climatisées, avec mini-bar, coffre, sèche-cheveux, plateau d'accueil avec thé et café, PAY-TV, et se trouve idéalement placé tout près de la gare CFF de Cornavin, à 2 minutes du centre-ville. Sur place, fitness avec sauna à disposition pour les clients de l'hôtel. Salle panoramique à 360° pour le petit déjeuner et, il faut quand même le souligner, l'hôtel détient le record de la plus grande horloge mécanique du monde qui décore le hall d'entrée. L'accueil y est chaleureux.

HÔTEL D'ANGLETERRE*****

17, quai du Mont-Blanc ✆ +41 22 906 55 55
www.hoteldangleterre.ch
angleterre@rchmail.com
Cinq étoiles. 39 chambres et 6 suites. Chambre double dès 690 CHF. Chambres Premium dès 880 CHF. Suite de 1 700 CHF à 4 500 CHF (pour la suite présidentielle). Les tarifs varient en fonction des périodes.
Cet hôtel luxueux appartient à la chaîne Leading Small Hotels of the World. Créé en 1872, il reste un des plus jolis hôtels de Genève. Le charme des vieux hôtels se marie à une décoration très à la mode, différente pour chaque chambre, avec des détails raffinés, des collections d'assiettes ou des séries de gravures. Le restaurant Le Windows, où la cuisine novatrice de Philippe Audonnet a conquis les meilleurs palais, a vue sur le jet d'eau et le Mont-Blanc et propose un *afternoon tea*, comme à Londres. Le bar Léopard ouvre de 17h30 à 2h du matin tous les jours avec une petite restauration très appréciée par ses habitués extérieurs à l'hôtel (attention, l'été, il ouvre seulement en soirée). Un hôtel de luxe traditionnel, dans le bon sens du terme !

HÔTEL KEMPINSKI*****

19, quai du Mont-Blanc
✆ +41 22 908 90 81
www.kempiski.com
419 chambres et suites. Chambre double de 490 à 1045 CHF (en fonction de la catégorie et de la période). Suite de 5 000 à 10 850 CHF (pour la suite présidentielle).
Anciennement Hôtel Noga Hilton, l'Hôtel Kempinski est idéalement situé au centre-ville, au bord du lac et face au célèbre jet d'eau. L'hôtel, à l'architecture moderne et futuriste, propose des chambres avec de grandes baies vitrées disposant de tout le confort et de prestations de luxe comme l'accès Internet à haut-débit et sans fil, des téléviseurs à écran plasma, de superbes salles de bains en marbre, un service d'étage 24h/24 et un service de blanchisserie. La Geneva suite, une suite en duplex, atteint le paroxysme du luxe, elle offre, entre autres, une salle de gym et un Spa privatif, c'est la plus spacieuse d'Europe (1 080 m^2) et elle dispose évidemment d'une vue imprenable sur la ville et le lac. A disposition, sauna, solarium, bain turc, salle de musculation et piscine couverte permettent de se relaxer. Sur place également, au Floortwo : un restaurant, un lounge et un bar. Il y a aussi la brasserie Le Grill, le restaurant Tse Yang, la boîte de nuit, Le Java Club, pour accueillir et divertir les clients.

HÔTEL PRÉSIDENT WILSON*****

47, quai Wilson
✆ + 41 22 906 66 66
www.hotelpwilson.com
resident@hotelpwilson.com
180 chambres et 48 suites. Chambres de 425 CHF à 530 CHF. Suites de 625 à 6 800 CHF. Suite prédsidentielle et Royal Penthouse : prix sur demande. Trois restaurants : un restaurant libanais l'Arabesque, un restaurant gastronomique le Bayview (un restaurant sur le toit avec terrasse) et un bar-restaurant, le Poolgarden (au bord de la piscine).
Luxe et volupté ! Avec une vue imprenable sur le lac Léman et le Mont-Blanc, l'Hôtel Président Wilson s'adresse plus particulièrment à une clientèle d'affaires avec ses 48 suites et ses chambres grand luxe. La décoration intérieure est très contemporaine. Quant à l'atmosphère un peu aseptisée le jour, elle s'estompe le soir quand les clients se retrouvent aux bars et dans les différents salons. L'hôtel est souvent réservé pour l'organisation d'événements haut de gamme avec 9 espaces modulables. L'intérêt pour les Genevois réside surtout dans l'offre des restaurants avec notamment l'Arabesque, le restaurant libanais très coté sur Genève ou en été, le restaurant sur le toit de l'hôtel, le Poolgarden et sa piscine, un lieu très apprécié pour un business lunch ou un afterwork branché.

HÔTEL WARWICK****

14, rue de Lausanne
✆ +41 22 716 80 00
www.warwickgeneva.com
res.geneva@warwickhotels.com
Chambres de 180 CHF à 384 CHF (en fonction de la catégorie et de la période). Wifi, câble, service à thé et à café, télévision à écran plat, air conditionné, coffre personnel. Les chambres et suites du 7e étage ont toutes une grande terrasse privée avec vue sur la ville.
Juste en face de la gare de Cornavin, l'Hôtel Warwick ne saurait bénéficier d'une situation plus privilégiée. Il permet de se rendre rapidement en transports publics dans les organisations internationales ou à pied au bord du lac ou dans les divers lieux culturels de la ville. Toutes les chambres ont été entièrement rénovées. L'hôtel est aussi pourvu de sept salles de conférence multi-usage, pouvant accueillir jusqu'à 200 personnes à l'occasion de séminaires, banquets, réceptions ou cocktails. Elles jouissent pour la plupart d'un éclairage naturel et possèdent un équipement high-tech.

■ **MANDARIN ORIENTAL GENEVA*****

1, quai Turretini ✆ +41 22 909 00 00
www.mandarinoriental.com
Parking couvert. 197 chambres dès 540 CHF (Superior room). 31 suites à partir de 900 CHF (junior suite) et 9 000 CHF (panorama suite). Fitness, sauna, hammam. Business center, accès Internet haut débit, salons pour conférences et banquets. Membre de Commerce et Qualité (www.commerce-qualite.com)
Sur la rive droite du lac, le Mandarin Oriental Geneva est situé face à la vieille ville, au cœur du quartier des banques et des commerces. C'est un nouvel établissement qui s'offre à nous après quelques longs mois de travaux. Le résultat est époustouflant, très contemporain, design, les parties communes de l'hôtel ont été redessinées dans un style qui s'harmonise avec les nouveaux concepts innovants de restaurant et de bar. Il offre de très belles chambres, spacieuses et sobres et de somptueuses suites, qui ont toutes une vue panoramique sur le Rhône. Sur place, deux restaurants : Le Rasoi by Vineet, un restaurant indien gastronomique et étoilé, et Le Sud, une brasserie méditerranéenne faisant partie du regroupement des brasseries Nord-Sud créées par Paul Bocuse. Le service est très efficace et attentionné. Il faut aussi profiter du MO Bar où l'on peut déguster une petite restauration et de délicieux et étonnants cocktails dans un cadre à la fois chic et contemporain.

■ **NOVOTEL******

19, rue de Zürich ✆ +41 22 909 90 00
www.novotel.com
Hôtel 4-étoiles. 206 chambres de 270 CHF à 500 CHF (petit déjeuner inclus), le prix variant en fonction de la catégorie et de la période. 8 suites Novation de 600 CHF à 1 500 CHF. Tarif plus bas le week-end. Air conditionné, 2 lignes de télévision, Pay TV, ADSL. 6 salles de conférences. Un nouveau fitness et Spa splendide avec sauna-hammam, salle de massages, solarium. Parking en sous-sol.
Ce grand hôtel moderne, à cinq minutes à pied du lac et de la gare, propose un service polyglotte aux hommes d'affaires, aux groupes et à tous les voyageurs. Son restaurant au rez-de-chaussée sert une cuisine aux accents du sud. A côté, on trouvera un *business corner* pour pouvoir travailler et envoyer ses fax ou ses e-mails. L'ensemble est calme, luxueux et moderne.

■ **N'VY MANOTEL******

18 rue Richemont ✆ +41 22 544 66 66
www.manotel.com – nvy@manotel.com
Hôtel 4-étoiles. Boutique-hôtel de 153 chambres dont certaines avec vue sur le lac et kitchenette. Bar, lounge et restaurant.
Depuis fin 2012, l'hôtel propose un art de vivre à l'esprit Boho-chic. Ce lieu n'est autre que l'ancien hôtel Epsom transformé par l'architecte d'intérieur Patrick Ribes, auteur des précédentes transformations réussies du Jade et du Kipling. Le N'vY est un hôtel «arty, cosy, trendy» pour répondre à de nouveau modes de vie sans contraintes de la génération Y.

Grottes, Saint-Jean, Nations et aéroport

Ce quartier compte des établissements accessibles à toutes les bourses, situés pour certains à deux pas de l'aéroport de Genève. Toutefois, suivant l'hôtel que vous choisissez, vous vous retrouverez vite en dehors des animations du centre-ville.

Bien et pas cher

■ **IBIS BUDGET***

26, avenue Louis-Casaï ✆ +41 22 710 46 36
www.accorhotels.com – h5653@accor.com
204 chambres. Chambre double à partir de 107 CHF. Tarifs hors petit déjeuner et taxe de séjour, de 2 CHF. Petit déjeuner buffet : 11 CHF. Wifi gratuit. Parking.
Près de l'aéroport de Cointrin, face au centre commercial de Balexert, cet hôtel appartient à la chaîne Accor. Confort simple, pas de minibar ni de téléphone, mais une réception ouverte 24h/24. A ses pieds, le Swiss Bistro et ses spécialités helvétiques et, le soir, un bon cinéma au multiplex Pathé en face.

Confort ou charme

■ **HÔTEL DES TOURELLES****

2, boulevard James-Fazy
✆ +41 22 732 44 23
www.destourelles.ch
22 chambres de 130 CHF la simple à 190 CHF la double. Petit déjeuner inclus. Accès wi-fi gratuit. Animaux admis.
Cet hôtel de charme s'est établi dans un immeuble du XIXe siècle en bord de Rhône contre le pont de la Coulouvrenière, à cinq minutes à pied de la gare et du centre. Les chambres gardent un petit cachet ancien, avec parquet, moulures au plafond, balcon ou petit salon dans les tourelles. Elles sont confortables, bien équipées (fenêtres insonorisées, télévision câblée, réfrigérateur, sèche-cheveux, service à thé).

HÔTEL EDEN***

135, rue de Lausanne ✆ +41 22 716 37 00
www.eden.ch – info@eden.ch

54 chambres climatisées de 185 CHF à 390 CHF. Petit déjeuner-buffet inclus. Garage privé. Animaux admis. Restaurant : ouvert du lundi au vendredi de midi à 14h et de 19h à 21h15 ; menus de 20 à 48 CHF.

A deux pas du lac et non loin du palais des Nations avec vue sur l'un des plus beaux parcs de la ville, le parc Mon Repos et proche du jardin botanique, l'hôtel Eden propose des chambres confortables rénovées, claires et bien aménagées avec climatisation, prise modem et wireless... Le restaurant apprécié par la clientèle du quartier à l'heure du déjeuner, sert une cuisine française et internationale.

HÔTEL IBIS**

10, rue Voltaire ✆ +41 22 338 20 20
www.ibishotel.com
h2154@accor-hotels.com

64 chambres à partir de 101 CHF. Parking payant. Restaurant. Bar (ouvert 24h/24). Navette gratuite depuis l'aéroport. Accès wi-fi.

Les chambres insonorisées et entièrement rénovées répondent aux nouveaux standards de la chaîne. Elles sont relativement spacieuses et bien équipées. Notons que le prix des chambres s'entend quel que soit le nombre de personnes et que la carte A-club permet de bénéficier de nombreux avantages dans tous les hôtels du groupe. wi-fi gratuit dans le lobby.

Autres adresses : 10, chemin de la Violette – Tel +41 22 710 95 00 • 8, chemin des Oliquettes – Petit Lancy – Tel +41 22 709 02 00

HÔTEL IBIS CENTRE GARE NATIONS

33-35 rue du Grand Pré
✆ +41 22 919 20 30 – h8069@accor.com

216 chambres climatisées avec wifi gratuit. Dès 134 CHF. Parking disponible. Accès pour personnes à mobilité réduite. Animaux acceptés.

Hôtel Ibis en plein centre-ville, à deux pas de la gare. Chambres spacieuses et simples, avec télévision, téléphone et Internet.

Luxe

HÔTEL LE MONTBRILLANT****

2, rue de Montbrillant ✆ +41 22 733 77 84
www.montbrillant.ch
contact@montbrillant.ch

82 chambres climatisées de 189 CHF (en chambre simple) à 360 CHF. Petit déjeuner inclus. Accès facilité pour les personnes handicapées. Parking réservé à la clientèle (à 20 m de l'hôtel). Animaux admis. Promotions sur le site Internet.

Situé contre la gare Cornavin, l'Hôtel Le Montbrillant tire son charme d'un accueil familial personnalisé et d'un bâtiment centenaire au décor intérieur qui allie modernité et touches rustiques.

Les pierres apparentes et les poutres donnent du cachet aux chambres et aux suites studios confortables. C'est un des moins chers des 4-étoiles genevois. Au rez-de-chaussée, une brasserie et un restaurant dotés d'un four à pizzas servent une carte similaire aux mêmes prix.

STARLING HOTEL GENEVA****

34 route François-Peyrot
✆ + 41 22 747 02 02
www.shgeneva.com
contact@shgeneva.ch

496 chambres et suites spacieuses de 230 CHF à 460 CHF (hors prix préférentiels), toutes équipées des services d'un hôtel d'affaires et de tourisme quatre étoiles supérieur. Air-conditionné et wi-fi gratuit dans les chambres et tout l'hôtel. Parking couvert et transfert gratuit de/vers l'aéroport toutes les 15 minutes de 5h10 à 23h45. Deux restaurants et un bar : l'Olivo, le Starling Café et le C Bar & Lounge.

Le Starling Geneva est le plus grand hôtel de Suisse avec ses 496 chambres de grand standing et idéalement situé à 3 minutes de l'aéroport, 10 minutes du centre-ville et 1 minute à pied du centre de congrès Palexpo. L'hôtel est équipé d'un centre Wellness de 800 m^2 avec une piscine couverte chauffée de 20 m sur 7 m et d'un Fitness Topform de 1 500 m^2 équipé de 57 machines Technogym. On peut même être conseillé par un moniteur diplômé. Le Starling Hotel Geneva possède aussi 4 000 m^2 d'espaces conférence répartis en 43 salles de conférence et 1 500 m^2 d'espaces exposition. Sur place, on a le choix entre deux restaurants : l'Olivo aux saveurs italiennes, avec une très agréable terrasse aux oliviers centenaires et un jardin potager aromatique, ou le Starling Café pour ses petits déjeuners et sa cuisine internationale. Et pour débuter ou prolonger la soirée, le raffiné C Bar & Lounge. Un superbe hôtel, parfait pour un séjour alliant travail et détente à Genève !

SE RESTAURER

S'il y a bien une chose à savoir et à découvrir à Genève, c'est le nombre impressionnant de restaurants de qualité présents dans tous les quartiers de la ville. Genève c'est aussi un domaine viticole, le troisième de suisse, connu et réputé grâce au savoir-faire des nombreux viticulteurs. Vous avez le choix entre les restaurants haut de gamme ou de quartier et les très nombreuses auberges champêtres avoisinant Genève.

Compte tenu du nombre important d'internationaux dans la ville, vous trouverez aussi beaucoup de restaurants avec une cuisine du monde, ou une cuisine qui mélange les saveurs de l'Orient et de l'Occident. Cependant, les Genevois restent fidèles à leurs plats traditionnels, tels la longeole (un saucisson de porc au fenouil, épicé au cumin, aux pistaches et au vin blanc), les cardons (un légume en branche de la famille des artichauts préparé en gratin et surtout aux périodes de fin d'année) ou les filets de perche du lac, servis avec une petite sauce meunière ou au citron, un petit vin blanc bien frais, un vrai régal ! N'oublions pas la fondue, (moitié-moitié ou fribourgeoise) servie toute l'année et dont la recette souvent bien gardée varie selon les restaurants. Les desserts les plus typiques sont, entre autres, la meringue à la double crème de gruyère (exceptionnelle) mais aussi les merveilles et rissoles genevoises.

Enfin, pour les amateurs de bon vin, n'hésitez pas à vous rendre dans les nombreux domaines viticoles autour de Genève et à goûter les différents cépages : Chasselas et Gamay, Chardonnay blanc, Pinot blanc, Aligoté, Sauvignon blanc, Pinot gris, Viognier, Gamaret, le Merlot, Garanoir, Cabernet Sauvignon... Bon à savoir, la moitié des vins biologiques suisses mûrit dans le canton de Genève. Pour information, le plat du jour est autour de 20 CHF servi avec une petite salade en accompagnement. Une étape gastronomique à Genève s'impose.

Vieille ville et Bastions

C'est en Vieille-Ville, ou aux abords du parc des Bastions, que vous trouverez des lieux charmants et tranquilles pour une pause gourmande, dans un *tea-room* par exemple, ou pour vous restaurer, notamment dans l'une des nombreuses brasseries du quartier. C'est un lieu de rendez-vous particulièrement agréable en été sur les grandes terrasses dominantes de la place Bourg-de-Four, ou celles plus confidentielles des petites rues pentues de ce joli quartier où il fait bon flâner.

Le cadre des établissements est souvent unique, comme le long de la Grand-Rue, sur la place du Bourg-de-Four ou encore au cœur du parc des Bastions, la cuisine, traditionnelle, y est délicieuse, et l'ambiance conviviale. Chaque lieu de la Vieille-Ville offre un cadre authentique et charismatique, notamment dû aux vieilles pierres et pavés des ruelles et bâtiments.

Fourchette verte : le label de l'alimentation équilibrée

Un plat du jour ou une assiette équilibrés qui font honneur aux légumes, une offre de boissons sans alcool à prix favorable, un tri des déchets écologique... Nous sommes ici en présence d'un restaurant labellisé « Fourchette verte », repéré grâce au macaron apposé sur sa devanture. La liste des restaurants labellisés est consultable sur le site internet de Fourchette verte.

FOURCHETTE VERTE GENÈVE
45, rue Agasse ✆ +41 22 329 11 78
www.fourchetteverte.ch – ge@fourchetteverte.ch
Fourchette verte est un label mais aussi une Fédération nationale. Par la labellisation de restaurants, de lieux de restauration collective privée et publique (crèche, restaurant scolaire et d'entreprise), et de plats servis lors de manifestations populaires, elle défend une restauration de qualité qui cherche à concilier plaisir et santé. Fourchette verte cherche à améliorer les connaissances en matière d'alimentation et de santé et à amener restaurateurs et consommateurs à modifier leurs pratiques alimentaires. C'est en 1993, à Genève, qu'est né Fourchette verte ; depuis, une dizaine de cantons propose le label. Fourchette verte Genève est inscrite dans le plan cantonal genevois de promotion de la santé et de la prévention du DARES (Département des Affaires Régionales, de l'Economie et de la Santé) : Marchez et mangez malin et est partenaire de nombreuses manifestations : la Fête de la Tomate, la Semaine du goût, les Journées de l'Eau, la Course de l'Escalade... Plus de 270 établissements sont labellisés dans le canton de Genève.

Sur le pouce

LA CANTINELLA
2, rue de la Tour de Boël ✆ +41 22 301 90 90
lacantinella@bluewin.ch
Ouvert du lundi au vendredi de 9h30 à 19h30 ; le samedi de 11h30 à 18h30. Epicerie fine. Salades de 7 à 12,50 CHF. Desserts de 7 à 8,50 CHF. Focaccia de 9,90 à 12,50 CHF.
Non loin de leur restaurant La Cittadella, La Cantinella est une jolie épicerie fine italienne proposant un large choix d'huiles d'olive, de vins (plus de 120 références), de fromages, de charcuterie traditionnelle, de sauces et condiments, ainsi qu'un rayon traiteur. Dégustation sur place avec un verre de vin, ou vente à emporter ; vous apprécierez les sandwichs, *focacce* et pâtes du jour, que vous accompagnerez d'une salade, ou de la spécialité de l'enseigne : le délicieux tiramisu à la pistache.

EDWARD'S
1, rue du Vieux-Collège
✆ +41 22 311 58 58
www.edwards-sandwiches.ch
Ouvert du lundi au vendredi de 7h30 à 18h, le samedi de 9h à 17h30. Carte : 15 CHF. Livraison : +41 22 304 11 00.
Pour des sandwichs sur mesure, on choisit son pain (pain toast complet anglais, pain au levain, pain blanc), sa garniture, et on se régale. Eté comme hiver, des salades sont proposées ainsi que des soupes froides ou chaudes. Pour les nostalgiques de New York, *bagels* et *pastrami* sont également au rendez-vous.

Les ambassadeurs du terroir genevois !

Un label qui marie terroir et gastronomie ! Les établissements qui bénéficient du label «Ambassadeur du terroir genevois» garantissent dans l'assiette une sélection de produits agricoles de qualité, issus du terroir genevois. Attribué par l'OPAGE (Office de la Promotion des Produits Agricoles de Genève) pour un an, et renouvelable tant que les conditions d'obtention sont respectées, ce label réunit des adresses réputées de la restauration et de l'hôtellerie de Genève et du canton genevois, qui valorisent les vins de Genève, la cuisine de produits frais issus de l'agriculture genevoise et sa production florale. Des passionnés qui s'engagent à éduquer le consommateur sur les richesses de ce terroir.
Liste des établissements sur : www.opage.ch et sur www.geneve-tourisme.ch, et sur l'application pour smartphone (gratuite) «Genève Terroir».

▶ **Autres adresses :** 1, rue de la Cité, 1204 Genève – Tél +41 22 312 02 80 • 43, route des Acacias, 1227 Les Acacias – Tél +41 22 304 11 00 • C.Cial Eaux-Vives 2000, 3, rue Jargonnant, 1207 Genève – Tél +41 22 736 34 40

Pause gourmande

AU PETIT COMESTIBLE

12, rue du Perron
✆ +41 22 311 62 75
www.aupetitcomestible.net
malerba@aupetitcomestible.net
Epicerie italienne. Ouvert du mardi au vendredi de 9h à 14h30 et de 15h30 à 19h, et le samedi de 9h à 17h45. Sandwichs et plats à emporter : entre 8 et 18 CHF. Pâtes : entre 12 et 16 CHF. Plat de viande : entre 16 et 18 CHF. Commande par téléphone ou par Internet dès 10h30.
Une nouvelle arcade, belle et spacieuse, pour cette épicerie-traiteur-restaurant (anciennement rue de la Rôtisserie). Au Petit Comestible, on développe de nouveaux produits comme les fromages, et les plats à emporter : salades, pâtes ; et un plat à base de viande chaque semaine. On a toujours le plaisir de retrouver des produits italiens de qualité première avec un tranchage extra-fin : le fondant San Daniele, la goûteuse pancetta et la fine mortadelle. On retrouve aussi les conseils avisés d'Alessandro Malerba qui privilégie les petits artisans, que ce soit pour la charcuterie, les pâtes sèches, l'huile d'olive ou les vins italiens. Les pâtes fraîches, délicieuses, s'accompagnent d'une sauce tomate maison. A midi, des sandwichs à composer sur place ou à commander par avance et à venir chercher juste pour le déjeuner. Un petit plus très sympathique pour cette boutique, un rayon *Cook & Book* de livres sur la gastronomie ! Une adresse très complète.

PHILIPPE PASCOET CHOCOLATIER

Passage des Lions
5, rue de la Confédération
✆ +41 22 810 07 15
www.philippe-pascoet.ch
abj.pascoet@yahoo.com
Chocolat. Ouvert du lundi au vendredi de 9h30 à 18h30 et le samedi de 9h à 18h.
Une nouvelle boutique Philippe Pascoët – déjà présent au 4e étage du Bon Génie et à Carouge – où l'on se précipite pour offrir – ou s'offrir – les chocolats raffinés du maître chocolatier suisse très primé. Un artisanat d'art pour ce créateur de chocolats qui invente et réinterprète sans cesse, une déclinaison subtile de gammes aromatiques inspirées du jardin (basilic, sauge, romarin, menthe, verveine, coriandre...) qui sublime un chocolat de très grande qualité, à fondre de plaisir ! Et, véritable plus pour cette boutique, une charmante petite terrasse abritée permet de les déguster chauds aussi. Un savoureux moelleux au chocolat – ou passion, pistache, cassis, praliné noisette, ganache au thé et caramel fleur de sel – accompagné d'un café ? La boutique est bien cachée dans un petit passage donnant sur la rue de la Confédération, mais elle vaut le détour, et on s'y bouscule !

▶ **Autres adresses :** 12, rue Saint-Joseph – 1227 Carouge – Tél. +41 22 301 20 58 • Bon Génie – 34, rue du Marché – 1204 Genève – Tél. +41 22 818 11 40

TEA-ROOM DE LA CORRATERIE

Laurent Exbrayat
20, rue de la Corraterie
✆ +41 22 310 52 32
www.exbrayat.ch
Ouvert du lundi au vendredi de 6h45 à 19h, et le samedi de 9h30 à 17h30. Plat chaud : 19 CHF. Réception traiteur, sur commande.
Laurent Exbrayat, pâtissier, chocolatier et confiseur a repris et complètement rénové le Tea-Room de la Corraterie il y a bientôt deux ans. Dans une atmosphère calme et détendue, on vient pour les délicieuses viennoiseries pur beurre, le chocolat au poids, les confiseries, glaces et pâtisseries. Des pauses gourmandes à l'heure du thé (idéal pour venir avec sa famille ou une amie boire un chocolat chaud en dégustant une gourmandise fine), mais aussi pour une collation à midi, car ce salon de thé propose également une petite restauration. Outre le plat du jour, les tartes salées, les salades, les plats chauds et les sandwichs au pain maison font le bonheur des employés du quartier et des visiteurs de passage, et la gamme d'omelettes connaît un franc succès, notamment la paysanne.

LA THÉIÈRE QUI RIT

15, rue de la Cité
✆ +41 22 310 36 47
Ouvert du lundi au vendredi de 8h30 à 18h (à partir de 10h le lundi), et le samedi de 10h à 19h. Fermé le samedi en été. Pour déjeuner :

soupe maison (ou gaspacho l'été) nature, avec fromage et salade de 9 à 15 CHF.
Un endroit très convivial et réputé, pour prendre le thé dans la vieille ville de Genève, à deux minutes de la fontaine de Bel-Air. Les amateurs de thé n'auront que l'embarras du choix et les gourmands apprécieront le chocolat chaud maison, le fondant au chocolat, les délicieux scones tièdes, les moelleux aux pommes et la fabuleuse tarte tropicale préparées avec amour par Suzanna, dans cet endroit cosy au petit air « british ». British mais très rose bonbon, car on se croirait dans une véritable maison de poupée, grandeur nature. On y vient, en été, pour la gracieuse terrasse du lieu, installée à l'arrière, sur une petite place piétonne de la vieille ville. Mieux vaut réserver en été. En hiver, la salle intérieure ne manque pas de charme non plus : d'antiques machines à café à dorure trônent sur un bar surélevé, au centre de ce petit espace chaleureux aux tables soignées.

Bien et pas cher

■ BAAN CHIANG MAI

27, rue de la Cité
✆ +41 22 310 32 59
www.baanchiangmai.ch
Cuisine thaïlandaise. Ouvert du lundi au vendredi de 11h45 à 14h30 et de 18h30 à 22h30, et le samedi de 18h à minuit. Plat du jour : 16,50 CHF (19 CHF avec entrée). Entrées à la carte dès 15 CHF, plats à partir de 28 CHF, menus complets de 45 à 60 CHF. Plats à emporter sur commande.
Amateurs de goûts authentiques, soyez les bienvenus pour déguster une cuisine thaïlandaise, principalement du nord du pays. Kaeng Hang (curry à base de galanga et gingembre), épicé juste comme il faut, ou Nam Prik Noom, particulièrement pimenté et réservé aux initiés, mais aussi salade de papaye verte ou bœuf à la citronnelle, et encore des currys verts et rouges avec le Bai Makrut (les petites feuilles vertes et fermes de kaffir ou de combava). Les salades se composent aussi de coriandre et de menthe, des plantes particulièrement rafraîchissantes et digestes. On goûtera particulièrement les « Larb », des salades tièdes de bœuf ou poulet, généreusement assaisonnées d'herbes fraîches et de piment, typiques du Nord. A goûter absolument le Thaï in iceland : beignet chaud fourré de glace vanille… Pour accom-

pagner ces mets parfumés, un large choix de thés maison (gingembre ou lemongrass par exemple).
Le cadre est agréable, et la petite terrasse est parfaite l'été pour gour déguster des thés glacés et des infusions de citronnelle, gingembre, matum (forme de petite orange au goût de caramel), roselle (hibiscus thaï). Pour les plus pressés ou pour organiser une soirée, un service de plats à emporter est possible sur commande.

■ BRASSERIE DES HALLES DE L'ÎLE

1 place de L'Ile
✆ +41 22 311 08 88
www.brasseriedeshallesdelile.ch
helen@brasseriedeshallesdelile.ch
Cuisine française. Ouvert du lundi au mercredi et le dimanche de 10h30 à minuit, les jeudis, vendredis et samedis de 10h à 2h.
Idéalement située en plein centre-ville, cette brasserie bien connue des Genevois est agréable pour son bâtiment rénové de style post-industriel branché. La salle du bar est impressionnante et a de quoi plaire aux nombreux amateurs des soirées musicales organisées en fin de semaine (à partir du jeudi). L'espace extérieur, côté cour, est également très réussi. Côté cuisine, la carte est réduite à midi mais les prix sont très attractifs, les plats bien servis et le cadre, contemporain, tout à fait agréable. Le soir, à côté de la carte, tapas et sushis à déguster en prenant un verre. Petite terrasse d'été sur le côté fleuve des Halles.

La Salle à Manger.

CAPOCACCIA

8, rue de la Confédération
✆ +41 22 310 15 15
www.capocaccia.com
ginevra@capocaccia.com

Bar-restaurant, ouvert du lundi au jeudi de midi à 1h, le vendredi et le samedi de midi à 2h. Plat du jour : 19 CHF. Assiettes de 22 à 35 CHF. Apéritif Capocaccia : 15 CHF.

Caché tout en haut du centre, juste à côté de la paneteria qui porte le même nom, voici un endroit un peu sophistiqué mais où l'on déjeune bien de vrais paninis copieux et tout frais. On y est au calme, on y croise la jeunesse branchée de Genève, et la terrasse, l'été, est un must, surtout dans ce quartier... Le jeudi soir, on se régale d'un apéritif milanais, le Carpocaccia. Le lieu est particulièrement apprécié en début de soirée car l'*aperitivo milanese* se poursuit avec DJ et ambiance. Les pâtes se déclinent en plusieurs variétés pour nos papilles, les hamburgers séduisent et les sandwichs façonnent. Et le mardi soir, on se retrouve pour déguster une sélection de vins italiens lors de la Wine Night !

CHEZ MA COUSINE

6, place du Bourg-de-Four
✆ +41 22 310 96 96
www.chezmacousine.ch
info@chezmacousine.ch

Vieille ville : ouvert 7j/7 de 7h à 23h30 (cuisine non-stop de 11h à 23h30). Sans réservation. Poulet : 14,90 CHF. Vente à emporter. Saint-Gervais : ouvert du lundi au vendredi de 11h à 15h et de 17h45 à 23h30 (réservation possible le soir), samedi de 11h à 23h30. Agneau à la broche et Rôti de Porc et : 16,90 CHF. Petit-Saconnex : ouvert du lundi au vendredi de 11h30 à 14h30 et de 17h45 à 22h30, samedi

et dimanche de 11h30 à 22h30. Agneau à la broche et rôti de porc : 16,90 CHF.

Chez Ma Cousine, on y mange du poulet 100% suisse ! Cet établissement a choisi de faire de la volaille, d'origine suisse, sa spécialité culinaire : le poulet est sélectionné avec un soin tout particulier, élevé en plein air avec une alimentation naturelle. On goûtera au plat favori : un demi-poulet cuit à la broche, accompagné de pommes de terre à la provençale et de salade verte. On pourra aussi y apprécier la salade de poulet à l'indienne (composée de salade verte, tomate, poulet au curry, ananas, raisins secs, noix de coco et soja) ou la salade de poulet thaï (à la sauce tomate épicée et aux vermicelles de soja sur lit de salade et de tomates). Une chance ! Où que l'on soit dans la ville, on est tout près de *Chez Ma Cousine* car il existe trois établissements situés à trois endroits stratégiques. Dans la Vieille Ville, on s'arrête volontiers pour savourer la formule poulet, en remontant vers la place du Bourg de Four. Attention ! l'endroit est très couru et il n'est pas possible de réserver dans celui-ci. Si vous êtes sur la rive droite, vous pouvez vous rendre *Chez ma Cousine* dans le tout petite rue de Lissignol, dans le quartier de Saint-Gervais, à 2 pas de la gare. Et du côté des Nations, faites un détour à l'adresse la commune du Petit-Saconnex. Dans ces deux restaurants, le chef nous propose un choix encore plus important, avec le rôti de porc à la sauce romarin et l'agneau à la broche au thym. Trois lieux à la décoration acidulée verte et jaune avec des portraits anciens, une salle en soubassement (vieille ville) et de jolies terrasses. Les étudiants et les familles y apprécieront l'ambiance brasserie : sympathique, entre goût et dérision.

Autres adresses : Petit-Saconnex – 2, chemin du Petit-Saconnex – Tel +41 22 733 79 85 • Saint-Gervais – 5, rue Lissignol – Tel +41 22 731 98 98

DEMI LUNE CAFE
& LA SALLE A MANGER

3, rue Etienne-Dumont
✆ +41 22 312 12 90
www.demilune.ch – info@demilune.ch

Deux établissements à la même adresse : le Demi Lune Café et la Salle à Manger. Demi Lune café : ouvert du lundi au mercredi de 10h à minuit, du jeudi au vendredi de 10h à 2h, le samedi de 12h à 2h, le dimanche de midi à minuit. La Salle à Manger : lundi au mercredi de 11h45 à 14h45 et de 18h30 à 23h. Jeudi au vendredi de 11h45 à 14h45 et de 18h30 à 23h. Samedi 18h30 à 23h30. Dimanche : 18h30 à 23h. Entrée du jour : 12,90 CHF. Plat du jour : 17,90 CHF. Dessert du jour : 7,90 CHF

A deux pas de la place du Bourg-de Four, rue Etienne-Dumont, deux belles arcades entièrement vitrées : la Salle à Manger vous accueille dans sa magnifique salle au plafond haut couvert de vieilles poutres apparentes. Même un arbre trône dans l'entrée. Evasion assurée ! Carte soleil, du poulet tandoori aux burritos, en passant par le tajine d'agneau. Même tendance du côté tapas : brochettes de poulet satay, guacamole, rouleaux de printemps.... Le chef propose également des plats de saison : charlotte d'asperges, fricassée de sot-l'y-laisse, filet de dorade... et même un sympathique tartare de saumon.

Les amateurs de mets moins exotiques trouveront leur bonheur en croquant un beefburger ou un club-sandwich ici-même, où bien dans les salons du Demi Lune Café, vers lequel on accède soit depuis l'intérieur, soit directement depuis la rue. De ce côté, c'est à toute heure que le club Sandwich fait des heureux. Futé raffole des Burger au saumon cru ou au poulet. Le Demi Lune, c'est aussi un café où l'on déguste vins et mets dans une ambiance conviviale et chaleureuse où se mêlent bois sombre et murs aux tons orangés.

I FEEL BIO

12, rue de la Corraterie
✆ + 41 22 300 02 02
Ouvert du lundi au vendredi à partir de 7h30 à 18h30. Fermé le soir. Plats du jour : 21 CHF à 25 CHF.

Nous avons un bon feeling pour I Feel Bio ! C'est un nouveau concept qui ne plaira pas à tout le monde, certes, mais la nourriture est excellente et l'accueil est charmant. Ici on ne sert que des plats imaginatifs et 100% bio. La carte change tous les jours au gré du marché. Il y a deux plats du jour, et un des plats est végétarien. Il y a également une petite liste d'entrées et deux desserts. Les vins changent quotidiennement, mais ils sont toujours bio et accordés aux plats du jour par les spécialistes de chez Le Passeur de Vin, à Genève. Certains pourraient reprocher à ce petit restaurant le manque d'intimité. En effet, il y a une grande table d'hôtes pour 24, et vous aurez forcément des voisins très proches. Mais ça crée une ambiance sympa, quoiqu'un peu bruyante. Les plus avertis réserveront une des deux petites tables individuelles (pour deux seulement). Une autre astuce, précisez lors de votre réservation que vous souhaitez être au bout de la table, vers la cuisine. Le restaurant est ouvert pour le petit déjeuner, mais pas pour le dîner. Il y a cependant la possibilité de louer tout l'espace pour des soirées privatives, à partir de 12 personnes.

MATSURI CONFÉDÉRATION CENTRE

8, rue de la Confédération
✆ +41 22 810 39 73
www.matsuri.ch
Cuisine japonaise. Ouvert du lundi au samedi de midi à 14h30 et de 19h à 23h. Assiettes de 3 CHF à 11 CHF.

Juché au comptoir sur un tabouret design, on fait son choix parmi les assiettes de sushis, sashimis, brochettes yakitoris et desserts variés qui défilent devant nous sur le tapis roulant. L'addition se calcule selon le nombre d'assiettes et la couleur de leur liséré. A midi, on peut également acheter des assortiments tout prêts à emporter. Les deux autres boutiques Matsuri de Genève proposent uniquement des plats emballés, qui peuvent se déguster sur place accompagnés d'un thé ou d'une soupe miso ou être emportés. A noter que Matsuri a remplacé le thon rouge de Méditerranée, menacé par la surexploitation, par du thon albacore.

▸ **Autres adresses :** 10, rue du Vieux-Collège – ✆ +41 22 310 11 68. • Halles de Rive – 29, boulevard Helvétique –✆ +41 22 736 21 22.

LE NEW NAVY-SYRACUSE

29-31, place du Bourg-de-Four
✆ +41 22 311 70 03
www.hdvglozu.ch
navy-syracuse@bluewin.ch
Ouvert 7j/7 midi et soir. Plat du jour (avec entrée ou dessert) : 19 CHF. Carte : 40 CHF. Vin au verre, qualité bouteille à partir de 4,90 CHF. Parking St-Antoine à proximité.

Après la Brasserie-Restaurant de l'Hôtel-de-Ville située dans le haut de la vieille ville, et bien le Père Glozu, toujours plein de projet, s'est emparé du bas avec le New Navy-Syracuse, une institution également avec, du côté Syracuse le restaurant et la pizzeria, et du côté Navy, le café et le *wine bar*. On passe de l'un à l'autre selon son heure d'arrivée ou de départ ! On commence par s'asseoir en été sur la terrasse extérieure pour le petit verre de blanc, une tradition à Genève selon l'heure... quand même. Côté restaurant, des plats traditionnels et une belle carte de pizzas avec une vraie pâte préparée par le pizzaiolo. A l'étage un salon convivial pour des banquets privés, des repas d'affaires ou entre amis avec une vue imprenable sur ce quartier où l'on remonte le temps jusqu'au Moyen Age. Au sous-sol un vrai carnotzet avec à la carte, fondue, raclette, et ambiance cabaret tous les mercredis soir dès 20h.

LE RADAR DE POCHE

8 rue des Chaudronniers
✆ +41 22 311 36 68
Ouvert du lundi au samedi de 6h15 à minuit sauf lundi : fermeture à 16h30. A midi : pâtes à 10 CHF.

Stéphane Froissant a repris la gérance du Radar de Poche début 2012. Personnage plein d'humour, d'énergie qui donne le rythme à ce lieu mythique, où aiment se retrouver des gens de tous univers et tous horizons : étudiants, avocats, employés des administrations. On se sent bien dans ce lieu chargé d'histoire et pourtant jeune d'esprit.. Un des rares endroits où l'on peut boire un café dès 6H15, un bon chocolat à l'ancienne. A midi, petite restauration rapide à prix imbattable. Bar à pâtes et salades. Pour le prix d'un sandwich, une assiette d'Haristo, un des must de la carte, sauce legèrement relevée surmontée de roquette et tout ça pour 10 balles ! ! Sur le pouce, assiette de jambon cru à 8 CHF. Salade montagnarde à 12 CHF. Pas de cuisine le soir, mais des tapas à petits prix (10 CHF), des cocktails et la découverte de vins argentins, chiliens, français... aux noms évocateurs, comme par exemple « l'infernale » en provenance de Carcassonne. Et pour couronner le tout, on peut y déguster des bières artisanales, comme la Malteni sans gluten ou bien encore la Vélosophe (bière blanche brassée à Genève). P'tit clin d'œil cycliste au chef de cuisine, Fabien Wolf, ancien coureur élite.

LE SOIR

8, rue de la Madeleine
✆ +41 22 311 11 40
Cuisine française. Restauration du lundi au vendredi de midi à 15h et de 19h30 à 22h30 et le samedi de 19h30 à 22h30. Formule du jour : 24 CHF. Carte : de 45 à 65 CHF.
Dans un joli espace design, Le Soir sert une cuisine sans prétention, mais néanmoins extrêmement soignée. A midi, la carte est un peu plus importante que le soir. On y trouve des classiques tels que des tartares de saumon aux herbes fraîches ou de bœuf au couteau, une salade grecque aux légumes grillés et feta ou encore un risotto aux cèpes. Le soir, la carte est réduite et le lieu devient un bar lounge convivial où l'on peut se restaurer de tapas, club-sandwiches et burgers qui feront le bonheur des amateurs. Le Soir est également un endroit idéal pour boire un verre, grâce à son aspect lounge !

SUNSET

3, rue Saint-Léger
✆ +41 22 320 15 13
Restaurant végétarien. Ouvert du lundi au samedi de 11h à 14h30. Plat du jour : de 19 CHF à 22 CHF. Carte : plats de 17 CHF à 22 CHF.
Situé juste à côté des Bastions, un des rares restaurants à Genève à proposer uniquement des plats sans viande, aussi bons qu'équilibrés. On peut y apprécier toute la diversité de la cuisine végétarienne avec des légumes, du tofu, des champignons ou des céréales déclinés sous forme de pitas fourrées, cakes, tartes, pâtes complètes, émincés, salades, galettes... Le cuisinier n'utilisant que des produits frais, la carte suit le cours des saisons, notamment les suggestions de la semaine. Les jus de fruits frais pressés, spécialité de la maison, ainsi que les étonnants desserts en valent également la peine. Service efficace et prix raisonnables pour des assiettes bien pleines. Les étudiants se voient offrir un verre de boisson avec leur plat du jour. Attention pour les puristes, certains plats comportent également du poisson !

TAVERNE DE LA MADELEINE

20, rue Toutes-Ames
✆ +41 22 310 60 70
Cuisine française. Ouvert du lundi au vendredi de 8h30 à 18h en été et 16h30 en hiver, le samedi de 10h à 16h. Service uniquement le midi. Plat du jour : 17,50 CHF, suggestions de 18,50 CHF à 24 CHF. Carte : 35 CHF.
La Taverne de la Madeleine, autrefois l'Auberge de la Mule de 1430 à 1850, est l'un des plus anciens restaurants de Genève. Pour la petite histoire, pendant la Première Guerre mondiale, des dames de bonne famille exploitaient une petite cantine nommée « le Coin du Feu », elles offraient la soupe à un prix dérisoire pour les plus démunis. Rapidement des hommes de la bonne société sont venus car ils appréciaient ce lieu étant donné qu'il n'y avait pas obligation de boire de l'alcool ! C'est donc tout naturellement qu'un autre groupement, la société d'abstinents le Croissant, qui luttait à l'époque contre les méfaits de l'alcoolisme, proposa aux dames du Coin du Feu d'assembler leurs forces pour créer le premier restaurant sans alcool de la ville. Ainsi est née la Société coopérative en 1919, puis en 1920 la Taverne de la Madeleine. Une belle idée qui existe ainsi depuis plus de 90 ans. Le charme de la simplicité caractérise ce lieu typique de la vieille ville, situé tout à côté du temple. Une plaque commémorative est là dans la salle à manger pour nous rappeler que la taverne ne sert pas d'alcool. Côté cuisine, la carte affiche des spécialités régionales : croûtes, filets de perches, etc. Des salades maison, omelettes, spaghettis et plats végétariens rassasieront les plus insatiables. L'après-midi, les trois tartes (aux fruits, au citron et à la crème) baissent leur prix. L'été, la terrasse est une petite merveille. Restaurant avec le label Fourchette verte, c'est-à-dire : repas équilibrés, pas d'alcool, une hygiène parfaite et un tri des déchets écologiques.

■ VINO OLIO CAFFE
5, rue des Chaudronniers
✆ +41 22 310 60 59
Cuisine italienne. Ouvert du lundi au vendredi de 6h30 à 1h, le samedi de 11h à 1h. Petit déjeuner, apéro et bruschetta, vins au verre.
Une clientèle gentiment chic et branchée se presse dans ce restaurant italien à deux pas du Bourg-de-Four. On y mange dans un décor résolument contemporain, sur des chaises en plastique transparent, accoudé au bar de bois ou juché sur des hautes chaises en métal. Côté cuisine, une formule simple mais efficace : des *penne al dente* déclinées en 25 sauces originales et savoureuses. Une quinzaine de salades composées fort créatives ainsi qu'un cœur de rumsteck accompagné d'un beurre aux herbes, épices et agrumes viennent compléter l'offre, le tout dans de généreuses proportions. Belle carte de vins italiens, avec quelques crus locaux. Essayez de garder une place pour les desserts maison, en particulier le tiramisu à la mangue qui est à tomber de sa chaise design !

Bonnes tables

■ LE 3 RIVE GAUCHE
3, Grand-Rue
✆ +41 22 810 29 29
www.le3rg.com
le3@le3rg.com
Cuisine française. Ouvert du lundi au vendredi de midi à 14h et de 18h30 à 22h. Plat du jour : 23 CHF. Menu du jour : 35 CHF (entrée et plat ou plat et dessert). Carte : 70 CHF.
Ce style de restaurant manquait dans la Grand-Rue où l'on trouve plutôt des bars ou des boîtes de nuit. Le 3 Rive Gauche se veut branché, avec une cuisine de brasserie revisitée où l'on met en avant le goût des produits cuisinés : dos de cabillaud farci au chorizo et gratiné à la mozzarella, suprême de pintade fermière rôtie au parfum de basilic, brioche façon pain perdu et sa glace au nougat… Belle carte des vins, du cru genevois notamment.

■ LE BAROCCO
Musée d'Art et d'Histoire
2, rue Charles-Galland
✆ +41 22 418 26 82
www.ville-ge.ch/mah/
Ouvert du mardi au dimanche de 10h à 17h. Service de midi jusqu'à 14h30. Plat du jour : 21 CHF. Suggestions du jour de 24 CHF à 30 CHF. Carte de 35 à 45 CHF. Belle carte des vins au verre, genevois ou valaisan à partir de 4,50 CHF. Belle terrasse en été dans la cour intérieure du musée d'Art et d'Histoire (réservation recommandée).
Un bon restaurant de musée. Au cœur du musée d'Art et d'Histoire, le Barocco offre une ambiance très originale dans une des galeries du musée. Les beaux jours venus, touristes et locaux branchés se mélangent sur les petites tables en fer au milieu de la cour de style classique bordée de statues d'inspiration antique et l'on oublierait presque que l'on est en centre-ville. La carte fait la part belle aux produits du terroir genevois. On apprécie le pavé de bœuf du Simmenthal (Alpes suisses) ou le saumon mariné aux asperges vertes grillées. Les poissons du lac sont d'une extrême fraîcheur car pêchés par Julien, un des plus jeunes dans son métier

Le plus long banc du monde est-il à Genève ?

Si vous vous baladez sur la mythique promenade de la Treille, en Vielle Ville, vous aurez l'occasion de voir, et même de vous asseoir un instant, sur le plus long banc du monde, connu à ce jour. Aucune contestation n'a encore été faite à ce sujet. Avec ses 120 m de longueur, et sans aucune interruption, le banc est un lieu de passage pittoresque et romantique incontournable, depuis sa mise en place en 1767.
Sur cette place est également planté le célèbre marronnier « fonctionnaire » de la Treille, qui annonce officiellement depuis 1818 le printemps à Genève. Pas très loin de la promenade, vous pouvez déguster tartes aux fruits et pâtisseries maison au Café Papon.

■ CAFÉ PAPON
1 rue Henri-Fazy
✆ +41 22 311 54 28

sur le lac Leman et le pain est fait maison. Le restaurant est réputé également pour sa pâtisserie fraîche du jour : tarte au citron, crumble, feuilleté aux fraises... La carte des desserts permet dans la journée de s'offrir de très bonnes douceurs pour une pause gourmande.

■ BRASSERIE LIPP

8, rue de la Confédération
✆ +41 22 318 80 30
www.brasserielipp.ch
contact@brasserielipp.ch

Cuisine française. Ouvert 7j/7, de 7h à 2h, dimanche de 9h à 2h. Service non-stop de midi à 00h30. Plats du jour : de 19 CHF à 37 CHF. Carte : 60 CHF.

La brasserie est très fréquentée par les Genevois qui apprécient son accueil chaleureux et son ambiance vivante avec un service rapide et plein de bonne humeur. Le style Art déco et les serveurs en tenue donnent du charme à ce lieu. La carte propose des mets de brasserie : viandes grillées, tartares, plats végétariens, choucroutes, produits de la mer. Grand incontournable de la carte : la souris d'agneau confite et son gratin de pommes de terre au thym. Les vins suisses et de Bordeaux sont servis à des prix raisonnables. Belle terrasse l'été, d'avril à septembre, jardin d'hiver très cosy l'hiver. A l'extérieur, petit stand de poissons et crustacés, également à emporter.

■ BRASSERIE-RESTAURANT DE L'HÔTEL DE VILLE

39, Grand-Rue
✆ +41 22 311 70 30
www.hdvglozu.ch
glosu@bluewin.ch

Ouvert 7j/7 et restauration non-stop de 11h30 à 23h30. Menus : de 47 à 67 CHF. Menu dégustation genevois : 65 CHF avec accord des vins à chaque plat : 105 CHF. Carte : 60 CHF. Vin du mois du terroir genevois à partir de 5 CHF. Fondues aux bolets, moitié-moitié…

S'il y a un restaurant qui appartient à l'histoire de Genève, c'est bien la Brasserie-Restaurant de l'hôtel-de-ville. Situé dans un bâtiment d'habitation privé du XVIe siècle ayant appartenu à la famille Calendrini, une de ses nombreuses familles noble de Lucques en Toscane réfugiées à Genève pendant cette période de troubles religieux. Aujourd'hui c'est un lieu de vie, inévitable passage de la vie politique genevoise et internationale avec l'hôtel de ville située en face. D'ailleurs il n'est pas rare de rencontrer des chefs d'Etats ou d'autres éminences au restaurant et les vedettes de cinéma ou de théâtre côtoient également la clientèle de touristes ou de passage. Mais l'on vient souvent ici pour bavarder avec le Père Glôzu, nom de scène de l'ancien clown, propriétaire des lieux depuis plus de 26 ans, personnage si attachant et aux vies si différentes qu'il en a écrit un roman ! En plus de la belle terrasse extérieure qui fonctionne à l'année, à l'intérieur plusieurs salles sont disponibles ainsi qu'un « carnotzet typique » pour des banquets, des groupes. A la carte une cuisine de brasserie et des plats typiques comme la Trilogie genevoise, une recette de 1602, avec saucisse de sanglier, longeole et atriaux, des spécialités locales, des fondues… et la Pôchouse : matelote de poissons du lac au vin blanc avec ail, poireaux, pommes natures, crème, moules… Un incontournable à toute heure de la journée.

■ CAFÉ LYRIQUE

12, boulevard du Théâtre
✆ +41 22 328 00 95
www.cafe-lyrique.ch
restaurant@cafe-lyrique.ch
tram 12/15 arrêt Cirque

Ce restaurant-bistro à la déco parisienne et rétro propose une carte variée et séduisante : l'assiette lyrique en est la vedette avec son marbré de poissons, tartare de légumes et salade fraîche. Jolie terrasse en été. Ouvert du lundi au vendredi de 7h à 0h.

Il s'agit de l'un des plus vieux restaurants de Genève. Il est idéalement situé dans le quartier des banques et de l'université et élégamment décoré au moyen de vieilles gravures. Il propose une excellente cuisine française traditionnelle, le tout dans une ambiance digne des cafés parisiens. L'assiette Lyrique est parfaite pour les gourmands qui pourront déguster un marbré de légumes, un tartare de saumon, un tartare de légumes, un caviar d'aubergine et des croustilles de chèvre frais.

Ce qui est cependant absolument irrésistible, c'est le buffet des desserts, les uns plus sublimes que les autres ! Le service, un peu lent lors de grands affluences, est chaleureux et la déco de lieux n'a rien à envier des cafés-bistrots français.

■ CAFÉ PAPON

1 rue Henri-Fazy
✆ +41 22 311 54 28
www.cafe-papon.com

Cuisine française. Ouvert du lundi au vendredi de 7h à 22h et le samedi de 9h30 à 22h. Fermé dimanche. Plat du jour : 21 CHF. Carte de 70 CHF à 80 CHF.

Tout d'abord un peu d'histoire, car s'il est bien un lieu à Genève où l'on peut remonter le temps jusqu' au Moyen Age, c'est bien au Café Papon. Protégé par la tour Baudet datant de 1455, situé dans le bâtiment de l'hôtel de ville, le Café Papon bénéficie d'un emplacement privilégié. Avec ses voûtes et ses vieilles pierres, tradition et charme sont au rendez-vous pour s'imprégner de l'esprit de Genève. La carte de plats savoureux change toutes les deux à trois semaines, suivant les saisons et les produits qui s'y attachent. A noter quelques incontournables : les ris-de-veau (meunière aux câpres, aux morilles fraîches et artichauts, à la crème façon vol-au-vent, au miel de curry et croquant de pommes vertes) ou la choucroute de Noël (cuisse de canard confite et foie gras poêlé)... Quelques recettes défendent les produits et le patrimoine genevois comme la feuillantine de longeole genevoise ou le filet de féra du lac meunière au céleri et aux cèpes, et aussi les fameux cardons, en gratin à la moelle ou encore en soupe avec parmesan et truffe. David Felisaz et Christophe Bernerd, anciens de l'Hôtel des Bergues ont su s'entourer d'une belle équipe, très professionnelle. L'été, la grande terrasse, protégée par les marronniers de la Treille, est très appréciée même pendant la journée pour siroter un verre ou manger une glace. Il est possible d'organiser des réceptions dans la salle pittoresque et historique de la Grande Grotte.

■ LA CITTADELLA

12, rue du Perron
✆ +41 22 311 52 16

Restaurant italien. Ouvert du lundi au vendredi de 12h à 14h et de 19h à 22h30 et le samedi de 19h à 22h30. Plat du jour : dès 30 CHF. Carte : de 28 CHF à 48 CHF. Desserts : de 12 CHF à 19 CHF.

Voici un excellent restaurant italien d'une vingtaine de couverts. La déco est sans prétention, les prix pourront parfois paraître excessifs, mais la cuisine est délicieuse et le service chaleureux et irréprochable. Parmi les spécialités de l'enseigne, nous apprécions le carpaccio de bœuf à la truffe noire, les mets composés de *burrata* (fromage italien), le jarret d'agneau, le filet de thon grillé, mais aussi les spaghettis aux champignons, généreusement servis ou les gnocchis. Une *panna cotta*, un tiramisu ou un plateau de fromages complèteront votre repas.

IN FINE

8, place du Bourg-de-Four
✆ +41 22 318 37 37
www.infine.ch
events@infine.ch

Restaurant raffiné, cuisine italienne. Ouvert du mardi au samedi. 2 menus du jour à 19 CHF : traditionnel ou italien. Espace Lounge sur réservations au sous-sol.

Dans un cadre cosy et sobre, tout en étant chic, ce restaurant a tous les atouts pour séduire le client friand de cuisine raffinée aux couleurs de la Méditerranée. Car oui, dans les plats, on retrouve le soleil du Sud : antipasti en entrée, grand nombre de risotti (celui au homard vaut le détour) et de plats de pâtes, ainsi que poisson entier découpé à la table, salade tomates-mozzarella de bufflone ou encore magret de canard à la mangue. Pour les amoureux du sucré, la carte des desserts est tout aussi variée que séduisante : moelleux au chocolat, trio de crèmes brûlés (Nutella, fève tonka et pistache) ou encore mille-feuille aux fruits de saison. En été, une petite terrasse est aménagée devant le restaurant donnant sur la place Bourg-de-Four.

LES ARMURES

1 rue du Puits-Saint-Pierre
✆ +41 22 310 34 42
www.hotel-les-armures.ch
reception@hotel-les-armures.ch

Cuisine suisse et française. Ouvert 7j/7 jusqu'à minuit. Plat du jour : 20 CHF. Carte : 50 CHF.

Un grand classique genevois et touristique. On y déjeune ou on y dîne sous des poutres apparentes en compagnie d'armures ou dans le carnotzet. On y mange sans surprise des fondues et d'autres plats au fromage, mais aussi des filets de perche meunière, de l'émincé de veau à la crème, bref une cuisine suisse très classique qu'a même appréciée Bill Clinton ! Deux salles à l'intérieur, dans le décor historique de l'hôtel réputé (dont un carnotzet), et une terrasse d'été entre la Maison Tavel et l'ancien Arsenal de Genève.

AU PHIL DU TEMPS

1 pont de la Machine
✆ +41 22 818 39 00
✆ +41 22 310 58 03
www.auphildutemps.ch
contact@citedutemps.com

Ouvert du lundi au vendredi de 10h à 18h. Plats de 30 CHF à 48 CHF.

Ce restaurant et bar lounge, inauguré en novembre 2011 par Philippe Chevrier (chef étoilé), et son service traiteur, est attenant à la Cité du Temps, un lieu d'exposition. Selon les suggestions du chef, sa brigade propose une restauration de type bistrot composée de produits frais du marché et de saison : filets de perches des eaux de Lotschberg aux pousses d'épinards, pommes Pont-Neuf ; joue de cochon confite au gamaret, mousseline de pommes de terre et céleri ; mais aussi des tartares et un risotto. Une trentaine de vins issus du vignoble genevois accompagnent ces plats bistronomiques. Le cadre est soigné (un décor contemporain en harmonie avec le lieu) et l'atmosphère est conviviale. Une bonne occasion de profiter de Genève et de l'un de ses lieux d'exception, au «phil» de l'eau !

■ **RESTAURANT DU PARC DES BASTIONS**
1, promenade des Bastions
✆ +41 22 310 86 66
www.bastions.ch
bastions@bluewin.ch
Cuisine française. Entrée place Neuve. Service du lundi au dimanche de 9h à 22h. Brunch le dimanche de 11h30 à 14h. Menus dès 42 CHF.
A l'entrée du parc des Bastions et à deux pas du fameux mur des Réformateurs se trouve l'un des derniers kiosques à musique de Genève. Un cadre exceptionnel La carte de bistrot propose des plats de brasserie dont différents tartares coupés au couteau : de bœuf, de thon rouge… La carte Rotonde est plus gastronomique, comme par exemple le filet de bœuf snaké au girolles. L'intérieur est idéal pour un dîner romantique dans la Rotonde (la superbe verrière du kiosque fin XIXe). La terrasse à l'ombrée des arbres est très agréable l'été, et en hiver, dès que la température s'y prête, la terrasse se transforme en patinoire !

■ **LA TABLE DU 9**
9, rue Verdaine
✆ +41 22 310 25 50
Cuisine française. Ouvert du lundi au vendredi à midi et les mercredis, jeudis et vendredis soirs. Plat du jour : 19 CHF. Carte : 60 CHF.
Débarqué de Toulouse avec son chef cuisinier, ce jeune couple à l'accent qui chante apporte un peu de soleil dans la grisaille genevoise. Sur sa route, le trio a pris le temps de s'arrêter pour remplir son coffre avec quelques bonnes bouteilles. La cuisine a, elle aussi, des accents du sud, en particulier du sud-ouest. La carte est réduite mais diversifiées et gourmandes, avec son pavé de cabillaud aux piquillos farcis, son cassoulet ou encore sa tarte aux légumes grillés, tapenade et roquette. Toute petite terrasse très agréable, en été.

■ **TAKUMI**
2, rue de Candolle
✆ +41 22 321 25 25
Cuisine japonaise. Ouvert du lundi au vendredi de midi à 16h et de 18h à minuit, le samedi de 18h à minuit. Plats du jour : 23 CHF, 29 CHF, 32 CHF et 48 CHF. Menu : 60 CHF. Carte : 70 CHF.
Le *Takumi* propose une cuisine innovante, avec des mets qui sortent de l'ordinaire, de nouveaux goûts et mélanges, des produits de grande fraîcheur. Un décor nippon épuré, un personnel en habits traditionnels aux petits soins pour sa clientèle. Restaurant à recommander pour sa cuisine originale, et pour découvrir une véritable cuisine japonaise raffinée et gastronomique. Un voyage culinaire au Japon !

Luxe

■ **PETRUS**
21 rue de la Corraterie
✆ +41 22 310 65 00
Cuisine française. Ouvert du lundi au vendredi de 12h à 14h et de 19h à 22h, samedi de 19h à 22h.
Après un premier restaurant à Paris, le Petrus s'installe en vieille ville de Genève, à deux pas de la Place Neuve. Dans un cadre chic à la déco tendance, c'est une carte traditionnelle et gastronomique qui vous est proposée, selon les goûts des clients : « la maison a pour habitude de proposer les créations culinaires aux clients en plats du jour, et s'ils apprécient, nous les suggérons à la carte », explique Arnaud Quemeneur, chef cuisinier. Récemment, les clients ont sélectionné le risotto aux morilles et à l'huile de truffe noire, le bar cuit en croûte de sel ou encore le mille-feuille à la vanille. Frédéric Prévost, maître des lieux, y considère son client comme roi, et prend en compte chaque remarque afin de continuellement retravailler les plats pour être au plus près des désirs gustatifs des Genevois.

Rive et Eaux-Vives

Le quartier populaire des Eaux-Vives rassemble de nombreux restaurants peu chers, aux univers culinaires très divers. En effet, après l'Italie, la Chine, le Liban, l'Espagne et le Pérou, l'Inde commence même à y faire son apparition. Mais ce quartier est aussi celui des contrastes. Car aux abords de Rive et des quais, qui correspondent à des zones plus touristiques, les prix se font logiquement plus élevés, comme le long de la prestigieuse rue du Rhône ou du quai Général-Guisan. Laissez-vous aller à flâner entre les rues et optez pour le restaurant dont la carte saura vous séduire.

Sur le pouce

■ **LES ABSTINENTES**
Parc La Grange
19, avenue William-Favre
✆ +41 22 736 33 49
Ouvert du 1er avril à fin septembre, tous les jours dès 11h à 19h30 (le dimanche dès 10h pour le petit déjeuner). Fermé en cas de

pluie. Petite restauration traiteur. Plat du jour (poisson ou viande) : environ 17 CHF. Salades, sandwichs, quiches, tartes et pâtisseries.
C'est un bar avec petite restauration, en terrasse. On n'y sert pas d'alcool, d'où le nom des Abstinentes ! Sur place, est indiqué tout en haut du kiosque : Ligue suisse des femmes abstinentes – section Genève. En 1902, quelques dames genevoises avaient trouvé dans cette ligue le seul moyen de combattre l'alcoolisme de leurs chers et tendres !
Sur place, une petite restauration (livré par un traiteur) est servie dès midi, et le dimanche on peut y prendre son petit déjeuner avec croissants et pâtisseries. Ce kiosque est une halte merveilleuse et hors du temps, surtout en été car on bénéficie de la fraîcheur et de l'environnement magnifique du parc. En cas de pluie, le kiosque ferme ! Une adresse insolite et très appréciée des Genevois, en famille ou entre amis.

MIKADO

23, rue de la Terrassière
✆ +41 22 700 44 77
www.sushi.ch
info-terrassiere@sushi.ch
Cuisine japonaise. Ouvert du lundi au vendredi de 10h à 19h et le samedi de 10h à 18h. Assortiments de 10,80 à 28 CHF.
On connaissait le Mikado aux Pâquis pour son épicerie et ses assortiments de sushis et de sashimis à emporter, et ses quelques tables. Mikado s'est installé aussi à la Terrassière. Une file d'attente qui peut s'étendre jusque dans la rue, mais le présentoir de sushis est atteint rapidement. On fait son choix comme dans un self-service avant de passer aux caisses. Le lieu est zen et design et la propreté impressionnante pour un établissement qui propose de la restauration rapide ! C'est aussi une petite épicerie, de quoi jouer au chef nippon, ne comptez toutefois pas sur les notices en japonais pour vous aider. C'est sans conteste le meilleur rapport qualité-prix de la catégorie. Un service traiteur.

▶ **Autres adresses :** 10, place De-Grenus – Tel +41 22 920 44 77 • 5, rue de Carouge – 1205 Genève – Tel +41 22 320 44 77 • 9, rue de l'Ancien-Port – 1201 Genève – Tel +41 22 732 47 74

PLANET CAVIAR

7, rue Louis-Duchosal
✆ +41 22 840 40 85
www.planetcaviar.com
Cuisine de la mer et caviar. Restauration du lundi au vendredi de midi à 23h, et le samedi jusqu'à 15h. Plats, pour la plupart froids, à partir de 20 CHF. Trilogie : 85 CHF. Palette : 140 CHF. Boutique ouverte du lundi au vendredi de 8h à 19h et le samedi de 9h à 18h. Caviar à partir de 22 CHF les 10g.
Petite « caviateria » et très bonne table qui permet de déguster des spécialités haut de gamme même en plein après-midi ! Quelques suggestions : assortiment de saumons fumés à volonté, pattes de crabe du Kamchatka, pomme fourchette à l'huile d'olive et au caviar sevruga, l'œuf coque à l'oscière, pas économique mais à découvrir. A noter aussi, une excellente cave à vins au centre du restaurant !

WASABI SUSHIS BENTO BAR

32, boulevard Helvétique
✆ +41 22 735 32 32
www.wasabisushi.ch
Cuisine japonaise. Ouvert du lundi au samedi de 10h à 22h.
Ce *take away* pour amateur de sushis permet de luncher sainement sans se ruiner. Grand choix de sushis, makis, californias, temakis, sashimis, chirashis et salades diverses : algues, poulpe, etc., et toutes sortes de rouleaux. Pour manger ces derniers, il faut être friand de mayonnaise ! Il y a aussi plusieurs mets chauds à midi. Ce n'est certes pas de la haute gastronomie, mais cela dépanne agréablement et les prix sont assez modestes pour ce type de cuisine.

▶ **Autres adresses :** 4, rue du Vieux-Collège – 1204 Genève – Tél. +41 22 735 32 32. • 5, rue du Marché – 1204 Genève – Tél. +41 22 810 10 10.

Pause gourmande

■ ARLECCHINO

1, rue du 31-Décembre
✆ +41 22 736 70 60
www.larlecchino.ch
Glacier. Ouvert tous les jours de 13h à 22h (et jusqu'à minuit en plein été), de mars à octobre. Fermé en cas de très mauvais temps. Tea-room rue de Berne.

Le petit arlequin actuellement en exercice a un savoir-faire quasi ancestral : il tient ses recettes de son arrière-grand-père. On est arlequin de père en fils pour composer des glaces et des sorbets aux nombreux parfums, il en existe plus de 40 pour nous tenter. Les recettes sont maison à base de fruits frais, de lait et de crème, faites en petites quantités, et les glaces sont très denses, à l'irish-coffee, au french café, au whisky, au chocolat-gingembre, sorbet au chocolat amer, crème glacée au café, et même trois glaces au soja pour les allergiques ou des glaces diététiques pour avoir bonne conscience. Des parfums frais et exotiques font aussi notre bonheur en été comme la glace à l'ananas-menthe. Chacun fait sa propre composition parmi les dizaines de parfums différents. Très appréciable en été. De toute façon, L'Arlequin ne nous laisse pas le choix : frileux, l'hiver, il ferme. Glaces et petite restauration dans le tea-room situé rue de Berne.

▸ **Autre adresse :** 13, rue de Berne – 1201 Genève – +41 22 738 50 28.

■ CUPCAKES & THE CITY

12, rue Henri-Blanvalet
✆ +41 22 700 28 43
www.cupcakesandthecity.ch
info@cupcakesandthecity.ch
Ouvert du mardi au samedi de 10h30 à 18h (le mercredi à 17h30). De 3,20 CHF/pièce (mini) à 100 CHF (jumbo). Standard : 4,80 CHF/pièce. Bouchée salée : 2,20 CHF/pièce.

Après New York, Londres, Paris, les « Cupcakes », adorables petits gâteaux sucrés aux mille et une couleurs et saveurs, croquent Genève. Première enseigne en son genre dans la ville de Calvin, « Cupcakes » a ouvert en 2009 dans le vibrant quartier des Eaux-Vives. Née de la rencontre de fins gourmets, l'arcade genevoise s'affiche tout en gourmandise dans des tonalités framboise, blanches et crème. Didier le pâtissier et Christiane élaborent leurs recettes et fabriquent, à partir de produits naturels, leurs pâtisseries artisanales dans leur boutique-laboratoire, chaque jour. Les saveurs et les décors de ces adorables gâteaux sont recherchés et changent constamment : Nut-Nut (Nutella), Lemon Meringue, Pistaccio Berry (pistache-framboise), Pink Paradise (fraise Tagada), Red Velvet... Et une spécialité typiquement genevoise, le White and Black Angel (Toblerone blanc et noir). De la poésie, de la fantaisie, on ne s'en lasse pas !

■ PHILIPPE TAILLÉ

72, rue de Monchoisy
✆ +41 22 736 26 93
www.boulangerie-philippe-taille.ch
Boulangerie-pâtisserie. Ouverte du mardi au samedi de 6h30 à 19h et le dimanche de 6h30 à 18h.

Les boulangeries-pâtisseries et *tea room* de Joëlle et Philippe Taillé sont une référence sur Genève et les environs. C'est simple, dès le matin il y a la queue pour les viennoiseries toujours fraîches et appétissantes. On se régale avec les pains au chocolat – le *Petit Futé* craque souvent – et aussi les innombrables viennoiseries et les fameux croissants au beurre. Sur place, le choix est vaste en gourmandises sucrées, salées et pains en tout genre, et à toute heure on peut venir se restaurer avec des sandwichs, quiches, salades... Quelques spécialités comme les tuiles au caramel, le San Marco (base de crème aux œufs et caramélisé au fer)... Belle présentation aussi de chocolats maison.

▶ **Autres adresses :** 106, Bois de la Chapelle – 1213 Onex – + 41 22 793 93 15 • 20, rampe de Cologny – 1223 Cologny – +41 22 736 26 96 • 51, route de Florissant -1206 Genève – + 41 22 346 38 18 • 58, rue Jacques Dalphin – 1227 Carouge – +41 22 301 92 63.

■ PHILIPPE TAILLÉ

51, route de Florissant ✆ +41 22 346 38 18
www.boulangerie-philippe-taille.ch
Boulangerie-pâtisserie. Du mardi au samedi de 6h30 à 19h, et le dimanche de 6h30 à 18h30.
Cette boulangerie, pâtisserie et salon de thé propose des gourmandises à emporter ou à déguster sur place, et un plat du jour à midi. 100 places, dans un agréable décor au style contemporain, aux tons gris, vert pomme et pourpre, pour déguster croissants au beurre ou une de leurs spécialités : tarte au citron meringuée, baba au rhum, millefeuille, et le San Marco bien sûr (crème aux œufs caramélisée au fer), pour une pause gourmande. A midi, on apprécie les quiches et les soupes mais aussi les sandwichs faits de pains de tout genre, à rapporter pour son souper : de campagne, aux noix, provençal, abricot et figue, bio, croustigrains... Du tonus dans le décor et dans l'assiette !

▶ **Autres adresses :** 106, bois de la Chapelle – 1213 Onex – Tel + 41 22 793 93 15 • 20, rampe de Cologny – 1223 Cologny – Tel +41 22 736 26 96 • 58, rue Jacques-Dalphin – 1227 Carouge – ✆ +41 22 301 92 63 • 72, rue de Montchoisy – 1207 Genève – Tel +41 22 736 26 93

Bien et pas cher

■ LES 4 SAISONS

3, rue Henri-Blanvalet ✆ +41 22 700 50 67
Restaurant chinois. Ouvert tous les jours de 11h30 à 14h30 et de 18h30 à 23h30. Plat du jour : 16 CHF. Carte : 40 CHF. Menu au canard laqué pékinois : 48 CHF.
Les 4 Saisons est un établissement de qualité, à la décoration qui évoque les petits pavillons du pays de Mao, et qui fait la part belle aux couleurs jaunes tirant sur le beige, vert foncé et rouge virant sur le rose. Au fil de la carte, une myriade de plats classiques, impeccablement servis et préparés avec soins, s'offrent à la dégustation. Parmi eux, le bœuf sauté aux champignons parfumés et aux pousses de bambou, la marmite de poulet au gingembre et à la ciboulette, l'agneau sauté au poivre noir et le poulet sur ardoise, sont autant d'incontournables parfaitement exécutés. Mais l'établissement est réputé pour une spécialité qu'il est rare de voir servie avec autant de cérémonial : le canard laqué à la pékinoise. Ici, c'est dans un respect scrupuleux de la tradition et un grand sens de la finesse que l'on le sert, en trois parties, lors d'un menu spécial. Le canard est tout d'abord amené dans son entier, et les premières opérations de partage se font devant vous. En entrée, la peau de canard croustillante avec crêpes de blé, rehaussée de blancs de poireau et de concombres effilés, est soulignée par une sauce particulièrement réussie, toute en onctuosité. Il incombe au gourmand de prendre les fragments de peau, de les glisser dans une excellente crêpe, de les amener à la rencontre de cette sauce qui les souligne. Les plats suivants, à base de la chaire de l'animal, renforcent l'impression de finesse dégagée par cette merveilleuse mise en bouche. Une très bonne adresse.

■ L'ADRESSE

32, rue du 31-Décembre
✆ +41 22 736 32 32
www.ladress.ch – info@ladress.ch
Ouvert du mardi au samedi de 11h à 22h (restauration jusqu'à 14h ou 15h, et à partir de 19h). Plat du jour : 18 CHF sans entrée et 24 CHF avec entrée. Carte : 40 CHF. Salon de thé l'après-midi. Boutique de 11h à 19h la semaine, de 11h à 18h le samedi.
Cette adresse-là tient du restaurant, de l'arcade branchée, de l'endroit où il fait bon se poser pour se restaurer ou boire un verre. Il faut grimper un escalier tout rouge avant de déboucher dans une grande pièce claire où sont disposés ici et là de grands canapés, et quelques tables. La cuisine est légère et d'inspiration *world food*. Plusieurs plats végétariens figurent sur la carte des mets. Un accent particulier est mis sur les vins suisses. En attendant la commande, on peut passer dans l'espace de prêt à porter et essayer les derniers modèles directement ramenés de Paris, sauf le soir, où la boutique est fermée. La terrasse, les jours de beau temps, est paradisiaque, grâce à sa belle ornementation végétale et idéale pour un *tea-time* sur le toit de l'immeuble. Lieu original pour un cocktail ou une soirée privée, car le lieu est privatisable dès 50 personnes.

CHEZ ARSÈNE

4 ruelle de la Vinaigrerie
✆ +41 22 772 01 45
contact@chezarsene.ch

Cuisine française. Ouvert du lundi au vendredi à midi, de mardi à samedi le soir. Plat du jour 23 CHF.

Chez Arsène, on se sent à l'aise et traité aux petits soins. Le cadre est charmant, le service chaleureux, et la cuisine, délicate. Tartare de thon façon japonaise aux *enoki*, micmac de bison, risotto à la fleur de *cataloni* et poulet ou encore tarte au citron, tout pour séduire vos papilles. Ici, vous ne serez pas déçu.

LA BOURLINGUE

9, ruelle du Couchant
✆ +41 22 735 11 00
www.labourlingue.ch
labourlingue@hotmail.com

Cuisine française. Ouvert lundi soir et du mardi au vendredi, midi et soir. Plat du jour avec entrée à volonté : 20 CHF.

Dans ce quartier typique de la terrassière et à proximité du célèbre immeuble La Clarté de Le Corbusier, se cache dans une petite cour intérieure le restaurant La Bourlingue. C'est déjà tout une aventure pour le trouver mais c'est aussi ce qui fait le charme du lieu. La cuisine reflète l'état d'esprit du bourlingueur qui a parcouru le monde et qui a ramené avec lui quelques recettes des quatre coins de la planète. Les murs sont « tapissés » d'instruments de musique du monde. A midi, gens du quartier, banquiers, ouvriers se côtoient dans une ambiance décontractée. Terrasse extérieure avec parfois en été des soirées barbecue.

AU COIN DU BAR

17, rue de Versonnex
✆ +41 22 786 38 19
www.aucoindubar.ch
info@aucoindubar.ch

Ouvert du lundi au vendredi de 11h30 à 2h du matin. D'octobre à février, ouvert le samedi de 18h à 1h. Plat du jour : 20 CHF. Midi et soir, suggestions de 15 à 45 CHF. Carte : 55 CHF.

Un bistrot et un patron de bistrot comme on les aime. Lui, en bon vivant, aime à nous faire partager et découvrir ses trouvailles. Les prix sont vraiment corrects, et on se régale des spécialités du terroir du patron que l'on accompagne agréablement d'un bon verre de vin. La carte des vins change régulièrement et réserve constamment des (bonnes) surprises. Le client est invité à aller chercher sa bouteille à la cave, à déguster sur place ou à domicile. Quelques très bonnes bouteilles sont conservées dans une cave fermée. Sage précaution quand on voit les petits trésors qu'elle recèle. Egalement belle sélection de cigares pour les amateurs de Havane.

LA CRISE

9, rue des Eaux-Vives
✆ +41 22 310 11 40

Ouvert du mardi au vendredi midi et soir, et le samedi soir. Plat du jour : 17 CHF. Le soir, de 17 à 22 CHF. Dessert : 4 CHF. Café : 2,80 CHF. Terrasse extérieure.

La Crise, « petit resto entre amis» ! Avec sa salle rose vif, c'est le lieu idéal pour redonner le moral en cette période de grisaille. Les petits plats sont mijotés et mitonnés par Alex : souris d'agneau de 7h, blanquette de veau, mijoté de porc, bœuf bourguignon, lapin à la royale, confit de canard... Des plats authentiques et succulents accompagnés toujours de quatre légumes et d'un féculent, mais aussi, des produits de belle qualité : l'assiette ibérique avec le succulent *pata negra,* l'assiette de tomates et *mozzarella Burrata,* le risotto aux morilles entières... Quant aux desserts, ils sont faits maison, de la pâte à la garniture : tarte à la courge, à la rhubarbe, aux poires, aux pruneaux... Tous les jours, trois ou quatre plats sont proposés et préparés avec les courses du marché. Dans une franche bonne ambiance, on vient même y fêter son anniversaire, car pour le dessert, on a droit à une généreuse surprise masquée ! Réservation conseillée.

DA PAOLO

3, rue du Lac
✆ +41 22 736 30 49

Cuisine italienne. Ouvert 7j/7, de midi à 14h30 et de 18h30 à 23h45 en semaine, et le week-end de midi à minuit. Dernière commande à 23h45. Pizza : dès 16 CHF. Plat du jour : 19 CHF. Carte : 50 CHF.

Une valeur sûre ! Jamais on ne ressort déçu, tant grâce au contenu de l'assiette (les lasagnes gratinées sont excellentes) que pour le décor parfait, l'accueil ou la carte des vins avec tous les grands crus italiens ou des petits producteurs genevois peu connus. On n'a que l'embarras du choix pour les pizzas ou les pâtes maison. L'ambiance est comme en Italie, de grandes tablées animées et conviviales et le patron a sa table vers la porte pour accueillir les clients. La pizzeria est toujours bondée, il faut venir soit tôt soit tard, si l'on veut être certain d'avoir une table.

DARSHANA

(Maison de verre Le Corbusier)
5 rue Adrien-Lachenal
✆ + 41 22 736 36 48
http : //fxratnam.webs.com
ledarshana@bluewin.ch

Cuisine indienne. Ouvert du lundi au vendredi de De 11h30 à 14h30 et de 18h30 à 23h30. Ouvert le samedi à partir de 17h. Fermé le dimanche. Plat du jour : 18 CHF, Buffet chaud ou froid, à discrétion servi à midi : 19 CHF. Menu dégustation 52 CHF à partir de deux personnes. Terrasse en été.

Le Darshana est l'un des plus anciens restaurants indiens de Genève, avec une authentique cuisine indienne, et décoré dans un style traditionnel. Le restaurant est bien connu des habitués qui s'y retrouvent fréquemment pour déguster *tandoori, biryani, curry* et *thali*. La formule buffet froid ou chaud à discrétion à midi permet de tester plusieurs spécialités sans se ruiner. Le menu dégustation est une farandole de saveurs et de couleurs. Plusieurs salles permettent de recevoir des groupes ou de réserver le lieu pour des soirées privées. Profitez d'un petit détour en partant ou en arrivant pour découvrir la *Maison de verre* de Le Corbusier, construite entre 1931 et 1932 par l'architecte Charles-Edouard Jeanneret, dit Le Corbusier, sur l'initiative d'Edouard Wanner.

EL MEDITSOL

18, cours de Rive
✆ +41 22 700 04 30

Cuisine espagnole. Ouvert du lundi au jeudi de 11h à 1h, le vendredi de 11h à 2h et le samedi de 9h à 2h. Service jusqu'à minuit, tapas jusqu'à la fermeture. Plat du jour : 20 CHF. Carte : 50 CHF.

Mirò, Picasso et Dali, mais aussi pierres apparentes confèrent à ce bar à tapas un air d'authenticité. On mange assis au bar ou, dans l'intimité, à une table, des tapas copieuses aux champignons, boulettes de viandes, tortillas aux pommes de terre, etc., ou une paella valenciana traditionnelle, ou encore des brochettes de gambas. Et, pour finir, un petit dessert comme une crème catalane. Le service est rapide et l'accueil sympathique.

CHEZ LA VOISINE

8, rue du 31-Décembre
✆ +41 22 735 14 98
www.chezlavoisine.ch
contact@chezlavoisine.ch

Cuisine française. Ouvert du lundi au vendredi de 7h30 à 22h, samedi et dimanche de 9h30 à 22h. Plat du jour : 21 CHF. Croissant : 2,20 CHF. Planchettes apéritives : entre 8 CHF et 13 CHF.

Au saut du lit, à midi ou à minuit, il y a toujours de quoi se régaler en toute tranquillité *Chez la voisine*. L'hiver, au cœur d'un décor stylé ou l'été, sur une agréable terrasse ombragée agrémentée de jolis lampions colorés, vous pourrez en effet déguster dans ce restaurant de nombreux mets préparés à partir de produits locaux, comme des croque-monsieurs revisités, composés de tomates confites, pancetta, jambon, gruyère et pesto, mais aussi une savoureuse entrecôte accompagnée de ses pommes allumettes maison, un grand choix de salades et de délicieux desserts. Et quand viennent les soirs d'été, rien de tel que de siroter un jus de fruits pressés *Chez la voisine*, et de décompresser d'une journée de boulot en partageant un apéro, une planchette de charcuterie, à la bonne franquette !

CHEZ LUCIEN

2, rue de la Scie ✆ +41 22 311 44 93
www.chezlucien.com – cl@chezlucien.com

Menu de Lucien à 29 CHF. Tapas. Soupe de Lucienne 9 CHF. Vins de France, Suisse, Italie. Ouvert du lundi au mercredi de 12h à 14h et de 18h à 23h, du jeudi au vendredi de 12h à 14h, 18h à minuit. Samedi : réservé pour les événements privés. Dimanche : fermé

Comme il est indiqué sur la carte, c'est effectivement un établissement réservé aux épicuriens qui apprécient les plats simples accompagnés de bons vins. La petite carte de midi propose des entrées originales, des clubs, salades, planchettes gourmandes, tartares « coupés au couteau » au saumon, thon et bœuf de Simmenthal qui nécessitent un peu d'attente car rien n'est préparé à l'avance pour une fraîcheur optimale. Pour finir le repas les gourmandises de « Lulu » sont raffinées et les bocaux de bonbons servis au café font repartir avec le sourire et donne envie de revenir ! Le soir, le lieu devient bar à vin et pour accompagner un apéritif ou dégustation ; on y sert des verrines avec pesto, tapenade, tartare de saumon, mousse de chèvre, ou des planchettes gourmandes. A deux pas du lac, rive gauche, c'est une halte agréable pour une « petite faim accompagnée de bon vin ».

■ MANGO DECK

20, cours de Rive ✆ +41 22 840 20 06
www.mangodeck.ch
administration@mangodeck.ch
Ouvert du lundi au samedi de 8h à 17h. Salades : 16 CHF, paniers chauds entre 9 CHF et 18 CHF. Paniers desserts 4,5 CHF et 5,50 CHF.

Mango Deck ressemblerait, pour un peu, aux brûleries montréalaises ou aux restaurants à consommation rapide de Los Angeles : des plats en vitrine au comptoir, des tables sur deux étages aux tons vert et orange. A priori, on mise ici sur la consommation rapide. Mais attention, ce qui change, c'est le contenu de votre assiette. Des plats sains et équilibrés, où la place belle est faite aux légumes. Les plats en vitrine sont ainsi composés d'aliments sur lit de courgettes, pousses de bambous, tomates, aubergines, salade et autres agrumes. Disposés sur un petit panier, après avoir été choisis, cuits à la vapeur et servis en quelques minutes à peine. La cuisson vapeur permet aux aliments de rester juste croquants, et de souligner leur goût naturel. Elle confère en outre aux fruits de mer, poulpe et crevettes en tête, un aspect tendre et fondant. Le poulet au lait de coco y trouve également de quoi éviter l'aspect trop sec que peuvent parfois revêtir les quartiers de blanc. Enfin, la cuisine grasse est ici évitée : pas besoin d'huile, ni autre forme de graisse. Autre avantage du lieu, on peut y manger à toute heure de la journée, de 8h à 18h, ou y déguster une délicieuse douceur accompagnée d'un des nombreux thés de la Fine Tea Trading Company. L'établissement livre également ses repas à domicile ou sur le lieu de travail, au centre-ville.

▶ **Autre adresse :** 15-17, rue du Bourg-de-Four – 1204 Genève – +41 22 310 25 32.

■ MASSA

48 bis, rue de la Terrassière
✆ +41 22 786 15 05
Cuisine fusion, d'inspiration japonaise. Ouvert du mardi au vendredi de midi à 14h30 et de 19h à 22h30 et le samedi de 19h à 22h30. Plat du jour : 18 CHF. Carte : 45-50 CHF.

Très charmant petit restaurant, le Massa plaît par son excellent service, la qualité de ses produits et la générosité de ses portions. Les prix sont très modestes pour un restaurant asiatique de cette qualité. Les menus sont très copieux et très joliment servis. Tout est frais et appétissant. Les sushis et sashimis y sont délicieux et la salade de fruits maison est composée uniquement de fruits frais. Il y a également un choix intéressant de sakés, dont certains artisanaux.

■ PACHACAMAC

122, route de Frontenex
✆ +41 22 735 76 15
Cuisine péruvienne. Ouvert le mardi et mercredi de 18h à 23h, le midi sur réservation, et du jeudi au samedi de midi à 15h et de 18h à 23h, le dimanche de midi à 16h. Carte : 45 CHF.

Difficile d'imaginer qu'un restaurant péruvien se cache au pied des immeubles de l'austère résidence de Frontenex-Les Parcs. Et pourtant, c'est à un véritable voyage au pays des Incas que vous convient les saveurs authentiques du Pachacamac, à commencer par le Pisco Sour qui ouvre la route. Servis avec le sourire et bien présentés, des plats aux noms exotiques prennent le relais : cebiche, loma saltaldo, tacu tacu, mazamorra... S'y dévoilent toute la richesse et la diversité de la cuisine péruvienne, à base de riz, pommes de terre, viande, poisson cru mariné, fruits de mer et oignons. Le petit espace couleur terre cuite, égayé par des bandes colorées et des sculptures, n'accueille guère plus de trente personnes, mais dès les beaux jours la surface du restaurant est triplée par la terrasse sur le gazon. Parking gratuit juste en face. Réservation conseillée.

■ LA SUITE 115

61, rue des Eaux-Vives
✆ +41 22 786 11 15
www.lasuite115.ch
Ouvert du lundi au vendredi de 7h à 15h30 et de 17h30 à 2h, le samedi de 18h à 2h. A midi en semaine, plat du jour avec entrée dès 20 CHF. Tapas le soir.

La Suite 115 est une bonne adresse, pour son accueil, ses petits plats de saison à midi, son ambiance et ses cocktails et tapas du soir. L'intérieur est un mélange de moderne et d'ancien, un sol couvert de plaques de métal contraste avec les murs de vieille pierre. C'est aussi l'un des rares endroits à Genève à posséder un vrai fumoir cosy, confortable, très bien ventilé, ouvert le matin, pour la pause-café du déjeuner et le soir jusqu'à la fermeture. La petite terrasse de l'arrière-cour est très agréable en été, pensez à réserver car elle est très prisée. Possibilité de réserver la salle pour des soirées de groupe : anniversaires, événements... Des soirées à thèmes sont organisées ponctuellement, se renseigner sur le site.

SUSHI TRAIN KITEKI

21, rue Neuve-du-Molard
✆ +41 22 310 27 27
www.sushitrain.ch
info@sushitrain.ch

Cuisine japonaise. Ouvert le lundi de 11h30 à 15h, du mardi au vendredi de 11h45 à 15h et de 18h45 à 23h, le samedi de 11h45 à 15h45 et de 18h45 à 23h. Menus à midi : de 19,50 CHF à 26,50 CHF. Assiettes de 3,50 CHF à 9,50 CHF. Carte : 40 CHF. Assiettes sur le train à 50 % entre 19h15 et 22h30.

Classique au Japon, le train à sushi accueilli par ce restaurant a la particularité d'être électrique, tiré par deux locomotives rouges et de circuler sur des rails situés au-dessus du comptoir circulaire. Il est toujours amusant de faire son choix en le regardant passer puis en s'emparant des sushis et sashimis de toute sorte empilés sur les wagons. Le prix varie selon la couleur de la base des assiettes, mais on peut aussi commander des assortiments à part. Pour les personnes réticentes au poisson cru, la carte offre la possibilité de se régaler d'autres spécialités japonaises : *tempura, udon, teriyaki, tirachi* ou autres *yakitori*. Les happy-hours, qui réduisent de 50 % le prix des assiettes sur le train, attirent beaucoup de monde le soir et l'endroit devient passablement bruyant. Pour plus d'intimité, préférer la dizaine de tables basses installées dans la véranda.

A TASCA DO PRIMO

5, rue des Pierres-du-Niton
✆ +41 22 840 06 06
www.atascadoprimo.com

Cuisine portugaise. Ouvert du lundi de 11h30 à 14h30, du mardi au vendredi de 11h30 à 14h30 et de 19h à 23h30, le samedi de 19h à 23h30. Plat du jour : 19 CHF. Menus de 35 CHF à 58 CHF. Carte : 40 CHF.

A deux pas du quai Gustave-Ador, dans un charmant décor d'auberge portugaise, M. Mota propose une cuisine typique, réalisée avec des produits frais, qui se laisse déguster avec plaisir : morue du pressoir, cassoulet portugais, bouillabaisse de morue à la portugaise, cabri au four, dorade grillée, etc. Pour accompagner notre repas, les vins portugais sont proposés en bouteille ou au verre, sans oublier les portos !

TOUT SIMPLEMENT ET PAS AUTREMENT

2, rue de Soleure
✆ +41 22 736 28 28

Ouvert du mardi au vendredi de 9h30 à 16 et de 18h à 1h, samedi et dimanche de 9h30 à 17h. Brunch buffet le dimanche. Soirées privées sur réservation. Plat du jour : 18 CHF, avec entrée : 21 CHF.

Changement de propriétaire pour le Tout Simplement, qui se retrouve accolé d'un « et Pas Autrement », comme pour réaffirmer la philosophie qui avait cours du temps d'Albertine. En effet, la reprise du lieu s'inscrit dans la continuité : à midi, deux plats du jour plutôt inventifs au choix, dont un végétarien, des tapas le jeudi et le vendredi soir, un brunch le samedi et le dimanche et de très bons desserts, le tout fait maison. Il est possible aussi de venir chercher son déjeuner et de le transporter dans une « gamelle design » consignée, une bonne idée, pour manger sain et profiter en été du parc de la Grange qui se trouve à côté. Des soirées à thème, astrologie, dégustation ou lecture viennent toujours animer ce bel espace lumineux, ainsi que des après-midi goûters et contes pour enfants. Quant au décor, partiellement refait, il donne au bistrot une allure plus contemporaine dans les tons gris et rouge. Bar métallique, plafonniers design, inscriptions colorées sur les tables voisinent désormais avec les chaises de bistrot et les bancs de bois. L'endroit peut aussi être loué entièrement pour des soirées privées. Toujours une bonne adresse !

Bonnes tables

ARIRANG

9, rue des Eaux-Vives
✆ +41 22 786 01 98
www.arirang.ch

Cuisine coréenne. Ouvert du lundi au vendredi de midi à 14h30 et de 19h à 22h30. 3 plats du jour au choix de 18 CHF à 24 CHF. Menus de 45 CHF à 58 CHF. Carte : 50 CHF.

Changement de propriétaire et de chef pour ce petit restaurant (ancien Asadal) du quartier des Eaux-Vives qui propose dans la continuité, des plats aux saveurs de la Corée. On se régale de petits légumes fermentés, de poulet épicé ou de nouilles de patates douces sautées avec des légumes et du bœuf émincé. On peut aussi goûter le *bibimbab*, riz recouvert de légumes avec ou sans viande, relevé avec de la pâte de piment et servi dans un bol en fonte ou le *bulgogi*, bœuf mariné, puis grillé. Les végétariens seront ravis, car il y a aussi plusieurs plats sans viande. Le cadre est simple et sobre, l'accueil toujours très attentionné.

CAFÉ LÉO

9, rue Pierre-Fatio ✆ +41 22 311 53 07
www.cafeleo.com – info@cafe-leo.com
Cuisine italienne. Ouvert du lundi au vendredi de 8h à 23h, le samedi de 10h à 16h. Restauration du lundi au vendredi de 11h45 à 14h et de 18h45 à 22h et le samedi de 11h45 à 14h30. Plat du jour : 24 CHF. Carte : 50 CHF.
Cela fait plus de vingt ans que l'on se régale au Café Léo de pâtes fraîches : tagliatelles, fagottini, penne accompagnées de sauce aux bolets, à la napolitaine ou à la crème. Le risotto au safran, servi seulement le soir et le samedi, vaut également le détour. Il faut absolument garder une place pour un des desserts : entre le tiramisu, la tarte au citron maison, la tarte Tatin en hiver, la salade de fruits frais en été, et le moelleux au chocolat vraiment moelleux, on ne sait que choisir. En été, la terrasse est un spot pour regarder passer les élégantes du cours de Rive.

CINECITTA

17, rue de Montchoisy
✆ +41 22 736 49 59
www.pizzeria-cinecitta.ch
Pizzeria.Ouvert du lundi au samedi de 11h30 à 14h30 et de 18h30 à 23h. Plat du jour : 19 CHF. Plat enfant : 12 CHF. Pizzas de 16 CHF à 30 CHF. Carte : dès 40 CHF.
Cinecitta porte bien son nom avec son décor nostalgique des grandes années du cinéma italien : le *Cinéma Paradiso*. Une fois investi de l'ambiance, il ne reste plus qu'à choisir sur quel siège s'asseoir, celui de Begnini, de Bertulocci ou de Bellucci pour déguster les alléchantes pizzas, les spaghettis aux « vongols veraci » ou encore le Fritto Misto ou la grillade de poissons. La cité du cinéma a forcément son propre festival… de pizzas, aux garnitures et aux noms originaux comme la miss Italia. Il est aussi agréable l'été d'aller déguster une bonne salade aux couleurs de l'Italie sur la terrasse.

COMME UN BOUCHON

14 Rue du Parc ✆ +41 22 736 76 63
www.famillefrutiger.ch
tram 12/16/17, arrêt Terrassière
Cuisine lyonnaise et provençale. Ouvert du lundi au vendredi de midi à 14h et de 19h à 21h30. Suggestions du jour au fil des saisons. Carte : 60 CHF. Terrasse ombragée.
Comme un bouchon est un sympathique restaurant dans la tradition lyonnaise. Ici, honneur à la viande, aux abats et à la tête de veau, et un peu de place pour du poisson également. La carte propose divers plats tels que l'incontournable poêlée de cuisse de grenouilles fraîches, la souris d'agneau confites aux tomates séchées ou encore l'andouillette à la fraise de veau. En entrée et amuse-bouche, charcuterie, soupe de poisson et carpaccio de tête de veau ! Le service est attentionné, digne manière de la famille Frutiger.

LA COUPOLE

15, rue Pierre-Fatio
✆ +41 22 787 50 10
www.lacoupole.ch
Ouvert du lundi au vendredi de 7h45 à 1h, le samedi de 8h30 à 1h. Restauration de midi à 14h15 et de 19h à 23h. Parking de Rive offert aux dîneurs de 19h à 1h.

Véritable institution genevoise, ouverte depuis plus de 40 ans, la Coupole propose deux espaces avec chacun sa propre ambiance : un restaurant et un bar à cocktails. La carte du restaurant inclut des classiques tels que l'entrecôte grillée avec son beurre Coupole, des filets de perches du Léman au beurre citronné, un tartare de bœuf ou encore une fondue chinoise de bœuf à discrétion. Plusieurs menus permettent de faire un repas gourmand sans se ruiner. Le bar propose une quinzaine de crus au verre. L'endroit est idéal pour une envie tardive, car les commandes sont prises jusqu'à 23h !

LE C

8, rue du Simplon
✆ +41 22 700 75 80
www.le-c.ch – info@le-c.ch

Cuisine française. Ouvert du lundi au vendredi. Le week-end sur réservation pour événements privatifs uniquement. Formule du jour à 29 CHF, comprenant entrée, plat, boisson et café.

Pourquoi le C ? Parce que Cressac ! Une toque bien connue puisque le chemin du chef Richard Cressac est orné de noms aussi prestigieux que Georges Blanc, le Chat Botté, ou la Chaumière, dont il fut le gérant durant 10 ans. Une adresse où l'on retrouve au fil des saisons des mets du marché, où se mêlent fraîcheur, pertinence et créativité. Humeur tantôt « japonisante », tantôt cuisine du monde… mais toujours avec l'exigence reconnue des grandes tables françaises. Côté vins, le choix en crus genevois a séduit l'auteur de ce guide, dont les papilles se souviennent encore de l'assemblage « riesling/sylvaner », proposé le Domaine Bosson dans sa « Cuvée des Angoulets ». Ne quittez pas Genève sans avoir fait un « C comme crochet » chez Cressac, à deux pas du Jet d'eau. Car il s'agit bien d'une bonne table pas chère !

L'ESQUISSE

7, rue du Lac
✆ +41 22 786 50 44
http : //lesquisse.com
info@everybodysperfect.ch

Cuisine française. Ouvert du lundi au samedi de midi à 15h et de 19h à 1h. A midi, plat du jour : 19 CHF, plat et entrée : 27 CHF. Menu du midi (3 plats) : 35 CHF. Carte : 50 CHF.

La cuisine est ici résolument française. Les classiques de la maison, pour les entrées, sont les nems de langoustines et le tartare de thon et agrumes. En plat de résistance, on se laissera tenter par le risotto de Saint-Jacques, par la côte de bœuf à la moelle ou encore par les poissons et crustacés cuits à la plancha. La sélection des vins, tous servis au verre, est belle et convient à tous les goûts et à toutes les bourses. Le service est impeccable. L'endroit est un brin classe et branché, dans un style boutique d'antiquaire chic.

L'OPÉRA BOUFFE

5, avenue de Frontenex
✆ +41 22 736 63 00
www.operabouffe.ch

Ouvert du lundi au vendredi de midi à 15h et de 19h à minuit et le samedi de 19h à minuit. Suggestion du midi : 25 CHF. Carte : 60 CHF.

Ici, tout est à l'italienne, comme à l'opéra. Les menus, intitulés *Preludio*, *Solo e Duetto*, *Intermezzo* et *Finale*, sont renouvelés toutes les trois semaines par le chef. On appréciera les discrètes notes épicées avec lesquelles il compose ses plats. La cuisine est moderne de bistrot, autrement dit française revisitée. La carte des mets propose toute une symphonie de viandes grillées savamment orchestrée. Les ténors de la gourmandise entameront le final avec un des desserts gourmands qui évoluent au gré des saisons.

LE GOÛT DES AUTRES

12, rue Henri-Blanvalet
✆ +41 22 736 37 80
www.legoutdesautres.ch
info@legoutdesautres.ch
Ouvert du lundi au vendredi de 11h à 15h et de 18h à 2h. Restauration de midi à 14h et de 19h à 22h30. Carte : 45 CHF.

Le Goût des Autres est toujours au nôtre avec son cadre original qui accueille des expositions temporaires tous les deux mois pour tous les goûts. Avec ses murs en pierres anciennes, ses tables en bois, et sa couleur rouge prédominante, c'est un cadre du sud, chaleureux. Côté carte, il s'agit d'une cuisine de saison, une cuisine du monde, avec des plats de saison qui varient tous les mois. Une des spécialités de la maison est le traditionnel tartare de bœuf Goût des Autres et, pour les desserts, le fameux fondant au chocolat et sa double crème de gruyère. Pour accompagner tout cela, on peut consulter la carte des vins genevois ou du monde. Il est possible de boire plusieurs vins au verre. Terrasse en été.

LE LACUSTRE

5, quai du Général-Guisan
✆ +41 22 317 40 00 – www.molino.ch
Cuisine italienne. Ouvert 7j/7 du lundi au vendredi de 7h à minuit, le samedi de 7h à 1h et le dimanche de 8h à minuit. Restauration non-stop du lundi au jeudi de 11h30 à 23h, le vendredi et le samedi de 11h30 à minuit, le dimanche de 11h30 à 23h.

Le restaurant appartient au groupe Molino, déjà présent dans plusieurs villes de Suisse. Situé au bord de l'eau, juste en aval du pont du Mont-Blanc, là où le lac redevient fleuve, c'est une halte très appréciée des promeneurs. On goûte ici une cuisine italienne raffinée, pour ne pas dire sophistiquée, à l'image de cette « symphonie de poissons de mer et crevettes géantes ». Le superbe buffet d'antipasti au choix donne un avant-goût de la suite du menu. Et pourtant, derrière cet aspect classieux, les prix ne sont pas plus élevés qu'ailleurs. On y reviendrait juste pour sa magnifique carte des grappas, avec pas moins de 17 bouteilles différentes ou de sa belle carte des vins où figurent plus de 80 crus dont une vingtaine de millésimes rares. Salute !

L'ESCAPADE

7, avenue Krieg ✆ +41 22 347 83 19
www.restaurantescapade.ch
Cuisine française. Ouvert du lundi au vendredi, de 12h à 14h et de 19h à 22h

Dès la porte franchie, la famille Frituger vous accueille, avec son savoir-faire et sa chaleur. Les lieux, cosy et sans prétention, font de ce restaurant un endroit idéal pour s'initier à un voyage dans le sud de l'Europe et découvrir des senteurs méditerranéennes. Le service et la présentation des plats n'ont rien à envier aux grands restaurants gastronomiques, ni même les menus, bien au contraire. Et pourquoi ne pas tester les menus intitulés « plaisir » ou « bonheur », auxquels un verre de vin est attribué en harmonie avec le plat choisi ? Spécialités de la maison : les « duos » et « trios » déclinés à toutes les sauces, la terrine de foie gras de canard à la fleur de sel de Camargue ou encore les célèbres gambas poêlées « comme pour papa » et agrémentées de menthe, piment et citronnelle. De quoi réveiller vos papilles !

LE PATIO

19 boulevard Helvétique
✆ +41 22 736 66 75
www.lepatiorestaurant.ch
lepatio.ch@bluewin.ch
Cuisine française. Ouvert du lundi au vendredi, midi à 15h et 19h à minuit (sauf jours fériés). Plat du jour : 26 CHF. Déjeuner d'affaires : 45 CHF. Menu du soir : 58 CHF. Vins au verre de 6,70 CHF à 14,40 CHF. Petite terrasse côté rue Helvétique.

Le restaurant Le Patio porte bien son nom, car c'est bien un lieu de détente intérieure pendant l'heure du déjeuner ou du dîner, véritable institution genevoise, décoré avec des teintes chaudes « terracotta » et de superbes tableaux d'un artiste cubain et ami, Carlos Boix. Le patron, Michel Prato, est présent et connaît bien ses clients, souvent des habitués, mais il sait aussi accueillir les nouveaux. On se retrouve souvent d'abord autour du bar, situé à l'entrée, pour prendre l'apéro, avant de s'installer dans la salle avant aux pierres apparentes et petites tables joliment arrangées ou dans le patio intérieur situé à l'arrière, donnant sur une cour extérieure. Le Patio est connu pour sa cuisine française gourmande, dont les petits plats concoctés par le chef ont souvent une pointe d'exotisme et d'originalité, quelques sugestions pour éveiller les papilles avec, en entrée, une salade de noix de Saint-Jacques et gambas tièdes à la pulpe de courge et jus de volaille lié au beurre de noisette ou un bouillon de poule crémé aux champignons des bois et son œuf poché ou une entrée canaille, la terrine de queues de bœuf et ris de veau, sauce marchand de vin à la moelle et compotée de chou rouge croquant aux pommes, puis un carré d'agneau rôti et tranché au jus de thym et romarin ou un filet de rascasse cuit à l'unilatéral, sauce aux clémentines et pineau des Charentes sur un lit de côtes-de-bettes et châtaignes rôties. Pour les vins, une belle carte de vins du monde.

LE RELAIS DE L'ENTRECÔTE

49, rue du Rhône ✆ +41 22 310 60 04
www.relaisentrecote.fr
office@relaisdelentrecote.ch
Ouvert du lundi au dimanche de 12h à 14h30 et de 19h à 23h. Pas de réservation le soir et le week-end. Menu unique à 39,50 CHF.
Avec son décor de lambris et d'anciennes affiches, ce restaurant d'une centaine de couverts aux allures de brasserie parisienne ne désemplit pas et réunit touristes et locaux autour de son menu unique : une délicieuse entrecôte sauce maison, accompagnée de pommes allumettes et de sa salade de noix. Ici, le service est plutôt copieux – les plats sont en effet servis deux fois – efficace mais toutefois un brin empressé, en raison de la renommée du restaurant. Ainsi, il n'est pas rare qu'une file se constitue le long de la rue du Rhône, devant l'arcade. Car il n'est pas possible de réserver le soir ni le week-end. Vous l'aurez compris, Le Relais de l'Entrecôte n'est pas idéal pour un dîner romantique, mais reste une belle occasion de se régaler d'une viande de qualité, à un prix raisonnable.

SESFLO

16, route de Florissant
✆ +41 22 789 06 65
www.commeunairdefamille.ch
Gastronomie italienne. Ouvert du lundi au vendredi et le samedi soir. Fermé le samedi soir et le dimanche. Menu midi « Lunch du marché » : 34 CHF. Midi et soir menu surprise « L'Italie au Sesflo » : 83 CHF. Carte de 70 CHF à 80 CHF.
Tenu par la famille Frutiger, le Sesflo se situe entre le restaurant italien traditionnel et la gastronomie. On y découvre des plats aux ingrédients fins et goûteux comme leur fameux risotto à la truffe noire, dont il paraît qu'une simple bouchée suffit à atteindre le septième ciel. Le cadre est chic et moderne, la cuisine est séparée de la salle par des baies vitrées et prend des allures d'aquarium. Pour se donner l'eau à la bouche, on regarde les cuisiniers préparer les assiettes qui ravissent tant les yeux que les papilles. Malgré des prix un peu excessifs, on y retourne par envie de déguster un autre de leurs mets alléchants. Belle terrasse en été.

SHRI MAHARAJAH

4, rue des Barques ✆ +41 22 700 33 44
www.shri-maharajah.ch
Restaurant indien. Ouvert du lundi au dimanche de 11h à minuit. Brunch le dimanche de 11h30 à 15h30. Plat du jour : 25 CHF. Carte : de 15 CHF à 39 CHF.
A deux pas du lac, dans le quartier des Eaux-Vives, le Shri Maharajah est un excellent restaurant indien. La carte est très fournie, comprenant une large gamme de spécialités tandoori – telles que le Murgh Tikka, un suprême de poulet mariné et grillé, ou le Machi Tikka, un plat composé de brochettes de saumon – mais aussi des plats indiens traditionnels, dont un divin filet d'agneau mijoté aux épices accompagné de son riz Basmati, le tout généreusement servi. Côté dessert, le riz au lait à la pistache et cardamone, qu'on a l'occasion de déguster confortablement assis sur la charmante terrasse de l'établissement.

GENÈVE

Quai du Général-Guisan.

THAÏ

3, rue Neuve-du-Molard
✆ +41 22 310 12 54
www.thai-geneve.com
reservation@thai-geneve.com

Cuisine thaïlandaise. Ouvert du lundi au samedi de midi à 14h30 et de 19h à 22h. A midi, plat du jour : 23 CHF. Déjeuner d'affaires : 37 CHF. Le soir, menus : 85 CHF et 98 CHF. Carte : 60 CHF. Café et Take Away ouvert non-stop du lundi au vendredi de 11h30 à 19h, le samedi de 11h30 à 17h. Plat du jour : 17 CHF. Plats autour de 20 CHF.

La nouvelle cuisine thaïe est ici dans son élément. Finesse, épices justement dosées, présentation gracieuse, tout est préparé pour nous faire passer un bon moment. Les végétariens apprécieront les nombreux plats qui leur sont proposés. La cuisine est non seulement savoureuse, mais aussi diététique et faite à la vapeur ou au wok. Et, ce qui est étonnant pour ce type de restaurant, une jolie carte des vins tout en vins ouverts... En outre, il est désormais possible de déguster la cuisine du Thaï à petits prix à l'arcade située juste en face, le Thaï Café&Take Away, qui propose une douzaine de plats à emporter ou à consommer sur place.

▶ **Autre adresse :** Patara – 13, quai du Mont-Blanc – Tél. +41 22 731 55 66 – www.patara-geneve.ch

Luxe

BRASSERIE DU PARC DES EAUX-VIVES

82, quai Gustave-Ador
✆ +41 22 849 75 75
www.parcdeseauxvives.ch
info@parcdeseauxvives.ch

Cuisine française. Brasserie : ouverte 7j/7, de midi à 14h et de 19h à 22h30. Menu du jour : 37 CHF (entrée et plat ou plat dessert), menu complet : 49 CHF. Carte : 70 CHF. Restaurant L'Étage : ouvert de la mi-mai à la fin septembre de 19h à 22h30. Carte : 70 CHF.

La brasserie du parc des Eaux-Vives est un lieu d'exception à plusieurs titres. Idéalement située au cœur d'un parc abritant des séquoias tricentenaires, elle vous permettra en effet de découvrir les saveurs de la cuisine raffinée du chef Julien Schillaci avec, en prime, une vue imprenable sur le lac Léman et le Jura. Côté carte, plusieurs spécialités de viandes et de poissons, dont un succulent carré d'agneau et un délicieux filet de féra au beurre blanc. Et puis, il y a aussi le nouveau restaurant de l'établissement, L'Etage qui, comme son nom l'indique, se situe à une volée d'escaliers de la superbe terrasse de la brasserie. Ici, on apprécie une cuisine française non moins savoureuse, mettant notamment à l'honneur les grillades. Mention spéciale donc pour ces deux restaurants, aux cadres, à la cuisine et au service impeccable.

CROISIÈRES GOURMANDES – CGN

Jardin anglais
✆ +41 84 881 18 48
www.cgn.ch
info@cgn.ch

Départ du Jardin anglais et des Pâquis. Croisière de midi : de fin mai à fin octobre, à 12h20 (ou à 12h25 des Pâquis), retour à 14h. Plat du jour : 28 CHF. Menu lunch (3 plats) : 70 CHF. Croisière du soir : de fin mai à fin septembre, à 18h45, retour 22h10. Menus 3 ou 4 plats : 90 ou 103 CHF. Réservation conseillée. Prix de la croisière : 27 CHF (midi), 48 CHF (soir). Horaires et tarifs sous réserve de modifications.

Sur le *Savoie*, l'un des fleurons de la flotte Belle Epoque du Léman, la CGN (Compagnie Générale de Navigation) organise des croisières gastronomiques avec élégance et raffinement. Midi et soir, à bord du bateau à vapeur, le chef étoilé genevois, Philippe Chevrier (domaine de Châteauvieux à Satigny) avec la complicité de son chef Gilbert Renaud, pose sa touche inimitable sur un repas inoubliable. Un voyage culinaire romantique et exclusif sur un des plus grands lacs naturels d'Europe ! Le plaisir se décline en harmonie tout à la fois dans l'assiette et le paysage ! La réservation est conseillée ; on ajoute le prix de la croisière à celui du repas.

LE GRAND QUAI

Swissôtel Métropole Genève
34, quai du Général-Guisan
✆ +41 22 318 34 63
www.swissotel.com/geneva
geneva@swissotel.com

Cuisine française. Ouvert 7j/7, cuisine non-stop de midi à 22h. Carte restreinte entre 14h30 et 19h. Plat du jour : 27 CHF, avec entrée ou dessert 39 CHF, avec entrée et dessert 49 CHF.

Dans un cadre élégant, aux belles teintes chocolat et argentée, le chef du Grand Quai,

Adriano Venturini, a repris les commandes en cuisine et propose une carte séduisante et gastronomique. Les produits sont d'une délicieuse fraîcheur et l'on y fera d'agréables découvertes culinaires, car si le chef est modeste il n'en est pas moins doté d'un immense savoir-faire.

La carte, volontairement réduite, met les produits de saison à l'honneur et varie en fonction de ceux-ci. Les amateurs de bœuf du Simmental seront ravis. Une cave apparente permet aux clients de choisir de magnifiques crus au verre avec les conseils avisés du sommelier.

■ ROBERTO

10, rue Pierre-Fatio
✆ +41 22 311 80 33
Cuisine italienne. Ouvert du lundi au vendredi de midi à 14h et de 19h à 22h, le samedi de midi à 14h.

Dans une ambiance vénitienne raffinée, le restaurant Roberto propose des classiques de la gastronomie italienne. Des pâtes maison à l'osso buco, en passant par le bœuf braisé à l'italienne ou encore le *bollito misto*, tout, ou presque, y est. Une des spécialités de la maison est les *crespelle Roberto* ou petites crèpes farcies de champignons, d'épinards et de ricotta et gratinées au four. La carte des vins propose de bons crus de Toscane, du Piémont et de Lombardie. Il y a aussi un petit salon vénitien de 20-25 couverts, idéal pour des banquets.

■ SAUAN

1, quai Gustave-Ador
✆ +41 22 736 68 02
www.sauan-japonais.ch
Cuisine japonaise. Ouvert du mardi au samedi de midi à 15h et de 19h à 23h. Menu du jour : 28 CHF. Menus à midi : entre 30 CHF et 75 CHF. Menus du soir : entre 65 CHF et 95 CHF. Vins au verre dès 7 CHF.

Jouissant d'une belle vue sur les quais, le Sauan est un restaurant japonais d'une quarantaine de couverts dont le maître-mot est sans conteste le raffinement. Raffinement culinaire tout d'abord, puisque, de l'assortiment de sushis ou de tempura au sashimi en passant par le poisson ou la viande du jour, l'explosion de saveurs en bouche a toujours lieu. Raffinement du cadre ensuite, épuré, mariant à merveille les tons moka et vert bambou. Seule particularité de l'établissement, potentiellement déroutante : aucun mets n'est proposé à la carte. Celle-ci se compose donc que de formules et de menus spécifiques, midi et soir. Les prix, élevés, sont toutefois à la hauteur de la qualité de ce restaurant.

Plainpalais et Prévost-Martin

Les restaurants sont très nombreux dans ce quartier très fréquenté par les étudiants. Le long de la cosmopolite rue de Carouge, ils sont pour la plupart bon marché, et assurent, grâce à leur grande variété culinaire, un dépaysement total. Parallèle à la rue de Carouge, la rue Prévost-Martin, qui se prolonge jusqu'à la place des Augustins, est quant à elle riche de quelques bonnes adresses pour se restaurer rapidement, dans un cadre branché. De l'autre côté de la plaine de Plainpalais, dans le quartier de la Jonction, vous apprécierez les cafés-restaurants estudiantins de la rue de l'Ecole-de-Médecine, les établissements raffinés et contemporains du « quartier » des Bains, mais aussi les dernières nouveautés situées le long de l'assez triste boulevard Carl-Vogt, en pleine mutation depuis quelques années.

Sur le pouce

■ CHEESECAKE & CO

6, rue du Conseil-Général
✆ +41 22 321 66 47
www.cheesecake-co.ch
info@cheesecake-co.ch
Ouvert du lundi au vendredi de 7h à 18h30 et le samedi de 10h à 18h. Dimanche fermé. Prix d'une part de cheesecake : 5,90 CHF. Donuts : dès 2,90 CHF. Cookies : dès 3,20 CHF. Cupcakes : 4,50 CHF.

Situé à deux pas du parc des Bastions, Cheesecake & Co propose de la petite restauration salée et sucrée, typiquement américaine. Sur place ou à emporter, vous apprécierez ici divers *cheesecakes*, des muffins, cookies, brownies, donuts, bagels et *cupcakes*, à accompagner d'un délicieux *caffé latte* ou de l'une des boissons froides proposées par la maison. Pour ceux que les calories effraient, sachez que Cheesecake & Co présente aussi un large choix de salades, ainsi qu'une soupe du jour.

■ LES ENFANTS TERRIBLES

24, rue Prévost-Martin
✆ +41 22 321 85 10
www.les-enfants-terribles.ch
info@les-enfants-terribles.ch
Ouvert du mardi au vendredi 9h à 21h, le samedi de 10h à 18h. Petite restauration non-stop de 11h à 21h, sur place ou à l'emporter, dès 6 CHF.

En entrant dans cet établissement, on y découvre un assemblage d'objets hétéroclites. Et pour cause, les lieux sont à la fois une boutique/atelier, un café et une salle de concert. Un olivier trône majestueusement au centre de la pièce, un pan de décor en fausse roulotte qui masque somme toute assez peu la cuisine, l'endroit a de quoi étonner. On s'assied ici sur de petits fauteuils de plastique jaune autour de tables basses, ou sur de hauts tabourets qui cernent des tables étroites de même hauteur. On peut y grignoter toute la journée en self-service une petite restauration simple et bonne, avec des goûts qui n'en restent pas moins originaux.

Difficile de faire son choix entre les tranches de quiches variées et délicieuses, les soupes, les sandwichs, les fromages et les tapas comme le caviar d'aubergine ou la purée de poivrons. Une carte de thés variés accompagne la nourriture, ainsi que des limonades artisanales et du jus de pomme de Meinier. Les jeudis en fin d'après midi, des concerts de jazz clôturent la journée.

■ LA MAISON DES SOUPES

7 rue de l'Ecole-de-Médecine
✆ +41 22 321 00 13
Soupes et cuisine portugaises. Ouvert du mardi au vendredi de 6h à 20h, le samedi et le dimanche de 7h à 20h. Menu du jour : 17 CHF. Quiche et salade : 15 CHF. Spécialités portugaises « Bitoque » : 20 CHF et « Bifana » : 8,50 CHF. Soupes : 9 CHF.

Voilà un endroit très sympathique dans cette rue animée de l'Ecole-de-Médecine où l'on aime se prélasser l'été sur les nombreuses terrasses du quartier où se réfugier l'hiver dans les ambiances cosy, design, branchées des différents bars. A la Maison des Soupes c'est un rayon de soleil toute l'année avec les patrons originaires du Portugal qui savent accueillir les clients avec chaleur et convivialité. On aime se retrouver entre amis sur ces tables en bois pour savourer une de ces excellentes soupes froides ou chaudes selon la saison ou une spécialité portugaise comme le Bitoque ou le Bifana. Le rapport qualité-prix est irréprochable, la carte des salades, quiches et soupes est variée et le service est rapide. Vous aurez la surprise souvent d'avoir un petit dessert offert, « Pastéis de Nata », petit flan délicieux fait maison dont la fabrique, la vraie, se trouve à Lisbonne. La recette est connue uniquement du chef cuisinier, enfermée dans un double coffre-fort. A tester !

■ MIKADO

8, rond-point de Plainpalais
✆ +41 22 320 44 77
www.mikado-food.ch
info-paquis@sushi.ch
Cuisine japonaise. Ouvert du lundi au samedi de 10h à 21h. Assortiments de 10,80 CHF à 28 CHF. Vente à emporter.

Chez Mikado, le principe est simple : on fait la queue pour choisir parmi les assortiments de sushis, sashimis, salades, brochettes et desserts disposés dans les frigos et sur les présentoirs, et on paie à la caisse. Un assortiment de produits japonais est également en vente façon épicerie fine. Pour manger sur place, ce nouvel espace sobre dispose de quatre grandes tables rondes surmontées d'élégants lustres design ainsi que de quelques places au comptoir devant la vitrine, mais elles sont vite occupées à midi. A La

Terrassière, les tables sont plus nombreuses, tandis qu'aux Pâquis, la partie épicerie est plus fournie. Une quatrième adresse est apparue, place De-Grenus 10, démontrant le succès infatigable de l'alimentation saine et raffinée du Japon.

Autres adresses : 9, rue de l'Ancien-Port – 1201 GENEVE +41 22 732 47 74 • 23, rue de la Terrassière – 1207 GENEVE + 41 22 700 44 77. • Place De-Grenus 10,1201 GENEVE, +41 22 920 44 77

MISUJI SHOP

57 avenue de Champel
✆ +41 22 346 30 00 – www.misuji.ch
Ouvert du mardi au vendredi de 11h30 à 14h30. Assortiment de 11 CHF à 32 CHF.

Une boutique pour déguster chez soi les délicieux sushis préparés par le restaurant Misuji (à deux pas), en flux tendu. La garantie d'une cuisine de qualité, et fraîche. Nigiri (poisson cru sur riz), hosomaki (rouleaux aux algues), sashimi (filet de poissons crus)... Le site Internet de Misuji donne toutes les explications et une vidéo explique en images une réalisation de homosaki. Un *shop* de sushis à emporter, mais aussi pour rapporter chez soi (ou offrir) de la belle vaisselle pour accompagner et mettre en valeur ces délicates réalisations ! Cette cuisine artistique mérite un environnement à sa mesure : vaisselle, baguettes, plateaux de bois et couteaux de cuisine japonaise... Un raffinement jusque sur la table !

Autre adresse : Restaurant Misuji – 49, boulevard du Pont-de-l'Arve – Tél +41 22 320 10 00

LE THÉ

65, rue des Bains
✆ +41 79 436 77 18
Petite restauration chinoise, spécialités vapeur. Ouvert tous les jours de midi à 22h, sauf le dimanche. Petite restauration, plats à partir de 8 CHF et 9 CHF.

Véritable petit portail sur la Chine et sa culture, le Thé est bien loin des fast-foods asiatiques qui se multiplient. Ici, la carte des thés n'en finit plus ; thés verts, noirs, blancs, jaunes et rouges, le choix est large. Le rythme du thé est avant tout celui de la nature, prenez donc ici le temps de savourer quelques tasses, accompagnées de délicieux raviolis vapeur aux légumes, d'une crêpe aux crevettes, de galettes à la ciboulette ou de riz gluant cuit dans une feuille de lotus. Ce petit havre de paix dégage un halo mystique et lorsque vous prenez connaissance de la carte, résonnent des contes et légendes asiatiques : feuilles de thé de la forêt, montagne de l'enchantement, or en herbe, vallée de brume, barbe du dragon... Outre la boisson ancestrale, la petite restauration est savoureuse et saine, cuisson vapeur oblige. Le thé ainsi que les théières et tasses chinoises, aux semblants de maisons de poupées vous sont vendus sur place. La promiscuité de l'endroit n'enlève rien à l'évasion de l'esprit, au contraire, le charme y est d'autant plus frappant.

LE VRAI POULET AU PANIER

11 bis Rue de l'Ecole de Médecine
✆ +41 22 781 50 05
tram 15, arrêt UniMail, Bus 1, arrêt Ecole de Médecine
Restauration rapide, spécialité : poulet grillé. Ouvert du lundi au samedi de 7h à 21h.

Dans ce petit restaurant, la spécialité, c'est le poulet au panier. Le concept ? Un poulet entier ou une moitié, grillé, dans un panier, accompagné de frites. La volaille est cuite avec une panure bien typique du restaurant, un vrai régal. A deux pas de l'université, le lieu est très fréquenté par les étudiants, friands du plat.

Pause gourmande

CHOCOLATERIE MICHELI

1, rue Micheli-du-Crest
✆ +41 22 329 90 06
info@chocolat-micheli.ch
Ouvert du lundi au vendredi de 8h30 à 18h30, le samedi de 8h30 à 17h.

On aime le cadre délicieusement rétro de cette chocolaterie qui met en avant la tradition. Perpétuant ses recettes artisanales depuis 1964, la famille Poncioni met un point d'honneur à proposer des chocolats confectionnés à la main. Les amateurs ne s'y trompent pas. Ils sont nombreux à composer leur assortiment parmi une cinquantaine de pralinés et truffes, dont certains en édition limitée. Les chocolats parfumés aux alcools les plus divers, champagne, lie de vin, rhum, Cointreau ou cognac sont particulièrement appréciés. On peut également déguster l'excellent chocolat chaud maison, blotti dans le douillet tea-room rose pâle, ou profiter en été de la terrasse ombragée pour goûter les glaces artisanales.

■ BARBABLÙ

4, rond-point de Plainpalais
✆ +41 22 301 35 35
www.barbablu.ch
Ouvert du mardi au dimanche de 7h30 à 18h, 7j/7 en été. Glaces à emporter de 4,50 CHF à 9 CHF.
Au rond-point de Plainpalais, il est très agréable de faire une pause à toute heure de la journée, à la jolie gelateria-café bleue et jaune, pour déguster une délicieuse glace maison, manger un panini, un arancini ou un croissant accompagné d'un vrai cappuccino ou espresso à l'italienne, en terrasse ou dans le petit espace intérieur. Selon les saisons ou les occasions, vous aurez l'heureuse surprise de découvrir sur votre cappuccino, un smile, un cœur, un soleil, c'est un petit clin d'œil pour bien débuter la journée ! Mais l'heure de gloire du Barbablù au nom si insolite, c'est ses glaces faites maison. Le plus difficile est encore de choisir entre une quinzaine de parfums tous plus délicieux et originaux les uns que les autres : cacahuète, safran, abricot, et des spécialités comme Lucuma (un fruit péruvien), Malaga avec raisins et rhum ou encore Malabar-fraise… Les glaces et sorbets étant préparés avec des produits frais, ils varient au gré des saisons et d'une semaine à l'autre. Il est aussi possible de commander des bacs, au minimum 48 heures à l'avance. De nouvelles spécialités en hiver, avec les panettones artisanaux, dont la fameuse Colombe, un panettone en forme de colombe, l'oiseau symbolisant Pâques en Italie.

■ CHRISTOPHE BERGER

16, avenue Henri-Dunant
✆ +41 22 329 12 02
Pâtisserie. Ouverte de 7h30 à 18h30 (tea-room 18h) et le samedi jusqu'à 17h30. Fermé le dimanche et le lundi.
Toujours une bonne adresse pour faire une pause au *tea room* et déguster un petit croissant au beurre ou une petite mousse ou un de ces excellents chocolats. Bref, le choix est tentant. De plus, le sourire est au rendez-vous lorsque l'on vous sert ! Christophe Berger est un professionnel accompli qui régale nos papilles avec ses pâtisseries, viennoiseries ou chocolats. Un lieu bien connu à Genève.

■ LADURÉE

60 rue du Stand ✆ +41 22 311 32 32
www.laduree.com
espacecommercial@laduree.com
Tram 15, arrêt Stand.
Confiserie. Ouverte du lundi au vendredi de 7h45 à 19h, samedi de 9h30 à 18h.
Ce nouveau tea-room aux allures de bonbonnière, ouvert depuis fin 2012, fait la part belle aux savoureux macarons aux parfums délicats et aux couleurs fantaisistes : pétales de rose, chocolat noir amer, caramel au beurre salé, réglisse...Et bien entendu, il est possible d'acheter sur place les confiseries, à l'emporter.

■ LA MAISON DES PÂTES

49, boulevard Carl-Vogt
✆ +41 22 328 52 90
www.lamaisondespatesfraiches.com
Produits italiens. Ouvert du lundi au samedi de 8h à 19h.
Cette boutique est un petit coin d'Italie tenue par Ugo et Osvalda, deux amateurs de bonnes choses et de la vie. Petite anecdote amusante : Ugo est aussi un joueur de cor des Alpes ! Ici, tout est fait maison et du jour, la fraîcheur des produits est donc irréprochable. Lasagnes, agnoletti, cannelloni, panzerotti, pesto, le tout est toujours servi avec le sourire. A découvrir aussi la sélection de vin d'Ugo. On peut commander sur le site Internet et être livré. Une bonne adresse futée !

MANU IL GELATO ITALIANO
65, rue de Carouge ✆ +41 22 321 64 40
www.manugelato.ch
info@manugelato.ch
Glacier. Ouvert d'avril à octobre du lundi au dimanche de 11h30 à minuit. Petit cornet : 3,50 CHF, moyen : 6,50 CHF, grand : 8,50 CHF. Pot moyen : 6,50 CHF. Frappé : 7,50 CHF. Glaces à emporter : 14,50 CHF pour 500 ml.
Manu Il Gelato Italiano, un pari réussi pour Emanuele Zanchi, le propriétaire de l'arcade, primé en Italie pour son travail. Ce glacier a importé le savoir-faire de la glace à l'italienne et a créé à Genève sa propre boutique-atelier, où il prépare chaque matin des centaines de litres de glaces et sorbets de tous parfums ! Ils se déclinent au gré des saisons et le choix est impressionnant : crème à l'italienne, crème *Fiordilatte*, mascarpone et figue, tiramisu, *cassatta siciliana*, ricotta et figues, sabayon, yaourt, pistache de Sicile, noisettes du Piémont, mangue, melon, citron, framboise... On les déguste en cornet ou dans de petits pots biodégradables, en frappé et en gâteaux glacés. La qualité, le goût, tout est au rendez-vous, avec en prime une vue imprenable sur l'atelier de fabrication, au cœur de la boutique. Fort de son succès, une deuxième boutique *Manu* a vu le jour, dans le quartier des Pâquis !

Autre adresse : 15, rue de Pâquis – Tél +41 22 731 95 01

PAGANEL
71, rue de Carouge
✆ +41 22 320 49 12 – www.paganel.ch
Chocolaterie tea room et boutique. Ouverte du lundi au vendredi de 6h30 à 18h30, tea room 18h, et le samedi jusqu'à 17h.
Grande référence en la matière pour tout Genevois amateur de bons pralinés et de pur cacao, Paganel offre un vaste choix dans les saveurs amères, en tablettes ou au poids, et propose même une préparation spéciale en pot pour chocolat chaud, sans compter les pains, les viennoiseries et les gâteaux. Jolies présentations, accueil délicieux également, commande traiteur, tea-room, terrasse et glaces maison en été.

Autre adresse : 26, rue Jean-Charles Amat – +41 22 732 26 92

LA SFOGLIA DEL PASTAIO
41, boulevard Carl-Vogt ✆ +41 22 320 48 42
Produits italiens. Ouvert du lundi au vendredi de 6h30 à 16h30.
Un petit coin d'Italie qui propose d'excellentes pâtes fraîches confectionnées dans l'arrière-boutique. A côté des gnocchis, des cannellonis, des agnolotti et autres panzerotti, on trouvera également des produits directement importés d'Italie. Des barquettes de tomates séchées ou de cœurs d'artichauts pour l'apéro et des bonnes petites bouteilles de Cannonau ou de Chianti. Plats à emporter à midi et traiteur pour mariages ou anniversaires.

YOURGURTERIA
34, boulevard Carl-Vogt
✆ +41 22 321 50 90
www.yourgurteria.com
Ouvert du lundi au samedi de 8h30 à 19h. Yaourt nature : 4 CHF. Ingrédient supplémentaire : 0,50 CHF. Frozen Yourgurt : 5,50 CHF. Jus de fruits frais 2dl : 4,50 CHF. Panini avec un ingrédient : 6,50 CHF. Chocolat chaud maison 2dl : 4,50 CHF.
Envie d'un yaourt personnalisé ? Voila une adresse qui saura pleinement vous satisfaire. Son concept est simple : agrémenter un yaourt nature, entier ou allégé et sans lactose, d'un ou plusieurs ingrédients, dont des fruits, du chocolat fait maison, des céréales, de la confiture et même des smarties. Le tout bio bien entendu ! En été, testez le très rafraîchissant Frozen Yourgurt, soumis au même principe. Outre le yaourt décliné dans tous ses états, l'enseigne propose de délicieux jus de fruits frais, des cappuccino, des chocolats chauds et des espresso à l'italienne ainsi que de la petite restauration – principalement des paninis et des salades de fruits personnalisables –, à déguster sur place ou à l'emporter. On en redemande.

Fondue.

GENÈVE

Bien et pas cher

■ LE BLANC RHINO

17, place des Augustins ✆ +41 22 321 88 17

Ouvert du lundi au mercredi de 7h à 23h, les jeudis et vendredis de 7h à 1h et le samedi de 17h à 2h. Petit déjeuner : entre 7 CHF et 8 CHF. Plats du jour : entre 16 CHF et 18 CHF. Vins au verre dès 7 CHF. Cocktails : entre 8 CHF et 15 CHF.

Proche de la rue de la Ferme, ce bar-restaurant très coté, que vous ne manquerez d'ailleurs pas de reconnaître de loin grâce à la tête de rhinocéros trônant sur sa façade, propose une cuisine variée, sur ardoise. Deux plats du jour – comprenant régulièrement de délicieuses lasagnes maison, d'un plat de viande et d'une salade. En été, vous pourrez vous régaler sur la jolie terrasse de l'établissement, d'une vingtaine de couverts, qui connaît un franc succès, auprès d'une clientèle des plus variées. Notez que le service est particulièrement attentionné.

■ CAFÉ DE LA PAIX

61, boulevard Carl-Vogt
✆ +41 22 301 11 88
www.cafedelapaix.ch
info@cafedelapaix.ch

Ouvert du lundi au vendredi de 7h à minuit, samedi de 11h à minuit et dimanche de 11h à 23h. Restauration de 11h à 22h30. Le matin, petit déjeuner. Plat du jour 17,90 CHF, salade environ 20 CHF, filet de bœuf au homard 52 CHF.

« Le *Café de la Paix*, on connaît », vous rétorqueront nombre de Genevois. Sauf que le bistrot, d'ailleurs l'un des plus vieux de la ville, a depuis peu fait peau neuve. En mai 2013, l'enseigne est passée aux mains des Dumont-Dupraz, également propriétaires de Chez ma Cousine, La Clémence et La Demi-Lune. Ici vous seront servis de succulents mets de brasserie : fondue, malakofs, filet de bœuf au homard, salade... le tout dans un cadre ancien, rappelant le style des années 1970-1980, sur un magnifique parquet grinçant. La qualité des plats est à la hauteur des patrons. En été, vous pourrez également prendre un simple apéro sur leur terrasse et profiter du soleil.

■ CAFÉ DU GRÜTLI

16, rue Général-Dufour
✆ +41 22 321 51 58
www.cafedugrutli.ch

Ouvert de 8h à minuit du lundi au jeudi, jusqu'à 1h le vendredi, de 16h à 1h le samedi et de 16h à 23h le dimanche. Salade du jour : 21 CHF. Plat du jour : 23 CHF. Carte environ : 43 CHF.

Au rez-de-chaussée de la Maison des Arts du Grütli, où se côtoient cinéma, théâtre et studios de danse, se trouve le café du Grütli. C'est à la fois un lieu d'expositions et un restaurant. On déguste une cuisine créative tout en admirant des photos d'artistes. Les plats aux influences méditerranéennes sont de toute fraîcheur et il est très agréable de manger sur la grande terrasse durant l'été. La carte change chaque jour : tartare de dorade au poivre du Sichuan, Tatin de mangues et fruits de la passion ; *orecchiette* à la crème de feta et poivrons, parmesan, basilic et graines ; cœur de rumsteck Simmenthal, sauce poivre vert, gratin de pommes de terre et légumes de saison ; crème à la fleur d'oranger aux fraises... Les plats sont délicatement présentés, à l'image de cette maison dédiée à l'art. Le café est souvent plein bien avant les séances de spectacle !

■ CAFÉ DU LYS

7, rue de l'Ecole-de-Médecine
✆ +41 22 328 78 26
www.cafedulys.ch
cafedulys@gmail.com

Cuisine française. Ouvert du lundi au vendredi de 6h à 2h et le samedi de 14h à 2h. Plat du jour : 17 CHF. Tapas à 6 CHF. Formule étudiant à midi : plat du jour avec boisson et café ou thé dès 16 CHF.

Il y a treize ans déjà que la Fleur de Lys, qui est devenue une véritable institution genevoise, est née du pari passé entre trois copains scouts. Il faut dire que l'accueil est toujours chaleureux et l'offre a de quoi attirer un large public. Le matin, on vient y manger une tartine avec un petit café et un journal. A midi, le plat du jour, inventif, copieux et bon marché, ne déçoit jamais. Dans la journée, on viendra apprécier les sirops artisanaux et l'imposante carte de thés. Puis, à l'heure de l'apéro, la salle s'anime et ne désemplit pas jusqu'à la fermeture, le lieu étant très prisé par les étudiants de l'université, situé à côté. Les amateurs de bière trouveront leur bonheur parmi les quelque 25 marques proposées, internationales, suisses ou même genevoises, à accompagner d'excellentes tapas maison.

CAFÉ DU MARCHÉ

16, avenue Henri-Dunant
✆ +41 22 320 85 46
Ouvert du mardi au samedi, de 10h à minuit, dimanche de 10h à 14h. Plat du jour (avec un plat végétarien) : de 18 à 23 CHF. Menu du soir entre 28 et 38 CHF.

S'il y a bien un lieu où le temps s'arrête c'est au Café du Marché, un des plus anciens bistrots de la « Plaine », ouvert en 1902 mais avec une direction rajeunie et pleine d'attention et une carte qui varie tous les deux jours pour ne pas lasser les convives et surtout les nombreux habitués ! L'ambiance bistrotière de l'endroit avec tables en bois est fort sympathique à toute heure de la journée. Une cuisine traditionnelle de produits du terroir, de saison (chasse). La carte du soir varie toutes les trois semaines et s'adapte aux produits de saison. Le renouveau du lieu amène une belle mixité de clientèle où jeunes et moins jeunes aiment se retrouver dans une atmosphère très conviviale.

CAFÉ DU ROND-POINT

2, rond-point de Plainpalais
✆ +41 22 320 47 95
christian.chabbey@lacomedie.ch
Ouvert du lundi au samedi de 6h à minuit, le dimanche de 8h à minuit, cuisine jusqu'à 23h. Plat du jour midi et soir : 18 CHF. Carte : 40 CHF.

Visible de loin avec sa devanture majestueuse et ses murs rouges, Le Café du Rond-Point a fait peau neuve. Repaire d'habitués, réputé pour son excellent rapport qualité/prix, le café s'est passablement distancié de la cuisine de brasserie qui a fait sa réputation. Il propose désormais des recettes mêlant avec originalité des saveurs d'ici et d'ailleurs : omelette aux quatre épices marocaines avec hachis de saumon frais et crudités, sauté de canard rôti aux champignons noirs accompagné de nouilles de riz sautées ou caponata de surimi, courgettes et tomates éclatées. Par contre, la marmite de cornettes au chorizo, aux crevettes ou aux tomates, ainsi que des plats plus traditionnels comme l'onglet de bœuf, le roast-beef froid ou les clubs-sandwich figurent toujours sur la carte. Aucun prix ne dépasse les 28 CHF, hormis la fondue Bacchus à l'aiguillette de rumsteck à 32 CHF.

CAFÉ DU THÉÂTRE

(Théâtre de la Comédie)
6, boulevard des Philosophes
✆ +41 22 809 60 70
www.comedie.ch
Ouvert à midi du lundi au vendredi, de 11h30 à 14h et selon la programmation de La Comédie le soir. Service 1h30 avant la pièce et 2h après la pièce. Plats de 15 CHF à 30 CHF. Soir, tapas entre 6 CHF et 21 CHF

Repris récemment par l'équipe Genecand, le Café du Théâtre propose les midis de semaine un buffet froid, des plats chauds ou des salades et soupes, à petit prix et avec des produits du terroir. Le soir, une grande carte de tapas est proposée, avec notamment le classique jambon de parme ibérique. La carte reste une cuisine légère qui varie avec les produits de saison. Tous les produits sont achetés auprès des petits éleveurs et agriculteurs locaux, respectueux de l'environnement. Ce lieu reste un incontounable pour les amoureux du théâtre.

CAFÉ MÉTIS

75, boulevard Carl-Vogt
✆ +41 22 328 98 50
Cuisine orientale. Ouvert du lundi au vendredi de 9h30 à 2h, le samedi et le dimanche de 16h à 2h. Plat du jour : 17 CHF. Assiette du métis : 24 CHF. Carte : 35 CHF.

Le Café Métis fait également dans la restauration. Sous l'impulsion de son patron, Dogan, il offre de délicieuses spécialités orientales. Le must, ici, c'est la mythique assiette du Métis, assortiment de mezze où l'on trouve des préparations à l'avocat, à l'aubergine, au poivron, des boulettes de légumes… une variété de propositions dans un même plat aux teintes colorées et au très bon goût. Les boulettes de viande de l'établissement, servies avec légumes et salades, sont également très bonnes, et fait la célébrité du lieu. Vous pouvez vous laisser tenter sans regrets par les brochettes de poulet et le falafel, servis en plats avec savoir-faire et finesse.

CHAUSSE-COQS

18, rue Micheli-du-Crest
✆ +41 22 320 20 92
Cuisine française. Ouvert du lundi au vendredi de 9h à 22h. Restauration de midi à 14h et de 19h à 21h. Plat du jour (midi et soir) entre entre 15 CHF et 19 CHF.

Lieu mythique de Genève, le Chausse-coqs a rouvert ses portes début 2013, avec un nouveau chef. Le restaurant a fait peau neuve : antiquités, meubles en bois et objets rétro rendent le cadre convivial. La cuisine, quant à elle, est rajeunie et savoureuse.

AU COQ EN PÂTE

4, passage de Saint-François
✆ +41 22 328 09 00
www.coq-en-pate.ch
Cuisine française. Ouvert du lundi au vendredi de midi à 14h30 et de 17h à 22h, le samedi uniquement sur réservation. Plat du jour de 17 CHF à 19 CHF. Carte : 45 CHF. Entrées dès 5 CHF. Desserts dès 6 CHF.

Dans un cadre simple à l'intérieur ou à l'abri des regards sur une mini terrasse très sympathique, Au coq en pâte propose une cuisine sans chichis, familiale et saine. L'accueil est chaleureux. La carte est surtout spécialisée en viandes, du pavé de wapiti au tartare de bœuf, en passant par un agréable magret de canard au vinaigre de framboise. Les légumes ne nagent pas dans le beurre, ils sont cuits au minimum et servis nature ou presque. Pour ceux qui ne mangent pas de viande, il y a l'assiette végétarienne du jour, une salade d'écrevisses au Xérès, des crevettes persillade, du loup de mer au citron vert ou des penne aux gambas. En bref, tout le monde y trouvera son compte pour une somme très modique.

LA FIN DES HARICOTS

9, rue de la Ferme ✆ +41 76 422 35 35
www.lafindesharicots.ch
Restaurant-épicerie. Suggestion du jour 17,50 CHF, plat du jour 16 CHF, avec salade. Réservation conseillée.Lundi-mercredi 9h à 16h, jeudi 9h à 18h30, vendredi 9h à 23h30.

Ancienne coordonnerie revisitée, La Fin des Haricots aura de quoi séduire les amoureux d'objets rétro et de nourriture locale. Ce nouveau restaurant, anciennement le Bigoudi 13, s'est transformé en un endroit chaleureux et sympatique, imaginé par la propriétaire Caroline Lacombe. La déco réunit vieux tourne-disque, poste de radio et même un morceau du Bateau Genève. Quant à la carte, les produits locaux sont à l'honneur. Suggestion du jour à 17,50 CHF et le plat du jour à 16 CHF, accompagné de salade. Une fois par mois, le restaurant propose un brunch le dimanche matin, pour 23 CHF, sous réservation. Pourquoi ne pas goûter au filet de poulet mariné au miel et gingembre ? Ou encore le crumble salé et son caviar de lentilles ? Et pour ce qui est de l'épicerie, huiles, moutardes, produits locaux de petits producteurs, vinaigres et pâtes, tout y est !

IL COLOSSEO

46, boulevard Saint-Georges
✆ +41 22 320 39 63
Cuisine italienne. Ouvert du lundi au samedi de 11h45 à 14h et de 18h45 à 22h45. Carte : 50 CHF.

Eh oui, comme l'enseigne l'indique, nous sommes à Rome. Dans un cadre traditionnel italien, avec un service plutôt chaleureux, savant mélange de sourires et de professionnalisme, Le Colosseo propose des pizzas excellentes enrichies de garnitures des plus fraîches, tomates, basilic, rucola, qui éblouissent tant par leur couleur, que leur senteur… Les pâtes sont délicieuses en particulier les *linguine alle vongole veraci*. On peut le dire, l'Italie, c'est plus seulement pour les vacances, mais c'est aussi ici dans nos assiettes. Qualité des plats et du service, que demander de plus ? Il n'est pas nécessaire d'aller chercher l'originalité ou la complexité, lorsqu'on est une valeur sûre.

CHEZ L'AUTRE

65, boulevard Saint-Georges
✆ +41 22 320 81 84
www.chezlautre.ch
cafe@chezlautre.ch
Cuisine française. Ouvert du lundi au vendredi midi et soir. 4 plats du jour : de 18 CHF à 30 CHF.

Chez l'Autre, un bistrot comme un autre ? Pas tout à fait, car avec ses décors de théâtre et sa collection de fouets (de cuisine…) c'est un cadre agréable où il fait bon boire un verre en salle ou sur l'agréable terrasse fleurie située à l'arrière du restaurant. Repris par Nicolas Paulin, côté assiette pas d'esbroufe, la formule est simple, c'est quatre plats qui changent tous les jours avec des produits régionaux et recettes d'ailleurs pour un résultat délicieux. Le matin dès 7h30, vous pouvez prendre votre petit déjeuner à base de tartine. Chez l'Autre a conquis le *Petit Futé* par sa simplicité, son accueil et l'impression de se retrouver à la maison !

L'ÉCHALOTTE

17, rue des Rois ✆ +41 22 320 59 99

Cuisine française et orientale. Ouvert du lundi au vendredi, midi et soir. Plat : 24 CH. Menu : 42 CHF. Carte : 50 CHF.

L'endroit ne paie pas de mine avec sa curieuse déco faite d'illustrations hétéroclites. Par contre, du côté des fourneaux, ça ne rigole pas. Un doux mélange entre cuisine française et saveurs du monde, et une carte sans cesse renouvelée. Les papilles les plus capricieuses seront toujours satisfaites. Avec un peu de chance, vous pourrez déguster les fameux cannellonis de légumes au chèvre frais. Dans tous les cas, vous apprécierez l'amabilité des serveurs et serveuses.

LE NONOLET

5, boulevard Georges-Favon

✆ +41 22 311 88 50 – www.nonolet.ch

Ouvert du lundi au vendredi de 11h à 23h. Carte complète à midi. Tapas et verres de vins à l'apéro.

Situé en plein cœur du quartier des banques, Le Nonolet, au décor contemporain, est un bar, café, restaurant qui se métamorphose. A midi, des plats d'excellente qualité, issus d'une cuisine à tonalité bourgeoise, sont proposés dans une fourchette de prix raisonnable. On mange très bien en ces lieux. Le soir, l'ambiance change, et l'établissement se mue en bar à vins et à tapas de belle tenue. Très fréquenté, il s'anime alors, et sa décoration design, avec jolies fluorescences, lampes comme autant de galets métalliques qui dégagent une lumière tamisée, canapés et sièges confortables, certains très bas, douillets, d'autres élancés, reçoit une clientèle plutôt chic, qui vient joyeusement y déguster d'excellents vins, servis au verre grâce à un nouveau procédé de conservation par l'azote, qui protège saveur, rondeur et équilibre des meilleurs crus. Des tapas à disposition à même le bar sont servies avec ces bons vins.

LE NYAMUK

52, rue des Bains ✆ +41 22 328 50 52

Cuisine thaïlandaise. Ouvert du lundi au samedi de 12h à 14h et du mardi au samedi de 19h à 22h. Plat du jour : de 19 à 23 CHF. Carte : 45 CHF.

Voilà une adresse originale autour du thème de l'invitation au voyage où se mêlent un restaurant, une agence de voyages et une librairie. Dès que l'on pousse la porte, on se sent transporté vers des contrées lointaines. Le restaurant nous emmène direction Thaïlande avec une cuisine raffinée et savoureuse. Le cadre est très agréable, spacieux et accueillant. On pourrait passer l'après-midi ici à feuilleter un carnet de voyage, boire un thé au nom exotique, admirer les œuvres d'art sur les murs ou préparer ses prochaines vacances. Adresse à recommander à tout nomade qui se respecte.

OMNIBUS

23, rue de la Coulouvrenière

✆ +41 22 321 44 45

www.omnibus-cafe.ch

omnibuscafe@bluewin.ch

Ouvert du lundi au vendredi de 11h30 à 14h30 et de 19h à minuit, le samedi de 19h à minuit. Côté bar, ouvert du mardi au jeudi de 17h à minuit et vendredi et samedi de 17h à 2h. Plat du jour : 18 CHF. Carte : 45 CHF. Prix pour l'Omnibar : entre 12 CHF et 19 CHF.

Dans un décor qui évolue et qui à lui seul vaut le déplacement, on se laisse entraîner dans ce café-restaurant un peu branché, plutôt sympa, et très apprécié des trentenaires genevois. On découvre le bistrot aux immenses miroirs en entrant, son bar en zinc et ses habitués, un chill out pour traverser puis, sur un demi-étage, le restaurant et ses mets savoureux. On se régale en effet de la spécialité de la maison, le tartare de bœuf du Simmental, mais aussi des soupes du jour, du fois gras maison et de la tarte tatin à l'ancienne, accompagnée d'une glace vanille bourbon. On se prélasse sur la pittoresque terrasse au calme donnant sur le BFM. Pour les plus pressés, L'Omnibar à côté propose de la petite restauration, dont des planchettes de fromages, jambon cru ou viande séchée, des tartines et des sushis, à des prix raisonnables.

PIMENT VERT

44, boulevard du Pont-d'Arve

✆ 41 22 321 33 73

www.pimentvert.ch

Cuisine indienne. Ouvert du lundi au vendredi de 11h30 à 15h et de 18h à 22h, le samedi de midi à 16h. Menus (entrée et plat) : 20 CHF, avec dessert 25 CHF. Carte 25 CHF.

Amateurs de cuisine indienne et sri lankaise, le Piment vert vous permet de régaler vos invités d'un vaste choix de plats parfumés et épicés, des plus traditionnels aux plus innovants. Nouveauté inédite du Piment vert, les sushis sri lankais, rouleaux de riz garnis de divers légumes et fruits exotiques, de poisson ou de poulet cuits et assaisonnés à l'indienne feront forcément sensation.

Les gambas à la citronnelle et feuilles de curry valent le détour. Diverses formules au choix : buffet, cocktail dînatoire, grillades ou menu ayurvédique. Que ce soit pour une fête de famille ou d'entreprise, un mariage ou une garden-party, le Piment vert peut organiser l'ensemble de la manifestation ou simplement se charger de la nourriture, et ce pour 15 à 1 000 personnes. Il est aussi possible de faire venir un chef à domicile, qui vous concoctera une délicieuse cuisine fusion indo-française.

Autre adresse : 4, place De-Grenus – Genève – Tél +41 22 731 93 03

AU PLATANE

91, boulevard de la Cluse
✆ +41 22 329 71 98
Cuisine suisse. Ouvert du lundi au vendredi de 7h à 23h, et le samedi de 7h30 à 12h et de 18h à 23h. Plat du jour : 18 CHF. Carte : 40 CHF.
Ce vieux bistrot genevois, qui se revendique comme tel, a un charme tout particulier. Est-ce sa petite salle de restaurant à l'ancienne, toute élégante et cosy, ou peut-être sa vaste terrasse triangulaire baignant dans l'ombre des platanes ? On se croirait dans le Sud, si n'était cette carte bien suisse : steaks de fromage, rösti et fondue.

REMOR

3, place du Cirque
✆ +41 22 328 12 70
www.remor.ch
remor@remor.ch
Ouverture du lundi au jeudi de 7h à 24h, le vendredi et samedi de 7h à 01h00, dimanche de 7h30 à 24h00. 7/7 service non stop pour la petite restauration ; service continu le week-end de 11h à 22h. Plat du jour avec salade verte : 18 CHF. Assiette 3 salades : 16 CHF. 10 hamburgers maison sur assiette à choix entre 18 CHF et 24 CHF. Filet de bœuf sauce Félix avec mousse de légume de saison gratin de PDT et salade en entrée seulement à 29 CHF.
Un indémodable très tendance, qui ne désemplit pas du matin au soir. Quiches, tartes chaudes, soupes, pizzas, croque-monsieur et hamburger fabrication entièrement maison, avec 180 grammes de viande et des légumes au four.... sont à déguster à toute heure dans ce lieu mythique où l'on observe des étudiants tout frais, des journaleux branchés et des artistes en herbe dans le manège infini des séductions. La sympathique nouvelle carte comprend plusieurs sortes de pâtes et de viandes dont le filet de bœuf sauce felix et les lasagnes d'aubergines au pesto de pistaches. Les glaces, qui ont fait la réputation de la maison depuis 1921, sont toujours aussi succulentes. Chaque mois, de nouveaux parfums sont à l'honneur. Sans parler du piano de pâtisserie, comprenant les incontournables cheescakes maison (poire gingembre, orange chocolat) qui font la joie des expatriés et de tous les gourmands. Et pour les lève-tard du dimanche, le Remor propose plusieurs formules de petit déjeuners et brunch. Petite touche artistique : le Remor prête régulièrement ses murs à des artistes peintres.

LE RÉSERVOIR

62-64, boulevard Saint-Georges
✆ +41 22 320 68 03
www.le-reservoir.ch
la.presse@bluewin.ch
Ouvert du lundi au vendredi de midi à 14h et de 19h à 23h. Ouvert le week-end si suffisamment de réservations. Carte : 29 CHF. Entrées : de 7 CHF à 16 CHF. Plats du jour : de 17 CHF à 25 CHF. Desserts : de 7 CHF à 10 CHF.
Le Réservoir est un restaurant-bar à vins qui propose en semaine, dans un cadre épuré et contemporain, une cuisine française généreusement servie, composée à partir de produits de qualité. Ainsi, vous pourrez ici vous régaler de la spécialité de la maison, une salade de copeaux de parmesan accompagnée de son entrecôte, d'une brochette de Saint-Jacques servie avec une fondue de poireaux, ou des diverses suggestions du jour de l'enseigne. Quant aux desserts, ils sont tout simplement divins, du trio de crème brulée au moelleux au chocolat, en passant par la panacotta

à la vanille et fruits de la passion. Bon à savoir : le restaurant propose tous les jeudis un couscous maison fameux, un succulent tartare les mercredis et du poisson le vendredi. Bon appétit !

LA SIXIÈME HEURE
6, place des Philosophes
✆ +41 22 320 73 69
Ouvert du lundi au vendredi de 8h30 à 23h30, le samedi de 8h30 à 18h30. Carte : plats de 19 CHF à 39 CHF.
Café-restaurant brocante au charme indéniable. Certes, vous pouvez toujours en ces lieux, après avoir dîné ou dégusté un thé, repartir avec la table, les chaises ou l'horloge fixée au mur. Mais il y a des plus. Le nouveau service y est très attentif, efficace et tout sourire. De délicieuses tagliatelles aux multiples recettes y côtoient des rouleaux de chèvre au miel et graine de sésame, des tartes salées ou des omelettes à la figue ou au parmesan, servies avec salade panachée et crudités. Mention spéciale aux tagliatelles de la maison, une recette qui comprend artichauts, tomates séchées, tapenade noire, crème et parmesan. Les salades elles aussi feront saliver les gourmands : artichauts marinés, tomates séchées, feta, olive et pignons, ou saumon et œufs pochés, s'y dégusteront avec délice. Une bonne adresse pour le soir. De même que les desserts, avec une tarte Tatin à en faire rougir d'envie le plus farouche opposant aux douceurs. Une jolie terrasse en été, sur le bitume d'une ruelle sympathique, et deux salles en toute saison vous y attendent dans une atmosphère des plus agréables.

TWINS
101 Boulevard Carl-Vogt
✆ +41 22 320 44 22
Tram 15, arrêt Uni-Mail.
Cuisine inventive. Restaurant-bar, ouvert de 10h à minuit, fermé samedi midi et dimanche. Prix moyen : 27CHF
A deux pas de l'Uni-Mail, ce café restaurant fait également office de bar estudiantin dès la fin de journée, proposant un grand nombre de cocktails, des chichas et des plateaux de tapas. Sur la carte du restaurant, pas moins de quatre pages de choix de salades, toutes autant variées qu'originales et dont la qualité des produits et la beauté de la présentation ont de quoi satisfaire vos papilles. De plus, les quantités dans l'assiette ont de quoi nourrir un régiment ! Les paninis et les pizzette (mini pizza) ravissent les étudiants en recherche de snack rapide et nourrissant. En été, une terrasse est aménagée, et il est recommandé de réserver une table, au risque de ne pas trouver de place pour la soirée.

Bonnes tables

LES 3S
15bis, avenue du Mail
✆ +41 22 328 07 01
www.les3s.ch
info@les3s.ch
Cuisine française. Ouvert du lundi au samedi de 10h30 à 2h, fermé le lundi soir et le dimanche. Trois formules du jour : de 19 à 24 CHF. Carte : 45 CHF.
Ce restaurant bar-lounge propose une cuisine française composée à partir de produits du marché. La carte, sur ardoise, présente notamment, outre ses trois formules du jour, une succulente terrine de foie gras maison, un filet mignon de veau aux chanterelles savoureux, divers tartares, ainsi que de nombreux desserts. Le cadre, contemporain, est aussi agréable que le service, rapide et attentionné. Enfin, une jolie terrasse sur pilotis d'une dizaine de couverts distingue ce bon restaurant.

LA BROCHE
36, rue du Stand
✆ +41 22 321 22 60
www.restaurantlabroche.ch
labroche@bluewin.ch
Ouvert tous les jours, sauf le samedi midi et le dimanche. Le soir parking gratuit sur place. Menu Express à 31 CHF incluant : La salade « Broche », un plat de la semaine, un dessert de la semaine. Entrée / un plat de la semaine : 25 CHF. Plat de la semaine SEUL : 22 CHF. Dessert de la semaine : 8 CHF. Carte 60 CHF.
L'ancien bâtiment historique de l'Arquebuse sert d'écrin à ce restaurant qui semble avoir réinventé le concept de la rôtisserie. Les spécialités de la maison : demi-coquelets cuits à la broche, contre-filet de bœuf Simmental ou encore gigot d'agneau du Limousin. Le tout est servi avec des sauces et garnitures de votre choix. Et les végétariens ne sont pas oubliés ; un plat végétarien est également à la carte. Un régal à prix plus que raisonnables qu'un bon vin sélectionné par Eric ducret (meilleur sommelier d'Europe) viendra encore parfaire. Terrasse ombragée sous un bel érable en été. Le plus sympatique, la cuisine est ouverte, ce qui permet de voir le chef travailler depuis la salle de restaurant.

CAFÉ DES BAINS

26, rue des Bains ✆ +41 22 321 57 98
www.cafedesbains.com
info@cafedesbains.com
Ouvert le lundi de midi à 14h, du mardi au vendredi de midi à 14h et de 19h30 à 22h30, samedi de 19h30 à 22h30. Plat du jour : 20 CHF. Carte : 70 CHF.
Attention, lieu branché ! Ici, tout est en harmonie avec le quartier, repaire d'art et d'attitudes contemporaines. La cuisine est inventive et délicate avec une touche orientale. La carte des mets évolue au gré des saisons. Ambiance tout en luxe et volupté, deux fondements de la félicité qui se retrouvent dans l'addition. Pour le calme, il faudra repasser… Succès oblige, la salle est pleine et on hausse le son. Très joli site Internet. Réservation recommandée.

CAFÉ DES BANQUES

6, rue de Hesse ✆ +41 22 311 44 98
www.cafedesbanques.com
cdb@cafedesbanques.com
Cuisine française. Ouvert du lundi au vendredi de midi à 14h et de 19h à 23h. Plat du jour : 24 CHF. Carte midi et soir à partir de 30 CHF.
La devise du Café des Banques est claire : l' « établissement est exclusivement réservé aux épicuriens ». La carte des mets de ce restaurant, sis en plein quartier des banques, affiche avec humour des termes appartenant au domaine économique pour présenter ses plats de cuisine française à tonalité italienne. On trouvera ainsi parmi les « acquisitions d'entrées » des calamaretti grillés, tomates cerise et mesclun de jeunes pousses ainsi qu'un assortiment de légumes grillés à l'huile d'olive et à la menthe fraîche. Dans « le holding des poissons et des viandes » figurent une tagliata de bœuf, copeaux de parmesan et rucola et un thon (Tac-Tac) mariné à l'huile de sésame et au vinaigre balsamique. Ce bistrot contemporain accueille aussi bien une clientèle d'hommes d'affaires que des particuliers appréciant la convivialité du lieu et la bonne cuisine. D'ailleurs, à l'étage, un « Salon des banques », avec une capacité de 25 personnes, permet d'organiser des soirées privées autour d'un repas thématique, conçu sur mesure !

CAFÉ DES PHILOSOPHES

5, rue Prévost-Martin
✆ +41 22 320 54 77
philosophes-geneve.ch
Cuisine française. Ouvert midi et soir du lundi au vendredi de 7h à 22h30. Restauration du lundi au vendredi de midi à 14h et de 19h à 22h30. Plats du jour de 19 à 24,50 CHF. Menu complet : 29,50 CHF. Il est possible de prendre le plat du jour dans sa version végétarienne. Parking en sous-sol.
Le café-restaurant, qui donne sur une place, à l'angle de la rue des Sources, est très accueillant avec son décor chaleureux, tout de boiserie, sa belle terrasse, son personnel enjoué et une carte plutôt sympathique qui joue la légèreté en été. Mais notons qu'en toute saison, les spécialités de la maison restent le tartare, préparé sous nos yeux le soir, ainsi que le T-bone steak. Les mets de brasserie tels qu'une entrecôte grillée au beurre maison ou des filets de poissons de mer, par exemple, complètent un choix qui répond aux goûts de chacun. Des salles sont à disposition pour des réceptions.

CAFE HUISSOUD

51, rue du Stand ✆ +41 22 310 25 83
www.vins-sur-vins.ch
francesco@vins-sur-vins.ch
Cuisine française. Ouvert du lundi au samedi, midi et soir. Restauration de midi à 14h30 et de 19h à 22h30. Plat du jour : 19 CHF. Menus de 55 à 90 CHF. Menu fondue à 35 CHF. Vin au verre : à partir de 6 CHF le dl.
Un bistrot-brasserie, à la lyonnaise, décor chaleureux tout de bois vêtu, tableaux de chansonniers car souvent le soir la chanson française ici est à l'honneur. Une belle salle au deuxième sous-sol permet aussi d'organiser des soirées privées autour du piano ou d'un DJ. Cuisine française, fondues, vin au verre, tous les mois dix vins blancs et dix vins rouges sont mis à l'honneur. Ce restaurant propose aussi un menu fondue, composé de viande séchée, oignons, cornichons, pain mi blanc et pain rustique, pommes vapeur, fondue moitié vacherin fribourgeois, moitié gruyère mi-salé et ananas frais en dessert. Superbe cave à découvrir. Tout est fait ici pour passer un bon moment autour d'un bon petit verre et, comme il fait aussi karaoké, pousser la chansonnette !

CAFÉ JULES VERNE

20, rue Jean-Violette
✆ +41 22 321 51 00
www.cafejulesverne.com
info@cafejulesverne.com
Ouvert le lundi de 17h à minuit, mardi et mercredi de 11h à minuit, jeudi et vendredi de 11h à 2h, le samedi de 17h à 2h. Plat du jour : 19 CHF. Plat et entrée : 27 CHF. Menu complet avec dessert : 36 CHF. Carte : 50 CHF.

La première chose qui frappe en franchissant le seuil d'entrée de cet établissement est le soin du décor. Dans un réel souci de mise en valeur de cette maison patrimoniale, les tonalités sont travaillées du bois profond aux couleurs rouille et jaunes tirant sur le beige et les meubles, originaires de différents pays, ont du cachet. La terrasse, dans une rue piétonne, participe à la convivialité du quartier. Après le regard, le repas. La délicatesse des mets est en parfaite symbiose avec le décor. Une des spécialités de la maison est le tartare, apprêté de diverses manières, selon la saison et selon l'envie du chef. Deux entrées, trois plats et trois desserts se partagent la vedette au Jules Verne tout au long de la semaine.

LA CANTINE DES COMMERCANTS

29, boulevard Carl-Vogt
✆ +41 22 328 16 70 – www.lacantine.ch
contact@lacantine.ch

Cuisine française. Ouvert du lundi au vendredi de 8h à 23h, le samedi à partir de 9h. Plats du jour de 24 CHF (1 plat) à 39 CHF (entrée, plat, dessert). Menu découverte : 65 CHF.

Gilbert Orayon transmet avec passion l'histoire de ce lieu mythique, où l'on aime se retrouver à Genève, entre Plainpalais et Jonction. Il faut dire que ce café-restaurant était déjà un lieu d'échanges très animés au début du siècle : on y croisait les marchands de bestiaux à leur sortie des abattoirs (remplacés aujourd'hui par un supermarché), qui traversaient volontiers la rue pour un moment convivial dans l'établissement. On raconte même qu'ils y cuisaient leurs abats... Aujourd'hui, la Cantine des Commerçants est à la fois une brasserie et un bar à vins, au style contemporain, chaises et murs vert pomme, bar en Inox, tables en bois gris, nappage marron, luminaires et objets design. Au fil des saisons, le chef Romain Rouiller propose une carte imaginative, en prenant soin de revisiter le risotto, par exemple « le risotto aux gambas et aux herbes folles » au moment où les lieux ont été visités. Pour les desserts, c'est la tarte au citron inversée qui nous a fait chavirer : incontournable et délicate au cœur de sa tendre verrine.

AU CHAT GOURMAND

14, rue Jean-Violette
✆ +41 22 320 62 61

Restauration du lundi au vendredi de midi à 14h30 et de 19h à 22h30, fermé samedi et dimanche. Plat du jour à 19 CHF avec salade. Plats entre 35 CHF et 48 CHF. En été, terrasse extérieure.

Dans ce quartier si pittoresque de Genève, le chef Yves Jordan fait la part belle aux produits du terroir genevois, avec une carte créative et assez réduite pour tenir ses promesses. La spécialité des lieux, des burgers revisités avec un pain artisanal comme le Classic, un pur bœuf suisse taillé, mais aussi à l'asiatique avec un thon au sésame saisi bleu, ou à l'indienne avec un tandoori de suprême de poulet mariné et grillé à la plancha, le tout accompagné de frites fraîches, de salade ou brochette de légumes et de sauces maison. Une petite carte Terre et Mer suit les saisons : tartare de bœuf minute coupé au couteau à l'italienne, tartare de dorade ou noix de Saint-Jacques à la vanille Bourbon, et bien sur les traditionnels filets de perche. Un classique d'été, la salade de tomate mozzarella, mais avec une fabrication genevoise de mozzarella, de *burrata* et de ricotta (la Casa Mozzarella à Plainpalais). Les desserts sont faits maison, le favori étant le fondant au chocolat dont le patron tient la recette de son ami cuisinier Gérard Cavuscens. Vins proposés du terroir dont certains sont bio. On est ici dans les détails qui font la différence !

LE DORIAN

1, place René-Payot
✆ +41 22 328 25 36

Café, restaurant italien. Ouvert du lundi au vendredi de 6h15 à 1h. Carte : 70 CHF environ. Plat du jour : 23 CHF (salade incluse). Terrasse.

Ce café restaurant italien, situé juste en face d'Uni Dufour, est le repaire des profs et des banquiers (le boulevard des Philosophes n'est pas loin), à midi. Le soir venu, le ton monte avec la sortie des spectacles (La Comédie de Genève est toute proche). L'atmosphère est celle d'une brasserie luxueuse, aux nappes en tissu et lustres à cristaux : élégante et discrète. Un nouveau propriétaire depuis début 2011, et une équipe qui est restée, font toujours du Dorian un restaurant chaleureux, de grande qualité. Une nouvelle véranda permet d'être dehors même en hiver. En été, c'est la terrasse que l'on préfère. Calme, intimité, décor classique et lumineux pour un verre à toute heure ou un repas italien. On y déguste toujours les merveilleux raviolis au romarin, un *vitello tonnato*, un *saltimbocca Romana* ou un faux-filet de bœuf grillé *tagliatta, alla rucola, olivo e lmone*... Quant aux desserts, on adore la *cassata siciliana*, le *tirami-sù* à l'*amaretto*, le mille-feuille aux fruits... L'accueil reste chaleureux même tard après le spectacle. Une des bonnes adresses du quartier !

GREEN CAFÉ

77, boulevard Carl-Vogt
✆ +41 22 321 91 66

Cuisine péruvienne. Ouvert du lundi au samedi midi et soir. Plat du jour : de 17 CHF à 20 CHF.

Le Green café est à la fois un café où l'on peut boire un verre dans un quartier estudiantin et un restaurant spécialisé dans la cuisine péruvienne. On peut y manger du *ceviche* ou délicieux poisson cru mariné au citron vert avec oignons rouges, piments péruviens, patates douces et coriandre, du riz aux fruits de mer, du *lomo saltado* ou filet de bœuf émincé en sauce, le fameux *bistek a lo pobre* et toutes sortes de riz sauté. Il y a aussi du poulpe à l'olive, du poisson grillé avec une sauce aux fruits de mer ou des fruits de mer dans leur sauce aux piments rouges péruviens, vin blanc et coriandre. Pour ceux qui ne souhaitent pas manger péruvien, il y a également des plats d'inspiration française, notamment des salades ou des croque-monsieur. Le service est sympathique.

L'AMALFI

2, boulevard de la Tour
✆ +41 22 321 97 66
www.restaurantamalfi.ch

Cuisine italienne et argentine. Ouvert du lundi au vendredi de 12h à 14h et de 19h à 22h. Entrées : de 19 CHF à 25 CHF. Plats : de 26 CHF à 56 CHF. Desserts : 10 CHF. Suggestions du jour : de 39 CHF à 45 CHF. Vins au verre : dès 5 CHF.

L'Amalfi est un excellent restaurant d'une quarantaine de couverts servant en semaine, midi et soir, des spécialités italiennes et argentines dans un cadre contemporain faisant la part belle aux matériaux nobles. Dans l'une des trois salles du restaurant, vous pourrez en effet déguster une succulente escalope de fois gras au caramel de limoncello, ou la spécialité Surf&Turf de la maison, un filet de bœuf accompagné de ses gambas grillées, préparée par les chefs italiens et français du restaurant. Outre ces spécialités, la carte présente un grand choix de pâtes et risottos – dont de délicieux fagottini à l'huile de truffe blanche –, de poissons et de desserts. Mais l'atout de L'Amalfi est assurément son impressionnante sélection de vins genevois, italiens et argentins, agréablement disposés dans la salle du sous-sol, ressemblant à s'y méprendre à une cave, avec ses voûtes de pierres apparentes.

L'EVENTO

50 rue du Stand ✆ +41 22 732 21 21
www.levento.ch – info@levento.ch
Tram : Stand

Cuisine italienne et continentale. Ouvert mardi et mercredi de 9h à 15h et 18h30 à 1h et de jeudi à samedi de 9h à 15h et 18h30 à 2h. Fermé dimanche et lundi. A la carte uniquement.

Un lieu magique où l'on aime s'évader à Genève. Pour un voyage gastronomique, où se mêlent saveurs et couleurs. En poussant la grande porte vitrée, on est baigné dans un puits de lumière qui rassure par ses beaux volumes sobres et généreux. L'Evento a été créé en octobre 2011 par le chef Enzo Cianci, bien connu dans la ville, puisqu'il y a donné âme aux restaurants Ponte Vecchio et Vivendo. Cette adresse est très fréquentée à midi pour sa carte originale qui puise son inspiration dans les cuisines italienne et continentale. On déguste à la carte des spécialités comme par exemple les *bucatinis* au thé vert, langoustines et gingembre, le loup de mer à la plancha et sa tarte tatin à la tomate, la côte de veau poêlée et ses raviolis à la truffe noire... Découvrez la carte sur le site Internet : vous serez emballé ! Adresse également appréciée pour les *afterworks* et les tapas offertes. On aime aussi faire la fête jusqu'à 2h du matin dans le *lounge bar*, lequel propose un DJ dès 22h. Lieu idéal pour réussir sa soirée privative (jusqu'à 250 personnes si cocktail dînatoire), cette formule a connu un franc succès en 2012.

Enfin, un lieu unique, soigné par la créativité de deux architectes : Perrazino pour l'extérieur et Filippone Joe Archi (Montreux) pour l'intérieur... Tablettes à disposition avec wifi gratuit. Coup de cœur assuré. Proche arrêt tram : Stand.

L'HÉDONISTE

12, rue Micheli-du-Crest
✆ +41 22 328 09 09

Cuisine française et genevoise. Ouvert du lundi au vendredi de 11h30 à 14h et de mardi à vendredi de 18h30 à 22h et le samedi soir. Plat du jour : 19 CHF. Carte : de 30 CHF à 50 CHF.

Ce restaurant de spécialités genevoises et françaises saura faire plaisir à vos papilles, sans causer trop de dommages à votre porte-monnaie. Dans un cadre épuré et élégant, l'adresse décline en effet le filet de perches, provenant du lac Léman, en trois sauces – beurre citronné, sauce provençale et tartare –, fait honneur au traditionnel filet de bœuf grillé à la plancha et initie vos sens au goût (très particulier) d'une longeole – une saucisse de porc et fenouil typiquement genevoise – ou d'une langue de bœuf accompagnée de ses pommes nature. L'accueil sympathique, les plats généreux et la terrasse ensoleillée d'une vingtaine de couverts amènent à l'enseigne les petits plus qui font toute la différence.

LITTLE BUDDHA GENEVA

10, rue Jean-François-Bartholoni
✆ +41 22 307 10 00
www.littlebuddhageneva.com
info@littlebuddhageneva.com
Ouvert 7j/7 de midi à 2h. Restauration de midi à 14h et de 18h30 à 23h30. Carte entre 35 CHF et 55 CHF. Cocktails : prix moyen 25 CHF.
Le Little Buddha Geneva, situé à deux pas du parc des Bastions, apporte un autre style musical à cet environnement plutôt axé sur le classique entre le conservatoire de musique et l'opéra. Avec un restaurant qui peut accueillir plus de 100 convives et un espace lounge avec son DJ live, le little Buddha Bar reprend le concept connu dans plusieurs capitales en Europe, aux Etats-Unis et au Moyen-Orient avec un décor inspiré de l'Asie, souligné par un imposant bouddha et une ambiance zen et sophistiquée. Des soirées à thème sont organisées régulièrement, after work en semaine dès 18h avec DJ live. Une cuisine aux influences asiatiques, hawaiennes, indiennes et californiennes.

MAMOUNIA

10, boulevard Georges-Favon
✆ +41 22 329 55 61
Cuisine orientale. Ouvert 7j/7 de midi à 15h et de 19h à minuit. Fermé le lundi soir en été. Plat du jour : 20 CHF. Couscous le soir entre 24 CHF et 32 CHF.
S'il existe vraiment un restaurant à Genève où l'on déguste de savoureux couscous et de délicieux tajines, c'est bien à la Mamounia. Les plats sont très copieux et savoureux. Le dépaysement est au rendez-vous avec un décor traditionnel et même, le vendredi et le samedi soir, des danseuses du ventre. Si la qualité des mets est constante, il semblerait néanmoins que la qualité du service, elle, soit inégale.

ODÉON

60, boulevard Saint-Georges
✆ +41 22 328 55 98
Cuisine française. Ouvert du mardi au vendredi de 11h à 15h et de 18h à 22h et le samedi soir. Plat du jour : entre 18 CHF et 21 CHF. Carte : 50 CHF.
Très sympathique bistrot, l'Odéon est une brasserie genevoise au joli décor en bois, dotée d'un bar à l'ancienne. Une savoureuse cuisine française y est servie. Pavé de bœuf, tartare, filets de perche ou encore les quenelles de brochet avec leur sauce Nantua vous raviront, grâce au bel esprit canaille de ces mets simples et efficaces. La carte des vins propose une sélection de crus essentiellement français et genevois. Un écran de télévision dans la salle permet de voir le chef cuisiner en direct. Le soir, l'endroit est particulièrement festif. Il y a même un karaoké privé que l'on peut réserver !

LE PORTUGAIS

59, boulevard du Pont-d'Arve
✆ +41 22 329 40 98
www.leportugais.ch
leportugais@bluewin.ch
Cuisine portugaise. Ouvert du mardi au samedi de midi à 14h et de 19h à 22h (plus tard ou dimanche et lundi sur réservation). 2 plats du jour (viande et poisson) y compris le samedi : 20 CHF. Menu du midi : 45 CHF. Menu du soir : 59 CHF. Carte : 70 CHF.
Depuis 1973, la cuisine de Fernando Martins régale les amateurs de poissons frais et de fruits de mer. Des arrivages quotidiens de produits océaniques, tels que loup de mer, daurade, calamars et coquillages sont la base de recettes traditionnelles, comme le riz aux fruits de mer. On ne néglige pas le cabri rôti au four ou la feijoada, plat typiquement portugais à base de haricots noirs, de riz et de viande de porc. Réservation recommandée.

UN R DE FAMILLE

10 rue Goetz-Monin ✆ +41 22 328 22 23
www.unrdefamille.ch
unrdefamille@proju.ch
Ouvert du lundi, mardi, mercredi et vendredi de 8h à 18h et le jeudi de 8h à 20h. Plat du jour : 17 CHF. Menu complet : 28 CHF. Menu enfant : 8 CHF. Boutique. Brunch chaque 1er dimanche du mois. Afterwork tous les jeudis de 18h à 20h à partir de la mi-février. Terrasse.
Situé près du nouvel hôpital, ce restaurant a pour concept d'être tourné vers une clientèle familiale. Faisant partie de la fondation Pro Juventute Genève, « Un R de Famille » met à disposition journaux, wi-fi et jeux pour enfants et sert une cuisine élaborée à partir de produits frais. Outre les soirées à thèmes et goûters organisés, des informations et des aides pour le quotidien des familles sont mis à disposition.

■ LE SOCRATE

6, rue Micheli-du-Crest
✆ +41 22 320 16 77
www.lesocrate.ch
info@lesocrate.ch
Ouvert du lundi au vendredi de midi à 14h et de 19h à 22h le samedi de 19h à 22h. Plat du jour : 23 CHF. Carte : 70 CHF.
C'est un comptoir gourmand, un vrai bistrot et le jeune chef est toujours aussi inventif. Un choix de bordeaux impressionnant se présente à la carte : des grands crus et des grandes années, avec des bouteilles qui grimpent à plus de 500 CHF ! Côté cuisine : marbré de bœuf à l'estragon, souris d'agneau confite et sa réduction au thym frais et pomme purée, andouillette grillée avec son jus réduit au Xérès, le fameux tartare du Socrate, joue de bœuf braisée ou rognons de lapin sauce moutarde en plat principal.

■ UNIVERSAL CAFÉ

26, boulevard du Pont-d'Arve
✆ +41 22 781 18 81
www.universalcafe.ch
Ouvert du lundi au vendredi de 11h30 à 15h, le lundi soir de 18h à 22h, du mardi au samedi soir de 19h à 23h. Fermé samedi midi et dimanche. Plats du jour : de 18 CHF à 22 CHF. Carte de 25 CHF à 55 CHF.
Véritable institution de la restauration genevoise, l'Universal Café propose une carte composée de mets de brasserie des plus alléchants. Cuisine française, poissons et viandes, se partagent le menu. On y apprécie la cuisine du chef Raphaël Jeantet, bien connu dans plusieurs établissements à Genève, comme par exemple le Comptoir des Délices à Carouge. La spécialité de la maison, c'est le Jack Wellington, composé de filet de bœuf, foie gras et copeaux de truffes, rôti dans sa pâte feuilletée et servi en portions individuelles. On ne résiste pas non plus au caractère de la sauce Universal, et on en cherche encore le secret.... Le cachet de cet établissement de bois ancien a été préservé. Vastes miroirs, lustres Murano, panonceaux humoristiques... il suffit de jeter un coup d'œil sur le site Internet, très décalé, pour avoir envie de faire un tour dans l'établissement. Terrasse en été.

■ LE VG, RESTAURANT DES VIEUX GRENADIERS

92 rue de Carouge
✆ +41 22 320 13 27
www.vgrestaurant.ch
admin@vgrestaurant.ch

Spécialités, fondues, filets de perche, plats de l'alpage. Cuisine traditionnelle. Ouvert lundi, mardi, vendredi de 10h à 24h, jeudi de 10h à 17h, samedi de 10h à 16h. Plat du jour 20 CHF. Formule «petites faims' : 18 CHF. Menus 40 et 50 CHF.

Ce lieu est chargé d'histoire car c'est ici que ce regroupent les différentes corporations qui constituent la Société des Vieux-Grenadiers, une institution à Genève. Le VG propose une cuisine traditionnelle régionale à la fois simple, inventive, délicate et variée. Les fondues, les filets de perche, les assiettes de viande séchée sont toujours au rendez-vous. Coup de cœur assuré pour les malakoffs des vieux granadiers présentés sur une ardoise et copieusement servis avec salade de saison aux noix et lardons, en deux temps pour garder la spécialité bien au chaud. D'autre part, la carte s'est enrichie de saveurs plus légères, répondant aux exigences des gourmets soucieux de leur ligne.... Cette formule «petites faims» à 18 CHF vous permet de composer un repas avec entrée et dessert, en savourant les deux entrées et le dessert du jour. Le chef répond également aux attentes des personnes désireuses de consommer sans gluten et sans lactose. La grande terrasse est très agréable à la belle saison. Thé dansant chaque mardi après-midi, hors vacances scolaires.

■ VIVENDO

11, rue Sautter
✆ +41 22 347 84 80
www.vivendo.ch
info@vivendo.ch

Cuisine italienne. Ouvert du lundi au vendredi de 7h30 à minuit et le samedi de 18h30 à minuit. Service non-stop du lundi au vendredi de midi à 23h et le samedi de 18h30 à 23h. Menu du jour : 20 CHF. Menu d'affaires : 49 CHF. Carte : 50 CHF.

En poussant la porte de ce resto, on a plutôt l'impression d'entrer dans un bar tendance que dans une pizzeria. Et pourtant ! Les pizzas au feu de bois et les pâtes fraîches sont excellentes. On découvre également des plats savoureux et de qualité indéniable, comme le mi-cuit de thon ou encore les poissons à la plancha. Et l'imposante carte des vins, très fournie en crus italiens (85 % de la cave est italienne), est là pour rappeler que les patrons ont quelques origines transalpines. Deux grandes tables d'hôtes sont également à disposition devant le bar.

Gare et Pâquis

Ce quartier est celui des contrastes les plus saisissants. En effet, près de la gare et au cœur des Pâquis, les restaurants sont très nombreux, multiculturels, peu chers pour la plupart, et malheureusement pas toujours excellents. En revanche, une fois la rue Philippe-Plantamour traversée, un tout autre panorama s'offrira à votre regard : celui des hôtels de luxe, avec leurs restaurants gastronomiques en perspective lacustre. Un juste milieu peut toutefois être trouvé en arpentant le boulevard James-Fazy, dotés de petits cafés-restaurants sympathiques, ou aux abords de la rue Alfred-Vincent, qui, depuis peu, recense de belles trouvailles culinaires.

Sur le pouce

■ AMERICAN DREAM DINER

13 rue de Neuchâtel
✆ +41 22 732 32 01

« Diner ». Ouvert 7/7 de 10h à minuit. Vendredi et samedi soir jusqu'à 2h du matin.

Situé à deux pas de la gare de Cornavin, American Dream est le premier *diner* à Genève. Le dépaysement est garanti : les amateurs de *l'american way of life* n'en croiront pas leurs yeux. Dès la porte franchie, bienvenue dans l'Amérique des années 1950. L'ameublement est typique, fabriqué et importé des Etats-Unis par la même entreprise artisanale qui fournissait déjà, les tout premiers *diners* au début du siècle. Pas de reproduction, la décoration y est authentique, le distributeur de coca-cola date de 1950.

Des haut-parleurs originaux en forme de gouttes diffusent des classiques des *fifties*, rock-and-rolls, rockabilly, et des ballades. Les clients peuvent, s'ils le souhaitent, sélectionner leurs musiques préférées, à l'aide de 12 minis juke-box restaurés, de 1954, qui se trouvent sur chaque table et au bar. Quant à la nourriture, elle est préparée maison. On trouve de copieux hot-dogs, de délicieux hamburgers (de 220 à 400 g de viande)... Les plus gourmands se régalent avec le *Crazy Burger. French fries*, *onion rings*, *cheeses sticks*, bagels, wraps, ribs, *chicken wings*, chili con carne ainsi que de nombreux plats végétariens. Tout y est ! Sans oublier un large choix de boissons importées directement des Etats-Unis. *Float*, *Frozen cocktails*, ainsi que de délicieux milk-shakes. La carte s'élargit en été, avec un grand choix de salades.

CAFÉ GAVROCHE

4, boulevard James-Fazy
✆ +41 22 731 26 94
gsahin@bluewin.ch
Ouvert du lundi au jeudi de 11h à 1h, le vendredi de 11h à 2h et le samedi de 18h à 2h. Galette du gavroche entre 12,50 CHF et 13,50 CHF. Carte : 25 CHF.

Lieu de sortie, café apprécié pour sa simplicité et l'atmosphère sympathique qui se dégage de l'endroit, sous l'impulsion d'un couple de patrons tout sourire, le Café Gavroche est également un établissement où l'on mange bien. Quelques plats turcs vous y sont proposés, dont une très bonne assiette de mezze, mélange de petites portions d'hummus, de caviar d'aubergines et autres sauces délicieuses, servies avec un pain plat oriental. Mais surtout, le lieu est connu pour pratiquer une spécialité : la galette du Gavroche. Une pâte extrêmement fine, cuite de façon saine, à laquelle on ajoute, sur une base de tomates, de poivrons et d'aubergines, du poulet, du fromage de chèvre, du salami ou autres ingrédients, de plus en plus diversifiés. La galette, roulée et grillée, est servie avec une petite salade en accompagnement. Un petit repas sain, peu cher et délicieux. Egalement un choix de sandwichs et de salades.

FLOORTWO

19, quai du Mont-Blanc
✆ +41 22 908 92 24
www.kempinski.com
floortwo.geneva@kempinski.com
Ouvert du lundi au dimanche de 6h30 à 22h30, lounge jusqu'à 23h.

En levant la tête à la hauteur du prestigieux hôtel *Kempinski*, votre regard croisera une superbe terrasse, jouissant d'une vue imprenable sur le jet d'eau et les Alpes. Il s'agit du *FloorTwo*, le restaurant-bar du deuxième étage de l'hôtel. Celui-ci vous invite à boire un verre tout au long de la journée, dans un agréable patio à la déco orientale et aux canapés confortables, ou à vous régaler d'un sandwich, d'une salade, d'une glace ou de *mezze* chauds et froids dans l'espace restaurant de l'établissement, pourvu de la fameuse terrasse, très prisée des touristes en été. Mais la beauté a un prix...

MONTE BIANCO

9, rue de la Chaponnière
✆ +41 22 732 41 54
Ouvert du lundi au vendredi de 7h30 à 19h30. Restauration de midi à 15h. Plat du jour entre 14 CHF et 24 CHF. Sandwichs entre 5 CHF et 20 CHF.

Outre un plat du jour, aux saveurs simples et équilibrées, précédé d'une salade, le Monte Bianco est surtout connu pour ses sandwichs copieux servis à la coupe. On sélectionne ce qu'on souhaite manger : sur une baguette, on met de l'huile d'olive ou du beurre. On opère ensuite un choix parmi les grandes pièces de viande séchée, de jambon aux herbes, de coppa et autres, coupées en fines tranches devant soi et allant se placer sur la baguette. Pour ceux qui n'aiment pas la viande un excellent poulpe frais en morceaux pourra la remplacer avec un accompagnement de tomates fraîches ou séchées, aubergines ou courgettes grillées et effilées, poivrons cuits au four à l'huile d'olive, roquette fraîche, sauce piquante... le vaste choix, composé de produits du jour exclusivement, permet d'enrichir à merveille le sandwich.

LE PARADIS

Quai Turrettini
✆ +41 76 701 25 16
www.terrasse-paradis.ch
terrasse.paradis@hotmail.com
Ouvert tous les jours d'été du 1er mars à fin octobre selon la météo de 9h à 21h (ou 22h voire minuit, si le temps le permet). Thé vert à la menthe : 5 CHF. Frappé glacé : 8 CHF. Petite restauration de sandwichs et glaces.

Cette immense terrasse à proximité de la place de Saint-Gervais, toute en transats multicolores, attire une clientèle bigarrée, des banquiers à l'heure de l'apéro, des copines qui se retrouvent, des amoureux à leur premier rendez-vous... On aime y voir et y être vu, ce que permet particulièrement bien l'agencement des tables basses et sièges placés sur la longueur des grandes marches du quai Turrettini, premier quai à gradins de la ville, œuvre de l'architecte Maurice Braillard datant de 1938. Thé à la menthe fraîche, grands frappés glacés et copieux sandwichs à déguster, au bord du Rhône, les pieds presque dans l'eau ! Un petit paradis, au centre de Genève, le long du Rhône !

SUPRÊM'SALADE

✆ +41 84 872 52 33
www.salade.ch
supremsalade@gmail.com

Livraison de salades à domicile. Toute l'année 24h/24 par Internet. Toute l'année par téléphone de 8h à 14h et de 18h à 21h. Salade : 17 CHF. Livraison gratuite. Offre entreprises disponible. Commande minimum de 17 CHF. Une liste des quartiers livrables est disponible sur Internet.

Suprêm'Salade propose un large choix de salades, des desserts et des boissons pour des repas sains et légers. Il y a des salades pour tous les goûts : au magret de canard, au poulet, au thon, aux crevettes, au cervelas, au surimi, indienne, norvégienne, grecque, californienne, paysanne et, bien sûr, une végétarienne. Les salades sont assez copieuses et généralement livrées avec un petit pain et même un petit chocolat. Les ingrédients sont bons et frais, achetés chez des maraîchers genevois. Les desserts sont fabriqués de façon artisanale. Le mode de fonctionnement du site est simple : il suffit de choisir une date, une salade et une sauce. On peut aussi obtenir une réduction grâce au menu Combi ou à une commande passée à l'avance. Le temps de livraison est de 40 minutes en moyenne. Il y a même la possibilité de donner 1 CHF pour la Fondation *Moi pour Toit* qui œuvre en faveur d'enfants défavorisés de Colombie.

Pause gourmande

GELATO MANIA

25, rue des Pâquis
✆ +41 22 741 41 44
www.gelato-mania.ch

Glacier. Ouvert de mai à octobre 7j/7 de 11h30 à minuit, en mars et avril 7j/7 de 11h30 à 19h. Fermé en cas de très mauvais temps. Cornets : 3,50 CHF et 6 CHF, gobelets : 4 CHF, 6 CHF et 7 CHF. Possibilité d'acheter la glace au litre et au demi-litre.

Les files qui se forment devant ses quatre boutiques confirment d'année en année le succès de Gelato Mania. Glacier artisanal de très bonne réputation, l'enseigne n'utilise que des ingrédients de première catégorie. Ainsi, la fleur de lait qui sert de base aux glaces est-elle constituée uniquement de crème fraîche et de lait entier. Ici, pas d'ajout de lait en poudre, ni de graisse végétale. La vanille vient, quand à elle, directement de Madagascar. Le savoir-faire artisanal est resté, dans le respect d'un même procédé traditionnel, malgré le développement de succursales. Ses glaces sont donc d'excellente qualité. Des parfums surprenants, qui changent très régulièrement, pour les audacieux (fromage de chèvre, moutarde en grains) en côtoient de plus classiques, particulièrement réussis, pour les plus sages. Excellente glace au chocolat, mention spéciale aux glaces à la mangue et au yogourt. Ce glacier saura surprendre.

Autres adresses : 43, rue Saint-Joseph – 1227 Carouge – Tél +41 22 301 12 80 • 61, rue des Eaux-Vives – 1207 Genève – Tél +41 22 735 48 47 • Rue de l'Ecole-de-Médecine – 1205 Genève – Tél +41 22 328 04 80

LA PERLE

11, rue des Pâquis
✆ +41 22 738 25 15
www.patisserielaperle.ch
info@patisserielaperle.ch

Pâtisserie orientale. Ouverte du lundi au samedi de 9h à 20h. Prix moyen : 3,60 CHF les 100 grammes, correspondant à 6 pièces environ.

Des produits de qualité à un prix raisonnable, telle est la devise de cette pâtisserie orientale située au cœur des Pâquis. Dans un cadre soigné, la famille Achech vous invite en effet à un itinéraire culinaire ne négligeant aucune destination, des pays du Maghreb au Moyen-Orient. Faisant la part belle à l'amande, la pistache, au miel, pignons et pétales de rose, la large gamme de pâtisserie présentée en magasin, régulièrement renouvelée, peut s'acheter à la pièce ou sous forme de charmants assortiments. Corne de gazelle, *loukoum, baklawa* en forme de cœur, *mlabess* ou sablé au chocolat : vous n'y résisterez pas.

Bien et pas cher

■ L'AIGLON

16, rue Sismondi ✆ +41 22 732 97 60
www.laiglon.ch
infoaiglon@infomaniak.ch
Ouvert du lundi au samedi de 8h à 2h du matin. Carte à 40 CHF.

Vieux bistrot de quartier et belle histoire de famille depuis 1967 ayant judicieusement réussi sa rénovation, l'Aiglon est un lieu de paradoxe, à la fois branché et populaire. S'y croise une population hétéroclite, où se mêlent des personnes de toutes catégories sociales, de toutes tendances et de tous horizons, dans une ambiance décontractée et festive. Y règne un bel esprit de tolérance. On y mange des plats simples et savoureux. Une petite carte propose, outre un plat du jour, d'excellents steaks et filets de bœuf qui font le délice des habitués depuis belle lurette. Le soir, du jeudi au samedi, des DJ se relayent en ce café, donnant à l'atmosphère un air plus branché. L'Aiglon est un lieu qui parvient à concilier bistrot de quartier, établissement populaire, enseigne branchée et LGBT.

■ LA BAGATELLE

20, boulevard James-Fazy
✆ +41 22 732 26 29
Ouvert 7j/7 de 8h à minuit. Restauration de 11h30 à 23h. Plat du jour : 17 CHF. Plats à la carte : de 22 à 26 CHF.

A deux pas de la gare, ouverte tous les jours et avec son service continu, la brasserie La Bagatelle est l'établissement qui sauve quiconque ayant une fringale en dehors des heures de restauration. Les prix très modiques qui y sont pratiqués rendent l'endroit encore plus indispensable. La spécialité de la maison est l'entrecôte au beurre Bagatelle. Le tartare de bœuf est coupé au couteau. Du poisson frais y est livré 2 à 3 fois par semaine. La nouvelle direction a vraiment à cœur de proposer des plats maison. Il s'agit d'un excellent rapport qualité/prix !

■ LA BERGERIE DU GRUYÉRIEN

6, rue François-Bonivard
✆ +41 22 732 30 42
www.le-gruyerien.ch
info@le-gruyerien.ch
Fondues et raclettes. Ouvert du lundi au samedi de 7h à 1h. Service en continu. Fondues à 26 CHF, avec une coupe de champagne 39 CHF. Carte : 40 CHF. Raclette 6 CHF ou 27 CHF à discrétion.

Après nous avoir réjouis par l'atmosphère chaleureuse et les plats savoureux de son premier restaurant, le patron du Gruyérien a ouvert un nouvel espace : La Bergerie du Gruyérien. Si la carte reprend celle du Gruyérien, elle s'est ouverte aux goûts et exigences de la ville en proposant également des pizzas, mais attention, un pizzaiolo a été

Café Art's.

engagé, car il s'agit absolument de continuer à faire de l'authentique et non du touristique ! Les pizzas sont donc cuites au four à pizzas et parfaitement artisanales. Des entrecôtes et des steaks ainsi que des filets de perche, en suggestion, viennent compléter la carte.
Un pavé de bœuf sur pierre ollaire est prévu pour bientôt. En été, toutes sortes de salades gourmandes sont proposées, toujours dans l'esprit de la maison, bien sûr ! La décoration, plutôt que d'évoquer un chalet d'alpage, s'inspire, elle, d'une bergerie, mais les caquelons retournés qui font office de lampe sont là, eux aussi !

■ CAFÉ ART'S

17, rue des Pâquis
✆ +41 22 738 07 97
Ouvert du lundi au vendredi de 11h à 2h, le samedi et le dimanche de 8h à 2h. Plat du jour : 19 CHF, salades : 23 CHF, omelette avec salade mélangée : 17 CHF, panini 12 CHF ou 17 CHF avec salade. Hamburgers. Carte de 20 CHF à 30 CHF.
Le Café Art's est un incontournable du quartier des Pâquis car dans ce café au charme incomparable, où se croisent poètes, artistes, et personnes venues de tous les horizons, on ne peut manquer d'être saisi par l'atmosphère qui règne ici. Toujours une bonne humeur omniprésente, le Café Art's est le lieu par excellence où se dispense le sens de l'accueil. Mené avec dynamisme et enthousiasme par Marie-Claude et Eric, ses deux patrons communicatifs, on y passe de beaux moments. La salle est joliment décorée avec de belles tables de bois, aux murs des expositions d'artistes, dans un coin un vieux piano et une caisse enregistreuse qui date de l'époque où Calamity Jane gambadait dans l'ouest américain. Une terrasse à même le large trottoir en été permet au client de s'imprégner de l'atmosphère du quartier. En hiver, ce lieu, avec ses éclairages aux charmes tamisés, semble un refuge de douce chaleur au cœur de la froide saison. La cuisine est simple et bonne, composée de belles salades copieusement servies dont la fameuse printanière ou la salade au chèvre chaud et miel ; des pâtes maison (très bon pesto concocté sur place) dont les délicieuses tagliatelles à la truffe, ainsi qu'un très bon plat du jour. Pour les petits creux, d'agréables paninis servis avec salade, à toute heure. Et pour les gros appétits, des hamburgers très spéciaux (chorizo, chèvre, tomate/mozarella ou gorgonzola) servis avec salade, pommes de terre et sauce tartare ! Pour se désaltérer, on n'hésite pas à goûter la bière au chanvre très appréciée ! Il fait bon s'arrêter et revenir au Café Art's.

■ LA CARAVANE PASSE

11, rue Alfred-Vincent
✆ +41 22 731 34 31
www.lacaravanepasse.ch
caravanepasse@hotmail.com
Cuisine libanaise. Ouvert le lundi de 18h à 23h, du mardi au vendredi de 11h30 à 14h30 et de 18h à 23h, le samedi de 18h à 23h. Plat du jour : 17 CHF. Mezze de 8 CHF à 15 CHF. Assortiments de mezze : de 23 à 28 CHF. Plat du jour (avec soupe ou salade) : 17 €. Aussi à emporter.
Une salle dont la décoration rappelle les Mille et une Nuits, ornée de draperies orientales et d'une lumière tamisée. Le lieu est tenu par Isabelle Natal, fille d'une famille égyptienne qui, de génération en génération, propose des *mezze* colorés. *Kafta* et *kebbe* (boulettes de viande), *hommous*, caviar d'aubergine, *falafel*, *tzatziki*, couscous agrémenté de raisin et de cannelle… Assiette traditionnelle ou végétarienne réunissent chacune neuf variétés de *mezze*. On peut également les déguster un à un, mais cela revient un peu plus cher. Ce restaurant et bar à mezze, à l'ambiance sympathique et l'accueil très agréable, peut toutefois laisser les puristes un peu déçus, à la recherche d'une finesse gustative des plats.

▶ **Autre adresse :** 146, route de Suisse – 1290 VERSOIX – Tel +41 22 755 09 00

■ LE COMPTOIR

9, rue de Richemont
✆ +41 22 731 32 37
www.lecomptoirdesign.com
buffets@lecomptoirdesign.com
Cuisine chinoise et japonaise. Ouvert du mardi au jeudi de 18h30 à 1h, le vendredi et le samedi de 18h30 à 2h. Entrées : dès 7,50 CHF, plats : dès 19,90 CHF.
Avec ses allures de cantines très tendance, le comptoir propose une cuisine sino-nipponaise, fusion de diverses cuisines asiatiques dans une ambiance chill out. Dans un décor sobre mais qui fait son effet, une lumière tamisée pour des dîners d'amoureux ou tête à tête entre amis. L'espace entre les tables est exigu, le lieu un peu bruyant, mais on apprécie ses prix plus que raisonnables. Le restaurant ferme au mois d'août pour s'installer sur le bateau *Genève* à l'occasion du festival Overground. On l'aura compris, le lieu se veut jeune et branché. Il est aussi possible d'y organiser des apéros et des buffets, avec menu spécial. Pour l'apéritif ou simplement boire un verre dans un lieu dans le vent : le Lola bar, juste à côté, communique avec le restaurant.

■ COTTAGE CAFÉ

7, rue Adhémar-Fabri
✆ +41 22 731 60 16
www.cottagecafe.ch
info@cottagecafe.ch
Ouvert du lundi au vendredi de 7h15 à minuit (petit déjeuner de 7h15 à 11h), et le samedi de 10h à minuit (petit déjeuner jusqu'à 11h45). Cuisine ouverte de midi à 14h, et le samedi de midi à 15h. Mezze et tapas de 18h à 22h. Plats du jour : 22 CHF. Salades : de 25 à 29 CHF. Tapas et mezze : de 8 à 16 CHF. Tartines : 2,80 CHF. Réservation conseillée midi et soir.
Un emplacement idéal ! Face au monument de Brunswick et au Jet d'eau, le Cottage Café est un endroit charmant, très prisé par les Genevois. Bucolique, insolite, avec son environnement de verdure au cœur de Genève, c'est un lieu de vie et de convivialité. Nicole Boder, talentueuse, a eu un coup de cœur pour ce café et a mis à profit ses talents d'artiste pour le décorer et lui conférer son empreinte chaleureuse. Pierres noires, crépi vieil or, parquet de bois clair, sur lesquels vibre la fantaisie décorative des vieux meubles rénovés, luminaires, bougies, porcelaines... Même les choix sonores sont en harmonie avec les lieux. On aime y prendre son temps, feuilleter les magazines, découvrir les livres de voyageurs à disposition, ou jouer une partie de solitaire, Scrabble ou dominos posés sur la petite commode. Au petit matin, *bircher* et tartine de pain bio avec des confitures maison ; à midi, une cuisine méditerranéenne, aux saveurs relevées comme le blanc de poulet farci au *pesto* de tomates séchées et mozzarella, quinoa, courgettes ou les *orechiettes all'arabiatta*, parmesan, *ruccola*, pignons. Les petites douceurs «maison» sont servies à toute heure ; on apprécie le *cheesecake* parfumé au citron sur son coulis de framboise ou la tarte Tatin et sa glace au caramel à l'estragon ! Le soir, c'est ambiance tapas, bons crus et bonne ambiance. Il est agréable de déguster l'un des crus sélectionnés par Pascal, amoureux des vins nature, qui propose de nouvelles merveilles tout au long de l'année. En été, la grande terrasse est un véritable lieu de détente pour une pause en plein cœur de Genève !

■ LE DIWANE

6, rue de Zürich
✆ +41 22 732 73 91
www.lediwane.ch
Cuisine libanaise. Ouvert du lundi au vendredi de 11h30 à 14h et de 19h à 23h, et le samedi de 19h à 23h. Assiette mezze : 20 CHF. De mi-juillet à mi-août, ouvert 7j/7 non-stop. Plats du jour, à midi à 18 et 19 CHF. Menus pour 2 personnes : 6 plats pour 75 CHF, 9 plats pour 112,50, 12 plats pour 150 CHF. Plats à emporter. Parking des Alpes à 2 minutes.
Une référence à Genève en matière de cuisine libanaise. Le Diwane est à deux pas de la gare de Cornavin et des quais du Pâquis. Le cadre est classique et soigné, le service agréable, et la cuisine y est savoureuse et authentique.

Le chef est toujours fidèle au poste depuis 1991 ! Les mezze sont délicieux : on aime les spécialités de viandes crues : *kibbe naye* et *tableh naye* (spécialités de viande crue de bœuf sans graisse en tartare, l'onctueux *hommos bil lahme* (pois chiches pilés, viande hachée, pignons de pin) ou le tendre *rokak bel jabne* (feuilleté au fromage). Les desserts sont délicats et parfumés, particulièrement les *katayef*, de petites crêpes garnies de crème fouettée à la fleur d'oranger, saupoudrées de bris de pistaches. Un délice ! Les plats sont de qualité, et les prix sont tout à fait corrects. Une bonne adresse pour s'initier aux saveurs du pays du cèdre, dans la salle ou sur la terrasse d'été.

■ ITAL'INDIA

38 Rue de Lausanne

✆ +41 22 738 44 36

Cuisine indienne et italienne. Ouvert du lundi au dimanche, de 11h30 à 14h30 et de 18h30 à 23h30. Livraison à domicile avec Shahi Food.

Voici un concept assez original. Mélanger dans un lieu deux cultures et cuisines différentes : l'Italie et l'Inde. Bien évidemment, vos plats sont soit italiens, soit indiens, pas question de mélanger les deux dans une même assiette. Et la qualité des mets est indéniable. A deux pas de la gare, avec une petite terrasse en été.

■ L'ÂGE D'OR

11, rue Cornavin

✆ +41 22 731 30 93

Pizzeria. Ouvert du lundi au samedi de 8h30 à 1h. Cuisine chaude de 10h à 00h30. Menu du midi : 13,90 CHF. Menu tête-à-tête : 64 CHF (pour 2 personnes). Menu Age d'Or : 27 CHF ou 36 CHF avec une coupe de champagne. Carte : 25 CHF. Pizzas.

Une adresse incontournable entre quai des Bergues et gare de Cornavin où toutes les générations se côtoient dans une belle ambiance. L'Age d'Or est aussi une institution depuis 1955. A cette époque, les Genevois venaient déguster ce qu'ils nommaient : « des tartes à la sauce tomate ». Aujourd'hui les pizzas ont toujours le même procédé de fabrication : elles sont cuites dans un moule, lui-même déposé sur la braise. Petite mais copieuse, la mini-pizza de L'Age d'Or a tout d'une grande : la classe, la saveur, le croustillant, la légèreté et la fraîcheur. Les prix semblent ne pas avoir changé depuis une éternité – ce qui est très appréciable à Genève – et les serveurs vous accueillent avec le sourire. Petite terrasse d'extérieur en été.

■ LA MAISON D'ASIE

20, rue de la Servette

✆ +41 22 738 03 83

Cuisine vietnamienne. Ouvert 7j/7 de 11h à 14h30 et de 18h à 22h30. Plats à partir de 15,50 CHF. Carte : 34 CHF.

Ce petit restaurant vietnamien est généralement bondé à l'heure du déjeuner. On y sert une cuisine copieuse et savoureuse. Un grand nombre de spécialités vietnamiennes sont servies ici, comme le Pho, les travers de porc, les rouleaux d'été ou les crêpes saïgonnaises, mais on trouve aussi quelques plats thaïlandais et chinois ou encore des sushis.

■ LE MANDARIN

1-3, rue de Chantepoulet

✆ +41 22 732 27 42 – www.mandarin.ch

contact@mandarin.ch

Restaurant chinois. L'entrée se situe au niveau supérieur de l'immeuble, en haut à gauche de la rampe d'accès. Ouvert du lundi au vendredi de 11h30 à 14h30 et de 18h30 à 22h30, le samedi et le dimanche non-stop de 11h30 à 22h30. Plats du jour de 14 CHF à 18 CHF. Menus de 35 CHF à 58 CHF. Carte : 45 CHF.

Une ambiance reposante au-dessus de l'agitée rue Chantepoulet et une cuisine chinoise traditionnelle, sans plus. La différence vient du service, tout sourire, très rapide, discret et sympathique. Prix très raisonnables et puis, ce qui n'est pas négligeable, pas d'odeur de friture en salle ! On peut donc sortir en soirée après le dîner sans risquer d'écœurer tout le monde. Banquets et réceptions pour 100 personnes.

■ MILAN

9, rue de la Chaponnière

✆ +41 22 732 46 65

www.lemilan.com

Cuisine italienne. Ouvert du lundi au samedi de 11h45 à 14h30 et de 18h45 à 23h. Plat du jour : 19 CHF. Menu du jour : 25 CHF. Pâtes entre 21 et 26 CHF. Carte : 45 CHF.

Milan est presque une institution, il existe depuis 1910. Il propose une cuisine italienne délicieuse : les tagliatelles aux truffes, ou plus simplement les raviolis maison, mais encore le risotto au safran, le loup en croûte de courgette, les spaghettis vongole ou les spécialités de viande : escalopes milanaises, *piccata* ou encore *saltimbocca*. Les produits sont de qualité, l'accueil est chaleureux, et la terrasse est très agréable dans la petite rue calme (rare dans ce quartier). Une bonne adresse !

MANORA

6, rue Cornavin ✆ +41 22 909 46 80
www.manor.ch – info@manor.ch
Ouvert du lundi au mercredi de 9h à 19h, le jeudi de 9h à 21h, le vendredi de 9h à 19h30, le samedi de 8h30 à 18h. Parking en sous-sol, ouvert du lundi au samedi de 6h30 à 20h30 et le jeudi jusqu'à 22h. Plats 14 CHF en moyenne.
Situé au dernier étage du grand magasin Manor, ce self-service propose des plats équilibrés et bon marché à toute heure de la journée. Soupes, grandes salades, poissons, viandes, grillades, pâtes, buffet de légumes ou plats fraîchement cuisinés, le choix est large. Le cadre est chaleureux, la terrasse extérieure calme et accueillante, et le service rapide. Une fois rassasiés, vous pourrez faire vos emplettes tranquillement aux différents étages du magasin. Pizzas et pâtes à la minute, à déguster sur une terrasse de 300 places dotée d'une vue imprenable sur Genève et le jet d'eau.

LE MOSAIQUE

31, rue du Môle ✆ +41 22 731 60 58
Restaurant érythréen. Ouvert du lundi au samedi de 18h à 23h30. Plats : 13 CHF et 16 CHF.
A la rue du Môle, un petit restaurant qui ne paye pas de mine, avec un décor basique, se révèle pourtant être une excellente adresse. On y mange à l'érythréenne, c'est-à-dire avec les doigts et tous dans la même assiette, ce qui reste à éviter pour les premiers rendez-vous d'amoureux mais s'avère être d'une grande convivialité entre amis. Seuls deux plats sont proposés, un mets végétarien (lentilles, salade, épinards) et le kulwa au bœuf servi avec sa garniture sur une grande galette à 16 CHF. On peut aussi y manger du *zegni* (viandes mijotées) ou riz mais sur réservation. La qualité est sûrement meilleure que dans nombre de restaurants plus recherchés, et les prix défient toute concurrence ! L'adresse est peu connue mais fréquentée par beaucoup de jeunes gens qui se sont passé le mot...

NO PIZZA

13, rue Alfred-Vincent
✆ +41 22 786 00 00
www.nopizzasolopizza.com
pizza@nopizza-restaurant.com
Pizzeria. Ouverte du lundi au vendredi de 11h30 à 14h et de 18h à 23h, le samedi de 18h à 23h. Plat du jour : 19 CHF. Entrées : de 7 à 22 CHF. Pizzas : de 14 à 22 CHF. Pâtes : de 18 à 22 CHF. Desserts : de 8 à 12 CHF. Pizzas et pâtes à l'emporter. A midi, livraison gratuite pour les bureaux du quartier. wi-fi gratuit.
Cette pizzeria est idéale pour se restaurer à petit prix dans le quartier des Pâquis. Elle vous accueille en effet, en semaine et le samedi soir, dans un cadre rappelant celui d'un loft rétro, avec son papier peint de briques apparentes et sa cuisine ouverte, pour déguster de délicieuses pizzas cuites au feu de bois. Les plats sont généreusement servis, la qualité des produits est au rendez-vous, avec notamment un pain fait maison très appréciable, et le service est irréprochable. No pizza organise également les lundis soir une activité tout à fait ludique pour les gourmets : seconder le pizzaiolo en cuisine ! Enfin, l'établissement dispose d'un petit espace dédié à la vente de services de table et de jarres.

LE PRADIER

6, rue Pradier ✆ +41 22 738 27 26
www.lepradier.com – info@lepradier.com
Buffet et carte. Ouvert tous les jours de 7h à 1h. Prix des buffets à volonté : A midi : 25 CHF du lundi au samedi et 30 CHF le dimanche. Le soir : du dimanche au jeudi : 38 CHF, avec possibilité de prendre seulement les plats froids et desserts pour 30 CHF. Vendredi et samedi soir : buffet de la mer au prix de 56 CHF.
Au cœur du quartier de la gare de Cornavin, tout près des enseignes franchisées qui font perdre à la ville leur identité, le Pradier ravira les amateurs de délicatesse avec sa promesse tenue sous les mots de « créativité et saveurs ». Un somptueux buffet permet de composer son menu librement, que l'on se nomme Gargantua ou Poucelina. La qualité, la diversité et le choix ont chaque jour rendez-vous avec la fraîcheur. Un poisson, trois viandes et des salades, un somptueux plateau de fromages et des desserts... Sans oublier le buffet de la mer le vendredi et le samedi soir. A la carte, fruits de mer, poissons et viandes, comme le filet de bœuf Rossini aux morilles. Agréable terrasse l'été. Intérieur soigné et fleuri.

LA VÉRANDA

20, rue des Alpes ✆ +41 22 906 97 79
www.international-terminus.ch
contact@international-terminus.ch
Ouvert 7j/7 de 11h45 à 14h et de 18h45 à 22h. 3 plats du jour : 16 CHF, 18 CHF et 21 CHF. Le week-end, plats du jour : 21 CHF. Pizzas à partir de 16,50 CHF. Menus : 31 CHF et 44,50 CHF
A deux pas de la gare Cornavin, La Véranda est un restaurant familial : il offre des plats simples et d'excellentes pizzas (il possède son propre four à pain pour cuire les pizzas) et un service rapide. Il sert aussi une cuisine internationale : salade de gambas aux quatre épices, filets de féra, sauce vierge, souris d'agneau confite au thym... En été, la grande et charmante terrasse ombragée est très agréable et appréciée pour y dîner en toute intimité. Un petit coin tranquille, en plein centre-ville. A découvrir !

Bonnes tables

LE BISTROT DE CHARLOTTE

3, place des Bergues
✆ +41 22 731 81 81
www.lebistrotdecharlotte.com
reservations@lebistrotdecharlotte.com
Ouvert du lundi au vendredi de 11h à minunit, le samedi de 18h à minuit. Carte 50 CHF.
Il est écrit sur la carte du Bistrot de Charlotte : « Cuisiner les plats de tout le monde comme personne ». C'est un pari audacieux mais en tout cas pour les plats testés comme le parmentier à la queue de bœuf, c'est un pari gagné. Le Bistrot de Charlotte est un univers bistrotier qui convient aussi bien pour un petit déjeuner, un déjeuner d'affaires, un afternoon tea, un after work, un dîner en amoureux. La carte des mets varie en fonction des saisons et vise la simplicité et l'authenticité, en mettant l'accent sur la qualité des produits. Les desserts sont inspirés des délices d'antan comme le fameux baba au rhum. Une petite épicerie propose des produits artisanaux, tels que confitures ou huile d'olive. C'est aussi un emplacement idéal en centre-ville, à deux pas du lac.

BOLLYWOOD CAFÉ

6, place de la Navigation
✆ +41 22 731 88 77
www.cafebollywood.ch
info@cafebollywood.ch

Restaurant indien. Ouvert 7j/7 de 12h30 à 1h30. Plat du jour : 19 CHF. Carte : 55 CHF.

Un restaurant qui porte bien son nom, ouvert en juin 2007 dans le quartier des Pâquis. Dépaysement garanti, tant par l'atmosphère que par le décor authentique et la clientèle très cosmopolite. La projection de films Bollywood sur grand écran et la présentation de la carte dans une pochette DVD participent à l'exotisme du lieu. En été, la belle terrasse extérieure donnant sur la place constitue un atout non négligeable. On y déguste une vaste palette de plats indiens traditionnels de viandes, poissons et légumes, ainsi que quelques spécialités maison comme l'excellent curry de crevettes aux bananes. Un endroit à découvrir entre amis ou en famille. Réservation conseillée.

CAFÉ DE PARIS

26, rue du Mont-Blanc
✆ +41 22 732 84 50
www.cafe-de-paris.ch

Ouvert 7j/7. Service continu de 11h à 23h. Menu : 40 CHF.

C'est dans ce restaurant qu'a été inventée la fameuse sauce du même nom, en 1930. L'unique menu servi ici est d'ailleurs cette fameuse entrecôte, enrobée de son beurre inimitable aux fines herbes et épices, accompagnée de frites et de salade. Une clientèle variée de banquiers, d'étudiants, d'hommes et de femmes d'affaires comme de touristes se presse pour goûter à la sauce devenue si célèbre depuis. Belle carte des vins. Les lieux ont été entièrement rénovés.

CHEZ JACKY

9-11, rue Necker
✆ +41 22 732 86 80
www.chezjacky.ch
restaurant@chezjacky.ch

Ouvert du lundi au vendredi de 11h30 à 14h et de 19h à 22h. Plat du jour : 24 CHF. Menu du jour sans entrée : 24 CHF. Menu gourmand à midi : 49 CHF. Carte : 60 CHF.

A proximité de la gare, voici une cuisine traditionnelle pleine de fraîcheur. Jacky Gruber aux fourneaux remplit nos assiettes, délicatement décorées par son épouse, de petites merveilles culinaires. Côté viandes, un filet de bœuf accompagné d'une fricassée de chanterelles légèrement crémées et d'une petite ratatouille niçoise et, côté mer, des queues de « baby langoustes » grillées. Le cadre est élégant et frais et les tables sont bien mises. La terrasse est agréablement fleurie. Une salle est disponible pour des banquets.

LE DUO

43, rue de Lausanne
✆ +41 22 906 14 14
www.manotel.com
royal@manotel.com

Le Duo, côté restaurant, est ouvert du lundi au vendredi, midi et soir. Business Lunch : 38 CHF et 45 CHF. Menus de 65 à 125 CHF. Carte : 75 CHF. Label «Ambassadeurs du terroir». Le Duo, côté bistrot, est ouvert 7j/7 midi et soir. Plat du jour : 21 CHF. Carte : 55 CHF. Terrasse et parking privé gratuit. Le Bogie's Bar est ouvert 7j/7 de 7h à 1h (petite restauration de 9h à 1h).

Le restaurant Le Duo est idéalement situé au centre-ville, à deux pas de la gare avec un parking privé gratuit et des arrêts de tram. Un côté bistrot et un côté resto, deux ambiances, deux cartes mais une même qualité de plats raffinés ou traditionnels qui varient en fonction des saisons et un même accueil chaleureux et convivial. Belle carte de poissons du côté resto, normal le chef Armel Bedouet est breton ! Belle carte de vins et surtout de vins au verre avec de grands crus. Un restaurant d'hôtel de grande qualité où l'on perçoit l'esprit du grand chef Bernard Loiseau, à travers quelques recettes choisies.

EL FARO

5, rue de Fribourg
✆ + 41 22 732 21 98
ag.moro@bluewin.ch

Cuisine espagnole. Ouvert du lundi au samedi. Menus du jour avec entrée, plat et dessert : 20 CHF. Carte : 60 CHF. Petite terrasse. Parking des Alpes ou de la Gare Cornavin à proximité.

El Faro, d'après les habitués ou les autochtones ibériques et plus spécifiquement galiciens, est reconnu comme l'une des meilleures tables espagnole de Genève. Dans ce quartier atypique des Pâquis, à deux pas de la gare, vous serez très bien accueilli dans ce restaurant familial et authentique tenu par la famille Moro depuis 37 ans avec un personnel fidèle et très professionnel et un chef depuis plus de 20 ans aux fourneaux. La carte fait la part belle aux fruits de mer, aux spécialités espagnoles et surtout au poisson frais comme la daurade ou le bar servis en croûte de sel, au four ou grillé, présentés devant vous avant la cuisson et découpés aussi à votre table. Quelques entrées comme les crevettes à l'ail, le poulpe cuit juste comme il faut et servi avec un filet d'huile, paprika et citron raviront vos papilles. Chaque jour, une spécialité est mise en avant comme la paella le jeudi ou la sole entière le vendredi et les deux arrivages quotidiens garantissent une fraîcheur constante des produits. Une salle à l'étage permet de recevoir jusqu'à 40 personnes pour une soirée privée. Des plateaux de fruits de mer peuvent être commandés 24h à l'avance.

FUJI

6 rue de Chantepoulet
✆ +41 22 732 77 27
Cuisine japonaise. Ouvert du lundi au vendredi de 12h à 14h30 et de 18h30 à 22h30, samedi et dimanche de 18h30 à 22h30.
Juché au premier étage au-dessus d'une pizzeria, le lieu ne paie pas de mine, mais côté cuisine, la qualité est de mise. Les poissons sont frais et tendres, les sushis excellents. L'accueil et le service sont agréables et chaleureux. Il serai bien trop dommage de s'arrêter à l'aspect extérieur du restaurant et de ne pas goûter aux délices culinaires du Fuji !

GANDHI CAFÉ

37, rue Neuchâtel
✆ +41 22 731 61 61
www.gandhi.ch
info@gandhi.ch
Restaurant indien. Ouvert du lundi au samedi de 11h30 à 14h30 et de 19h à minuit, le dimanche de 19h à minuit. Plat du jour : de 18 CHF à 20 CHF. Menu : 42 CHF. Carte : 40 CHF. Livraison 7j/7 : 022 731 61 61.
Gandhi, le guide spirituel de l'Inde, prête ici son nom à un restaurant et vous fait savourer les délicieuses saveurs de son pays. C'est donc en paix, sur la terrasse colorée ou dans le décor intérieur bollywoodien, que des serveurs aux petits soins vous feront goûter à leurs spécialités tandoori, murgh tikka (morceaux de poulet mariné, grillé au tandoor), machi tikka (brochette de saumon grillé au tandoor), jheenga tandoori (crevettes géantes grillées). Vous apprécierez les plats savamment épicés qui se cachent sous le joli rose. Le grand choix de la carte laisse rêveur autant que l'ambiance tamisée et les toiles de dieux hindous tapissant les murs. Découverte et dépaysement sont au rendez-vous.

GAYA

19, rue Ferrier
✆ +41 22 732 46 36
www.gayageneva.com
gayageneva@hotmail.com
Cuisine coréenne. Ouvert du lundi au vendredi de midi à 14h30 et de 19h à 22h30, le samedi de 19h à 22h30.
Dans un cadre délicat, décoré selon la tradition coréenne, le Gaya propose une cuisine savoureuse et authentique. Les classiques de la gastronomie du pays du matin calme sont bien représentés. Si l'on devait conseiller un menu idéal en sus des menus proposés, nous vous inviterions à goûter la délicieuse crêpe aux fruits de mer, puis de commander le *pulgogi* ou bœuf mariné. Si vous désirez manger à la coréenne, vous pouvez également demander de la salade en supplément qui vous permettra d'envelopper votre viande avec un peu de sauce avant de manger votre petite bouchée avec les doigts. C'est un régal. Les végétariens pourront trouver de quoi faire leur bonheur, tant il y a de plats intéressants sans viande. Les *chapchae* ou nouilles de patate douce sont exquises également en entrée. Attention, les proportions étant grandes, il suffit de commander une entrée pour deux, à l'exception des ravioles qui sont servies en quantité normale. Le grand bémol de ce restaurant est qu'il ferme à 22h30.

KIRIN

4, rue de Neuchâtel
✆ +41 22 738 12 88
Cuisine japonaise. Ouvert du lundi au vendredi de 11h30 à 14h et de 18h30 à 23h, le samedi et le dimanche de 18h à 23h30. Plat du jour : 18 CHF, 20 CHF et 26 CHF. Menu : 55 CHF. Assortiments de 20 CHF à 45 CHF. Carte : 45 CHF. Réduction de 10 % à emporter. Livraison à domicile de 18h30 à 23h.
C'est un restaurant de sushi, sashimi, maki et autres tempura diverses. Le poisson est d'une fraîcheur indéniable. La fondue aux légumes et canard pour deux personnes façon kamonabe est une de leur spécialité. A essayer ! A midi, on a le choix entre trois plats du jour, chinois, japonais et sushis. Un cadre sobre, des nappes et des murs blancs où la belle estampe sur fond or ressort admirablement. Le restaurant dispose d'un nouveau salon-bar tatami, où s'attabler comme un vrai japonais ! Le service est d'une délicatesse et d'une amabilité toutes japonaises pour ce lieu qui se remplit volontiers de la foule bigarrée propre aux Pâquis et de Japonais.

LAVINIA

3 bis, rue de Coutance ✆ +41 22 732 22 22
www.lavinia.com/ch
serviceclientsuisse@lavinia.com

Restaurant ouvert du lundi au vendredi midi. Formule du jour, eau et café 40 CHF. La carte des vins du restaurant, c'est la cave du magasin, au prix boutique ! (Caviste : ouverture du mardi au vendredi de 9h30 à 19h et le samedi de 9h30 à 18h)

Comme sa grande sœur parisienne, Lavinia offre la possibilité de savourer n'importe quelle bouteille de la boutique dans son restaurant, qui fait aussi office de bar à vins. C'est donc plus de 2 500 références et une vingtaine de vins au verre qui dansent sur la carte. Une invitation à un voyage gustatif qui ravira vos papilles si vous vous trouvez dans le secteur de la gare à l'heure du déjeuner, en semaine. On apprécie la suggestion du chef Elton Biegalski, qui rappelle à Genève les notes fumées du Sud-Ouest français. Les amateurs de vin sont également charmés par la qualité des conseils des sommeliers, aux petits soins pendant la pause déjeuner. Réservation conseillée.

L'ENTRECÔTE COURONNÉE

5, rue des Pâquis ✆ +41 22 732 84 45

Ouvert du lundi au vendredi de midi à 14h30 et de 19h à 22h, le samedi de 19h à 22h. Plat du jour : 25 CHF. Menu découverte (4 plats) : 60 CHF. Carte : 60 CHF.

Au cœur des Pâquis, une toute bonne adresse de bistrot genevois absolument craquant, tant pour son accueil chaleureux, son décor un brin rétro, que pour sa cuisine qui tire vers la gastronomie. Produits du terroir, vins des environs, crus au verre et mets excellents ! Forcément, c'est un ancien professeur de l'école hôtelière qui y officie. Sa magnifique entrecôte couronnée ainsi que ses délicieux plats de poisson laissent des souvenirs exquis pour les papilles. Et, en plus, il soutient la production agricole régionale. Réserver.

LITTLE INDIA

20, rue du Prieuré ✆ +41 22 731 11 71
www.littleindia.ch

Restaurant indien. Ouvert du lundi au vendredi de midi à 14h et de 19h à 23h et le samedi et le dimanche de 19h à 23h. Menus : 39 CHF et 47 CHF. Carte : 45 CHF.

Voilà un restaurant typique indien avec une décoration un peu kitsch, mais dans lequel on mange si bien... Bien qu'il soit nécessaire de parler anglais pour passer sa commande, l'accueil est très sympathique, les plats savoureux. Les prix sont, en outre, tout à fait raisonnables. Bref, une très bonne adresse pour un voyage culinaire au pays des maharajahs.

LA MÈRE ROYAUME

4, place Simon-Goulart
✆ +41 22 731 29 20
www.lamereroyaume.ch
contact@lamereroyaume.ch

Cuisine traditionnelle. Fermé le samedi midi et le dimanche. Plats du jour de 16 à 22 CHF.

On entre dans cette auberge mythique. Et on est déjà séduit par le plafond de la première salle, qui représente une ancienne carte du canton de Genève. La salle arrière vaut aussi le détour avec ses vitraux gigantesques, son imposante cheminée (utilisée en hiver pour les grillades) et sa galerie en bois sculpté. Une magnifique bibliothèque rappelle que les lieux sont partagés avec la Société littéraire qui s'y réunit périodiquement. L'atmosphère a d'ailleurs quelque chose de solennel. Les spécialités de la Mère Royaume rappelle l'histoire de la ville : joue de bœuf traditionnelle, avec sa garniture grand-mère servie en cocotte, *longeole* sauce bordelaise avec gratin de cardons, filets de perche poêlés ou mille-feuille de bœuf au fois gras, sauce Rossini !

LA PERLE DU LAC

126 rue de Lausanne
www.laperledulac.ch
restaurant@laperledulac.ch

Ouvert du mardi au dimanche, de 9h à 22h30. Cuisine servie de midi à 14h et de 19h à 22h30. Brasserie et restaurant avec terrasse. Plat du jour : 23 CHF. Menu du jour : 62 CHF. Menus : 76 CHF et 110 CHF. Plat à la carte : de 20 à 120 CHF.

Un prestigieux restaurant dans le romantique parc de la Perle du Lac. Un côté brasserie, pour prendre un verre et se sustenter d'un plat du jour, et un côté restaurant avec terrasse et vue sur le lac. La cuisine est fraîche, riche et même raffinée : foie gras chaud au jus de framboise sur paillasson croustillant, noix de Saint-Jacques et fleur de tomate confite, vinaigrette de vanille, ou encore filet de fera du lac Leman au beurre de fenouil, volaille fermière aux écrevisses.

RESTAURANT DES TRANSPORTS

6, boulevard James-Fazy
✆ +41 22 732 69 16
www.restaurantdestransports.ch
info@restaurantdestransports.ch

Cuisine française et italienne. Ouvert du lundi au vendredi de 7h à minuit, fermé le samedi matin et le dimanche. Plat du jour soigné : 19 CHF. Carte : 45 CHF.

Un lieu mythique à Genève, le Restaurant des Transports, se trouve à deux pas de la gare. Dans un cadre de bistrot simple, la patronne Graziella nous fait goûter une cuisine française et italienne savoureuse à souhait. La spécialité des lieux est le coq au vin, mais on pourra y découvrir quantité d'autres plats délicieux, tels que des mets au fromage (fondues ou croûtes), des filets de perche, un magnifique cordon bleu maison ou encore une bourguignonne avec sa mayonnaise maison légère et onctueuse. Les pommes allumettes sont un pur délice et pourraient presque constituer un très bon repas à elles seules.

■ RESTAURANT EDELWEISS

2 place de la Navigation
✆ +41 22 544 51 51 – www.manotel.com

Cuisine suisse. Ouvert 6j/7, le soir. Banquets (200 couverts). Air conditionné. Spécialités : poissons du lac, raclette, fondues (fromage, viande, chocolat). Formules à 45 et 55 CHF. Animations tous les soirs.

C'est dans un cadre montagnard, au son des *yodlers*, que l'on dîne à l'Edelweiss ! Ce véritable chalet, au cœur de la ville et à deux pas du lac, propose des plats typiques suisses (fondue, raclette, *rösti*, salade de tomme chaude*)*, dans une ambiance inoubliable, avec d'authentiques musiciens des montagnes suisses et leur cor des Alpes. Les tables sur la mezzanine permettent de profiter pleinement du spectacle. Une convivialité « made in Switzerland » ! Mais l'Edelweiss, c'est aussi un nouveau chef créatif qui aime cuisiner les poissons du lac et développe de nouvelles suggestions, chaque mois, comme le filet de maquereau mariné aux agrumes, un «burger Edelweiss», et une tarte fine aux abricots rôtis aux amandes et caramel à la sarriette !

■ LE ROUGE ET LE BLANC

27, quai des Bergues ✆ +41 22 731 15 50
www.lerougeblanc.ch
rougeblanc@bluewin.ch

Cuisine française. Ouvert du lundi au samedi de midi à 1h. Plat du jour : 36 CHF. Menu du jour, entrée ou dessert : 45 CHF. Vin au verre à partir de 8 CHF. Propose des cours de cuisine. Traiteur. Terrasse.

Une situation privilégiée sur les rives du Rhône. Dans cet endroit, branché et charmant avec ses murs en pierre et ses hautes tables d'hôtes en bois, on sert une cuisine de saison avec des produits de marché. Les mets sont accompagnés de crus surprenants. Le soir dès 17h, il se transforme en bar à vins ; plus de 30 bouteilles ouvertes à disposition, petits et grands crus, servis au verre accompagnés de charcuterie, fromage et autres tapas... Terrasse donnant sur le Léman.

▶ **Autre adresse :** 54, boulevard des Tranchées – 1206 Genève – Tél +41 22 347 67 02

■ LE SUD

1, quai Turrettini
✆ +41 22 909 00 00 / +41 22 909 00 05
www.le-sud.ch

Cuisine du sud. Ouvert tous les jours de midi à 15h et de 19h à 22h30. Formule 2 plats : 39 CHF, 3 plats : 46 CHF. Parking gratuit le soir pour les clients du restaurant Le Sud et le Rasoi.

La brasserie Le Sud est l'un des restaurants du très bel hôtel Mandarin Oriental, un des fleurons de l'hôtellerie à Genève. Le Sud, dans le cadre de son concept de brasserie lyonnaise, est idéal pour les déjeuners d'affaires ou les repas plus décontractés entre amis avec une carte aux plats simples dans la tradition des brasseries françaises. Le soir, l'ambiance est plus feutrée et intimiste avec ses jeux de lumière sophistiqués. Accueil toujours charmant et service efficace. Une bonne adresse au cœur de Genève.

Luxe

■ L'ARABESQUE

47, quai Wilson
✆ +41 22 906 67 63
www.hotelpwilson.com
resident@hotelpwilson.com

Cuisine libanaise. Ouvert tous les jours de midi à 14h30 et de 19h30 à 23h30. Menu d'affaires : 59 CHF. Menu mezze et menu grillades : 85 CHF. Menu dégustation : 105 CHF. Carte : 70 CHF.

Voilà un cadre chic et luxueux pour découvrir les saveurs libanaises. Le choix de mezze est pléthorique et si l'on a encore faim après une dégustation de ces délicieux petits hors-d'œuvre ou si notre porte-monnaie le permet, on peut se régaler avec des grillades ou du poisson et finir par une sélection de desserts traditionnels à base de pistache, de miel, de datte ou de fleur d'oranger. Attention, l'entrée se fait par l'hôtel Président Wilson, sur la rue Gauthier.

LE BAYVIEW

47, quai Wilson
✆ +41 22 906 65 52
www.hotelpwilson.com
resident@hotelpwilson.com

Restaurant gastronomique. Ouvert du mardi au samedi de midi à 14h et de 19h à 22h. Menu complet : 140 CHF, menu avec deux entrées : 110 CHF, menu avec une entrée : 85 CHF. Entrées : de 30 CHF à 45 CHF.

Situé au rez-de-chaussée de l'établissement, ce restaurant gastronomique s'inscrit dans le raffinement, tout en misant sur l'originalité, grâce à un concept inédit, construit autour de l'éveil de sens. La vue est en effet immédiatement sollicitée : l'œil est attiré par la jolie vue sur le lac, mais aussi par le décor du lieu, élégant et épuré, faisant la part belle aux cuirs délicats et aux voilages métalliques, superbement mis en valeur par un éclairage indirect.

Bercés par une discrète musique d'ambiance, on se laisse alors tenter par la cuisine d'inspiration européenne du chef Michel Roth, qui se plaît à réinventer des recettes traditionnelles, conçues à partir de produits saisonniers. Pourquoi ne pas tester la salade de homard tiède, la sole étuvée aux crevettes, l'agneau de lait des Pyrénées ou encore le dôme chocolaté à la fève tonka ?

LE CHAT-BOTTÉ

Hôtel Beau-Rivage
13, quai du Mont-Blanc
✆ +41 22 716 69 20
www.beau-rivage.ch
info@beau-rivage.ch

Cuisine française. Ouvert du lundi au vendredi de midi à 13h45 et de 19h à 21h45 et le samedi soir. Menus : 70 CHF le midi et de 140 CHF à 220 CHF le soir.

Douceur du cadre et délices du palais dans le restaurant d'un hôtel mythique. Idéalement situé au bord de la Rade avec vue splendide sur le Léman, on y déguste une cuisine traditionnelle fine et racée, digne des grands chefs. Queues de langoustine du Cap et artichaut poivrade ; pigeon de Bresse accompagné d'une raviole de fois gras ou grenouille de Vallorbe en gigotin et tempura par Dominique Gauthier, consacré « cuisinier de l'année » en 2009, qui a reçu pour la quatrième année consécutive 18 points sur 20 par le guide gastronomique GaultMillau en 2012, et a également reçu sa première étoile au Guide Michelin 2010. Une touche d'originalité bienvenue, un service irréprochable pour des mets aux parfums subtils. Très belle cave. Il est aussi possible de déguster un repas spécial à la table du chef, au cœur des cuisines.

MIYAKO

11, rue de Chantepoulet
✆ +41 22 738 01 20
www.miyako.ch

Cuisine japonaise. Ouvert du lundi au samedi de midi à 14h et de 19h à 22h30. Plat du jour de 25 CHF à 30 CHF. Menus de 33 CHF à 36 CHF à midi et de 56 CHF à 105 CHF le soir. Carte : 70 CHF.

Dans un lieu plaisant et raffiné, on choisit l'une des trois ambiances où déguster son repas : à la mode teppanyaki, où l'on peut apprécier la dextérité du cuisinier s'affairant sur sa plaque géante ; au bar à sushi pour les *makis* ou sashimis ; ou bien dans le salon des tatamis au sous-sol, l'endroit idéal pour se délecter d'excellents *sukiyakis* servis par des jeunes femmes en habits traditionnels. L'atmosphère est au rendez-vous, comme les amateurs de gastronomie japonaise et autres célébrités qui s'y pressent depuis des années. C'est pourquoi il vaut mieux réserver.

NAGOMI

47, rue de Zürich
✆ +41 22 732 38 28

Cuisine japonaise. Ouvert du lundi au vendredi de midi à 14h et de 19h à 22h. Menu dégustation : 130 CHF. Carte : 70 CHF.

Lorsqu'on pousse la porte coulissante de ce petit restaurant des Pâquis, on se trouve instantanément transportés au Japon. Dans ce décor de bois et d'estampes, on se sent tout de suite à l'aise. L'endroit est intime, seize places réparties entre quatre tables et le sushi bar.

Derrière le comptoir, au centre de la pièce, Masa-san prépare les mets devant vous au rythme des commandes, une garantie de fraîcheur et un vrai spectacle. Au menu, sushi et sashimi bien entendu mais aussi d'autres spécialités japonaises comme l'anguille grillée ou le pudding au sésame noir en dessert.

La cuisine est excellente (pour certains les meilleurs sushis d'Europe !), mais attention l'addition salée pourrait gâcher le plaisir. Réservation indispensable en raison de la taille du lieu.

RASOI MANDARIN ORIENTAL GENEVA
1, quai Turrettini
✆ +41 22 909 00 00
www.rasoi.ch
Restaurant indien. Ouvert du mardi au vendredi de 12h à 14h30 et de 19h à 22h30, le samedi de 19h à 22h30. Menu gourmand : 130 CHF. Menu gourmand végétarien : 90 CHF. Menu de midi, du lundi au vendredi : 65 CHF. Menus enfant, 2 plats : 38 CHF, 46 CHF complet. Parking gratuit le soir pour les clients des restaurants Le Rasoi et le Sud.
Le Rasoi présente une cuisine indienne « évoluée », délicieuse. Dans ce lieu, tout n'est que raffinement et harmonie. Association de pourpre, de bois sombre et de pierre, le cadre très sophistiqué revisite à la manière contemporaine l'atmosphère indienne, avec à l'entrée un four tandoori où cuisent toute la journée des pains traditionnels. On se laisse facilement tenter par un plat comme le Tikka de volaille du Punjabi en sauce tomate parfumée au *kasoori methi*, ou le *biryani* de champignons sauvages, *raita kachumber* qui convient mieux aux végétariens. Pour un moment d'exception et un voyage culinaire, à condition d'avoir le temps, partez sur la route des saveurs et des épices avec le menu gourmand et ses sept plats ! Le jardin d'hiver avec vue sur le Rhône, qui se transforme en terrasse en été, est une nouveauté fort appréciée. Une adresse que nous vous recommandons absolument.

Grottes, Saint-Jean, Nations et aéroport

Le quartier des Grottes est un véritable îlot de bonnes adresses pour se restaurer à prix modérés, dans un cadre tranquille, puisque à l'abri du trafic, et souvent soigné. La cuisine du monde, principalement italienne, libanaise et éthiopienne est ici à l'honneur, et sait allier le raffinement à l'originalité. Aux abords des Grottes, les restaurants, notamment des rues de Lyon, de la Servette, de Saint-Jean et des Charmilles, font aussi la part belle aux saveurs d'ailleurs, mais jouissent d'un cadre nettement moins bucolique. Enfin, l'aéroport de Genève, comme le quartier des Nations, recense des établissements de qualité, à tester.

Sur le pouce

BLAQK
22, rue Voltaire
✆ +41 22 300 60 00
www.blaqk.com
Livraison à domicile du lundi au vendredi de 9h à 14h et de 18h à 23h, le samedi de 11h30 à 14h et de 18h à 23h, et le dimanche de 11h30 à 23h. Restauration sur place du lundi au dimanche de 12h à 23h. Petits déjeuners : dès 20,50 CHF. Hamburgers : dès 13,50 CHF. Sandwichs : dès 8,50 CHF. Plateaux repas : dès 39 CHF.
Blaqk propose un service de livraison à domicile couvrant une soixantaine de plats et boissons, dont un large choix d'hamburgers, de sandwichs, de salades, de canapés, et même du caviar. Les produits se distinguent par leur fraîcheur – le pain des hamburgers est 100% artisanal – et le service par sa rapiditié.
En effet, la livraison s'effectue dans les quarantes à soixantes minutes qui suivent la commande. Blaqk est aussi reconnu pour ses repas d'entreprises, pour lesquels il est conseillé de passer commande la veille. Enfin, une petite terrasse et une dizaine de couverts en intérieur permettent une restauration sur place, dans un cadre contemporain et agréable. Jus de fruits frais conçus devant vous également disponibles.

▶ **Autre adresse :** 11 Cours de Rive ; Tél. +41 22 300 60 06

Pause gourmande

RUCKSTUHL
9, rue de Saint-Jean
✆ +41 22 344 35 82
www.ruckstuhl.com
Boulangerie-pâtisserie. Ouvert du mardi au vendredi de 6h à 19h, le week-end de 6h30 à 18h.
Jean-Charles Ruckstuhl nous offre un choix de pains traditionnels et spéciaux, de délicieuses viennoiseries, des tartes, tartelettes, gâteaux et quelques tartes salées et sandwichs à déguster sur place au *tea room* avec vue sur le comptoir des tentations. Produits issus de matières premières de qualité, les trois générations de Ruckstuhl allient tradition et terroir pour produire des mets irréprochables.

▶ **Autres adresses :** 2, rue de la Jonction – 1205 Genève Tél +41 22 329 55 44. • 2, rue de Montbrillant – 1202 Genève. +41 22 733 65 96 • 32, rue des Acacias – 1227 Carouge – Tél +41 22 342 01 43. • Halles de Rives – Tél +41 22 736 59 67.

Bien et pas cher

■ CAFÉ DU SOLEIL

6, place du Petit-Saconnex
✆ +41 22 733 34 17
www.cafedusoleil.ch
Ouvert tous les jours : du lundi au vendredi de 7h à minuit, le samedi de 10h à minuit, le dimanche de 10h à 23h. Fermé le 24 et 25 décembre, le 31 décembre et le 1er janvier. Plat du jour : 17,90 CHF. Carte : 45 CHF. Cartes de crédit non acceptées.
Ce café semble avoir une histoire déjà ancienne, car sur son enseigne, on peut lire, « 1824 – à pied et à cheval». Le propriétaire, d'après quelques recherches faites dans les archives de l'ancienne commune, pense même que le café a plus de 400 ans et était sans doute un relais de poste pour les gens de passage. Selon une rumeur très répandue au bout du lac, on mangerait ici la meilleure fondue de Genève. Il est vrai qu'elle est excellente et que l'atmosphère chaleureuse et la sympathie du personnel lui donnent une saveur toute particulière. Aussi bonne soit-elle, la fondue n'est pas toujours la bienvenue lors des chaleurs estivales, c'est pourquoi le patron propose quelques plats d'été composés de salades, de melon et autres propositions, à déguster sur une terrasse agréablement ombragée. La carte est également généreuse en viandes grillées. Une spécialité suisse à découvrir aussi : le malakoff ! Ne manquez pas non plus la meringue à la double crème de gruyère, délicieuse !

■ LE CHAT ROUGE

25, rue Voltaire
✆ +41 22 344 98 98
www.chatrouge.ch
info@chatrouge.ch
Cuisine mexicaine. Ouvert du lundi au vendredi de 10h30 à 14h30 et de 18h30 à minuit, le samedi et le dimanche de 18h30 à minuit. Cuisine jusqu'à 23h. Carte de 40 CHF à 50 CHF.
Ce sympathique restaurant mexicain propose une excellente nourriture, avec deux plats-phares : le spectaculaire *molcajete*, tout d'abord. Spécialité mexicaine précolombienne, il était utilisé lors de repas pour honorer les dieux. Au chat rouge, la tradition ancestrale est maintenue. On vous apporte sur la table un plat en pierre volcanique, où ont été cuites à l'antique diverses sortes de viandes ou de poissons. Poulet, porc, bœuf et agneau pour la version viande, gambas, lotte et calamars pour la version poisson s'y mélangent, fondantes, grillées de façon délicieuse par ce procédé unique. Autre élément aussi visuel que parfumé, une série de petits plateaux tournants sur socle propose des sauces diverses et enchanteresses. La sauce cacao, parmi elles, surprendra plus d'un palais. Autre spécialité maison, le *filetitos*. Servis dans un plat de fonte, viande, poulet ou crevette, émincés, ont été apprêtés soigneusement, dans une marinade à la base d'épices mexicaines, de poivrons et d'oignons. Parfumés et tendres, ils se dégustent dans un assortiment de sauces (guacamole et autres, très bien apprêtés). Attention, ces plats sont pour deux personnes. Le reste des plats mérite aussi le détour.

■ LA GAZELLE D'OR

55, rue de Lyon
✆ +41 22 340 33 50
www.gazelledor.ch
sewranaz@hotmail.com
Cuisine éthiopienne. Ouvert 7j/7 de 11h à 15h et de 17h à minuit. Service jusqu'à 23h. Plat du jour : 17 CHF. Menus de 50 CHF à 70 CHF. Carte : 35 CHF. Parking à l'école d'ingénieurs.
La Gazelle d'or propose une cuisine savoureuse dans un décor exotique et dépaysant, pour déguster l'Afrique du bout des doigts en prenant son temps. On se doit d'essayer le menu Gazelle Royale afin de découvrir toutes les saveurs de l'Ethiopie et de l'Erythrée : dans un plat commun, doro, tib kulwa d'agneau, zegni de bœuf, ou végétarien, souvent bien pimenté et servi sous des huttes, que l'on mange avec une crêpe. L'ambiance et l'accueil sont chaleureux.

MIP RESTAURANTS AU CICG

17 rue de Varembé
✆ + 41 22 791 93 15
www.miprestaurants.com
info@miprestaurants.com
Ouvert du lundi au vendredi de 11h30 à 14h30. Plat à thème : 16,50 CHF. Poisson ou viande sans garniture : 10 CHF (garniture 2.50 CHF au choix). Plat végétarien : 10 CHF. Terrasse ouverte pendant la saison estivale ou lors de privatisation d'événements. Service banquets.
Au cœur du Centre International de Conférences de Genève (CICG), au centre des organisations internationales, à 5 minutes du centre-ville et à 10 minutes de Genève Aéroport, le MIP Restaurants est un espace de restauration de 500 m² situé au 1er étage du CICG. C'est une adresse à découvrir car les prix sont très raisonnables, la cuisine de qualité et sa situation au cœur de la Genève internationale, un atout incontestable pour les internationaux, les touristes et les locaux. Plusieurs formules sont proposées à midi avec de grands buffets de salades, de hors-d'œuvre, des plats à thème ou végétariens, des sandwiches et un bar à soupes. La terrasse en saison peut accueillir jusqu' à 250 personnes et être privatisée. Sur place, le Bar Léman sert des formules petits déjeuners et goûters et une restauration légère.

MONTREUX JAZZ CAFÉ

Genève Aéroport
13, route de l'Aéroport
Arrivée
✆ +41 22 817 46 40
www.mymontreuxjazzcafe.com
geneve@ssp-ch.com
Cuisine française. Ouvert 7j/7 de 7h à 23h. Plat du jour : 21 CHF. Carte : à partir de 30 CHF.
C'est à Genève Aéroport que le premier Montreux Jazz Café a été créé, avant ceux de Zürich et de Londres. Des archives vidéo, en grande partie inédites, du Montreux Jazz Festival rythment les journées de ce lieu dédié à la musique et aux plaisirs de la table. A la carte, une cuisine connaissant ses classiques mais n'hésitant pas à s'autoriser quelques folies. Le BB Burger, les tartares de bœuf et de saumon avec avocat et citron vert ou l'assiette de tapas figurent au «Wall of Fame» d'un restaurant qui propose également des plats du jour recherchés, à la présentation originale et soignée. A l'arrière, la Funky Claude's Lounge propose une ambiance plus cosy, recréant l'atmosphère du Chalet de Claude Nobs, fondateur du Festival. Avec une carte dédiée, cet alcôve autorise un moment suspendu dans le tourbillon des voyages.

NOMADES

Quartier des Grottes
18, rue des Grottes
✆ +41 22 734 09 88
www.nomades.ch
ateliers@nomades.ch
Cuisine libanaise. Ouvert du lundi au vendredi de 8h à 14h30 et de 18h à 2h, le samedi de 15h à 2h et dimanche de 11h à 2h. Plat du jour : 18 CHF. Menu : 48 CHF. Assiettes de viande à partir de 24 CHF. Carte : 40 CHF.
Couscous, falafels, caviar d'aubergines, keftas, des plats d'inspiration libanaise nous sont servis dans un cadre aux couleurs chaudes, aux lumières tamisées, ambiance orientale donc forcément chaleureuse. Confortablement assis sur des canapés ou installés entre amis sur une table conviviale, on déguste ces spécialités à des prix tout à fait raisonnables. On peut aussi goûter au narguilé sur la terrasse d'été et se laisser tenter par les desserts orientaux, bien consistants. Un petit voyage bon marché pour laisser nos sens découvrir des épices d'ailleurs, et tout ça dans le quartier très sympathique des Grottes.

LA ROTISSERIE

Genève Aéroport
21 route de l'Aéroport
Gare CFF
✆ +41 22 798 11 30
www.bisa-ge.ch
rotisserie@bisa-ge.ch
Ouvert tous les jours, de 7h30 à 21h. Restauration de 11h à 20h30. wi-fi gratuit. Plat du jour : 19 CHF. Formule du jour : 23,90 CHF (eau minérale comprise).
Des produits frais, des plats rôtis (la spécialité), dans une ambiance conviviale. L'accueil est chaleureux et les viandes sont passées au grill devant le client. Une carte de cuisine traditionnelle avec chaque jour de nouvelles propositions : jambon à l'os, gigot d'agneau, cochon de lait, tartare de bœuf, filets de perche. Des journées à thème, comme l'Argentine, pour ses viandes de bœuf tendres, parfumées et ses vins corsés, sur la nouvelle terrasse où l'on se retrouve projeté dans l'univers coloré et festif des *cantina* de Buenos Aires. Un voyage culinaire en perspective !

■ **LE SAINT-JEAN**

15, avenue des Tilleuls ✆ +41 22 344 40 44

Ouvert du lundi au vendredi de 8h30 à 2h, le samedi et le dimanche de midi à 2h. Plats du jour de 14 CHF à 19 CHF. Pizzas entre 12 CHF et 21 CHF, filets de perche : 20 CHF, salades entre 15 CHF et 18 CHF.

Le café Saint-Jean est un établissement qui frappe au cœur pour plusieurs raisons. La première, une jolie terrasse au cœur de constructions de bois sur la couverture des voies CFF de Saint-Jean, dans un lieu calme. La seconde, le patron, doté d'un accent genevois à couper au couteau, et qui vous accueille avec un plaisir évident, et dans les yeux comme une invite à la fraternisation. La troisième, un sentiment d'être un peu chez soi, tant on est bien reçu dans ce petit bistrot de quartier. La quatrième, comme l'affirme le maître de céans : « Ici, on fait peu, mais on fait bien ». Pizzas, entrecôte, filets de perche et gambas, excusez du peu, y sont délicieux. Le tout pour des prix qui, à l'heure où nombre de pizzerias genevoises ont radicalement augmenté leurs prix, défient toute concurrence. Des plats du jour avec salade et café, des pizzas, des filets de perche, etc. Et pour le sourire du patron, on revient sans hésiter.

■ **STARLING CAFÉ**

34 route François-Peyrot

✆ + 41 22 747 02 47 – www.starling-cafe.ch

Ouvert du lundi au vendredi de 5h30 à 16h30, le samedi de 5h30 à midi et le dimanche de 5h30 à 16h. Formule petit déjeuner avec café-croissant : 7,30 CHF. Vaste buffet avec cuisine « en live » : 39 CHF. Formule express : 22 CHF. Carte : plats de 15 CHF à 45 CHF. Tous les dimanche dès midi (sauf juillet et août), Lunch des P'tits Chefs : 49 CHF (24,50 CHF pour les enfants de 4 à 10 ans) avec animations inclues. Service de transfert gratuit de/vers l'aéroport de 5h10 à 23h45.

Le Starling Café est l'un des deux restaurants du Starling Hotel Geneva, situé à deux pas de l'aéroport et du centre de congrès, Palexpo. Ouvert tous les jours de la semaine, il permet de se restaurer dès 5h30 du matin avec plusieurs formules petit déjeuner, adaptées à votre appétit et au cours de la journée avec une cuisine internationale dans un cadre lumineux, spacieux, design et contemporain. La cuisine est résolument cosmopolite. Le parking est offert pendant votre repas et vous disposez gratuitement de la connexion wi-fi de l'hôtel. Pour un repas du dimanche en famille, le Starling Café organise dès midi «les dimanches des p'tits chefs» avec lunch et animations (ateliers, jeux, spectacles).

■ **SWISS BISTRO**

28, avenue Louis-Casaï ✆ +41 22 710 46 26

Cuisine suisse. Ouvert du lundi au vendredi de 11h30 à 14h et de 18h30 à 22h30. Plat du jour : 18 CHF. Raclette à discrétion : 35 CHF. Tous les rösti : 22 CHF, sauf ceux à la zurichoise : 35 CHF. Carte : 40 CHF. Parking.

Après avoir fait ses courses à Balexert, pourquoi ne pas profiter d'une halte au calme dans ce restaurant jouxtant le Suitehotel ? On y trouve de savoureux rösti apprêtés de douze manières différentes : entre autres champignons et crème, cervelas et oignons, lard, tomates, saucisse de veau ou encore à la zurichoise. Il y a aussi d'autres classiques, les traditionnels macaronis tels que les préparerait le paysan sur son alpage, la raclette à volonté ou à la portion et bien-sûr la fondue. Les prix sont très raisonnables. Le cadre est traditionnel, décoré de petites vachettes dispersées un peu partout. Avec une terrasse mise en valeur à l'arrière.

Bonnes tables

■ **GIARDINO ITALIANO**

Quartier des Grottes

13, rue des Grottes ✆ +41 22 734 13 44

Cuisine italienne et sicilienne. Ouvert du mardi au vendredi de midi à 14h et de 19h à 23h, samedi de 19h à 23h. Menu du jour de 19 CHF. Menu dégustation à 70 CHF.

Grâce au restaurant Giardino Italiano, c'est un coin d'Italie que vous trouverez au cœur de Genève ! Des salades, soupes et hors d'œuvre qui fleurent bon le Sud, comme la *caponata* d'aubergine, un plat typiquement sicilien (légumes frits assaisonnés), ou des *penne* au ragoût sicilien, mais aussi le couscous de poissons, le carré d'agneau aux herbes aromatiques ou encore les *fettucine* au homard, sans oublier les *pizze.* Côté dessert, à ne pas rater les *cannolis* siciliens ou encore le tiramisu de la maison. On apprécie aussi le *semifredo* aux pistaches. Le tout, accompagné de vins des provinces italiennes (*Piemonte, Campania, Trentino alto adige, Toscana, Marche, Veneto*) et *da Sicilia* – ainsi que quelques vins suisses pour les inconditionnels. Une cuisine fraîche et dépaysante ! Le patron, Carmelo Inzirillo avait fait un succès en ouvrant ce premier restaurant à Moscou. Autant dire que le succès est également au rendez-vous à Genève.

■ **L'IMPROVISTE**

4, rue des Délices ✆ +41 22 344 07 26

www.restoimproviste.ch

restoimproviste@gmail.com

Bus 7, arrêt Saint-Jean, bus 11, arrêt Délices

Ouvert du mardi au vendredi de 11h30 à 15h et de 18h à minuit. Samedi 18h à minuit. Carte : de 30 CHF à 50 CHF. Plat du jour : dès 17 CHF.
Connaissez-vous la bistronomie, cet art d'allier le caractère convivial et abordable d'un bistrot avec la qualité et le raffinement de la cuisine gastronomique ? Voici le défi que s'est lancé le restaurant L'improviste, au cœur du quartier de Saint-Jean, dont la gérance a été reprise par Loïc et Camille, toujours entouré du chef cuisinier Emmanuel Boutet. Ici, pas d'argenterie ni de cristal, mais une déco contemporaine, déclinée dans les tons sable et rouge vif, et un mobilier faisant la part belle au bois et à l'alu brossé. Côté carte, c'est une cuisine inventive et généreuse qui est proposée, composée de produits saisonniers de qualité. On hésitera entre la côte de bœuf rassie sur os, les filets de perches frais du lac ou encore l'entrecôte de bœuf « black angus ». Pour les beaux jours, l'atout charme de cette très bonne table devient sans conteste sa superbe terrasse ombragée, offrant une vue imprenable sur la Salève.

■ LE LEXIQUE

Quartier des Grottes
14 rue de la Faucille
✆ +41 22 733 31 31
www.lelexique.ch
Ouvert midi et soir du mardi au vendredi et le samedi soir. Plat du jour : 22 CHF. Menu : 68 CHF. Traiteur pour plats à emporter.
Le Lexique est une adresse incontournable pour gastronomes sur Genève. Avec beaucoup de talent, de professionnalisme et de rigueur, le chef Cyrille Montanier est connu et reconnu pour sa cuisine raffinée, inventive et sans cesse renouvelée. Son parcours auprès de grands chefs comme Bocuse et Rochat et son périple de compagnon lui ont donné une belle maîtrise de l'art culinaire. La carte change tous les trois mois, aussi ne nous hasarderons-nous pas à vous indiquer des plats qui auront bientôt disparu. Sachez cependant que les bons petits repas d'inspiration traditionnelle mijotés par ce cuisinier chevronné vous donneront l'eau à la bouche et peut-être comme beaucoup deviendrez-vous un habitué des lieux. On peut citer quand même le fameux lièvre à la Royale, qui demande une longue préparation mais vaut le détour, ou les gambas croustillantes, voire encore le cabri de Gimel. Aux murs se lisent des inscriptions qui en disent long sur la bonne humeur et l'accueil du lieu : « Pétrir : pétri d'orgueil, on ne pourra jamais devenir bonne pâte », ou encore « Habiller : pour habiller un poisson, il faut totalement le déshabiller », lexique de cuisine au caractère joyeux comme le service sympathique du lieu. Si jamais le cœur vous en dit, goûtez aussi en disgestif la fameuse poire de Fribourg « A Botzi », à consommer bien entendu avec modération.

■ L'OLIVO

34 route François-Peyrot
✆ + 41 22 747 04 00 – www.olivo-geneva.ch
Ouvert tous les jours, du lundi au vendredi de midi à 14h et de 19h à 22h30, et le week-end de 19h à 22h30. Du lundi au vendredi, business lunch à partir de 28 CHF. Plats à la carte de 20 à 50 CHF. Programme de fidélité (« Premium Fidelity Club »). Terrasse ombragée en été. Parking offert pendant le repas. wi-fi gratuit.
Situé à deux pas de l'aéroport, l'Olivo est le restaurant aux saveurs italiennes du Starling Hotel Geneva. Ici, le dépaysement est total avec sa belle terrasse ombragée en été, ses oliviers centenaires et son potager bio. A l'honneur, plats italiens avec quelques bonnes recettes de pasta, *risotto venere* au homard, antipasti de saumon, filet de bœuf Fabisala, ou daurade royale sauvage en croûte de sel marin. Sans oublier la carte des desserts et son tiramisu maison dénommé « Olivo » ! Tout un programme de réjouissances pour nos papilles.

NA VILLAGE
57, rue de Saint-Jean ✆ +41 22 344 44 40
www.navillage.com
Gastronomie thaïlandaise. Fermé le samedi midi et le dimanche. Plat du jour : 18 CHF. Menu dégustation : 68 CHF. Carte : 45 CHF.
Ce restaurant vaut le déplacement rien que pour son décor et ses soirées avec danseuses ! Un dépaysement enchanteur, recommandé lors de soirées à deux, pour lesquelles il faut réserver les tables sur les côtés de la scène. Le jardin est magnifique et l'intérieur féerique, pour une cuisine gastronomique thaïlandaise savoureuse. A essayer : la ronde des sept currys, avec gambas, bœuf, canard et poulet dans un crescendo d'épices.

Autre adresse : 82, route de Thonon – 1222 Vésenaz – Tél. +41 22 777 30 70

LE REPOSOIR
222, route de Lausanne
✆ +41 22 732 42 65
www.restaurantreposoir.ch
Cuisine française. Ouvert d'avril à octobre. En saison ouvert tous les jours sauf le mardi et samedi midi. Bar ouvert tous les jours de 10h à 22h. Service au restaurant de 11h45 à 14h30 et de 18h à 22h30. Filets de perche sur assiette : 33 CHF, bœuf sur ardoise : 39 CHF, pizza : 13 CHF.
Le Reposoir, c'est le restaurant de la plage du même nom, autant dire un endroit sympathique pendant les jours ensoleillés pour se détendre, prendre un verre ou faire une pause repas et ce, à deux pas du centre-ville, avec vue sur le mont Blanc. La plage est bien équipée pour toutes les activités nautiques et les enfants profitent des jeux à disposition. Côté restaurant, on joue la carte des produits et vins du terroir. Les filets de perche sont accompagnés d'une sauce classique ou originale comme par exemple gingembre, citron vert et une des spécialités est le bœuf sur ardoise, les pizzas sont faites maison. Belle terrasse extérieure avec un bar qui invite à la farniente.

Les Grottes, un quartier insolite à deux pas de la Gare de Cornavin

Il suffit de sortir de la gare de Cornavin par le côté « Montbrillant » (ou bien des TGV)... et l'on se retrouve dans le quartier des Grottes, et découvre un aspect de la Genève alternative. A pied, prendre la rue Fendt, et traverser le square Jacob-Spon. Vous êtes dans la rue de la Faucille. Ici, vous aurez le choix entre plusieurs restaurants très différents, et apprécierez notamment la cuisine japonaise de *Sansui*, ou bien la carte gastronomique du *Lexique*. Le jeudi, un marché anime la place des Grottes entre 16h30 et 20h30, avec principalement des produits du terroir. Et dès 21h, la Blues Association Geneva (BAG) propose des spectacles ou des Jam Sessions, sous le nom de « BAG Thursdays » dans le sous-sol du *Brasseur des Grottes*, situé rue de la Servette. Tout près également, le Parc des Cropettes et sa buvette. Une manière bien insolite de découvrir Genève !

BAG – BLUES ASSOCIATION GENEVE
Concerts au Brasseur des Grottes
6, rue de la Servette
✆ +41 22 734 92 00

LA BUVETTE DES CROPETTES
14, rue de Montbrillant

LE LEXIQUE
Quartier des Grottes
14 rue de la Faucille
✆ +41 22 733 31 31

SANSUI
Quartier des Grottes
12-14 rue de la Faucille
✆ +41 22 733 80 25

■ **SAGANO**
86, rue de Montbrillant
✆ +41 22 733 11 50
Cuisine japonaise. Ouvert du lundi au vendredi de midi à 14h30 et de 19h à 22h30, le samedi de 19h à 22h30. Plats du jour de 23 CHF à 29 CHF. Menus de 23 CHF à 54 CHF. Carte : 70 CHF.
Situé en plein quartier des organisations internationales (juste derrière le HCR), cette adresse est le rendez-vous des diplomates et des hommes d'affaires, surtout pour le business lunch de midi. Le soir, on profitera d'un cadre très agréable et feutré, inspiré des Ryotei (restaurants japonais). Une carte variée et des propositions intéressantes dans les menus, ce qui en fait un point de départ idéal pour une première expérience de la cuisine japonaise entre amis. Ne pas oublier de réserver une salle de tatamis au sous-sol, l'ambiance n'en sera que plus magique ! Fondues japonaises, *natto maki* et thon *au teppan yaki* à essayer. Menus de sushis sur bateau excellent, avec un rapport qualité-prix très correct. Carte des vins digne d'un gastro de luxe. Terrasse en été.

■ **SANSUI**
Quartier des Grottes
12-14 rue de la Faucille
✆ +41 22 733 80 25
www.sansui.ch
info@sansui.ch
Restaurant japonais. Ouvert du lundi au samedi, de midi à 14h et de 19h à 22h. Plat du jour : 25 CHF. A midi : carte à partir de 28 CHF et menu affaires : 38 CHF. Formule au plateau dès 32 CHF. A emporter : plateau de 9 maki et 7 nigiri avec soupe miso : 25 CHF.
Le Sansui est toujours une référence à Genève, pour savourer la cuisine traditionnelle japonaise, à la fois simple et raffinée. C'est l'une des adresses incontournables depuis 1993 à Genève. Les propriétaires sont aux petits soins pour leurs clients, souvent des habitués. Monsieur Tanaka officie en cuisine et Madame prend en charge le service. Ici, qualité et fraîcheur sont de rigueur, deux cuisines permettent de préparer d'une part les poissons crus et de l'autre les spécialités, comme l'anguille ou les raviolis à la japonaise. Vous avez le choix des lieux et des univers avec la salle « sushi », équipée d'un sushi-bar, la salle « Yakiniku », équipée de tables avec grill et ventilation intégrés pour des grillades sans fumée et sans odeurs. La salle « Tatami », pour un repas à la japonaise, en tête à tête ou en petit groupe, assis avec les pantoufles fournies ! En été, la terrasse ombragée qui donne sur la petite cour est bien agréable (jusqu'à 22h, à cause du voisinage).

■ **THAÏ PHUKET**
33, avenue de France
✆ +41 22 734 41 00
Cuisine asiatique. Ouvert du lundi au vendredi et le dimanche de midi à 14h30 et de 19h à 22h30, le samedi de 19h à 22h30. Plat du jour : 18 CHF. Menus : 58 CHF, 68 CHF et 90 CHF. Menu d'affaires pour minimum 2 personnes : 36 CHF. Carte : 85 CHF. Parking.
Un joli décor feutré, typiquement asiatique, où se régaler des spécialités de crevettes au curry thaï, de nouilles pad thaï aux crevettes ou de poulet au curry vert et feuilles de basilic thai. Tout proche du palais des Nations, l'endroit est pris d'assaut à midi par les fonctionnaires internationaux. Une jolie carte des vins pour les amateurs de bons crus.

Luxe

■ **ALTITUDE (AÉROPORT)**
13, route de l'Aéroport
(3e étage)
✆ +41 22 817 46 09
www.altitude-geneva.ch
altitude@ssp-ch.com
Cuisine française. Ouvert 7j/7 de 7h à 23h. Service continu de 11h à 22h. Plat du jour : 28 CHF. Formule du jour : 55 CHF (2 plats) et 65 CHF (3 plats). Carte : plat dès 45 CHF. Brunch (du 30 septembre au 15 juin) : 65 CHF.
Si les attentes dans les aéroports sont parfois pénibles, elles deviennent un véritable plaisir grâce au restaurant, bar et lounge Altitude, situé au troisième étage. Une cuisine gastronomique est proposée dans un espace élégant, doté d'une vue magnifique sur le tarmac et les montagnes du Jura. La carte des mets, concoctée par Gilles Dupont et Thomas Byrne, primés au guide Michelin, et Fabien Legon, propose quantité de plats gourmands d'inspiration méditerranéenne. Une belle cave aux parois de verre abrite une impressionnante sélection de vins. Si l'on n'a pas de temps à perdre et que l'on souhaite travailler dans l'enceinte de l'aéroport, on peut utiliser l'une des sept salles de conférences entièrement modulables, tout en profitant du panorama. Brunch le dimanche midi, hors saison estivale.

Se renseigner

- **www.geneve-tourisme.ch** : site avec agenda en ligne pour trouver, date par date, les manifestations en cours et à venir.
- **www.igeneve.ch :** site aux informations variées : sports, concerts, festivals, musées, clubs, etc.
- **www.ladecadanse.ch :** site très complet pour savoir ce qui se passe en ville de jour comme de nuit. Soirées et concerts, mais également cinéma, théâtre, festivals divers, fêtes de quartier, etc.
- **www.regart.ch :** agenda culturel.

SORTIR

Quand vient le soir, Genève revêt ses plus beaux atours pour vous séduire. Le long du quai des Bergues ou de la rue du Rhône, elle se plaît à aimer le luxe, à commencer sa soirée au Nonolet et à la terminer au Java Club, la discothèque de l'hôtel Kempinski. Mais Genève a plus d'un tour dans son sac, elle sait marier les contrastes. A la regarder de plus près, on la découvre coquine, exubérante et toujours festive dans le quartier des Pâquis, regroupant des bars branchés, de nouvelles discothèques et des cabarets. Au cœur de Plainpalais, de la rue de Carouge au boulevard Saint-Georges en passant par le boulevard Carl-Vogt, mais aussi dans le quartier des Grottes, elle se veut estudiantine, décontractée et conviviale, comme à la Ferblanterie, au Remor ou au Café du Lys. Amatrice de théâtre et mélomane accomplie, elle saura aussi rassembler en son centre les goûts les plus divers. Mais où donc est passée la Genève alternative, celle qui, les poches presque vides, des baskets aux pieds, part en quête d'un endroit où s'amuser ? Hormis L'Usine, lieu incontournable en la matière, force est de constater qu'elle aime à se cacher. Mais en cherchant bien on la trouve, notamment à La Barje, à L'Ilôt 13, à La Petite Reine et, un peu plus éloignée, au Motel Campo.

Cafés – Bars

Si Genève a la réputation d'une ville sélecte, il existe un large choix en matière de cafés et de bars, pour tous les goûts ! Que ce soit en Vieille Ville, dans les charmantes ruelles de Carouge ou encore dans le quartier universitaire de Plainpalais, vous ne saurez plus où donner de la tête tellement le choix est large. Laissez-vous aller à flâner, et découvrez.

Vieille ville et Bastions

La Vieille-Ville est un quartier idéal pour boire un verre, car elle comporte de nombreux bars aux cadres soignés, pourvus pour certains de belles terrasses en été. Toutefois, malgré la diversité des établissements du quartier, tous ou presque se ressemblent sur un point : le prix relativement élevé de leurs consommations.

■ ARTHUR'S RIVE GAUCHE

7-9, rue du Rhône
✆ +41 22 810 32 60
www.arthurs.ch
Ouvert tous les jours, sauf le dimanche, de 8h à 2h du matin, le samedi à partir de 12h.
Lorsqu'on se balade dans la rue du Rhône, l'Arthur's Rive Gauche se fait remarquer, les passants ont d'ailleurs souvent le réflexe de jeter un coup d'œil à travers les grandes baies vitrées. Un décor tape-à-l'œil mais tout en élégance, une clientèle chic, un service de garçons aux petits soins. Le lieu à l'atmosphère baroque chic est un des lounges les plus prisés de Genève. Un lieu classe, une belle carte mais aussi des prix élevés ! L'établissement est à la fois un restaurant, bar et lounge, on peut donc y aller quelle que soit l'heure. Un conseil de petit futé, ceux qui ne pensent pas avoir les moyens de s'y arrêter (les prix augmentent en soirée), faites-y une halte en fin d'après-midi pour vous régaler d'un chocolat chaud maison (des petits copeaux de chocolat blanc, au lait ou noir dans du lait), petit moment de délice. En été, vous pourrez jouir de la jolie terrasse donnant sur le Rhône.

La Barje, association éco-citoyenne créatrice d'animations et de bien social

La Barje est une association genevoise fondée en 2004, sans but lucratif, reconnue d'utilité publique depuis 2008. Signataire de la charte de l'économie sociale et solidaire, l'association exploite trois établissements (deux terrasses saisonnières et un café) dans le but de financer et de déployer ses projets socioculturels. Ainsi, La Barje programme une offre culturelle innovante et diversifiée, travaille avec divers acteurs du tissu associatif genevois en mettant son infrastructure à disposition de leurs projets, propose des stages de formation professionnelle à des étudiants ainsi qu'un dispositif de stages destinés à des jeunes en difficulté d'insertion socioprofessionnelle. Enfin, la Barje est particulièrement attentive à la réduction de son impact écologique et propose des produits bio locaux équitables.En consommant à la Barje, Genevois et touristes futés font vivre la cité !

Renseignements sur le site Internet : www.labarje.ch

BAR TERRASSE DES LAVANDIERES

Association la Barje
Promenade des Lavandières
✆ +41 22 344 83 56
www.labarje.ch – info@labarje.ch

La Barje des Lavandières. Bar terrasse proposant des activités, concerts ou jeux. De mai à septembre 7j/7 de 11h à minuit. Fermeture par mauvais temps.

Le premier bar-terrasse roulotte de l'association la Barje se trouve entre le pont de la Coulouvrenière, et le Bâtiment des Forces Motrices, sur la promenade des Lavandières, depuis près de dix ans maintenant. Née d'une envie de s'approprier les bords de l'eau et de proposer un lieu en dehors des circuits habituels, cette buvette romanesque fut d'abord destinée à accueillir des concerts d'été et une terrasse éphémère. Vu le succès rencontré, une équipe s'est constituée et une association à but non lucratif est née. Une caravane égarée au bord de l'eau, un cadre enchanteur de verdure et d'eau lisse, des constructions autour, impressionnantes et monumentales, des produits du terroir et du recyclage de déchets, des boissons éthiques et des concerts plusieurs soirs par semaine. Tout cela sur des transats pour une envolée onirique et sauvage au beau milieu de la cité. Planchettes de tomme ou de saucisson et tartes salées sont autant de petits snacks bienvenus.

BAR TERRASSE DES SCIENCES

Association la Barje
Parc de la Perle du Lac ✆ +41 22 344 83 56
www.labarje.ch – info@labarje.ch

La Barje des Sciences, à côté du musée des Sciences. Bar terrasse proposant des activités, concerts ou jeux. De mai à septembre 7j/7 de 11h à minuit. Fermeture par mauvais temps.

Dans le cadre idyllique de la Perle du Lac, le deuxième bar de l'association La Barje, le bar terrasse des Sciences s'est implanté depuis début 2009 pour offrir une jolie buvette en été aux visiteurs du musée des Sciences, sur l'iniative du département des Affaires culturelles de Genève. Avec une roulotte et 80 m^2 de terrasse, les passants pourront y déguster boissons et mets du terroirs et labellisés, de quoi plaire aux écolos. Durant l'été, divers activités sont proposées ; concerts, DJ, danse (salsa, tango). Programme sur le site Internet.

CAFE DES VOLONTAIRES

Association la Barje
26 rue de la Coulouvrenière
✆ +41 22 321 44 28 / +41 22 344 83 56
www.labarje.ch – volontaires@labarje.ch

Concerts, apéros, expos et DJ. En semaine, plat du jour 15 CHF. Apéro : verre de vin dès 4 CHF, bière dès 2,8 CHF. Horaires : Du mardi au jeudi : 11h30 à minuit. Vendredi : 11h30 à 2h. Samedi : 16h à 2h. Dimanche : 14h à 19h.

Et voici le troisième nouveau venu de l'association la Barje, le café des Volontaires. Même objectif que les autres : écolo, consom'acteurs. A la différence que ce café-là est ouvert tout au long de l'année, depuis fin 2011. Car la Barje cherchait à s'implanter annuellement afin de créer des emplois durables et de permettre le déploiement de projets socioculturels, et de ce fait a répondu à un appel d'offres de la Coopérative Cigüe pour un nouvel espace café au bas de son immeuble, à la place des Volontaires. Afin de dynamiser les lieux, une belle programmation culturelle est établie, variée et attractive : concerts, expos, apéros, DJ. Autre atout du café, la petite restauration. Programme sur le site Internet.

BAR DES HALLES DE L'ÎLE

1 place de L'Ile
✆ +41 22 311 08 88
www.brasseriedeshallesdelile.ch
Ouvert du lundi au jeudi et le dimanche de 10h à minuit, les vendredis et samedis de 10h à 2h. Cocktails : 14,50 CHF. Tapas : de 9,90 à 19 CHF. Barquettes de sushis du mardi au vendredi de 10 à 12 CHF. Vin au verre dès 4,50 CHF.

S'il y a un bar que les Genevois apprécient tout particulièrement en ville, c'est bien la brasserie des Halles de l'île. Et pour cause, avec une grande carte de cocktails variés et originaux, des tapas, sushis et sandwichs minute, ainsi qu'une programmation éclectique de concerts et DJ les week-ends, ce bar restaurant est devenu un lieu culte à Genève. La restauration a également de quoi séduire aisément les clients ; carpaccio de thon et fleur de sel, carré d'agneau en croûte, filet de loup à la vierge ou encore l'incontournable tartare de bœuf façon brasserie. De quoi se régaler !

LA CLÉMENCE

20, place du Bourg-de-Four
✆ +41 22 312 24 98
www.laclemence.ch
Ouvert du lundi au jeudi de 7h à 1h et le dimanche de 8h à 1h, le vendredi et le samedi jusqu'à 2h.

C'est le lieu de rendez-vous idéal en vieille ville ! Que ce soit l'été sur la très grande terrasse dominante ou l'hiver dans les petites salles, il fait bon s'y retrouver pour un café, une piscine de champagne ou de rosé !

DEMI LUNE CAFE

3, rue Etienne-Dumont
✆ +41 22 312 12 90
www.demilune.ch
info@demilune.ch
Ouvert du lundi au mercredi de 10h à minuit, le jeudi et le vendredi de 10h à 2h, le samedi de 12h à 2h, et le dimanche de midi à minuit.

Situé tout près de la place du Bourg-de-Four, le Demi Lune Café propose le charme de son décor à une jeunesse plutôt BCBG, qui vient y manger, boire un verre et prendre du bon temps. L'établissement, qui ne manque pas de convivialité, bénéficie tout d'abord d'une très belle décoration, aux teintes ocre, le rouge et le jaune s'y mariant avec bonheur, tandis qu'un éléphant trône au centre du beau parquet de bois. Parcourue par une immense table oblongue, la salle toute en longueur accueille d'authentiques tables et tabourets de café de bois sombre, et elle se termine par l'espace lounge avec canapé et fauteuils confortables... Son charme et l'ambiance sympathique font du Demi Lune Café un établissement recherché. Les long drinks, whiskies divers, bières variées, figurent dans les favoris d'une clientèle exigeante qui ne boude pas non plus ses cocktails variés et les *shots* très tendances. Un café stylé où l'on peut aussi se restaurer !

ENOTECA WINEBAR

19, rue du Rhône ✆ +41 22 789 01 89
www.enoteca-winebar.ch
contact@wine-bar-geneva.com
Bar à vin. Ouvert du lundi au vendredi de 10h à 22h et le samedi de 17h à 22h.

In Vino Veritas ! En plein centre de Genève, deux étages et une terrasse avec vue sur le lac vous accueillent pour vous proposer une impressionnante carte des vins dont la sélection change régulièrement. Et pour accompagner les excellents crus proposés, rien de tel que des planchettes de charcuterie et fromage à l'heure de l'apéro. A midi, une restauration légère est également disponible. Il est possible, sur demande, de privatiser le premier étage.

■ IN FINE

8, place du Bourg-de-Four
✆ +41 22 318 37 37
www.infine.ch – events@infine.ch
Espace Lounge ouvert de mardi à samedi sur réservation.
L'Espace lounge du restaurant In Fine est idéal pour organiser vos soirées privées, anniversaires ou tout autre événement si vous aimez le charme des caves voutées et les pierres de caractère. La salle est située au sous-sol du restaurant, qui prépare pour vous un buffet dînatoire selon vos envies, composé de tapas ou de menus. 40 personnes peuvent passer ensemble un moment convivial dans ces lieux chargés d'histoire de la vieille ville de Genève.

■ LORD NELSON PUB – BRASSERIE DU MOLARD

9, place du Molard ✆ +41 22 311 11 00
www.lordnelsonpub.ch
Ouvert du lundi au jeudi de 6h30 à 1h, le samedi de 10h30 à 2h et le dimanche de 15h à 2h.
Si vous désirez déguster une bière fraîche au soleil sur une terrasse, le Lord Nelson Pub est le lieu idéal. Il est réuni avec la brasserie du Molard, cette dernière produisant sa propre bière que l'on peut également siroter au Nelson. Blonde, blanche, ambrée ou spéciale, on choisira sa couleur… et son format : pression ou canette, mais également trois litres ou même cinq litres pour les gros buveurs qui veulent profiter de prix attractifs. Le tout servi sur la magnifique terrasse de la place du Molard.

■ LE NEW NAVY-SYRACUSE

29-31, place du Bourg-de-Four
✆ +41 22 311 70 03 – www.hdvglozu.ch
navy-syracuse@bluewin.ch
Ouvert du lundi au jeudi et le dimanche de 10h à 1h, le vendredi et le samedi de 10h à 2h. Cocktails : 17 CHF.
Jouxtant la pizzeria Syracuse, Le New Navy est un lieu sympathique, aux faux airs de pub anglais, grâce au superbe bar et aux banquettes en bois qui en ornent l'intérieur. On peut y déguster divers apéritifs et cocktails avec ou sans alcool, et profiter, en été, de la petite terrasse tranquille, mais en pente, de cet établissement prisé des Genevois. Côté carte : cuisine du terroir, pizzas, fondues et raclettes mais également une grande variété de pâtes fraîches.

■ AU ROI UBU

30, Grand-Rue ✆ +41 22 310 73 98
Bar spécialisé en bières du monde. Ouvert 7j/7 de 17h à 2h, quel que soit le remplissage du bar. Cocktails : 16 CHF. Shots : dès 7 CHF. Possibilité de régler en euros.
Les points forts de cet agréable pub, d'ailleurs le plus vieux de la ville, sont d'une part son grand choix de bières – l'établissement en dénombre une vingtaine –, et, d'autre part, ses jours d'ouverture. Il peut en effet se révéler difficile de trouver un bar en Vieille-Ville ouvert le lundi soir jusqu'à 2h du matin. Outre ces deux atouts majeurs, la déco du lieu, mêlant le bois du mobilier à la chaleur de murs blanchis à la chaux, sa musique rock très seventies, mais aussi son ambiance conviviale, notamment sur sa petite terrasse en été, ne laisseront personne indifférent. Petit par sa taille, le Roi Ubu est grand par sa notoriété. A tester !

■ LES SALONS DE THÉOPHILE

13, rue de la Cité ✆ +41 22 310 30 23
www.salons-de-theophile.ch
Bar à cocktails. Ouvert du mardi au jeudi de 17h à 1h, le vendredi et samedi de 18h à 2h. Bière 6 CHF, long drink 15 CHF, café 4 CHF
En plein cœur de la ville, les salons de Théophile vous accueillent dans son antre à l'ambiance cosy et au style singulier. Grand

plaisir de l'été, sa superbe terrasse. Ici, vous dégustez des cocktails entre amis ou un verre de vin en amoureux. Particularité des lieux, vous pouvez commander d'excellentes focaccias et autres tapas à grignoter. Possibilité de réserver l'endroit pour organiser vos soirées d'anniversaire, d'entreprise, etc.

■ LA TOUR DU MOLARD

Place du Molard ✆ +41 22 310 02 02

Bar à vin. Ouvert du lundi au samedi de midi à 2h. Prix du verre à partir de 4 CHF et jusqu'au... décilitre pour les grands crus. Belle terrasse en été.

A la Tour du Molard, le bar à vin se trouve… dans une tour, comme son nom l'indique. Construite en vieilles pierres et sur cinq étages, son ascension vous fera découvrir des petits univers propices à la dégustation de vins de plus de 70 domaines du canton. Il y a également quelques grands crus suisses, français, italiens… accompagnés pour l'apéro de mises en bouche au fameux pain Poilâne. N'avez-vous jamais rêvé de déguster juste un verre de grand cru ? Pétrus, Château Yquem, etc ? Et bien, à la Tour du Molard c'est possible. Deux salons très « cosy » sont aménagés, avec quelques tables. Tous les vins sont en vente et peuvent être livrés en Suisse et à l'étranger. Des professionnels du vin sont à votre disposition pour vous conseiller dans la réalisation de votre cave, selon votre budget et vos préférences.

Rive et Eaux-Vives

Alors que les Eaux-Vives ne se distinguent pas franchement par la richesse de ses bars, les Rues-Basses et les alentours du cours de Rive jusqu'au parc La Grange, comptent d'agréables bars à vins, accessibles à toutes les bourses. Toutefois, l'ambiance s'amoindrit considérablement une fois minuit passé.

■ LES ABSTINENTES

Parc La Grange

19, avenue William-Favre ✆ +41 22 736 33 49

Ouvert du 1er avril à fin septembre, tous les jours de 11h15 à 19h30 (le dimanche dès 10h pour le petit déjeuner). Fermé en cas de pluie. Petite restauration traiteur. Plat du jour poisson ou viande : 17,80 CHF. Salades, sandwichs, quiches, tartes et pâtisseries.

Attention, c'est un bar, en terrasse, mais sans alcool, d'où le nom des Abstinentes ! Sur place, est indiqué tout en haut du kiosque « Ligue suisse des femmes abstinentes – section Genève ». En 1902, quelques dames genevoises avaient trouvé dans cette ligue, le seul moyen de combattre l'alcoolisme de leurs chers et tendres ! Ce kiosque est une halte merveilleuse et hors du temps surtout en été car on bénéficie de la fraîcheur et de l'environnement magnifique du parc, avec une vue imprenable sur le lac. En cas de pluie, le bar ferme ! Une adresse insolite et très appréciée des Genevois, en famille ou entre amis. Sur place, une petite restauration est aussi servie, et le dimanche on peut y prendre son petit déjeuner.

La Tour du Molard, Son Histoire

La Tour du Molard est un ouvrage militaire protégeant la porte du Molard, qui faisait partie de l'enceinte de la ville côté lac depuis le XIVe siècle. Construite en 1591 par Nicolas Bogueret, mort à l'escalade en 1602, la tour fut assortie d'une grande horloge qui provenait de la maison de Rolle, située à l'angle de la place du Molard et de la rue de la Croix-d'or. La cage d'escalier à arcades ajourées fut reconstruite en 1773. La Tour fut préservée, embellie et transformée en monument commémoratif du passé genevois. Le serrurier logeait à l'intérieur pour l'entretien de l'horloge.

Tour du Molard.

GENÈVE

■ **LE BATEAU GENÈVE**
1 quai Gustave-Ador
✆ +41 22 736 07 75
✆ +41 22 786 43 45
www.bateaugeneve.ch
info@bateaugeneve.ch
Ouvert de mi-mai à mi-septembre. Bar, tapas, raclette du mardi au samedi de 17h à 24h. Boissons et desserts l'après-midi du mardi au vendredi. Soirées du bateau : programmation sur le site Internet. Possibilité de location pour soirées privative.
Arrivé aux abords du quai Gustave-Ador, votre regard croisera un imposant bateau. Il s'agit du Bateau Genève, appartenant à l'association éponyme privée, reconnue d'utilité publique, qui a pour but d'accueillir des personnes adultes se trouvant en situation de difficulté personnelle ou sociale. Lieu chargé d'humanisme et d'histoire (premier bateau salon à deux ponts du lac Léman et théâtre de l'assassinat de l'impératrice Sissi), le Bateau Genève accueille à son bord une buvette, où vous pourrez vous restaurer à midi et déguster dès 17h des tapas, de la raclette ou tout simplement boire un verre. La fête continue ensuite avec les *Soirées du Bateau* (concerts, DJ...) les vendredis et samedis (consultez la programmation estivale sur le site). Le prix est souvent libre. Le salon intérieur est aussi réservé quelquefois par des personnes désireuses d'organiser des soirées originales, certes, tout en joignant l'utile à l'agréable. Car l'objectif est de faire du Bateau Genève un lieu utile, autant pour les personnes en difficulté que pour la population.

■ **LA BOHEME**
36, boulevard Helvétique
✆ +41 22 700 46 00
Ouvert du lundi au samedi de 9h à 2h et le dimanche de 17h à 2h.
La clientèle est haut de gamme, les filles sont jolies et les garçons portent de beaux costumes... Mais tout ce joli monde chic sait aussi s'amuser et pousser les tables pour une folle nuit de danse. L'été, la grande terrasse est idéale pour commencer la soirée en sirotant un cocktail. Le lieu, cosy et agréable ne pourra que vous séduire.

■ **COUP DE GIRAFE**
18, rue Maunoir
✆ +41 22 700 96 32
www.coupdegirafe.ch
Salon de thé, café et brocante. Ouvert du mardi au jeudi de 7h45 à minuit, le vendredi de 7h45 à 1h, le samedi de 10h à 1h et le dimanche de 10h à 17h.
Espace cosy agrémenté de meubles et d'objets colorés joyeusement dépareillés, le Coup de Girafe est un lieu très agréable pour prendre son petit déjeuner, faire une pause dans la journée ou se retrouver entre amis le soir. Le gâteau au chocolat, la tarte Tatin ou la tarte au citron maison sont un régal, à agrémenter d'un chocolat à l'ancienne, d'un thé de la maison Thé O Dor ou d'un sirop artisanal de chez Monin à la lavande, la pastèque et la violette. A l'heure de l'apéro, ne pas manquer de goûter la tartine grillée de chèvre chaud et figues, tomates et mozzarela et caviar d'aubergine. Pour la petite histoire, l'entreprise s'est agrandie avec le rachat d'un café-brocante dans le même esprit, la *Sixième Heure*, dans le quartier de Plainpalais.

■ **L'ATELIER COCKTAIL CLUB**
11 rue Henri-Blanvalet
✆ +41 22 735 22 47
www.bardevelopment.com
bardevelopment@me.com
Ouvert dès 17h de mardi à samedi. Jusqu'à minuit mardi, jusqu'à 1 H jeudi et vendredi, jusqu'à 2 h samedi. Cocktail : 15 CHF. Premium Dry Martini : 18 CHF
Alirio et Christophe sont deux associés issus de l'hôtellerie de luxe : Alirio a remporté le titre de champion suisse Havana Club à Cuba en 2011, et Christophe a travaillé au Century à Londres. Ils ont ouvert en 2011 l'Atelier Cocktail Club, avec pour projet de démocra-

tiser le cocktail avec un prix unique. Alirio est un passionné du flair (l'art de faire voltiger les bouteilles et le shaker) et de la mixologie (art des mélanges les plus audacieux). La carte propose plus de 25 cocktails et plus de 400 références d'alcools sélectionnés pour leur qualité (dont 15 whiskies japonais, 30 rhums, 8 tequilas...) pour satisfaire les clients les plus curieux. Leur souhait ? Transmettre une passion, un savoir-faire, une philosophie. Il suffit de se plonger dans leur carte pour se laisser séduire par les saveurs amusantes et stimulantes : mariages insolites entre épices, plantes, liqueurs et spiritueux... Une invitation au voyage ! Le décor est intemporel, les meubles sont issus de la récupération et donnent le sentiment que l'Atelier a toujours existé. On s'y sent bien et on prend son temps pour déguster. Et vu la taille des cocktails, il vaut mieux, car ils sont gigantesques ! En avril 2012, une seconde adresse a vu le jour : *l'Apothicaire Cocktail Club*, dans le quartier de Plainpalais.

■ SOLEIL ROUGE

32, boulevard Helvétique
✆ +41 22 700 00 24
www.soleilrouge.ch
christian@soleilrouge.ch
Bar à vin d'Espagne. Ouvert le lundi de 17h à 22h, du mardi au mercredi de 10h à 23h, du jeudi au samedi de 10h à minuit.

Au Soleil Rouge, c'est l'Espagne à Genève. Une grande salle avec une grande table pour recevoir les clients de la manière la plus conviviale qui soit. Un sympathique attroupement déborde sur le trottoir, un verre de vino tinto à la main, les rires fusent… Cela n'est pas une hallucination collective, on est bien dans l'un des plus typiques bars à vins de la cité de Calvin.

Tapas goûteuses et vins gouleyants à des prix sympathiques. Le vin est au verre, à partir de 6 CHF, mais l'on peut aussi choisir une bouteille, que l'on débouchera avec plaisir et demander conseil à Christian et son équipe pour emmener un bon cru chez soi, car toutes les bouteilles présentes sont à la vente, de quoi se constituer une belle cave. Vous pouvez devenir membre du Club Soleil Rouge et participer à une soirée mensuelle pour découvrir les nouveautés ou déguster des verres autour d'un thème, une provenance, un cépage.

■ LA SUITE 115

61, rue des Eaux-Vives
✆ +41 22 786 11 15
www.lasuite115.ch
Bar à vins. Ouvert du lundi au vendredi de 7h à 15h30 et de 17h30 à 2h, et le samedi de 18h à 2h. A midi en semaine, plat du jour avec entrée à partir 20 CHF. Tapas le soir.

La Suite 115 est un bar à vins très sympathique pour se retrouver le soir entre amis et savourer cocktails, tapas et profiter pour les *aficionados* des ambiances *fumato* du magnifique fumoir très confortable et cosy. On peut parfois se retrouver là-bas pour danser ou pour une soirée à thème, le bar organise notamment des concerts, des anniversaires, des pots de départ ou encore des sorties d'entreprise. Une des adresses incontournables du quartier des Eaux-Vives pour passer une bonne soirée.

■ YVETTE DE MARSEILLE

13, rue Henri-Blanvalet
✆ +41 22 735 15 55
Ouvert du lundi au mercredi de 17h à 1h, du jeudi au samedi de 17h à 1h30. Tapas et tartare de saumon et dorade : 14 CHF.

Chez Yvette de Marseille, il y a bien un air du midi avec cette terrasse ombragée l'été et le bar avec un beau choix de pastis, une décoration avec de vieux cadres anciens et meublé de vieux bancs, de chaises et tables bistrot. C'est l'un des endroits à la mode à Genève où l'on se retrouve le soir entre amis pour un verre autour d'une petite carte de 8 tapas et 2 desserts (tarte tatin). On peut y goûter du houmous avec du pain libanais, des *nachos* avec du *guacamole* ou des brochettes de crevettes. Accueil chaleureux, il ne manque que l'accent du sud et les cigales aux beaux jours.

Plainpalais et Prévost-Martin

Les lieux de prédilection pour boire un verre dans le quartier se trouvent pour la plupart côté Jonction, le long de la rue de l'Ecole-de-Médecine animée la journée comme le soir, aux alentours de la rue des Bains avec ses cafés branchés, mais aussi aux abords de la place du Cirque, qui comporte autant de cafés estudiantins que de bars *lounge*. De l'autre côté de la plaine de Plainpalais, la rue de Carouge et ses alentours jusqu'au boulevard des Philosophes se révèle agréable en journée, mais à tendance, en soirée, à se transformer en un *no man's land* parfois inquiétant.

■ LES 3S

15bis, avenue du Mail
✆ +41 22 328 07 01
www.les3s.ch
info@les3s.ch
Ouvert du lundi au samedi de 10h30 à 2h. Aferwork de 18h à 19h30. Tapas : de 9 à 15 CHF. Cocktails : 15 CHF.

A deux pas du Patek Philippe Museum, sur la plaine de Plainpalais, le bar Lounge Les 3S est un lieu conçu pour les bouches affutées ; carte des vins séduisante, diverses tapas élégantes et une cuisine fraîche et raffinée aux touches françaises et méditerranéennes. Le chef ajuste ses plats du jour en fonction du marché et des saisons, avec notamment un arrivage quotidien de poissons et crustacés pour une irréprochable qualité des mets. Lieu mélangeant murs aux vieilles pierres et déco cosy et relaxante, Les 3S est parfait pour un *afterwork*, l'apéro ou encore une soirée en amoureux.

■ LES 3 VERRES

Place du Cirque
✆ +41 22 320 84 62
http : //lestroisverres.ch
contact@lestroisverres.ch
Tram 15, arrêt Cirque
Bar à vin. Du lundi au vendredi de 12h à 2h, samedi de 18h30 à 2h.

Vous ne pourrez pas rater ce bar à vin, à l'entrée de la plaine de Plainpalais, avec ses arbustes sur la terrasse et sa décoration rouge vif. Les Trois Verres vous proposeront un grand choix de bouteilles de vin, ainsi que des vins au verre. Vous pourrez également déguster quelques tapas (mortadelle et olives, charcuterie, fromage) ou manger un vrai repas (aux heures de service). Vins genevois, vaudois, valaisans, français ou italiens, le choix est large, et la qualité indéniable.

■ BARBABLÙ

4, rond-point de Plainpalais
✆ +41 22 301 35 35
www.barbablu.ch
Glacier. Ouvert du mardi au dimanche de 7h30 à 18h, 7j/7 en été. Petite restauration. Glaces en gobelets à emporter de 4,50 CHF à 9 CHF.

Si vous souhaitez bien débuter la journée, un détour s'impose le matin chez Barbablù. À toute heure un excellent cappuccino ou espresso à l'italienne, en terrasse ou dans le petit espace intérieur pour accompagner votre croissant du matin ou le petit grignotage de la journée. Le lieu est sympathique, clair, gai et l'accueil à l'italienne, donc charmant ! Petite restauration et possibilité de déguster des glaces en toute saison et des panettone artisanaux en hiver.

■ BIBARIUM (CHÂTEAU CARTON)

5, rue Dizerens
✆ +41 22 320 18 29
www.bibarium.ch
info@chateau-carton.ch
Bar à vins. Ouvert mardi et mercredi de 10h à 21h, jeudi 10h à 1h, vendredi 10h à 21h, samedi 10h à 18h, fermé dimanche. Le jeudi soir, apéro dès 18h30 et concert à 21h. Entrée concerts : 7 CHF. Le vendredi de 10h à 1h. Formules : fontaines à vin de 3, 5 ou 10L, de 29 CHF à 79 CHF les 3L, selon les crus.

Dans un cadre chaleureux, on peut déguster au Bibarium, et notamment, en été, sur sa jolie terrasse, plus d'une quarantaine de crus genevois, suisses et français servis... sous forme de fontaines à vin ! Ces fontaines sont en fait des contenants pour le vin, des sortes d'outres entourées de carton, pouvant retenir plusieurs litres du cépage préféré. A la première vue, le procédé, pourtant très en vogue, peut déconcerter. Où donc sont passées les bouteilles transparentes, qui permettaient d'admirer la robe pourpre d'un excellent cru ? Certes, il est des occasions où l'on apprécie de deviner avant de déguster. Mais pour le reste, le procédé s'avère en fait très intéressant : d'une part, il est bien plus économique que l'achat en bouteille, d'autre part, il ne lui concède aucune perte de goût, bien au contraire. Et si, après l'un des concerts rock, jazz ou blues que le Bibarium organise tous les jeudis, on devient adepte d'un des vins en fontaine, en journée, le Bibarium se transforme en magasin, développant d'ailleurs depuis peu la livraison à domicile. Et à ne pas rater : les *Lunch Beat* ; pourquoi ne pas passer son repas de midi dans une ambiance digne d'une soirée grâce à un DJ mettant le feu comme sur une piste de danse, histoire de décompresser en milieu de journée ?

■ LE BLANC RHINO

17, place des Augustins
✆ +41 22 557 44 16
Ouvert du lundi au mercredi de 7h à 23h, les jeudis et vendredis de 7h à 1h, le samedi de 17h à minuit. Cocktails : de 8 CHF à 15 CHF. Vins au verre : dès 7 CHF.

Djamel Abiola et Keskin Serdar, bien connus dans la ville pour y avoir géré des établissements de renom, vous accueillent désormais dans leur restaurant-bar de la place des Augustins. L'ambiance est festive, la musique electro-soul, et aussi la déco contemporaine, sont très agréables. La carte des boissons vaut aussi le détour, puisqu'elle propose des cocktails à base d'alcool fait maison, des *smoothies*, des *milk-shakes*, ainsi que des thés froids, aux fruits rouges notamment. La cuisine, quant a elle, est généreuse, à l'image des deux gérants, mais aussi savoureuse. Et pour la sortie du travail, rien de tel qu'un superbe apéro au Blanc Rhino.

■ BONJOUR BONSOIR

59, rue du Stand
✆ +41 22 310 54 30
Salon de thé. Ouvert du lundi au samedi de 10h à 19h. Thé : dès 8,50 CHF. Pâtisserie : dès 5 CHF. Soupe du jour : dès 7 CHF. Focacce : 7 CHF. Salade : 7 CHF.

Envie d'un thé chinois de qualité ? C'est assurément chez Bonjour Bonsoir que vous pourrez le déguster ou l'acheter. Ici, vous découvrirez en effet une soixantaine de variétés de thés blancs, verts, bleus, noirs et rouges, dont le très connu *Pu-erh*, un thé post-fermenté qui doit son nom à la ville de Pu'er, située dans la province chinoise de Yunnan. Préparés dans les règles de l'art, ces thés peuvent se savourer sur place, accompagnés d'une pâtisserie de la maison Christophe Berger ou d'une délicieuse *focaccia*, ou à l'emporter, et notamment sous la forme de galettes, constituant d'ailleurs une idée de cadeau très originale. L'arcade présente aussi de superbes théières typiquement chinoises en terre cuite, conçues pour conserver la chaleur de manière optimale. Bon à savoir : Bonjour Bonsoir propose aussi des bons cadeaux d'une valeur de 25 CHF, comprenant une dégustation de thés de 45 minutes, instructive et ludique.

■ BOULEVARD DU VIN

3, boulevard Georges-Favon
✆ +41 22 310 91 90
www.boulevard-du-vin.ch
rguelpa@boulevard-du-vin.ch
Bar à vins et caviste. Le magasin est ouvert du lundi au vendredi de 10h à 19h30, et le bar à vin, du lundi au vendredi de 11h à minuit. Restauration de 12h à 23h. Wifi libre. Tram arrêt « Stand ».

Voici un authentique bar à vins, où l'on déguste des vins sélectionnés avec amour par Roberto et Julien Guelpa, qui proposent une carte sans cesse renouvelée. Une large et belle cave avec de nombreux crus peu connus qui ne demandent qu'à être découverts ou redécouverts. Le lieu, chaleureux et convivial, est parfait pour l'heure de l'apéro après le travail, ou pour l'avant et l'après spectacle. Les crus sont à déguster au verre ou à la bouteille, accompagnés de planchettes de charcuteries, fromages, antipasti. Belle adresse très appréciée des Genevois.

■ CAFÉ DE LA PRESSE

62-64, boulevard Saint-Georges
✆ +41 22 320 62 99
✆ +41 22 320 68 03
www.cafedelapresse.ch
la.presse@bluewin.ch
Ouvert de 7h à 2h, du lundi au dimanche. Restauration. Plat du jour (choix de 6 plats) : 18 CHF.

Un lieu qui porte bien son nom puisqu'il est le rendez-vous de nombreux journalistes et romanciers. Cet illustre café se situe dans le quartier de la Jonction. En forme originale de pointe, on devine derrière ses baies vitrées une atmosphère chaleureuse et on va volontiers s'accouder au magnifique bar arrondi pour savourer une bière et quelques tapas du terroir. Un lieu qui ne désemplit pas, avec une terrasse agréable les soirs d'été. De quoi se restaurer également avec une carte conséquente, ou pour des petits creux en début voire en fin de soirées. Soirées festives, afters, concerts ou encore retransmissions sportives sont en outre au programme... Un lieu incontournable des nuits genevoises ! On peut toutefois lui préférer le bar à vins et restaurant le Réservoir, plus calme.

CAFÉ DES BAINS

26, rue des Bains ✆ +41 22 321 57 98
www.cafedesbains.com
info@cafedesbains.com
Bar ouvert lundi de 11h à 15h, et du mardi au vendredi de 11h à 15h et de 18h à 1h, samedi de 18h à 2h. Restaurant ouvert lundi de 12h à 14h, mardi à vendredi de 11h à 15h et 19h30 à 22h30, samedi de 18h30 à 22h30. Plat du jour : 20 CHF. Carte : 70 CHF.

Toujours aussi à la mode depuis son ouverture ! Totalement dans l'air du temps, design d'une élégance sobre et cosy, ce bar jouxte le restaurant qui surfe sur la vague de la branchitude du quartier du même nom. On aime les lignes pures, le soin des petits détails et la carte des vins ! L'intérieur est signé par les architectes Charles Pictet et François Frey, et l'atmosphère a tout de l'évocation d'une grande métropole européenne, chic et mode. Ici, on se sent à l'aise et traité aux petits soins. La carte du restaurant est alléchante avec son mille-feuille tomate-mozza-basilic, ses dés de mi-cuit de thon ou encore sa mousse à la fraise.

CAFÉ DU GRÜTLI

16, rue Général-Dufour ✆ +41 22 321 51 58
www.cafedugrutli.ch
Ouvert de 8h à minuit du lundi au jeudi, jusqu'à 1h le vendredi, de 16h à 1h le samedi et de 16h à 23h le dimanche. Restauration chaude jusqu'à 22h30 en semaine, jusqu'à 23h vendredi et samedi.

Un grand espace aéré et lumineux, avec mezzanine et surtout une grande terrasse dont on profite l'été pour se rafraîchir le temps d'un verre de sirop. Le lieu est idéalement situé près du Victoria Hall, du Grand Théâtre et du parc des Bastions, au rez-de-chaussée de la Maison des Arts du Grütli. Carrefour de la culture et des arts, il n'est pas étonnant que le café soit un point de chute régulier de tous les artistes, étudiants ou danseurs de ballet qui y feuillettent les magazines d'art en dégustant un thé ou une boisson artisanale. Le Café tient également lieu de salle d'exposition et de restaurant, aux propositions originales telles que le *rack* d'agneau nez noir du Valais, le loup mariné au gingembre, et en dessert, l'incontournable crème brûlée.

CAFÉ DU LYS

7, rue de l'Ecole-de-Médecine
✆ +41 22 328 78 26
www.cafedulys.ch – cafedulys@gmail.com
Ouvert du lundi au vendredi de 6h à 2h et le samedi de 14h à 2h.

Tout près de la plaine de Plainpalais, il fait partie de la kyrielle de bars réunis à la rue de l'Ecole-de-Médecine. Il s'agit du rendez-vous simple et cosy des étudiants qui prolongent l'apéro jusqu'à l'heure de fermeture, pour ensuite prendre le chemin, un brin éméchés, des discothèques des environs. On s'y sent comme à la maison, avec ses meubles en bois et ses lampes en papier coloré. La journée, on goûte aux sirops artisanaux ou à un des nombreux thés, confortablement installé dans l'un de ces fauteuils dépareillés, une tranche de moelleux au chocolat posée sur la table basse, ou alors quelques tapas en tous genres, en bavardant avec ses amis.

CAFÉ JULES VERNE

20, rue Jean-Violette ✆ +41 22 321 51 00
www.cafejulesverne.com
info@cafejulesverne.com
A l'angle de la rue Violette et de la rue Prévost-Martin. Ouvert le lundi de 17h à minuit, du mardi au jeudi de 11h à 1h, le vendredi jusqu'à 2h et le samedi de 17h à 2h.

Un lieu à découvrir tant il est original et sympa… Un cadre superbe, avec des meubles et des objets tout droit venus de la boutique voisine, L'Enfer Vert, et un sublime parquet en bois qui craque sous nos pas. Une clientèle décontractée qui apprécie l'endroit pour boire un verre ou manger un morceau. L'ambiance, tamisée et cosy, est parfaite pour un moment de détente après une dure journée de labeur.

LE CALAMAR

91, boulevard Carl-Vogt
✆ +41 22 321 62 77 – www.lecalamar.ch
Ouvert tous les jours, du lundi au mercredi de 9h à 1h, le jeudi et vendredi de 9h à 2h, le samedi de midi à 2h et le dimanche de 14h à 23h. Restauration : burgers, plats de bistrot, tapas, desserts et assortiments de glaces.

Un concept lounge, une ambiance déjantée dès que le DJ fait son apparition, un décor qui voyage entre les fauteuils des fifties et la boule à facettes années 1980, avec une projection en continu sur le mur de films en noir et blanc et une clientèle colorée d'étudiants de toutes les facultés. On aime l'atmosphère décontractée, le mobilier vintage, les toilettes façon œuvre d'art, le brunch du dimanche et les murs rose et vert. Et s'il y a bien une spécialité culinaire ici, ce sont les burgers, dont la viande provient de la célèbre boucherie du Molard. En fin de semaine, des soirées à thème très tendance attirent les branchés de tous les horizons. Agoraphobes s'abstenir !

■ CANTINA DEI VINI
11, boulevard du Pont-d'Arve
✆ +41 22 329 31 56
Bar à vins. Ouvert du lundi au vendredi de 8h à 21h, le samedi de 8h à 19h. Prix des sandwichs en fonction des ingrédients entre 8 CHF et 16 CHF.
Dans un cadre agréablement sobre et chaleureux, la Cantina dei Vini permet aux amateurs de bon vin italien de goûter près de 100 crus, tout en dégustant les délicieux antipasti de l'épicerie italienne Saveurs d'Italie. On peut venir dans ce nouvel espace pendant sa pause de midi pour manger un sandwich dont on aura choisi les ingrédients, les uns plus appétissants que les autres, par exemple du succulent jambon San Daniele fumé, de la mortadelle, de la mozzarella au basilic, des tomates séchées, du pecorino, des aubergines grillées ou encore des artichauts. Les grandes tables d'hôtes sont idéales en *after work* avec des collègues ou des amis pour un apéro gourmand grâce aux succulentes tapas de la maison. Une sélection de quatre vins rouges, deux rosés et deux blancs, est disponible au verre et donne une excellente idée de la richesse vinicole de l'Italie.

■ LES ENFANTS TERRIBLES
24, rue Prévost-Martin
✆ +41 22 321 85 10
www.les-enfants-terribles.ch
info@les-enfants-terribles.ch
Ouvert le mardi de 9h à 19h, du mercredi au vendredi de 9h à 21h, le samedi de 10h à 18h.
Difficile de juste venir boire un verre dans cet immense espace qui abrite également un salon de coiffure, une boutique de décoration, une autre de vins et, bien sûr, le Comptoir. Un espace où l'on peut venir prendre son petit déjeuner le matin, grignoter toute la journée salade, soupe, tarte de légumes, ou encore déguster un bon vin en fin d'après-midi, le tout, si l'on vient un jeudi, sur fond de musique live de genres variés, juste bien dosée.

■ LA FERBLANTERIE
8, rue de l'Ecole-de-Médecine
✆ +41 22 320 90 42
Ouvert du lundi au jeudi de 7h30 à 1h, le vendredi et le samedi jusqu'à 2h et le dimanche de 17h à minuit.
La Ferblanterie est un café incontournable de la rue de l'Ecole-de-Médecine, bien connue pour son ambiance festive et ses nombreux bars, située à deux pas des universités. Le lieu a su conserver un cachet à mi-chemin entre le bar alternatif et le café de quartier. Dans des teintes d'un rouge ocre, sont répartis dans une ambiance populaire des tables et des sièges variés. *La Ferblanterie* est en outre le seul endroit à Genève où l'on s'asseoit sur d'anciens sièges de cinéma de velours rouge, rabattables, qui font face à la porte. Habitués, étudiants et gens de passage s'y retrouvent surtout pour l'ambiance, afin d'y déguster un café ou une chopine de bière, le soir venu. En week-end, l'établissement est durant la soirée véritablement pris d'assaut, et trouver une table en ces lieux peut vite s'avérer être difficile. Enfin, la bonne humeur et le sourire de la patronne participent à l'affection que les habitués vouent à ce café. Belle terrasse ombragée en été, côté cour. Petite restauration à toute heure.

■ L'ÉLÉPHANT DANS LA CANETTE
18, avenue du Mail
✆ +41 22 321 70 70
www.elephantdanslacanette.com
Ouvert du lundi au samedi de 9h à minuit, et le dimanche de 17h à minuit. Petite restauration. Plats et tartares à 20 CHF (cheval) et 25 CHF (bœuf).
Il s'agit d'un bar estudiantin qui sert également quelques plats tels que des viandes sur ardoises et des tartares (de bœuf et de cheval), à prix modiques. La spécialité de la maison est la *zekilla* en exclusivité pour ce bar, boisson alcoolisée qui est composée de tequila, de cannelle et de piment. Il y a un joli choix de bières pression dont certaines sont belges.

L'APOTHICAIRE COCKTAIL CLUB

16, boulevard Georges-Favon
✆ +41 22 328 15 10
apothicairecocktailclub@gmail.com
Ouvert tous les jours dès 17H. Le mardi jusqu'à minuit, mercredi et jeudi jusqu'à 1h, vendredi et samedi jusqu'à 2h. Cocktail : dès 15 CHF (sur la carte). Cocktails personnalisés selon vos envies.

L'Apothicaire Cocktail Club est le petit frère de l'Atelier Cocktail Club, situé aux Eaux-vives. Les deux établissements ont pour projet de démocratiser le cocktail. Aux commandes, Quentin Beurgaud et son équipe font le bonheur des amoureux de cocktails préparés avec l'art et la manière. Au p'tit soin de votre palais, Quentin n'hésite pas à vous questionner pour proposer celui qui vous bluffera. Et si vous aimez le gin, vous vous apercevez très vite que l'Apothicaire l'a dans ses petits papiers. Délicieux Gin avec cardamone.... Envie de participer à l'alchimie ? Laissez parler vos envies sur la page facebook et suggérez ! De quoi satisfaire les clients les plus curieux, toujours dans une ambiance chic et conviviale.

LE KRAKEN

8 rue de l'Ecole de Médecine
✆ +41 22 321 59 41
www.lekrakenbar.ch
Bus 1, arrêt Médecine
Bar café. Ouvert du lundi au jeudi de 11h à 1h, vendredi et samedi de 11h à 2h. Dimanche fermé. Petite restauration

A l'origine, le Kraken est une créature fantastique issue des légendes scandinaves médiévales, qui se saisissait des coques des navires pour les faire chavirer, en faisant couler les marins. Au Kraken Bar, à Plainpalais, rien d'aussi effrayant. Depuis son ouverture en 2012, le bar offre une ambiance chaleureuse et conviviale, bien que parfois tamisée. Entre des bibliothèques, de vieux livres ornés et des crânes décoratifs, vous pourrez déguster une bière, un café bûcheron ou un rhum Kraken, sous les lustres en verres, au bar ou sur un fauteuil en cuir bien accueillant. Le lieu mélange avec succès modernité et aspect vintage, les chandeliers et les tableaux aux murs pouvant rappeler les vieux châteaux d'autrefois. La terrasse en été ne désemplit pas d'étudiants à l'heure de l'apéro.

MARIUS CAFÉ

9, place des Augustins
✆ +41 22 320 62 39
Bar à vins. Ouvert du lundi au vendredi de 17h30 à 1h30.

Crus au verre et bouchées du terroir régalent les nombreux clients de ce petit bar à vin du quartier de Plainpalais. Dans un cadre convivial et chaleureux, cette ancienne boucherie au sol dallé et orné de faïence se scinde en deux petites salles dont l'une accueille le bar et l'autre un espace intimiste qui invite à la rencontre. L'été, une charmante terrasse en teck fleurie donnant sur la place des Augustins prolonge agréablement le bar. Le service est décontracté et souriant et le propriétaire met un point d'honneur à partager ses découvertes avec amateurs avertis et novices. Spécialisée dans les vins vivants, la maison propose une large palette de crus de la région et de vins français à des prix raisonnables. Planchettes de charcuterie, fromages et autres antipasti accompagnent à merveille ces vins aux noms évocateurs et fantaisistes – Soif du Pays, Swimming Poule ou C'est le Printemps.

LE NONOLET

5, boulevard Georges-Favon
✆ +41 22 311 88 50
www.nonolet.ch
Ouvert du lundi au vendredi de 11h à 23h. Samedi, dimanche fermé. Plats : de 25 CHF à 40 CHF.

Situé en plein cœur du quartier des banques, Le Nonolet est un bar, café, restaurant qui se métamorphose. A midi, des plats d'excellente qualité, issus d'une cuisine à tonalité bourgeoise et qui varie au gré des saisons, vous sont proposés dans une large fourchette de prix. Saumon sur lit de légumes, apprêté avec une fine couche de parmesan et une émulsion de vinaigre balsamique, double entrecôte de bœuf charolais, lapin braisé, viande revenue dans de mêmes recherches de goûts au gré d'une carte qui se renouvelle sans cesse, l'on mange très bien en ces lieux. Le soir, l'ambiance change, et l'établissement se mue en bar à vins et à tapas de belle tenue, attirant autant les hommes et les femmes d'affaires que les jeunes estudiantins style BCBG. Très fréquenté, il s'anime alors, et sa décoration design parcourue de jolies fluorescences, lampes comme autant de galets métalliques qui dégagent une lumière tamisée, canapés et sièges confortables, certains très bas, douillets, d'autres affinés vers le haut, reçoit une clientèle plutôt *bcbg*, qui vient joyeusement y déguster des vins de très bonne tenue, servis au verre grâce à un nouveau procédé de conservation par l'azote, qui protège saveur, rondeur et équilibre des meilleurs crus. Des tapas à disposition à même le bar sont servies avec ces bons vins ou ses cocktails pétillants et variés.

■ **REMOR**
3, place du Cirque
✆ +41 22 328 12 70
www.remor.ch
remor@remor.ch
Ouvert du lundi au jeudi de 7h à minuit, le vendredi et le samedi de 7h à 1h et le dimanche de 7h30 à minuit. wi-fi gratuit. Mojitos à partir de 12 CHF.
Un café mythique où l'on aime venir prendre un verre en été ou un chocolat chaud accompagné d'une excellente pâtisserie dans une froide journée d'hiver. Et lorsqu'il fait beau, quel bonheur de savourer le cheesecake poire gingembre, sur la grande terrasse située à la pointe de la place du Cirque ! Attention, les sièges libres se font parfois rares, l'endroit étant très couru par la population mélangée du quartier. On y sert une gamme de cocktails glacés, une ligne de 7 shots avec 7 parfums glacés et 7 alcools différents, et 3 tailles de *mojitos* à base de produits naturels (2, 3 ou 5 dl) avec deux spécialités : fraise et gingembre. Belle gamme de *piscines*. On peut aussi y grignoter croque-monsieur, salades, quiches, hamburgers du jour.

Gare et Pâquis

Le quartier des Pâquis est sans conteste le lieu le plus festif de la ville, quand vient le soir. Notons qu'en période estivale, le quartier se révèle particulièrement vivant aux abords du lac Léman, accueillant en plein air les terrasses des bars. Près des rues de Berne et de Monthoux, l'ambiance est très différente. En effet, on y trouve tout type d'établissements, des bars à hôtesses (voir rubrique *Spectacles*), aux bars *lounge*, en passant par de sympathiques *pubs*. La journée, ces rues peuvent paraître un peu glauques, mais ne vous y méprenez pas.

■ **LES BRASSEURS**
20, place de Cornavin
✆ +41 22 731 02 06
www.les-brasseurs.ch
geneve@les-brasseurs.ch
Ouvert du lundi au mercredi de 11h à 1h, du jeudi au samedi jusqu'à 2h et le dimanche de 15h à 1h. Restauration. Plats du jour : 17 et 19 CHF. Carte : 30 CHF.
Une brasserie au centre de Genève, produisant sur place ses bières artisanales et ses flammekueche ! Chaude ambiance et grande convivialité dans cet immense bar où fêtards du monde entier, jeunes étudiants, voyageurs et piliers de bar viennent se délecter du fameux breuvage fabriqué à base de graines de malt. Les cuves sont visibles, et le nectar blond, blanc ou ambré, coule à flots, pour le bonheur des convives. La bière est également servie dans d'imposantes colonnes, tenez-vous bien, de 3 l, 5 l ou 10 l ! Posées au centre de la table, chacun se sert à sa guise ! Vous pourrez déguster des bières spéciales qui changent au gré des saisons ! L'établissement fait aussi restaurant pour accompagner sa chope de bière d'une flammekueche ou d'un *fish and chips* !

■ **BRITANNIA PUB**
6 place de Cornavin ✆ +41 22 544 52 90
http : //britanniapub.page.tl
britanniapub@astoria-geneve.ch
Ouvert tous les jours de 6h30 à 2h, le samedi de 7h à 2h et le dimanche de 7h à 1h.
Dans l'hôtel Best Western Astoria, en face de la gare Cornavin, Le Britannia est l'un des premiers pubs à avoir vu le jour à Genève, établi dans la ville depuis 1972. Un pub dans le pur style britannique, bières et sport au programme ! Des bières venues des quatre coins du monde, 50 bières en bouteilles et un choix de 12 bières pression. Le pub propose aussi une restauration simple : sandwichs, burgers, salades. La clientèle est assez hétéroclite, touristes, étudiants ou simples passants. Le long bar et les sièges capitonnés séduiront les amateurs du Royaume-Uni ou les Anglais nostalgiques. De septembre à mai, musique live tous les samedis soir, et entrée gratuite. Concerts de musique rock-blues-pop avec les meilleurs groupes de la région.

■ **BUVETTE DES BAINS DES PÂQUIS**
30, quai du Mont-Blanc
✆ +41 22 738 16 16
www.buvettedesbains.ch
info@buvettedesbains.ch
Ouvert tous les jours de 7h à 21h30. Petit déjeuner de 8h à 11h30 (10 CHF). Restauration à midi et de 18h à 21h. Plat du jour et assiettes froides : 12 et 14 CHF. Fondues et filets de perches (le soir uniquement) : de 15 à 23 CHF.
Cette buvette atypique est située sur la jetée des Bains des Pâquis. Elle est à la fois indépendante des Bains et en même temps liée par une Convention et une Charte à l'Association des Usagers des Bains (AUBP) ; celle-ci consiste à maintenir des prix populaires pour une nourriture saine et équilibrée (elle est labellisée Fourchette Verte). Elle est aussi partenaire de nombreux évènements aux Bains, dont le fameux nettoyage du lac, avec une fondue les pieds dans l'eau ! En été, grande terrasse avec vue sur la rade, et en hiver, repli dans une étonnante «cabane» équipée de fourneaux chauffés au bois, au milieu de centaines d'espèces d'oiseaux aquatiques. Un des incontournables de Genève !

■ **CAFÉ ART'S**
17, rue des Pâquis ✆ +41 22 738 07 97
Ouvert du lundi au vendredi de 11h à 2h, le samedi et le dimanche de 8h à 2h.
C'est l'endroit convivial et incontournable par excellence des Pâquis. En plein hiver, quand du vague à l'âme se profile, il faut se précipiter dans ce café-bar-restaurant et en été avec la petite terrasse l'ambiance est au rendez-vous jusque tard dans la nuit. Les couleurs des murs ou des peintures superbes, le sourire jusqu'aux oreilles des serveurs ou serveuses, la musique ensoleillée, les boissons... et leur prix sont des arguments très motivants. Une ambiance jeune et sympathique, qui vaut toutes les thérapies !

■ **CAFÉ GAVROCHE**
4, boulevard James-Fazy
✆ +41 22 731 26 94
gsahin@bluewin.ch
Ouvert du lundi au jeudi de 11h à 1h, le vendredi de 11h à 2h et le samedi de 14h à 2h.
Le café Gavroche a trouvé sa vitesse de croisière. Sous la houlette d'un couple de patrons accueillants et sympathiques, et de leur famille, l'établissement affiche clairement son credo : un autre monde est possible. Un monde à réinventer au fil de discussions, de réflexions, mais surtout un monde de partage. C'est pourquoi l'établissement, outre ses activités de bar et de restauration, propose des animations diverses : projections de films, concerts, débats et autres activités culturelles y sont proposés comme autant d'instants de rencontre. Comme ils aiment tant le dire : « Genève est multiculturelle ».

■ **LE CHIC**
3, rue de Fribourg
✆ +41 22 732 04 30
lechic@hotmail.com
Bar lounge, concerts. Ouvert du mercredi au jeudi de 18h à 1h, le vendredi et le samedi

de 18h à 2h. Concerts et DJ's le week-end. Programme des soirées et concerts affiché sur la page Facebook de l'établissement.
Au 3, rue de Fribourg, vous vous retrouverez face à un billard sans prétention, l'*America*. Devant l'établissement, seule une pancarte, affichant la programmation de DJ's set, soirées et concerts live groovy, trahira la présence du Chic, un bar-lounge très prisé des Genevois, situé au sous-sol de la salle de jeu. Ici, vous découvrirez une petite cave aménagée avec soin, comportant notamment des canapés en cuir aussi confortables qu'élégants, une scène, sur laquelle se produisent le week-end des DJ's ou des artistes soul, funk, jazz et reggae de la ville, des consommations aux prix abordables, et surtout une ambiance très sympathique !

■ DON QUIJOTE

14, rue de Bâle ✆ +41 22 732 72 67
www.donquijotebar.ch
info@donquijotebar.ch
Bar à vin, lounge et tapas. Ouvert du mardi au samedi de 17h à 2h du matin. Vins au verre : dès 7 CHF. Tapas chaudes et froides : de 10 CHF à 35 CHF.
Le Don Quijote est un sympathique bar lounge situé au cœur des Pâquis, à la rue de Bâle. Dans un grand espace au décor sobre et contemporain, vous siroterez ici d'excellents vins et alcools, que vous pourrez même accompagner d'une cigarette, pusique le bar dispose d'un agréable fumoir d'une vingtaine de places assises. La carte propose quant à elle diverses tapas chaudes et froides, dont un délicieux assortiment de charcuteries ibériques, une excellente paella, ainsi que des desserts. Enfin, les mélomanes ne seront pas déçus : le Don Quijote accueille des concerts tous les premiers jeudis du mois.

■ MR PICKWICK

80, rue de Lausanne
✆ +41 22 731 67 97
www.mrpickwick.ch
Ouvert tous les jours de 11h à 2h.
Immense pub anglais, et plus précisement irlandais, qui s'étend au sous-sol avec une scène pour les concerts du week-end. Toujours beaucoup d'animations dans ce lieu de rendez-vous privilégié par la communauté internationale travaillant dans les environs. Conviviale et enjouée, l'ambiance ne dément pas la bonne humeur contagieuse des Irlandais ! Comme il se doit, grand choix de bières et écrans géants pour les matchs de championnat. Concerts live en fin de semaine. Une date à ne pas rater : la Saint-Patrick bien entendu ! Agenda en ligne.

■ OLÉ OLÉ

11, rue de Fribourg ✆ +41 22 731 38 71
Ouvert du lundi au vendredi de 10h à 2h et le samedi de 17h à 2h. Tapas entre 10 CHF et 14 CHF. A la carte : plats entre 18 CHF et 32 CHF.
Un café-bar-restaurant des Pâquis où l'on peut manger quelques tapas à l'unité, et quelques plats à la carte. Dans un décor baroque rétro aux meubles anciens, au plafond très haut, se retrouve, dans une ambiance sur fond lounge, une clientèle de 25-40 ans, qui y boit un verre, déguste un vin, et peu après mange une des tapas qui varient régulièrement. Question nourriture, les tapas patatas olé-olé y sont recommandées, mais les spécialités du lieu, comme le trio de tartare de bœuf ou le *chicken and avocado burger*, méritent que l'on s'y attarde. Et l'on y revient pour l'ambiance des apéritifs d'été où se côtoient sur la terrasse du lieu des autochtones profitant joyeusement des derniers rayons de lumière plus tardifs. La grande salle intérieure poursuit dans la même ambiance. Un lieu dans l'air du temps, un rien branché, mais sympathique.

■ LE PARADIS

Quai Turrettini ✆ +41 76 701 25 16
www.terrasse-paradis.ch
terrasse.paradis@hotmail.com
Ouvert tous les jours d'été du 1er mars à fin octobre selon la météo de 9h à 21h (ou 22h voire minuit, si le temps le permet). Thé vert à la menthe : 5 CHF. Frappé glacé : 8 CHF. Petite restauration de sandwichs et glaces.
Cette immense terrasse à proximité de la place de Saint-Gervais, toute en transats multicolores, attire une clientèle bigarrée, des banquiers à l'heure de l'apéro, des copines qui se retrouvent, des amoureux à leur premier rendez-vous. On aime y voir et y être vu, ce que permet particulièrement bien l'agencement des tables basses et sièges placés sur la longueur des grandes marches du quai Turrettini, premier quai à gradins de la ville, œuvre de l'architecte Maurice Braillard datant de 1938. Citronnade 100 % citron frais (5 CHF), grands frappés glacés et copieux sandwichs à déguster (sandwich paradis au poulet pané, sandwich méditerranée avec du melon…), au bord du Rhône, les pieds presque dans l'eau ! Un petit paradis, au centre de Genève, le long du Rhône !

LE ROUGE ET LE BLANC

27, quai des Bergues
✆ +41 22 731 15 50
www.lerougeblanc.ch
rougeblanc@bluewin.ch

Bar à vins. Ouvert du lundi au samedi de midi à 1h. Plats du jour à midi. Traiteur. Terrasse.

Le Rouge et le Blanc jouit d'une superbe vue sur le fameux jet d'eau avec une petite terrasse estivale jouxtant le Rhône. Ce bar à vin chic et convivial est plein de charme avec ses murs en vieilles pierres, ses poutres et ses tables en bois. Le midi, Eric vous propose une cuisine de saison et, dès 17h, Alain, le sommelier, vous invite à déguster petits et grands crus, servis au verre accompagnés de charcuterie, fromages et autres tapas.

▸ **Autre adresse :** 54, boulevard des Tranchées – 1206 Genève – Tél +41 22 347 67 02

LE SCANDALE

24, rue de Lausanne
✆ +41 22 731 83 73
www.lescandale.ch
info@lescandale.ch

Ouvert du mardi au samedi de 11h à 2h.Terrasse d'été au-dessus de l'immeuble.

Branché, coloré et plein de chouettes trouvailles d'ameublement, ce lounge bar est très prisé, de l'heure de l'apéro jusqu'à la soirée disco electro. Beaucoup d'espace dans ce loft à étages revisité pop et boule à facette, graffitis sur les murs et projections vidéo. Le DJ sur son promontoire voit passer une foule bigarrée, jeune et stylée. On aime le cadre et les fauteuils savamment récupérés, mais aussi que l'on puisse s'y restaurer de mets italiens, pizzas et tapas à midi et le soir. Amoureux de tranquillité, s'abstenir ! Mais pour fêter un anniversaire branché, ou organiser une soirée d'entreprise décalée, c'est un lieu à retenir.

LA TERRASSE

31, quai du Mont-Blanc
✆ +41 78 691 13 78
www.laterrasse.ch
sebastien@stvs.ch

Ouvert du 1er avril au 31 septembre, tous les jours de beau temps de 8h à minuit.

La Terrasse est un café-bar créé en 1999 merveilleusement situé au bord du lac Léman. La Terrasse est devenue au fil du temps un des endroits incontournables de la ville de Genève. Vous pourrez y boire un verre juste à côté de l'eau dans une ambiance à la fois branchée et décontractée, déguster sandwich, charcuterie, tapas et gâteau au cholocat.

Grottes, Saint-Jean, Nations et aéroport

Outre les Grottes, lieu idéal pour boire un verre tout au long de la journée, mais aussi quelques buvettes en plein air, ce vaste quartier n'est que peu propice aux sorties, dans la mesure où vous vous retrouverez vite passablement en dehors de la ville et de ses animations, notamment nocturnes.

BRASSEUR DES GROTTES

6 rue de la Servette
✆ +41 22 734 92 00
www.bagblues.ch
info@bagblues.ch

Ouvert du mardi au vendredi de 18h à 2h, le samedi et dimanche de midi à 2h. Connexion wifi.

Le BDG est un lieu sympathique, accueillant pour prendre un apéro, dîner en musique, écouter de la musique Live ou danser. Plusieurs animations et soirées sont organisées en fin de semaine autour d'une grande variété de styles musicaux. Ainsi, selon les soirs, on ira au BDG pour de la musique funk, soul, « acid jazz, », ou pour des rythmes plus latinos et salsa… Le jeudi, c'est soirée blues live car le BDG est l'endroit où la Blues Association de Genève (BAG) organise des concerts et jam-sessions dès 20h30.

LA BUVETTE DES CROPETTES

14, rue de Montbrillant
www.ilot13.ch

Ouvert le lundi de 8h à 14h, du mardi au jeudi de 8h à 14h, de 16h à 23h, le vendredi de 8h à 14h et de 16h à minuit, le samedi de 16h à minuit. Petit déjeuner, tapas, sandwichs et boissons.

C'est la buvette de l'Ilôt 13 (ancien quartier des Cropettes), au rez-de-chaussée de la Maison des Habitants (MdH), à côté de la salle de spectacle de l'Ecurie, et à l'étage des ateliers d'artistes. Un périmètre alternatif et populaire à Genève ! C'est une vraie buvette qui réunit les générations des sympathisants de l'association des «Habitants de l'Ilôt 13» qui en décide, collectivement, l'aménagement, les horaires, le choix et les prix des consommations, etc. Les bénéfices de la Buvette des Cropettes sont investis dans l'animation culturelle de la salle de l'Ecurie, et en fonds de roulement pour les frais d'équipement du lieu. On y boit une bière, et on discute aisément, histoire de refaire le monde. La cour a été rebaptisée : 1, place Jacques-Gruet ; du nom du libre penseur genevois décapité du temps de Calvin ! Tout un symbole !

LA PETITE REINE
Place de Montbrillant
cafelapetitereine@gmail.com
Ouvert du mardi au jeudi de 8h à 1h, le vendredi et le samedi de 11h à 2h et le dimanche de 11h à 1h. Bière : 4 CHF. Brownies : 1 CHF.
Voila longtemps que Genève attendait un bar comme *La Petite Reine* ! Installé juste derrière la gare, dans une vieille bâtisse complètement rénovée, ce tout petit lieu se distingue en effet par l'originalité des boissons proposées, provenant pour la plupart de producteurs indépendants. Ainsi, vous pourrez siroter, et notamment sur sa jolie terrasse ensoleillée en été, un *Club-Mate*, thé gazeux sans alcool très prisé des Berlinois, une rafraîchissante *Gazosa* du Tessin, des whiskys directement importés d'Ecosse, ou encore des bières artisanales. En accompagnement, des *empanadas* ou de délicieux brownies à prix mini feront l'affaire. Côté ambiance, le bar n'est pas en reste : il accueille régulièrement des expos, des concerts variés et des DJ's. Santé !

Clubs et discothèques

Les Genevois se plaignent souvent de l'absence de diversité des boîtes de nuit de la ville. Il est vrai que beaucoup diffusent de la musique dite de variétés, et se destinent à des budgets conséquents. Toutefois, vous trouverez au fil de cette rubrique quelques établissements qui font exception à la règle, tant au niveau de leur programmation qu'à celui de leur prix. Pour un plus grand choix de clubs et discothèques, ne pas hésiter à se déplacer sur la ville de Carouge, riche en propositions.

Vieille ville et Bastions

PETIT PALACE
6, rue de la Tour-de-Boël
✆ +41 22 311 00 33
www.lepetitpalace.ch
Ouvert 7j/7 de 23h à 5h. Du dimanche au jeudi, 2 spectacles érotiques par soir, à minuit et à 2h45. Interdit aux moins de 18 ans, tenue correcte exigée, consommation obligatoire.
La plus ancienne discothèque de Genève, nichée au cœur de la vieille ville, est adossée à une partie de la muraille de l'ancienne cité. Cette discothèque pas comme les autres propose des shows érotiques presque tous les soirs, et c'est la seule à être ouverte tous les jours de l'année, ce qui a rendu service à nombre de noctambules désespérés. Les Genevois en goguette s'y retrouvent pour des soirées de groupe, entre ambiance bon enfant ou sortie de bureau, comme pour les hommes d'affaires en mal d'aventure. L'ambiance est conviviale, et l'on y danse quelle que soit la puissance érotique du show !

XS
21, Grand-Rue
✆ +41 22 311 70 09
Ouvert le vendredi et le samedi de 23h30 à 5h et les veilles de jours fériés. Entrée : 20 CHF avec une consommation. Tous les vendredis, entrée gratuite pour les femmes.
A propos d'entrée, elle se trouve discrètement cachée sous les arcades de la rue de la Pélisserie. Une fois poussée la porte, on se retrouve dans une vieille cave voûtée, dans l'antre de la nuit genevoise : les jeunes filles dansent sur les fauteuils, les *long drinks* s'alignent sur le long bar, les garçons regardent et invitent joliment, les amis s'amusent, et la fête est folle. Clientèle de 25-35 ans, musique de tous les styles : latino, house, rythm'n'blues, disco ou reggae, bref, tout ce qui fait bouger.

Rive et Eaux-Vives

LE BAROQUE
12 place de la Fusterie
✆ +41 22 849 86 86
www.lebaroque.com
Discothèque. Ouvert jeudi de minuit à 4h, vendredi et samedi de minuit à 5h.
Fondée en 1993, Le Baroque Club est devenu un lieu exceptionnel et incontournable de Genève. En 2010, le lieu renaît avec un nouvel esprit, toujours baroque, mais plus festif et urbain, digne de la clientèle genevoise. Le cadre, chic, sobre et de style… baroque, séduit une clientèle de tout âge. Le Baroque Club est en collaboration avec la célèbre maison Audemars Piguet, qui attire de nombreuses personnalités au club.

Plainpalais et Prévost-Martin

L'USINE

4, place des Volontaires
✆ +41 22 781 34 90
www.usine.ch – usine@usine.ch
Une foule de lieux culturels, horaires divers, renseignements sur le Net et dans le dépliant explicatif déposé dans les bars de la ville. Tarifs selon heure d'arrivée pour les soirées, de 5 CHF à 20 CHF.

Lieu absolument incontournable de la nuit genevoise, cette ancienne usine de dégrossissage d'or abrite non seulement la salle du Rez, qui accueille des concerts organisés par les deux grandes associations de l'Usine, Post Tenebras Rock (✆ +41 22 781 40 04 - www.ptrnet.ch) et le Kab (✆ +41 22 781 40 57 - www.lekab.ch), mais aussi un espace pour les soirées DJ, le zoo (✆ +41 22 321 67 49), un théâtre (✆ +41 22 328 08 18), un cinéma, le Spoutnik (✆ +41 22 328 09 26), une galerie d'art, Forde (✆ +41 22 321 68 22), des ateliers pour plasticiens talentueux et autres architectes, un bar-restaurant, le Moloko (✆ +41 22 320 74 71), et même un salon de coiffure, Le Cheveu sur la Soupe (du mercredi au vendredi ✆ +41 22 329 74 72). On y croise aussi bien l'avocate stagiaire que l'assistant en philo de la fac de lettres, la belle jeune fille ultra lookée que des rastas et des rappeurs. Le théâtre est toujours source de surprises et d'innovations. La galerie d'art présente dans 100 m² de liberté les créations les plus pointues de l'art contemporain. Décidément, il s'en passe des choses dans cette usine décalée qui raffine l'art en or…

MOULIN À DANSES (MAD)

20 bis, rue du Stand
✆ +41 22 329 85 87
www.mad-geneve.ch
info@mad.coop
Secrétariat : 9, rue Vautier – 1227 Carouge – Tél. +41 22 342 94 28. Horaires variables, consulter l'agenda en ligne. Ouvert mercredi-jeudi de 22h à 3h, vendredi et samedi de 23h30 à 5h. Entrée libre pour les abonnés et 1'invité (abonnement annuel 230 CHF), de 6 CHF à 25 CHF pour les non-membres avec une consommation.

Créé en 1976 par des copains voulant un local pour promouvoir toutes formes d'expressions culturelles, le Moulin à Danse, dit MAD, est un lieu incontournable de Genève. Toute la population de la Cité a au moins une fois dansé dans ce moulin qui n'en est pas un, haut lieu des soirées genevoises depuis près de trente ans, fermé puis rouvert récemment. La drague y est pratiquée avec assiduité, et les couples se font et se défont au gré des salsas, du reggeaton et des hits des années 1980. Dans une ambiance plus calme, le vendredi soir est dévolu aux séances de ciné gratuites, mais ensuite le disco reprend ses droits. Le jeudi, cours de salsa puis soirée tropicale. Concerts et spectacles, mais aussi stages en tout genre la semaine et le week-end.

V CLUB

18 quai de Seujet ✆ +41 22 731 00 44
contact@vclub-geneve.com
Club discothèque, avec restauration. Mercredi à samedi, de 23h à 5h.

Anciennement le Platinium, le V Club a repris récemment le lieu pour en faire une nouvelle adresse de clubbing genevois. Toujours aussi chic et tendance, le club dancing propose une série de cocktails, aux prix genevois, une musique aux tendances du moment, ainsi qu'une restauration séduisante.

Gare et Pâquis

Un quartier propice aux virées nocturnes, et à l'ambiance festive dès la nuit tombée. Des clubs aux alentours de la gare aux boîtes de nuit chic à proximité du lac, les programmations et les tarifs sont très divers.

JAVA CLUB

Grand Hôtel Kempinski
19, quai du Mont-Blanc
✆ +41 22 908 90 88
www.javaclub.ch
Ouvert du mardi au samedi, de 23h à 5h.

Au sous-sol du palace qui surplombe le Léman, une discothèque pour une jeunesse urbaine, glamour et trendy, animée et festoyante. Sur de la house comme sur du rythm'n'blues, elle se dandine habilement, en tourbillonnant dans un décor raffiné de tentures et couleurs chaudes. Carré vip, cocktails originaux et restaurant à l'abri des décibels. Lieu incontournable des nightclubs de Genève.

PALAIS MASCOTTE

43, rue de Berne
✆ +41 22 741 33 33
www.palaismascotte.ch
Ouvert du mardi au samedi. Café-théâtre au rez-de-chaussée dès 21h et cabaret burlesque à 23h30. Dîner-spectacle : 78 CHF. Discothèque ouvert 7j/7. Dimanche à mercredi, entrée gratuite, jeudi 10 CHF, vendredi et samedi 15 CHF.

Depuis sa création en 1887, le Palais Mascotte séduit Genevois et touristes. Sur trois étages, c'est un savant mélange de cabaret d'antan, de restaurant branché et de piste de danse avec un DJ original, diffusant des musiques de l'Est ou des tubes un peu datés. Les spectacles du cabaret (en général le week-end, mais parfois en semaine aussi) tendent vers le néoburlesque. Côté ambiance, on trouve plutôt des trentenaires approchant de la quarantaine, venus entre amis. Le Palais Mascotte, c'est aussi un café-théâtre et un restaurant pour dîner tout en appréciant un spectacle de cabaret !

SILENCIO

3, rue du Levant
✆ +41 22 732 06 06
www.silencio.ch
club@silencio.ch
Ouvert du mercredi au samedi selon la programmation disponible sur le site Internet de l'établissement. Entrée libre avant 1h. Après 1h : 10 CHF.
Le Silencio est un club situé au cœur des Pâquis, affichant une programmation variée et de qualité dans un vaste espace à la déco design. Ici, vous vous trémousserez en effet du mercredi au samedi sur des rythmes electro, techno, funk, house, soul et hip hop. Le Silencio propose également des soirées *all styles* démentes, surtout les samedis.

Spectacles

Genève est non seulement mélomane mais aussi très à l'affût de l'actualité culturelle classique et contemporaine, et cela se remarque par le nombre considérable de ses théâtres et cinémas. Vous les découvrirez au fil de cette rubrique, qui recense également des cabarets et des salles de concerts.

Vieille ville et Bastions

CAC-VOLTAIRE

Maison des Arts du Grütli
16, rue Général-Dufour
✆ +41 22 320 78 78
Ouvert tous les jours. Entrée : 14 CHF plein tarif, 12 CHF étudiants et chômeurs, 8 CHF écoliers, collégiens, AVS et AI et membres (la carte de membre : 60 CHF par an).
Le Centre d'animation cinématographique est une association culturelle à but non lucratif qui a pour mission de défendre et promouvoir un cinéma de qualité, d'hier, d'aujourd'hui ou de demain. Rencontres, séminaires, conférences pour une programmation thématique autour de grands auteurs ou acteurs. De prestigieux festivals genevois y prennent place tout au long de l'année. C'est le repaire de cinéphiles et de styles cinématographiques émergents, tout en offrant un panorama du cinéma du XXe siècle.

CINÉMA PATHÉ REX

Confédération Centre
8, rue de la Confédération
✆ +41 22 979 01 00
www.pathe.ch
geneve@pathe.ch
Ouvert tous les jours. Plein tarif : 18 CHF, tarifs réduits : 16 CHF, tarifs enfants (moins de 12 ans) : 12 CHF.
Situé dans le centre commercial Confédération, ce cinéma diffuse dans ses trois salles des blockbusters américains et des films d'auteur. Sa situation centrale est un atout. Bar et petite restauration.

ÉGLISE SAINT-GERMAIN

9, rue des Granges
www.concerts-st-germain.ch
Le dimanche et le lundi à 18h30 de fin juin à début septembre. Entrée libre (collecte destinée aux artistes).
Depuis 1974, la musique de chambre bénéficie d'un très bel écrin avec les concerts d'été de l'église Saint-Germain, rendez-vous incontournable des amateurs du genre qui allie diversité des styles et qualité. Programme complet sur le site.

GRAND THÉÂTRE DE GENÈVE

3, place Neuve
✆ +41 22 322 50 50
www.geneveopera.com
Billetterie sur place dans le grand hall du lundi au samedi de 10h à 18h ou sur Internet. De 29 CHF à 279 CHF pour un opéra et de 22 CHF à 69 CHF pour un récital, réductions jeunes, étudiants, chômeurs, carte 20 ans/20 francs. Abonnements.
Le Grand Théâtre de Genève est à la fois un lieu et une institution. Le lieu ? C'est un auguste bâtiment trônant sur la place Neuve, inauguré en 1879, rouvert en 1962, après une réfection rendue nécessaire par un incendie, et abritant le plus vaste plateau de Suisse. L'institution ? C'est la plus grande structure de production et d'accueil de Suisse romande, où l'on donne des représentations d'art lyrique et chorégraphique, des récitals, des concerts et, occasionnellement, des pièces de théâtre. Programme en ligne.

■ THÉÂTRE LE POCHE
7, rue du Cheval-Blanc
✆ +41 22 310 37 59
www.lepoche.ch
billetterie@lepoche.ch
Location sur place 1 heure avant les représentations. Réservations du lundi au vendredi de 9h30 à midi et de 14h à 18h et sur le site Internet. Entrée : 35 CHF, réductions étudiants, apprentis, 15 CHF, AVS, AI, chômeurs, 22 CHF. Le lundi : 15 CHF.
Fondé en 1948, Le Théâtre de poche offre une vraie et belle intimité avec les comédiens grâce à ses 130 places. C'est aussi un lieu d'échange et d'accueil pour les scénaristes, les auteurs et les comédiens.

■ VICTORIA HALL
14, rue Général-Dufour
✆ +41 22 418 35 00
www.ville-ge.ch/vh
victoriahall@ville-ge.ch
Points de location variant selon les spectacles, notamment auprès de Ticket Corner, service culturel Migros-Genève, Alhambra, Resaplus, la Fnac et au théâtre 1 heure avant le début du spectacle. Abonnements.
La salle à l'acoustique exceptionnelle et au décor néobaroque est dédiée à la musique classique, mais pas seulement, puisque Camille, Myriam Makeba ou encore Jamie Cullum y sont passés. Datant de la fin du XIXe siècle, l'édifice vaut le déplacement, et ses balcons sur trois niveaux possèdent un charme désuet qui rend tout concert inoubliable. L'édifice a bénéficié de gros travaux de rénovation, dont la scène qui a été agrandie.

Rive et Eaux-Vives

■ ASSOCIATION POUR LA DANSE CONTEMPORAINE – ADC
82, rue des Eaux-Vives
✆ +4122 320 06 06
www.adc-geneve.ch
Les spectacles ont lieu à 20h30, sauf indication contraire. Location sur place et à la Fnac. Tarifs : 25 CHF, réductions AVS, AI, chômeurs, étudiants, carte 20 ans/20 francs. Abonnements. Places non numérotées.
Référence à Genève depuis 1986 pour tout ce qui concerne la danse contemporaine, l'ADC propose des spectacles de septembre à juin dans différentes salles de la ville : le théâtre du Grütli, l'Alhambra, le théâtre du Loup, le BFM et la salle des Eaux-Vives. Les créations sont le fruit du travail de chorégraphes genevois, dont le très prometteur Gilles Jobin, comme d'artistes suisses et étrangers.
L'ADC est membre de Passeport danse, édite un journal et propose des cours et stages. Programme sur le site.

■ AM STRAM GRAM
56, route de Frontenex
✆ +41 22 735 79 24
www.amstramgram.ch
info@amstramgram.ch
Location sur place du lundi au vendredi de 8h30 à 12h30 et de 13h30 à 17h30 (répondeur le samedi et le dimanche), au Service culturel Migros-Genève et en ligne sur le site Internet. Adultes : 24 CHF, enfants et AVS : 16 CHF, carte 20 ans/20 francs : 10 CHF. Abonnements à partir de 3 spectacles au choix : adulte 18 CHF, enfants 12 CHF par spectacle. Places non numérotées. Tarifs réduits.
Le théâtre Am Stram Gram est un centre de création et de diffusion pour « l'Enfance et la Jeunesse ». Théâtre, danse contemporaine, musique, arts de la piste, nouvelles technologies font la richesse des propositions artistiques. Enfants, adolescents et adultes composent l'assemblée de ce lieu intergénérationnel, situé au cœur de Genève. Le programme du « Laboratoire spontané » invite en outre à des rencontres, débats, soirées en proximité avec le public, comme « Le soir de mes 17 ans », « La Brioche des mioches » (mini-spectacles de quarante minutes précédés de tartines et de chocolat) et des ateliers de pratique artistique (écriture, lecture à voix haute, jeu théâtral) ouverts à tous les âges.

■ LES SCALA
23, rue des Eaux-Vives
✆ +41 22 736 04 22
www.les-scala.ch
info@les-scala.ch
Séances : de 16h30 à 21h10. Entrée : 16 CHF plein tarif, 13 CHF AVS, AI, chômeurs, étudiants et moins de 15 ans, 12 CHF le lundi à toutes les séances.
Voici le cinéma de référence pour les œuvres d'auteur, les films étrangers, pour un regard sur l'actualité, avec une programmation qui fait la part belle aux petits bijoux de tout horizon. Les trois salles sont accessibles aux personnes handicapées et plus de six films sont à l'affiche chaque semaine, en VO.

■ THEATRE DE L'ORANGERIE

Parc La Grange
66, quai Gustave-Ador
✆ +41 22 700 93 62
www.theatreorangerie.ch

De fin juin à fin septembre. Location sur place 1 heure 30 avant la représentation. Réservations : +41 22 700 93 63. Prévente : service culturel Migros-Genève et stand Info Balexert. Entrée : 30 CHF, réductions AVS, AI, jeunes, étudiants, chômeurs, 20 ans/20 francs.

Incontournable de la période estivale à Genève, le théâtre de l'Orangerie et ses deux serres accolées a été entièrement rénové en 2011. Il a retrouvé ses fonctions premières (construit au XIXe siècle, dans un style néo-grec, le lieu avait une double fonction à l'origine : petit théâtre en été et serre pour orangers en hiver). Sous la direction du comédien Frédéric Polier depuis 2007, le Théâtre de l'Orangerie y propose une courte mais intense saison faite de beaux classiques du répertoire théâtral, de pièces moins connues, de créations contemporaines et de spectacles atypiques. Il reçoit chaque été les spectacles du festival de La Bâtie. Un espace extérieur, entre art et gastronomie, permet de se sustenter, avant la représentation, dans un cadre enchanteur. Et en fin de saison s'y déroule le grand bal de l'Orangerie. A ne pas manquer !

Plainpalais et Prévost-Martin

■ BATIMENT DES FORCES MOTRICES

Pont de Coulouvrinière
2, place des Volontaires
✆ +41 22 322 12 20
www.bfm.ch
info@bfm.ch

Accès facilité pour les personnes handicapées. Parkings à proximité.

Le Bâtiment des Forces Motrices (BFM) accueille le public pour des manifestations festives, évènementielles et culturelles dans l'ancienne usine de la Coulouvrenière, datant de 1886. Construite par Théodore Turrettini, le bâtiment (et son système hydraulique) alimentait les fontaines, maisons et usines de la ville, et le barrage à rideau du pont de la Machine, sur le Rhône. Ce lieu magnifique rénové en 1997 est doté d'amples baies vitrées, d'un grand confort acoustique et visuel. Une salle de près de 1 000 places, construite toute en bois, offre des concerts, des opéras, des spectacles de danse ou de théâtre et même des expositions et des salons. Des concerts de l'OSR et de l'Orchestre de chambre de Genève, et des opéras du Grand Théâtre de Genève aux ballets les plus contemporains, la programmation est toujours très pointue.

■ CASINO-THÉÂTRE

42, rue de Carouge
✆ +41 22 418 44 00

Tarif selon les spectacles. La R'vue (www.larvue.ch) : location au service culturel Migros-Genève, au stand Info Balexert et aux billetteries de la Ville de Genève ou sur place 1 heure avant.

Construit à la fin du XIXe siècle, le Casino-Théâtre a été entièrement restauré lors de son rachat par la Ville en 1983. Il offre une programmation variée tout au long de la saison : théâtre de boulevard, opérettes, concerts, matchs d'improvisation, humoristes, festivals, toujours fidèle à sa vocation initiale de divertissement. Cette salle est surtout connue pour abriter, depuis sa création, la fameuse Revue genevoise, revue satirique très populaire qui met en bouteille les travers de la république et de ses célébrités.

CINÉMA LE SPOUTNIK

11, rue de la Coulouvrenière
✆ +41 22 328 09 26
www.spoutnik.info – spoutnik@usine.ch
Cinéma. Entrée : 12 CHF, AVS, chômeurs et membres (la carte de membre coûte 25 CHF par an) : 7 CHF.

Caché au premier étage du bâtiment de l'Usine, Le Spoutnik est un écrin à la beauté rare pour pièces cinématographiques dérangeantes, différentes, magnifiques. A la frontière des réseaux traditionnels, courts-métrages, documentaires, premiers films ou grands classiques, œuvres d'étudiants comme de cinéastes confirmés. Une équipe dynamique à la programmation pour des projections dans la toujours « plus belle salle de cinéma du monde ». Bar et restauration, discussions et rencontres. Cet ovni accueille aussi des festivals. Un lieu à fréquenter d'urgence.

LA COMEDIE DE GENEVE

6, boulevard des Philosophes
✆ +41 22 320 50 01
www.comedie.ch
billetterie@comedie.ch
Location sur place le lundi au vendredi de 10h30 à 18h, par téléphone avec carte de crédit ou sur le site Internet. De 30 CHF à 45 CHF suivant le spectacle, réductions étudiants, AVS, AI, chômeurs, 20 ans/20 CHF. Différentes formules d'abonnement.

Un théâtre prestigieux propice aux rencontres avec de beaux textes, choisis pour leur actualité, une programmation qui vous permettra de découvrir ou redécouvrir des grands auteurs de théâtre, comme Racine, Oscar Wilde, Tennessee Williams ou Tchekhov et bien d'autres. Des brunchs thématiques, débats, lectures et expositions y sont régulièrement organisés. Sur place, également une petite librairie, ainsi que le Café du Théâtre, pratique pour dîner avant ou après le spectacle. Programme complet sur le site Internet.

ORCHESTRE DE CHAMBRE DE GENÈVE

1, rue Gourgas
✆ +41 22 807 17 96
www.locg.ch
info@locg.ch
Vente auprès de Resaplus ou à l'OCG, aux bureaux ou par téléphone du lundi au vendredi de 9h30 à midi et de 14h30 à 16h, ou 1 heure avant le spectacle. Abonnements.

Orchestre de quarante musiciens à la réputation croissante depuis sa création en 1958 et après sa professionnalisation il y a plus de dix ans. L'OCG se produit au Bâtiment des Forces Motrices pour interpréter des pièces de musique baroque et contemporaine.

THÉÂTRE DU GRÜTLI

Maison des Arts du Grütli
16, rue Général-Dufour
✆ +41 22 888 44 44
www.grutli.ch – reservation@grutli.ch
Location sur place 1 heure avant la représentation. Réservations : 022 328 98 78 ou reservation@grutli.ch Adultes : 13 CHF, soutien : 26 CHF, réductions carte 20 ans/20 francs. Carte passe-partout : 220 CHF.

Le théâtre du Grütli est un espace d'expression pluridisciplinaire dédié à une création contemporaine atypique. Dans les espaces de la Black Box et de la White Box, mais aussi dans d'autres lieux moins conventionnels, spectacles, lectures et performances remettent en question le rapport traditionnel entre les artistes et les spectateurs, ainsi que la séparation entre les différentes disciplines. Le Grü va encore plus loin dans la réflexion et la recherche théâtrales à travers des publications, des plates-formes de discussion, des collaborations, des rencontres et des ateliers.

THÉÂTRE DU LOUP

10, chemin de la Gravière
✆ +41 22 301 31 00
www.theatreduloup.ch
info@theatreduloup.ch
Réservations par téléphone du lundi au vendredi de 14h à 18h. Entrée : 24 CHF, réductions AVS, chômeurs, enfants, étudiants, carte 20 ans/20 francs.

Cette compagnie genevoise présente ses propres spectacles tout public et reçoit les productions d'autres compagnies théâtrales indépendantes une dizaine de fois par an (théâtre et danse). Ce théâtre organise aussi des cours et des stages destinés aux enfants entre 7 et 13 ans qui désirent se familiariser avec le théâtre, leur offrant une large palette d'expériences. Participe au festival de la Bâtie.

THÉÂTRE EN CAVALE À PITOËFF

Théâtre Pitoëff
52, rue de Carouge
✆ +41 22 321 62 03 / +41 79 759 94 28
www.cavale.ch
Location sur place 1 heure avant la représentation, au service culturel Migros-Genève et aux billetteries de la Ville de Genève. Entrée : 25 CHF, réductions AVS, AI,

Un ciné cet été ?

Du début du mois de juillet à la mi-août, Ciné Transat prend ses marques dans le superbe parc de la Perle du Lac. Au programme, la projection gratuite d'un grand classique par soir, précédé d'un court-métrage suisse. Mais Ciné Transat constitue bien plus qu'une occasion unique de partager des moments cinématographiques forts sous les étoiles. L'événement met aussi à la disposition du public une buvette et des chaises longues, à 5 CHF, dès la fin de l'après-midi, propose tous les samedis des soirées thématiques liées au film de la soirée et organise même des concours de pique-niques !

Petits conseils : n'oubliez pas une bonne couverture et consultez le site www.cinetransat.ch pour des informations sur la programmation et les dernières prévisions météorologiques.

jeunes, chômeurs, étudiants 15 CHF, carte 20 ans/20 francs, 10 CHF. Abonnements.

Situé au premier étage de la jolie salle communale de Plainpalais au décor Art nouveau, le théâtre Pitoëff abrite l'association Théâtre en Cavale, qui y monte ses propres créations et y accueille des compagnies très différentes. Avec humour parfois, avec poésie souvent, toujours avec délicatesse, les différents spectacles à l'affiche abordent sans en avoir l'air des problématiques fondamentales comme la marginalité, la précarité, le racisme, le féminisme… S'y jouent également des pièces produites en collaboration avec d'autres théâtres comme le Poche.

Gare et Pâquis

AMR

Sud des Alpes

10, rue des Alpes ✆ +41 22 716 56 30

www.amr-geneve.ch

infos@amr-geneve.ch

Entrée de 15 CHF à 25 CHF, de 12 CHF à 18 CHF tarif réduit et membres.

L'Association pour l'encouragement de la musique improvisée a été créée en 1973 par des musiciens genevois impliqués dans la scène des musiques de jazz et d'improvisation. Depuis lors, l'AMR et son centre musical, le « Sud des Alpes », sont devenus un des pôles de la vie culturelle genevoise avec une programmation musicale régulière de mi-septembre à mi-juin, des jam sessions tous les mardis, une fête et un festival annuels (l'AMR Jazz Festival au printemps et l'AMR aux Cropettes à la fin juin). Centre de formation, l'AMR propose également des ateliers de pratique musicale en groupe. Ainsi toute l'année, amateurs et professionnels peuvent se retrouver, échanger dans un lieu assez unique, qui leur est spécifiquement dédié !

CINÉMA PATHÉ RIALTO

33, boulevard James-Fazy

✆ +41 848 101 404

www.pathe.ch

geneve@pathe.ch

Ouvert tous les jours. Tarifs famille. Carte mensuelle valable dans tous les Pathé de Suisse : 40 CHF/mois. Possibilité d'acheter les billets sur Internet.

Les sept salles pour 1 021 places dans ce multiplex de centre-ville ont été rachetées par Pathé. Son numérique, bar et petite restauration pour voir les derniers films à succès et quelques films du monde entier moins commerciaux en version française ou version originale.

Dès 19h, on peut stationner à coût réduit dans les parkings alentour. Accès facilité pour les personnes handicapées. En outre, l'association La Lanterne magique propose un film par mois, de septembre à juin, pour les enfants de 6 à 12 ans.

COMEDIE DE LA GARE

2 Rue de la Servette
✆ +41 900 907 907
www.comediedelagare.ch
info@comediedelagare.ch
Spectacles du mardi au samedi, à 19h30 ou 21h. Réservation de 13h30 à 21h du mardi au samedi. Forfait spectacle et buffet possible.
La Comédie de la Gare est partenaire de l'Uptown Geneva – Business & Arts Center, avec 3 salles de spectacles : Rive (160 places), Broadway (460 places) et Concorde (une salle modulable idéale pour les présentations et réceptions, pouvant accueillir de 150 à 300 personnes). Mais aussi un *lounge* bar et une programmation riche de cette diversité, avec des concerts, des évènements et des comédies. Un partenariat qui séduira les Genevois ! Pour cette nouvelle saison (de septembre à juin), une dizaine de spectacles humoristiques sont déjà à l'affiche (programme à consulter sur le site Internet).

GABS

12, rue de Zürich
✆ +41 22 732 31 32
www.gabslounge.com
doctorgabs@yahoo.com
Ouvert du mercredi au samedi de 19h à 2h. Concert live.
En plein cœur du quartier des Pâquis, le Gabs est un lieu unique sur Genève pour venir en fin de journée, écouter de la musique live et découvrir « Doctor Gabs » ou Gabriel, maître des lieux, artiste accompli, pianiste de génie au timbre de voix exceptionnel. Doctor Gabs s'est produit dans des salles de renommée telles que Carnégie Hall à New York, palais des Beaux-Arts à Bruxelles, Victoria Hall à Genève et nous invite à découvrir ses propres œuvres ou le répertoire des grands du jazz : Duke Ellington, Gershwin, Cole Porter… Avec le Gabs, Gabriel a réalisé son rêve ! Créer un « music lounge » raffiné, convivial qui privilégie le piano, le chant, la rencontre d'artistes de jazz, blues… Un lieu où l'on aime venir le soir pour un verre, seul ou entre amis, où l'on se laisse emporter par le rythme, ou rêver sur une mélodie et parfois même, pris par l'ambiance, certains clients n'hésitent pas à prendre le micro et à chanter auprès de Gabriel. Vous verrez, vous serez tentés de chantonner quelques airs connus et nous en sommes persuadés, le Gabs deviendra vite le week-end un de vos lieux de détente privilégié !

PALAIS MASCOTTE

43, rue de Berne
✆ +41 22 741 33 33
www.palaismascotte.ch
Ouvert dimanche à mercredi de 23h à 5h et de jeudi à samedi de 19h à 5h. After Work dès 18h accompagné de musique live. Café-théâtre au sous-sol dès 21h et cabaret burlesque à 23h30. Dîner spectacle dès 20H : 78 CHF.
Le Palais Mascotte est l'établissement roi des nuits genevoises. Trois superbes étages, deux où il est possible de boire un verre tout en admirant un spectacle de cabaret (le rez), de jazz (le sous-sol) ou en dansant au son d'un DJ original, diffusant des musiques d'antan ou de l'Est, ou des tubes variés… et un étage dévolu au restaurant, où il est possible d'admirer un spectacle dans son intégralité tout en dégustant un bon repas. Les artistes, de divers horizons, témoignent souvent d'une belle qualité de création et de spectacle. Côté ambiance, se mêlent joyeusement au cours de la soirée banquiers, étudiants, alternatifs et hommes et femmes d'âge plus mûr, dans un joyeux capharnaüm et un bel esprit de tolérance.

THÉÂTRE DU LÉMAN

19, quai du Mont-Blanc
✆ +41 22 732 06 00
✆ +41 22 908 97 66
www.theatreduleman.com
Location et renseignements : points de vente habituels. Spectacles à 20h30. Tarifs variables.
Environ 140 spectacles tous les ans, certains coproduits, d'autres hébergés. Beaucoup d'opéras et de ballets, mais aussi de la musique classique, chanson, gospel, humour, théâtre. Places à prendre aux points de vente habituels.

THÉÂTRE SAINT-GERVAIS

5, rue du Temple
✆ +41 22 908 20 20
www.saintgervais.ch
theatre@sgg.ch
Entrée : 26 CHF, réductions AVS, chômeurs, professionnels, étudiants, apprentis, carte 20 ans/20 francs. Pass pour toute la saison : 130 CHF. Carte du spectateur à 20 CHF : spectacles pour 12 CHF.
Le théâtre Saint-Gervais est un lieu alternatif qui accueille des groupes marginaux pour des créations contemporaines, souvent en lien avec l'actualité politique et sociale. Programme sur le site Internet.

Grottes, Saint-Jean, Nations et aéroport

ARENA-GENÈVE

Aéroport
3, route des Batailleux
✆ +41 22 710 90 90
www.geneva-arena.com
info@geneva-arena.com
Réservations : Ticketcorner, Fnac et Resaplus.
Cette salle polyvalente peut accueillir jusqu'à 9 500 personnes lors des concerts, des comédies musicales, des conférences, des manifestations sportives ou même des soirées privées. Depuis 1995, il s'agit de la plus grande salle de Suisse romande et de France voisine. Les points de vente varient selon les manifestations. S'il reste des billets, ils sont vendus à l'entrée juste avant l'événement.

BAG – BLUES ASSOCIATION GENEVE

Concerts au Brasseur des Grottes
6, rue de la Servette
✆ +41 22 734 92 00
www.bagblues.ch
info@bagblues.ch
Spectacles ou jam sessions tous les jeudis dès 20H30 au Brasseur des Grottes.
Née en avril 2008, la Blues Association de Genève a pour principal objectif de promouvoir la musique Blues. Comment ? En créant des ponts entre les musiciens qui la pratiquent et les amateurs qui l'apprécient et souhaitent partager ce style musical. Si vous aimez le blues, rendez-vous aux concerts ou jams sessions organisés par cette association à Genève en collaboration avec le propriétaire du BDG Club de Genève (Brasseur des Grottes). Ne manquez pas les BAG Thursdays : *Live Blues* tous les jeudis soir, dans un espace convivial de 250 places, entrée, boissons et petite restauration à prix modérés.
Renseignements sur le site Internet et la page facebook du BAG.

CINÉMA PATHÉ BALEXERT

27 avenue Louis-Casaï
✆ +41 22 979 02 02
www.balexert.ch
info@balexert.ch
Ouvert tous les jours. Mêmes tarifs, réductions et conditions que les autres Pathé.
Treize salles à écran géant dans le plus grand multiplex de Suisse, qui peut accueillir près de 3 000 spectateurs. Bars, petite restauration, incroyables fauteuils, son numérique. Principalement, les derniers blockbusters américains, les dernières nouveautés et les succès internationaux. Rehausseurs pour les enfants, formule anniversaire et projections privées pour les entreprises. Pour les 5 à 12 ans, le club ciné junior, auquel il suffit de s'inscrire pour être invité à des avant-premières et autres activités. Accès facilité pour les personnes handicapées. Parking sur place.

Activités entre amis

BOWLING DE LA PRAILLE

10 route des Jeunes
✆ +41 22 301 66 63
www.bowlingdelapraille.ch
Ouvert du lundi au jeudi de 11h à 1h, vendredi de 11h à 2h, samedi de 10h à 2h et dimanche de 10h à 1h.
3 000 m² dédiés au divertissement en famille ou entre amis : 26 pistes de bowling, 8 tables de billard, ping-pong, salles pour jeux interactifs, solarium, zone wifi, et le Safari Cocktail Bar. Possibilité d'organiser anniversaires, sorties d'entreprise et autres événements, sous réservation.

BOWLING DE MEYRIN

67, chemin de l'Etang
Châtelaine
✆ +41 22 796 05 33
www.bowlingdemeyrin.ch
Ouvert du lundi au jeudi de 10h à 1h, le vendredi et le samedi de 10h à 2h, le dimanche de 10h à minuit.
12 pistes informatisées, billards, jeux vidéo, accès TPG, restaurant-pizzeria, terrasse, parking gratuit. Etablissement capable d'accueillir jusqu'à 120 personnes. Formules entreprises, formules anniversaires (enfants, ados), formule à 39 CHF (pizza au mètre + bowling), bowling à « Go-Go ». Sur place, un restaurant.

LASER GAME EVOLUTION

26 route de Chêne
✆ +41 22 786 20 00
geneve@lasergame-evolution.com
Laser game. Ouvert 7j/7 sauf le 25 décembre et le 1er janvier. Réservation, minimum 4 personnes
Venez vous amuser entre amis, collègues ou en famille dans cet espace dédié au combat de guerre soft ! Dans un cadre sombre, constitué de cloisons, parois réfléchissantes et obstacles, vous aurez la possibilité de mettre à rude épreuve vos nerfs et vos compétences de guerriers.

Patinoires

En hiver, c'est un large choix de patinoires qui s'offrent à vous. Intérieures ou extérieures, quatre patinoires sont à disposition du public dans quatre quartiers de Genève. Vernets, Bastions, Europe ou Carouge, les patinoires laissent libre cours à l'évasion, l'amusement ou le sport, suivant vos souhaits.

PATINOIRE DE CAROUGE

Place de Sardaigne
✆ +41 78 672 67 53
De décembre à février, patinoire extérieure.
Cette patinoire extérieure est mise en place chaque hiver pour le plaisir des petits et grands. L'entrée et les patins sont gratuits, et il est également possible de se restaurer sur place. Une série d'animation est prévu tout au long de la saison.

PATINOIRE DE L'EUROPE

11, promenade de l'Europe
✆ +41 22 418 40 00
www.ville-ge.ch/sports
Patinoire. Ouvert du mardi au dimanche de fin octobre à mi-mars. Entrée gratuite. Locations patins : adultes 5 CHF, enfants : 2 CHF.
Située derrière le centre commercial *Planète Charmilles*, cette petite patinoire en extérieur fera le bonheur des petits comme des grands chaque hiver.

PATINOIRE DES BASTIONS

Parc des Bastions
✆ +41 79 445 25 64
La patinoire extérieure est ouverte de mi-novembre à mi-février. Horaire sur le site www.ville-geneve.ch
Depuis plusieurs années, une patinoire extérieure est installée chaque hiver dans le parc des Bastions. Que ce soit à la sortie des cours, à la pause de midi, le week-end en famille, voilà l'occasion de s'amuser en plein air au centre de Genève, à deux pas du monument de la Réformation.

PATINOIRE DES VERNETS

4, rue Hans-Wildorf
✆ +41 22 418 40 00
www.ville-ge.ch/sports
Ouvert du mardi au vendredi d'octobre à fin mars.Tarifs entrée : adultes 6 CHF, tarif réduit 3 CHF. Location patins : adultes 5 CHF, tarif réduit 2 CHF.
Entre amis, en famille ou en couple, venez chausser des patins et vous amusez sur la glace de cette patinoire. Véritable cirque de glace, la patinoire des Vernets à Genève est de par sa dimension la plus grande de Suisse. En plus du patinage public, elle est un lieu de loisirs lors des soirées disco et des courses de karting sur glace.

Coquin

BAGHEERA

5, rue Richemont ✆ +41 22 732 67 10
www.cabaretbagheera.ch
Cabaret-bar à hôtesses. Ouvert du lundi au samedi de 21h à 5h. 3 spectacles par soir à 23h, 1h et 3h. Entrée libre (consommation obligatoire).
Les shows sont bien rodés, avec de nouveaux spectacles tous les mois, des filles de tous horizons, des strip-teases, des attractions et des chanteuses sous le light show. Entre les spectacles, animation DJ, un coin bar et un coin salon, « Vous êtes seul... elles aussi » ; on s'en doutait un peu... Clientèle d'hommes d'affaires en goguette.

CABARET L'AIGLE D'OR

40, quai Général-Guisan
✆ +41 22 312 11 07
Ouvert du lundi au vendredi de 18h à 5h et le samedi de 22h à 5h. Shows topless à partir de 23h30, toutes les 15 minutes.

Canapés en velours rouges, lustre rococo, miroirs dorés confèrent à ce cabaret une ambiance délicieusement rétro. Dans ce cadre 1900, sensualité et plaisir des yeux sont les mots d'ordre.

■ **CINÉMA SPLENDID**
3 Place Grenus ✆ +41 22 732 73 73
www.cinesex.ch
Cinéma coquin. Ouvert de 10h30 à minuit, sauf le dimanche et les jours fériés ouvert seulement à 13h30.

Deux salles classiques, une vidéothèque et des cabines pour des plaisirs solitaires. C'est la dernière de ces salles obscures.

■ **G CLUB**
30 rue de Malatrex ✆ +41 22 732 69 69
info@gclub.ch
Salon de massage érotique. Ouvert du lundi au vendredi, salon de 11h à minuit, bar de 18h à minuit. Samedi et dimanche, sur réservation.
Club exclusivement réservé à une clientèle masculine. Show et massages érotiques.

À VOIR – À FAIRE

Constituée de quartiers très contrastés, Genève se visite en les traversant, d'une rive à l'autre, par le pont du Mont-Blanc (au bout du lac Léman) ou par les divers ponts qui enjambent le Rhône au centre de la ville. Côté rive gauche, on découvrira les origines de Genève en allant faire un tour dans la vieille ville où l'on prendra le temps de flâner dans les rues pentues et sur les fortifications de la promenade Saint-Antoine, les remparts de la promenade de la Treille dominant le parc des Bastions, et d'explorer les passionnants musées (les privés et ceux de la Ville de Genève). Dans les rues basses, on se laissera séduire par les ponts et îles sur le Rhône qui abritent des espaces culturels insolites, tandis que le long des rives du bord du lac s'égrènent jardins et parcs (Jardin anglais, parcs des Eaux-Vives et de la Grange). L'art contemporain est très présent dans le quartier des Bains, vers le quartier populaire de la plaine de Plainpalais qui offre une belle diversité avec les galeries avant-gardistes et le réputé MAMCO. Côté rive droite, l'architecture pittoresque du quartier des Grottes vaut un petit détour et le quartier très coloré et animé des Pâquis fera le bonheur des noctambules. Sans oublier le quartier de la Genève internationale avec le musée de la Croix Rouge et du Croissant-Rouge (rouvert en mai 2013 avec une nouvelle muséographie sur le thème de l'Aventure humanitaire), le UNHCR et l'ONU qui jouxtent le Conservatoire et le jardin botaniques et le musée de l'Ariana. On rejoindra alors le parc Mon-Repos avec la Perle du Lac et le Musée d'Histoire des Sciences, qui borde le lac Léman et rejoint le quai Wilson et le quai du Mont-Blanc jusqu'au pont qui relie les deux rives, en direction du Jet d'eau et de la Rade. Flâneries et visites multiculturelles se conjugueront pour mieux faire découvrir l'attachante et splendide Genève !

Les 10 immanquables

▸ **La cathédrale Saint-Pierre et la visite de sa tour :** Niché au cœur de la vieille-ville, ce superbe édifice, inscrit en 2009 sur la liste du patrimoine européen, témoigne des prouesses architecturales de plusieurs époques. Il offre également, du haut de sa tour, un superbe panorama de la ville.

▸ **Mur des Réformateurs et musée de la Réforme :** le premier est un gigantesque monument trônant à l'intérieur du parc des Bastions. Il présente quatre acteurs majeurs de la Réforme protestante : Jean Calvin, Guillaume Farel, Théodore de Bèze et John Knox. Quant au musée, situé en vieille-ville, il vous permettra d'être incollable sur le célèbre mouvement historique.

7 musées privés de Genève

Le passeport du groupement des « 7 musées privés de Genève » coûte 20 CHF et permet de visiter pendant trois mois les Collections Baur, la Fondation Martin-Bodmer, l'Institut et musée des Suisses dans le monde, le musée Barbier-Mueller, le Musée international de la Croix-Rouge et du Croissant-Rouge, le Musée international de la Réforme et Patek Philippe Museum. On se le procure auprès de Genève Tourisme & Congrès ou dans chacun des 7 musées.

▸ **Maison Tavel :** pour s'immerger dans l'histoire genevoise, rien de tel qu'un petit tour dans ce musée consacré à l'urbanisme et à la vie quotidienne des Genevois au fil du temps. Les passionnés d'architecture admireront quant à eux la façade de l'édifice, une petite merveille d'art médiéval.

▸ **L'horloge fleurie :** passage obligé aux abords du jardin Anglais pour quelques photos devant cette véritable œuvre d'art végétal, symbole du paradis horloger que constitue Genève.

▸ **Le jet d'eau :** haut de 140 m, il s'agit de l'emblème de la ville. Les plus téméraires s'en approcheront, au risque d'un rafraîchissement impromptu.

▸ **Le parc La Grange :** jouissant d'une très belle vue sur le lac, ce parc habrite une somptueuse roseraie et 2 théâtres d'été : le théâtre de l'Orangerie, ainsi que le théâtre de Verdure qui abrite les concerts gratuits du festival « Musiques en été ».

▸ **Le monument Brunswick :** élevé en hommage au duc Charles II de Brunswick (1804-1873), qui légua à la ville une importante somme d'argent, ce mausolée peut être observé depuis le square des Alpes, quai du Mont-Blanc, en bordure de la rade.

▸ **Les Bains des Pâquis :** c'est un lieu culte à Genève, idéal pour bronzer et se baigner en été au bord du lac Léman, quai du Mont-Blanc, parfait pour se restaurer ou boire un verre tout au long de l'année.

▸ **Le Jardin botanique :** à deux pas du centre-ville, proche du parc de l'ONU, un superbe lieu de détente et de découverte, où l'on admirera de nombreuses plantes, mais aussi des animaux, le tout avec une superbe vue sur les Alpes.

▸ **ONU – Palais des Nations :** situé dans le domaine de l'Ariana, il s'agit de l'un des plus grands centres des Nations unies. L'intérieur fait la part belle à l'Art déco et présente de nombreuses œuvres d'art.

Visites guidées

■ BALADES SONORES

18, rue Montbrillant
✆ +41 22 733 37 33
www.preenbulle.ch
info@preenbulle.ch

Balade à vélo, accompagné d'un casque audio

L'association Pré en Bulle propose de découvrir Genève, et plus particulièrement le quartier des Grottes, de manières originale. Pourquoi ne pas prendre un vélo ou simplement ses deux pieds, un casque audio et se laisser guider dans les lieux insolites du quartier, de façon tout à fait libre ? Les enregistrements audio sont fournis par l'association, le lecteur mp3 également à défaut d'en avoir un sur soi. Voilà une idée de visites qui change les habitudes.

■ CGN – COMPAGNIE GÉNÉRALE DE NAVIGATION SUR LE LAC LÉMAN

Quai du Mont-Blanc
✆ +41 84 881 18 48
www.cgn.ch
info@cgn.ch

Carte journalière 2e classe : 64 CHF (tarif sous réserve de modification). Croisière de 19 CHF à 50 CHF (selon la durée et le type de bateau). Croisière gourmande : rajouter le prix du repas.

Croisière sur le lac avec la CGN.

Petit train touristique.

Croisière sur le lac avec la CGN.

La CGN, fondée en 1873, dispose d'une flotte de 19 bateaux, dont 8 bateaux Belle Epoque. Au départ des quais du Mont-Blanc, du Jardin anglais, mais aussi des Pâquis et des Eaux-Vives, on navigue le long des belles rives de la rade genevoise, ou en direction d'autres villes du bord du lac (Nyon, Yvoire, Evian, Lausanne). La flotte de la CGN relie les deux rives du lac Léman, avec ses lignes de transport public (CGN-Mobilité) rapides, économiques et écologiques. Elle offre également plusieurs possibilités de croisières touristiques et gourmandes avec de nombreuses escapades à destination des rivages suisses et de la France voisine pour une heure, un jour ou un soir. Possibilité de déjeuner à bord à midi et (ou) le soir selon les croisières. Possibilité de location de bateaux pour des croisières privées à la carte.

■ **CITY WHEELS**
Terrasse du Centre commercial les Cygnes
16, 20 Rue de Lausanne
✆ +41 22 510 34 56
www.citywheels.ch
En face de la Gare Coranvin.
Entrer dans le centre commercial des Cygnes et prendre l'ascenseur jusqu'au dernier étage

Visite de la ville en Segway. Participation à un cours de conduite d'un Segway obligatoire pour effectuer une location. Cours de 30 minutes, au prix de 50 CHF, avec un bon de réduction pour la première location.

Avec City Wheels, découvrez la ville de Genève d'une manière fun et écologique en conduisant vous même un Segway (véhicule avec 2 roues sur lequel vous vous tenez debout). Deux circuits sont proposés ; la vieille ville et le mur des Réformateurs, ainsi que l'ONU et les parcs alentours.

Il est également possible de réserver pour une visite privée et spécialisée : chasse au trésor, enterrement de vie de garçon/de jeune fille, divers parcours...

Les Musées de la Ville de Genève

Une offre culturelle riche et diversifiée, sous la responsabilité de la Ville de Genève qui est propriétaire et responsable de 14 musées qui, par leur diversité, abordent tous les domaines du savoir et de la connaissance : le Musée d'art et d'histoire, le Cabinet d'arts graphiques et la Bibliothèque d'art et d'archéologie du Musée d'art et d'histoire, la Maison Tavel, le Musée Rath, le Musée Ariana, le Musée d'ethnographie de Genève (réouverture en octobre 2014), le Muséum d'histoire naturelle, le Musée d'histoire des sciences, la Bibliothèque de Genève, le Centre d'iconographie genevois, l'Institut et Musée Voltaire, les Conservatoire et jardin botaniques. L'accès aux collections permanentes est libre toute l'année, et les expositions temporaires sont gratuites le 1er dimanche de chaque mois. Certains musées proposent par ailleurs des expositions temporaires gratuites tout au long de l'année : Muséum d'histoire naturelle, Musée d'histoire des sciences, Musée de la Bibliothèque de Genève (Espace Lullin), Institut et Musée Voltaire, Conservatoire et Jardin botaniques.

▶ **Les Musées d'Art et d'Histoire (MAH)** forment le plus grand ensemble muséal de Suisse ! Un véritable musée encyclopédique, pluridisciplinaire, dont les collections traversent les siècles de civilisation, de la préhistoire à nos jours : 5 musées, 700 000 objets, une bibliothèque, un laboratoire de recherche et des ateliers de restauration. Les MAH, ce sont 5 entités situées dans le quartier de la Vieille-Ville et des Bastions : le Musée d'art et d'histoire (rue Charles-Galland), le *Musée Rath* (place Neuve), la *Maison Tavel* (rue du Puits-Saint-Pierre), la Bibliothèque d'art et d'archéologie (promenade du Pin) et le Cabinet d'arts graphiques (promenade du Pin). Elles conçoivent des expositions temporaires de grande qualité et mettent en lumière la richesse des collections, dans une perspective historique et artistique. Le Musée Rath est dédié aux expositions d'œuvres d'art, tandis que la Maison Tavel dévoile l'histoire urbaine et la vie domestique genevoise. Les MAH proposent des parcours thématiques, des visites audio guidées en autonomie, des visites commentées et des stages/ateliers pour les plus jeunes.

▶ **Renseignements :** MAH – 2, rue Charles-Galland – ✆ +41 22 418 26 00 (du mardi au dimanche, de 11h à 18h) – www.ville-ge.ch/mah – mah@ville-geneve.ch – Inscriptions aux visites et ateliers : accueil des publics des MAH – 2, rue Charles-Galland – ✆ +41 22 418 25 00 (du lundi au vendredi, de 9h à 12h) – adp-mah@ville-ge.ch »

■ **CYCLOLITTÉRATURE**
✆ +41 788 22 64 00
www.baladesavelo.ch
contact@baladesavelo.ch
Balades littéraires à vélo. Possibilité de sur-mesure sur l'ensemble de la Suisse. Français, Anglais, Allemand, Suisse allemand, Italien et Néerlandais.
Voici une manière bien originale de vous laisser guider dans une ville, en petit groupe et à vélo, sur la trace des personnalités littéraires qui ont marqué son histoire. Ce concept est le fruit de l'imagination de Sita Pottachuvera, guide de patrimoine indépendante, passionnée de littérature et éco-citoyenne. Une manière insolite de découvrir la ville, puisque Sita vous emmène sur des lieux inédits en fonction du thème que vous lui indiquez. Autant dire qu'elle connaît les pistes cyclables de la ville sur le bout des doigts ! Des visites organisées avec des partenaires sont proposées sur le site internet, comme par exemple « Rousseau et les femmes », « des roues et des courbes », « le bestiaire médiéval et la littérature à Genève » ou « chocolat et lettres amoureuses d'écrivains célèbres... tout un programme qui séduit les amoureux de lettres et les curieux. Comptez environ 2h30 par visite. Détails sur le site internet pour les villes de Genève, Lausanne, Morges et la Chaux-de-Fond. Pour en savoir plus, vous pouvez vous procurer *Le guide des balades cyclolittéraires*, écrit par Sita Pottacheruva (Photos Stéphanie Schulz), paru en mai 2013 aux éditions Favre. L'auteure décrit 21 circuits dans les villes romandes, à vélo sur les traces des écrivains... une idée cadeau nature et futée !

■ **CYCLOPOD TOURISME**
Jardin anglais ✆ +41 79 380 61 73
www.cyclopod.ch
reservation@cyclopod.ch
Ouvert d'avril à octobre, du mardi au dimanche, de 14h à 20h (22h en été). Sur réservation de novembre à mars. Départ au Jardin anglais (depuis un hôtel du centre-ville sur demande). Réservations et tarifs selon la durée et le nombre de personnes (voir site Internet).
La société Cyclopod (Genève), avec le concours de l'association Cyclopod Tourisme, agit pour un tourisme culturel ludique et respectueux de l'environnement. Elle propose des visites guidées à bord d'un engin révolutionnaire : le Cyclopod. Un véhicule urbain écologique à pédales, avec assistance électrique, composé d'une cabine de 2 à 3 places à l'arrière et d'un conducteur guide à l'avant. Cyclopod Tourisme a mis en place les Cyclopod Tours, 3 circuits uniques et exclusifs avec une vue originale sur Genève : «Au fil de l'eau», «Horlogerie» et «Sur les traces des personnages célèbres». Des parcours thématiques exclusifs au centre-ville de Genève, en roulant au grand air au bord du lac, et au centre-ville sans se soucier de la circulation urbaine ! Il existe également un service de Cyclopod Cab qui propose des transferts en vélo-taxi pratiques et rapides, grâce à l'emprunt des zones piétonnes – et pas uniquement sur pistes cyclables. Le Cyclopod est accessible aux personnes à mobilité réduite et les animaux de compagnie sont acceptés. Ces services ralentissent leur activité en basse saison pour être disponible uniquement sur réservation. Ainsi, les passagers et les touristes peuvent se déplacer et visiter Genève au chaud, confortablement installés sous une couverture polaire, à l'abri du vent et de la pluie.

■ **DIMANCHE À PIED**
www.dimancheapied.ch
dimancheapied@geneverando.ch
Balades : Dimanches à pied, une fois par mois, d'avril à octobre. Gratuit et sur inscription.

Balades au fil du Rhône !

Croisière ou balade gourmande au fil du Rhône : une navigation originale, entre culture et nature, de Genève jusqu'à Verbois. En empruntant les voies fluviales qui traversent le canton genevois, on va à la découverte insolite de Genève et de ses environs. Une des particularités du Rhône (le plus long fleuve d'Europe, avec ses 812 kilomètres) est sa réapparition en aval du lac Léman, au cœur même de Genève, au barrage du Seujet. En bateau, avec la croisière des Rives du Rhône, il est accessible depuis les quais du Moulin (pont de l'Ile) jusqu'au barrage de Verbois, à la vue dégagée sur les Alpes et le Jura. C'est une croisière de près de 3 heures qui laisse découvrir une magnifique portion de ce fleuve : ses berges sauvages, où nichent oiseaux et animaux de la faune locale qui y trouvent des sites préservés, et ses paysages variés (ne pas oublier ses jumelles ou son appareil photo !). De Genève à Verbois, et vice-versa au retour, on peut admirer la campagne genevoise et ses villages bucoliques. Pour ceux qui craignent la longueur du voyage, il est possible de restreindre ce sympathique périple à un aller-retour : au tiers du parcours, à Onex, pour une promenade sur le sentier didactique du bois de la Chapelle, une dégustation dans une demeure du XIXe siècle ou un repas à la ferme ; ou aux deux-tiers, pour effectuer une halte gourmande au Café de Peney (arrêt Peney-Dessous) à Satigny. On peut aussi combiner un aller en bateau et un retour à travers la campagne genevoise en bus ou en train (10 min à pied de la gare de Russin) ! D'avril à octobre : deux départs par jour en saison, un départ hors saison.
Renseignements : www.swissboat.com – ✆ +41 22 732 47 47 – www.geneve-tourisme.ch

Genève a la chance d'être une ville à la dimension du piéton et la plupart des sites touristiques sont accessibles depuis le centre en moins de quinze minutes à pied. L'association Genève *Rando*, qui fait la promotion de la marche dans le canton de Genève, organise des randonnées accompagnées et des séjours de marche mais également la manifestation, plus urbaine, les Dimanches à pied. D'avril à octobre, une fois par mois, elle propose des visites gratuites avec guide et accompagnant, pour le plaisir de marcher (inscription obligatoire). Les balades durent 2h à 3h, sur des thèmes originaux : arts, urbanisme, culture, parcs et jardins, contes urbains... Par groupe de 20 à 30 personnes, elles permettent de découvrir des facettes insoupçonnées de Genève, dans le cadre des loisirs et sans avoir recours à un véhicule autre que ses pieds ! Les excursions culturelles n'excèdent pas 4 km. Inscription et programme sur www.dimancheapied.ch

■ GENÈVE ESCAPADE

✆ + 41 22 772 05 02
www.geneve-escapade.ch
Visites guidées.
Genève Escapade est association de guides en activité depuis fin 2008 qui ont tous suivi la formation continue Patrimoine et Tourisme, de l'université de Genève. Très attachés à leur ville, ils vous font partager les beautés, les richesses et le passé genevois, à travers son histoire, son architecture, ses traditions, ses quartiers, ses places, ses personnages illustres... Escapades traditionnelles ou thèmes particuliers (comme par exemple « Henry Dunant, de Solférino à la Croix Rouge », « la Genève Humanitaire » ou une visite spéciale pour les « nouveaux arrivants »), le site Internet propose une belle sélection de visites guidées sur mesure, des événements pour les entreprises, des dégustations de produits du terroir... avec toujours un zeste de convivialité.

GUIDES CONFÉRENCIERS

18 rue du Mont-Blanc
www.guides-geneve.ch
Tarif 20 CHF par personne. Enfants jusqu'à 12 ans : gratuit. Tarif préférentiel pour les groupes, dès 200 CHF. Visite d'une durée minimale de 2 heures.
Plusieurs guides de patrimoine se sont réunis pour faire visiter Genève de façon originale, hors des sentiers battus. Ils parlent anglais, allemand, français, italien, russe ou encore suédois. Chacun a ses spécialités : la campagne genevoise, le vignoble de Cologny, Hermance, le siècle des Lumières à Genève, la cathédrale et bien d'autres sujets encore. Belle approche culturelle des sites visités, habités ou discutés de Rousseau, peronnage emblématique de Genève, visite explicative sur le Léman et le Rhône et sa vie lacustre, ou encore sur les architectures de Genève et son urbanisme. La visite dure en moyenne 2 heures. Visites sur demande avec le thème de son choix auprès du guide. Pour les contacter, se renseigner directement sur le site Internet.

KEYTOURS

7, rue des Alpes ✆ +41 22 731 41 40
www.keytours.ch
Excursions en Suisse et France voisine.
Keytours propose de nombreuses excursions dans Genève. Ce peut être un tour de ville ou le tour de ville avec une croisière commentée de 1 heure 15. Le choix est vaste. Des excursions sont aussi organisées dans les environs vers les villes et montagnes voisines et plus éloignées encore avec différentes options comme Chamonix-Mont-Blanc, Gruyères, Lausanne-Montreux-Chillon.

MONDAY NIGHT SKATE

Esplanade Unimail
www.mondaynightskate.ch
Les lundis entre avril et septembre, selon les consignes indiquées sur le site internet.
Une façon originale de découvrir ou de redécouvrir Genève par des promenades guidées en rollers. Rendez-vous les lundis pendant tout l'été dans un esprit convivial et sportif.

SWISS BOAT

4-8 quai du Mont-Blanc
✆ +41 22 732 47 47
www.swissboat.com – info@swissboat.com
Croisières commentées. Réservations obligatoires. Les horaires des départs ainsi que les tarifs, variant en fonction des croisières et des saisons, sont disponibles sur le site Internet de la compagnie.
La compagnie Swiss Boat organise plusieurs types de croisières à thème, par exemple « Le long du Rhône », « Châteaux et demeures » ou la croisière dite de « La Sirène ». Les parcours durent jusqu'à 2 heures 45 pour la croisière le long du Rhône, qui vous permet de vous rendre à Peney (étape gastronomique au Café de Peney) ou à Verbois. La compagnie loue également yachts et bateaux pour des événements privés.

TRAINS & TROLLEYS TOURS

Swisstours Transports SA
36, boulevard Saint-Georges
✆ +41 22 781 04 04
www.trains-tours.ch
En été, 7j/7.
Des petits trains, très typiques, les Trolleys, nous emmènent aussi à la découverte de Genève avec différents circuits : l'un à travers le Genève international et des ONG, avec une balade dans les collines pour admirer la magnifique vue qui s'offre sur la ville et le lac. L'autre à travers rues et ruelles pour découvrir la vieille ville qui compte 2 000 ans d'histoire.

TRAM TOURISTIQUE (TRAMWAY HISTORIQUE)

Association Genevoise
du Musée des Tramways
www.agmt.ch
info@agmt.ch
Circuits dans un Tram historique un dimanche par mois, de mai à octobre. Billet en vente à bord des véhicules. Promenade de 90 minutes : 8 CHF pour les adultes. 6 CHF pour les enfants 6/16 ans. Libre parcours sur le tram touristique toute la journée : 12 CHF pour les adultes. 8 CHF pour les enfants 6/16 ans. 50 % de réduction avec un titre de transport valable dans la zone 10 Unireso.
Des promenades insolites en tramway historique datant du début du XXe siècle sont proposées par l'Association genevoise du musée des Tramways, qui s'occupe de leur conservation. De mai à octobre, un dimanche par mois, les trams nous emmènent, pour un retour dans le passé, à la découverte de la ville, de Carouge aux Nations en passant par Plainpalais, de Rive à la place Neuve avec arrêt à la gare des Eaux-Vives et redescente sur Carouge.

TRANS EAUX-VIVIENS

Guichet CGN
Jardin Anglais
✆ +41 22 735 53 00

Tous les jours de février à novembre. Attention, en février mars et novembre, le petit train ne fonctionne que le samedi et le dimanche. Départ toutes les 45 minutes du Jardin anglais de 10h15 jusqu'au soir. Balade commentée de 30 minutes environ. Tour complet : 8 CHF, enfants de 3 à 12 ans : 5 CHF. Accès personnes handicapées.

C'est un vrai plaisir pour les petits et les grands de monter dans ce petit train touristique, qui évoque les temps de la locomotive à vapeur et qui fonctionne à l'énergie solaire et électrique dans le respect de l'environnement, sans bruit, sans pollution et sans odeur. Une belle promenade est proposée le long de la rade, sur la rive gauche du lac, le long des quais et des parcs : le parc la Grange et sa roseraie et le parc des Eaux-Vives jusqu'au Port-Noir, près de la Société nautique de Genève. Le petit train s'est aussi doté d'un accès aux personnes handicapées, une belle initiative.

Vieille ville et Bastions

Le quartier le plus ancien de la ville incite à la flânerie et aux belles balades ; à agrémenter par la visite des musées et lieux historiques incontournables cités au fil de cette rubrique. Après l'effort, la détente sera de mise sur la place du Bourg-de-Four, et les ruelles alentour dont les charmantes terrasses fleurissent en été.

ANCIEN ARSENAL

1, rue de l'Hôtel-de-Ville

Face à l'Hôtel de Ville.

Le bâtiment est né pacifiquement grenier à blé au XVe siècle, mais le rez-de-chaussée, avec ses cinq canons des XVIIe et XVIIIe siècles, rappelle son passé guerrier. Retour au calme aujourd'hui, puisqu'il sert aux Archives d'Etat. Sur le mur du fond, trois fresques (d'Alexandre Cingria) illustrent des périodes clés de l'histoire de la ville : l'arrivée de Jules César, les foires du Moyen Age et l'accueil des réfugiés huguenots pendant la Réforme. Lors de la fête historique de l'Escalade, on y vend de la soupe aux légumes dans des bols commémoratifs.

AUDITOIRE DE CALVIN

Place de la Taconnerie

Ouvert du lundi au vendredi, de 10h à 12h30 et de 14h à 16h.

Près de la cathédrale Saint-Pierre, cette petite chapelle austère de style gothique (XVe siècle), appelée aussi Temple de l'Auditoire, est surtout célèbre pour les prédicateurs et les exilés qui y trouvèrent refuge au XVIe siècle : Calvin et Théodore de Bèze y enseignèrent. C'est là aussi que furent formés de nombreux pasteurs, que naquit le germe de la première université de Genève, que John Knox séjourna (1556-1558) ou encore que fut mise au point la première bible en anglais, dite « Bible de Genève ».

Ancien Arsenal, rue de l'Hôtel-de-Ville.

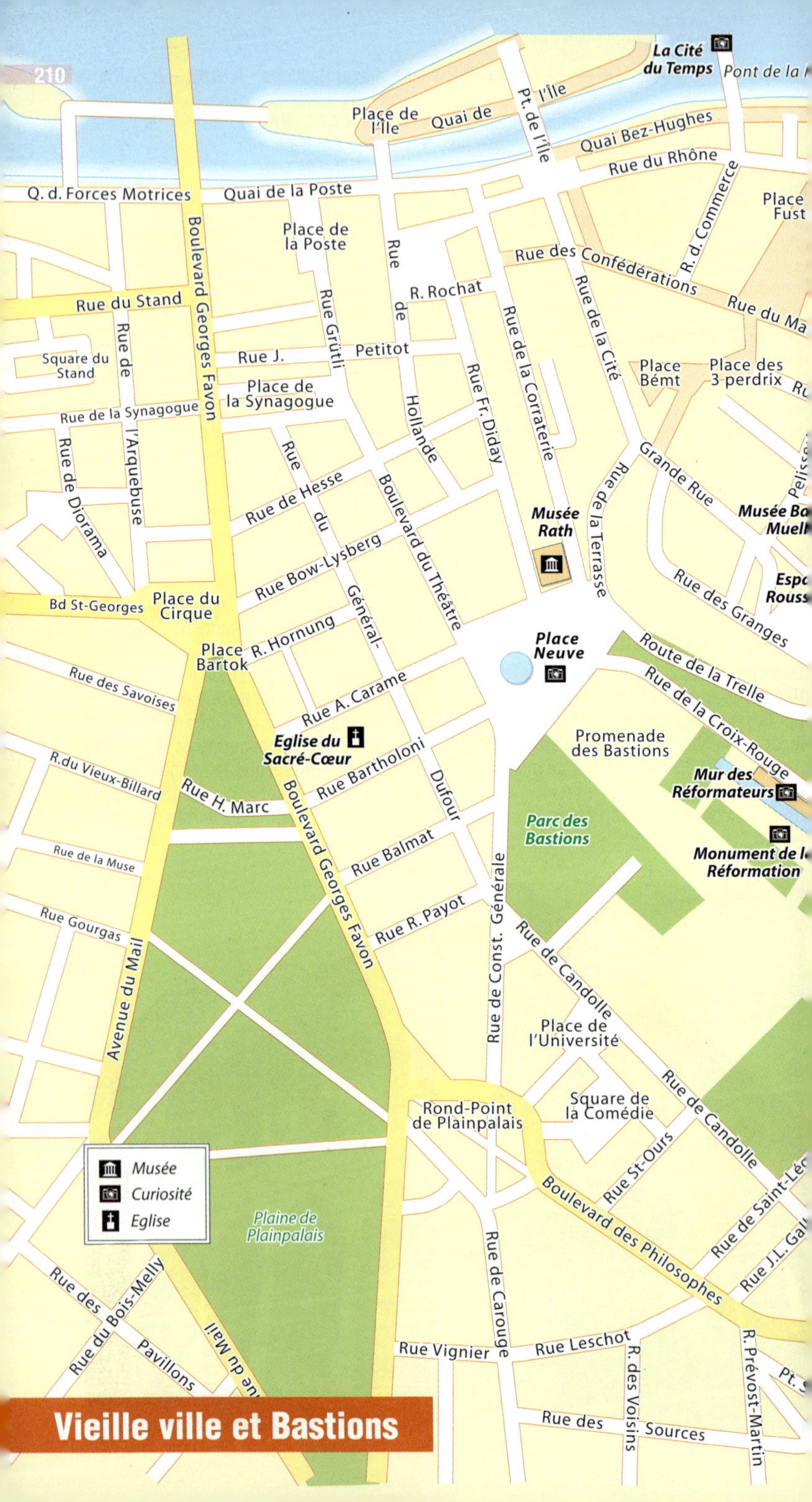

Vieille ville et Bastions

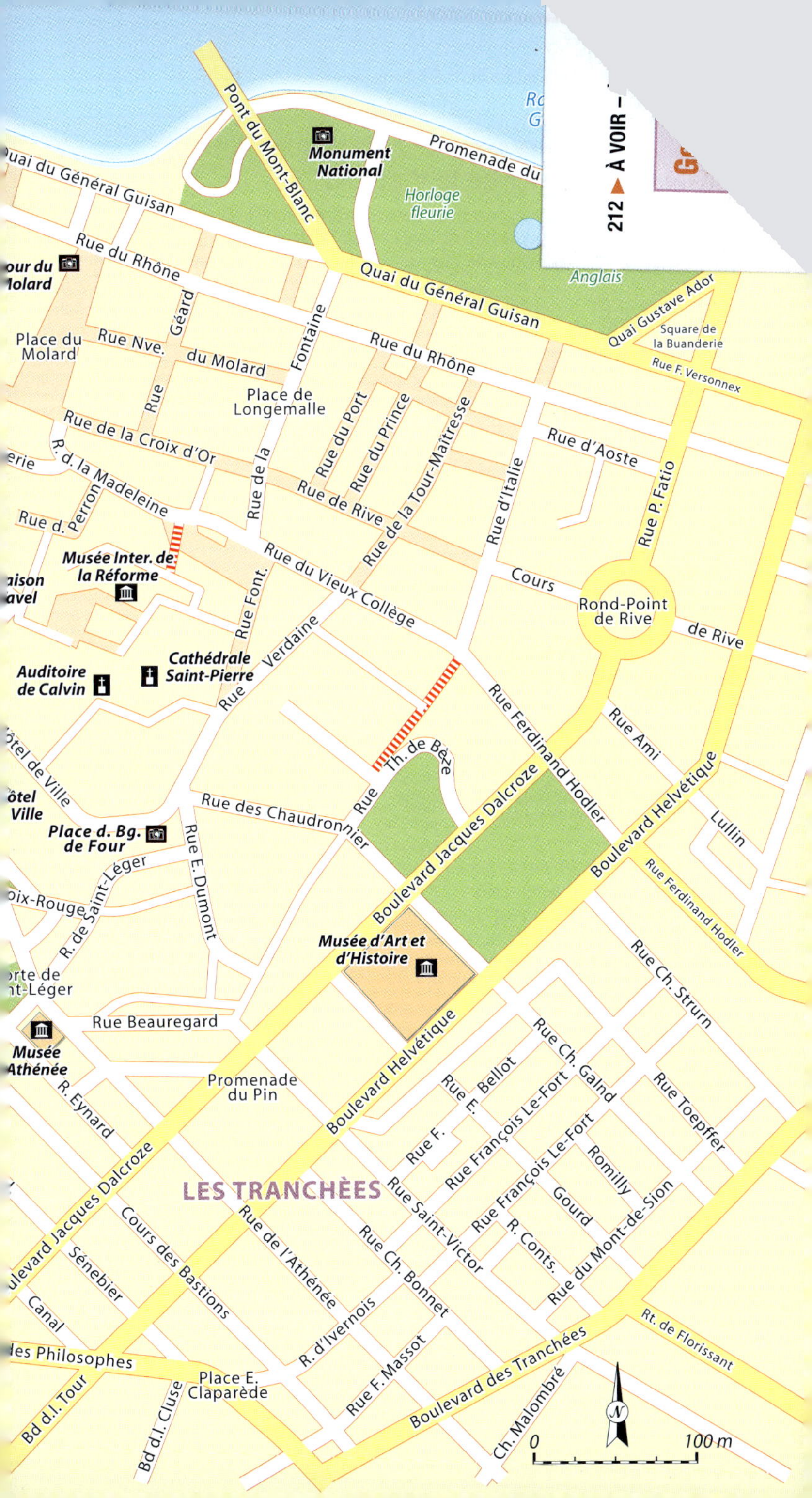
Pont du Mont-Blanc
Monument National
Promenade du
Horloge fleurie
Anglais
Quai du Général Guisan
Rue du Rhône
our du Molard
Place du Molard
Rue Nve. du Molard
Rue Géard
Rue de la Fontaine
Place de Longemalle
Rue du Port
Rue du Prince
Rue de la Tour-Maîtresse
Rue d'Italie
Rue d'Aoste
Rue P. Fatio
Quai Gustave Ador
Square de la Buanderie
Rue F. Versonnex
Rue de la Croix d'Or
R. d. la Madeleine
Rue d. Perron
Rue de Rive
Cours de Rive
Rond-Point de Rive
Musée Inter. de la Réforme
Rue Font.
Rue du Vieux Collège
Rue Verdaine
Cathédrale Saint-Pierre
Auditoire de Calvin
Rue Th. de Bèze
Rue Ferdinand Hodler
Rue Ami Lullin
Boulevard Helvétique
Boulevard Jacques Dalcroze
Rue des Chaudronnier
Place d. Bg. de Four
R. de Saint-Léger
Rue E. Dumont
Musée d'Art et d'Histoire
Rue Ch. Strurn
Rue Beauregard
Musée Athénée
R. Eynard
Promenade du Pin
Rue Ch. Galnd
Rue Toepffer
Rue E. Bellot
Rue F.
Rue François Le-Fort
Romilly
Gourd
R. Conts.
Rue du Mont-de-Sion
LES TRANCHÈES
Rue Saint-Victor
Rue de l'Athénée
Cours des Bastions
Sénebier
Canal
Rue Ch. Bonnet
R. d'Ivernois
Rue F. Massot
Boulevard des Tranchées
Rt. de Florissant
Ch. Malombré
des Philosophes
Place E. Claparède
Bd d.l. Tour
Bd d.l. Cluse
0
100 m

-eneva Mystery : une enquête palpitante -a mener au cœur de la Vieille-Ville.

Vous aimez le suspense ? Plongez dans l'affaire Geneva Mystery pour retrouver le Professeur Archibald Kymerion et élucider les raisons de sa mystérieuse disparition un soir de juin 1893. Geneva Mystery est un jeu d'énigmes passionnant pour découvrir Genève de façon originale, seul, en famille ou entre amis. Grâce à votre sens de la déduction et de l'observation, vous avancerez à votre rythme dans votre investigation. Mais attention, ne tardez pas trop, vous pourriez échouer. Alliant histoire et fiction, l'affaire vous emmène dans les lieux historiques et emblématiques de la Vieille-Ville, tels que la Cathédrale Saint-Pierre, le site archéologique ou encore le Musée international de la Réforme. Une formidable intrigue dans un décor grandeur nature exceptionnel.

Prix du carnet : 21 CHF, incluant 3 entrées aux différents lieux à visiter pour 1 personne + 7 CHF par personne supplémentaire. Durée estimée du parcours : entre 2-3 heures. En vente chez Genève Tourisme & Congrès.

GENÈVE TOURISME & CONGRÈS
18, rue du Mont-Blanc
✆ +41 22 909 70 00

Autre adresse : Genève Aéroport – Hall d'Arrivée (Visitor's Center) – Tél. + 41 22 717 80 83

BIBLIOTHÈQUE D'ART ET D'ARCHÉOLOGIE
5, promenade du Pin ✆ +41 22 418 27 00
www.ville-ge.ch/mah – mah@ville-ge.ch
Ouvert du lundi au vendredi de 10h à 18h et le samedi de 9h à midi. Informations : Tél. +41 22 418 27 07. Médiathèque : du lundi au vendredi de 11h à 16h. Informations : Tél. +41 22 418 27 18. Entrée libre. Horaires modifiés en été et les jours fériés.
Ouverte au public en 1911, c'est la plus importante bibliothèque d'art en Suisse et une filiale des Musées d'art et d'histoire (MAH) de la Ville de Genève. Ses collections sont constituées d'ouvrages de tous les domaines artistiques ou relatifs aux musées (archéologie, beaux-arts, arts décoratifs, architecture, numismatique, muséologie, restauration, etc.), de la préhistoire à l'époque contemporaine. La bibliothèque propose aux lecteurs 400 000 monographies, 80 000 catalogues d'exposition, 80 000 catalogues de ventes aux enchères ainsi que 6 000 titres de revues. La médiathèque offre des diapositives, des documents multimédias (Cd-roms, vidéos, microformes, bases de données, etc.), des documents iconographiques sur papiers et des dossiers sur les artistes.

CABINET D'ARTS GRAPHIQUES
5, promenade du Pin ✆ +41 22 418 27 70
www.ville-ge.ch/mah
mah@ville-ge.ch
Ouvert de 11h à 18h. Fermé le lundi. Entrée : 3 CHF, réduit : 2 CHF. Gratuit pour les moins de 18 ans et le premier dimanche du mois. Ouvert uniquement durant les expositions.
Centre d'une importance incontestée dans le domaine de la conservation et de la divulgation de gravures, avec plus de 300 000 pièces allant du XVe au XXe siècle. Le Cabinet d'arts graphiques présente des expositions sur les arts de la reproduction et leur technique, avec des gravures et impressions de techniques diverses.

CATHÉDRALE SAINT-PIERRE
6, cour de Saint-Pierre ✆ +41 22 311 75 75
www.saintpierre-geneve.ch
paroisse@saintpierre-geneve.ch
L'été, du 1er juin au 30 septembre, du lundi au samedi de 9h30 à 18h30 et le dimanche de midi à 18h30. L'hiver, du 1er octobre au 31 mai, du lundi au samedi de 10h à 17h30 et le dimanche de midi à 17h30. Billet combiné « Site archéologique–tours de la cathédrale Saint-Pierre (accès gratuit à la cathédrale et à la chapelle des Macchabées) – Musée international de la Réforme », adulte : 16 CHF, groupe dès 15 personnes : 10 CHF ; jeune de 7 à 16 ans : 8 CHF ; étudiant, chômeur, etc : 10 CHF.
La construction de la cathédrale a débuté en 1160. Elle fut maintes fois modifiée au fil des siècles. L'intérieur a perdu la plupart de son mobilier, ses statues et ses décors à la Réforme, lorsque la cathédrale devint un lieu de culte protestant.

Vue de Genève depuis la cathédrale Saint-Pierre.

Horloge dans le passage Malbuisson.

Seuls les vitraux furent épargnés. On peut y voir la chaise de Calvin, les stalles polychromes sculptées du chœur (milieu du XVe siècle), plus de 300 chapiteaux sculptés d'époques différentes, un mausolée où repose le duc de Rohan, chef de file des protestants français sous Henri IV. Les plus courageux peuvent gravir les 157 marches menant au sommet de la tour nord pour admirer le panorama et la cloche. Le site archéologique montre la richesse des lieux. Notons à l'angle de la rue de l'Evêché, l'hôtel du banquier Gédéon Mallet, construit en 1721 et aujourd'hui Musée international de la Réforme. Sur le flanc sud de la cathédrale, la chapelle des Maccabées, construite en 1405 en pur style gothique flamboyant. La cathédrale est inscrite sur la liste du label du patrimoine européen.
Des concerts d'orgue sont organisés par la fondation des concerts de la cathédrale, les samedis de juin à septembre à 18h et aussi en décembre. Certains concerts peuvent également avoir lieu dans la chapelle des Macchabées.

LA CITÉ DU TEMPS

1, pont de la Machine
✆ +41 22 818 39 00
www.citedutemps.com
contact@citedutemps.com
Ouvert 7j/7, de 9h à 18h.

La Cité du temps se situe sur le Pont de la Machine. Emblème genevois depuis 1840, il a été construit pour approvisonner les fontaines publiques en eau. C'est aujourd'hui un espace conçu autour du temps et de l'art... Le temps passé, le temps à venir, le temps donné, le temps volé, le temps de la création... C'est une idée du Swatch Group, qui a réalisé sur les deux étages du bâtiment une exposition permanente, celle des Swatch depuis leur création à nos jours, des plus simples aux plus délirantes et des expositions temporaires d'artistes. La Cité du Temps sert aussi de lieu d'événement avec de grandes salles voûtées et une vue imprenable sur le lac et le Rhône. Au rez-de-chaussée, un bar-restaurant, attenant, a été repris depuis 2011 par la société Philippe Chevrier- Le Traiteur, sous le nom évocateur de « Au phil du temps ». Il permet de faire une pause agréable et gourmande dans la journée.

ÉGLISE ORTHODOXE RUSSE

9, rue Rodolphe-Toepffer
✆ +41 22 346 47 09
www.diocesedegeneve.net

A proximité du musée d'Art et d'Histoire et de la Fondation Baur, s'élève l'église russe avec ses neuf clochers en bulbe dorés que l'on aperçoit de loin. Ville cosmopolite et respectueuse de la liberté de culte, Genève abritait de nombreux Russes orthodoxes qui obtinrent en 1859 un terrain pour construire leur église. C'est la grande-duchesse Anna Fedorovna Constancia, belle-sœur du tsar Alexandre Ier et tante de la reine Victoria, résidant depuis longtemps dans la ville, qui finança sa construction. Elle débuta en 1863 et dura trois ans pour aboutir à un chef-d'œuvre de style byzantin moscovite. Outre sa décoration admirable, l'intérieur recèle de nombreuses icônes du XVIe au XXe siècle. Le samedi à 17h30 ou le dimanche à 10h, vous pourrez profiter des chœurs.

■ **FONDATION BAUR – MUSÉE DES ARTS D'EXTRÊME-ORIENT**
8, rue Munier-Romilly
✆ +41 22 704 32 82
www.fondationbaur.ch
musee@fondationbaur.ch
Ouvert de 14h à 18h, fermé le lundi, jusqu'à 20h le mercredi lors des visites commentées. Accès facilité pour les personnes handicapées (prévenir). Entrée : 10 CHF, ou 15 CHF avec exposition temporaire, réduit : 5 CHF, gratuit pour les moins de 12 ans. Passeport Musées suisses : entrée libre.

La Fondation Baur, musée des Arts d'Extrême-Orient offre une nouvelle présentation des collections japonaises. La très belle collection du suisse Alfred Baur (1865-1951) est conservée et exposée dans cet élégant hôtel particulier du XIXe siècle de style Louis XV. Plus de 7 000 objets d'art asiatique, de la Chine et du Japon, des jades, un ensemble de céramiques chinoises du XIIe au XIXe siècles, ainsi que des objets japonais du XVIIIe au XXe siècle – pipes, blagues à tabac, *netsuke* (boutons japonais), estampes et ornements de sabre – sont ainsi exposés. Un jardin japonais, créé en 2004, complète le musée dont les magnifiques catalogues font référence. En 2014, la Fondation Baur programme trois expositions prestigieuses pour marquer le 50e anniversaire du musée.

▸ **Estampes japonaises des Collections Baur :** la route du Tôkaidô, du 13 février au 6 avril 2014. Cette exposition présente une sélection d'estampes des collections de la Fondation Baur, complétée par des prêts du Cabinet d'arts graphiques de Genève ainsi que de photographies de la fin du XIXe siècle du musée Guimet d'arts asiatiques à Paris. En plus des stations du Tôkaidô, représentées par plusieurs éditions différentes de Hokusai, Hiroshige et Utagawa Kunisada (1786-1865), les autres grandes routes seront également évoquées, notamment le Kisokaidô, qui relie Edo à Kyôto en passant par les montagnes du centre du pays.

▸ **Textiles bouddhiques japonais de mi-mai à mi-août 2014.** Cette exposition est l'occasion de présenter pour la première fois la collection complète de tissus bouddhiques japonais de la Fondation Baur, acquise en 1927 et datant des XVIIIe et XIXe siècles. La collection est composée d'une catégorie peu connue en dehors du Japon, celle des *uchishiki*, les tissus destinés à recouvrir les tables d'autels dans les salles de temples. Malgré leur taille modeste, ces nappes sont des témoins importants à la fois des croyances religieuses de l'époque et de l'extraordinaire habileté des tisserands de Kyôto.

▸ **Fastes impériaux de la dynastie Qing** (1644-1911) – trésors de musées européens du 2 octobre 2014 au 4 janvier 2015. L'exposition est principalement consacrée aux empereurs Kangxi (1662-1723), Yongzheng (1723-1736) et Qianlong (1736-1796). Elle évoque – par le biais de prêts prestigieux dont des peintures de cour – le pouvoir impérial et conquérant, ses rites, ainsi que l'intimité, les loisirs et les villégiatures des empereurs mandchous.

■ **HORLOGE MALBUISSON**
Passage Malbuisson
Horloge à carillon.

Chaque jour depuis 1962, chaque heure, cette horloge carillonne de 16 cloches tandis qu'un cortège de 13 chars et 42 personnages de bronze évoquent l'Escalade, évènement historique genevois du 12 décembre 1602. Une création d'Edouard Wirth, horloger, avec des décors peints et des sculptures de bronze d'artistes genevois. Une visite insolite, pour

Hôtel de ville.

découvrir une œuvre d'artisanat d'art et s'imprégner de l'histoire locale !

HÔTEL DE VILLE

2, rue de l'Hôtel-de-Ville

Ouvert tous les jours de 9h à 19h. Gratuit.

Cœur politique de la cité depuis plus de 500 ans, le gouvernement de la République et du canton de Genève y siègent encore aujourd'hui. L'élément le plus ancien en est la tour Baudet (XVe siècle). Elle abrite notamment la salle du Conseil d'Etat, dont on remarquera les superbes fresques et boiseries. Dans la salle de l'Alabama, qui tire son nom du célèbre arbitrage entre les Etats-Unis et l'Angleterre, (rendu ici en 1872 après la guerre de Sécession, au sujet du navire britannique Alabama), s'est tenu la première Convention de Genève, le 18 août 1864, ainsi que la première grande assemblée générale de la Société des nations, en novembre 1920. On notera sa grande rampe en colimaçon pavée (XVIe siècle), entourée d'une tour carrée, qui permettait d'atteindre les trois étages de l'édifice sans avoir à descendre de cheval, de litière ou de chaise de porteur.

ÎLE ROUSSEAU

Pont des Bergues

Ouvert toute l'année.

Cet îlot de verdure est dédié au plus fameux citoyen genevois, dont la statue figure au centre de l'île. C'est une reconversion pacifique pour cet ancien bastion, qui gardait l'entrée du port (depuis 1583). Idéal pour la rêverie d'un promeneur solitaire. Au sein du jardin, un pavillon rénové sert une petite restauration à emporter.

MAISON DE ROUSSEAU ET DE LA LITTÉRATURE

40, Grand-Rue

✆ +41 22 310 10 28

www.m-r-l.ch

info@m-r-l.ch

L'arcade de la Maison de Rousseau et de la Littérature (MRL) et l'Espace culturel & parcours audiovisuel dans la maison natale de Jean-Jacques Rousseau sont ouverts du mardi au dimanche de 11h à 17h30 (dernière visite ½ heure avant l'heure de fermeture), sauf les soirs d'évènements.

Lorsqu'on arpente la Grand-Rue, allée charnière de la vieille ville, on découvre, si l'on est curieux, une plaque avec l'inscription : « ce sont les grandes occasions qui font les grands hommes ». Bienvenue dans la maison natale de Jean-Jacques Rousseau, né le 28 juin 1712. La Maison de Rousseau et de la Littérature, située dans la maison natale de Jean-Jacques Rousseau dans la vieille ville de Genève, est la première maison de la littérature en Suisse romande. Créée en 2012, la MRL est un lieu de rencontres et de débats ouvert aux acteurs du monde littéraires, au grand public ainsi qu'aux écoles. Elle entend devenir un pôle de mise en valeur des écrivains et du livre ainsi qu'un laboratoire citoyen inspiré par l'œuvre et la pensée de Rousseau, à qui l'espace du premier étage est consacré.

MAISON TAVEL

6, rue du Puits-Saint-Pierre
✆ +41 22 418 37 00
www.ville-ge.ch/mah
mah@ville-ge.ch
Expositions temporaires : 5 CHF. Réduit : 3 CHF. Gratuit jusqu'à 18 ans et le premier dimanche du mois.
La Maison Tavel, du nom d'une famille noble de Genève, figure parmi les exemples importants d'architecture civile médiévale suisse. C'est aussi la plus ancienne maison de Genève, classée monument historique en 1923. Ce musée est consacré à l'histoire urbaine et à la vie quotidienne genevoise. Sa visite permet de découvrir une demeure et ses collections : monnaies, poids et mesures, portes anciennes (XVIe au XVIIIe siècle), salon et cuisine, objets de la vie quotidienne (vaisselles, étains) ou encore indienneries du XVIIIe siècle. Ne pas manquer au dernier étage la remarquable maquette métallique, dite le relief Magnin, du nom de l'architecte genevois, achevée en 1896 et qui restitue l'image de Genève avant la démolition des fortifications en 1850. La façade gothique enrichie d'un remarquable décor sculpté de 10 figures et des armes de la famille dans une niche trilobée, revêt une importance de premier ordre, élément incontournable du patrimoine de Genève et exemple unique de la statuaire du XIVe siècle à l'échelle régionale.

Mur des Réformateurs dans le parc des Bastions.

MUR DES RÉFORMATEURS

Parc des Bastions
Ouvert tous les jours, 24h/24.
Dans le parc des Bastions, en face de l'université, le monument international de la Réformation est adossé à une partie des anciennes murailles de la cité datant du XVIe siècle. Quatre immenses personnages sont représentés en bas-relief sur une hauteur de 5 m. Ils figurent les acteurs importants de la Réforme protestante : Jean Calvin (1509-1564), qui rédigera les lois civiles et religieuses, Guillaume Farel (1489-1565), prédicateur envoyé depuis Berne pour étendre l'influence de la Réforme, Théodore de Bèze (1513-1605), successeur de Calvin, et John Knox (1505-1572), l'un des fondateurs de l'église presbytérienne en Ecosse. Ils portent la robe de Genève et ont à la main la Bible du peuple. Derrière eux, la devise de la Réforme et de Genève : *Post Tenebras Lux*, « après les ténèbres, la lumière ».

MUSÉE BARBIER-MUELLER

10, rue Jean-Calvin ✆ +41 22 312 02 70
www.barbier-mueller.ch
musee@barbier-mueller.ch
Ouvert tous les jours de 11h à 17h. Entrée : 8 CHF, tarif réduit : 5 CHF et gratuit pour les moins de 12 ans et les écoles. Passeport Musées suisses. Visite guidée sur rendez-vous pour les groupes (150 CHF + 5 CHF par personne).
Installé au cœur de la vieille ville depuis 1977, le musée Barbier-Mueller conserve, étudie et fait connaître des œuvres d'art provenant des cultures tribales : sculptures, tissus, effigies ancestrales océaniques et ornements provenant des civilisations dites « primitives ». Cette collection, créée à partir de 1907 par Joseph Müller puis poursuivie par ses héritiers, compte aujourd'hui quelque 7 000 pièces dont certaines viennent d'Indonésie, une collection de bijoux d'Insulinde très connue, des masques anciens et des boucliers africains, des statues et objets de cultes d'Océanie ainsi que des pièces d'art précolombien.

MUSÉE D'ART ET D'HISTOIRE

2, rue Charles-Galland
✆ +41 22 418 26 00 / +41 22 418 25 00
www.ville-ge.ch/mah – mah@ville-ge.ch
Ouvert de 11h à 18h. Fermé le lundi. Accès facilité pour les personnes handicapées par la porte côté boulevard Jaques-Dalcroze 9 (interphone). Collections permanentes : entrée libre. Expositions temporaires entre

CHF 5.- et CHF 20.- selon les expositions. Gratuit pour les moins de 18 ans et le premier dimanche du mois. Visites guidées sur rendez-vous (+41 22 418 25 00). Restauration : Le Barocco. Espace d'activités dédié aux familles à côté du restaurant le Barocco

Ce bel édifice, construit entre 1902 et 1910 par Marc Camoletti, et dont la façade majestueuse imite celle du Petit-Palais de l'Exposition universelle de Paris de 1900, abrite des collections permanentes consacrées à l'archéologie, aux Beaux-Arts et aux arts appliqués. Des marbres anciens de la cour intérieure aux salles consacrées à l'histoire de l'Escalade (attaque de Genève par les Savoyards, la nuit du 11 au 12 décembre 1602), le musée cache bien des trésors qui font la fierté de Genève. Il comporte une importante collection d'objets de la préhistoire et la plus grande collection d'antiquités égyptiennes de Suisse. Le Proche-Orient, la Grèce, les Etrusques et Rome dessinent un parcours qui s'achève à l'ère chrétienne. Le Cabinet de numismatique, avec plus de 60 000 pièces, complète cette partie. Les beaux-arts offrent des œuvres du XVe au XXe siècle, dont la fameuse *Pêche miraculeuse* de Konrad Witz (1444), et d'importants ensembles de Liotard, Hodler et Vallotton. Les écoles italiennes, françaises, hollandaises et anglaises sont également bien représentées, en peinture et dessins, de même que le XIXe siècle suisse et européen avec Corot, Renoir, Monet, Cézanne et Van Gogh. Des œuvres expressionnistes et issues du nouveau réalisme terminent ce voyage dans le temps et dans l'art. Les expositions temporaires d'art du MAH sont visibles au Musée Rath, un site rattaché au réseau des MAH dont font également partie les sites de la Maison Tavel, de la Bibliothèque d'art et d'archéologie et du Cabinet d'arts graphiques. Pour faire une pause ou se reposer après les visites, le Barocco, restaurant du MAH, s'installe en été dans la cour intérieure du musée, dans un cadre exceptionnel !

MUSÉE INTERNATIONAL DE LA RÉFORME

Maison Mallet
4 rue du Cloître © +41 22 310 24 31
www.musee-reforme.ch
info@musee-reforme.ch

Ouvert du mardi au dimanche de 10h à 17h. Ouverture exceptionnelle les lundis de Pâques, de Pentecôte et de Jeûne fédéral. Entrée : 13 CHF, réduit : 8 CHF. Pour les jeunes de 7 à 16 ans : 6 CHF, gratuit pour les moins de 7 ans. Famille (2 adultes et 2 enfants : 25 CHF). Forfait espace Saint-Pierre (cathédrale et ses tours, site archéologique et musée) : 18 CHF, tarif réduit : 12 CHF. Accès gratuit pour les personnes handicapées.

La visite de ce musée surprenant est un incontournable pour qui veut comprendre Genève et les Genevois. Il présente l'histoire de la Réforme, des thèses de Luther en passant par les persécutions des huguenots français, et le rôle de Genève dans le rayonnement et la diffusion du calvinisme. Le site est situé à deux pas de la cathédrale Saint-Pierre, et est logé dans la maison Mallet, un bel hôtel particulier du XVIIIe siècle. Lieu symbolique, puisque la maison est bâtie sur l'emplacement de l'ancien cloître de la cathédrale, où l'adoption de la Réforme fut votée le 21 mai 1536. L'organisation en salles thématiques permet d'effectuer une plongée progressive et organisée dans l'histoire du musée. Des documents historiques : bibles, gravures anciennes de Genève, ouvrages de Calvin dans les éditions originales, portraits des réformateurs, souvenirs des persécutions et du Refuge, et même psaumes huguenots et chants luthériens. Une fois passé l'aspect un peu prosélyte de la présentation, on se laisse prendre par la muséographie résolument moderne et vivante. Un film présenté dans un salon retrace toute l'histoire de Luther puis celle de Calvin en passant par les guerres de religion qui déchirèrent la France. Différents documents pour comprendre le rôle des huguenots français, qui trouvèrent refuge à Genève, dans l'essor économique de la ville devenue prospère, grâce à l'horlogerie, la faïence et les émaux. Enfin, une mise en scène inédite permet d'assister de façon étonnante à un dîner entre Calvin et ses acolytes pour comprendre les débats théologiques qui ont divisé le mouvement protestant, loin d'être homogènes. Enfin, des salles au sous-sol permettent de découvrir les différentes branches du protestantisme aujourd'hui selon les différents pays.Ce musée a été récompensé pour sa qualité et son travail en recevant le prestigieux prix du Musée 2007 du Conseil de l'Europe.En 2010, les caves historiques de la maison Mallet ont été ouvertes au public. A l'intérieur, on découvrira une véritable reconstitution d'un bureau pastoral du XIXe siècle, celui d'Alexandre Vinet, figure de proue de ce siècle de la parole. L'actuelle salle du XXe siècle a été remodelée avec une dizaine de nouvelles vitrines sur l'avènement des femmes dans le pastorat...

MUSÉE RATH

Place Neuve
✆ +41 22 418 33 40
www.ville-ge.ch/mah
mah@ville-ge.ch

Ouvert de 11h à 18h, le 2ème mercredi du mois de 11h à 20h. Fermé le lundi. Accès facilité pour les personnes handicapées. Entre 5 et 20 CHF, selon les expositions.

Le Musée Rath, inauguré en 1826, est offert aux Genevois selon le vœu des sœurs du défunt Simon Rath, général dans l'armée du tsar et grand amateur d'art. Sa collection va servir de base à la création d'un nouveau bâtiment : le premier musée dédié aux beaux-arts de Suisse.

Aujourd'hui, le musée est devenu le lieu des grandes expositions temporaires sous la tutelle du Musée d'Art et d'Histoire (MAH) en développant deux directions complémentaires : l'archéologie et l'art ancien d'une part, l'art moderne et contemporain d'autre part.

PARC DES BASTIONS

2, place Neuve

Ouvert toute l'année. Pavillon restaurant avec terrasse en été, patinoire en hiver. Jeu de dames et d'échecs géant.

Oasis de 6,5 hectares de verdure en plein centre-ville, le parc des Bastions est le lieu incontournable de toutes sortes d'activités. Il permet aux Genevois, habitants de Plainpalais, étudiants, avocats des études voisines, de venir prendre un bol d'air frais et pique-niquer sur les chaises longues gracieusement mises à disposition l'été, aux habitués de venir faire leur partie d'échecs sur les damiers géants situés près de la place Neuve, aux enfants de profiter des balançoires et du bac à sable, aux marathoniens de le traverser lors de la course de l'Escalade, aux touristes de reconnaître les quatre réformateurs les plus célèbres, aux érudits de venir consulter les ouvrages de la plus importante bibliothèque de Suisse, adjacente à l'université (1873). La fête de la musique y monte ses nombreuses scènes et les municipaux siègent au palais Eynard (1817). Les flâneurs peuvent aussi s'arrêter au kiosque à musique et prendre un verre sur sa merveilleuse terrasse ou se restaurer dans cet endroit pittoresque qui accueille de temps en temps quelques concerts. Du premier jardin botanique créé en 1817 par Augustin-Pyrame de Candolle, il subsiste une cinquantaine d'arbres, aux essences rares et variées, qui rendent ce parc si magique.

PLACE DU BOURG-DE-FOUR

Place du Bourg-de-Four

Que veut dire « Bourg de Four » ? Autrefois « de Four » voulait dire « au-dehors » de la ville et des remparts où se tenait le marché aux bestiaux et au blé, on disait « Bourg du marché ».

Les Genevois aiment s'y retrouver, au cœur de la vieille ville, pour prendre un verre dans l'un des nombreux cafés autour de la jolie fontaine fleurie restaurée en 1817. Mais ce n'est pas nouveau, déjà les Romains avaient établis sur ce lieu leur forum, puis, au Moyen Age, c'était le lieu des foires et des marchés.

Afin d'accueillir les exilés protestants au milieu du XVIe siècle, on surélève les maisons qui forment son pourtour. Ceci est d'ailleurs bien expliqué au musée de la Réforme qui se trouve à proximité. Parmi les édifices que l'on peut admirer aujourd'hui, certains datent du XVIe, alors que d'autres, les plus cossus, remontent aux XVIIe et XVIIIe siècles. A la place du palais de Justice, dont la façade date du XVIIIe siècle, se trouvaient tour à tour un couvent des Clarisses et, jusqu'en 1857, l'hôpital général.

▶ **Au passage, levez les yeux** et observez du n° 5 au 7 la statue du roi Gondebaud, qui semble pensif et s'interroger sur l'évolution du temps qui passe. Genève a été la capitale des Burgondes en 443.

PLACE NEUVE

Place Neuve
www.place-neuve.ch

Haut lieu culturel, la place est aménagée en dehors des remparts et accueille des institutions genevoises de prestige. L'illustre conservatoire de musique, l'imposant Grand Théâtre et le Musée Rath. Inauguré en 1826, il est le premier musée des Beaux-Arts de toute la Suisse. Le Grand Théâtre quant à lui a été édifié en 1874-1879 par Jacques-Olivier-Goss, directement inspiré par la construction au même moment de l'Opéra Garnier de Paris.

Au centre de la place, bien visible depuis les alentours, la statue équestre du général genevois Henri Dufour, héros national et premier réalisateur d'une carte géographique de la Suisse.

Musée Rath.

Statue équestre d'Henri Dufour sur la place neuve.

Place du Bourg-de-Four.

Joueurs d'échecs sur les damiers géants du parc des Bastions.

■ **QUARTIER LIBRE SIG**
1, pont de la Machine
✆ 0844 800 808
www.sig-ge.ch/quartier-libre
exposition@sig-ge.ch
Ouvert 7j/7, du lundi au vendredi de 9h à 17h, le samedi et le dimanche de 10h à 17h. Entrée libre.
Quartier Libre est un lieu intergénérationnel de découvertes culturelles fondé par SIG (Services industriels de Genève). Situé sur le pont de la Machine, Quartier Libre offre un programme d'expositions diversifié, interactif et pédagogique dans les domaines de l'environnement, du patrimoine, de l'humanitaire et de l'art. A travers cet espace, SIG exprime sa mission de service public et sa proximité avec les Genevois en participant à l'animation de la cité. Les expositions présentées répondent à ses engagements pour la valorisation du patrimoine, l'accessibilité à la culture et la sensibilisation aux enjeux de la société.

■ **SITE ARCHÉOLOGIQUE DE LA CATHÉDRALE SAINT-PIERRE**
6, cour Saint-Pierre
✆ +41 22 310 29 29
www.site-archeologique.ch
clefs.stpierre@bluewin.ch
Ouvert toute l'année du lundi au dimanche de 10h à 17h. Partiellement accessible aux personnes handicapées. Entrée : 8 CHF, réduit : 4 CHF. Gratuit pour les moins de 7 ans. Billet combiné « Site archéologique – Tours de la cathédrale Saint-Pierre (accès gratuit à la cathédrale et à la chapelle des Macchabées) – Musée international de la Réforme », adultes : 16 CHF, groupes dès 15 personnes : 10 CHF, jeunes de 7 à 16 ans : 8 CHF, étudiants, chômeurs… : 10 CHF (règlement uniquement en espèces : francs suisses). Audioguide gratuit.
Une visite étonnante dans les sous-sols de la cathédrale Saint-Pierre qui nous entraîne vers ses premiers fondements, au temps où Genève était romaine. S'est ouvert fin 2006 une extension des fouilles montrant une tombe allobroge, la crypte de la cathédrale de l'an mille c'est-à-dire à l'époque carolingienne. La présentation est entièrement refaite pour une visite facile et intéressante avec notamment une présentation visuelle de 10 minutes environ sur l'histoire de la cathédrale Saint-Pierre à travers les siècles. Des films d'animation montrent l'évolution depuis avant J.-C. Félicité pour ces aménagements muséographiques et ces fouilles, le site a reçu le 12 juin 2008 une médaille dans la catégorie « conservation » du prestigieux prix du « Patrimoine culturel de l'Union européenne », décerné par la Fédération européenne Europa Nostra.

Rive et Eaux-Vives

C'est ici que vous découvrirez les symboles forts de la ville : son jet d'eau et son horloge fleurie. Mais le quartier est aussi celui des parcs, où farniente et balades seront de mise en été : ne manquez pas le parc La Grange, qui possède deux théâtres ouverts uniquement l'été : le théâtre de l'Orangerie et le théâtre de Verdure. Lorsque vous y accédez par son entrée côté lac, vous apercevez son

Le Jet d'eau, né presque par hasard !

De 1850 à 1890, la population genevoise augmente drastiquement, pour atteindre 100 000 personnes. Il faut approvisionner ces nouvelles têtes en eau, et l'Etat décide de construire une usine hydraulique à la Coulouvrenière. Ainsi, l'apport en eau pour la population et les artisans du lieu est assuré. C'est alors qu'un nouveau problème se pose : lorsque les artisans arrêtent de tirer de l'eau pour leur labeur, il se produit une surpression, et les employés doivent se précipiter pour empêcher le tuyau de lâcher. L'idée vient alors de créer une vanne, qui laisse s'échapper vers le ciel l'eau en surpression. Le jet d'eau est né dans la rade de Genève, face au quai du Général-Guisan. Considéré comme une judicieuse attraction touristique, il sera déplacé, la hauteur de son jet sera augmentée, et il deviendra un véritable symbole pour la ville. En 1951, une station de pompage autonome lui permet de propulser 500 litres d'eau puisée dans le lac, à une hauteur de 140 m et une vitesse de 200 km/h. De mai à septembre, on peut l'admirer de 9h à 23h15 (avec illumination) et de 10h au coucher du soleil hors-saison (jusqu'à 22h30 le week-end avec illumination, sauf de novembre à mars). Il s'arrête en cas de forte bise, et de température inférieure à -2°C (on peut l'apercevoir figé par le gel, en période de froid extrême).

L'Art nouveau à Genève : la « maison des paons »

Genève ne peut être qualifiée de foyer de l'Art nouveau. Toutefois, en cherchant bien, quelques édifices bâtis aux alentours de 1900 font la part belle aux lignes courbes, d'inspirations végétales, tout en y incluant quelques éléments appartenant au «style national suisse», une sorte de *Jungendstil*. Outre l'immeuble imposant sis au 2 rue Pictet-de-Rochemont, qui, notamment dans ses incrustations en forme de tournesol ajoutées à l'appareil en briques, son balcon sinueux et sa toiture en poivrière surmontant une petite tourelle, affiche une légère tendance Art nouveau, la maison des pans au N°8, et celle dite « des paons », située au numéro 7 de cette même rue Pictet-de-Rochemont, est encore plus symptomatique du mouvement. Réalisée en 1902 par les architectes Eugène Cavalli et Ami Golay, elle présente un décor luxuriant, fait d'enroulements végétaux, autour des paons faisant la roue, incrustés dans la corniche de l'édifice. Les fenêtres arrondies, la porte à roseaux, la toiture de tuiles vernissées, mais aussi les balcons et l'escalier de l'immeuble, en ferronnerie, témoignent eux aussi de l'élégance propre au mouvement. Pour les passionnés, quelques adresses supplémentaires qui donnent un bon aperçu des réalisations déclinées par les différents architectes qui se sont essayés à ce style d'Art nouveau genevois : le kiosque à musique du Jardin anglais, les immeubles de la rue de la Tour-Maîtresse (1898-1900) et ceux du boulevard Georges-Favon, de la place du Cirque, de la rue de l'Arquebuse et de la rue de Hasse, le 44, rue de la Terrassière, et la rue Leschot (quartier de Plainpalais) avec 4 immeubles contigus.

entrée monumentale ornée de deux lions et découvrez, sur la gauche, une magnifique roseraie. Sont également aménagées une place de jeux et une pataugeoire. Il est aussi possible de visiter les ruines d'une ancienne villa romaine. En été, des chaises longues sont mises à disposition du public.

■ HORLOGE FLEURIE

Jardin anglais
Quai du Général-Guisan
Ce « monument » a été installé en 1955 sur la Promenade du lac, afin de rappeler le rôle de la Suisse en général et de Genève en particulier dans l'industrie horlogère mondiale. L'horloge fleurie de la Promenade du lac représente un double exploit : exploit de jardinier d'une part, de technicien d'autre part. Côté boulons, le mouvement doit animer chaque seconde la plus grande aiguille-trotteuse du monde (2,50 m, 27 cm de parcours d'une seconde à l'autre). La montre a un diamètre de 5 m. Côté jardin, 6 500 plantes sont nécessaires à la confection du décor et, depuis les années 2000, l'horloge est formée par huit cercles concentriques dont les couleurs varient avec les saisons (des pensées au printemps, alternantheras, echeverias, santolines et bégonias en été). Chaque saison, c'est une nouvelle création artistique à découvrir.

■ IMMEUBLE CLARTÉ LE CORBUSIER

2-4, rue Saint-Laurent
Ne se visite pas.
Dans le quartier de Villereuse, se trouve l'immeuble La Clarté (ou Maison de verre), construit entre 1931 et 1932 par l'architecte Charles-Edouard Jeanneret, dit Le Corbusier, sur l'initiative d'Edouard Wanner. Sa conception est avant-gardiste. Toute de verre et d'acier, son ossature métallique permet de libérer les murs intérieurs de toute fonction portante tandis que sa façade en verre laisse entrer un maximum de lumière. Aujourd'hui, l'immeuble, quoiqu'un peu délabré, reste toujours intéressant.

■ LA MAISON ROYALE

46 quai Gustave Ador
Classée monument historique et artistique par le Conseil d'Etat de la Ville de Genève en 2001, la maison Royale est sans conteste le bâtiment le plus impressionnant de la rade. Construite entre 1907 et 1909 par les architectes Henri Garcin et Charles Bizot, mandatés par une société anonyme, elle fut sujette à de nombreuses controverses. En effet, la Société d'art public et la mairie des Eaux-Vives lui reprochèrent notamment son important gabarit, dépassant celui prescrit par la loi, sa décoration ostentatoire, mais aussi son aigle géant en ferronnerie, symbole de l'Empire romain germanique, surmontant l'une de ses tourelles. Celui-ci fut d'ailleurs ôté en 1965. Mais sa façade en pierres bosselées, tendance « Beaux-Arts » fin de siècle, continue d'afficher ses divers balcons, balustres, guirlandes et pompons, pour le plus grand plaisir des yeux.

Rade de Genève
Jet d'Eau
Jetée des Eaux-vives
Musée
Curiosité
Edifice religieux
Pierre du Niton
Débarcadère Jardin anglais
Débarcadère Quai G. Ador
Monument national
Promenade du Lac
Horloge fleurie
Jardin anglais
Place du Port
Quai du Gébéral Guisan
Quai Gustave Ador
vers la fondation Bodmer et le parc des Eaux-vives
Parc la Grange
R. d. 1° juin
Rue Merle d'Aubigné
Avenue de la Grenade
Rue du Clos
Rue des Vollandes
Rue des Eaux-Vives
Rue de l'Avenir
Rue Sillem
Rue d. Marins
Rue du Roveray
Rue de Simplon
Rue du Lac
Rue des Pierres-du-Niton
Rue Muzy
Rue de la Scie
Square de la Buanderie
Rue du 31 décembre
Rue Maunoir
Rue de Montchoisy
LES EAUX-VIVES
R. Zurlinden
Rue de la Mairie
Rue Blanvalet
C. Neuf
Rue de montchoisy
Rue du Nant
Rue des Cordiers
Rue du Photogaphe
l'Arc
Avenue Pictet de Roc
Place des Eaux-vives
Rue F. Versonnex
Rue du Rhône
Rue d'Aoste
Rue de la Fontaine
Rue du Port
R. d. Prince
Route Rive
Tour-Maîtresse
Rue d'Italie
Rue P. Fatio
Boulevard Helvétique
Nant

Rives et Eaux-Vives
Carrefour de Rive
Place du Jargonnant
Rue de la Terrassière
Immeuble la Clarté Le Corbusier
Rue St-Laurent
R. d. Ch
R. du Midi
Rue du 31 décemb
Avenue Pictet de Rochemont
Rue de Villereuse
Rue Ami
Bulona
Lullin
Couronne
Rue du Glacis de Rive
Rue de l'Est
Rue A. Lachenal
Rue Ferdinand Hodler
Rue Th. de Bèze
Rue du Chaudronnier
Pr. Saint-Antoine
Boulevard Jacques Dalcroze
Boulevard Helvétique
Musée d'Art et d'Histoire
Cathédrale de l'Exaltation de la Sainte-Croix
Rue Ch. Strum
Rue Gourd
R. Bellot
Le-Fort
Rue Fr. Le-Fort
Rue Toepffer
Romilly
Fondation Baur
Rue du Mont-de-Sion
Boulevard des Tranchées
LES TRANCHÈES
Rue Fr.
Rue Saint-Victor
Rue Ch. Bonnet
Rue A. Cont.
Rue de l'Athénée
Ivernois
Rue Massot
Ch. Malombré
Avenue Jules Crosnier
Route de Florissant
Rue de Contamines
Rue de Beumont
Place E. Guyénot
Rue M. Chauvet
Route de Malagnou
Musée d'Histoire naturelle
Musée de l'Horlogerie
Rue F. Grast
Clos
Mallet-d. Pin
Ch. Vergers
Chemin de Roches
0
150 m
N
CONTAMINES
Rue Michel Chauvet
Rue H. Spiess
Parc des Contamines
Rue Crespin

JARDIN ANGLAIS

Quai du Général-Guisan

Avec sa situation privilégiée en plein centre-ville, il est l'un des sites les plus fréquentés par les touristes. Gagné sur le lac par le comblement du port en 1854, il fut le premier parc de la ville planté à l'anglaise. L'écrivain Dostoïevski le qualifiait alors de « vilain petit square ». Depuis, il n'a cessé de s'agrandir et de s'embellir pour devenir le jardin de 2,5 hectares que nous connaissons aujourd'hui. On aime ses allées sinueuses, ses bosquets, ses rotondes, ses pelouses, sa fontaine de bronze monumentale (1862), restaurée dans les règles de l'art par la Ville de Genève en 2011, son kiosque à musique de la fin du XIXe siècle, son monument national et, bien sûr, l'horloge fleurie.

LE MONUMENT NATIONAL

Quai du Général-Guisan

Situé à l'entrée du pont du Mont-Blanc, dans le Jardin anglais, le Monument national représente deux jeunes filles enlacées par la taille, portant glaive et bouclier, le regard tourné vers le lac. L'une représente la République de Genève (couvre-chef crénelé), l'autre, Helvetia (couronne de laurier). Inauguré en 1869, ce monument symbolise le rattachement de la ville à la Confédération helvétique en 1815. Pour l'anecdote, le sculpteur Robert Dorer prit pour modèles deux demoiselles savoyardes, ce qui peut sembler amusant lorsque l'on sait que la Savoie fut pendant des siècles l'ennemi juré de Genève.

MUSÉUM D'HISTOIRE NATURELLE

1, route de Malagnou
✆ +41 22 418 63 00
www.ville-ge.ch/musinfo/mhng
info.mhn@ville-ge.ch
Bus 5-25 (arrêt Muséum), 1-8 (arrêts Tranchées & Muséum) ; tram 12 (arrêt Villereuse) ; parking Villereuse

Ouvert tous les jours de 10h à 17h, sauf le lundi. Accès facilité pour les personnes handicapées. Entrée libre sauf pour certaines expositions temporaires. Visites guidées pour groupe de 10h à 16h, inscription obligatoire. Des expositions temporaires sur des enjeux scientifiques du futur, des sujets d'actualité ou des questions de protection de l'environnement notamment sont présentées au public. Animations régulières : Ciné-Samedi / Ciné-Dimanche, les samedis et les dimanches à 15h ; Animations du mercredi de 14h à 16h30. Entrée libre.

Au centre-ville, au cœur d'un agréable parc, voici un musée très apprécié des enfants comme des plus grands. Ce musée de Genève est le plus grand muséum d'Histoire naturelle de Suisse, avec des galeries d'exposition sur plus de 8 000 m², plus de 250'000 visiteurs par année. Il est un lieu culturel genevois très apprécié, notamment par les élèves lors des sorties scolaires. Sur 4 étages, le musée retrace autant l'histoire de la faune régionale, des mammifères et oiseaux du monde, batraciens et reptiles, que l'histoire de la Terre et de l'Homme. Une section est également dédiée à la géologie de la Suisse et du Pays

Kiosque du Jardin anglais.

Roseraie du parc La Grange.

de Genève. Et n'oublions pas le podium des dinosaures et la reconstitution de la célèbre Lucy. Programme des activités et expositions temporaires sur le site.

PARC DES EAUX-VIVES

Quai Gustave-Ador
www.parcdeseauxvives.ch
Le parc des Eaux-Vives, créé au XVIe siècle, est l'un des plus anciens de Genève. Plusieurs fois morcelé, il est acquis par la commune des Eaux-Vives en 1912 au célèbre ingénieur Louis Favre, constructeur du tunnel du Gothard. Magnifiquement situé en bordure du quai Gustave-Ador, il s'étend sur 8,5 hectares dans le prolongement du parc La Grange. Agrémenté de grands conifères et de vastes massifs d'azalées et de rhododendrons, il s'ouvre face au lac sur une grande pelouse qui monte en pente douce vers la maison de maître du XVIIIe siècle, aujourd'hui restaurant gastronomique à la vue imprenable. En son centre, une rocaille où poussent des plantes alpines est animée d'un petit ruisseau sortant d'une grotte. Le tennis club borde le parc. Durant l'été, un grand nombre d'activité, de concerts et événements y ont lieu.

PARC LA GRANGE

Quai Gustave-Ador
✆ +41 22 418 61 00
Le parc La Grange est ouvert du lever au coucher du soleil. Cette disposition respecte les volontés de son dernier propriétaire. Buvette des Femmes abstinentes. Théâtre de l'Orangerie.
Contigu au parc des Eaux-Vives et ouvert du lever au coucher du soleil, le parc La Grange est sans doute l'un des parcs les plus remarquables de Genève, avec sa colline qui descend sur le lac et sa magnifique roseraie créée en 1945 comprenant plus de deux cents variétés différentes. D'une imposante superficie, il renferme également les vestiges d'une villa romaine découverte à la fin du XIXe siècle. La propriété fut léguée à la ville par William Favre en 1918, et sa villa de maître est dorénavant utilisée pour des réceptions. Une belle place de jeux avec une pataugeoire et une buvette font le bonheur des promeneurs.
La foule envahit le parc lors des concerts d'été gratuits sur la scène Ella-Fitzgerald, et le théâtre de l'Orangerie y prend ses quartiers de juillet à septembre. C'est également ici que se déroule chaque année, en juin, le concours international de roses nouvelles.
Dans chaque quartier, des espaces sont clairement réservés pour nos amis à quatre pattes. Pour connaître ces endroits et obtenir des informations utiles aux propriétaires de toutous. Et attention, depuis 2008, de nombreux parcs leur sont interdits, les contrevenants risquent une forte amende, mieux vaut se renseigner !

Plainpalais et Prévost-Martin

C'est le quartier des musées et des galeries d'art contemporain, mais aussi des marchés ; à ses extrémités, d'agréables parcs.

■ BÂTIMENT DES FORCES MOTRICES

Pont de Coulouvrenière
www.bfm.ch – info@bfm.ch
Lorsque vous empruntez le pont de la Coulouvrenière, remarquez ce bâtiment de style baroque comme immergeant de l'eau. Une ancienne usine hydroélectrique construite à la fin du XIXe siècle pour alimenter les fontaines, maisons, usines de la ville et le barrage en rideau du pont de la Machine, et désaffectée un siècle plus tard. Rénovée en 1997, le Bâtiment des Forces Motrices (BFM) est transformé en espace culturel. Ses baies vitrées sont une véritable prouesse technique, et sa salle d'art lyrique de 1 000 places (construite toute en bois) est une pure merveille, un vrai opéra sur l'eau.

■ BOIS DE LA BATIE

Chemin de la Bâtie
Promenade publique.
Implanté sur une colline au sud-ouest de la ville, dominant la rive sud de l'Arve à sa jonction avec le Rhône, le bois de la Bâtie s'étend sur plus de 21 hectares. Le nom de cette colline boisée provient d'un fort, la Bastie-Mellié, construit au XIIIe siècle et détruit trois siècles plus tard. Aménagé en 1870, le bois est l'un des lieux de promenade les plus fréquentés des Genevois, avec ses sentiers escarpés entre des parois rocheuses, son étang, sa forêt, une chênaie à charmes qui constitue la moitié de sa surface, ses deux restaurants, son terrain de football, ses places de jeux et bien sûr son parc animalier, avec animaux de la ferme et animaux sauvages, créé en 1982.

■ MEG – MUSÉE D'ETHNOGRAPHIE

65, boulevard Carl-Vogt
✆ +41 22 418 45 50 – www.ville-ge.ch/meg
musee.ethno@ville-ge.ch
Le musée d'Ethnographie fait l'objet de grands travaux d'agrandissement. Réouverture le 31 octobre 2014.
Enjeu culturel majeur pour Genève, le projet MEG 2014 est issu d'une volonté commune pour concevoir une infrastructure muséale ambitieuse et contemporaine, afin de donner aux collections ethnographiques des cinq continents un cadre digne de leur intérêt et les rendre accessibles au plus grand nombre. Le nouveau MEG, c'est la promesse d'une expérience citoyenne. À travers les expositions, la recherche et la médiation, le musée aborde la diversité des cultures et la richesse de leurs différences. Nouveau pôle d'attraction, tissant des liens au niveau local, régional et international et s'appuyant sur l'interactivité avec tous les publics, le MEG est en prise avec le monde actuel, complexe et pluriel.

■ PARC BERTRAND

Avenue Peschier
Champel
En période d'été : buvette ambulante, chaises longues, spectacles gratuits à proximité de la pataugeoire.
Ce joli parc situé en plein quartier de Florissant a des faux airs de Central Park, avec sa grande pelouse, son ruisseau et ses nombreux arbres à l'ombre desquels il fait bon s'allonger. Une grande place de jeux accueille les plus petits, et on peut aussi y laisser les toutous en liberté, dans l'espace qui leur est dévolu.

Le cimetière des Rois... et d'une reine

Situé rue des Rois, parallèle au boulevard Georges-Favon, le cimetière, aussi appelé *cimetière de Plainpalais* ou *panthéon genevois*, en raison des personnalités importantes qui y reposent, est le plus ancien de la ville. Il a été créé en 1482, pour y accueillir les corps des nombreuses victimes d'une épidémie. C'est au XIXe siècle que les monuments funéraires apparaissent. Véritable îlot de verdure de 28 000 m^2, une partie seulement de l'espace aux arbres séculaires est consacré aux tombes des personnalités marquantes, qui ont seules droit de cité ! Il comprend aujourd'hui plus de 350 tombes, dont celles du réformateur Jean Calvin, de l'inventeur de la bande-dessinée Rodolphe Töpffer, de l'écrivain argentin Luis Borges, du musicien et pédagogue Emile Jaques-Delacroze, mais aussi de nombreuses personnalités politiques de la ville. Sachez, pour l'anecdote, qu'une polémique secoua la prude Genève en 2009, lorsque le Conseil administratif de la ville décida de transférer les cendres de Grisélidis Réal, célèbre prostituée militante et femme de lettres, à moins de 15 m de celles de Jean Calvin. C'est désormais chose faite, et vous pourrez admirer sa jolie stèle funéraire, réalisée par le sculpteur genevois Jo Fontaine.

Quartier des Bains : rayonnement de l'art contemporain à Genève

La rue des Bains et ses alentours forment un quartier où l'on aime se rendre pour flâner dans les nombreuses galeries talentueuses et avant-gardistes présentes, autour du MAMCO (Musée d'Art Moderne et Contemporain). Les arcades au rez-de-chaussée, construites pour l'essentiel au XIXe siècle, offrent de beaux espaces favorables aux expositions artistiques. Ces galeries font portes ouvertes deux week-ends dans l'année (en mai et novembre) et une association dynamique qui porte le nom de *Quartier des Bains* organise trois vernissages communs, les *Nuits des Bains*, les troisièmes jeudis de mars, de mai et septembre. Ces rendez-vous sont très attendus et génèrent à chaque vernissage plusieurs milliers de visiteurs qui se retrouvent dans les rues très animées, fermées à la circulation pour l'occasion. Grâce à cette émulation commune, ce «quartier» de Genève est devenu l'une des plateformes importantes de l'art contemporain en Suisse !

Renseignements sur le site : www.quartierdesbains.ch.

■ CENTRE D'ART CONTEMPORAIN GENÈVE

10, rue des Vieux-Grenadiers
✆ +41 22 329 18 42
www.centre.ch – info@centre.ch
Ouvert du mardi au dimanche de 11h à 18h. Entrée libre le 1er dimanche du mois. Adultes : 5 CHF, réduit : 2 CHF, gratuit – de 16 ans.

Jouxtant le Mamco, le centre d'art contemporain fondé en 1974 devient la première institution dédiée à l'art contemporain en Suisse romande. Son but est d'organiser des expositions innovantes, anticipant les courants de l'art actuel et qui présentent les artistes genevois ou internationaux de demain, tels que Nan Goldin, Joseph Beuys ou Ugo Rondinone. Danse, musique, multimédia et performances se répartissent sur les 1 300 m^2 du centre, qui accueille aussi des projections, des ateliers de créations et des conférences. La bibliothèque est ouverte au public, avec ses 3 000 ouvrages sur l'art contemporain.

■ MAMCO

10, rue des Vieux-Grenadiers
✆ +41 22 320 61 22
www.mamco.ch
Ouvert tous les jours du mardi au vendredi de 12h à 18h et le samedi et le dimanche de 11h à 18h. Fermé le lundi. Nocturne tous les premier mercredi du mois jusqu'à 21h. Accès facilité pour les personnes handicapées. Entrée : 8 CHF, réduit : 6 CHF, gratuit pour les moins de 18 ans.

Inauguré en 1994 dans une ancienne usine aujourd'hui transformée en bâtiment d'art contemporain, le Musée d'Art Moderne et COntemporain nous offre 4 000 m^2 d'exposition répartis en lieux modulables investis avec la collaboration des artistes et consacrés essentiellement aux quarante dernières années de la production artistique actuelle. Certaines œuvres font sourire, d'autres suscitent l'incompréhension, d'autres encore développent notre esprit critique, mais laissent rarement indifférent. L'entité, sous la direction de son conservateur Christian Bernard (jusqu'à 2011), a constitué une véritable collection d'oeuvres importantes pour l'Art Contemporain en Suisse. Les visites guidées et les formations du public sont constantes et le musée a pour ambition d'initier le néophyte et de lui faire entrevoir la richesse de ce patrimoine si décrié. Et il y réussit ! Le MAMCO nous réserve bien des surprises !

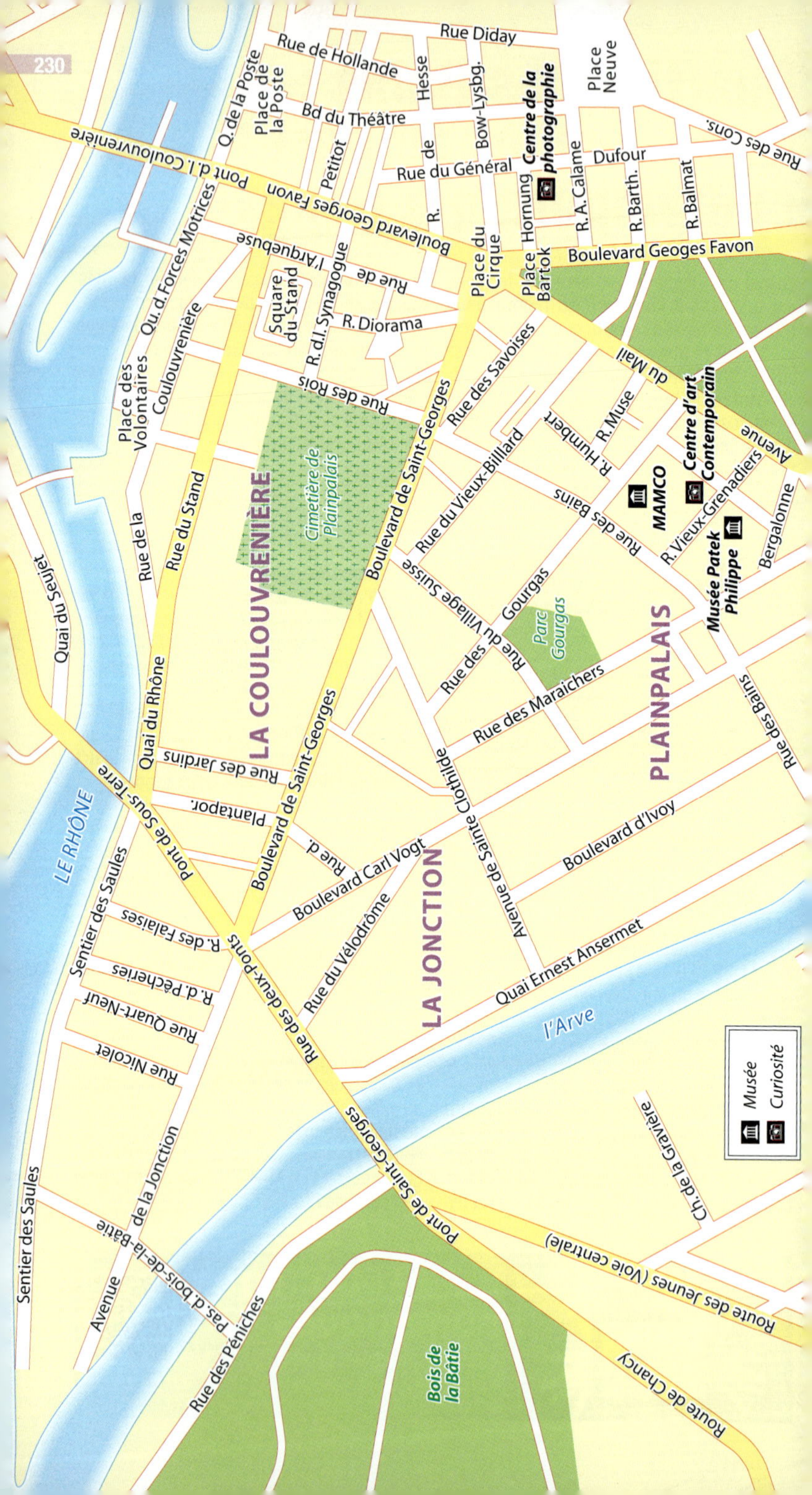
LA COULOUVRENIÈRE
LA JONCTION
PLAINPALAIS
LE RHÔNE
l'Arve
Rue Diday
Rue de Hollande
Place Neuve
Hesse
Q. de la Poste
Place de la Poste
Bd du Théâtre
Bow-Lysbg.
Centre de la photographie
Rue des Cons.
Rue du Général
de
Dufour
R. A. Calame
Petitot
Pont d. l. Coulouvrenière
Boulevard Georges Favon
R.
Place Hornung
R. Barth.
R. Balmat
Place du Cirque
Boulevard Geoges Favon
Place Bartok
Qu. d. Forces Motrices
l'Arquebuse
Rue de
R. d. l. Synagogue
Square du Stand
R. Diorama
Coulouvrenière
Place des Volontaires
Rue des Rois
Rue des Savoises
du Mail
R. Muse
R. Humbert
Centre d'art Contemporain
Avenue
Cimetière de Plainpalais
Boulevard de Saint-Georges
Rue du Vieux-Billard
Rue des Bains
MAMCO
R. Vieux-Grenadiers
Bergalonne
Musée Patek Philippe
Rue de la
Rue du Stand
Quai du Seujet
Rue du Village Suisse
Rue des Gourgas
Parc Gourgas
Quai du Rhône
Rue des Maraichers
Avenue de Sainte Clothilde
Rue des Bains
Pont de Sous-Terre
Rue des Jardins
Plantapor.
Rue d.
Boulevard Carl Vogt
Boulevard d'Ivoy
Sentier des Saules
R. des Falaises
Rue du Vélodrôme
R. d. Pêcheries
Rue Quart-Neuf
Rue Nicolet
Rue des deux-Ponts
Quai Ernest Ansermet
Musée
Curiosité
Ch. de la Gravière
Pont de Saint-Georges
Avenue de la Jonction
Pas. d. bois-de-la-Bâtie
Rue des Péniches
Route des Jeunes (Voie centrale)
Bois de la Bâtie
Route de Chancy

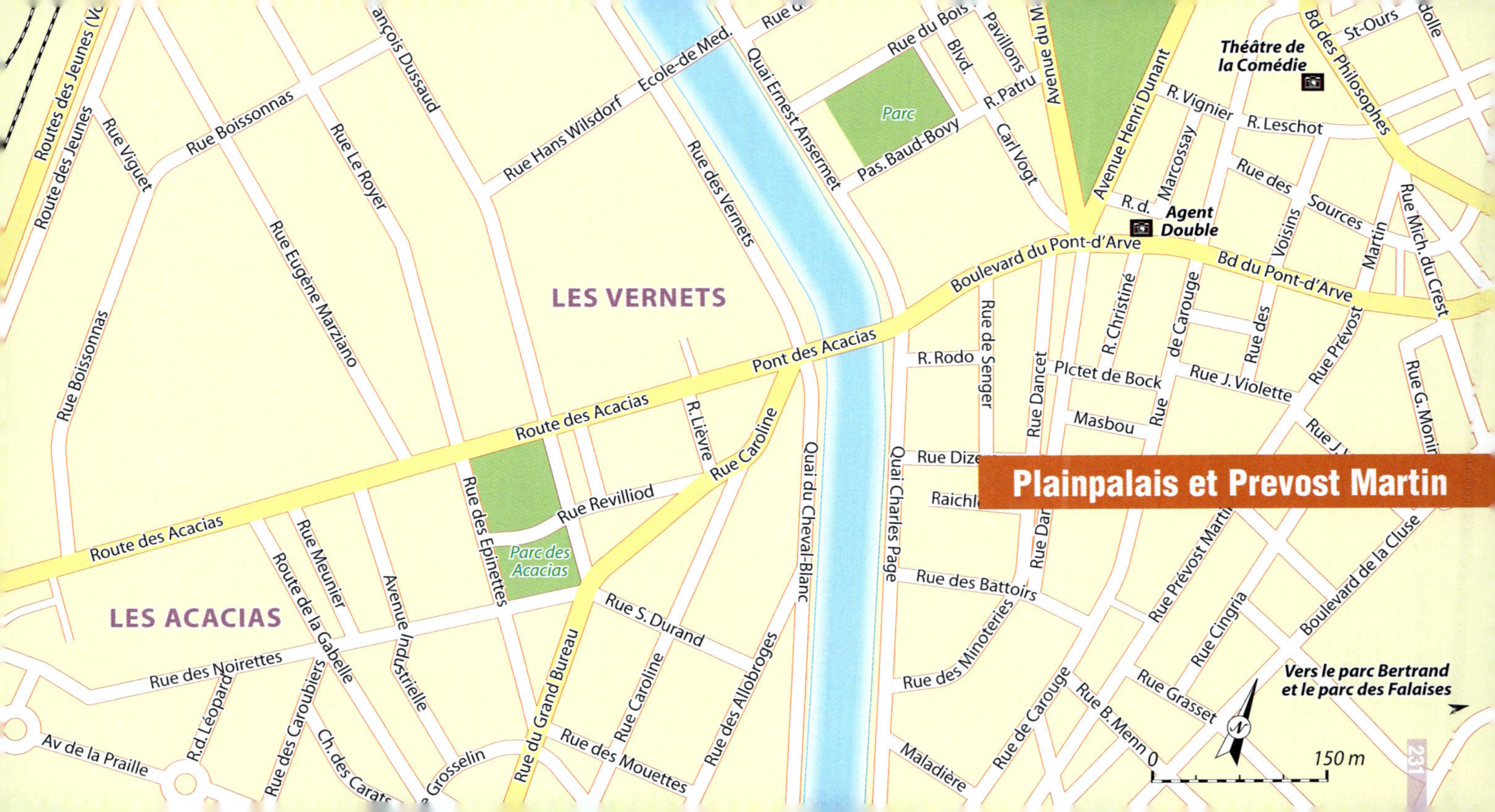
Plainpalais et Prevost Martin
LES VERNETS
LES ACACIAS
Théatre de la Comédie
Agent Double
Vers le parc Bertrand et le parc des Falaises
0 150 m
Boulevard du Pont-d'Arve
Bd du Pont-d'Arve
Pont des Acacias
Route des Acacias
Quai Charles Page
Quai du Cheval-Blanc
Quai Ernest Ansermet
Avenue Henri Dunant
Bd des Philosophes
Rue Mich. du Crest
Rue G. Monin
Boulevard de la Cluse
Rue de Carouge
Rue Prévost Martin
Rue des Battoirs
Rue des Minoteries
Rue Caroline
Rue des Allobroges
Rue S. Durand
Rue des Mouettes
Rue du Grand Bureau
Rue Revilliod
Parc des Acacias
Rue des Epinettes
Avenue Industrielle
Rue Meunier
Route de la Gabelle
Rue des Noirettes
Rue des Caroubiers
Ch. des Carats
R.d. Léopard
Av de la Praille
Rue des Vernets
Rue Hans Wilsdorf
Ecole-de-Med.
Rue Le Royer
Rue Eugène Marziano
Rue Boissonnas
Rue Viguet
Route des Jeunes
Routes des Jeunes
Parc
Pas. Baud-Bovy
Carl Vogt
R. Patru
Rue de Senger
Rue Dancet
R. Rodo
Plctet de Bock
Masbou
R. Christiné
Rue J. Violette
Rue des Voisins
Rue des Sources
R. Vignier
R. Leschot
Marcossay
R. Lièvre
Rue B. Menn
Rue Cingria
Rue Grasset
Maladière
St-Ours
Grosselin
231

PARC AUX ANIMAUX DU BOIS DE LA BATIE

Quartier Saint-Georges
28, chemin de la Bâtie
✆ +41 22 792 80 77

Entrée libre. Restauration : Chalet et Café de la Tour, du mardi au dimanche de 9h à 18h30.

En 1945, le jardinier du parc installe des abris de fortune pour recueillir les animaux blessés de la région, soutenu par les habitants de la ville de Genève. C'est ainsi qu'est né le Parc aux Animaux du Bois de la Bâtie, qui deviendra public en 1982. Il accueille aujourd'hui la faune régionale sauvage, des mammifères et des oiseaux, souvent protégés (sangliers, canards, bouquetins, chevreuils, cabris, marmottes...), et œuvre à la conservation d'anciennes espèces helvétiques en voie de disparition, comme la chèvre de Pfaren, le mouton roux de l'Engadine et le mouton à nez noir du Valais ou les poules barbues d'Appenzell.

PATEK PHILIPPE MUSEUM

7, rue des Vieux-Grenadiers
✆ +41 22 807 09 10
www.patekmuseum.com
visit@patekmuseum.com

Ouvert du mardi au vendredi de 14h à 18h, le samedi de 10h à 18h. Entrée : 10 CHF, réduit : 7 CHF, gratuit pour les moins de 18 ans. Visite guidée tous les samedis à 14h en français et 14h30 en anglais ou sur rendez-vous. Des journées portes ouvertes sont organisées en avril ou mai, la date précise est sur le site Internet.

Installé dans un bâtiment érigé du début du XXe siècle, le Musée Patek Philippe expose d'importantes collections d'horlogerie et d'émaillerie d'origines genevoise, suisse et européenne, allant du XVIe au XXe siècle. Il comprend également une bibliothèque de plus de 7 000 ouvrages relatifs à l'horlogerie et à ses branches annexes. Les collections historiques se composent essentiellement de montres, d'automates à musique et de portraits en miniature. Le musée est de plus dévolu aux prestigieuses créations que la manufacture genevoise Patek Philippe a conçues, développées et fabriquées depuis sa fondation en 1839.

Gare et Pâquis

A l'instar de la rive gauche, la rive droite du lac Léman rassemble de superbes espaces verts, comprenant pour la plupart d'agréables terrasses jouissant d'un panorama exceptionnel sur les quais. Quelques monuments et musées viendront compléter la visite du quartier.

BAINS DES PÂQUIS

30 quai du Mont-Blanc ✆ +41 22 732 29 74
www.bains-des-paquis.ch

Ouvert de mi-avril à mi-septembre de 9h à 21h30. Entrée Bains d'été : 2 CHF : Entrée aux hammams/sauna : 10 CHF. Abonnements possibles. Mardi, le sauna est exclusivement réservé aux femmes. Rendez-vous massages à prendre du lundi au vendredi, de 9h à 13h : 65 CHF les 50 minutes.

Sur la jetée qui s'avance dans le lac, c'est un lieu dévolu à la baignade et à la détente puisqu'il dispose de installations suivantes : sauna, bain turc et hammam, avec massages sur rendez-vous. Et pour compléter, une buvette et un restaurant, à prix populaires, installés sur une terrasse en été avec vue sur la rade, dans une cabane insolite chauffée en hiver.

BASILIQUE DE NOTRE-DAME

Place de Cornavin ✆ +41 22 716 56 66
notre-dame@cath-ge.ch

Horaires des messes du lundi au dimanche consultables sur le site internet (plus de 20 par semaine) en français ou en anglais. La paroisse Notre-Dame répond à vos appels du lundi au vendredi de 8h à 12h et de 13h à 17h.

Trônant majestueusement sur la place Cornavin, cette basilique est le principal sanctuaire de l'église catholique romaine de la ville. Contrairement à ce que l'on pourrait penser en regardant furtivement son architecture extérieure, elle fut construite entre 1852 et 1857 sur le bastion de Cornavin, mais ne cache pas ses inspirations des grandes cathédrales gothiques du XIIIe siècle, telles que celles de Beauvais ou d'Amiens, reconnaissables par leur élongation extrême et leur chœur imposant. A l'intérieur, vous pourrez notamment admirer, dans la chapelle centrale du déambulatoire, une statue de la Vierge, offerte aux catholiques de la ville en 1860 par le pape Pie IX. La basilique Notre-Dame constitue une étape du pèlerinage annuel vers Saint-Jacques-de-Compostelle.

Organisations Internationales

Musée Ariana
Palais des Nations (ONU)
Parc de l'Ariana
Jardin botanique
Vers le domaine des Penthes
Place Alb. Thomas
Avenue de la Paix
Avenue de la Paix
Avenue de la Paix
Chemin des Mines
Place des Nations
Route de Ferney
SÉCHERON
Horoge solaire et laser
La Perle du Lac
La Perle du Lac
Villa Barton
Avenue G. Motta
Avenue de France
Chemin Eugène Rigot
Blanc
Rue de Lausanne
de Varembé
Rue
Rue de Montbrillant
Ave. de Sécheron
Villa Bartholoni
Chemin L. Dunant
Avenue
Avenue de France
Débarcadère
VERMONT
Villa Moynier
Rue de Vermont
R. Beaulieu
Chemin de la Voie-creuse
Saint-Nicholas de Flüe
Avenue Blanc
R. Dejean
Parc Mon Repos
Villa Mon Repos
R. Wagner
Rue du Valais
Rue du Valais
Ch. de Vincy
Rue des Garajes
Rue de Lausanne
Parc du Château Banquet
Avenue de France
LAC LÉMAN
Rue du Vidollet
LE PRIEURÉ

Gare et Paquis

ICT DISCOVERY

Musée de l'UIT
2 rue de Varembé
Bâtiment Monbrillant ✆ +41 22 730 61 55
www.itu.int

Du lundi au vendredi, de 10h à 17h. Entrée gratuite sur réservation. Guide audiovisuel en six langues des Nations unies : arabe, chinois, anglais, français, russe et espagnol.

Dans le bâtiment de l'UIT (Union Internationale des Télécommunications), dont le siège est à Genève, le Musée ICT Discovery retrace l'histoire des TIC (Technologies de l'Information et de la Communication), au cœur-même de celle qui a été fondée, en 1865, pour définir les principes régissant les communications télégraphiques par-delà les frontières. Le musée propose des expositions interactives et des programmes éducatifs : une exposition permanente, A la découverte des TIC, avec un parcours tactile, et des expositions temporaires.

MONUMENT BRUNSWICK

Square des Alpes
Quai du Mont-Blanc

Mausolée.

Ce curieux monument à la gloire du duc de Brunswick (1804-1873) se dresse sur le quai du Mont-Blanc, en bordure de la rade, square des Alpes. Charles d'Este-Guelph, duc de Brunswick, est un personnage singulier doublé d'un paranoïaque. Linguiste distingué, cavalier émérite et musicien averti, il amasse une immense fortune grâce à des investissements clairvoyants. Ayant passé les trois dernières années de sa vie à Genève, il institue la ville comme légataire universelle à une condition : qu'elle lui élève un mausolée situé « dans une position proéminente et digne » reproduisant le tombeau des Scalideri à Vérone, œuvre du XIVe siècle. Le monument restauré en 2002 est gardé par des lions majestueux. Touffu et chargé, il dénote dans le paysage genevois.

MUSÉE D'HISTOIRE DES SCIENCES

Parc de la Perle du Lac
128, rue de Lausanne
✆ +41 22 418 50 60
www.ville-ge.ch/culture/mhs
mhs@ville-ge.ch

Ouvert tous les jours de 10h à 17h, sauf le mardi ainsi que 25 décembre et 1er janvier. Bibliothèque du musée : ouverte lundi et mercredi de 9h à 12h et 14h à 17h, vendredi de 9h à 13h. Tél. +41 22 418 50 68 et +41 22 418 63 25. Buvette saisonnière La Barje des sciences dans le parc ouverte tous les jours, de 11h à minuit, jusqu'en septembre. Entrée libre.

Dans l'un des plus beaux parcs de Genève, la somptueuse villa néoclassique Bartholoni, datant de 1828, abrite les collections du musée d'Histoire des sciences. Elle est le reflet du passé scientifique de Genève. La collection du musée est constituée de nombreux instruments scientifiques anciens, microscopes, baromètres et astrolabes, de livres et de documents provenant des familles des savants genevois (comme la collection de Saussure) et des institutions publiques. Electricité, pneumatique, thermodynamique, magnétisme, météorologie, astronomie ou encore la médecine sont abordés. Des ateliers et visites commentées sont organisés avec des travaux pratiques. Des animations à destination des enfants et des adultes dont un café scientifique permet d'aborder différents thèmes dans une ambiance conviviale.

PARC DE LA PERLE DU LAC

126, rue de Lausanne
✆ +41 22 909 10 20
www.laperledulac.ch

Parc public. Restaurant. Musée et buvette. Fontaine.

Ce magnifique et prestigieux parc, jouxtant le parc Moynier et le parc Barton, nous amène en douceur sur les bords du Léman. Beaucoup d'espèces d'arbres et de fleurs jalonnent notre parcours dans ce qui fut la propriété de François Bartholoni, qui construisit en 1829 la villa néoclassique qui porte son nom. Celle-ci abrite désormais le musée d'Histoire des sciences. Parmi les autres curiosités, on remarquera la fontaine monumentale sur deux niveaux, située près de l'entrée, rue de Lausanne, ainsi que les dépendances, écurie et orangerie, aujourd'hui transformées en restaurant, celui de la Perle du Lac. Jeux, pataugeoire et allées piétonnières en font un endroit idéal pour la famille.

PARC MON-REPOS

120, rue de Lausanne

Parc public. Pavillon de l'Orangerie. Institut Henry-Dunant.

Magnifique parc de 4 hectares aux arbres enchanteurs, aux étendues verdoyantes et soigneusement aménagées, été comme hiver, de fleurs multicolores aux compositions savamment orchestrées et de plantes et arbres exotiques comme des grenadiers ou des bananiers.

Monument Brunswick.

Broken Chair est une sculpture monumentale en bois de l'artiste suisse Daniel Berset réalisée par le charpentier Louis Genève, située Place des Nations.

Le jardin botanique n'est pas loin et cela se voit. A l'orée de la ville, près des organisations internationales, le parc Mon-Repos est idéalement situé au bord du lac et prolonge admirablement les quais Wilson en direction de Lausanne. Une aire de jeu y est installée ainsi qu'une pataugeoire qui fait le bonheur des petits durant tout l'été. Que l'on s'y promène à pied, à vélo ou à patins, il est possible de traverser la rade en mouette depuis le débarcadère de la Perle du Lac pour se rendre dans le parc des Eaux-Vives, situé en face. Il devient en 1898 le premier parc public des bords du lac, puisque à cette date la famille Plantamour décide d'en faire don à la ville.
Depuis 2008, le pavillon de l'Orangerie, mis en lumière par la ville de Genève, luit dans la nuit sur les bords du lac et agémente la promenade nocturne.

Grottes, Saint-Jean, Nations et aéroport

En arpentant les rues du palais des Nations, on part à la rencontre de la Genève internationale (voir la rubrique *Balades*) avec les principaux bâtiments qui ont fondé cette partie de l'histoire de la ville. Mais le quartier réserve aussi de jolies surprises architecturales, de la maison des Schtroumpfs, située aux Grottes, au Temple Saint-Gervais. Des numéros 23 au 29 de la rue Louis-Favre, perpendiculaire à la rue du Grand-Pré, vous aurez l'impression de retourner en enfance, dans cet ensemble d'immeubles à l'architecture inspirée de Gaudi mais aussi du monde merveilleux des *Schtroumpfs* ; pour la couleur qui évoque le village des petits hommes bleus imaginés par le Belge Peyo (1928-1992).
Construits entre 1982 et 1984 par trois architectes, dont le suisse Christian Hunziker (1926-1991), ces bâtiments accessibles aux revenus modestes, font en effet la part belle aux formes sinueuses, aux moulages, aux décors de mosaïques colorées, aux tourelles surprenantes, ainsi qu'à la polychromie des matériaux. On peut continuer sa visite par le quartier des Grottes, agréable labyrinthe de petites ruelles colorées au cœur de Genève, et faire une pause à la sympathique Buvette des Cropettes de l'Ilôt13, sur la rue Montbrillant.

Place des Nations : découvrez la « Fresque de la paix » de Hans Erni

Le dernier volet de la *Fresque de la paix* a été inauguré en juin 2012 à la place des Nations. Cette œuvre comporte deux fresques en céramique, mesurant environ 30 m de long sur 2 m de haut ; composées de grands carreaux de grès de 1 m de long x 0,5 m de large scellés dans le mur. Offerte par la ville de Genève à l'ONUG, la première a été inaugurée en juin 2009. Vu le succès remporté, l'artiste a été sollicité en 2010 pour prolonger son œuvre jusqu'à l'extrémité du mur côté lac. La troisième partie de la fresque est longue de 27 m et reprend le sujet de la paix entre les peuples. C'est à nouveau le céramiste François Ruegg qui s'est chargé de la réalisation de la fresque à partir de peintures originales de Hans Erni, en partenariat avec les entreprises impliquées dans la réalisation des deux premiers volets de cette œuvre monumentale.
Soyez attentifs lorsque vous vous trouverez devant l'ONUG.

Et n'hésitez pas à vous inscrire à une visite guidée, afin de saisir toutes les subtilités de la place des Nations.

GENÈVE ESCAPADE
✆ + 41 22 772 05 02

ONUG – PALAIS DES NATIONS
14, avenue de la Paix
✆ +41 22 917 48 96

PLACE DES NATIONS
1 place des Nations

Parc Liotard
Rue de la Servette
Rue des Asters
Rue Liotard
Chemin de Villars
Avenue de Luserna
Avenue Ernest-Pictet
Temple de la Servette
Rue Soubeyran
Ch. Bois-Gentil
Châtelain
Avenue Wendt
Rue Lamartine
Rue Liotard
Rue Veyrassat
R.d. Lillas
LA SERVETTE
Rue Faller
Avenue Fréderic Soret
Rue Antoine Carteret
Rue du Dauphiné
Rue de Bourgogne
Rue Guye
Rue J. Pasquier
Avenue Wendt
SURINAM
Chemin Surinam
Rue Lamartine
Parc Geisendorf
vers le Parc des Franchises
Rue de Lyon
Promenade de l'Europe
Place des Charmilles
Rue de Lyon
Rue F. Ruchon
Avenue d'Aïre
Eglise Sainte-Jeanne de Chantal
Avenue des Tilleuls
Rue des Charmilles
Rue Daubin
Rue H.F. Dôle
Rue de la
Rue de Miléant
Rue des Cèdres
Rue
Ch. Giron
Rue
R. Tolstoi
Rue d
Rue de Malatrex
Avenue De Gallatin
Chemin François Furet
Rue des Confessions
Rue de Miléant
SUR ST-JEAN
Rue de Saint-Jean
Belvédère
R. d. Château
Rue Beau-Site
St-Jacques
Rue de Saint-Jean
ue du Vicaire Savoyarde
Av du Devin Village
Av. de Warens
Ruines du Prieuré Saint-Jean
Curiosité
Edifice religieux

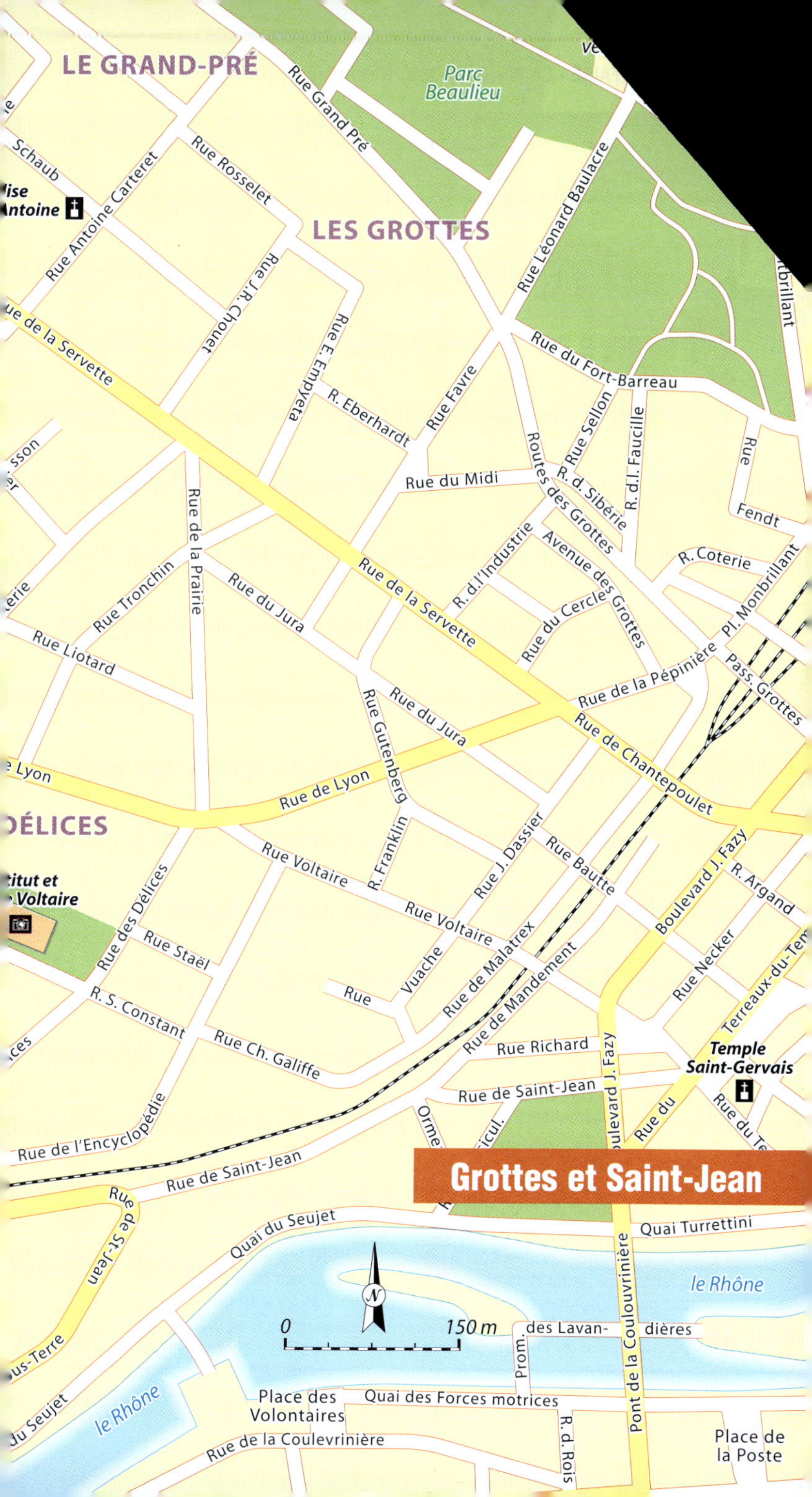
Grottes et Saint-Jean
LE GRAND-PRÉ
LES GROTTES
DÉLICES
Parc Beaulieu
Rue Grand Pré
Rue Rosselet
Rue Antoine Carteret
Schaub
Rue J.R. Chouet
Rue E. Empyeta
R. Eberhardt
Rue Favre
Rue Léonard Baulacre
Rue du Fort-Barreau
Rue Sellon
R. d.l. Faucille
Rue Fendt
Rue du Midi
Routes des Grottes
R. d. Sibérie
R. Coterie
Pl. Montbrillant
Rue de la Servette
Rue de la Prairie
Rue Tronchin
Rue Liotard
Rue du Jura
R. d.l'Industrie
Avenue des Grottes
Rue du Cercle
Rue de la Pépinière
Pass. Grottes
Rue de Chantepoulet
Rue Gutenberg
Rue de Lyon
R. Franklin
Rue J. Dassier
Rue Voltaire
Rue Bautte
Boulevard J. Fazy
R. Argand
Rue Necker
Terreaux-du-Temple
Rue des Délices
Rue Staël
R. S. Constant
Vuache
Rue de Malatrex
Rue de Mandement
Rue Ch. Galiffe
Rue Richard
Rue de Saint-Jean
Temple Saint-Gervais
Rue de l'Encyclopédie
Rue de St-Jean
Quai du Seujet
Quai Turrettini
le Rhône
0
150 m
des Lavan- dières
Prom.
Pont de la Coulouvrinière
Place des Volontaires
Quai des Forces motrices
Rue de la Coulevrinière
R. d. Rois
Place de la Poste

Jardin botanique.

CERN (CENTRE EUROPÉEN POUR LA RECHERCHE NUCLÉAIRE)
Route de Meyrin
✆ +41 22 7678484
www.cern.ch – cern.reception@cern.ch
Depuis le centre de Genève : tramway ligne 18 – arrêt CERN. Parking pour les voitures. Accès facilité pour les personnes handicapées. Ouvert sauf dimanches, jours fériés, vacances de Pâques et de Noël.Pour les expositions permanentes : du lundi au samedi de 10h à 17h. Entrée libre et gratuite. Possibilité de visites guidées du laboratoire durant 3 heures, gratuites mais sur réservation uniquement, du lundi au samedi à 9h et 14h (pour réserver appeler la réception ou remplir le formulaire en ligne).
Fondé en 1954, le CERN compte aujourd'hui 20 Etats membres et exploite en particulier le Grand collisionneur de hadrons (LHC), le plus puissant accélérateur jamais construit. Représentant un cercle de 27 kilomètres de long à cheval sur la frontière franco-suisse, vous ne pourrez le voir car il est situé à 100 mètres sous terre. Il constitue un outil unique pour des scientifiques de plus de 100 pays. Le LHC va révolutionner notre compréhension du monde, de l'infiniment petit, à l'intérieur des atomes, à l'infiniment grand de l'Univers. A partir du Globe de la science et de l'innovation, bâtiment emblématique pour l'Organisation, venez explorer ce Laboratoire unique au monde ! Découvrez le monde fascinant de l'infiniment petit et de l'infiniment grand en explorant la nouvelle et très spectaculaire exposition permanente « Univers de particules » située dans le Globe de la science et de l'innovation. Profitez de votre venue pour découvrir également Microcosm, le musée interactif du CERN très proche de la réception. Explorez la physique avec les ateliers « Drôle de physique » organisés pour les moins de 14 ans leur permettant de rentrer dans le monde de la physique avec plaisir et amusement.
Des visites du Laboratoire sont aussi organisées du lundi au samedi, à la rencontre des physiciens et de leurs outils.

▸ http://outreach.web.cern.ch/outreach/FR/index.html

CONSERVATOIRE ET JARDIN BOTANIQUES
1, chemin de l'Impératrice
www.ville-ge.ch/cjb
Ouvert de 8h à 19h30 d'avril à septembre, et de 9h30 à 17h le reste de l'année. Serres ouvertes de 9h30 à 16h30. Entrée libre. Visite guidée et gratuite : de mai à octobre le mercredi à 12h30, sur rendez-vous. Restauration 7j/7. Brunch le dimanche de 11h à 15h30 (28 CHF). Plats à partir de 24 CHF. Sandwichs : 6,50 CHF.
Cet espace de détente et de découverte jouit d'une réputation internationale méritée. Ses 18 hectares, patrimoine scientifique et culturel né de la grande tradition botanique du début du XIXe siècle, attirent annuellement 350 000 visiteurs. Les promeneurs admirent ses quelque 50 000 plantes bulbeuses dont des arbres plusieurs fois séculaires, des rocailles, des massifs horticoles, un arboretum, des serres tempérées et tropicales, un jardin alpin et un jardin des senteurs et du toucher aménagé notamment pour les non-voyants. Un parc animalier, des volières, des jeux d'enfants, une buvette, une aire de pique-nique permettent de passer un agréable moment. Depuis 2010, le superbe Carrousel des Fables anime le jardin d'avril à octobre, et le restaurant avec terrasse Le Pyramus a ouvert ses portes en août 2012 pour une restauration self-service ; à table tous les jours, et façon brunch le dimanche.

LE HAUT COMMISSARIAT DES NATIONS UNIES POUR LES REFUGIES (HCR)
94, rue de Montbrillant
✆ +41 22 739 86 06 / +41 22 739 88 12
www.unhcr.fr et www.unhcr.org
visitors@unhcr.org
Le centre des visiteurs est ouvert : du lundi après-midi au vendredi, de 9h30 à midi et de 14h à 16h.

Le Haut Commissariat des Nations unies pour les réfugiés a été mandaté par les Nations unies pour s'occuper des réfugiés, demandeurs d'asile, déplacés internes, apatrides et autres personnes relevant de sa compétence, soit actuellement plus de 36 millions de personnes. Le Centre des visiteurs se trouve en face du bâtiment principal du HCR, dans l'ancien garage des Nations. Chaleureusement accueillies dans cet espace polyvalent, les visiteurs y trouveront à leur disposition des brochures d'information. Sur rendez-vous, des présentations pour groupes permettent de mieux comprendre les opérations en cours et le fonctionnement de cette agence onusienne. Selon disponibilité, un film sur les actions du HCR peut aussi être visionné. Tout est gratuit, mais les dons sont les bienvenus.

Vous pouvez également découvrir l'action du HCR en visionnant l'une de ses vidéos sur Youtube : www.youtube.com/unhcr ou l'une des nombreuses collections de photographies disponibles sur www.flickr.com/photos/unhcr. Pour plus d'informations sur l'actualité relative au HCR et aux réfugiés, vous pouvez aussi vous rendre sur http : //twitter.com/refugees, www.unhcr.fr et www.unhcr.org

DOMAINE DE PENTHES

18, chemin de l'Impératrice
Pregny-Chambésy
www.penthes.ch
fondation@penthes.ch

Ouvert au public 7j/7 de 9h à 19h. Salon de thé tous les jours de 9h à 19h30 (17h30 en hiver). Restaurant ouvert tous les jours à midi, et les jeudis et vendredis le soir, jusqu'à 21h30 de janvier à juin (et les mercredis de juillet à décembre). Musée ouvert du mardi au dimanche, de 10h à 12h et de 13h à 17h.

Splendide parc de 15 hectares aux confins de la ville, à l'orée des organisations internationales, en face du Voiron et à une courte distance du Jardin botanique. Il est devenu propriété de la République en 1972. Arbres centenaires et essences rares se dévoilent au fil du chemin de terre qui permet de visiter le domaine. Les cèdres du Liban et la vue sur le lac sont des images bien caractéristiques de Genève. Différents pavillons parsèment ce verdoyant et luxuriant endroit. Le musée des Suisses dans le monde prend place dans le château. Le restaurant du château de Pentes permet une halte rafraîchissante sur la jolie terrasse de l'Espace Piccard.

Le pavillon Gallatin accueille réceptions et mariages dans un cadre magique et le pavillon Soldati reçoit conférences et séminaires et banquets privés à proximité du restaurant. Ce seul domaine permet de tout allier : une magnifique promenade, un repas délicieux puis une visite culturelle ! Un grand espace pour chiens en liberté y est aussi aménagé.

■ INSTITUT ET MUSÉE VOLTAIRE

25, rue des Délices
✆ +41 22 344 71 33
www.ville-ge.ch/imv
institut.voltaire@ville-ge.ch
Ouvert du lundi au samedi de 14h à 17h. Entrée libre. Visites commentées sur rendez-vous.
« C'est le palais d'un philosophe avec les jardins d'Epicure », a déclaré Voltaire de sa résidence à Genève de 1755 à 1760, dont il resta propriétaire jusqu'en 1765. Il surnomma d'ailleurs Les Délices cette maison de maître. Depuis 1954, l'endroit abrite une bibliothèque et un musée. Le musée nous fait suivre Voltaire à travers une vaste sélection de manuscrits, d'éditions anciennes et d'objets ayant appartenu au grand homme. Au premier, des expositions temporaires sont organisées tout au long de l'année.

■ JARDIN DU PRIEURÉ DE SAINT-JEAN

Prieuré Saint-Jean
Quai de Seujet
Plateforme en bois de 35 m de long à proximité du pont Sous-terre, baignade dans le Rhône et tables de pique-nique.
Rive droite du Rhône, à l'extrémité du quai du Seujet, après le pont Sous-Terre, le jardin de l'ancien prieuré de Saint-Jean, permet de rejoindre le sentier des falaises de Saint-Jean. Une promenade arborée sur les ruines du puissant monastère bénédictin qui contrôlait l'ensemble du plateau, des terres et des églises dont celle de Vernier. Il ne reste que des ruines mises au jour en 1969 lors des travaux de reconstruction du pont Sous-Terre. Selon la vie des pères du Jura, saint Romain aurait guéri ici deux lépreux qui vivaient dans une grotte voisine. Ce récit explique sans doute l'implantation dès le VIe siècle de Saint-Jean-les-Grottes ou Saint-Jean-Hors-les-Murs, dans la combe qui creuse la falaise. C'est aujourd'hui un lieu de promenade archéologique où l'on découvre des vestiges des époques romane et gothique.

■ MUSÉE ARIANA, MUSÉE SUISSE DE LA CÉRAMIQUE ET DU VERRE

10, avenue de la Paix
✆ +41 22 418 54 50
www.ville-geneve.ch/ariana
ariana@ville-ge.ch
Ouvert de 10h à 18h. Fermé le lundi. Accès facilité pour les personnes handicapées (prévenir). Collections permanentes : entrée libre. Expositions temporaires : 5 CHF, tarif réduit, 3 CHF. Gratuit pour les moins de 18 ans et le premier dimanche du mois. Salon de thé avec petite restauration jusqu'à 17h.
Installé dans un somptueux palais construit à la fin du XIXe siècle par Gustave Revilliod (1817-1890), éminent mécène et collectionneur, le musée Ariana est aujourd'hui essentiellement voué à la conservation de la céramique, du verre et du vitrail. Avec plus de vingt-cinq mille objets, l'Ariana est le seul musée en

Suisse consacré à ces arts du feu et l'un des plus importants d'Europe. L'exposition permanente offre notamment une saisissante synthèse de l'histoire de la céramique, de la fin du Moyen Age à nos jours. La confrontation des différentes productions met en lumière le jeu des influences réciproques entre manufactures, entre l'Orient et l'Occident : un véritable phénomène de mondialisation, plus que séculaire et dicté par les exigences du goût et de l'économie. Les expositions temporaires sont l'occasion de développer l'un ou l'autre aspect de l'histoire de la céramique et du verre ou de mettre en valeur la création contemporaine.

MUSÉE DES SUISSES DANS LE MONDE

Château de Penthes
18, chemin de l'Impératrice
✆ +41 22 734 90 21
www.penthes.ch – musee@penthes.ch

Ouvert du mardi au dimanche de 10h à midi et de 13h à 17h de février à décembre. Adultes : 10 CHF. AVS, étudiant, chômeurs, militaires : 6 CHF. AI et moins de 16 ans : gratuit. Visites guidées sur demande.

Explorer et découvrir l'histoire de la Suisse autrement ! A travers la vie d'hommes et de femmes qui s'expatrièrent et dont les actions marquèrent durablement l'histoire de leur nouvelle patrie. De la Garde suisse pontificale à la famille Piccard, ou du concepteur de la tour Eiffel, Maurice Koechlin, à l'industriel Louis Chevrolet, on redécouvre ces personnalités dans le cadre enchanteur du château de Penthes.

ONUG – PALAIS DES NATIONS

14, avenue de la Paix
✆ +41 22 917 48 96
www.unog.ch
visit-gva@unog.ch

Entrée sur présentation d'une pièce d'identité. Fermeture annuelle entre la mi-décembre et le 2 janvier. Entre avril et juin, puis de septembre à octobre, ouvert au public tous les jours de 10h à midi et de 14h à 16h. En juillet et en août, tous les jours de 10h à 17h sans interruption. Entre novembre et mars, du lundi au vendredi, de 10h à midi et de 14h à 16h. Accessible aux personnes handicapées (prévenir). Visite guidée (1 heure environ) : 12 CHF, tarif réduit : 10 CHF, pour les enfants et gratuit pour les moins de 6 ans : 7 CHF. Visite commentée en langues autres que l'anglais et le français : sur demande.

L'ONU.

Ancien siège de la Société des nations, il fut construit entre 1929 et 1936 dans le parc de l'Ariana et agrandi entre 1968 et 1973. Le palais des Nations abrite depuis la Seconde Guerre mondiale le site européen de l'Organisation des Nations unies, dont il est le plus grand centre après le siège de New York. La visite nous permet de prendre la mesure des activités et des mandats de l'ONU à Genève. Un film de présentation et un parcours dans les couloirs de ce gigantesque bâtiment à l'architecture Art déco et aux 2 000 bureaux et 34 salles de conférences, montrent les œuvres d'art du palais, les cadeaux offerts à l'ONU, la salle des Pas-Perdus (sphère armillaire et monument commémoratif de la conquête de l'espace), une salle de conférence du nouveau bâtiment, la nouvelle salle des Droits de l'homme et de l'Alliance des civilisations (décorée par l'artiste Miquel Barcelò), la grande salle des Assemblées (2 000 personnes) ou encore la salle du Conseil, théâtre de nombreuses négociations sur le désarmement. En prime, une vue imprenable sur le lac et le massif du Mont-Blanc.

Le peintre catalan Miquel Barcelò a créé pour la salle des Droits de l'homme, à Genève, une voûte de stalactites multicolores symbolisant la multiplicité des points de vue.

… INTERNATIONAL DE LA CROIX-… ET DU CROISSANT-ROUGE

…venue de la Paix ✆ +41 22 748 95 11
…ww.redcrossmuseum.ch

Ouvert du 1er avril au 31 octobre de 10h à 18h, du 1er novembre au 31 mars de 10h à 17h. Fermé le lundi. Entrée 15 CHF, prix réduit 7 CHF. Prix de groupe (min 10 personnes), 10 CHF. Prix famille, 25% de réduction pour un ou deux adultes accompagnant maximum 4 enfants. Formule Pay-what-you-wish chaque 1er samedi du mois, contribution volontaire.

Genève est le berceau de la Croix-Rouge et abrite le seul musée qui soit consacré à l'œuvre d'Henry Dunant, son illustre initiateur. Après 22 mois de travaux, le Musée international de la Croix-Rouge et du Croissant-Rouge a rouvert ses portes au public en mai 2013. La nouvelle exposition permanente, *L'Aventure humanitaire*, est une expérience unique d'initiation à l'action humanitaire contemporaine. Dans un premier temps vécue, elle est décrite afin que les visiteurs s'imprègnent de quelques messages forts qui marqueront leur mémoire. L'exposition est organisée en trois espaces distincts, tous conçus par des architectes d'horizons culturels différents :

- **Défendre la dignité humaine** (Gringo Cardia, Brésil),
- **Reconstruire le lien familial** (Diébédo Francis Kéré, Burkina Faso),
- **Limiter les risques naturels** (Shigeru Ban, Japon).

PARC DES FRANCHISES

Avenue de la Châtelaine
Route des Franchises

Située à la limite ouest de la ville, cette propriété appartenait à Edmond Vaucher. Il y créa en 1887 l'ancienne école d'horticulture. L'une des plus belles roseraies de la ville s'y est installée en 1946, avec plusieurs milliers de plants issus pour la plupart du concours international de roses nouvelles, un arboretum d'essences rares et un petit jardin botanique. Ce parc de 5,5 hectares abrite également une grande place de jeux avec une pataugeoire et une piste de skate. Notons que le service des espaces verts et de l'environnement y a établi un biotope humide, avec des étangs, des animaux aquatiques et batraciens (fermé au public).

PLACE DES NATIONS

1 place des Nations

Cette place représente le cœur de la Genève internationale ; elle est aussi le lieu de manifestations symboliques pour interpeler l'opinion publique et les organisations internationales. Au centre de la place, l'œuvre insolite de l'artiste genevois Daniel Berset : *Broken Chair* (1997), une chaise géante amputée d'un morceau d'un de ses pieds, symbole de la lutte contre les mines antipersonnel érigé par Handicap International. Face à la place, la grande entrée du Palais des Nations, une allée bordée des 192 drapeaux des Etats-membres.

L'émotion au cœur de l'Aventure humanitaire

Le Musée international de la Croix-Rouge et du Croissant-Rouge propose une muséographie entièrement renouvelée, intitulée « L'Aventure humanitaire ». Cette nouvelle exposition permanente présente trois grands défis actuels à travers trois espaces distincts : « Défendre la dignité humaine », « Reconstruire le lien familial » et « Limiter les risques naturels ». Cette muséographie réinventée s'affranchit d'une perspective principalement orientée par l'histoire pour porter son regard vers l'avenir et délivrer un message d'espoir. Si elle laisse une place prépondérante à la connaissance et à la réflexion, la muséographie introduit une dimension nouvelle dans son dispositif : l'émotion. Chacun des trois espaces thématiques convie d'entrée le visiteur à une expérience de sensibilisation qui laissera une empreinte émotionnelle dans sa mémoire avant qu'il ne découvre le contenu informatif du lieu. De nombreux dispositifs interactifs permettent par ailleurs d'impliquer le spectateur dans sa découverte de l'action humanitaire. L'exposition a ainsi été pensée pour être une aventure aussi bien émotionnelle qu'intellectuelle.

MUSÉE INTERNATIONAL DE LA CROIX-ROUGE ET DU CROISSANT-ROUGE

17, avenue de la Paix
✆ +41 22 748 95 11

musée genève
www.redcrossmuseum.ch
L'Aventure humanitaire
AGAINST
OPPRESSION
-1750
usée international
e la Croix-Rouge
du Croissant-Rouge
venue de la Paix 17
-1202 Genève
formations pratiques :
ww.redcrossmuseum.ch

■ TEMPLE SAINT-GERVAIS

12, rue Terreaux-du-Temple
✆ +41 22 327 24 86
www.espace-saint-gervais.ch
Pour la visite du site, se renseigner auprès du service cantonal d'archéologie. Culte : le dimanche à 10h.

De style gothique, l'église de Saint-Gervais est bâtie au milieu du XVe siècle, dans ce qui était alors le bourg Saint-Gervais, qui fut autrefois la vieille ville de la rive droite. Une grande chapelle carrée, la chapelle des Allemands, y est greffée. Affectée au culte protestant pendant la Réforme, elle perdit ses ornements. Plusieurs restaurations remirent au jour fresques et peintures (dont une très belle peinture de la Vierge de la Miséricorde) que l'on peut admirer aujourd'hui ainsi que les magnifiques stalles en bois sculptées de style gothique flamboyant et de beaux vitraux.

Le site archéologique du Temple donne à voir l'impressionnante continuité d'occupation de l'endroit du néolithique au Moyen Age en passant par l'âge du bronze, du fer et les époques augustéenne et gallo-romaine. Le bâtiment actuel a finalement été élevé sur les restes d'une église funéraire paléochrétienne du IVe siècle, et les fondations d'une église romane du Xe siècle.

■ BALADES

Pour découvrir l'architecture, l'histoire et la richesse de Genève, rien de tel que de s'offrir une balade à pied ou en vélo, de quelques heures ou d'une demi-journée. Ainsi, vous trouverez au fil de cette rubrique trois itinéraires thématiques. Nous vous proposons également de découvrir Genève à travers ses « Sentiers culturels » et la nouvelle balade viticole, inaugurée en mai 2013 et détaillée dans la partie « Les environs de Genève ». Enfin, n'hésitez pas à vous plonger dans nos suggestions de visites guidées. Les idées ne manquent pas à Genève !

À la rencontre de la Genève internationale : entre architecture et nature

Cette balade vous fera découvrir les principales organisations qui ont contribué à faire de Genève la ville internationale qu'elle

Accessibilité pour tous : deux chemins « sans obstacles » créés à Genève

Deux promenades spécifiquement adaptées aux personnes à mobilité réduite ont vu le jour en juin 2013. Elles ne comportent ni marches, ni escaliers, ni fortes pentes et présentent l'avantage d'être sans dévers. Ces deux promenades font partie des itinéraires numérotés de SuisseMobile. L'un se nomme « Promenade entre Arve et lac – 147 » et relie Corsier à Hermance, par des chemins pittoresques entre vignes et cultures maraîchères.

L'autre, intitulé « Promenade du lac Léman – 148 », relie Cornavin au Port-Noir. Le parcours débute rue du Mont-Blanc, dans la zone piétonne qui est accessible de plain-pied depuis la gare. Le promeneur est immergé dans l'ambiance conviviale des terrasses et des boutiques jusqu'au pont du Mont-Blanc, célèbre pour son coup d'œil sur le plus haut sommet d'Europe et la vue imprenable sur la Rade et le jet d'eau. L'itinéraire est aisé à suivre. Il guide les promeneurs jusqu'au Port-Noir à travers le Jardin anglais et longe les quais. Il est signalé par un balisage blanc sur lequel figurent le nom et le numéro de l'itinéraire.

Ces chemins « sans obstacles » ont été élaborés en collaboration avec SuisseMobile, une fondation qui promeut la mobilité douce, et Mobility International Swiss (MIS), spécialiste du tourisme avec handicap, en partenariat avec l'Etat et la ville de Genève. Le descriptif et le détail de ces deux promenades peuvent être consultés et téléchargés sur le site de SuisseMobile. Des applications pour la téléphonie mobile sont également disponibles gratuitement.

▸ **Se renseigner :** www.suissemobile.ch

est devenue. Le parcours, comprenant quelques montées, est toutefois accessible à tous, et peut être réalisé tant à pied qu'à vélo. Durée : comptez 2 heures 30 de marche. Celle-ci commence sur la place des Nations.

La place des Nations abrite, outre de nombreux jets d'eau, une chaise à trois pieds haute de 12 m et pesant plus de 5 t de bois. Il s'agit de la *Broken Chair*, réalisée en 1997 par le sculpteur genevois Daniel Berset, d'après une idée de Paul Vermeulen, cofondateur d'Handicap International Suisse. Elle symbolise le long processus qui a mené à la convention d'Ottawa (1997), dont l'objet fut l'interdiction des mines antipersonnel. Face à la *Broken Chair*, se tient le palais des Nations, devenu le siège européen de l'Organisation des Nations unies en 1946. Ici, se déroule des conférences qui ont trait à l'économie, au développement mondial, à la science et au respect des droits de l'Homme, pour la visite de l'édifice voir rubrique « A voir à faire » au passage, jetez un rapide coup d'œil sur la vaste fresque en céramique du suisse Hans Erni, réalisée en 2009 à l'occasion du 100e anniversaire de l'artiste et remontez la rue de la Paix.

150 m plus loin, vous trouverez, à votre droite, l'une des entrées du parc de l'Ariana, où une cloche sous un pavillon de bois attirera immédiatement votre attention. Il s'agit de la réplique de la cloche du temple Honsen Ji, au Japon, qui fut offerte à la ville de Genève en 1991. En continuant votre route, vous apercevrez le musée de l'Ariana, musée de la céramique et du verre, dont nous vous recommandons la visite, mais aussi, à la sortie du parc, une imposante statue en bronze du leader politique Gandhi, offerte par la République de l'Inde à la ville de Genève en 2007 avec l'inscription « Ma vie est mon message ».

Le Comité international de la Croix-Rouge (CICR), qui est une organisation neutre et indépendante ayant pour mission de protéger mais aussi d'assister les victimes de guerres et de violences, se situe 150 m plus haut, toujours sur la rue de la Paix. Son musée, permettant de découvrir l'histoire de l'organisation humanitaire, est malheureusement fermé jusqu'en 2013. Arrivé à sa hauteur, empruntez donc directement l'avenue Appia, qui vous mènera au siège de l'Organisation internationale du Travail (OIT), chargée d'élaborer et de superviser les normes internationales du travail.

Installée en 1920 à Genève dans l'édifice du CICR actuel, l'OIT occupera dès 1974 le bâtiment que vous voyez, long de 200 m, haut de 50 m et abritant plus de 1 250 bureaux. En continuant sur l'avenue Appia, vous pourrez faire un rapide crochet sur la route des Morillons, à votre gauche, pour apercevoir le Bureau international à l'Education de l'Unesco (BIE), fondé en 1925, et l'Organisation internationale des Migrations (OIM), fondée en 1951, tous deux situés dans le centre administratif des Morillons, construit entre 1981 et 1984.

Les « Sentiers culturels » : une idée futée pour découvrir Genève

Ces sentiers proposent de découvrir les charmes de plusieurs quartiers de Genève (Nations, présenté ci-dessous ou Tranchées), en suivant les descriptions de monuments, œuvres d'art public ou encore anecdotes historiques, au moyen d'outils pratiques, qui ponctuent la balade et attisent la curiosité du chaland.
Ainsi, suivre un « Sentier culturel », c'est se plonger dans l'histoire du quartier, découvrir les personnalités qui ont marqué le site de leur empreinte, s'arrêter auprès d'une œuvre que l'on n'a peut-être jamais remarquée, et prendre l'air à pied ou en vélo, puisque les parcours favorisent la mobilité douce. Plusieurs outils sont mis à votre disposition pour guider vos découvertes : un plan (à télécharger sur le site internet ou à se procurer dans l'un des musées décrits), un guide audio (conçu de manière ludique et qui vous emmène jusqu'à l'intérieur des institutions à écouter depuis le site ou depuis votre téléphone portable), les pages du site internet, ainsi qu'une application mobile complète, disponible depuis l'automne 2013.

▶ **Pour en savoir plus :** www.ville-geneve.ch/sentiers-culturels

Sentier Nations : « D'un musée à l'autre »

Coordonné par le département de la Culture et du Sport (DCS) de la ville de Genève, le premier sentier s'intitule « *D'un musée à l'autre* ». Fruit d'une collaboration transversale, notamment avec l'Unité conservation du patrimoine, le Service de l'aménagement et de la mobilité et différents services du DCS, il aborde le quartier des Nations en suivant le musée Ariana et la folle histoire de sa construction sous l'œil attentif de Gustave Revilliod, le musée des Suisses dans le monde et l'édification du château de Penthes, le musée d'Histoire des sciences si ancré dans l'histoire genevoise, le musée de la Société des Nations et le colossal chantier du Palais des Nations, le musée de la Croix-Rouge, le Jardin botanique et ses 16 000 espèces provenant du monde entier ou encore l'émergence de la Genève internationale.

▶ **L'Organisation mondiale de la Santé (OMS),** créée en 1948 et chargée de diriger l'action sanitaire mondiale et d'établir des programmes de recherche, mais aussi le siège de l'ONUSIDA, un programme des Nations unies sur le sida créé en 1996, se tiennent quant à eux au bout de l'avenue Appia. Réalisé entre 1959 et 1964 par les architectes suisses Jean Tschumi puis Pierre Bonnard, le bâtiment de l'OMS se distingue par sa construction sur pilotis, mais aussi par une économie judicieuse de la relation entre architecture et nature. Après avoir admiré ces deux bâtiments, redescendez l'avenue Appia, jusqu'à l'OIT, et empruntez le chemin arborisé la Vy-des-Champs, qui vous offrira une jolie vue sur le sommet du jet d'eau.

▶ **Prenez ensuite à gauche, et longez la route de Pregny, jusqu'à l'ambassade des Etats-Unis.** Arrivé à sa hauteur, empruntez le chemin ombragé de l'Impératrice, et longez le domaine du château de Penthes, qui regroupe deux musées, celui des Suisses dans le monde et le musée militaire genevois, dont nous vous recommandons les visites. Ce domaine abrite aussi un restaurant au milieu d'un superbe parc où trône notamment le tronc calciné d'un séquoia centenaire foudroyé en 1993.

▶ **Le parc animalier du Jardin botanique** est accessible depuis le chemin de l'Impératrice, à votre droite, après être passé devant la mission permanente d'Italie. Ce parc, d'une surface de 180 000 m^2 s'imposera à vous comme un lieu privilégié de détente, puisque vous pourrez vous désaltérez à la buvette disposant d'une jolie terrasse, mais aussi de découverte, puisqu'il abrite le Conservatoire botanique (voir rubrique « A voir à faire »). Poursuivez la balade en regagnant l'entrée du jardin, située en face de la serre. Là, sur la place Albert Thomas, vous apercevrez à votre gauche le bâtiment de l'Organisation mondiale du Commerce (OMC) mais aussi le monument à la mémoire d'Albert Thomas, qui dirigea l'OIT de 1919 à sa mort, en 1932. Un rapide crochet sur l'avenue de la Paix, à votre droite, vous admirerez le bâtiment, aux faux airs de paquebot, de l'Organisation météorologique mondiale (OMM), et sa double façade de verre pour une utilisation rationnelle de l'énergie et de la lumière.

- **L'OMC,** chargée de surveiller le bon fonctionnement des règles régissant le commerce entre les pays Membres, occupe le parc William Rappard depuis 1923, date à laquelle la Confédération offrit le domaine à la Société des Nations (SDN). Son bâtiment principal, inauguré en 1926, est l'œuvre de l'architecte Georges Epitaux (1873-1957). Un petit chemin situé à la gauche du bâtiment vous permettra de rejoindre le bord du lac. Après avoir longé l'OMC, vous vous retrouverez au cœur du parc Barton, du nom de son dernier propriétaire, Sir Daniel Barton (1850-1907). Ce parc à l'anglaise abrite la villa Lammermoor, qui accueille aujourd'hui l'Institut universitaire des Hautes Etudes Internationales (IUHEI).

- **Le parc de La Perle du Lac,** dans lequel se situe le musée d'Histoire des Sciences, méritant d'être visité, prolonge le parc Barton et précède le parc Moynier, dont la villa, construite en 1846, abrite le Fonds international de solidarité des villes contre la pauvreté. Le parc Mon-Repos se trouve quant à lui à la suite du parc Moynier, à l'extrémité du quai Wilson. Ayant appartenu au chimiste et physicien Philippe Plantamour (1816-1898), qui en fit un jardin de plantes rares, il abrite aujourd'hui des arbres centenaires, les bureaux du Service des espaces verts de la ville (SEVE) et l'Institut Henri-Dunant.

- **Le prestigieux palais Wilson,** se situe en face du Parc Mon-Repos. Inauguré en 1875, ce palais était à ses débuts un hôtel, l'hôtel National, avant de devenir, dès 1920, le siège du secrétariat de la Société des Nations (SDN). Aujourd'hui, la bâtisse abrite le Haut Commissariat aux droits de l'homme. Après avoir traversé la place Chateaubriand, poursuivez la balade en direction de la rue Butini, puis de la rue du Valais. Un tunnel plus loin, le bâtiment, sans prétention, du Centre de commerce international (CCI) s'offrira à votre regard. Pour atteindre le Haut Commissariat des Nations Unies pour les Réfugiés (HCR), accessible au public, il vous faudra tourner à droite, et longer la rue de Montbrillant sur environ 450 m. Une fois de retour sur la place des Nations, jetez un dernier coup d'œil sur les bâtiments de l'Organisation mondiale de la propriété intellectuelle (OMPI), construit par l'architecte Maurice Braillard en 1958, et de l'UIT, l'Institution des Nations unies spécialisée dans les technologies de l'information et de la communication.

Genève au fil de l'eau : du lac au Rhône

L'eau est indissociable de Genève. Elle est même inscrite dans son nom, puisque le mot *Genève* dérive des termes celtes *gen*, signifiant *bouche* et *ava*, *eau*. Ainsi, cette balade s'est donné pour objectif de vous faire découvrir les principaux ponts, usines hydrauliques, ports, bains et îles de la ville. **Durée : environ 3 heures de marche**. La balade commence devant l'embarcadère des Mouettes Genevoises aux Eaux-Vives (voir rubrique Se déplacer en ville), et se termine à l'arrêt Cité Lignon. De là, vous pourrez regagner le centre-ville en empruntant les bus 7 (Métropole) puis 2 (Rue du Lac). Par ailleurs, nous vous rendons attentif à quelques potentiels inconvénients de la balade, tels que montées et descentes d'escaliers et sentiers pédestres non goudronnés.

GENÈVE

Quai du Mont-Blanc.

▶ **Prendre une Mouette genevoise,** avec votre ticket UNIRESO, et traverser jusqu'au débarcadère des Pâquis. **Les pierres du Niton**, deux rochers émergeant du lac, s'offriront à votre regard lorsque vous traverserez le Léman pour rejoindre le débarcadère des Pâquis. Ces deux blocs ont été déposés par le glacier du Rhône lors de son retrait suite à la dernière glaciation. Après avoir tenu un rôle rituel et spirituel à l'âge de bronze (1500-1200 avant notre ère), le général suisse Guillaume-Henri Dufour (1787-1875) les a utilisés pour déterminer le niveau moyen du lac, puis comme point de référence lors de l'établissement, en 1864, de sa carte de la Suisse au 1/100 000e. Durant votre courte traversée du Léman, vous aurez aussi l'occasion d'admirer de plus près **le jet d'eau** (voir rubrique A voir à faire) et les façades des hôtels de prestige du quai du Mont-Blanc.

▶ **Arrivé au débarcadère des Pâquis**, situé devant l'hôtel Kempinski, un petit crochet s'imposera aux bains publics et au port des Pâquis, situés à votre droite, 100 m plus loin. **Les bains des Pâquis**, lieu incontournable de la ville (voir rubrique A voir à faire), furent aménagés en 1868, époque à laquelle la baignade tendait à se généraliser. Au départ, les bains étaient en bois, et s'adressaient essentiellement aux ouvriers, même si quelques heures étaient allouées aux femmes et aux enfants. Durant l'hiver 1931-1932, les bains furent démolis et reconstruits en béton armé. **Le port des Pâquis** fut quant à lui mis en service en 1860. Notons que le physicien Elie-François Wartmann (1817-1886) conçut un phare fonctionnant à l'électricité, le long de la jetée du port, ce qui était exceptionnel pour l'époque.

▶ **Après avoir admiré ces constructions**, retournez au débarcadère et longez le quai du Mont-Blanc, à proximité duquel se trouve les hôtels les plus prestigieux de la ville. **L'hôtel Beau-Rivage**, situé en face du monument Brunswick (voir rubrique A voir à faire), en fait partie. Mais il servit aussi de cadre à des événements historiques majeurs. En effet, c'est dans l'une de ses suites que s'éteignit en 1873 le duc de Brunswick, qui légua à Genève la totalité de sa fortune estimée à 20 millions de franc-or. C'est là aussi que descendit en 1898 l'impératrice Elisabeth d'Autriche, surnommée Sissi, avant d'être poignardée par l'anarchiste Luccheni, sur le quai du Mont-Blanc.

▶ **En continuant le long du quai**, vous apercevrez bientôt **le pont du Mont-Blanc**, mis en service en 1862 puis reconstruit en acier en 1903. Parallèle à celui-ci, **le pont des Bergues**, ouvrant sur le quai et le quartier du même nom, qui abrite notamment l'Hôtel des Bergues, le premier grand hôtel en Suisse. La bucolique **île Rousseau**, autrefois nommée île aux Barques, est accessible depuis ce pont. Au cœur de l'île, constituant d'ailleurs le plus petit parc de la ville, se dresse une statue en bronze de l'écrivain genevois Jean-Jacques Rousseau, réalisée en 1835 par le sculpteur James Pradier.

▶ **Le pont de la Machine**, qui vit le jour en 1843, se situe à 100 m du pont des Bergues. Empruntez-le pour admirer en son centre le bâtiment néo-classique qui, jusqu'en 1898, servait à pomper de l'eau et à produire de l'énergie. Arrivé au milieu du pont, tournez à droite, pour rejoindre directement la petite place Philibert Berthelier. Ici, trône une statue de cet homme politique suisse (1465-1519) qui s'opposa à la soumission de Genève face à la Savoie, mais aussi une plaque, rappelant le passage de Jules César à Genève, en 58 av. J.-C. Ce dernier fit détruire **le pont de l'Ile**, qui fut jusqu'à la fin du Moyen Age le seul à permettre une liaison entre les deux rives du Rhône, pour empêcher les Helvètes de fuir la ville. Quant à **la Tour de l'Ile**, surélevée et restaurée en 1897, elle est le dernier vestige d'un château érigé au XIIe siècle pour surveiller et repousser les Savoyards, qui s'en emparèrent toutefois en 1287.

▶ **Poursuivez la balade en longeant le quai des Moulins**, qui vous mènera directement aux **Halles de l'Ile**. Après avoir abrité un marché couvert, l'emplacement de la Petite Ile devint un abattoir, réalisé dès 1844 par l'architecte Jean-Marie Gignoux. A cette date, cet emplacement était en effet éloigné du centre urbain. Mais, en raison de l'extension croissante de la ville, celui-ci fut déplacé en 1876 dans le quartier de la Jonction puis, en 1944, dans celui de la Praille, avant d'être fermé en 1990. En 1876, le bâtiment se transforma en halles de marché, puis abrita un centre culturel et un célèbre bar-restaurant. A la droite du restaurant, un petit passage vous permettra de rejoindre le quai des Lavandières. Sur le quai d'en face, nommé **quai Théodore Turrettini**, vous pourrez observer une statue de cavalier tenant un aigle sur l'épaule.

IN MEMORIAM
ELISABETH IMPERATRICE D'AUTRICHE, REINE DE HONGRIE
1898 - 10 SEPTEMBRE - 1998

Le palais Wilson abrite le Haut Commissariat des Nations Unies aux Droits de l'Homme.

Port des Pâquis.

Réalisée par Frédéric Schmied en 1939, cette œuvre monumentale met en valeur l'aigle, symbole de l'Empire romain germanique auquel Genève a été rattachée au XIe siècle et figurant sur les armoiries de la ville. Son pendant, une statue de cavalière tenant entre ses mains une colombe et symbolisant la paix, se situe à l'autre bout du quai.

Après la traversée du pont de la Coulouvrenière, vous apercevrez le majestueux **Bâtiment des Forces Motrices**, construit par l'ingénieur et politicien Théodore Turrettini et qui, de 1892 à 1960, alimenta en eau la ville et produisit de l'énergie sous forme d'eau motrice. Depuis 1995, le bâtiment abrite deux salles, l'une de spectacle et l'autre de réception. En longeant le quai des Forces Motrices, accessible depuis une petite passerelle, vous vous retrouverez bientôt sur la place des Volontaires, haut-lieu des nuits genevoises grâce à L'Usine, un centre culturel alternatif et autogéré (voir rubrique Sortir).

Vous pourrez ensuite tourner à droite et emprunter, 100 m plus loin, une passerelle de laquelle vous admirerez **le barrage, l'usine hydraulique et l'écluse du Seujet**, tous trois mis en service en 1995 et assurant respectivement les fonctions de régulateur du niveau du lac, de producteur des besoins en électricité de la ville et de voie de passage aux bateaux du Rhône. Pour profiter d'une superbe vue sur la ville, nous vous invitons à regagner le n°20 du quai, depuis lequel un ascenseur public vous conduira aux terrasses panoramiques des 5e et 6e étages. En longeant le quai du Seujet, vous arriverez devant **le pont de Sous-Terre**, construit en 1891. Après avoir traversé un passage souterrain, vous parviendrez aux vestiges **du prieuré de Saint-Jean** (voir rubrique A voir à faire).

Le sentier pédestre des Falaises vous conduira, 720 m plus loin, à **la station de pompage de Saint-Jean**, construite par Georges Brera et mise en service en 1964. A cette date, il s'agissait de la plus puissante station de pompage d'Europe. En face de la station, vous pourrez observer la réunion des eaux limoneuses de l'Arve avec celles du Rhône. Un peu plus loin, se dresse **le viaduc ferroviaire de la Jonction**, qui doit son nom au quartier qu'il surplombe. Bâti entre 1941 et 1945 pour permettre la liaison marchande entre les gares de Cornavin et de la Praille, il relie le quartier de Saint-Jean, sur la rive droite, et le Bois de la Bâtie, sur la rive gauche. Poursuivez votre route le long du sentier des Falaises, puis, 150 m plus loin, empruntez un petit sentier en pente qui se présentera à votre droite, pour rejoindre, 600 m plus loin, **le pont Butin**, haut de 50m, long de 270 m et baptisé ainsi en l'honneur de David-Lucien Butin qui, à sa mort en 1913, légua à l'Etat de Genève un million de francs pour sa réalisation. Après avoir profité de la superbe vue qu'offre le pont, ne le traversez pas et rejoignez la bruyante route d'Aïre, puis traversez le pont face à vous, qui vous mènera au carrefour du pont Butin. Là, prenez la première rue descendante qui se présentera à votre droite. Tournez ensuite à gauche, pour accéder au chemin de l'Usine à gaz.

300 m plus loin, le chemin du Château-Bloch vous permettra d'admirer, à votre droite, le site industriel des **SIG, les Services Industriels de Genève**, fournissant l'eau, l'électricité, le gaz et l'énergie thermique aux foyers de la ville. Poursuivez la balade en empruntant le chemin résidentiel Isaac Anken, situé en face du bâtiment, puis, au bout du chemin, tournez à droite pour rejoindre la route du Bois-des-Frères, pour accéder au dernier point d'intérêt de notre balade : **la cité du Lignon**. Composée de deux tours d'une trentaine d'étages et d'un bâtiment en zigzag de plus de 1000 m, cette cité, construite entre 1963 et 1971, est en effet la plus grande de Suisse. Le bus 7, vous permettant de regagner le centre-ville, est situé à l'intérieur de la cité.

Sur les pas de Jean-Jacques Rousseau

Genève est la ville de naissance de Jean-Jacques Rousseau, dont elle a fêté, en 2012, le tricentenaire. Nous vous proposons une promenade sur les pas de l'écrivain, qui vous prendra une demi-journée ou plus si, comme l'écrivain philosophe, vous prenez le temps de la rêverie.

Avant de débuter la balade pédestre à travers Genève, allez à la bibliothèque de Genève, située promenade des Bastions et visitez la salle Ami Lullin, abritant le musée Jean-Jacques Rousseau. Une dizaine de vitrines offre en effet des éclairages thématiques sur la vie et l'œuvre du citoyen genevois.

Bibliothèque de Genève, promenade des Bastions – Tél : +41 22 418 28 00

La Maison Rousseau – 40, Grand-Rue, lieu de naissance de Jean-Jacques Rousseau, le 28 juin 1712, fils d'Isaac Rousseau et de Suzanne Bernard qui décéda dix jours après la naissance de l'écrivain. Sur place, vous pourrez visiter l'Espace Jean-Jacques Rousseau. L'accès se fait par une porte située au rez-de–chaussée de l'établissement, ouvrant sur un long couloir aménagé. L'Espace Jean-Jacques Rousseau propose, sur une surface de 140 mètres carrés, une excursion dans le temps à l'aide d'un baladeur audio-visuel. Un texte de 25 minutes, disponible en 7 langues, offre une brève biographie du « Citoyen de Genève » ; des textes et images sont projetés tout au long du parcours didactique et vous aurez aussi l'occasion d'y écouter les œuvres musicales composées par J.-J.Rousseau.

En haut de la Grand-Rue, à la hauteur de l'Hôtel de Ville, prenez sur votre droite la rue Henri-Fazy, qui vous conduira sur **la promenade de la Treille**, jouissant d'un beau point de vue sur le parc des Bastions. Les parents de Rousseau se sont connus ici, à l'époque lieu de promenade et de rencontre privilégié des Genevois.

De la Vieille-Ville, rejoignez les bords du Rhône par les « Rues Basses ». J.-J. Rousseau fut apprenti dans l'une des maisons du passage de la Croix d'Or, au n°25. Continuez sur la rue Neuve du Molard (un bar très accueillant est installé dans la Tour du Molard), puis traversez le Rhône en empruntant le pont des Bergues, qui vous mènera à **l'île Rousseau**. Le nom de cette île date de 1835. Avant cette date, elle s'appelait l'île aux Barques, car elle était aménagée et utilisée pour les besoins de la flotte marchande locale. A l'occasion du tricentenaire de la naissance de l'écrivain, l'île Rousseau présente différentes animations. Une visite sur cette toute petite île s'impose donc, ne serait-ce que pour admirer la statue de Jean-Jacques Rousseau, en train d'écrire habillé à la romaine, et sculptée par le Genevois James Pradier. Pour la petite histoire, la statue regarde désormais la ville mais, à l'origine, elle lui tournait le dos. Notons aussi que la nuit, un éclairage particulier met en évidence le soubassement rocheux de cette île.

De l'île Rousseau, rejoignez la rive droite en allant à la place des Bergues, puis longez, sur votre gauche, le quai des Bergues, pour rejoindre la rue de Coutance, qui vous mènera dans le quartier de Saint-Gervais.

Au n°28 de la rue de Coutance, au 3e étage, vécut la famille Rousseau. L'immeuble a été démoli pour permettre la construction du centre commercial Manor. Une grande fresque de Hans Erni commémore la présence de Jean-Jacques Rousseau. Profitez de votre visite dans le quartier pour faire un tour du côté du temple Saint-Gervais (rubrique A voir à faire à Grottes-Saint-Jean) en passant par la rue des Corps-Saints. Puis revenez sur vos pas pour rejoindre la rue Rousseau, en traversant la place Grenus. Au n° 27, il y a une plaque commémorative en l'honneur de l'écrivain.

Poursuivez la balade en retournant sur les bords du Rhône, puis en empruntant le quai du Seujet et le sentier non goudronné des Falaises. Cette belle promenade vous amènera dans le quartier de Saint-Jean. Ce dernier bénéficie d'un emplacement idyllique car il offre au promeneur un panorama incomparable sur la ville, mais aussi une mise en mémoire des œuvres de Rousseau. La plupart des rues du quartier porte en effet le nom de ses écrits ou de sa vie, comme les rues Le Contrat Social, Le Vicaire Savoyard, d'Ermenonville ou encore de Warens.

Si vous avez du temps et un moyen de locomotion, vous pourrez poursuivre votre balade en vous rendant à **Bossey**, en Haute-Savoie, où Jean-Jacques Rousseau fut pensionnaire pendant deux ans. Vous pourrez également faire un petit détour à **Confignon**, dans la bucolique campagne genevoise. De ce charmant village, Rousseau s'est rendu à Annecy. Là, il fit la connaissance de Madame de Warens, sa protectrice. Cette rencontre marqua le début de sa carrière d'écrivain.

Remerciements à Rémy Hildebrand et Bertrand Levy pour leurs conseils. Pour parfaire votre connaissance de J.-J.Rousseau, nous vous recommandons la lecture du *Portraits et Postures rousseauistes* de Rémy Hildebrand, Editions transversales, 2008.

Route des vignobles genevois

Le canton de Genève possède 1400 ha de vignobles ; il est le troisième producteur de vin en Suisse.

La route des vignobles. En voiture : partir du centre-ville, traverser le secteur des organisations internationales, passer devant l'école hôtelière et prendre la direction de Meyrin et du CERN pour rejoindre et suivre la célèbre route du vignoble genevois. Point

de départ : Bourdigny ; cheminer en direction de Choully, Peissy, Russin et enfin Dardagny (9 km).
Carte et coordonnées GPX à télécharger sur : www.myswitzerland.com, et à se procurer auprès de Genève Tourisme & Congrès (www.geneve-tourisme.ch).
A noter que de nombreuses dégustations de vins gratuites sont organisées, principalement le samedi, par la plupart des viticulteurs (voir les adresses dans le guide et sur le site de l'office de tourisme de Genève) et sur la carte Le Campagnon, coproduite par espace-terroir.ch et OPAGE (www.opage.ch).

▶ **Le sentier de Dardagny.** Le sentier didactique de Dardagny (2,5 km à 7,2 km) présente les cépages, les travaux de la vigne et la faune présente dans le vignoble. A noter qu'on peut s'y rendre à pied et à vélo. A pied, s'y rendre en bus ou en train via Satigny ou La Plaine (billet UNIRESO). A vélo, la Route des vignobles (de Bourdigny jusqu'à Dardigny) plus le sentier didactique représente 14,3 km et peuvent se faire en 3h20 (facile, d'avril à octobre).

▶ **De Cologny à Hermance :** le long de la magnifique rive gauche du lac Léman, dans de charmants villages aux rues escarpées, s'étendent des vignobles de qualité avec vue sur le lac !
Carte des domaines viticoles : carte interactive sur www.campagnon.ch, et carte papier Le Campagnon coproduite par espace-terroir.ch et OPAGE, disponible auprès de Genève Tourisme & Congrès, de la Banque Cantonale de Genève, de la Maison du Terroir à Bernex/Lully et dans les communes du canton de Genève.

SHOPPING

Petit paradis de l'horlogerie suisse, Genève déroule le tapis rouge des marques les plus prestigieuses en la matière, principalement le long de la célèbre rue du Rhône, mais aussi aux abords de la gare. La Suisse est un haut-lieu de la chocolaterie, et c'est au cœur de la ville, notamment en longeant le quai des Bergues, que l'on pourra apprivoiser la Genève gourmande avec ses meilleurs chocolatiers. Pour l'achat de l'incontournable couteau suisse, ou de quelques souvenirs, rendez-vous chez Victorinox ou à deux pas du lac, rue des Alpes, où coucous, T-shirts à croix blanche sur fond rouge et cartes postales du jet d'eau sont légion. Toutes ces adresses bien connues rassasient les touristes, mais pas forcément tous les futés. Ainsi, vous découvrirez au fil de cette rubrique des adresses plus confidentielles, des coups de cœur, des lieux magiques et uniques, répertoriés par quartiers. Ce découpage, parfois délicat, permet néanmoins une classification des établissements en fonction des attentes. Si on a une âme de chineur, c'est avant tout vers la Vieille-Ville qu'il faudra diriger ses pas. Les amateurs d'objets *design*, préféreront la rue des Bains, regroupant une multitude de galeries et de magasins d'ameublement autour du Mamco, le musée d'Art moderne et contemporain. Quant aux amatrices de mode à l'affût d'une trouvaille *vintage* ou d'un accessoire tendance, elles trouveront leur bonheur dans le quartier des Eaux-Vives, ou aux environs de la cosmopolite rue de Carouge. Pour terminer par une promenade le long de la rue du Marché, qui saura ravir tout un chacun.

Les marchés de Genève

Pour découvrir les produits agricoles genevois défendus par l'OPAGE ou pour se fournir en produits frais de qualité, quoi de mieux que de faire son marché auprès des producteurs (marché Helvétique ou marché des Grottes) au cœur des quartiers de Genève ? Les marchés de détail sont aussi une manière de partir à la rencontre des acteurs de la vie locale, et l'occasion de faire de belles découvertes. Car ils existent aussi des marchés de produits manufacturés et des marchés aux puces (marché de Plainpalais) et artisanaux réputés qui font le bonheur des chineurs. On ne citera ici que les principaux, par quartier. Avec les divers travaux et réaménagements de la ville, les marchés peuvent se déplacer. On trouvera leur nouvelle localisation sur le site de la ville de Genève. Ne pas oublier les marchés de la jolie ville voisine Carouge, pour ses places et son ambiance méditerranéenne.

▶ **Renseignements :** www.ville-geneve.ch/actualites/detail/article/1331559861-travaux-avancent-marches-deplacent/

Adresses des marchés :

▶ **Vieille ville et Bastions** : marchés de la Fusterie, place de la Fusterie autour du Temple. De détail : mercredi et samedi de 6h30 à 18h45. Des artisans : jeudi de 8h à 20h. Aux livres : mardi et vendredi de 8h à 18h45. De Noël : 15 jours avant Noël, de 8h30 à 19h. Marché de la Madeleine, place de la Madeleine, au cœur du quartier de la Cité. Produits manufacturés : du lundi au samedi : de 9h à 18h30.

▶ **Eaux-Vives et Rives** : Marché de Pré-l'Evêque, sur la place aux abords de l'avenue de Frontenex. De détail : lundi, de 6h30 à 13h. Marché Helvétique, boulevard des Helvétiques, entre cours de Rive et rue du Rhône. Le plus grand marché de détails, qui privilégie les produits locaux : mercredi et samedi, de 6h30 à 13h (14h le samedi). Marché du plateau de Champel, avenue Peschier, face à la paroisse de Sainte-Thérèse, à la hauteur d'une des entrées du parc Bertrand.

▶ **Plainpalais et Prévost Martin** : Marchés de Plainpalais, sur la plaine de Plainpalais, le long du boulevard Georges-Favon et de l'avenue Henri-Dunant. Détail et produits manufacturés : mardi et vendredi de 6h30 à 13h ; dimanche de 8h à 19h. Puces et brocante : mercredi, samedi et chaque premier dimanche du mois : de 6h30 à 17h30 l'hiver, de 6h30 à 18h30 l'été.

▶ **Gare et Pâquis :** Marché de la Navigation, place de la Navigation, au bord de la rue des Pâquis Alimentation et petite restauration, favorise les produits locaux : mardi et vendredi de 6h30 à 13h.
Marché De-Grenu, rue de Cornavin et dans la rue des Corps-Saints. Détail et petite restauration : samedi de 6h30 à 13h.

▶ **Grottes, Nations et Saint-Jean :** Marché des Grottes, sur la place des Grottes. Produits issus du terroir : jeudi de 16h30 à 20h. Marché de Liotard, rue Liotard dans le quartier des Charmilles. De détail : lundi et jeudi, 6h30 à 13h. Marché de Saint-Jean, rue du Beulet. De détail : mardi et vendredi, de 6h30 à 13h.

Marché du quartier des Pâquis.

Vieille ville et Bastions

C'est sans conteste le quartier le plus connu des touristes du monde entier, qui se plaisent à flâner dans les rues pentues de la colline, ceinte de fortifications romaines et s'ouvrant sur les rues basses du bord du lac Léman.
La vieille ville, avec ses nombreux antiquaires, ses bouquinistes, ses galeries, ses chocolateries, ses petites boutiques de créateurs est propice aux virées shopping.

Bijouterie – Montres

■ **TENTATION BIJOUX**
Confédération Centre
6, rue de la Confédération
✆ +41 22 311 63 52
www.tentation-bijoux.ch
Bijouterie. Ouverte le lundi de 13h30 à 19h, du mardi au vendredi de 9h30 à 19h et le samedi jusqu'à 17h30.
Que de belles choses dans ce lieu de tentations. Tout d'abord dans la gamme or, des colliers en pierres semi-précieuses aux multiples couleurs, espacées par une très fine chaîne en or et dont l'ensemble très féminin offre un chatoiement qui ne laisse pas indifférent ; se décline en boucles d'oreilles, bracelets…
Egalement, la collection de « diamants mobiles », des bijoux très raffinés qui se déclinent en bracelets, bagues, boucles d'oreilles, pendentifs. Les colliers-prénoms sont toujours à la mode, les bagues en pierre semi-précieuse, travaillées comme un coussin, remportent un vif succès, les bracelets « gros jonc » sont toujours tendance et dans la partie argent de la boutique, on s'amuse à réaliser son propre bijou avec la marque Bacio qui vend les perles et les pièces décoratives intermédiaires à l'unité. Ainsi on réalise son collier, son bracelet en fonction de ses envies et de son goût. Pour les petits, en vente la collection Disney, avec bracelets, boucles d'oreilles, pendentifs.
Et enfin, les bijoux à coller de la marque Newd, que vous appliquez directement sur la peau, pour mettre en valeur une épaule, un décolleté, une chute de rein, très joli et très féminin.

► **Autre adresse :** Metro-Shopping Cornavin – +41 22 731 16 30.

Centres commerciaux – Grands magasins

■ BON GÉNIE

34, rue du Marché ✆ +41 22 818 11 11
www.bongenie-grieder.ch
Ouvert le lundi, le mardi, le mercredi et le vendredi de 9h30 à 18h45, le jeudi de 9h30 à 21h et le samedi de 9h30 à 18h.
Pour commencer, les vitrines de ce magasin sont magnifiques et toujours originales... Et que dire de tout ce que l'on trouve à l'intérieur ! Ici, c'est le grand magasin du luxe, de très belles marques de vêtements mais aussi d'accessoires. On peut faire une pause gourmande et même y acheter ses macarrons Ladurée et ses chocolats Philippe Pascoët (au 4ème étage) !

■ GLOBUS

48, rue du Rhône
✆ +41 58 578 50 50
www.globus.ch
Ouvert du lundi au mercredi de 9h à 19h, le jeudi de 9h à 21h, le vendredi de 9h à 19h30 et le samedi de 9h à 18h. Le take away du lundi au vendredi de 7h30 à 22h et le samedi de 9h à 22h.
En plein centre-ville, Globus est Le magasin du savoir vivre. Le troisième étage, est dédié à la Maison avec un espace textile : linges de maison, de cuisine, de bain, un coin senteurs avec bougies, encens, pots pourris, objets de décoration, les arts de la table sont présentés avec goût et harmonie, souvent selon des thématiques comme le Japon par exemple avec une mise en ambiance où la table est

Où trouver des articles de fête ?

■ BEAUTY FLORE

Passage du Terraillet
18, rue du Marché
✆ +41 22 311 27 11
Maquillage et déguisement. Ouvert le lundi de 14h à 18h30, du mardi au vendredi de 10h à 18h30 et le samedi de 10h à 18h. Perruques : de 25 à 48 CHF pour les plus longues.
Le petit frère de la Gaîté propose des effets spéciaux pour changer de tête le temps d'une soirée, pour faire peur ou s'amuser. Une fausse cicatrice, un faux nez collé de latex, de la pâte pour se faire un nouveau visage... tout type de transformation. A cela s'ajoute toute une gamme de maquillage merveilleux et des perruques de toutes les couleurs. Les gens du spectacle en sont de grands amateurs. Les conseils sont dispensés avec beaucoup de gentillesse et de compétence.

■ LA GAITÉ

13, rue de la Rôtisserie
✆ +41 22 311 87 08
www.lagaite.ch
info@lagaite.ch
Déguisements. Ouvert le lundi de 14h à 18h30, du mardi au vendredi de 9h30 à 18h30, le jeudi 19h30 et le samedi jusqu'à 18h.
Ici, c'est l'endroit rêvé pour se transformer en princesse, en Superman ou encore en Marylin, sans oublier la provision de farces, attrapes et cotillons en tout genre. Tout pour faire la fête et se déguiser. Pour encore plus de véracité, on peut se faire maquiller juste à côté, chez Beauty Flore... Succès assuré.

Confederation Centre.

dressée, il ne manque que les convives ! Pour les mateurs et connaisseurs, un rayon vin et accessoires, un étage qui invite au bien-être et au bien recevoir avec de grandes marques, dont la marque maison Globus est présente à chaque étage. Au second, c'est l'espace réservé à l'habillement, chaussures et accessoires pour hommes avec une mode sport, « casual » ou chic. A cet étage, se trouve également un espace pour la mode enfants de la naissance à 14 ans avec un espace bio pour les tout petits où les vêtements sont 100 % coton non traité ! Sur place aussi, un coin Orange. Au premier étage, le coin des dames, séparé en deux, un côté habillement plus décontracté et de l'autre plus chic, ainsi chacun peut s'habiller en fonction de ses envies ou de son porte monnaie. Petites et grandes marques sont présentes, il y a même un espace créateurs. Prenez le temps d'aller aussi vers l'espace lingerie féminine, vraiment très sexy et de bon goût ! Au rez, toutes les marques de cosmétiques, parfumeries, avec des marques exclusives. Sur place aussi, un coin papeterie, un rayon chaussures et sacs pour dames et un Mister Minut. On pourrait y passer sa journée, en faisant la pause-déjeuner au Take Away du rez-de-chaussée, un véritable tour du monde de la cuisine, que l'on prolonge au sous-sol avec l'épicerie fine Delicatessa pour les courses de son dîner raffiné !

Dépôts-vente

■ AUDACE

4, rue des Barrières
(derrière la Madeleine et au bout du passage de Monnetier)
✆ +41 22 311 60 41
Ouvert du mardi au samedi de midi à 17h.
Les fans de Carrie Bradshaw et de *Sex and The City* vont enfin pouvoir assouvir, ici, leurs envies de Jimmy Choo. Dans cette boutique très cosy, beaucoup de marques que l'on ne trouve nulle part ailleurs telles que Manolo Blahnik pour les chaussures mais aussi Hermès, D&G, Cavalli. Ici on ne vend que du prêt-à-porter à peine porté. Tout est impeccable, à la pointe de la création, et l'on trouve vraiment son bonheur de *fashionista* à prix presque mini…

Fleurs – Plantes

■ **FLEURIOT**
26, rue de la Corraterie
✆ +41 22 310 36 55
www.fleuriot.ch
info@fleuriot.ch
Ouvert du lundi au vendredi de 7h45 à 18h45 et le samedi de 8h à 17h. Livraisons 7j/7.
Avec une réputation exemplaire depuis plus de 90 ans, Fleuriot est LE fleuriste de Genève ! Créée en 1920 par Ewyane et Charles Fleuriot dans une demeure ancienne d'une des plus belles rues de Genève, cette maison de fleuristes, n'a cessé d'accroître ses domaines de compétence. La modernisation de son outil de production – sous la houlette de son président et directeur général depuis 1992, José Millo –fait de l'entreprise Fleuriot une référence genevoise en matière de décoration florale. Collaboration de maîtres-fleuristes de talent, ouverture d'un atelier floral en 2002 pour des décorations de grande envergure (comme celles du Victoria Hall), deux boutiques ouvertes 7 jours/7 à l'aéroport et à la gare de Cornavin, boutique en ligne pour des commandes en Suisse et à l'étranger, site très facile à utiliser, ne livraison dans le monde entier et un suivi parfait : les ingrédients de la réussite sont tous au rendez-vous.
On sollicite son excellence pour des évènements (privés ou publics) dont elle s'est fait une spécialité, mais aussi pour le service des particuliers, au quotidien : les fleurs coupées sont de première qualité, les bouquets ronds, chic et gais, sont ravissants, les plantes en pot faciles à offrir et le choix des orchidées est fabuleux.
Le personnel est toujours à l'écoute, disponible pour vous conseiller avec le sourire, c'est agréable ! Membre commerce et qualité (www.commerce-qualité.com).

▶ **Autres adresses :** Gare de Genève Cornavin – Tél +41 22 732 48 52. • Hall arrivées Genève Aéroport. Tél +41 22 798 54 28

■ **FLEURS DU MOLARD**
Place du Molard
✆ +41 22 310 22 88
www.fleursdumolard.ch
s.visalli@fleursdumolard.ch
Ouvert du lundi au vendredi de 8h à 19h, le samedi de 8h à 18h.
Au milieu de la place du Molard, refaite à neuf, trônent beaucoup de fleurs dans leurs pots sous un auvent tout neuf lui aussi. Bouquets de saison, bouquets composés, fleurs fraîches à la botte, roses, feuillages, on peut faire soi-même son bouquet ou demander aux fleuristes. Il y a un tel débit que tout est du jour, quant aux prix, ils sont un peu plus élevés qu'en grande surface, mais bien moins chers que chez un décorateur. Livraisons et vente en ligne.

Galerie d'Art

■ **GALERIE BEL-AIR FINE ART**
7, rue de la Corraterie
✆ +41 22 310 16 67
www.belairfineart.com
galerie@belairfineart.com
Ouvert du lundi au samedi de 10h30 à 18h30. Membre Commerce et Qualité (www.commerce-qualite.com).
François Chabanian, collectionneur passionné, galeriste et marchand d'art international depuis plus de trente ans, a ouvert en 2004 une importante galerie d'art dans le quartier des banques de Genève, la galerie Bel-Air Fine Art. Tout au long de l'année, sont exposées des œuvres, peintures et sculptures de maîtres modernes et contemporains tels que Braque, Dali, Arman, Klein, Cesar, Botero, Hiquily, Polles, Patrick Hugues, Corda, Borghi, etc., ainsi que d'artistes confirmés tels que Sportes, Inis, Cipre, Döring, Tolla, Bombardieri, etc. François Chabanian participe également à d'importantes foires d'art internationales et organise des expositions d'art de prestige en Russie, aux Etats-Unis, en Chine et à Dubaï.

LIONEL LATHAM
18, rue de la Corraterie
✆ +41 22 310 10 77
www.galerie-latham.com
info@galerie-latham.com
Ouvert du mercredi au vendredi de 13h30 à 18h30, le samedi de 11h à 13h et de 14h à 17h et sur rendez-vous.
Lionel Latham a ouvert en 1981 cette galerie spécialisée dans les arts décoratifs du XXe siècle. Des meubles et objets de style Art nouveau ou moderne, comme les vases en grès d'Edouard Chappallaz, une céramique de Vallauris créée par Picasso, une table bureau Knoll de Gae Aulenti... De très beaux objets en hommage aux artistes et designers de ce siècle très créatif.

Librairie – Papeterie

BOOKBINDERS DESIGN
15, rue de la Fontaine
✆ +41 22 301 64 50
www.bookbindersdesign.com
geneve@bookbindersdesign.com
Ouvert le lundi de 13h à 19h, du mardi au vendredi de 10h à 19h et le samedi de 10h à 18h.
Au cœur de la vieille ville, cette papeterie chic (qui fait également du gaufrage traditionnel) propose un large choix de cahiers, albums photo, classeurs, agendas et boîtes de belle facture, et de tailles, formes et couleurs variées. Les matériaux utilisés sont nobles et faits pour durer, les designs originaux et modernes.
La sobriété et l'élégance sont de mise pour cette marque suédoise. Une jolie boutique, à l'accueil très agréable, pour faire plaisir et se faire plaisir.

LIBRAIRIE JULLIEN
32, place du Bourg-de-Four
✆ +41 22 310 36 70
www.jullien.ch
jullien@geneva-link.ch
Ouvert le lundi de 13h30 à 18h30, du mardi au jeudi de 10h à 18h30, le vendredi de 10h à 12h30 et de 13h30 à 18h30, le samedi de 10h à 12h30 et de 13h30 à 17h30.
Cette belle librairie située dans le cœur historique de la vieille ville fait la part belle aux livres régionaux, sur la Suisse ou sur Genève. Livres d'occasion, livres anciens et neufs sont présents sur les rayonnages au fond de l'arcade : littérature classique, philosophie, théologie, voyages... Gravures et lithographies de collection sont également en vente. Il ne s'agit que de prendre le temps de chercher ! Achat sur commande et recherche d'ouvrages épuisés possibles. On peut aussi y faire estimer un livre ancien ou acheter des cartes postales panoramiques de Genève et de Suisse. Quant à la partie galerie attenante, elle propose des expositions temporaires variées, des éditions d'art des artistes exposés ainsi que d'un choix d'ouvrages consacrés aux beaux-arts.

MARCHÉ DES BOUQUINISTES
(devant le Temple)
Place de la Fusterie
Tous les mardis et vendredis de 8h à 18h45.
Une dizaine de bouquinistes se retrouvent devant le temple de la Fusterie les mardis et vendredis en fonction du temps. C'est un lieu de rencontre convivial et l'occasion de dénicher quelques livres anciens et d'autres à très bon marché. Pour la petite histoire, le nom de Fusterie provient du nom des fustiers qui se trouvaient là avant la construction du temple en 1715. Les fustiers étaient chargés de confectionner tonneaux (fûts), pièces de charpente ou de bateaux pour le port tout proche.

Une adresse utile !

BIBLIOTHÈQUE BRAILLE ROMANDE ET LIVRE PARLÉ
34, place du Bourg-de-Four
✆ +41 22 317 79 00
Horaire d'ouverture du lundi au vendredi de 9h à 12h et de 14h à 17h. Horaire du prêt lundi de 14h à 17h – mardi à jeudi de 9h à12h et de 14h à 17h – vendredi de 9h à 12h.
Depuis 1902, la Bibliothèque Braille Romande et livre parlé a pour mission de permettre aux personnes empêchées de lire de tous âges d'accéder à la littérature en français. Elle fournit ses prestations tant en Suisse qu'à l'étranger, et propose à ses abonnés une grande diversité d'ouvrages sous forme tactile (braille) ou audio (CD DAISY). La bibliothèque propose également un service individualisé d'adaptation de textes à la demande. Tous les documents de la BBR sont produits par des professionnels en étroite collaboration avec des bénévoles expérimentés.

PAYOT LIBRAIRE

16, rue du Marché ✆ +41 22 319 79 40
www.payot-libraire.ch
Ouvert du lundi au mercredi de 9h à 19h, le jeudi de 9h à 20h, le vendredi de 9h à 19h et le samedi de 9h à 18h.
Il existe à Genève deux librairies Payot, chacune ayant plus ou moins sa spécificité, le fil conducteur étant la grande disponibilité des libraires et l'excellent choix des ouvrages. La librairie de Chantepoulet offre de nombreux ouvrages en langue étrangère, en particulier anglo-saxons, tandis que Payot Rive Gauche serait plus axée sur la culture générale, notamment dans le domaine des religions et des sciences humaines.

Autre adresse : 5, rue Chantepoulet – Tél 022 731 89 50.

Mode

BECAUSE I LOVE

15, quai de l'Ile ✆ +41 22 320 21 11
www.becauseilove.com
Entre le Pont de la Machine et la Place Bel Air
Prêt-à-porter (féminin, masculin et enfant). Ouvert le lundi de 14h à 19h, du mardi au vendredi de 10h30 à 19h et le samedi de 10h30 à 18h. Accès, entre le pont de la Machine et la place Bel-Air.
Depuis mars 2012, Prisca et Marie ont déménagé au bord du Rhône et décoré avec goût une nouvelle boutique de prêt-à-porter, deux fois plus spacieuse. Un style rétro, murs blancs et parquet ancien, rehaussée sur le fond d'une tapisserie colorée façon 60's. Très clair, lumineux même, grâce aux hauteurs sous plafond gigantesques, le nouvel espace permet aux fabuleuses collections de créateurs de respirer sur des portants sagement alignés, soulignés, au-dessus, d'un corniche luminescente. Un lieu magnifique ! Les vitrines sont toujours réalisées par l'artiste Alexandra Nurock. *Because I Love* fait une sélection de marques de créateurs internationaux innovants, aux couleurs pimpantes, avec le souci du détail, pour toutes les bourses. Chez la femme, coup de cœur assuré pour la créatrice lausannoise Viva Frida et ses robes à prix modique. On aime les imprimés 70's et les marques françaises Sessùn, Laurence Doligé, Les Prairies de Paris, Mont St-Michel... Les marques belges Just in case et Rue Blanche sont également de la partie. En exclusivité à Genève, les chaussures de Patricia Blanchet, les imprimés graphiques signés Eley Kishimoto. Côté accessoires, on craque pour les bijoux fantaisie à petits prix, les marques éthiques Veja, Mimi, Swedish Hasbeens. Et la gamme pour enfants a grandi, avec notamment les collections Bobo Choses, Bakker, Lucas du Tertre et Aymara. Des «Nocturne Party» sont organisées chaque saison, ainsi que de belles soirées Pin-up avec DJs et artistes !

COTELAC

8, rue Verdaine
✆ +41 22 329 75 51 – www.cotelac.fr
Lundi : 12h à 18h30 - mardi vendredi : 10h à 18h30 - samedi 11h à 18h
Cotélac est une marque de prêt à porter de création avec un savoir faire inédit proche de l'artisanat qui se retrouve dans ses plissés, ses imprimés exclusifs et sa maille. La styliste française Raphaelle Cavalli fait un travail minutieux sur la matière et s'inspire d'expositions, de voyages et d'art pour réaliser ses collections. Ces dernières s'adressent à une femme libre et sans contrainte qui aime s'habiller de façon originale et créative au quotidien. De plus, à chaque saison, Cotélac soutient la création émergente en demandant à un(e) jeune artiste de donner sa vision de la marque en participant à sa nouvelle collection.

LILITH

8, rue Verdaine ✆ +41 22 810 00 04
Mode femme. Ouvert du mardi au vendredi de 10h à 14h30 et de 15h30 à 18h30. Non stop le samedi de 11 à 18h.
C'est au printemps 2013 que Lilith est arrivée dans notre capitale cosmopolite. Créée à Nancy en 1987, cette marque française de prêt-à-porter féminin haut de gamme fait le bonheur des femmes dans le monde entier (San Francisco, Paris, Anvers, Moscou...). Aussi les genevoises sont-elles ravies de pouvoir la retrouver enfin dans cette belle arcade de la vieille ville, juste à côté de Cotélac. Un style singulier, alliant élégance et mouvements, en associant matières et volumes, couleurs raffinées et imprimés exclusifs. Une ambiance évoquant la nature brute, l'enfance, le voyage, un vestiaire intemporel complet et généreux où le masculin et le féminin se mélange en un savant dosage et s'adresse aux femmes qui cherchent dans le vêtement un plaisir fondé sur le jeu, la liberté et l'authenticité. Sur place, Sarah vous conseille avec le sourire ; et cette marque lui va bien !

POMPES FUNÈBRES

17, rue de la Corraterie ✆ +41 22 310 04 90
Chaussures. Ouvert le lundi de midi à 19h, du mardi au vendredi de 10h30 à 19, le samedi de 10h à 18h.

Un nom peu commun et plein d'humour noir pour cette boutique de chaussures branchées de la rue de la Corraterie. Des marques jeunes comme Dr Martens, G-Star, Campers, Tenace, Blink, Toms, Kickers, Palladium, Bronx, Caterpillar, pour homme et pour femme. Le choix est vaste et l'endroit vaut le détour pour trouver chaussure à son pied.

■ SAB'S

3 rue du Purgatoire ✆ +41 22 310 40 23
morethanashop@hotmail.com
Ouvert le lundi de 14h à 18h30, du mardi au vendredi de 10h à 18h30, et le samedi de 10h à 17h. Une boutique qui marche aux coup de cœur, et dont la devise («LUXURY, TASTE and HUMOUR») caractérise la sélection, renouvelée chaque saison, de vêtements, accessoires, sérigraphies (affiches) et objets insolites. Classique, ludique et luxe se côtoient dans cette petite arcade accueillante où l'on déniche souvent des trésors : Roberto Musso, N°21, Philosophy By Alberta Ferretti, Etro, Herno, Tomas Maier, Inès & Marechal... Des choix originaux de créateurs, pour des prix souvent raisonnables – parfois moins, selon la marque retenue ! A découvrir absolument !

■ SEPTIÈME ÉTAGE

10, rue du Perron ✆ +41 22 310 77 70
www.septieme.com
Ouvert le lundi de 14h à 19h, le mardi, le mercredi et le vendredi de 10h30 à 19h, le jeudi de midi à 20h et le samedi de 10h30 à 18h. Ouverte par la journaliste de mode new-yorkaise Katharina Sand, cette jolie boutique de créateurs nous fait découvrir la dernière pointe de la mode américaine avec l'exclusivité en Suisse de la créatrice Isabel Toledo. Septième Etage est «la» boutique tendance à découvrir ! Sa propriétaire est elle-même très créative et multiplie évènements et vernissages à caractère artistique. La boutique vient de rouvrir, entièrement rénovée sur deux étages avec de nouvelles marques : Elisabeth & James» par les sœurs Olsen (les actrices !), Thakoon et des éditions limitées par Jane Mayle. Les créations pour des occasions spéciales sont situées en bas des jolis escaliers, et à l'étage, un espace VIP. Et depuis 2011, une boutique en ligne sur le joli site de la boutique, en langue anglaise !

■ ZADIG ET VOLTAIRE

10, Grand-Rue ✆ +41 22 310 81 71
www.zadig-et-voltaire.com
Magasin outlet. Ouvert le lundi de 11h30 à 18h30, du mardi au vendredi de 10h30 à 18h30 et le samedi de 10h30 à 18h.

Avis aux amatrices de mode à prix abordables, voici un bon plan. Nichée au cœur de la vieille-ville, cette très jolie boutique est en effet le seul *outlet* suisse de la marque. Ainsi, vous y trouverez de nombreux articles de prêt-à-porter féminins, mais aussi des accessoires – chaussures, maillots de bain, lunettes de soleil, sacs et ceintures – issus des collections précédentes de la griffe parisienne, à des prix imbattables, car réduits de -40 à -70%. Notez qu'en périodes de soldes, les réductions sont cumulées. Outre ses prix défiant toute concurrence, l'arcade se distingue aussi par un service irréprochable, et un aménagement intérieur judicieux, épuré mais non dénué de charme, grâce à une superbe cour intérieure où quelques tortues et poissons se prélassent en été autour d'un petit étang.

▸ **Autres adresses :** 1, rue du Perron – Tél : +41 22 310 64 44 • 2-5, rue de la Fontaine – Tél. +41 22 310 67 43.

Beauté – Bien être

■ AESOP

15 rue de la Fontaine
✆ +41 22 311 87 00
www.aesop.com – aesop.geneva@aesop.com
Ouvert du lundi au vendredi, de 10h à 19h et le samedi de 10h à 18h.
Enfin à Genève, une boutique AESOP pour se procurer toute la gamme des produits de cette superbe marque. Des produits exceptionnels pour la peau, les cheveux et le corps. Pas de silicone, ni d'huile minérale, pas de parfum synthétique, mais un procédé innovant à base d'ingrédients naturels et d'antioxydants. Après avoir ouvert des boutiques dans 51 villes dans le monde (son siège est à Melbourne), celle de Genève vaut le détour ! Inspiré par les travaux du CERN et la réputation de Genève en tant que place financière internationale, l'architecte australien Rodney Eggleston a utilisé le cuivre, matériau utilisé en électricité et pour la monnaie, reliant ces deux mondes a priori opposés. Un bunker de luxe dans lequel il mixe textures de liège, sisal et bois avec un contrepoint de cuivre. Un large évier du même matériau, qui se replie, et un fauteuil de cuir brun évoquent tous deux le design automobile des 70's. AESOP est une marque attachée à la beauté et au bien-être jusque dans les détails de ses produits et de ses boutiques. Sa philosophie ? Elle voue un vrai culte à la vie saine et à la littérature dont elle s'inspire au quotidien (son nom évoque le fabuliste grec Esope) !

LE BOUDOIR

1, rue Frank-Martin ✆ +41 22 310 50 91
www.le-boudoir.info

Onglerie. Ouvert le lundi, mardi, jeudi et vendredi sur rendez-vous. Pose vernis : 30 CHF. Manucure complète : 75 CHF. Pose d'ongles complète : 170 CHF. Pédicure : de 55 CHF à 130 CHF.

A l'image de l'élégant salon réservé aux dames durant le siècle d'or, Le Boudoir, une onglerie située à deux pas de la bibliothèque de la Cité, invite à la détente et au bien-être, le temps d'une séance. Dans un espace cosy et raffiné, Virginie Guyomard-Cohen vous reçoit en effet sur rendez-vous pour une pose de vernis, une manucure, une pédicure complète ou pour une pose d'ongles utilisant les dernières techniques en la matière. Ici, les soins sont exclusivement réalisés avec les produits de l'excellente marque Opi. Enfin, sachez que des cadeaux sont en vente dans l'arcade.

LE CARRÉ

9, place du Bourg-de-Four
✆ +41 22 310 10 61
www.carre-coiffure.ch

Coiffeur. Ouvert du lundi au vendredi de 9h30 à 19h et le samedi de 9h30 à 17h. Manucure : dès 40 CHF. Pédicure : dès 45 CHF. Brushing : 44 CHF cheveux courts, 60 CHF cheveux longs.

Le Carré est un salon de coiffure réalisant aussi des soins des mains et des pieds, ainsi que des extensions de cils, à des prix corrects. Situé dans une cour intérieure, ce lieu de 150m² aux allures de loft contemporain est calme, agréable, l'accueil est sympathique et les prestations sont réalisées avec des produits de marques de qualité, telles que Opi Nail, Jungle Fever, Rage, Rlizz et Capiplante. Enfin, l'espace développe la technique, encore peu connue sous nos latitudes, du Détox Spa, un appareil de bain de pieds qui, par un effet d'électrolyse, permet l'élimination des déchets et toxines pédiques.

TAMARA DUTTA

16, rue de la Pélisserie ✆ +41 22 310 48 88
www.tamaradutta.ch – rdv.asn@gmail.com

Institut de beauté. Ouvert du lundi au samedi de 9h à 20h sur rendez-vous.

Entre Orient et Occident, Tamara Dutta puise son inspiration dans ses origines indo-suisses et ses nombreux séjours en Asie. L'institut propose, en effet, des soins aux provenances multiples et lointaines, réalisés à l'aide de produits faits maison 100 % naturels et biologiques élaborés à partir de plantes suisses. Spécialiste des soins du visage et du corps personnalisés, l'institut prodigue également des soins esthétiques, qu'il s'agisse d'épilation, de beauté des mains ou des pieds.

THÉODORA

38, Grand-Rue ✆ +41 22 310 38 75
www.parfumerietheodora.ch
info@parfumerietheodora.ch

Parfumerie. Ouverte du mardi au vendredi de 9h30 à 18h30, le jeudi jusqu'à 19h et le samedi de 10h30 à 18h.

Théodora propose une autre vision de la haute parfumerie et signe un tout nouvel espace à l'image de son repositionnement au cœur du luxe à Genève. Dépositaire de marques cultes comme Officina Profumo di Santa Maria Novella, Robert Piguet, Diptyque ou les Parfums de Rosine (du couturier Paul Poiret), et de jus rares comme les Editions de Parfums Frédéric Malle, Houbigant ou Detaille, Théodora est aussi l'unique point de vente sur Genève des Fontaines et des Poudres de Caron. Comme nouveautés, les parfums de Clive Christian, Miller Harris, Mona di Orio et ceux de Kilian Henessy, petit-fils du fondateur de LVMH, avec sa marque confidentielle By Kilian. Théodora propose également un salon de soins esthétiques pour un cocooning du corps et du visage, utilisant des produits cosmétiques de première qualité et bio, tels que DouxMe, gamme de soins élaborée par une aromathérapeute suisse, Caroline Wachsmuth, Be.O, première marque de cosmétiques bio, à base de pierres précieuses, certifiée par ECOCert® avec le label Cosmebio, et Issahra, soins à l'huile d'argan. Chez Théodora, on peut se faire plaisir dès 18 CHF pour une savonnette de Santa Maria Novella et 62 CHF pour une eau de toilette.

Cadeaux

BURGENER

11, rue de l'Hôtel-de-Ville
✆ +41 22 310 42 70 – www.burgenersa.ch

Ouvert du lundi du vendredi de 10h à 18h30, le samedi 17h.

Dans cette arcade spécialiste en gravures, peintures animalières, et découpages du pays d'en haut, on peut aussi faire encadrer son tableau. On choisit parmi les variétés de cadres : en bois naturel ou doré à la feuille d'or, en couleur ou travaillé… Il y a un choix d'environ 1 000 baguettes exposées au fond. Coupes, mises sous verre, passe-partout et marie-louise, verre simple ou antireflet, tout est possible à l'atelier à Carouge. La fourchette de prix est très large en fonction du travail réalisé. Il faut compter un délai de 15 jours environ. Les créateurs ont aussi leur place, on trouve par exemple certaines œuvres animalières du céramiste genevois Jean-Claude de Crousaz, les poteries en raku de Reta Müller ou les sculptures en cuivre de Martinez ainsi qu'un vaste choix d'huiles et d'aquarelles de Genève. Une adresse atypique et originale qui vaut bien un détour.

CARAN D'ACHE
8 Place du Bourg de Four
✆ +41 22 310 90 00
www.carandache.com
Ouvert le lundi de 11h à 18h, du mardi au jeudi de 10h à 18h, le vendredi de 10h à 19h et le samedi de 9h30 à 18h.
Les boutiques Caran d'Ache invitent les visiteurs, curieux, amateurs et artistes professionnels, à plonger dans l'univers de la maison genevoise, quasiment centenaire. Des lieux chargés de passion, aux airs d'atelier authentiques, qui proposent, dans une atmosphère chatoyante à l'esprit manufacturier, tout le savoir-faire de Caran d'Ache et la qualité de ses instruments d'écriture et de couleur entièrement développés et fabriqués à Genève. Entourés d'affiches, de produits et d'automates d'une autre époque, on découvre un monde de souvenirs. Les boutiques offrent également des animations sous forme d'ateliers, de dédicaces, de séminaires et d'expositions.

Autre adresse : Caran d'Ache chez Brachard, Genève-Corraterie 10 – ✆ +41 22 817 05 58. Ouvert du lundi au vendredi de 9h à 18h et le samedi de 9h30 à 17h30 (18h en décembre).

ISATIS
37, Grand-Rue ✆ +41 22 311 04 12
Ouvert le lundi de 14h à 18h, du mardi au vendredi de 11h à 18h30, et le samedi de 11h à 17h30.
La boutique Isatis, au cœur de la vieille ville de Genève, est une porte d'entrée vers l'exotisme… « Isatis », ville de l'or et des bijoux, un nom qui fait rêver et qui remonte loin, à l'époque de la Perse antique, étape de repos en plein désert. Les bijoux, parfums et accessoires en vente, sont une invitation au voyage, surtout du côté de l'Asie, sillonnée par la maîtresse des lieux, véritable globe-trotteuse ! La marque Réminiscence est bien représentée avec les parfums dont le célèbre Patchouli ou Rem aux notes plus marines et la collection de bijoux avec parures, bracelets, colliers aux multiples breloques. Sont présents aussi la marque Harpo qui s'inspire de la créativité des Apaches Navarro avec des dominantes de turquoise, Jalan Jalan, des bagues en argent avec incrustation de pierres semi-précieuses, les montres d'Yves Bertelin et Freelook ou les sacs du soir en métal argenté, doré, vieilli, inscrustés de Swarosky. A côté des marques, il y a les coups de cœur, ramenés d'Asie, notamment du Laos, bijoux en argent, aumônières en soie aux couleurs chatoyantes, des pièces magnifiques, d'autres objets insolites comme ces pendentifs ou « serrures des esprits » – destinés à être portés sur soi pour que l'âme ne s'échappe pas – des foulards, des broderies, des idées cadeaux très originales, parfois uniques à tous les prix. Pour la petite histoire, Isatis veut dire aussi « renard » en grec, vous comprendrez aussi notre coup de cœur !

TILÈNE
6, rue Etienne-Dumont
✆ +41 22 311 32 17 – www.tilene.ch
Bijouterie. Ouverte le lundi de 14h à 19h, du mardi au vendredi de 10h à 13h et de 14h à 19h, le samedi de 10h à 12h30 et 14h à 18h.
Colliers, boucles d'oreilles, bracelets se donnent la main sur les présentoirs. Il y en a partout. A la mode, mais pas trop, classique mais pas trop, toujours des matières nobles et jamais trop chers. Les artistes qui vont être célèbres sont déjà là, c'est dire que c'est une bonne adresse.

VICTORINOX
2, rue du Marché ✆ +41 22 318 63 40
www.victorinox.com
Ouvert du lundi au vendredi de 10h à 19h, le jeudi jusqu'à 20h, le samedi de 9h à 18h.
Dans le tout nouveau *flagship store*, à l'esthétique minimaliste, trois étages sont dédiés à l'univers Victorinox. On y trouve la gamme complète des produits de la célèbre marque : des montres, des couteaux, du parfum et du prêt-à-porter pour hommes et femmes ainsi que des bagages. Une centaine de modèles de couteaux y est proposée : NASA, bricoleur, pêcheur, *rescue tools*, pique-nique, skipper, Swiss army et même un modèle pour enfants : « My first Victorinox ». On peut faire graver un petit message sur la partie extérieure du couteau et ainsi le personnaliser à prix modique. Il y a même un atelier qui offre la possibilité de prendre rendez-vous pour assister à l'assemblage d'un couteau en 10-15 minutes !

Panier gourmand

■ LA CAVE DU PALAIS DE JUSTICE

1, place Bourg-de-Four
✆ +41 22 311 40 14
www.cavedupalais.ch
cavedupalais@cavedupalais.ch
Caviste. Ouvert du mardi au vendredi de 9h à 18h45 et le samedi de 9h à 17h.
Présente depuis plus de deux cents ans à Genève, la Cave du Palais de Justice a le privilège d'avoir des caves superbes (anciennes caves de l'Hôpital) avec une sélection de vins et de spiritueux à la hauteur du lieu, plus de 250 variétés présentées pour les amateurs de whiskys et une très belle sélection d'Armagnac millésimés. Sous 48 heures, vous pouvez recevoir l'année que vous recherchez ! Depuis l'arrivée de son nouveau directeur en 2013 (David Sautereau), les rhums vieux du monde entier ont également investi ce haut lieu de la dégustation. Evidemment, les vins du monde entier sont à l'honneur, avec une belle place aux producteurs genevois et valaisans, comme la cuvée « Constellation » de la maison Giroud à Sion (assemblage de six cépages rouges sélectionnés). Devant ce vaste choix, les cavistes sont toujours là, et leurs conseils sont avisés et sympathiques. On peut se faire plaisir avec un simple vin rouge de qualité ou débourser beaucoup plus pour un vieil armagnac de 1895 ! Et si l'envie subite vous prend de déguster, une sélection de vins et de champagnes reste au frais ! Des soirées privées peuvent être organisées dans les caves, sur réservation.

■ CHOCOLATERIE DU RHÔNE

3, rue de la Confédération
✆ +41 22 311 56 14
www.du-rhone.ch
Ouverte du lundi au vendredi de 7h30 à 18h30 et le samedi de 8h30 à 17h.
Fondée en 1875, la Chocolaterie du Rhône est devenue une institution. La boutique est située dans le quartier commerçant et touristique de Genève. Les amateurs de vrai chocolat seront ravis car la majorité des douceurs proposées sont de chocolat noir. Parmi les spécialités à ne pas manquer : le rubis (ganache et pâte de fruits framboise), Marie Galante (beurre salé et praliné cacahuètes) et de belles réalisations originales et gourmandes proposées pour des événements comme la Saint-Valentin, le Salon de l'auto, Pâques... Jean Pascal Serignat, le maître-chocolatier des lieux, sait nous surprendre et nous régaler. Ainsi avec Coline, une ganache noire 70% associant cacao Baianao du Brésil et cacao Madong de Papouasie-Nouvelle-Guinée, qui permit à la maison de remporter le prix de la Ville de Genève en 2011. On apprécie aussi l'élégance des emballages. On peut déguster les douceurs sur place, dans le *tea-room*, et accompagner ces gourmandises d'un cappuccino ou d'un café aromatisé au caramel ou à la vanille.

■ DA MARCELLA

31, rue de la Boulangerie
✆ +41 22 310 90 17
Produits italiens. Ouvert du lundi au vendredi de 7h à 18h, le samedi de 7h à 12h. Plats à emporter.
Une petite épicerie fine située dans une ruelle de la vieille ville. Sa propriétaire, Marcella, sympathique et communicative, y prépare elle-même avec passion toutes sortes d'aliments. Ses sandwichs chauds ou froids à la focaccia, dont elle fabrique le tendre pain de ses propres mains, y sont délicieusement composés de légumes grillés, de viande à la coupe (en option), ainsi que de mozzarella. Mais ce n'est pas là sa seule arme secrète : on y trouve à emporter d'excellents plats de pâtes préparés par ses soins, aux sauces diverses, et de succulents desserts : salade de fruits, mascarpone, tiramisu. Et si vous avez décidé de cuisiner vous-même, rien ne vous empêche de goûter ses savoureuses pâtes aux truffes, ou ses sauces. Enfin, sa confiture maison est de nature à vous faire sourire dès le réveil. Le tout pour des prix tout aussi sympathiques.

La marmite en chocolat genevoise : son histoire

Une incontournable gourmandise à Genève qui envahit les pâtisseries, boulangeries, entreprises et bureaux dès la fin de novembre, pour fêter l'Escalade. Célébrée le 12 décembre de chaque année à Genève (aujourd'hui en Suisse), elle marque la victoire de la ville sur les troupes du duc de Savoie Charles-Emmanuel Ier à l'occasion de l'attaque savoyarde lancée dans la nuit du 11 au 12 décembre 1602 (selon le calendrier julien, soit les 21/22 décembre dans le calendrier grégorien). Le nom évoque la tentative d'escalade par les Savoyards des murailles de la ville au moyen d'échelles. Les festivités ont lieu le 12 décembre de chaque année et les commémorations officielles généralement du 9 au 11 décembre. Cette commémoration est «la» fête traditionnelle genevoise, culminant par le feu de joie sur le parvis de la cathédrale Saint-Pierre au son du *Cé qu'è lainô* – l'hymne genevois, écrit en vieux patois genevois, glorifiant cet événement historique. La coutume veut que les enfants se déguisent et défilent durant cette nuit dans les rues ou chantent aux portes la fameuse chanson *Ah ! La Belle Escalade*. Les étudiants des niveaux post-obligatoires font également un défilé diurne dans les rues de la ville. La population se déguise aussi pour participer à la multitude de soirées qui sont organisées en marge des événements officiels.
L'un des symboles les plus connus de cette fête est la mère Royaume qui, selon la légende, verse par sa fenêtre, durant la bataille nocturne, une marmite de soupe chaude sur les soldats savoyards passant dans sa rue. De là vient la fameuse marmite en chocolat (remplie de bonbons emballés aux couleurs genevoises et accompagnés de petits pétards, et de légumes en massepain) et la soupe de légumes dégustée à cette occasion. La marmite est traditionnellement brisée après la récitation de la phrase rituelle (« *Qu'ainsi périssent les ennemis de la République !* ») par les mains jointes du benjamin et du doyen de l'assistance.

■ LE DAMIER

5, rue Saint-Léger
✆ +41 22 301 18 38
Ouvert du lundi au vendredi de 6h45 à 18h30.
Le Damier a tous les atours d'une authentique *pasticceria* italienne. Le lieu est un ardent défenseur du chocolat, du bon chocolat s'entend. Que ce soit en petites boîtes, en tablette ou à l'unité, en petites pièces ou pralinés, les assortiments de chocolat fin sont sans reproche. On y trouve également le délicieux moelleux au chocolat de Philippe Pascoët. Et pour ceux que tente l'aventure de découvrir le véritable chocolat chaud – à base de cacao du Mexique, d'autres pays d'Amérique latine ou des îles – c'est possible aussi. Egalement une petite restauration à midi. Mais le mieux, c'est l'ouverture dès 6h45 !

■ ÉPICERIE FINE DU MOLARD

Espace Grande Boucherie du Molard
20, rue du Marché
✆ +41 22 311 71 66
www.boucheriemolard.ch
info@boucheriemolard.ch
Produits fins. Ouvert du lundi au samedi de 7h à 18h30 (17h30 le samedi). Livraison à domicile possible.

Les produits du terroir de l'Epicerie fine de la boucherie du Molard font vraiment envie : foie gras, truffes, crabes géants, huiles, moutardes, épices, gâteaux italiens, colombes, panetone et chocolats. Tout est prévu pour accompagner les plats traiteurs de l'Espace Boucherie. Les produits de luxe sont également présents : caviar, saumon fumé Balik, en partenariat avec la maison Caviar House et Prunier.
Et pour les accompagner : des vins suisses et étrangers sélectionnés avec le soin habituel à la maison. Pastis artisanal et liqueur d'edelweiss sont, parmi tant d'autres, des raretés locales.
Pour faire quelques cadeaux gourmands : corbeilles et chèques-cadeaux sophistiqués complètent l'offre.

■ OLIVIERS&CO

8, place du Bourg-de-Four
✆ +41 22 310 51 64
www.oliviers-co-suisse.com
gmaurice@worldcom.ch
Produits fins. Ouvert le lundi de 11h30 à 19h, le mardi et le mercredi de 10h à 19h, le jeudi de 10h à 20h, le vendredi de 10h à 19h30 et le samedi de 9h30 à 18h30.

Spécialistes des huiles et des produits de la Méditerranée, Oliviers&Co a construit son univers autour de l'olive que l'on retrouve sous différentes formes, en huile, en tapenade, en galette et même en chocolat ou en savon. Les produits sont tous originaux et de qualité rare comme les huiles à la truffe noire ou blanche ou les tapenades aux citrons confits, à la crème d'anchois, aux pistaches ou à la moutarde d'Orléans dont les recettes ont été élaborées par des grands chefs de renommée internationale. Confiture de tomates vertes, figues séchées, pâtes, épices ou vinaigres aromatisés s'ajoutent à ces innombrables crus d'huiles et à ces variations autour de l'olive. Des paniers-cadeaux élégamment présentés proposent des assortiments de ces denrées rares. Une très belle boutique que l'on prend plaisir à visiter.

POUGNIER
5, rue de la Confédération
✆ +41 22 310 37 52
www.pougnier.ch
Tram 12, arrêt Bel-Air
Boulangerie-pâtisserie. Ouvert du lundi au vendredi de 6h30 à 19h, le samedi de 6h45 à 13h.
Pains, viennoiserie, gâteaux, chocolats, feuilletés sucrés et salés, sandwichs variés ont fait le succès de cette entreprise familiale. C'est à toute heure un défilé de gourmands à l'arcade de Cornavin. On voit les voyageurs faire leurs provisions avant de monter dans le train, et ils ont bien raison. Car, ici, tout est fabriqué avec des matières premières nobles : la baguette à l'ancienne fermente sur trois jours sans levure.

Autres adresses : 12, galerie Malbuisson – Tél +41 22 311 51 72. • 34, rue Saint-Victor – 1227 Carouge – Tél +41 22 300 66 27. • Gare de Cornavin (7j/7) Tél +41 22 741 09 74.

ROHR
3, place du Molard
✆ +41 22 311 63 03
www.chocolats-rohr.ch
Chocolaterie. Ouvert du lundi au vendredi de 9h à 19h et le samedi jusqu'à 18h.
Depuis 1936, la famille Rohr vend ses truffes au marc de champagne, ses pralinés, ses florins, ses spécialités au Grand Marnier, ses chocolats truffés, ses truffes poudrées (enrobées de poudre de cacao pur) ou encore ses fameuses poubelles. Cette année encore, ce sont les calvins pralinés noirs aux éclats de noisettes. Vous pouvez également faire créer un cadre en chocolat avec une photo de votre choix ou encore des médailles ou bonbonnières en chocolat. Membre commerce et qualité (www.commerce-qualite.com).

Autres adresses : 4, rue d'Enfer – 1204 Genève – Tél 022 311 68 76. • Centre commercial La Praille – 1227 Carouge – Tél 022 301 56 06.

TEUSCHER
2, rue du Rhône
✆ +41 22 310 87 78
www.teuscher.com
Chocolaterie. Ouverte le lundi de 10h à 18h30, du mardi au vendredi de 9h30 à 18h30 et le samedi de 9h30 à 17h30.
Créés il y a maintenant 70 ans, les chocolats suisses Teuscher sont faits avec des produits provenant des meilleurs terroirs pour une qualité indéniable. Plus d'une centaine de saveurs chocolatées dans cette arcade : nougat, champagne (Dom Perignon), truffé, Bailey's, etc. Sans oublier les abricots confits façon orangette. Le plus, de très jolis emballages cadeaux, idéals pour offrir en souvenir. Les enfants ne sont pas oubliés, avec les amusantes boîtes en forme de pantin.

Rive et Eaux-Vives

Dans ce quartier des Eaux-Vives, la mode est à l'honneur, grâce à quelques boutiques de prêt-à-porter *tendance*. Vers le quai Gustave-Ador, on peut s'équiper pour pratiquer des activités nautiques, comme la voile ou la plongée. En prolongeant son shopping vers la rue du Rhône, de part et d'autre, ce ne sont que boutiques de marques de luxe et enseignes horlogères haut de gamme, un des secteurs d'activité pour lequel Genève est connu dans le monde entier.

Arts de la table

LA FARANDOLE
116, rue du Rhône
✆ +41 22 735 12 02
www.lafarandole.ch
Ouvert du lundi au vendredi de 9h30 à 12h30 et de 13h30 à 18h30 et le samedi de 9h à 12h30 et de 13h30 à 17h. Possibilité de livraison.
La Farandole c'est depuis plus d'un demi-siècle une réputation de qualité et de continuité dans l'art de la table. Le choix est immense et les plus belles marques sont présentes. On a envie de se laisser tenter par un service de Limoges, Dior, Hermès, par des verres de

Baccarat, Saint-Louis ou trouver un cadeau à offrir de Swarowski, Bernardaud ou un Etain du manoir... La liste est longue mais heureusement l'équipe présente prend son temps pour conseiller l'amateur. On confie en toute tranquillité sa liste de mariage car le réassort est possible pendant longtemps, on profite ainsi de son service de mariage même après quelques assiettes cassées ! Possibilité de livraison.

Autre adresse : Centre commercial Eaux-Vives 2000 – Tél +41 22 735 38 55. Ouvert du lundi 9h au samedi 17h, de 9h à 19h, non-stop.

TOUZEAU

65, rue du Rhône ✆ +41 22 312 36 66
www.touzeau.com
contact@touzeau.com
Ouvert du lundi au vendredi de 9h à 18h30 et le samedi de 9h30 à 17h30.
Cette maison remarquable tant pour la qualité que la quantité est installée dans la luxueuse rue du Rhône avec une boutique très claire, lumineuse, spacieuse où l'on prend son temps pour découvrir et admirer les marques prestigieuses dans le domaine des arts de la table : Baccarat, Christofle, Daum, Saint Louis, Haviland, Sèvres. On trouve aussi des premiers prix de qualité, des marques solides : Villeroy&Boch, Gien, et de petits cadeaux à offrir. Les listes de mariage sont montées sur une table. Egalement quelques petits meubles : fauteuils et petites tables, lampes. Sur place, se trouve l'espace Lalique, un écrin de beauté de par les objets d'art exposés, des panneaux muraux Lalique sont aussi présentés et peuvent être réalisés sur mesure.

Autre adresse : 28, avenue du Casino – 1820 Montreux – Tél +41 21 966 30 10.

Bijouterie – Montres

LES AMBASSADEURS

62, rue du Rhône
✆ +41 22 318 62 22
www.lesambassadeurs.ch
Ouvert du lundi au vendredi de 10h à 19h et le samedi de 10h à 18h.
Les amateurs de belles montres n'auront que l'embarras du choix parmi les 36 marques présentes aux Ambassadeurs. Un service après vente est même assuré sur place que l'on soit client ou non. Les conseils sont avisés pour vous aider dans votre choix. On y trouve aussi les très jolies pièces du joaillier italien Pomellato. L'accueil et le service sont à la hauteur de la qualité et du prix des articles.

AUDEMARS PIGUET

12, place de la Fusterie
✆ +41 22 319 06 80
www.audemarspiguet.com
Ouvert du lundi au vendredi de 10h à 18h30 et le samedi de 10h à 17h.
Installée dans le village du Brassus, au Locle et à Meyrin, en Suisse, cette marque fondée en 1875 est sans doute l'une des plus prestigieuses de l'horlogerie suisse, mais aussi l'une des plus prisées, avec sa production annuelle de plus de 25 500 pièces et ses quatorze filiales de distribution. Le modèle emblématique d'Audemars Piguet est la *Royal Oak*, lancée en 1972, qui deviendra la première montre haut de gamme sportive en acier.

BOUTIQUE BLANCPAIN

40, rue du Rhône
✆ +41 22 312 59 39
www.blancpain.ch
info@blancpain.com
Ouvert du lundi au vendredi de 10h à 18h45 et le samedi de 10h à 17h.
Cette marque de garde-temps de luxe est, depuis 1735, date de la fondation de sa manufacture en Suisse, familière des superlatifs. En 1956, elle lance en effet le modèle *Ladybird*, dôté du plus petit mouvement automatique du monde, avant de présenter, en 1988, le chronographe automatique le plus plat du marché. Depuis, la manufacture, forte de nombreuses récompenses, s'est faite une place de choix dans les salons horlogers et les compétitions sportives, où l'élégance et la finesse de ses modèles, mixtes, suscitent émerveillement et convoitise.

BREGUET

40, rue du Rhône
✆ +41 22 317 49 20
www.breguet.ch
Ouvert du lundi au vendredi de 10h à 18h45 et le samedi de 10h à 17h.
Cette marque de montres française est établie en Suisse, dans la vallée de Joux, depuis 1976. Mais elle ne se distingue pas uniquement par sa production de garde-temps de luxe ; une ligne de plumes Breguet a récemment vu le jour, en hommage aux écrivains qui mentionnèrent la marque dans leurs œuvres littéraires, tels que Jules Verne, qui fait porter une montre Breguet à Phileas Fogg dans *Le Tour du monde en quatre-vingts jours* ou encore Alexandre Dumas, qui choisit la marque pour orner le poignet du baron Danglars dans *Le Comte de Monte-Cristo*.

BUCHERER

45, rue du Rhône
✆ +41 22 319 62 66
www.bucherer.com
info@bucherer.com
Ouvert du lundi au vendredi de 9h à 19h et le samedi de 9h à 18h.
Ses montres de très grande qualité ont fait la réputation de la maison Bucherer fondée en 1888. Sur ses trois étages, Bucherer propose des grands noms de l'horlogerie suisse : Rolex, dont il est le seul représentant, mais aussi Chopart, Piaget, IWC, Baume et Mercier, Piaget, Tag Heuer ainsi que ses propres créations. Mais stylos, pendules, boîtes à musique, sacs de voyages ou petits accessoires de table ont aussi leur place chez Bucherer pour des cadeaux raffinés.

Autre adresse : 22, rue du Mont-Blanc – Tél 022 732 72 16.

JAEGER-LECOULTRE

2, rue du Rhône
✆ +41 22 310 61 50
www.jaeger-lecoultre.com
Ouvert du lundi au vendredi de 10h à 19h et le samedi de 10h à 18h.
Etablie dans le canton de Vaud, la manufacture Jaeger-Lecoultre a, depuis 1833, date de sa fondation, déposé plus de 350 brevets, témoins de la créativité hors du commun de la marque. Du développement du mouvement le plus plat du monde à celui de la première montre-bracelet à quartz, l'inventivité de cette marque de garde-temps d'exception atteint son paroxysme en 1931, lors de la présentation de son premier modèle *Reverso*, devenu depuis emblématique de l'horlogerie de luxe.

PATEK PHILIPPE

41, rue du Rhône
✆ +41 22 809 50 50
www.patek.com
Ouvert du lundi au vendredi de 10h à 18h30, le samedi de 10h à 18h.
Depuis 1839, l'ambition de cette luxeuse marque demeure la création de la plus belle montre du monde. La production est d'environ 30 000 pièces par an, toutes fabriquées dans la manufucture de Plan-les-Ouates, aux abords de Genève. Si le style peut paraître classique, tout est à l'intérieur. Qualité : des finitions parfaites, et, pour les parties mécaniques, une recherche permanente. Ce sont les caractéristiques des montres (les calendriers avec phase de la lune, le fait de n'avoir à les remonter qu'une fois par an, ou à ne les régler qu'une fois tous les 400 ans) qui ont fait leur célébrité. Témoin du prestige de la marque, le musée Patek Philippe de Genève renferme des documents d'archives, des collections d'émaux, mais aussi les garde-temps les plus emblématiques de la marque.

PIAGET

40, rue du Rhône ✆ +41 22 817 02 00
www.piaget.com
Ouvert du lundi au vendredi de 10h à 18h30 et le samedi de 10h à 17h.
Fondée en 1874, elle est restée dans la même famille. La manufacture est à Plan-les-Ouates, il en sort 28 000 pièces par an, d'une qualité exceptionnelle ! Pratiquement tous les composants et l'assemblage sont faits maison, ce qui vaut à Piaget sa réputation de joaillier de l'horlogerie : les montres sont travaillées comme des bijoux.

ROLEX

3, rue de la Fontaine
✆ +41 22 311 08 55 – www.rolex.com
Ouvert du lundi au vendredi de 9h30 à 18h30 et le samedi de 9h30 à 17h.
Cette marque a fait le tour de la planète et pour certains elle est devenue le signe de réussite dans la vie (sic) ! Fondée en 1905 par Hans Wilsdorf, c'est une entreprise suisse fabriquant, distribuant et vendant des montres de luxe. Son modèle phare Oyster (« huître » en anglais) existe depuis 1945. La boutique a été entièrement rénovée, avec luxe et discrétion, et se divise en deux espaces situés côte à côte : Rolex et Tudor. Propriété de Rolex, Tudor propose de superbes modèles plus « sport », dont la mythique Tudor Héritage.

VACHERON CONSTANTIN

1, place de Longemalle
✆ +41 22 316 17 40 – www.vacheron.ch
mis@vacheron-constantin.com
Ouvert du lundi au vendredi de 9h30 à 18h30 et le samedi de 9h30 à 17h.
Depuis 1755, cette manufacture horlogère fabrique des montres prestigieuses pour hommes et dames. Il s'agit du plus ancien fabricant vendant ses propres montres dans ses propres bâtiments. La production atteint 15 000 pièces par an, venant de la vallée de Joux et de Genève, et relevant toutes d'une qualité exceptionnelle : sophistication du mouvement (d'une épaisseur de 1,64 mm), raffinement du boîtier, finitions ornées du poinçon de Genève. Le style est un peu masculin, mais surtout classique et raffiné. Plusieurs collections comme Malte, de 1912,

avec sa forme de tonneau, la Royal Eagle, les Kalla, se rapprochent de la joaillerie. Enfin les dernières collections proposent des montres destinées à la vie quotidienne. L'Overseas, montre de dame en acier poli et mouvement à quartz, bracelet acier, est étanche à 150 m. Le modèle le plus connu est Overseas pour homme.

Bricolage – Jardinage

À L'ARAIGNÉE ROUGE

7, place des Eaux-Vives
✆ +41 22 736 63 60
www.araigneerouge.com
Ouvert du mardi au vendredi de 8h30 à 12h15 et de 13h30 à 18h30 et le samedi de 8h30 à 15h.
Pour résumer ce que l'on peut trouver dans cette droguerie technique : de tout pour tout ! Se parer contre les invasions d'insectes volants ou rampants, teindre des vêtements, soigner ses meubles en bois ou son canapé en cuir, repeindre ses volets, prendre soin de son jardin et autres… Ouf ! Bref, pour les bricoleurs, amateurs ou professionnels, et les fées du logis, c'est la bonne adresse ! En outre, un corner plein de senteurs vient agrémenter la boutique avec des bougies, de l'encens, des parfums d'intérieur, des huiles essentielles et même quelques produits de beauté.

Cadeaux du monde – Commerce équitable

LE BALAFON

2, rue Villereuse ✆ +41 22 735 10 65
www.lebalafon.ch – info@lebalafon.ch
Tram 12,16,17 Arrêt Villereuse
Ouvert le lundi de 14h à 18h30, du mardi au vendredi de 10h à 18h30 et le samedi de 10h à 17h.
Au cœur du quartier des Eaux-Vives, Le Balafon, un magasin de commerce équitable qui a obtenu en 2011 la *mention du jury* au prix du développement durable de la ville, propose des articles en provenance du monde entier et commercialisés selon des critères éthiques et solidaires. En effet, les produits de la boutique ont tous été réalisés par des artisans ou petites entreprises de pays du Sud se distinguant par des pratiques sociales et environnementales responsables. Vaisselle, boîtes, bijoux, foulards, jeux pour enfants, instruments de musique, épices, savons viennent des quatre coins de la planète, de l'Inde à la Colombie, du Togo au Vietnam. La sélection est de bon goût avec de beaux objets de décoration et des bijoux à la pointe de la mode, des livres et des disques de musique du monde permettent de prolonger le voyage. Une belle boutique qui regorge d'idées cadeaux et de tentations !

Centres commerciaux – Grands magasins

EAUX-VIVES 2000

5, rue Jargonnant ✆ +41 22 736 90 82
www.eaux-vives-2000.ch
eaux-vives-2000@bluewin.ch
Ouvert dès 8h pour la Coop et 9h pour les 25 autres commerces. Fermeture du lundi au mercredi à 19h, le jeudi à 21h, le vendredi à 19h30 et le samedi à 18h. UBS pour vos principales opérations bancaires 24h/24 et 7j/7. Parking sous le centre de 190 places à disposition sous le centre Eaux-Vives 2000.
Ce centre entièrement rénové propose un nouveau look, une nouvelle ambiance et un service à la hauteur. L'ensemble des 25 enseignes couvre tous les besoins de la vie courante. Coop pour l'alimentaire – H&M, Pull Box, Yendi et Zebra pour la confection dame – Dosenbach pour les chaussures – Charles Royston, La Pharmacie Principale, Marionnaud, Visilab et Roma pour le bien-être – La Farandole pour les cadeaux, la décoration et les listes de mariage – Edward's, Coffe time et Take It pour la restauration rapide – 5 à Sec et Mister Minit pour les services – Helvetic Tours pour l'organisation et la réservation de voyages et UBS pour les principales opérations bancaires.

Dépôts-vente

GM BOUTIQUE

3, avenue Pictet-de-Rochemont
✆ +41 22 735 55 55
Ouvert le mardi de 14h à 18h, le mercredi de 11h à 18h et le jeudi et le vendredi de 14h à 18h.
GM veut dire Grandes Marques pour les femmes et rien d'autre. D'un côté chacune peut apporter sa robe ou son tailleur ou ses chaussures (neuves) et son sac à condition qu'elles soient de grandes marques, le prix est convenu et la robe gardée un mois. D'un autre côté, sacs Hermès et Dior, robes Gucci et Chanel conviennent parfaitement aux femmes qui travaillent et préfèrent s'habiller à moitié prix – surtout des petites tailles. Coin braderie à petits prix.

Fleurs – Plantes

■ COULEURS ET PARFUMS

25, rue Montchoisy ✆ +41 22 700 60 60
www.couleursetparfums.ch
info@couleursetparfums.ch
Ouvert du mardi au vendredi de 9h à 19h et le samedi de 9h à 18h.
Le lieu est atypique, chic et branché. L'ancienne porte de garage à l'entrée protège fleurs et compositions des agressions du soleil ou de la pluie. Les murs et le sol en noir se font oublier pour sublimer les fleurs et leurs couleurs, présentes ici en quantité et de qualité. Fleurs rares, orchidées, bougies et vases, la sélection est superbe et de très bon goût. On cherche aussi le vrai du faux, car sont disséminées de-ci de-là quelques fleurs artificielles, il faut toucher pour être sûr. Alain est un fleuriste qui crée, invente, compose, met en scène... Un artiste !

Mode

■ 15 TER

15 rue de la Terrassière
✆ +41 22 735 70 87
www.15ter.ch

Boutique féminin masculin. Ouvert le lundi de midi à 18h30, du mardi au vendredi de 10h à 18h30 et le samedi jusqu'à 17h30.
Lieu insolite, spacieux et décalé où l'on aime flâner de corner en corner en butinant entre les belles collections de mode urbaine, soigneusement choisies par Diane, Jennifer et Peter, chez IKKS, Paul Smith, Duvetica, Parajumers, Transit, Des Petits Hauts, jeans Citizen of Humanity... On est séduit par les multiples accessoires, comme par exemple les sacs Paul Smith, les bijoux parisiens de Philippe Audibert, les écharpes Faliero Sarti, et les chaussures Ash... La déco originale de la boutique vaut le détour : de vieux meubles et multiples lustres sortis des seventies mettent en scène les matières, un patchwork de tomettes laissées au sol donne une âme au lieu où l'équipe vous accueille avec élégance et sympathie. On apprécie aussi les prix qualifiés de Best deal in town, qui nous rassurent au moment de passer à la caisse... laquelle ne manquera pas de nous surprendre puisqu'il s'agit d'une authentique caisse enregistreuse National en laiton de 1903, avec sa manivelle ! Une belle adresse à Genève.

Galerie d'Art

■ CALAMART

5, chemin Neuf ✆ +41 22 700 16 16
www.calamart.ch – er@calamart.ch
Ouvert du lundi au vendredi de 10h à 12h30 et de 14h à 18h ou sur rendez-vous du lundi au samedi de 10h à 19h.
Emmanuelle Reichenbach, grâce à sa formation d'historienne de l'art et à sa grande sensibilité d'esthète, a réussi à créer ce qui paraissait difficilement concevable : une galerie urbaine d'art accessible. En effet, si les œuvres choisies par la galeriste sont indéniablement belles, elles n'en sont pas moins tout à fait compréhensibles par chacun. Les pièces, réalisées par de jeunes créateurs suisses et européens, sont aussi à la portée de tous, car les prix sont très modestes. Cet élégant art store recèle en vérité bien des merveilles !

Librairie – Papeterie

■ FNAC

16, rue de Rive
✆ +41 22 816 12 12 – www.fnac.ch
Ouvert du lundi au mercredi de 9h à 19h, le jeudi de 9h à 21h, le vendredi de 9h à 19h30 et le samedi de 9h à 18h.

Sur trois étages, de la culture et encore de la culture… Un étage entier est consacré aux livres. En sortant de l'escalator, on trouve tous les coups de cœur de la Fnac, et ensuite on déambule au milieu de la littérature suisse, française et étrangère, pour continuer par les ouvrages économiques et déboucher sur la cuisine, le voyage, la photo, les sciences humaines, la santé et le très joli rayon enfants pour finir par les BD et les policiers. Le conseil est toujours avisé, et on peut commander sans problème un ouvrage qui pourrait manquer. On vous prévient alors par téléphone, par e-mail ou par texto de son arrivée. Egalement un grand choix de CD, DVD, matériel hi-fi, etc.

Le plus futé : la carte Fnac qui offre des remises supplémentaires et surtout une journée de bienvenue à prix cassés. Sans oublier les régulières rencontres avec les auteurs et les concerts.

Autre adresse : Centre Balexert (2e étage) – 27, avenue Louis-Casaï – Tel +41 22 979 44 44.

LIBRAIRIE LE PARNASSE

6, rue de la Terrassière
✆ +41 22 736 27 26
Ouvert le lundi de midi à 19h, du mardi au vendredi de 10h à 19h et le samedi de 10h à 18h.

Située au cœur du quartier des Eaux-Vives, la librairie le Parnasse a pour spécialités la psychanalyse, la littérature, la poésie et les beaux-arts mais aussi la philosophie, le théâtre, les poches et les livres en italien. Le conseil est efficace et les libraires se font un plaisir de nous satisfaire.

Autre adresse : Livres d'occasions : 20, rue des Eaux-Vives – Tél +41 22 736 27 53.

ORDNING ET REDA

20, rue de Rive
✆ +41 22 810 10 20
www.ordning-reda.com
geneve@ordning-reda.com
Papeterie et accessoires de bureau. Ouvert du lundi au samedi de 9h30 à 19h, le jeudi jusqu'à 20h, le samedi jusqu'à 18h.

C'est vraiment une très belle boutique de papeterie et d'accessoires de bureau, à deux pas de la Fnac, avec toujours des nouveautés et des couleurs qui donnent du pep's à notre quotidien au bureau ou à la maison. Le choix est inouï, avec de magnifiques albums photo recouverts de tissu dans des dimensions originales, des étuis pour ordinateurs, iPhone, iPad, appareils photo, en différentes matières (cuir, néoprène, toile…) et qui se parent de paillettes ou de couleurs selon les saisons. Cahiers, calepins, carnets, classeurs, papier à lettre, stylo Lamy, répertoires, livres de graphistes ne sont pas en reste, toujours tendance, actualisés dans des tons éclatants. Aux couleurs de base de la marque qui restent toujours le noir, le rouge, le bleu ou le gris, s'ajoutent de l'orange, du mauve et du vert et même une ligne croco… De nombreux accessoires très originaux, sacs, trousses, stylos sont également en vente… Plus une multitude de petits cadeaux malins et sympas pour toutes les bourses. Nouveauté : les livres et albums photo peuvent être personnalisés.

Optique

ACUITIS

18, place Longemalle
✆ +41 22 818 00 60
www.acuitis.com
longemalle@acuitis.com
Ouvert du lundi au vendredi de 9h à 19h, le jeudi de 9h à 20h et le samedi de 9h à 18h.

La maison Acuitis propose un concept résolument novateur : des produits d'une belle qualité à des prix extraordinairement bas. On peut ainsi faire l'acquisition déjà pour 59 CHF d'une monture et de deux verres à notre vue. Il devient aussi possible d'acheter autant de lunettes que nous avons d'humeur. Les modèles sont beaux, bien faits et accessibles à tout un chacun.

MICHEL FORESTIER OPTICIENS

16, cours de Rive
✆ +41 22 786 07 26
Ouvert du lundi au vendredi de 9h à 18h30, le samedi de 8h30 à 17h.

C'est dans un espace moderne, tendance, aux couleurs lumineuses et à l'agencement design qui offre plus d'espace, que sont présentées les marques de créateurs ou de couturiers. Toujours un accueil souriant, des explications précises, et un opticien diplômé adapte les verres et verres de contact, et procède aux examens de vue. Le choix de montures est large : on trouve même des montures en bois ou en corne... dans un espace bien agencé pour hommes, femmes et enfants avec des marques comme L'Atelier, Caroline Abram, Robert Marc, Kirk Original, Armani, Prada, Gucci, Ralph Lauren, IC Berlin, Dior, Tom Ford et d'autres petites marques. Pour les solaires, les incontournables Ray-Ban, les performantes et hyper-confortables Maui Jim, un immense choix de Persol, et les modèles de couturiers sont tous agréablement présentées. Au total, entre plus de 1 200 paires de lunettes et environ 500 solaires, qui ont leur propre espace de présentation, vous trouverez sûrement votre bonheur.

Sports

DOODAH

11, rue d'Italie
✆ +41 22 310 28 84
www.doodah.ch
info@doodah.ch
Ouvert du lundi au mercredi de 10h à 18h30, le jeudi de 10h à 19h, le vendredi de 10h à 18h30 et le samedi de 9h à 18h.

Doodah propose sur trois étages l'équipement du snowboard et du skate dans une atmosphère jeune, décontractée. Pour s'y retrouver : au rez-de-chaussée, les accessoires de saison : bonnet, casquettes, sac à main, au premier étage : les soldes, fin de séries aussi bien fille que garçon. Au sous-sol : vêtements de sport des marques telles que Burton, Volcom, DC, chaussures avec un kids corner. On appréciera le grand choix de planches, avec un grand éventail de marques et de prix. Il y a même une fabrication maison, en premier prix, de planche de skate. Tous les vendeurs sont des fans, c'est dire que tout glisse. SAV et assurance anti-bris.

LA SEICHE

19, rue du 31-Décembre
✆ +41 22 735 41 96
www.laseiche.ch
Ouvert le lundi de 13h30 à 18h30, du mardi au vendredi de 10h à 18h30 et le samedi de 9h30 à 17h.

Avec plus de trente-cinq d'existence, la Seiche fait partie des enseignes connues de Genève par les navigateurs et les clients avertis, qui trouvent leur bonheur dans cette boutique spécialisée.
La Seiche c'est aussi un très grand professionnalisme, un esprit d'équipe maintenu et entretenu par Pierre Buholzer et Pascal, tous deux passionnés qui « gardent le cap » et l'esprit du magasin !
Particuliers et professionnels trouveront dans la convivialité et la bonne humeur, leur bonheur en câblerie, matelotage et conseils avisés pour l'entretien et l'équipement du bateau. Vous trouverez cordages, peintures, vernis, jumelles, GPS, tout pour l'accastillage, un vaste choix de vêtements pour les jours de beau ou de mauvais temps, et aussi des idées de cadeaux sur le thème marin.
Côté écologie, le magasin privilégie les articles faits en bois de bambou afin de lutter contre l'usage abusif de bois précieux comme le teck. Le magasin fournit également de la visserie inox, des WC chimiques, des combinaisons en néoprène et quelques articles de plongée.

Tabac – Cigares

LA CASA DE HABANO CHEZ SPRING CIGARS

82, rue du Rhône
✆ +41 22 310 28 70
www.geneva-cigars.com
contact@geneva-cigars.com
Ouvert le lundi de 14h à 19h, du mardi au vendredi de 10h à 19h et le samedi de 10h à 17h30.

La Casa de Habano, ce sont quatre arcades en Suisse et cent trente dans le monde. Et de ce fait, elle jouit d'une priorité d'approvisionnement en cigares cubains et d'exclusivité comme le gold medal de Bolivar. Il s'agit d'un affineur qui amène les cigares à maturité, un peu comme le vin. 350 références à commander sur Internet. A Genève, La Casa se trouve dans le passage Marjolaine reliant la rue Neuve-Molard et la rue du Rhône. A côté du magasin proprement dit, on peut fumer son cigare préféré en buvant un bon whisky dans le lounge ou faire garder ses cigares dans le Bar à Cigares.
Pour un conseil, demandez à M. ou Mme Spring, ce sont des passionnés de cigares qui se feront un grand plaisir de donner leur avis. Bon à savoir : certains cigares peuvent se conserver jusqu'à 30 ans. Et un conseil de M. Spring, savourez un bon cigare avec un vieux rhum, un délice !

DAVIDOFF

2, rue de Rive
✆ +41 22 310 90 41
www.davidoff.com
Ouvert du lundi au vendredi de 9h à 18h30, le samedi de 9h à 18h.

La célèbre marque est née à Genève avec l'arrivée d'un immigré russe, Henri Davidoff, le père de Zino Davidoff, qui ouvrit un bureau de tabac en 1911.
La boutique est spacieuse et propose un choix pléthorique de cigares ainsi qu'un assortiment d'accessoires pour fumeurs et non-fumeurs.

Artisanat – Déco – Maison

SCHILLIGER

1, avenue Krieg
✆ +41 22 840 46 97
www.schilliger.com
info@schilliger.com
Ouvert du lundi au vendredi de 9h à 18h30, le samedi de 9h à 18h.

Schilliger est une impressionnante boutique de décoration d'intérieur où l'on peut trouver quantité de merveilles pour rendre son chez-soi cosy ou faire de très beaux cadeaux. Il y a des meubles, du linge de maison, des articles destinés à l'art de la table, un coin salle de bains, de quoi agrémenter sa terrasse et du mobilier de jardin en été.
Il y aussi plein d'objets pour faire de sympathiques présents : des confitures, des bougies, des photophores, du parfum d'intérieur et des serviettes en papier décoratives. On peut également demander des bons-cadeaux ou encore établir une liste de mariage.

TOUZEAU

65, rue du Rhône
✆ +41 22 312 36 66
Voir page 271.

Beauté – Bien être

■ ECOLE SUPERIEURE DE COIFFURE

6 rue de Rive ✆ +41 22 810 15 56
www.ecolesuperieuredecoiffure.com
escgeneve@aol.com
Ouvert du lundi au samedi de 8h à 17h. Coupes hommes : 18,50 CHF ; enfants à partir de 14,50 CHF. Mise en plis à partir de 14 CHF. Brushing à partir de 20 CHF. Extensions : 10 CHF la mèche. Etudiants : tarifs réduits (-20%) du mardi au jeudi.
Cette école, répartie sur 250 m² de surface au 1er étage, est à proximité des commerces, du Jardin anglais et du lac, et reçoit une clientèle variée et nombreuse tout au long de la journée, sans rendez-vous, avant 16h pour une coupe ou un brushing rapide, et avant 15h pour les prestations plus longues. C'est une bonne manière de se faire couper les cheveux, faire un brushing ou changer sa couleur à un prix très raisonnable. Supervisés par leurs professeurs, les élèves exécutent les désirs des clients, ce qui leur permet d'apprendre leur métier. Les prestations sont de qualité, et les clients choisissent exactement ce qu'ils veulent. Hommes, femmes et enfants sont pris en charge avec le même soin.

Cadeaux

■ L'ENVIE DE

13, rue de la Terrassière
✆ +41 22 700 20 26
Ouvert le lundi de midi à 18h30, du mardi au vendredi de 10h à 18h30 et le samedi de 10h à 17h30.
Une boutique ludique pleine de tentations installée dans le quartier des Eaux-Vives. Sur deux étages, senteurs et saveurs, objets de décoration, accessoires mode, cartes de vœux et même meubles se côtoient dans un univers coloré. Confiture de tomates vertes, sirop à la violette, coussin Barbapapa, bougies parfumées, tee-shirts, la gamme de produits et de prix est très variée. Difficile de repartir les mains vides…

▸ **Autres adresses :** L'Envie 2, rue Saint-Joseph – 1227 Carouge – ✆ +41 22 301 68 58. • L'Envie d'en Face 6 bis rue du Pont-Neuf – 1227 Carouge – ✆ +41 22 301 91 80.

■ MIRA BELLE

15, rue des Vollandes
✆ 0041 22 700 45 10
www.mirabelleboutique.com
Ouverte du lundi au vendredi de 10h30 à 18h30 et le samedi d 10h à 17h.
C'est une adresse incontournable du quartier des Eaux-Vives, une adorable petite boutique où les objets déco et les idées cadeaux se déclinent au gré des saisons et des coups de cœur de Sophie, qui nous accueille toujours avec le sourire et nous présente aussi ses nouveautés, nombreuses tout au long de l'année : objets romantiques, rétro, un brin ludiques et toujours pratiques, un grand choix de jouets, répliques d'anciens : toupie, cubes, jeux en bois, boîte à musiques, un espace carterie et papeterie, senteurs et beauté, quelques douceurs à croquer, des bijoux et accessoires, le choix est large. Au final, on tombe sous le charme de cette bonbonnière aux couleurs pastel où vous trouverez toujours le cadeau original ou l'objet raffiné que vous cherchiez. Mira Belle vaut le détour.

■ MONTBLANC

1, place du Port ✆ +41 22 312 27 70
www.montblanc.com
service@montblanc.com
Ouvert du lundi au vendredi de 9h30 à 18h30 et le samedi de 9h30 à 17h.

Dans 200 m², sur deux étages, la boutique de la célèbre marque propose ses fameux stylos, ses articles d'horlogerie (il s'agit de la plus importante boutique Montblanc pour ce qui concerne l'horlogerie !), de joaillerie, de bijouterie et ses objets en cuir. Le cadre, beige et bleu sombre, élégant, fait de cette visite un moment voluptueux.

Multimédia – Image – Son

■ APPLE STORE

4, rue de Rive ✆ +41 22 318 03 00
www.apple.com
Équipement multimédia. Ouvert du lundi au mercredi de 9h à 19h, le jeudi de 9h à 21h, le vendredi de 9h à 19h30 et le samedi de 9h à 18h.
Bienvenue dans le monde d'Apple, dès l'entrée votre regard est attiré par les dernières nouveautés présentées de part et d'autre du hall, comme l'Ipad ou le dernier Iphone. Une équipe dynamique de jeunes en tee-shirt bleu uniformisé est toujours là pour vous guider dans ce monde à part sauf pour les utilisateurs inconditionnels de Mac. Pour les autres, pas de souci, sur place il existe des ateliers avec des cours privés ou collectifs ou le Génius Bar, un bar à génies, pour vous familiariser !

Musique

■ FNAC

16, rue de Rive
✆ +41 22 816 12 12 – www.fnac.ch
Ouvert du lundi au mercredi de 9h30 à 19h, le jeudi de 9h30 jusqu'à 21h, le vendredi de 9h30 jusqu'à 19h30 et le samedi de 9h à 18h.
Très grand choix de CD, que ce soit du classique, du rap ou de la variété. Les vendeurs sont là pour nous conseiller et nous aider dans notre choix, et on peut aussi écouter avant d'acheter si on le souhaite. Doit-on rappeler que la Fnac c'est aussi des livres, des DVD, des vidéos, du matériel hi-fi ou photo ?

▸ **Autre adresse :** Centre Balexert (2e étage) – 27, avenue Louis-Casaï – Tel +41 22 979 44 44.

■ MUSIC LOVER

15, rue du Lac ✆ +41 22 840 55 40
Ouvert du mardi au vendredi de 13h à 19h et le samedi de 13h à 18h. Les prix varient de 5 à 500 CHF.
L'arcade est tenue par un pianiste, à l'accent américain, qui propose des vinyles en occasion pour les collectionneurs ou les amateurs. La couverture compte, la musique aussi : jazz, Amérique du Sud, musique cubaine et classique bien sûr !

Panier gourmand

■ AUER

4, rue de Rive ✆ +41 22 311 42 86
www.chocolat-auer.ch
info@chocolat-auer.ch
Chocolaterie. Ouverte le lundi de 10h à 18h45, du mardi au vendredi de 8h30 à 18h45 et le samedi de 9h à 17h30.
Plus de cinquante sortes de pralines, de truffes : au lait, noires, parfumées au rhum, au café, au caramel, au kirsch et même blanches. Il y a aussi les délicieux florentins ou encore les pavés (truffe glacée enrobée de chocolat). Au moment de l'escalade, les marmites sont superbement remplies et raviront petits et grands.

■ BRAGA

2, rue Michel-Chauvet
Angle 54, boulevard des Tranchées
✆ +41 22 346 35 20
Boulangerie-pâtisserie. Ouvert du lundi au vendredi de 6h à 19h.
La boulangerie-pâtisserie Braga est idéalement située au pied de la vieille ville, à deux pas du centre ville et à proximité des musées. C'est une ravissante boulangerie-pâtisserie de quartier, reconnaissable à sa devanture rose, une vraie bonbonnière. L'accueil est charmant. Toutes sortes de pain sont en vente et sur place vous trouverez quelques idées pour des cadeaux gourmands et appréciés, présentés dans de jolis coffrets. Vous pouvez aussi commander des pièces montées personnalisées lors d'une occasion anniversaire, mariage... Le rayon des chocolats retiendra sûrement votre attention et comme tout est fait maison, on peut craquer avec raison !

■ CONFISERIE CÉLINE ET SÉBASTIEN

7, rue des Eaux-Vives
✆ +41 22 736 78 04
Pâtisserie. Ouverte du lundi au vendredi de 4h30 à 18h30 et le samedi de 6h30 à 18h.
C'est un jeune couple charmant qui tient cette petite boulangerie-pâtisserie traditionnelle de quartier. La viennoiserie est au beurre, le petit salon de thé est avenant, la pâtisserie toujours fraîche avec une spécialité, le Royal (croquant noisette – mousse au chocolat). Petits sandwichs pour midi, chocolats en ballotins, autant d'occasions dans la journée ou à l'année de leur rendre une petite visite.

■ BRUAND

Halle de Rive
29 boulevard Helvétique
✆ +41 22 752 53 17
www.fromage-bruand.ch
admin@fromage-bruand.ch

Fromagerie. Ouverte du lundi au vendredi de 7h30 à 19h et le samedi de 6h à 16h.

Le choix est vaste, plus de 300 variétés de fromages variant selon les saisons et les arrivages et provenant du monde entier grâce à la collaboration de Dominique et Carole Ryser avec Hervé Mons, meilleur ouvrier de France à Roanne. On peut déguster ainsi du cheddar fermier ou des fromages portugais, espagnols… Bien sûr, les fromages suisses sont à l'honneur : du gruyère vieux d'alpage (24 mois), des alpages valaisans et tessinois, un grand choix de bleu, du vacherin mont-d'or affiné maison. Et encore des fromages : vacherin de Fribourg, mélanges pour la fondue ou une raclette crémeuse à emballer sous-vide pour les voyageurs. La crème de gruyère et la fameuse raclette Bruand siègent en bonne place toute l'année. La maison livre à domicile sur Genève. Une seconde adresse a vu le jour depuis décembre 2012 et ravit les papilles des habitants de Vesenaz, située à 7 km de Genève en direction de Thonon.

▶ **Autre adresse :** 52 route de Thonon, 1222 VESENAZ. Tél. ✆ +41 22 752 53 17

■ CARASSO

16, cours de Rive ✆ +41 22 786 64 80
www.carasso.ch – info@carasso.ch

Café/Thé. Ouvert le lundi de 13h30 à 18h30, du mardi au vendredi de 9h à 12h30 et de 13h à 18h30 et le samedi de 8h à 17h30.

Ici, on pratique le sur-mesure et selon notre goût et notre équipement on choisira parmi l'arabica de Colombie, le moka d'Ethiopie ou encore le très rare et très recherché blue mountain de Jamaïque, torréfiés et moulus devant nous. Des mélanges maison sont également à disposition ainsi que des capsules de café réservées, bien sûr, aux machines Carasso Espresso System ainsi que des accessoires, services à thé ou café.

▶ **Autres adresses :** 10, rue Grenus – Tél 022 732 18 42. • 6, rond-point Plainpalais – Tél 022 320 58 16

■ CAVEAU DE BACCHUS

5, cours de Rive ✆ +41 22 312 41 30
www.bacchus.ch – info@bacchus.ch

Caviste. Ouvert du lundi au vendredi de 9h30 à 19h et le samedi jusqu'à 18h.

« On aime ce qui est bon » ; telle est la devise des cavistes. Ils veulent développer le goût du vin chez leurs clients en leur faisant découvrir leurs grands crus comme leurs petits vins (le moins cher, un vin de caractère, est à 12 CHF). Vins du monde, crus rares et grands flacons (jéroboams ou magnums), champagnes. Pour les petits futés : des promotions sur les caisses de grands bordeaux à ne pas rater !

■ CAVIAR HOUSE ET PRUNIER

30, rue du Rhône ✆ +41 22 781 02 37
www.caviarhouse-prunier.com

Caviar. Ouvert lundi, mardi, mercredi et vendredi de 10h à 18h45, le jeudi de 10h à 20h et le samedi de 10h à 18h. Membre Commerce et Qualité (www.commerce-qualité.com).

Caviar House&Prunier est une référence sur Genève, un écrin de luxe sobre, habillé de noir et de blanc, pour ce caviar qui attend tranquillement maturation, exposé dans une chambre de verre, au centre du magasin. Gage de qualité, on peut ainsi être témoin des étapes que les précieux œufs d'esturgeon franchissent avant d'être savourés. Saumon de Baltique, caviar, huile de truffe, uniquement de la gastronomie fine et pour accompagner ces produits haut de gamme, une sélection de vins et de spiritueux de qualité : rien de tel qu'un shot de vodka avant une bouchée de caviar pour sublimer celui-ci. Caviar House&Prunier a aussi deux «Seafood Bar», situés à l'aéroport et à Globus, ouvert jusqu'à 22h (jusqu'au dernier vol à l'aéroport), pour une pause gastronomique.

Autres adresses : Aéroport de Genève – Départ – Tél : +41 22 798 42 91 – +41 22 798 48 75 (transit) • Seafood Bar Globus – 48, rue du Rhône – Tél : +41 22 340 21 87

HALLE DE RIVE

29 boulevard Helvétique
www.halle-de-rive.ch
Halle couverte. Ouvertes du lundi au vendredi de 7h30 à 19h, et le samedi de 6h à 16h. Bistrot : plats de 16 à 34 CHF. Ouvert du mardi au samedi. Réservation : +41 22 736 48 76 Marché le mercredi et le samedi de 6h à 13h.

Une halle couverte créée en 1877 pour accueillir les producteurs régionaux. Aujourd'hui, les produits du terroir sont présents avec plus de 25 commerces regroupés en association dans un même lieu : la Halle de Rive. Vouée au «bien-vivre» et au «bien-manger», la halle réunit des produits de qualité et même rares qui séduisent les gastronomes. On flâne parmi les étals de fromagers affineurs, artisans bouchers, volaillers, poissonniers, primeurs, boulangers, pâtissiers et fleuristes ! Sans oublier les spécialités italiennes, orientales et asiatiques. Les prix sont à la mesure de la qualité des produits, de premier ordre. On fait ses achats tout en dégustant sur place quelques produits choisis, cuisinés au Bistrot de la Halle : os à moelle, escargots au beurre, foie gras frais de canard, Boîte Chaude, longeole, rösti, meringues glacées à la crème double... Le Parking de Rive est situé à quelques mètres de l'entrée. Face à la Halle, le mercredi et le samedi, un marché de producteurs se tient en plein air.

HARAR CAFÉ

8, ruelle de la Vinaigrerie
✆ +41 22 736 64 05
Magasin de cafés. Ouvert du lundi au vendredi de 8h à 19h et le samedi de 10h à 18h.

A cette adresse, un grand choix de cafés torréfiés artisanalement. On peut également venir casser la croûte avec des petits snacks préparés par la patronne, avant de se laisser tenter par un des nombreux arômes de café. Le cadre, aux tons évidemment chocolats, est chaleureux et donne envie d'un bon café chaud pour se réveiller, car en effet « *le café est un breuvage qui fait dormir quand on n'en prend pas* » (Alphonse Allais).

LADURÉE

7 cours de Rive
✆ +41 22 310 44 04
www.laduree.com
espacecommercial@laduree.com
Confiserie. Ouverte le lundi, mercredi et vendredi de 9h à 19h, le jeudi de 9h jusqu'à 19h30 et le samedi de 9h30 à 18h.

Cette petite arcade aux allures de bonbonnière, reproduction exacte de la maison-mère parisienne, ne désemplit pas. Elle reçoit sa livraison quotidienne de macarons aux parfums délicats et aux couleurs précieuses : pétales de rose, framboise, caramel au beurre salé, chocolat noir amer, réglisse...

LE MARCHÉ DE VIE

25, rue des Eaux-Vives
✆ +41 22 735 44 34
www.lemarchedevie.ch
marche.de.vie@swissonline.ch
Ouvert du lundi au vendredi de 8h à 18h45 et le samedi de 10h à 17h.

Un grand rayon frais, pâtes fraîches, fromages, tofu, légumes attend les gourmands. On y trouve aussi, bien sûr, toute une gamme de produits de nettoyage dont les célèbres noix de lavage et un rayon de produits de beauté naturels. En été, une gourmandise et une curiosité, les glaces à l'avoine, au riz et au thé vert. Muriel et Christiane se font un plaisir de donner des conseils et petits trucs.

MARTEL

4, rue de la Croix-d'Or
✆ +41 22 310 31 19
Boulangerie-pâtisserie. Ouvert du lundi au samedi de 7h à 19h, sauf le jeudi, ouvert de 7h à 19h30.

Une maison bien connue à Genève pour le choix de ses gourmandises salées ou sucrées et ses variétés de chocolats. Il est bien agréable de prendre une pause dans leurs salons de thé et de commencer la journée avec une petite viennoiserie au beurre.

Autres adresses : 25, route de l'Aéroport – Niveau départ – 1216 Cointrin Tél 41 22 798 30 81. • 8, rue du Marché – 1227 Carouge Tél +41 22 342 00 45. • Centre commercial La Praille – 10, route des Jeunes – 1227 Carouge.

MESSAPIA

2, route de Chêne

✆ +41 22 786 12 12

www.messapia.ch

Ouvert du lundi au vendredi de 10h à 19h et le samedi de 10h à 17h.

Entrer dans l'épicerie Messapia est un voyage en soi ; un itinéraire gastronomique en Salento, un territoire de la région des Pouilles, au sud de l'Italie. En effet, Davide Greco, le propriétaire du lieu, a choisi de présenter dans son épicerie une quarantaine de produits alimentaires ainsi que des services de table, tous fabriqués artisanalement par des entreprises familiales de cette région. Au cours de votre visite, laissez-vous guider par la sympathie et la générosité de Davide et découvrez un large choix d'huiles d'olive naturelles, de confitures, de pâtes Benedetto Cavalieri, de vinaigres, de biscuits, de chocolats et de vins. Enfin, un petit service traiteur présente en exclusivité genevoise des produits frais et des fromages typiques du Salento. En bref, une très bonne adresse, à prix abordables.

MI FOOD MI RAISIN

4, chemin Neuf

✆ +41 22 700 58 70

www.mifoodmiraisin.com

Epicerie, cave. Ouverte du mardi au vendredi de 9h30 à 19h30, et le samedi de 9h30 à 18h.

Christophe et Barbara Grellier, créateurs de l'hôtel-restaurant et épicerie *Le bonheur dans le pré*, à Lucinges, en France voisine, sont les sympathiques propriétaires de l'établissement (épicerie, cave et bar à vins) *Mi-Food Mi-Raisin*, ouvert avec la complicité de François, sommelier qui a fait ses armes à Chamonix (L'Albert 1er, Auberge du Bois Prin). La cave de l'établissement propose une sélection pointue de vins naturels français et genevois, que l'on peut déguster dans l'espace bar à vins, accompagné d'excellents produits que l'on retrouve à emporter, côté épicerie. Les étagères recèlent de véritables trésors, tous issus de productions artisanales : des pâtes et *antipasti* toscans, des pâtés d'oursins, de poulpe ou de calamar, de succulentes confitures mais aussi diverses moutardes et sauces. Enfin, un petit espace traiteur présente quelques fromages et de la charcuterie, dont une *pata negra* absolument divine.

PLANET CAVIAR

7, rue Louis-Duchosal

✆ +41 22 840 40 85

www.planetcaviar.com

Boutique ouverte du lundi au vendredi de 8h à 19h et le samedi de 9h à 18h. Caviar : à partir de 22 CHF les 10g. Restauration de midi à 23h. Plats sans caviar à partir de 20 CHF. Trilogie : 85 CHF. Palette : 140 CHF.

Ici, les produits de luxe sont à l'honneur. Caviar, saumon fumé, homard, foie gras, vin, champagne, vodka, thé Mariage Frères et bien d'autres tentations sont superbement présentés. L'accueil est particulièrement attentif et charmant. Et si l'on ne peut attendre d'être chez soi pour déguster tous ces délices, une «caviateria» est ouverte de midi jusqu'au soir, et permet de se régaler sur place. Des plats de saumon et caviar, entre autres, sont pris au comptoir ou plus traditionnellement à table (une trilogie ou une palette sont à recommander), afin de savourer confortablement plusieurs nuances de cet or noir.

SOLEIL ROUGE

32, boulevard Helvétique

✆ +41 22 700 00 24

www.soleilrouge.ch

christian@soleilrouge.ch

Caviste et bar à vins. Ouvert le lundi de 17h à 22h, du mardi au mercredi de 10h à 23h, et du jeudi au samedi de 10h à minuit.

Si vous habitez Genève, vous connaissez sûrement Soleil Rouge en tant que bar à vins, car sa réputation n'est plus à faire, mais c'est aussi et on l'oublie parfois une fabuleuse cave à vins espagnols avec plus de 400 références selon la région de provenance : du côté du Priorat, la Ribera del Duero, Jumilla... Autant dire que le choix est vaste mais heureusement Christian et son équipe vous conseillent et vous orientent selon vos préférences en terme de vins capiteux ou légers. La palette de prix est très large aussi et l'on peut repartir avec un bon cru à prix raisonnable. Vente en ligne aussi sur le site Internet.

LE VERRE EN CAVE

27, rue des Eaux-Vives

✆ 41 22 736 51 00

www.verreencave.ch

obourseau@verreencave.ch

Caviste. Lundi, mercredi et vendredi de 10 à 19h, jeudi de 10 à 20h, samedi de 10 à 18h. Cours de dégustations le jeudi soir.

Dans cette belle arcade des Eaux-Vives, il fait bon de venir à la rencontre des vins choisis et sélectionnés par le patron, à l'affût des meilleurs producteurs (11 pays sont présents) dans de nombreuses appellations. Olivier Bourseau vous guide dans vos choix et vous propose 32 vins en dégustation gratuite chaque semaine. Ce qui permet non seulement d'apprécier ses conseils avisés, mais aussi de se faire une belle idée du vin que vous allez rapporter à la maison. Les prix sont très corrects, à partir de 10 CHF (en moyenne 25). L'accueil de qualité. Une belle adresse pour les amateurs de crus curieux et exigeants, aimant le partage et l'échange dans leurs dégustations.

VOM FASS
45, rue des Eaux-Vives
✆ +41 22 735 70 04
www.geneve.vomfass.ch
Ouvert du mardi au vendredi de 9h30 à 13h et de 14h à 19h et le samedi de 10h à 18h.
Enfin, Vom Fass est de retour à Genève et quelle bonne nouvelle car le concept très original de vente au débit des huiles, vinaigres, liqueurs, grappas et whiskies directement issus d'un fût a fait de nombreux adeptes. Au cœur du quartier des Eaux-vives, la charmante boutique présente des tonnelets aux contenus variés : huile d'olive extra-vierge, huile de truffe, de pistache, d'argan, à l'orange, au basilic, à la graine de courge... La liste est longue car environ 25 huiles sont proposées, ainsi que 17 variétés de vinaigre comme le balsamique de miel ou de Modène et au rayon alcool, des grappas, des eaux-de-vie, des whiskies, des liqueurs dont le fameux Limoncello où l'Abricotine du Valais.

ZELLER
1, place Longemalle
✆ +41 22 311 50 26
www.chocolat-zeller.ch
chocolat.zeller@bluewin.ch
Chocolaterie. Ouverte du lundi au vendredi de 9h à 18h30 et le samedi de 9h à 18h.
Dans cette arcade bien connue des Genevois, on trouve de jolies sculptures en chocolat, des plaques aux différents parfums, une spécialité, « les Moules du Lac » et un grand choix de pralinés. Les prix sont raisonnables. La maison Zeller est ausi présente au Japon car le chocolat suisse est toujours apprécié partout dans le monde.

Plainpalais et Prévost-Martin

Dans ce quartier, l'offre est diversifiée. Si la rue de Carouge paraît de prime abord se prêter assez peu aux virées shopping, elle présente toutefois quelques bonnes adresses de magasins de mode et de commerces équitables. Mais, pour dénicher des boutiques de prêt-à-porter *tendance*, il vous faudra préférer les petites rues adjacentes, comme la rue Jean-Violette, la rue Prévost-Martin, ou encore la place des Augustins. A la hauteur de la plaine de Plainpalais, le boulevard Georges-Favon est quant à lui riche en librairies spécialisées. Enfin, il faut découvrir, dans le quartier des Bains, les magasins de design contemporain, fleurissant depuis quelques années autour du MAMCO.

Centres commerciaux – Grands magasins

COOP-CITY PLAINPALAIS
12, rue de Carouge
✆ +41 22 322 15 70
Ouvert du lundi au mercredi de 8h à 19h, le jeudi et le vendredi de 8h à 19h30 et le samedi jusqu'à 18h.
Dorénavant encore plus clair et plus agréable après sa rénovation, le magasin nous est proposé dans un espace gai et à la mode. Arts de la table et de la maison au premier étage avec les jouets et des articles ménagers, de la jolie papeterie et des produits de beauté au rez-de-chaussée, et toute l'alimentation et les marques Coop au sous-sol dans une gamme de prix très abordables.

Autre adresse : Coop-City Rhône-Fusterie – 5, rue du Commerce – Tél +41 22 818 02 40

Dépôts-vente

LA BOUTIQUE
Les Eaux-Vives
37 rue de Carouge
✆ +41 22 329 32 50
Du lundi au vendredi de 10h à 18h, et le samedi de 10h à 17h.
La Boutique du CSP (Centre Social Protestant), comme les deux brocantes La Renfile (Plan-les-Ouates et Meyrin) est de plus en plus tendance. On y déniche de tout à petits prix : vêtements, chaussures, accessoires, livres et autres objets de seconde main. Non seulement on y fait de bonnes affaires, mais on contribue au recyclage et à la revalorisation des textiles et du cuir. Un service d'insertion et une prestation uniques à Genève ! Le CSP organise également la manifestation «Jardins ouverts» début juin.

Autres adresses : La Jonction – 34, boulevard Carl-Vogt – Tél +41 22 328 22 04 • Les Eaux-Vives – 15, rue de la Mairie – Tél +41 22 736 45 81 • Les Pâquis – 1, rue du Môle – Tél +41 22 731 65 41

Galerie d'Art

ATEAPIC

36, boulevard Carl-Vogt
✆ +41 22 339 31 17 – www.artraction.ch
Boutique et galerie. Ouverte du lundi au vendredi de 7h à 18h, et les samedis de 8h à 17h.
Boutique et teaspot, l'Ateapic a remplacé L'Arbre à talent, en juin 2012. Cette boutique vise à diffuser des objets de créateurs, uniques et singuliers, et fait partie de Artraction, la plate-forme de promotion des artistes du bassin lémanique (et au-delà). Apporter un nouveau souffle dans le milieu de l'art, à travers un concept innovant, c'est la devise de cette entreprise qui se veut un incubateur de talent. Avec Ateapic, les présentoirs flottent dans les airs, les matériaux sont réinterprêtés, les objets et accessoires de mode sont avant-gardistes et l'offre dédiée à la culture du thé et ses dérivés est inattendue, avec par exemple «Tea Forté» du designer du MoMa... On se laisse tenter par un voyage artistique et gourmand, par la qualité des œuvres proposées, ou tout simplement par un thé. Des rencontres avec les artistes sont organisées pour une découverte approfondie de leur univers, en toute convivialité.

CENTRE DE LA PHOTOGRAPHIE GENÈVE

28, rue des Bains
✆ +41 22 329 28 35 / +41 22 320 99 04
www.centrephotogeneve.ch
cpg@centrephotogeneve.ch
Ouvert du mardi au dimanche de 11h à 18h.
Fondé en 1984 par des photographes genevois, le CPG montre depuis 2001 toutes les manières possibles de produire, de distribuer et de présenter la photographie contemporaine. Les points forts sont l'intérêt porté à l'urbanisme, au style documentaire et à la culture visuelle en général. Le CPG présente en moyenne 6 à 7 expositions monographiques par an, dont une hors les murs. Depuis 2001, le CPG organise la triennale des 50JPG (50 Jours pour la photographie à Genève) en collaboration avec des institutions, des galeries et des lieux off de Genève.

Librairie – Papeterie

LITERART

15, boulevard Georges-Favon
✆ +41 22 311 40 80 – www.literart.ch
Ouvert le lundi de midi à 18h30, du mardi au vendredi de 9h à 18h30 et le samedi de 10h à 17h.
Romans actuels, classiques, manuels scolaires, guides de voyages, livres de cuisine, DVD, livres audio, tout est dans la langue de Goethe, comme l'accueil. Que l'on souhaite apprendre l'allemand grâce à des livres ou que l'on recherche le nouveau roman d'un écrivain germanique connu, une seule adresse à Genève, celle-ci !

OFFTHESHELF ENGLISH BOOKSHOP

15, boulevard Georges-Favon
✆ +41 22 311 10 90
www.offtheshelf.ch
books@offtheshelf.ch
Ouvert du mardi au vendredi de 9h à 18h30 et le samedi de 10h à 17h.
Pour tous ceux qui savent lire en anglais, OffTheShelf English Bookshop vous rappellera les jolies petites librairies des pays anglo-saxons. Ici il y a une grande sélection, que vous cherchiez une biographie, un livre de cuisine ou un roman. Des livraisons journalières des Etats-Unis et de la Grande Bretagne garantissent un assortiment très actuel et évidemment ils vendent tous les best sellers du moment. Mais c'est aussi sympathique de se perdre dans leurs petits rayons, et de découvrir des livres dont vous ignoriez l'existence ! Car cette librairie fait un excellent travail de sélection avec un choix éclectique et varié, malgré la petite taille du magasin. Pour les enfants comprenant l'anglais, il y a un conteur tous les derniers samedis du mois à 10h30, et les livres pour enfants sont vendus à moins 10% jusqu'à midi ces jours-là. Ils ont également un rayon de livres et manuels pour apprendre ou enseigner l'anglais. La librairie assure aussi les commandes pour des livres qui ne sont pas en stock, souvent avec un délai aussi court que 24 heures. Si vous n'avez pas le temps de venir dans ce magasin cosy, ils ont un site Internet pour commander depuis chez vous.

LE RAMEAU D'OR

17, boulevard Georges-Favon
✆ +41 22 310 26 33
rameaudor@bluewin.ch
Ouvert du lundi au vendredi de 9h à 18h30, le samedi de 10h à 18h.
Une équipe jeune et dynamique a pris les rênes du Rameau d'Or, bien décidée à donner un nouveau souffle à cette honorable librairie. Si le cadre, vaste espace lumineux où il fait bon flâner, reste inchangé, l'accent est désormais mis sur la littérature, notamment les auteurs suisses et les traductions d'auteurs étrangers,

et le rayon philosophie a été développé. Les libraires, fort compétents jusque dans les domaines les plus pointus, sont toujours disponibles pour un conseil, des recherches bibliographiques ou commander un livre qui ne se trouve pas en rayon. Au sous-sol, les occasions permettent de dénicher des livres intéressants pour quelques sous. De quoi motiver tout un chacun à franchir le seuil de cette institution genevoise.

■ LES RECYCLABLES

53, rue de Carouge
✆ +41 22 328 60 44 / +41 22 328 23 73
www.recyclables.ch
recycl@span.ch
Tram 12/13 arrêt Pont d'Arve, bus 1/4/44 arrêt Pont d'Arve
Librairie ouverte du lundi au vendredi de 10h à 18h30 et le samedi de 11h à 17h. Café : mêmes horaires, sauf le samedi de 10h à 18h30. Cuisine française. Plat du jour : 19 CHF ; avec entrée : 24 CHF. Salades de 16 à 23 CHF.

On vient ici pour un café et l'on repart avec trois bouquins, un guide de voyage, un roman en anglais et un essai philosophique. Les livres d'occasion d'édition récente sont sélectionnés par thème et auteur. Une jolie présentation dans des rayonnages très bien classés, des canapés pour les feuilleter et un restaurant pour s'arrêter et discuter. Il y a environ 13 000 ouvrages. Un choix s'impose : littérature, art, histoire, loisirs, livres en allemand, anglais, italien ou espagnol, partitions de musique.

Beauté – Bien être

■ ÉCOLE SUPÉRIEURE DE COIFFURE

9, rue de Carouge
✆ +41 22 800 32 23
www.ecolesuperieuredecoiffure.com
escgeneve@aol.com
Ouvert du lundi au samedi de 8h à 17h. Coupes hommes : 18,50 CHF, enfants dès 14,50 CHF, mise en plis dès 14 CHF, brushing dès 20 CHF, extensions : 10 CHF la mèche. Etudiants : tarifs réduits (-20 %), du mardi au jeudi.

L'école de coiffure accueille les clients tout au long de la journée sans rendez-vous, avant 16h pour une coupe ou un brushing rapide et avant 15h pour les prestations plus longues. C'est une bonne manière de faire couper ses pointes fourchues, de faire faire un brushing, de changer de couleur à un prix mini. Supervisés par leurs professeurs, les élèves exécutent les désirs des clients, ce qui leur permet d'apprendre leur métier. Les prestations sont de qualité, et les clients choisissent exactement ce qu'ils veulent. Hommes, femmes et enfants, chacun trouve ciseau à ses cheveux. Avec, à côté, le centre de formation en onglerie Peggy sage, pour de beaux ongles à prix réduits.

► **Autre adresse :** 6, rue de Rive – Tél +41 22 810 15 56

■ CENTRE DE FORMATION PEGGY SAGE – EN ONGLERIE

9, rue de Carouge
✆ +41 22 800 35 16 / +41 22 800 35 16
www.centredeformationpeggysage.com
peggysagegeneve@aol.com
Onglerie. Ouvert du lundi au vendredi de 9h à midi et de 13h à 17h. Recherche de modèles. Tarifs écoles : de 15 à 45 CHF.

Ouvert à tous, le centre Peggy Sage dispense des formations de manucure, de beauté des pieds et de pose d'ongles en gel ou en résine. Les stages peuvent durer de deux jours à deux mois. Les modèles sont les bienvenus et bénéficient des tarifs école. Egalement, un stage make-up sur cinq jours est proposé pour apprendre à se maquiller et à utiliser les bonnes nuances et les bons produits avec des conseils personnalisés.

Musique

VINCENTI GUITARES

52, boulevard Saint-Georges
✆ +41 22 328 99 94
www.vincenti-guitares.com
info@vincenti-guitares.com
Ouvert du lundi au vendredi de 8h30 à midi et de 14h à 18h30 et le samedi de 9h à midi. Jeudis de la guitare : programme des concerts sur le site : www.les-jeudis-de-la-guitare.ch
Des guitares de concert, folk, classique, flamenco, ça vous dit quelque chose ? Bien sûr : un des plus grands choix de guitares classiques en Europe, des conseils avisés. Un endroit fort sympathique avec son atelier de restauration d'instruments à cordes récents ou anciens où tout le monde parle plusieurs langues. Organise des concerts entre amis très courus, voir le site : www.les-jeudis-de-la-guitare.ch

Panier gourmand

BONJOUR BONSOIR

59, rue du Stand ✆ +41 22 310 54 30
Magasin de thés. Ouvert du lundi au samedi de 10h à 19h.
Envie d'un thé chinois de qualité ? C'est assurément chez Bonjour Bonsoir que vous pourrez le déguster ou l'acheter. Ici, vous découvrirez en effet une soixantaine de variétés de thés blancs, verts, bleus, noirs ou rouges, dont le très connu Pu-ehr, un thé post-fermenté qui doit son nom à la ville de Pu'er, dans la province de Yunnan. Préparés selon les règles de l'art, ces thés peuvent se savourer sur place ou à emporter, et notamment sous forme de galettes, constituant d'ailleurs une idée de cadeau très originale. L'arcade présente aussi de superbes théières en terre cuite, conçues pour conserver la chaleur de manière optimale. Bon à savoir : Bonjour Bonsoir propose des bons cadeaux d'une valeur de 25 CHF, comprenant une dégustation de 45 minutes, instructive et ludique.

LE CELLIER

17, avenue du Mail
✆ +41 22 320 79 20
www.le-cellier.ch
info@vino-concept.ch
Accessoires vins. Ouvert du mardi au vendredi de 11h à 18h30 et le samedi de 10h à 14h30.
Cette boutique propose tout l'équipement nécessaire pour créer votre propre cave à vin. Casiers en pierre, meubles en bois ou rack bordeaux viendront garnir votre sous-sol et les appareils Winecooler offriront à votre cave les conditions climatiques optimales pour la conservation de vos meilleures bouteilles. Enfin, toutes sortes de petits objets allant de la carafe au décanteur, des tire-bouchons au screw pull, ou encore des seaux à champagne au vinaigrier, vous donneront plein d'idées de cadeaux pour un ami amateur de vin.

AU GRUYÈRE

3, avenue du Mail
✆ +41 22 328 75 18
Du 1er octobre à fin avril, ouvert du lundi au vendredi de 8h à midi et de 15h à 18h30 et le samedi de 8h à 17h. De mai à juin, mêmes horaires sauf le samedi après-midi. Du 1er juin au 30 septembre, mêmes horaires, sauf les mercredi et samedi après-midi. Lors des grosses chaleurs de l'été, du lundi au vendredi de 8h30 à 12h30 et fermé toutes les après-midi, sauf le vendredi, ouvert de 16h à 18h30.
Il s'agit essentiellement d'un magasin spécialisé dans les produits de la Gruyère. On y trouve, entre autres, gruyère, crème double, meringues, moutarde de Bénichon, saucissons secs fumés et vin cuit. Il y a aussi de quoi faire de la fondue et de la raclette. Le vacherin fribourgeois est délicieux. L'accueil est chaleureux et on peut recevoir quantité de conseils pour préparer et réussir sa fondue !

LE THÉ

65, rue des Bains
✆ +41 79 436 77 18
Magasin de thés. Ouvert du lundi au samedi de midi à 22h.
Des étagères accumulant des dizaines de petites théières et tasses chinoises et des variétés de thés à n'en plus finir, aux noms qui laissent rêveur avec pour parfaire le tout une touche d'authenticité et de dépaysement dans le décor. Une minuscule boutique, doublée d'un minuscule restaurant pour un vaste choix de thés à acheter ou déguster simplement sur place. On a envie de tout goûter : thés verts, blancs, noirs, pressés, longs, parfumés ou rares comme le thé Jardin à 2 000 m, cueilli en haute montagne. On fait donc l'impasse sur l'accueil un peu froid.

Gare et Pâquis

Rapporter un souvenir de son séjour genevois ne sera pas un problème aux abords de la gare, qui regorge de petites arcades spécialisées.

Côté Pâquis, on trouve de quoi satisfaire les envies d'ailleurs, puisque le quartier rassemble de nombreuses échoppes asiatiques, orientales. Quelques dépôts ventes, des librairies spécialisées ainsi que de petites boutiques d'antiquités, notamment sur la place Grenus, viennent parfaire le tableau en demi-teinte de ce quartier, en matière de shopping. Comme toutes les agglomérations importantes en Europe, Genève a aussi sa petite Afrique. Le quartier contraste avec le luxe insolent de la cité genevoise : magasins de cosmétiques africains, épiceries dites « exotiques » et restaurants de fortune…

Arts de la table

■ COUTELLERIE DU JET D'EAU

7, rue du Mont-Blanc
✆ +41 22 731 45 19
✆ +41 22 731 45 20
www.coutellerie.ch
Ouvert du lundi au vendredi de 9h à 18h30 et le samedi de 9h à 17h.
Le couteau suisse se mange aujourd'hui à toutes les sauces et sert à toutes les professions, des amateurs aux professionnels. Bref, c'est l'accessoire pratique, utile en toutes circonstances, mais qui voyage dans la valise, sécurité oblige. En fait, cette arcade est dédiée aux couteaux, de la cuisine à la chasse en passant par les sabres et les armes blanches. Une quinzaine de grandes marques sont présentes, et, si l'on veut, la maison se charge de graver le couteau ou la lame, de les faire aiguiser et réparer. Accueil familial et conseils expérimentés.

Bijouterie – Montres

■ LA MAISON DE L'HORLOGERIE

24, rue du Cendrier
✆ +41 22 732 09 54
www.lmdh.ch
Ouvert du lundi au vendredi de 9h à 18h45 et le samedi de 9h à 18h.
Cette maison a été créée par une famille d'horloger, les Guttly, ce qui explique l'excellence de la sélection des montres présentées : Baume&Mercier, Dior, Corum, Ebel, Eberhard, Gucci, Hermès, Icelink, Maurice Lacroix, Mido, Mont Blanc, Oris, Perrelet, Raymond Weil, Universal Genève…

■ MANOR

6, rue Cornavin
✆ +41 22 909 46 99
www.manor.ch
info@manor.ch
Ouvert du lundi au mercredi de 9h à 19h, le jeudi de 9h à 21h, le vendredi de 9h à 19h30 et le samedi de 8h30 à 18h. Parking en sous-sol ouvert du lundi au samedi de 6h30 à 20h30, sauf le jeudi (jusqu'à 22h).
Chez Manor (anciennement la Placette), un des plus grands magasins de Genève, on trouve au rez-de-chaussée un bel assortiment de montres, classiques ou au design contemporain, avec un grand choix de marques. On y trouve la marque Tissot, dont les montres à prix abordables bénéficient du savoir-faire et de la qualité du groupe Swatch pour un design à l'avant-garde de l'art et de l'innovation technologique. Conseils avisés des vendeurs et bon service après-vente !

■ SWATCH STORE

19, rue du Mont-Blanc
✆ +41 22 900 22 10 – www.swatch.com
Ouvert du lundi au vendredi de 9h à 19h et le samedi de 9h à 18h.
Un autre grand nom de l'horlogerie suisse, mais dans un autre registre ! Avec une production de 3 millions de montres, les collections (skin, chrono, scuba) se renouvellent constamment à des prix très abordables, proposant des modèles qui suivent les tendances et d'autres plus classiques. Nous avons été étonnés de la rapidité du service après-vente : ajustement, changement des piles ou des bracelets faits en quelques minutes.

▸ **Autre adresse :** 40, rue du Marché – Tél +41 22 311 45 42

Cadeaux du monde – Commerce équitable

■ ALPTITUDE

9, rue des Alpes ✆ +41 22 732 16 26
www.alptitude-ge.ch
Souvenirs. Ouvert tous les jours, en été, de 10h à 12h30 et de 13h30 à 19h. Fermé le jeudi et le dimanche en hiver.
Ouverte en mars 2012, à la place de l'ancienne Maison du Coucou, à proximité du quai du Mont-Blanc, cette boutique est une évocation symbolique et ludique du milieu alpin suisse. Une arcade sobre et claire, des murs de pierres, un plancher de bois ainsi qu'un plafond aux poutres apparentes, sous lequel on admire une fresque d'artiste (un rappel des hauts sommets des Alpes), très réussie. Le décor est en totale harmonie avec les objets et souvenirs proposés, notamment la gamme d'objets souvenirs de la fameuse Mumu Cow, la «Cowlection», ainsi qu'une sélection très importante de pendules à coucou, et plein d'autres trésors : découpages, montres, cloches, peluches, T-shirts, couteaux suisses... Une très belle adresse !

Centres commerciaux – Grands magasins

■ CENTRE COMMERCIAL LES CYGNES

16-20, rue de Lausanne
✆ +41 22 738 59 08 – www.lescygnes.ch
infos@lescygnes.ch
Ouvert du lundi au mercredi de 8h30 à 19h, le jeudi 21h, le vendredi 19h30 et le samedi de 8h à 18h. Parking couvert de 200 places, gratuit pendant 40 minutes et aussi le jeudi de 19h à 21h.
A deux pas de la gare, une trentaine d'enseignes de toutes sortes se distinguent : habillement, optique, pharmacie, coiffeur, fast-food, tabac, hi-fi, esthétique, pressing, bureau de change… Mais le plus grand c'est Migros avec notamment son supermarché, son restaurant et sa solderie. L'offre est complétée, entre autres, par Denner, Interdiscount, Mobilezone, Sun Store, Bata, Visilab, Vögele Shoes, Axess (accessoires mode et bijoux fantaisies), Skinis (coques personnalisées pour téléphone et ordinateur), Um Minute (cordonnerie, clés et photos passeport) et Camaïëu. Pour déjeuner, on peut compter sur McDonald's et en exclusivité à Genève un McCafé, La Brioche dorée et Sushi Boky. Le centre commercial les Cygnes reste un lieu attractif et très pratique, au cœur de la ville, pour les résidents et touristes. On accède au parking en toute sécurité par la rue de Monthoud, perpendiculaire à la rue de Lausanne. Et on apprécie la gratuité des 40 premières minutes.

■ MANOR

6, rue Cornavin ✆ +41 22 909 46 99
www.manor.ch – info@manor.ch
Ouvert du lundi au mercredi de 9h à 19h, le jeudi de 9h à 21h, le vendredi de 9h à 19h30, le samedi de 8h30 à 18h. Parking en sous-sol, ouvert du lundi au samedi de 6h30 à 20h30 et le jeudi jusqu'à 22h.
Près de la gare, toujours connue en tant que Placette, Manor est le plus grand magasin de Genève. Après une magnifique transformation, il s'est métamorphosé selon sa promesse de marque « donnons du style à la vie ». Tout d'abord un sous-sol consacré à la maison : mercerie, rideaux, électroménager, etc. Au rez-de-chaussée Rousseau (entrée depuis la rue du même nom), un grand supermarché avec des produits de qualité, où priment les produits locaux, également le chocolat et le swiss shop. Au rez-de-chaussée Coutance : la plus grande parfumerie de Suisse avec un nombre incroyable de marques et des professionnels pour vous conseiller, maquiller, ainsi qu'un Skin SPA Clarins vous allez vous laisser tenter… La bijouterie/montres, la maroquinerie et aussi la marque de vêtements Manor Yes Or No destinée aux jeunes, située sur deux étages. Le premier étage de Manor est surtout dédié aux messieurs avec les chaussures et la collection hommes, le sport. Le deuxième étage offre une déco très tendance avec une sélection de plus de 30 marques internationales qui côtoient désormais Lifestyle de Manor : la confection dames, la lingerie ainsi qu'un magnifique espace

OUTLET
AUBONNE
Calvin Klein
collection
MORGAN
MORGAN DE TOI !
NikeFactoryStore
Lindt
MASTER CHOCOLATIER
SINCE 1845
DIESEL
FOR SUCCESSFUL LIVING
Triumph
GREAT
BRANDS
COOL
PRICES
ALL
YEAR
ROUND
JUST 30 MINUTES FROM GENEVA
WWW.OUTLET-AUBONNE.CH

dédié entièrement aux chaussures et le service client. Le troisième étage pour les enfants : zoo, jouets, confection enfants mais aussi la papeterie et la librairie qui ont été entièrement relookées. Et enfin arrivé au sommet et dernier étage on découvre le multimédia et le restaurant Manora qui propose de nombreux menus où les plats sont préparés en direct sous vos yeux. Le restaurant possède une grande terrasse avec une vue imprenable sur Genève.

Dépôts-vente

■ LA CASE À MAX

19, rue de la Navigation ✆ +41 22 741 11 21
www.second-hand-geneve.ch
Ouvert le lundi de 14h à 18h30, du mardi au vendredi de 10h à 18h30 et le samedi de 10h à 17h30. Pas de dépôt le samedi.
Le dépôt-vente de Max s'adresse, une fois n'est pas coutume, aux hommes. La tendance est au sportswear chic et aux costumes de belle allure pour aller au bureau dans des marques reconnues comme Alpha Industries, Diesel, DrunkyMunky, Wrangler, Everlast, Hugo Boss, Armani, Lee, Dolce&Gabbana, Prada, Dior, Ralph Lauren et aussi U.S. Polo. Les costumes sont de belle facture avec un grand choix de sortie d'usine à des prix imbattables. Sur place aussi, chemises, pantalons, polos, vestes, manteaux, cuir, sans oublier les accessoires (cravates, ceintures…) et les chaussures signées Church, Rosetti, Paciotti et aussi Puma, Converse. Outre les vêtements de seconde main, la boutique propose du *outlet*. Il ne faut pas oublier le plus de la Case à Max : l'accueil et les conseils avisés afin d'entretenir au mieux ses vêtements ou améliorer son look vestimentaire. Possibilité de retouches.

Fleurs – Plantes

■ FLEURIOT

Gare de Genève Cornavin
✆ +41 22 732 48 52
www.fleuriot.ch – info@fleuriot.ch
Ouvert de 7h30 à 21h du lundi au samedi et de 8h à 21h le dimanche. Livraisons 7j/7.
Tout comme à l'Aéroport, Fleuriot propose ses services aux particuliers dans la gare de Cornavin en pleine mutation. Une surface doublée en 2014 pour le plaisir des voyageurs, heureux de choisir juste avant d'attraper leur train des fleurs coupées de première qualité, des bouquets ronds, chic et gais, des plantes en pot faciles à offrir… Le personnel est toujours à l'écoute, disponible pour conseiller avec le sourire, c'est agréable ! La réputation de la Maison Fleuriot sur Genève et les environs n'est plus à faire : elle excelle depuis plus de 90 ans.

▶ **Autres adresses :** 26, rue de la Corraterie, Genève. Tél. +41 22 310 36 55 • Hall arrivées Genève Aéroport. Tél. +41 22 798 54 28

Optique

■ MICHEL FORESTIER OPTICIENS

Manor Genève
6, rue Cornavin
✆ +41 22 738 07 26
Ouvert du lundi au mercredi de 9h à 19h, le jeudi 21h, le vendredi 19h30 et le samedi 18h.
Dans le centre commercial Manor Genève, Michel Forestier, également installé cours de Rive, fait le bonheur de tous les genevois désireux de faire appel à un véritable opticien. Cette belle boutique de style *corner* est accessible par l'entrée «Coutance» de Manor. C'est un vrai plaisir de se retrouver dans cet espace très tendance et lumineux, agencé avec goût par un créateur genevois. Un lieu de découverte des multiples paires de lunettes présentées avec soin selon les marques. Concernant les solaires, vous découvrirez un immense choix de Ray Ban, Maui Jim, et même un *corner* dédié à Persol. Sur place, il y a aussi un atelier et également la possibilité de faire des examens de vue.

Panier gourmand

■ AMERICAN MARKET

13, rue de Neuchâtel
✆ +41 22 732 32 00
www.americanmarket.ch
info@americanmarket.ch
Produits américains. Ouverture de 10h à minuit. Le vendredi et samedi soir ouvert jusqu'à 2h du matin.
L'American Market rend tout le monde heureux ! Que vous cherchiez un Coca à la cerise ou une Budweiser, ce magasin ravira petits et grands. Surtout conçu pour les expatriés américains ou anglais, il fait aussi très plaisir à tous les amateurs de *l'American Way of Life.* En juillet 2013 : déménagement à quelques dizaines de mètres dans la même rue de Neuchâtel, juste au-dessus de l'American Dream Diner. Il propose de multiples friandises (chocolats, bonbons, chewing-gum), mais aussi des céréales et pâtes à tartiner pour le petit déjeuner, les sauces pour barbecue et les chips, entre autres ! Vous trouverez des mélanges tout prêts (ou presque) pour faire des pancakes, avec le sirop d'érable bien sûr. Les mamans américaines sont fans de ce magasin pour s'approvisionner et réaliser les pâtisseries traditionnelles comme les cookies ou les muffins. Donc si votre voisine américaine vous livre gentiment ses recettes, vous viendrez ici pour acheter le Brown Sugar, primordial dans les Chocolate Chip Cookies, ainsi que les décorations et colorants pour réussir à coup sûr vos cupcakes. L'American Market, c'est aussi un grand choix de bières et de sodas américains et un congélateur rempli de glaces de Ben & Jerry. Tout comme des articles de Grande-Bretagne (thés et des confitures) et des denrées d'Amérique latine.

▶ **Autre adresse :** 8, rue Juste-Olivier – 1260 Nyon – Tel +41 22 362 49 05.

■ ASIA STORE

8, rue Pradier
✆ +41 22 732 28 38
Produits asiatiques. Ouvert le lundi de 13h30 à 19h30, du mardi au vendredi de 10h à 20h et le samedi de 9h à 19h.
Voilà un magasin qui ravira les amateurs de nourriture asiatique. On y trouve, entre autres, des produits chinois, thaïlandais, coréens, japonais ou encore indonésiens. Le patron, un peu pince-sans-rire, est cuisinier de formation et opère une belle sélection. On pourra acheter dans sa boutique très fournie aussi bien de traditionnelles nouilles instantanées que des produits frais comme des légumes ou des herbes aromatiques et des produits congelés tels que des poissons ou des crevettes. Il y a un grand choix de boissons, quantité d'épices, des ingrédients de base comme des sauces ou des algues et des champignons séchés, un peu de vaisselle et même des rice cookers. Les prix sont raisonnables.

BOUTIQUE DU GOÛT

6, rue du Cendrier
✆ +41 22 738 23 61
www.boutiquedugout.com
Café/Thé. Ouvert du lundi au vendredi de 10h30 à 18h30 et le samedi de 10h30 à 17h30.

La boutique du goût est un lieu de charme pour les amateurs de thés et de cafés. On trouve ici plus de cent soixante thés différents – dont quelques grands crus de thés, millésimés ou non -, une quinzaine de cafés toujours de pure origine et plein d'appétissantes gourmandises dont des biscuits, des guimauves, des sucres aromatisés ou des confitures. La boutique du goût, travaillant depuis peu en exclusivité avec Poncioni Chocolatiers, propose également cinq sortes de cacao et une multitude de bonbons de chocolats.

Des accessoires complètent l'assortiment avec de la vaisselle Versace ou Desoulières, des mugs Dunoon ou de superbes théières en véritable fonte du Japon. On peut emporter ou se faire livrer mais on peut aussi s'installer confortablement dans une ambiance feutrée et très agréable pour déguster son thé et se détendre. L'accueil est charmant, le lieu non-fumeur et l'on peut accompagner sa dégustation de délicieux gâteaux maison. Chocolat chaud, thé glacé maison, cappuccino, café frappé régaleront également les gourmands.

LA CHOCOLATERIE DE GENÈVE

25, rue des Alpes
✆ +41 22 732 11 35
www.la-chocolaterie-de-geneve.ch
bernard.matthey@bluewin.ch
Ouvert 7j/7 de 10h à 19h30 du lundi au samedi et de 14h30 à 19h30 le dimanche.

Un bel établissement de 100 mètres carrés dédié au chocolat, qui présente les meilleures marques suisses : Paganel, Favarger, La Cuillère Suisse et ses bâtonnets à chocolats chauds, Goldkenn et ses célèbres lingots et pièces de monnaie en chocolat, mais aussi Lindt et Cailler. Les fabricants genevois sont également à l'honneur, par exemple les dix parfums de La Chocolaterie Suisse : chocolat noir, caramel au beurre salé, lait, myrtille... tout un programme ! Sans oublier la sympathique montre en chocolat imaginée par le Genevois Francis Gerber, vendue sous le nom « Choco Watch ». La boutique met aussi à l'honneur les thés suisses *Sirocco* et les confitures régionales *Chez Clem*, ainsi que

quelques théières et tasses, des souvenirs et des idées cadeaux insolites comme les bijoux Uzume Spirit. Mais notre coup de cœur va aux glaces et sorbets à emporter signés Le Bougainvillier, une marque suisse artisanale. Pistache, noix de coco, meringue de Gruyère, aveline, poire Williams, framboise... et à la célèbre Häagen-Dazs. Une belle adresse !

▸ **Autre adresse :** Planet'Choc, Galerie CFF de Genève Aéroport. Tél. +41 22 920 06 96

FAVARGER

19, quai des Bergues
✆ +41 22 738 18 26
www.favarger.com
contact@favarger.com
Ouvert du mardi au vendredi de 10h à 18h et le samedi de 9h à 17h.

La célèbre chocolaterie genevoise Favarger a ouvert ses portes au quai des Bergues, à proximité de l'adresse que cette entreprise familiale occupa à ses débuts, en 1826, le long de ce qui était alors le quai des Etuves. Un retour aux sources et une décoration vintage très réussie avec des photographies d'époque pour une boutique pensée comme un véritable musée dédié à l'histoire de la marque.

Le portrait de Jacques Foulquier, à l'origine de Favarger, règne en maître et de magnifiques bibliothèques en bois ancien ornent la boutique. Ici vous trouvez les spécialités de la maison, fabriquées à Genève à base d'ingrédients naturels : Avaline, nougaline, tablettes, fondues...

LAVINIA

3 bis, rue de Coutance
✆ +41 22 732 22 22 – www.lavinia.com/ch
serviceclientsuisse@lavinia.com
Caviste. Ouvert du mardi au vendredi de 9h30 à 19h, le samedi jusqu'à 18h.
Lavinia occupe une grande arcade située en face de Manor. Le choix est immense et les bons conseils ne manquent pas. Plus de 2 500 références de vins sont en cave pour une sélection qui va des grands crus aux petits domaines. Des vins suisses, français, européens et des vins venus du monde à des prix très raisonnables (sélection de vins à moins de 10 CHF). Il y a aussi de très belles bouteilles et des vins rares que les cavistes de Lavinia sont allés chercher auprès des producteurs. Des cours et des soirées dégustations, parfois accompagnées d'un repas, sont régulièrement organisés. Sur place, dans l'espace Restaurant, il est possible de déguster tous les vins proposés dans la cave sans majoration de prix. Exceptionnel !

LA FROMAGERIE

1, rue de Cornavin ✆ +41 22 731 25 05
Ouverte du mardi au vendredi de 8h30 à 18h30 et le samedi jusqu'à 17h.
A côté de Manor, un vaste choix de fromages sur les étalages de cette arcade. Fondue ou raclette, gruyères suisses et crème de gruyère. En plus, de la charcuterie et des alcools bien suisses, des idées cadeaux et, surtout, le sourire de la fromagère. En cas d'empêchement, la commande peut être déposée au restaurant La Nasse à côté, que l'on viendra chercher le moment venu. C'est ça la vie de quartier !

Rue de la Confédération et le passage des Lions.

LYZAMIR

3, rue des Corps-Saints ✆ +41 22 732 53 80
Produits orientaux. Ouvert du lundi au vendredi de 9h à 19h et le samedi de 9h à 18h. En été fermé entre 12h30 et 14h30.
Véritable caverne d'Ali Baba, Lyzamir propose près de 2 000 produits en provenance de 60 pays d'Amérique du Sud, Asie, Proche et Moyen-Orient, Afrique et Afrique du Nord. On y trouvera tous les éléments nécessaires à la cuisine orientale : épices, herbes, semoule, légumes secs, comme dal et pois chiches. On ne sait plus où donner de la tête ni du nez tant les effluves orientaux qui s'en dégagent sont riches. La maison n'est pas avare en conseils et recettes culinaires. Et on y trouve aussi des narguilés et autres verres décorés. Attention, on est vite fasciné par tant d'exotisme, et l'on se retrouve les bras remplis !

MERKUR

4, rue de la Tour-de-l'Ile
✆ +41 22 310 94 10 – www.merkur.ch
info@merkur-confiserien.ch
Chocolaterie. Ouverte du lundi au vendredi de 9h à 19h, le samedi de 9h à 18h.
Touristes ou autochtones, les amateurs de bon chocolat suisse sont ravis ! Merkur a ouvert une nouvelle boutique au passage Malbuisson pour remplacer celle de la rue du Marché et une autre dans la rue la Tour de l'Ile. Les lingots ou pièces en chocolat, les petits chocolats avec photos de Genève et toutes les grandes marques, Suchard, Lindt, Frigor, Favarger, Villars… côtoient la vaste gamme de pralinés et truffes artisanaux de la maison glaronnaise Läderach. A ne pas manquer, les plaques de chocolat à la casse et aux goûts aussi variés que petit beurre, mélange de fruits-chocolat blanc ou cranberries. Le plus : chaque mois, une nouveauté dans les pralinés comme dans les plaques.

▸ **Autres adresses :** 30, rue du Mont-Blanc – ✆ +41 22 732 41 82. • 40, rue du Rhône (passage Malbuisson) – ✆ +41 22 310 76 33.

LE PASSEUR DE VIN

24 bis rue de Zurich ✆ +41 22 994 20 24
www.lepasseurdevin.com
lefur@lepasseurdevin.ch
Caviste. Ouvert mardi et mercredi de 12h à 19h, jeudi et vendredi de 10h30 à 19h, samedi de 10h à 17h30.

Achats en Duty Free à Genève Aéroport !

Depuis le 1er juin 2011, les voyageurs transitant par Genève peuvent faire des achats dans une boutique duty free à l'arrivée. D'une surface de près de 400 mètres carrés, cette boutique est située en amont du hall de distribution des bagages. Elle concentre son offre sur les produits du cœur de gamme des Duty Free Shops, à savoir les alcools, vins et spiritueux, les tabacs, les parfums et les produits cosmétiques. Les prix pratiqués dans ce lieu de vente seront les mêmes que ceux des boutiques hors taxes traditionnellement installées au départ. L'accès à cet espace sera réservé aux passagers des vols internationaux.

■ EMOTIONS ! AIRPORT SHOPPING

Genève Aéroport – 21, route de l'Aéroport

www.gva.ch – aulca@bluewin.ch

Ouvert tous les jours : jusqu'à 21h pour les commerces et 22h pour les restaurants. Parking CFF (1 heure gratuite) accessible par les transports publics – trains et bus.

Lieu atypique où l'on se rend volontiers pour faire ses emplettes de dernière minute et en dehors des heures d'ouverture pratiquées par les commerces du centre-ville, Emotions ! Airport Shopping propose une large gamme de commerces et restaurants. De nombreux magasins rendent bien des services à tous ceux qui veulent faire leurs courses en dehors des horaires habituels et plus particulièrement les dimanches et les jours fériés ! Outre le supermarché Migros, côté gare, on peut aussi arpenter la galerie marchande avec ses boutiques jusque dans la zone publique du terminal de l'aéroport. On y trouve des pharmacies, un fleuriste, une agence de voyages, des kiosques Relay, des boutiques de prêt-à-porter ou encore des bijoux et montres. A travers un large choix de restaurants, vous découvrirez des styles de cuisine pour tous les goûts, du traditionnel Swiss Chalet au branché Montreux Jazz Café, en passant par le concept de cuisine organique du Goodie Food & Bar, sans oublier l'Altitude, le restaurant et lounge qui vous offre un cadre d'exception, avec une vue imprenable sur le tarmac et les Monts Jura.

Situé dans le quartier des Pâquis, au fond d'une cour, c'est un lieu pour les initiés et connaisseurs. La mention « Attention vins vivants, veuillez garder la porte fermée » est plutôt flatteuse et évocatrice de l'état d'esprit de cette équipe de « passeurs de vins » qui transmettent leur respect pour les élevages dits « nature » aux amateurs-dégustateurs, certes, mais aussi aux restaurateurs de Genève, sensibles au terroir. Les prix sont très corrects. On y déniche de belles trouvailles de vignerons français, suisses, italiens et espagnols, pas toujours très connues et c'est bien ! Pierre Le Fur organise également des soirées ludiques aidant à apprécier les vins garants du terroir. Et des dégustations personnalisées. Alors, passez vous l'adresse ! Elle mérite que l'on s'y attarde. Tout naturellement, et le succès aidant, un second établissement a vu le jour début 2012 aux Acacias, avec toujours aux commandes le fondateur Emmanuel Haydens, reconnu à Genève comme l'ambassadeur du vin naturel.

▶ **Autre adresse :** Rue Eugène Marciano, Bat. 43L, Genève Acacias. Tél. +41 22 994 20 20

Grottes, Saint-Jean, Nations et aéroport

Dans le quartier des Grottes quelques boutiques originales qui méritent le détour, le long des rues de la Servette et Voltaire, des magasins gourmands, et vers Nations et aéroport, des centres commerciaux dont la galerie marchande de l'aéroport très utile pour faire ses courses le dimanche.

Centres commerciaux – Grands magasins

■ CENTRE COMMERCIAL PLANÈTE CHARMILLES

11, promenade de l'Europe

✆ +41 22 949 77 90

www.planete-charmilles.ch

Ouvert du lundi au vendredi de 8h à 19h, le jeudi jusqu'à 20h et le samedi jusqu'à 18h. Parking du centre gratuit pendant les 90 premières minutes.

Un centre commercial comme on les aime, de ceux où l'on trouve de tout et même de très jolies boutiques pleines de charme.

Une cinquantaine d'arcades sont ici réunies, rien que ça ! On remplit son Caddie pour les jours à venir grâce à la Migros, tout en flânant entre le coiffeur, le vendeur de téléphonie mobile, les jouets pour les enfants, le prêt-à-porter qui nous fait de l'œil, le bronzage à la minute avec Metrosun, le teinturier, les bijoux fantaisie, la déco, tout en croquant un bout de pizza et en sirotant une bière aux châtaignes ou aux fruits du Palais de la Bière. Décidément, c'est tout une planète des tentations qui nous est offerte !

Fleurs – Plantes

FLEURIOT

Hall Arrivée
Genève Aéroport ✆ +41 22 798 54 28
www.fleuriot.ch – info@fleuriot.ch
Ouvert de 8h à 21h, 7j/7. Livraisons 7j/7.
Ce fleuriste réputé de la rue de la Corraterie à Genève a ouvert deux points de vente et de service aux particuliers dans le hall arrivées de l'aéroport et dans la gare de Cornavin (parking assuré). Une excellente idée pour remercier les hôtes genevois ou préparer un rendez-vous important, avec élégance ! Comme pour la boutique du centre-ville, les fleurs coupées sont de première qualité, les bouquets ronds, chic et gais sont ravissants, les plantes en pot faciles à offrir et le choix des orchidées est fabuleux. Le personnel est toujours à l'écoute, disponible pour les conseils, avec le sourire, c'est agréable ! Une livraison dans le monde entier et un suivi parfait.

▶ **Autres adresses :** 26, rue de la Corraterie – Genève. Tél. +41 22 310 36 55 • Gare Cornavin – Genève – Tél +41 22 732 48 52

Librairie – Papeterie

LA GROTTE AUX FÉES

5, rue de la Faucille ✆ +41 22 733 49 14
Ouvert le lundi, le mardi et le jeudi de 14h à 19h et le vendredi de 16h à 19h. Sinon sur rendez-vous.
Les fées ont élu domicile dans un lieu où s'amoncellent tant de livres qu'il en est devenu exigu. Les livres de science-fiction côtoient les ouvrages ésotériques, qui eux-mêmes poussent du coude les bandes dessinées, les livres de cuisine ou les ouvrages sur l'éducation. Quelques Dumas et Shakespeare ont renoncé à faire bande à part et se sont assimilés au tout.

Cadeaux

MAG'GROTTES

9, rue des Grottes ✆ +41 22 733 47 33
www.mdm.ch – info@mdm.ch
Ouvert le lundi de 14h30 à 19h, du mardi au vendredi de 10h à 12h30 et de 14h30 à 19h et le samedi de 10h à 12h30 et de 14h30 à 17h.
Mag'Grottes fait partie du réseau les Magasins du Monde, association romande qui prône une meilleure équité entre les pays du Nord et du Sud notamment au travers des relations commerciales afin de réduire les inégalités sociales et économiques dans le monde. Lieux de vente, mais aussi de rencontres et d'information, Mag'Grottes vous propose un vaste assortiment de produits du commerce équitable, environ plus de 1 500 produits répartis entre denrées alimentaires, articles d'artisanat et cosmétiques provenant des quatre coins de la planète. Huile d'olive de Palestine, riz de Thaïlande, épices du Sri Lanka, quinoa de Bolivie, café de Tanzanie, thé de la région de Calcutta vous régaleront tandis que bijoux en perles de Delhi, jouets en bois d'Indonésie, hamac du Guatemala, animaux décoratifs du Cameroun, cosmétiques à base de beurre de karité du Burkina Faso feront des cadeaux originaux. Sensibiliser et éduquer le public au commerce équitable grâce à des activités, des dégustations de produits ainsi qu'inciter à consommer autrement et à être solidaire au quotidien, voilà les objectifs de cette boutique accueillante et chaleureuse.

▶ **Autres adresses :** Au Magas', boulevard Carl-Vogt – 1205 Genève – Tél +41 22 329 83 30. • La Calebasse 14, rue Saint-Joseph – 1227 Carouge – Tél +41 22 342 01 11.

Musique

MUSIC ARTS

12, rue Voltaire
✆ +41 22 338 03 03
www.music-arts.ch
bertrand@music-arts.ch
Ouvert le lundi de 13h30 à 19h, du mardi au vendredi de 11h à 19h et le samedi de 11h à 18h.
Grand choix de guitares et de guitares basses. Un grand espace est essentiellement consacré à la batterie et aux percussions, ainsi qu'aux musiques électroniques. Vendeurs spécialisés dans chaque domaine. Egalement possibilité de suivre des cours d'instruments et des ateliers, ou encore de louer un local de répétition.

STIGMATE

3, rue de la Servette
✆ +41 22 733 71 80
www.stigmate.com
stigmate@bluewin.ch
Ouvert le lundi de 14h à 19h, du mardi au vendredi de midi à 19h et le samedi de 11h à 17h.
On échange, on vend et on achète : un vrai petit troc musical. Des vinyles du groupe Rolling Stone aux chansons de Pollux et du manège enchanté, les collectionneurs et mélomanes ont de quoi faire leur marché. Les vinyles sont classés par genre et plus de 30 000 disques sont disponibles. Il n'est donc pas rare de tomber sur de véritables perles pour les fans de funk, reggae, soul, jazz, rock, pop, hip-hop ou encore chanson française. On vend bien sûr également de ces vieux tourne-disques pour que les nostalgiques puissent écouter leurs disques.

Panier gourmand

AUX DEUX PORTES

11, rue Schaub
✆ +41 22 734 11 22
www.auxdeuxportes.ch
auxdeuxportes@gmail.com
Ouvert du lundi au vendredi de 10h à 18h30.
La rue Schaub est une petite rue parallèle à la rue de la Servette et à la rue du Grand-Pré. Végétalienne, l'arcade propose une nourriture saine, sans lait ou dérivés, mais avec des produits biologiques, locaux et de saison. On y trouvera du tofu, du seitan, des fruits et légumes, des laits végétaux, des huiles, des thés sans théine, des tisanes ayurvédiques et des vins bio. Restauration entre 11h30 et 14h30 : soupes, salades, feuilletés de seitan, tartes aux légumes ou aux fruits, gâteau de tofu ou tiramisu. Tous les jours, un menu à 21 CHF à consommer sur place ou à emporter. En prime : cours de cuisine et conseils.

FRÉDÉRIC DUCRET

6, rue Hoffman
✆ +41 22 734 11 11
www.confiserie-ducret.ch
Confiserie. Ouverte du mardi au vendredi de 7h à 19h, le samedi de 7h à 18h et le dimanche de 7h à 12h30.
Frédéric Ducret, pâtissier passionné, s'est mis à son compte depuis 1999 et a racheté la pâtisserie où il a fait son apprentissage dans le quartier des Nations. Difficile de faire son choix car les tentations sont nombreuses. Deux incontournables : la mousse passion framboise ou la forêt-noire truffée. Ici, les produits sont de qualité et toujours raffinés. Chocolats maison succulents, nous avons testé !

PLANET'CHOC

Galerie Marchande CFF
Genève Aéroport
✆ +41 22 920 06 96
www.la-chocolaterie-de-geneve.ch
bernard.matthey@bluewin.ch
Ouvert 7j/7 de 9h à 20h.
Comme sa grande sœur La Chocolaterie de Genève, située près de la gare de Cornavin, Planet'Choc vous accueille 7 jours sur 7 dans la galerie marchande de l'aéroport de Genève, au niveau des arrivées à 200 mètres des guichets CFF. Cette boutique fera le bonheur des amoureux du chocolat, qui trouveront, juste avant d'embarquer dans le train ou l'avion, les meilleures marques suisses : Paganel, Favarger, La Cuillère Suisse et ses bâtonnets à chocolats chauds, Goldkenn et ses célèbres lingots et pièces de monnaie en chocolat, mais aussi Lindt et Cailler. Les fabricants genevois sont également à l'honneur, comme par exemple les dix parfums de La Chocolaterie Suisse : noir caramel au beurre salé, lait myrtille… tout un programme ! Sans oublier la sympathique montre en chocolat imaginée par le Genevois Francis Gerber, proposée sous le nom « Choco Watch ». Mettez-vous à l'heure du chocolat !

▶ **Autre adresse :** La Chocolaterie de Genève, 25 rue des Alpes, Genève. Tél. +41 22 732 11 35

■ GUSTO & SOLE

28, rue Voltaire
✆ 022 340 59 40
www.gustoesole.ch
sole@romandie.com
Produits italiens. Ouvert du mardi au vendredi de 10h30 à 18h30 et le samedi de 10h30 à 17h30. Sandwichs : de 7 CHF à 9 CHF.
Il s'agit d'une épicerie fine italienne haut de gamme dans laquelle vous trouverez de délicieuses pâtes fraîches et sèches de la marque Don Alfonso ainsi qu'un grand choix d'huiles d'olive, de charcuterie, de sauces, de confitures bio, de fromages, de grappas et même des sandwichs, préparés à la minute chaque midi. Frédéric Ferro et Stéphane Montinaro, les deux propriétaires du magasin, proposent également une très bonne sélection de vins de presque toutes les régions d'Italie, dont le succulent Pithos, un vin sicilien fermenté dans des amphores grecques.

■ JACCARD FROMAGES

47, rue de la Servette
✆ +41 22 733 73 28
thierryjacca@romandie.com
Fromagerie. Ouverte du lundi au vendredi de 7h30 à 12h30 et de 14h15 à 19h, sauf le mercredi après-midi. Le samedi de 8h à 17h. Attention de mai à fin septembre, le samedi, la boutique est ouverte seulement de 8h à 12h30.
Cette laiterie-épicerie existe depuis plus de 50 ans et fait vraiment partie de l'histoire d'une famille. On y trouve un peu de charcuterie et de délicieux fromages du pays, tels que du sapalet ou pur brebis de Rossinière, du brebis en pâte dure, de la tête de moine, du fromage de chèvre et plusieurs sortes de gruyère comme de l'Etivaz ou gruyère d'alpage du Pays-d'Enhaut. Le propriétaire est un excellent connaisseur en bons fromages suisses et incarne bien sa devise : « Vend bon, conseille bien ! » Il y a aussi d'autres délices telles que de la confiture de lait, du sirop aux fleurs de sureau et des vins genevois issus de caves réputées.

■ WINE UNIVERSE

Genève Aéroport
21 route de l'Aéroport
Gare CFF ✆ +41 22 788 07 07
www.wine-universe.ch
info@wine-universe.ch
Ouvert du lundi au dimanche, de 10h à 20h.
Une épicerie fine spécialisée dans les vins, champagnes, liqueurs et spiritueux haut de gamme. Plus de 1 000 références : des vins des régions viticoles suisses, françaises, mais aussi du monde entier. Ce magasin très spacieux est situé dans la galerie marchande de la gare, juste à côté de la Rôtisserie et Migros. Ses atouts : l'épicerie est ouverte le dimanche et tient une sélection de vins «au frais». Très pratique !

■ SPORTS – DÉTENTE – LOISIRS

Les Genevois adorent faire du sport ; une trentaine de centres sportifs, des stades, des piscines, des patinoires, d'innombrables terrains de football, de basket ou de beach-volley sont à leur disposition sur tout le canton. Ils sont également nombreux à aimer se détendre dans les saunas, hammams et centres de bien-être de la ville. Côté loisirs, près de 20 000 personnes participent chaque année à la fameuse course de l'Escalade, qui se tient dans les rues de la Vieille-Ville au début du mois de décembre, et très nombreux à se baigner dans l'eau glacée du lac pour la Coupe de Noël. Au mois de juin, elles sont également des milliers à prendre le départ du Bol d'Or, une régate qui les emmène à l'autre bout du lac.

Sports – Loisirs

CENTRE SPORTIF DU BOIS-DES-FRÈRES

22, chemin de l'Ecu
Châtelaine
✆ +41 22 796 44 64
www.ville-geneve.ch
Ouvert du lundi au vendredi de 8h à 22h, le samedi et le dimanche de 9h à 20h.
Sur la commune de Vernier, on trouvera des équipements hors pair : six terrains de football, pour la course : huit couloirs de 80 m, cinq aires de lancer, des terrains de volley, hand-ball, basket, des courts de badminton et de tennis, une salle de musculation, de gymnastique, du tir sportif et du tir à l'arc. Au Lignon, piscine, mini-golf et boulodrome, aux Avanchets : foot et piscine. On trouvera sur Internet les horaires et les conditions.

CENTRE SPORTIF DU BOUT-DU-MONDE

12, route de Vessy
✆ +41 22 347 80 87
www.ville-geneve.ch
Ouvert du lundi au vendredi de 8h à 21h30, le samedi et le dimanche de 8h à 19h.
Terrains de football dont un avec une aire de cricket, terrains de volley, basket et hand-ball, rink-hockey, mur d'escalade, courts de tennis, piste de cross, installations d'athlétisme aux normes de la FIAA, salle de musculation et salle d'escrime.

LOISIR CH

www.loisirs.ch
info@generalmedia.ch
Le portail romand des loisirs pour toute la famille.

SERVICE DES SPORTS DE LA VILLE DE GENÈVE

Centre sportif des Vernets
4, rue Hans-Wildorf
✆ +41 22 418 40 00
www.ville-ge.ch/sports
communication.web@ville-ge.ch
Depuis un demi-siècle, le service des sports de la Ville œuvre pour la promotion du sport à Genève : développement des infrastructures, encouragement à la pratique du sport, organisation d'épreuves sportives... Les écoles de sports d'été et d'hiver permettent aux jeunes de découvrir et de pratiquer des tas de sports à des conditions financières abordables. Ces loisirs et sports s'adressent au plus de 55 ans, le samedi ou le soir pour ceux qui travaillent. Et puis le choix : beach-volley, water-polo, patinoire sans glace, foot sur terrain synthétique...

Activités nautiques

ABYSS

8, rue du 31-Décembre
✆ +41 22 733 00 08
www.abyssworld.com
info@abyssworld.com
Ouvert les lundis, mardis, jeudis et vendredis de 9h à 18h30, le mercredi de 13h30 à 18h30, et le samedi sur RDV.
Depuis janvier 2012, le magasin a déménagé sur ce nouveau site, à deux pas de la rade et du Jet d'eau. Initiation et perfectionnement à partir de 8 ans. Ouvert toute l'année, les plongées ont lieu en piscine ou dans le lac, les cours sont donnés dans des locaux ou à domicile, et s'adaptent à l'emploi du temps et au niveau de chacun : baptême, formation, exploration, plongée enfant, mais aussi des week-ends et des voyages pour aller plonger dans les eaux de toutes les mers du globe.

BABY PLAGE

Quai Gustave-Ador
Accès libre. Ouvert toute l'année.
Ambiance très familiale et accès libre à cette petite plage aménagée entourée d'herbes et de sable. A proximité, toilettes, douches, buvette, jeux d'enfants et accès chaise roulante.

Golf urbain en été

Ouvert au touristes et aux Genevois, une initiation au golf dans le centre de Genève ! Un parcours composé de 9 sites, à proximité de la cathédrale Saint-Pierre, du Mur des Réformateurs ou encore du Musée d'Art et d'Histoire, offrant des flâneries dans les parcs ou une pause au bord du lac.
Du 1er juin à mi-septembre, gratuit. 4 km de parcours (2h environ), au départ du chalet du parc des Bastions (côté rue Saint-Léger). Renseignements : service jeunesse de la Ville de Genève – www.ville-geneve.ch

LES CORSAIRES

33, quai Gustave-Ador
✆ +41 22 735 43 00
www.lescorsaires.ch – loc@lescorsaires.ch
Ouvert en été tous les jours de 10h à 21h30. Parking au Port Noir. Prix des locations bateaux, pédalos, par téléphone ou sur place. Prix de la location d'un Aqua-Scoot : 30 minutes à 30 CHF ; 45 minutes, 40 CHF ; 1 heure, 50 CHF et 1 heure 30, 70 CHF.
A côté du jet d'eau, les Corsaires dans leur petit chalet vous proposent autant des locations de bateaux à voile, que des bateaux à pédales ou des bateaux à moteur tout neufs. On peut louer un bateau et partir se baigner au milieu du lac à l'abri des puces de canard. Mais avant de vous lancer sur une surprise ou un YngLing, il faudra peut-être passer votre permis ! Pas de problèmes, les Corsaires font également école de navigation, sous les conseils avertis et décontractés d'Olivier, un loup du lac. Depuis cette année et c'est une première en suisse, Les Corsaires ont investi dans l'achat d'Aqua-Scoot, des scooters « du lac » qui vous permettront d'aller vous promener ou faire un petit plongeon au large, sans permis, il faut simplement être majeur ou accompagné et être bon nageur.

GENÈVE PLAGE

Port-Noir ✆ +41 22 736 24 82
www.geneve-plage.ch
info@geneve-plage.ch
Ouvert de mi-mai à mi-septembre, 7j/7 de 10h à 20h. Entrée : 7 CHF (4,50 CHF à partir de 17h), 4,50 CHF tarif réduit (AVS, AI, chômeurs, étudiants), 3,50 CHF pour les enfants de 6 à 16 ans. Cartes et abonnements.
A dix minutes du centre-ville, les Genevois peuvent venir se détendre dans un lieu de loisirs qui a quelque chose de balnéaire. Il leur est proposé : baignade surveillée dans le lac ou dans le bassin olympique, un toboggan aquatique de 9 m de haut, des activités sportives (tennis de table, pétanque, basket, volley), une buvette, un restaurant, une boutique. Et, pour les enfants, une pataugeoire bordée de grenouilles-fontaines avec des jeux. Un centre de planche à voile jouxte la place pour compléter les activités.

RIDE ON LEMAN

✆ +41 79 704 34 44
www.rideonleman.ch
info@rideonleman.ch
Location de mai à octobre, jusqu'à 8 personnes. 250 CHF de l'heure.
Tout le monde n'a pas la chance ou la possibilité d'avoir son bateau pour faire un petit tour sur le lac ou pratiquer l'une des nombreuses activités nautiques du moment : wakeboard, wakesurf, wakeskis, wakeskate, bouée… Le bateau privé de Ride on Leman est une bonne solution pour s'évader et découvrir le lac entre amis ou en famille dans la journée, en soirée, pour un anniversaire, une sortie d'entreprise ou un enterrement de vie de jeunes gens… Le bateau est très bien équipé et prévu pour 8 personnes. L'embarquement peut se faire à Genève, Hermance ou Nyon, renseignements sur le site.

SCUBA-DREAM

La Pallanterie
146, route de Thonon
COLLONGES BELLERIVE
✆ +41 22 752 56 26
✆ +41 79 606 25 06
www.scuba-dream.ch
info@scuba-dream.ch
Matériel de plongée. Ouvert presque 7j/7 à la demande des clients, téléphonez avant car il y a toujours beaucoup de monde. Visite virtuelle du magasin en ligne.
On trouve obligatoirement son bonheur dans cette boutique à l'accueil charmant et très professionnel. Patty Moll, une spécialiste de la plongée, dans le monde entier, et des sports extrêmes, sait guider et conseiller aussi bien les amateurs que les passionnés ; et même si on a besoin d'une paire de chaussons en taille 52 (et oui, c'est possible) elle le trouvera ! Depuis 1992, les spécialistes et débutants se transmettent l'adresse (bien cachée à Vésenaz-La Pallanterie, à 100 m du Trois-Huit) car il y a sur place tout le matériel pour la plongée, la natation, le triathlon… pour adultes et enfants. Scuba-Dream, c'est aussi une station de gonflage 24h/24 et un centre de formation PADI 5-étoiles, avec la possibilité de partir plonger en voyages organisés, de réviser son matériel, de le louer, et même de l'acheter d'occasion.

LA SEICHE

19, rue du 31-Décembre
✆ +41 22 735 41 96
www.laseiche.ch
Ouvert le lundi de 13h30 à 18h30, du mardi au vendredi de 10h à 18h30 et le samedi de 9h30 à 17h.
Avec plus de trente-cinq d'existence, la Seiche fait partie des enseignes connues de Genève par les navigateurs et les clients

avertis, qui trouvent leur bonheur dans cette boutique spécialisée. La Seiche c'est aussi un très grand professionnalisme, un esprit d'équipe maintenu et entretenu par Pierre Buholzer et Pascal, tous deux passionnés qui « gardent le cap » et l'esprit du magasin ! Particuliers et professionnels trouveront dans la convivialité et la bonne humeur, leur bonheur en câblerie, matelotage et conseils avisés pour l'entretien et l'équipement du bateau. Vous trouverez cordages, peintures, vernis, jumelles, GPS, tout pour l'accastillage, un vaste choix de vêtements pour les jours de beau ou de mauvais temps, et aussi des idées de cadeaux sur le thème marin. Côté écologie, le magasin privilégie les articles faits en bois de bambou afin de lutter contre l'usage abusif de bois précieux comme le teck. Le magasin fournit également de la visserie inox, des WC chimiques, des combinaisons en néoprène et quelques articles de plongée.

SOCIÉTÉ NAUTIQUE DE GENÈVE (SECTION AVIRON)

Port-Noir ✆ +41 22 707 05 00
www.nautique.org
admin@nautique.org
La section aviron est née avec la SNG en 1872. Très active, elle organise de nombreuses manifestations tout au long de la saison, et notamment le fameux tour du lac. Elle aligne de nombreux compétiteurs dans les championnats nationaux et internationaux et propose des stages d'initiation et de perfectionnement ouverts à tous, membres et non membres de la société.

Activités de montagne

AGAS (ASSOCIATON GENEVOISE DES AMIS DU SALÈVE)

✆ +41 22 796 41 33
www.rando-saleve.net
rando-geneve@dj-web.ch
Randonnées pédestres. Rendez-vous tous les dimanches à 10h au terminus du bus 8 (Veyrier-Douane). Comptez 5 à 8h de marche, dont 3h de montées à un rythme soutenu.
Tous les dimanches, des amoureux du Salève se retrouvent pour parcourir à pied les innombrables sentiers que compte celui que l'on appelle souvent à tort « la montagne des Genevois ». Equipement de rando et papiers d'identité indispensables.

AVENTURES ALPINES

Passe Montagne
32, boulevard Carl-Vogt
✆ +41 84 000 08 41
www.aventuresalpines.ch
info@aventuresalpines.ch
Aventures alpines est un véritable bureau des guides de la région lémanique, point de rencontre des professionnels de la montagne et de la haute montagne avec les citadins pour planifier ensemble des courses en montagne dans les Alpes voisines ou ailleurs, une initiation à la grimpe au centre sportif de la queue d'Arve ou un tour en héliski. Demander le programme complet : alpinisme mais aussi randonnées pédestres ou en raquettes, ski de randonnée et voyages (trekking ou expéditions).

Genève-Plage.

CLUB ALPIN SUISSE

4, avenue du Mail ✆ +41 22 321 65 48
www.cas-geneve.ch
info@cas-geneve.ch
Ouvert le mardi de 9h à 13h et le jeudi de 15h à 19h.
Le Club alpin rassemble tous les amoureux de la montagne et des sports de montagne, du débutant au plus confirmé. De nombreuses activités sont proposées : randonnée en raquette ou pédestre, ski de fond, ski de randonnée, ski alpin et bien sûr alpinisme, escalade ou varappe. Initiation, organisation de courses dans les Alpes de Haute-Savoie, du Valais, dans le Jura ou au Salève.

GENÈVERANDO

✆ +41 22 345 68 11
www.geneverando.ch
essai@geneverando.ch
Association cantonale de SuisseRando. Organisation des « Dimanches à pied » le troisième dimanche d'avril à octobre, autour de thèmes variés.
Voici une association dynamique pour les amoureux de la marche ! Tout d'abord, GenèveRando assure la promotion de la randonnée pédestre, en collaboration avec les autorités locales, cantonales, fédérales et internationales, à savoir l'entretien et le balisage des sentiers pédestres du canton. D'autre part, les membres disposent d'un programme varié, une cinquantaine de randonnées et séjours de différents niveaux (de facile à très expérimenté) qui leur permettent de découvrir dans une ambiance conviviale, les beautés connues ou inconnues du canton de Genève et des contrées voisines. Afin de permettre de randonner en toute sécurité, les responsables de course ont reconnu l'itinéraire au préalable. Le degré de difficulté est indiqué pour chaque excursion. La plupart des randonnées sont effectuées en transports publics pour préserver la nature. GenèveRando organise également les « Dimanches à pied » : ces balades sont présentées dans le chapitre sur les visites guidées.

Vélo et VTT

BIKE PASSION

5 rue Pictet de Bock ✆ +41 22 781 01 70
www.bike-passion.ch
Bike Passion propose des vélos de loisir, de ville ou des VTT haut de gamme, des marques Mercier, Vario, Hercules ou Vitus. Beaucoup de conseils techniques alliés à un accueil professionnel et charmant terminent de nous séduire.

NEW BIKE STORE

20, rue Pré-Jérôme ✆ +41 22 312 11 54
www.newbikestore.ch
newbikestore@bluewin.ch
On y trouve tous les types de vélos et tous les accessoires qui vont avec. Le magasin s'est notamment spécialisé dans les vélos électriques et équipe chaque année des dizaines de montures à Genève avec le fameux kit électrique BionX.

PÉCLOT 13

7-9, rue de l'Industrie
✆ +41 22 740 37 89
www.peclot13.ch – contact@peclot13.ch
Collectif de réparation, récupération et vente de cycles
Le spécialiste des vieux vélos.

Autres adresses : 8, rue du Vélodrome – 1205 Genève. • Au sous-sol du centre de loisirs et de rencontres de Thônex – 39, route de Jussy – 1226 Thônex.

Détente – Bien-être

BAINS DES PÂQUIS

30 quai du Mont-Blanc
✆ +41 22 732 29 74
www.bains-des-paquis.ch
Ouvert de mi-avril à mi-septembre de 9h à 21h30. Entrée Bains d'été : 2 CHF : Entrée aux hammams/sauna : 20 CHF. Abonnements possibles. Location de serviette : 5 CHF. Mardi, le sauna est exclusivement réservé aux femmes. Rendez-vous massages à prendre du lundi au vendredi, de 9h à 13h : 65 CHF les 50 minutes.
Pour les Genevois comme pour les visiteurs, les Bains des Pâquis sont un lieu incontournable à Genève. Une longue jetée sur la rade, où on peut, grâce à l'association dynamique qui la gère, tout à la fois se baigner, se sustenter, suivre parfois un concert, un cours de tai-chi le dimanche matin, se faire masser ou fréquenter l'un des deux saunas et hammams. Ouverts dès le 1er mai, l'un des hammams reste exclusivement l'apanage des femmes, le mardi, et l'autre est plutôt un bain turc. Les prix pratiqués ici ont su rester populaires. Les cours de natation pour sont donnés de début juillet à fin août, pour une somme dérisoire. Un solarium à ciel ouvert, accessible durant tout l'hivernage par beau temps, complète l'offre des lieux. Une équipe

de masseurs et masseuses professionnels est à disposition tous les jours de 10h à 20h, sur rendez-vous, en toute saison : massages de détente, massages musculaires, réflexologie, drainage lymphatique et shiatsu... Toute une vie s'ébroue en ces lieux où les cygnes croisent une foule hétéroclite de personnages, de tous horizons, de toutes nationalités, bref, de tous bords. Menacés de disparition, sauvés il y a trente ans par la population, les lieux ont depuis connu un succès qui ne se dément plus. De l'aube à la nuit, tous les âges s'y croisent. Une restaurant (en terrasse l'été et en cabane chauffée l'hiver) complète cet espace dédié à la détente et au bien-être. Les Bains des Pâquis offrent en outre un très beau point de vue sur la rade.

Hobbies – Activités artistiques

ATELIER GRAIN DE SEL

8 rue Prévost-Martin
Tél : + 41 22 321 83 53 /
+41 78 885 43 00

Cours de cuisine : de 49 CHF (à midi) à 150 CHF (menu et 3 vins en dégustation). Les lundis et mercredis de 19h45 à 22h, le samedi de 14h à 17h. Réservation obligatoire. Programme sur le site internet.

Un atelier pour apprendre la cuisine des grands chefs ! Laurent Keller, architecte d'intérieur, a eu l'idée, non seulement de proposer ses conseils pour l'installation d'une cuisine élégante et performante à domicile, mais aussi de proposer à ses clients d'augmenter le niveau de leurs compétences culinaires. Cet ambitieux projet a donné naissance à l'atelier Grain de Sel, où les chefs les plus prestigieux de Genève viennent dispenser quelques cours : Philippe Audonnet, Jean-Marc Bessire, Christophe Berger, Serge Labrosse... Des cours d'œnologie sont également prévus. Grain de Sel, c'est aussi un magasin d'ustensiles de cuisine, et de vaisselle, pour les professionnels et les passionnés ! Pour l'atelier, il faut se précipiter pour réserver et avoir la chance de cuisiner avec son chef préféré !

Autre adresse : 11, boulevard Pont-d'Arve – Tél : + 41 22 321 83 53

CUISINE (Z)

CHENE – BOUGERIES
3, rue de Chêne-Bougeries
+41 78 610 22 87
www.cuisinez-lesite.com
cuisinez@windowslive.com
Tram 12 Bougeries

Cours de cuisine, du mardi au samedi le soir (environ 3h, dégustation incluse) : 110 CHF.

Après s'être formée auprès de grands chefs internationaux, Aurélie Perrin a developpé son propre concept : apprendre la cuisine de manière ludique et créative aux grands, mais aussi aux petits. Et elle rencontre un succès extraordinaire auprès de ce jeune public, qui apprécie son énergie, son dynamisme mais aussi de créer des menus à partir de matières qu'ils n'ont pas l'habitude de travailler. Aussi sera-t-on surpris de voir nos enfants cuisiner un saumon au sirop d'érable et citronnelle, *risotto bianco*. Plutôt rare à Genève. L'arcade se situe à Chêne-Bougeries. L'espace peut être loué pour des soirées privées. Et Aurélie se déplace aussi à domicile... Voyages, inspiration, imagination : une magicienne qui plaît aux petits et aux grands. Et elle a plein d'idées dans sa boite ! La dernière, c'est Burgerqueen : un système de burgers itinérants que l'on peut trouver par exemple au marché de Thonex ou de Plan-le-Ouates. Sans doute apercevrez-vous sa remorque rose ? Ouvrez-bien vos papilles, car ce sont des burgers ultra frais, 100% filet et produits du terroir.

KATREPICES THE COSY COOKING FACTORY

1, place de la Synagogue
+41 22 311 44 11
www.katrepices.com

Cours de cuisine. Ouvert du lundi au samedi de 10h à 18h. A midi : 35 CHF. Le soir de 95 CHF à 116 CHF avec 1 verre de vin. Soirées privées. Cours du lundi au samedi de 10h à 19h. Cours de pâtisserie l'après-midi et découverte du terroir.

On croit entrer dans une simple boutique consacrée à l'art de la table mais surprise, à l'arrière : une pièce avec un plan de travail, une cuisine et une salle à manger. Non, ce n'est pas seulement là pour le décor. Le lieu propose en effet un nouveau concept de cours de cuisine à la Cyril Lignac, le cuisinier branché de la télévision. Il ne reste plus qu'à enfiler son tablier pour se lancer et jouer aux cuistots. Dans un esprit convivial, chacun met la main à la pâte avec les conseils du chef pour ensuite déguster sa recette autour d'une table : rapidement à midi ou délicatement avec un verre de vin le soir. N'hésitez pas à jeter un œil sur le site Internet très complet pour choisir la formule qui vous convient. A noter pour les âmes en mal d'amour : des soirées spéciales célibataires sont organisées.

■ **MOLARD JOUETS**
21, rue Neuve-du-Molard
✆ +41 22 311 41 91
www.molard-jouets.ch
info@molard-jouets.ch
Ouvert du lundi au vendredi de 8h30 à 18h30 et le samedi de 8h30 à 17h.
Depuis 1965, Molard Jouets est la référence en matière de modélisme, de télécommandes ou de miniatures et le choix est vaste. Bateaux, avions, voitures et trains électriques font rêver enfants et parents. Les grandes marques sont présentes, et le personnel communique sa passion. Sur place : service après-vente, réglage de moteur et une vitrine d'occasions. On peut commander aussi sur catalogue ou sur Internet, où l'on trouvera des promotions, les nouveautés et les tarifs.

■ **LA RÉCRÉATION**
11, chemin de la Clairière
✆ +41 22 700 77 83 – www.larecreation.ch
Christian Christensen, chef de cuisine, formé à l'hôtellerie de luxe (chef de partie au Lion d'Or de Cologny) se rend à domicile pour préparer un succulent repas et permettre de passer une soirée relax. Si on veut aussi ne pas perdre de temps et apprendre quelques recettes, Christian organise dans son atelier-cuisine entre 12h et 14h des cours de cuisine, on cuisine et on déguste. Un service traiteur organise des évènements et des fêtes (pour adultes et enfants).

GAY ET LESBIEN

Contrairement à certaines grandes villes européennes, il est encore assez rare de croiser à Genève des couples gays ou lesbiens se baladant main dans la main ou s'embrassant dans la rue. Tout comme il est difficile de déterminer précisément un quartier accueillant les principaux lieux de la vie associative et nocture gay. De nombreux étblissements sont gay-friendly et certains s'annoncent LGBT (ce qui signifie : Lesbiennes, Gays, Bisexuels et Transgenres), un terme à décoder et à repérer. Le quartier des Pâquis offre toutefois l'avantage de rassembler quelques boîtes de nuit, dont le K-36 (LGBT) et le Milk Klub (gay-friendly le jeudi), sans conteste les plus branchées et festives en la matière, Le Phare et le Lola bar, annexe du restaurant Le Comptoir, mais aussi les sièges des associations Dialogai et 360°. Outre ces établissements, L'Usine, La Barje, Le Scandale, La Ferblanterie ou encore Le Cabinet, constituent les lieux gay-friendly les plus célèbres de la ville.

▸ **Pour de plus amples informations,** consultez le guide de la vie gay et lesbienne en Suisse : www.gaymap.ch.

Pratique

■ **DIALOGAI**
11-13, rue de Navigation
✆ +41 22 906 40 40
www.dialogai.org
info@dialogai.org
Bureau ouvert du lundi au vendredi de 10h à midi et de 14h à 18h. Checkpoint sans rendez-vous de 16h à 20h le lundi et le mardi. Blues-out : service de conseil et d'aide psychologique le mardi de 16h à 20h. Café Off du mercredi au samedi de 18h à 22h.
L'association œuvre pour l'intégration des homos, bis et transsexuels et est aussi l'antenne de l'aide suisse contre le sida. Elle propose un centre de tests rapides pour un dépistage du VIH et autres IST. Résultat en un quart d'heure. On y vaccine aussi contre les hépatites. Dialogai est également une structure d'accueil qui organise des rencontres, un repas ouvert à tous les mercredis dès 19h30, ainsi que de nombreuses activités.

■ **ESPACE 360°**
36, rue de la Navigation
✆ +41 22 732 03 60
www.360.ch
espace@360.ch
Permanence d'accueil et de rencontre du mardi au vendredi de 14h à 18h et sur rendez-vous.
Une des principales caractéristiques de cette association, née de la première Gay Pride romande, est la mixité homo-hétéro. Elle table donc sur l'ouverture. Trois pôles définissent ses activités. Pôle festif, dont la mission est d'organiser des fêtes populaires bon marché, ouvertes à tous, bien connues à Genève ; pôle social, service d'assistance juridique et d'accueil qui s'occupe d'apporter un soutien aux personnes en difficulté. Le troisième pôle, média, édite un mensuel à sensibilité homosexuelle, *360°*, que tout le monde s'arrache, car c'est une mine de bons plans et d'articles de fond vraiment bien écrits.

GAY ROMANDIE

www.gayromandie.ch

L'incontournable portail de la communauté LGBT francophone : news, liste des associations événements, agenda, et guide des sorties pour toute la Suisse.

Sortir

Le moins que l'on puisse dire est que Genève n'est pas connue pour la richesse et la diversité de ses établissements gays et lesbiens. Toutefois, quelques boîtes de nuit, situées principalement dans le quartier des Pâquis, valent le détour. Outre ces adresses, de nombreux bars et clubs genevois sont *gay-friendly*.

360 FEVER

www.360fever.ch
fever@360.ch

La branche clubbing de l'association 360 organise des soirées à thème aux noms évocateurs (Salon d'Otto, la Pulpe du poulpe, 100 dessus dessous, Les jumelles se rebellent), très régulièrement dans divers clubs de la ville. Musiques électro au top, consos cheap, beaucoup de monde, gay-lesbien-friendly. Ambiance assurée. Voir site internet pour calendrier et lieux.

L'AIGLON

16, rue Sismondi
✆ +41 22 732 97 60
www.laiglon.ch
infoaiglon@infomaniak.ch

Ouvert du lundi au samedi de 8h à 2h du matin.

L' Aiglon est un bar à la fois branché et populaire. S'y croise une population hétéroclite, où se mêlent des personnes de toutes catégories sociales, de toutes tendances et de tous horizons, dans une ambiance décontractée et festive. Y règne un bel esprit de tolérance. Le soir, du jeudi au samedi, des DJ se relayent en ce café, donnant à l'atmosphère un air plus branché. L'Aiglon est un lieu qui parvient à concilier bistrot de quartier, établissement populaire et enseigne branchée LGBT, sans trahir aucune de ces trois facettes.

LES BAINS DE L'EST

3, rue de l'Est
✆ +41 22 786 33 00
www.bainsdelest.ch

Ouvert du lundi au jeudi de midi à 1h, le vendredi de midi à 6h, le samedi de 14h à 6h, et le dimanche de 14h à 1h. Mixte le mardi et le vendredi. Entrée avec welcome back gratuit : 32 CHF et 26 CHF à partir de 21h, sauf le vendredi et le samedi. 10 CHF pour les femmes.

Près de la rue Glacis-de-Rive, ce sauna bien connu a été entièrement rénové. Les nouveautés : un solarium à haute pression permet de bronzer pour 10 CHF la séance, deux ordinateurs sont à disposition, avec connexion wi-fi. La salle de musculation, la pièce canapé et sa TV, bains bouillonnants, hammams, cabines avec vidéos, backrooms, un labyrinthe de 500 m² et un bar complètent l'installation. Des soirées mousse le mercredi à partir de 20h ; cake party le dimanche après-midi.

LE CONCORDE

3, rue de Berne
✆ +41 22 731 96 80

Ouvert du lundi au vendredi de 7h à 2h, le samedi de 9h à 2h, le dimanche de 15h à 2h.

Un des plus anciens bars gays de Genève, pour des fins de journée aux looks de tous les âges.

CRUISING CANYON

15 rue Alfred Vincent
✆ +41 22 731 81 15
www.cruisingcanyon.ch
info@cruisingcanyon.fr

Ouvert le lundi et le mardi de 17h à 3h, du jeudi au samedi de 17hà 6h, le dimanche de 15h à 3h. Fermé le mercredi.Tarif : 15 CHF, 10 CHF de 17h à 19h.

Premier véritable bar entièrement dédié au sexe de la ville, enfin ouvert au printemps 2010 après de nombreux reports. L'endroit est équipé, sur 350 m² et deux étages, avec cabines, slings, darkroom, labyrinthe, glory holes, un espace SM et une quinzaine d'écrans vidéo. Tous les deuxièmes jeudis du mois, soirée Underwear/Naturiste, une fois par mois, Sneaker Party. L'endroit n'est pas très chaleureux, et à vrai dire un peu glacial quand il n'y a pas foule.

LE DÉCLIC

28, boulevard du Pont-d'Arve
✆ +41 22 320 59 14
www.ledeclic.ch
ledeclic@deckpoint.ch

Ouvert du lundi au vendredi de 17h à 2h, le samedi à partir de 21h jusqu'à 2h. Cocktails dès 8 CHF.

Les modes passent, le Déclic demeure, avec ses nombreux cocktails (plus de 70), sa piste de danse, écran géant et soirées DJ les week-ends.

LA GARÇONNIÈRE

4bis, rue de la Rôtisserie
✆ +41 22 310 20 10
www.lagarconniere.ch
Ouvert 7j/7 de 23h à 5h. Shows à 23h30 et à 2h30.
L'unique cabaret-discothèque gay de Suisse. La Garçonnière fait le pari d'un retour en grâce du style qui avait fait le succès du légendaire cabaret gay de la Vieille Ville, fermé en 1997 et dont elle a repris le nom. Elle propose depuis son ouverture deux spectacles chaque soir. Lieu incontournable genevois, clientèle friendly, ambiance chic, show dragqueen tous les jours, le prix des consos est élevé, musiques commerciales actuelles house.

HOMOSEXUALITÉE

www.homosexualitee.ch
info@homosexualitee.ch
Le portail d'information pour les filles. Les rubriques Lesbiclubbing et Events consistent en un agenda des soirées mis à jour régulièrement.

LESTIME

5, rue de l'Industrie
✆ +41 22 797 27 14
www.lestime.ch
info@lestime.ch
Centre d'accueil et de documentation à destination des femmes homosexuelles, Lestime propose également un ciné-club, des soirées et diverses activités.

L'IVRESSE

5, rue Vignier
✆ +41 22 320 8057
www.livresse.ch
cafe-librairie@livresse.ch
Librairie ouverte le lundi de 13h à 18h30, du mardi au vendredi de 9h à 18h30 et le samedi de 10h à 18h30. Café ouvert le lundi de 13h à minuit, du mardi au jeudi de 9h à minuit, le vendredi de 9h à 1h et le samedi de 10h à 1h.
Promouvant en particulier la littérature gay, lesbienne, bisexuelle et transsexuelle, cette librairie café perpendiculaire à la rue de Carouge propose sandwichs et petite restauration, et une jolie sélection de boissons, notamment des thés et des limonades artisanales. Ici, vous êtes reçu avec le sourire. Un joli petit espace au bel accueil, où déguster un bon café dans une atmosphère littéraire, boisée, sereine et repartir avec sous le bras un livre qui a toutes les chances de nous convaincre.

LE NATHAN

6 rue Baudit
✆ +41 22 733 78 76
swissgay.ch/nathan
Ouvert du lundi au samedi de 19h à 2h du matin.
Dans le quartier des grottes derrière la gare, ce bar-lounge gay et lesbien au design dépouillé (tôles ondulées et couleurs vives) a réouvert récemment. Dans un quartier isolé, c'est un lieu apprécié de la jeunesse branchée notamment pour ses expos de jeunes talents. Une adresse qui mériterait un peu plus de visites, les consos ne sont pas chères et le patron est sympathique.

LE PHARE

1-3 rue Lissignol
✆ +41 22 741 15 35
Ouvert du lundi au samedi de 15h à 2h et le dimanche de 17h à 2h.
Un endroit original, sympa, coloré, décontracté. Le phare ? Suivez le drapeau gay ! Grande tolérance ici, même les hétéros sont admis ! On aime le service souriant toujours, les tapas, le déci de tariquet, le coin aux bouquins, la petite mezzanine avec vue sur la rue et immanquablement squattée, la terrasse pleine de vie et de rencontres. Lieu à la fois convivial «bobo» la semaine et repère de nuits un peu plus folles le week-end, où les barmans sympathiques et les consos pas chères. Entre branchés et artistes, tout le monde est gai et a la causette facile, ce qui nous arrange bien ! Probablement le bar gay n°1 à Genève !

SAUNA DES SOURCES

17, rue des Sources
✆ +41 22 320 04 63
www.saunadessources.ch
info@saunadessources.ch
Ouvert du lundi au vendredi de 11h à 22h, samedi et dimanche de 13h à 22h, réservé aux hommes jusqu'à 18h, ensuite c'est mixte. Semaine, entrée à 25 CHF, dimanche 20 CHF.
Le sauna des Gémeaux a changé de nom et n'est plus seulement réservé aux gays. Tout en continuant à offrir un lieu de rencontre convivial aux visiteurs masculins avec des horaires qui leur sont réservés, les portes sont désormais ouvertes à tous en soirée : femmes et hommes, seuls ou en couple, sont les bienvenus. Sur place aussi salons détente, cabines privées ainsi que masseur et masseuse. Café, thé et boissons avec ou sans alcool sont aussi disponibles.

Carouge

Cette commune du canton de Genève est souvent assimilée à un quartier de la cité de Calvin. Les Genevois et les artistes aiment à s'y promener pour y «humer» un air un peu différent ; elle est même parfois surnommée le « Greenwich Village » de Genève ! Et en effet, Carouge a un statut particulier dans l'histoire de Genève et de son canton. Petite ville détachée de la rive gauche par le cours de l'Arve, elle fut construite au XVIIIe siècle sur ordre du roi de Sardaigne pour concurrencer Genève. Elle était à l'origine un hameau de Lancy, formé seulement de quelques maisons. De 1772 et 1783 s'érige une ville nouvelle, ouverte, à l'urbanisme piémontais moderne : sans fortifications ni remparts, avec des rues alignées et de vastes places arborées. Accordant des privilèges particuliers et favorisant l'installation d'étrangers pour dynamiser son essor économique, le pouvoir turinois en fait un îlot de tolérance civile (143 auberges et cabarets en 1792) et religieuse (s'y installent catholiques, francs-maçons, protestants, juifs, etc.).

Ainsi, grâce à sa position stratégique au bord de l'Arve, qui permettait le transport de marchandises sur l'axe Rhin-Rhône, sans passer par Genève, et son Pont de l'Arve (véritable carrefour routier en direction de l'Ain et de la Savoie), Carouge deviendra un important centre du commerce et de l'artisanat. Elle est élevée au rang de ville royale en 1786 par le roi Victor Amédée III. Cédée en 1816 par le traité de Turin, elle devient une des communes du canton de Genève (créé en 1815). En 1862, elle sera la 4ème ville européenne avec Genève à posséder un omnibus sur rail tiré par des chevaux (ancêtre du tram). Depuis, elle est devenue une ville industrieuse tout en préservant le cœur de sa ville ancienne, où il fait bon se promener, le long du canal et dans les rues ombragées ! Classée « ville d'importance nationale », elle est un exemple unique en Europe d'urbanisme postmédiéval : la ville s'est construite et développée de part et d'autre de la rue Ancienne, qui la traverse depuis l'anse de l'Arve en diagonale. Le style architectural de la ville ancienne est populaire ; avec une façade de crépi gris à un étage, des fenêtres à arcades au rez-de-chaussée (abritant souvent un atelier) et rectangulaires à l'étage, et un côté cour avec escalier à coursive et jardinet. Au cours des XIXe et XXe siècles, les constructions seront rehaussées et transformées. Carouge compte encore de nombreuses maisons historiques, dont la maison Montanrouge (1789) qui abrite le musée de Carouge depuis 1984 (œuvres d'artistes locaux, faïences, poteries, peintures). Aujourd'hui, elle est appréciée pour son dynamisme culturel, sa taille à dimension humaine et ses boutiques tendances de mode et d'artisanat, ses galeries d'art et de design, ses auberges et cafés, sans oublier ses terrasses qui longent la place du Marché...

Fêtes carougeoises

- **Le Printemps carougeois** a lieu les 2 week-ends après Pâques. Des spectacles ont lieu dans toute la ville.
- **La Fête de la tomate** se tient à la Halle de l'Union maraîchère à Carouge, rue de Blavignac. Elle a lieu le vendredi soir et le samedi, les 13 et 14 juillet, avec carrousels, animations, dégustations, démonstrations et cours de cuisine.
- **La vogue carougeoise** se déroule fin août-début septembre. Des concerts, des cours de danse, des expositions ont lieu hors les murs ; un grand bazar populaire et festif !
- **La patinoire d'hiver** s'installe sur la place de Sardaigne, de mi-novembre à mi-février. Animations, jeux, sports et détente sont au programme, librement et gratuitement. Sur place, un Ice Bar, avec restaurant à la chaleur du poêle !

Programmes : Ville de Carouge – 14, place du Marché – Tél : +41 22 307 89 87 et sur le site www.carouge.ch

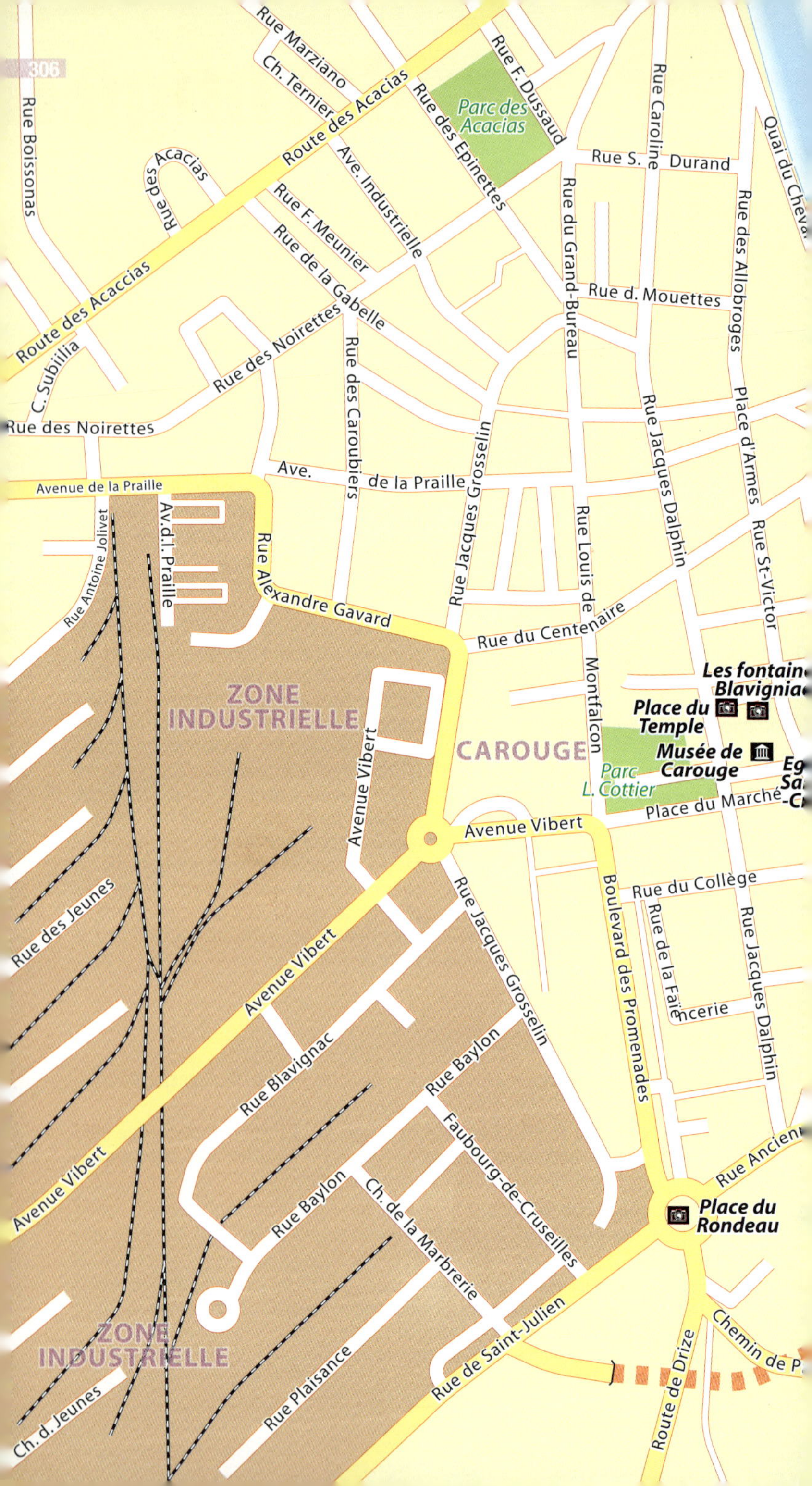
Rue Marziano
Ch. Ternier
Route des Acacias
Rue F. Dussaud
Parc des Acacias
Rue des Epinettes
Rue Caroline
Quai du Cheva
Rue S. Durand
Rue Boissonas
Rue des Acacias
Ave. Industrielle
Rue F. Meunier
Rue de la Gabelle
Rue du Grand-Bureau
Rue des Allobroges
Rue d. Mouettes
Route des Acaccias
Rue des Noirettes
C. Subilia
Rue des Noirettes
Rue des Caroubiers
Rue Jacques Grosselin
Rue Jacques Dalphin
Place d'Armes
Ave. de la Praille
Avenue de la Praille
Rue Antoine Jolivet
Av.d.l. Praille
Rue Alexandre Gavard
Rue Louis de Montfalcon
Rue St-Victor
Rue du Centenaire
ZONE INDUSTRIELLE
Les fontaine Blavigniac
Place du Temple
Avenue Vibert
CAROUGE
Musée de Carouge
Parc L. Cottier
Eg Sa -C
Place du Marché
Avenue Vibert
Rue du Collège
Rue Jacques Grosselin
Rue de la Faïencerie
Rue Jacques Dalphin
Boulevard des Promenades
Rue des Jeunes
Avenue Vibert
Rue Blavignac
Rue Baylon
Faubourg-de-Cruseilles
Avenue Vibert
Rue Ancien
Rue Baylon
Ch. de la Marbrerie
Place du Rondeau
Rue de Saint-Julien
Chemin de P
ZONE INDUSTRIELLE
Route de Drize
Rue Plaisance
Ch. d. Jeunes

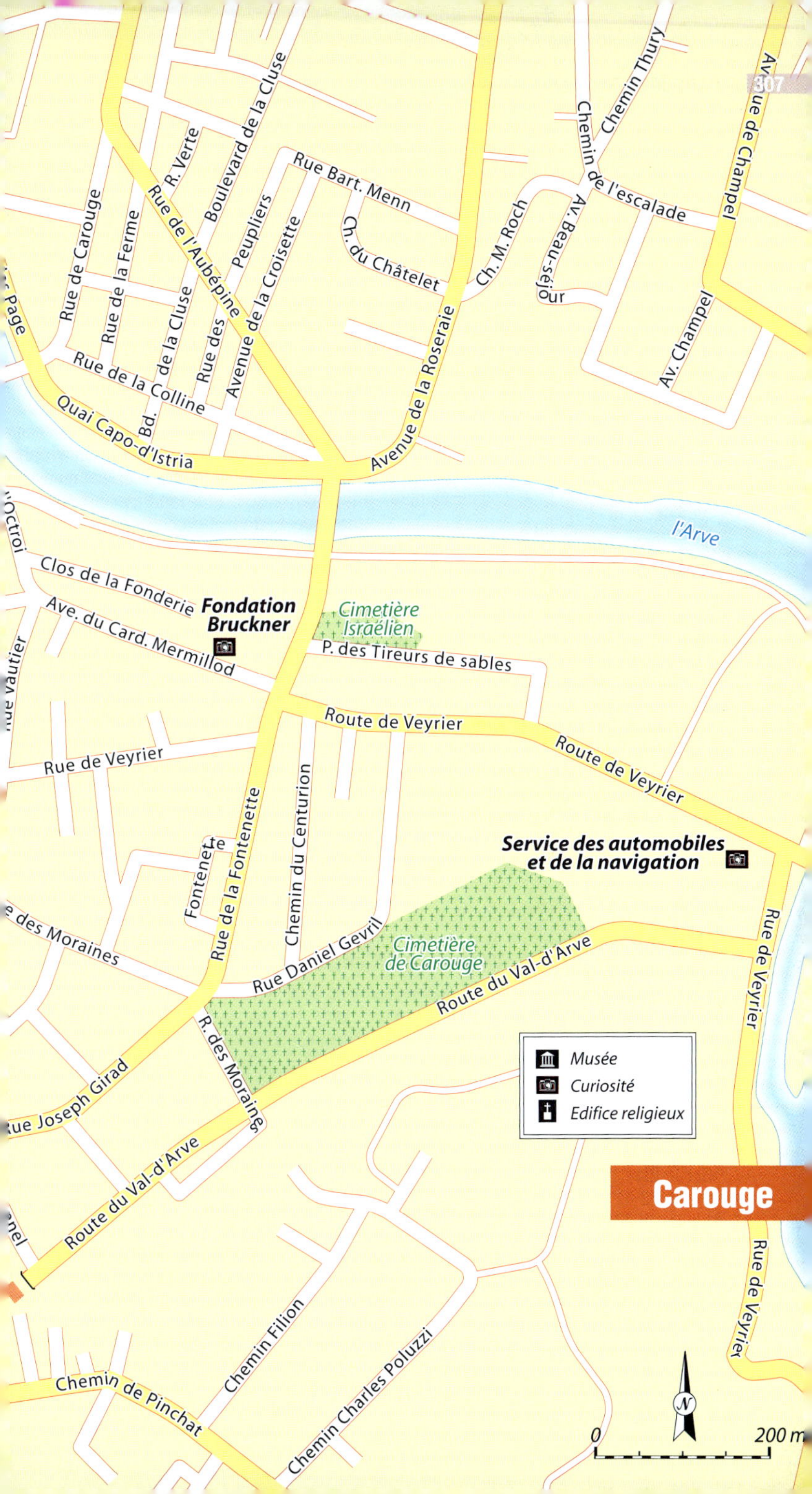
Carouge
Fondation Bruckner
Service des automobiles et de la navigation
Cimetière Israélien
Cimetière de Carouge
l'Arve
Musée
Curiosité
Edifice religieux
0
200 m
N
Avenue de Champel
Chemin Thury
Chemin de l'escalade
Av. Beau-séjour
Ch. M. Roch
Av. Champel
Rue Bart. Menn
Ch. du Châtelet
Avenue de la Roseraie
Boulevard de la Cluse
R. Verte
Rue de Carouge
Rue de la Ferme
Rue de l'Aubépine
Rue des Peupliers
Avenue de la Croisette
Bd. de la Cluse
Rue de la Colline
Quai Capo-d'Istria
Clos de la Fonderie
Ave. du Card. Mermillod
P. des Tireurs de sables
Route de Veyrier
Rue de Veyrier
Chemin du Centurion
Rue de la Fontenette
Fontenette
Rue Daniel Gevril
Route du Val-d'Arve
R. des Moraines
Rue Joseph Girad
Chemin Filion
Chemin Charles Poluzzi
Chemin de Pinchat

Transports

Carouge est très bien desservie par les transports en commun depuis Genève et les communes du canton (voir le réseau Unireso de trams et bus TPG). Elle a été la première avec Genève à mettre en place une ligne d'omnibus (devenue la ligne historique du tramway 12) reliant la Place Neuve de Genève et le Rondeau, au bout de la rue Ancienne de Carouge.

Le «Vieux Carouge» se visite aisément à pied, et de nombreux parkings (place de l'Octroi, place de Sardaigne, Centre communal, Fontenette...) permettent de se garer près de son centre ou à sa périphérie. L'utilisation du vélo est encouragée et tend à se développer sur Genève et le canton.

Pratique

Ces quelques adresses seront utiles pendant votre séjour et seront complémentaires à celles proposées dans la partie pratique de la ville de Genève.

Tourisme – Culture

■ **VILLE DE CAROUGE**
14, place du Marché
✆ +41 22 307 89 87
www.carouge.ch – mairie@carouge.ch
Ouvert du lundi au vendredi : de 8h à 12h et de 14h à 17h.
La ville édite de nombreuses publications gratuites disponibles à la mairie, dont une brochure destinée aux habitants et contenant toutes les « clés » de Carouge. Depuis 2009, elle propose aux nouveaux arrivants un « Parcours accueil » libre et gratuit de 1h30 suivi d'un apéritif convivial, deux samedis par an (généralement en avril et en octobre) : une initiative proposant une découverte ou redécouverte de la ville, accompagné de guides volontaires. Pour les résidents et les visiteurs, chaque été, la ville organise, en collaboration avec Illico-Travel et Business Services, des visites guidées de lieux remarquables et parfois très privés. Renseignements : www.carougemania.ch

Marchés, brocante de Carouge !

▶ **Le marché de détail** a lieu sur la place du Marché (et les rues adjacentes). A l'ombre des platanes, les étals colorés s'installent chaque mercredi et samedi matin (de 7h30 à 14h), offrant au visiteur sa joyeuse faconde méditerranéenne, rythmée chaque samedi par un carillon. Les Carougeois se retrouvent à cette occasion, et prolongent cette agréable animation de place de village par une pause gourmande dans les cafés et restaurants des rues attenantes, ou flânent dans leurs boutiques préférées à cette occasion. La brocante s'installe tous les premiers dimanches du mois de mars à novembre. A cette occasion, artistes-peintres de la palette carougeoise se mettent à l'œuvre sur la place du Temple, et quelques boutiques ouvrent leurs portes.

▶ **Le marché de Noël** s'implante quelques jours à la mi-décembre, sur les places et les rues du vieux Carouge, avec bon nombre de stands d'artisanat, de décorations, de vin chaud, de petite restauration et une bonne ambiance. L'occasion de faire connaissance avec les nombreux artisans de la ville.

▶ **Dates, renseignements et inscriptions** sur www.interetsdecarouge.ch.

■ **COTE JARDIN**
Union Maraîchère de Genève
16, rue Blavignac
✆ +41 22 827 40 00
✆ +41 22 827 40 05
www.umg.ch
umg@umg.ch
Ouvert le lundi, le mardi et le jeudi de 14h à 18h, le mercredi et le vendredi de 10h à 18h, et le samedi de 9h à 16h.
Un marché couvert de légumes, à bons prix ! Une initiative originale, écologique et durable. Dans les locaux de la coopérative du l'Union Maraîchère, Côté Jardin propose des légumes de deuxième choix (pas assez parfaits pour la vente en grande distribution). Un bon plan pour les petits budgets.

Stationnement facile à Carouge

Depuis que les rues de Carouge sont passée en zone bleue, il est devenu plus simple de trouver une place de stationnement, tout près de votre arcade préférée. Et si vous manquez de chance, elle sera de toute façon proche d'une zone de stationnement publique. Cette commune à taille humaine a l'avantage d'être facilement accessible, à pied, depuis ses nombreuses zones de stationnement. Ou tout simplement par la ligne 12 du Tram.

- **Centre Communal** (parking couvert de 210 places + 40 boxes)
- **Place de l'Octroi** (parking couvert de 300 places)
- **Place de Sardaigne** (parking couvert de 300 places)
- **Fontenette** (parking ouvert de 115 places).
- **Renseignements :** www.ge.ch/parkings – Carrefour de l'Etoile 1 – 5e étage – Tél : +41 22 827 44 90

■ **ILLICO TRAVEL**
12, avenue Vibert
✆ +41 22 300 59 60
www.illico-travel.ch
gianna@illico-travel.ch
Visites guidées l'été, en partenariat avec la ville de Carouge. Le samedi à 11h (adultes : 10 CHF, réduit : 5 CHF).
Une agence de tourisme spécialisée dans les visites guidées, privées ou publiques, hors des sentiers battus. Forte de son expérience et de sa connaissance privilégiée de Carouge, elle organise en partenariat avec la mairie des visites guidées thématiques pendant l'été : 6 thèmes sont programmés, à raison de 3 samedis chacun, de mi-juin à mi-octobre. Riche de son étroite collaboration et de son attachement à la ville de Carouge, elle permet aux visiteurs une approche privilégiée et insolite de la ville (renseignements sur le site Internet de l'agence, et sur celui de la ville). Elle propose également des visites privées, pour les groupes de particuliers, les associations et les entreprises, de Carouge et de Genève ou des environs.

Argent

Les plus grandes banques sont implantées au centre de Carouge : Crédit Suisse, Raiffeisen, UBS... Elles sont généralement ouvertes du lundi au vendredi de 8h30 à 16h30, et certaines agences sont ouvertes le samedi. Une pièce d'identité est obligatoire dans les bureaux de change, pour un retrait au-delà de 5 000 CHF. La banque de la Migros prend une commission de change très basse et propose un service rapide pour les gros montants.

Internet

La connexion wi-fi est accessible dans la plupart des lieux publics, gratuitement. De nombreux cafés et restaurants sont également équipés et sécurisés (il faut demander le code).

Santé – Urgences

■ **CLINIQUE DE CAROUGE**
1 avenue Cardinal-Mermillod
✆ +41 22 309 45 45
www.geneve-cliniques.ch
Service d'urgence ouvert : 7j/7, 24h/24.
Cette petite clinique privée carougeoise bénéficie d'un service d'urgence et dispose d'un plateau technique, avec notamment deux blocs opératoires et des centres spécialisés (médico-oncologique, cardio-pulmonaire et radiologique), ainsi que 17 cabinets médicaux. Elle est affiliée à l'Association des cliniques privées de Genève et participe au réseau La Tour.

Adresses utiles

■ **LA POSTE**
7 avenue de Vibert
✆ + 41 848 888 888
www.poste.ch
Ouvert du lundi au vendredi : de 8h à 18h. Le samedi : de 8h30 à 16h (en été de 8h30 à 12h).

Orientation

De la place de l'Octroi à celle du Rondeau, entre la rue du Pont-Neuf et la rue Ancienne, entre Arve et Vieux-Canal, s'étend la ville ancienne de Carouge, à l'urbanisme piémontais et à l'architecture populaire. A visiter absolument ! La ville est construite de part et d'autre de la diagonale formée par la rue Vautier puis la rue Ancienne, qui aboutit au Rondeau et se poursuit par la route de Saint-Julien. D'un côté la ville ancienne avec, au-delà de la rue du Pont-Neuf, le quartier des Acacias et de la Praille ; de l'autre le quartier plus industrieux jusqu'à la route du Val-de-l'Arve et celle de Veyrier. S'orienter à Carouge est assez facile : les rues du centre coupent presqu'à angle droit la diagonale centrale, et les voies de tramway 12, 13 et 14 (direction Les Palettes ou Bachet depuis le centre-ville de Genève) traversent intégralement les rues Ancienne, du Marché et Saint-Victor. Celles-ci regroupent nombre de commerces de mode, d'ameublement et de boutiques d'artisans créateurs, tandis que la rue Vautier (parallèle à la rue Saint-Victor) offre un choix impressionnant de bars et de clubs dont le plus fameux est le Chat Noir. La rue Dalphin (perpendiculaire à la rue Ancienne) est riche en proposition de restaurants à prix divers. Sans oublier les promenades le long des allées arborées et les jolies places du Temple, de Sardaigne (musée), et du Marché (fontaine Blavignac et terrasses aux beaux jours).

Se loger

Le moins que l'on puisse dire est que Carouge n'est pas une ville où il fait bon chercher à se loger. Les hôtels y sont en effet très rares. Toutefois, les établissements cités dans la rubrique sont à recommander.

■ AUBERGE COMMUNALE DE CAROUGE**

39, rue Ancienne
✆ +41 22 342 22 88
www.aubergedecarouge.ch
aubergedecarouge@bluewin.ch
14 chambres, toutes équipées d'un téléphone, d'une télévision, d'une salle de bain avec douche, lavabo et toilette. Prix : 150 CHF pour une chambre simple, 210 CHF pour une chambre double. Taxes et petits déjeuners inclus. wi-fi. Ascenseur. Ouvert 7j/7 de 6h30 à 23h. Restaurant avec terrasse.

Cet hôtel, situé au cœur du vieux Carouge, se distingue par son calme et son confort. Pourvu de 14 chambres à la décoration sobre, donnant soit sur la tranquille rue Ancienne, soit sur un petit jardin, l'Auberge communale de Carouge compte aussi un restaurant, proposant une cuisine française de qualité, à des prix raisonnables surtout à midi. Dès le mois de mai, l'atout charme de l'établissement devient sa jolie terrasse ombragée.

■ RAMADA ENCORE GENÈVE***

La Praille, Centre Commercial et de Loisirs
10-12, route des Jeunes
✆ +41 22 309 50 00
www.ramada-encore-geneve.ch
info@encoregeneve.ch
154 chambres, à partir de 189 CHF en semaine, et de 159 CHF le week-end. Petit déjeuner (buffet) : 23 CHF. Restaurant The Hub : à partir de 19 CHF le menu en semaine.

Le Ramada Encore Genève offre tout le confort d'un grand hôtel, facile d'accès par autoroute ou transports en commun de la gare ou de l'aéroport. Toutes les chambres sont spacieuses (minimum 24 m²) et agréablement décorées, équipées d'un vrai bureau et d'un accès wi-fi (payant). Sur place, un café-restaurant : The Hub, très agréable et pratique pour déjeuner avant ou après son shopping dans le centre commercial (8 restaurants et 80 commerces). Des chambres sont accessibles et équipées pour les personnes handicapées. Ramada Encore Genève et L'Event Center La Praille avec ses sept salles peuvent accueillir tout évènement jusqu'à 1 200 personnes. L'hôtel propose aussi un accès direct au fitness et spa Harmony de La Praille et un service de location de vélo (en supplément). Un hébergement qui privilégie le fonctionnel et la modernité pour un séjour efficace à la périphérie du centre de Genève.

Se restaurer

Bon nombre de Genevois se retrouvent souvent à Carouge pour déjeuner ou dîner, car l'ancienne cité sarde est connue pour offrir une belle diversité d'établissements de qualité, accessibles à toutes les bourses. La cuisine proposée a une nette coloration italienne ou provençale, mais quelques établissements proposent une cuisine française variée ou des plats traditionnels de la région. Les restaurants ont une tradition de convivialité et ouvrent souvent tôt le matin : on peut donc y prendre un café, dans un cadre agréable. Et, à l'inverse, de nombreux cafés et bars à vin proposent une petite restauration de plats du jour le midi, ainsi que des tartines ou tapas le soir autour d'une dégustation de vins au verre (la carte genevoise est excellente). Le vieux Carouge se prête particulièrement bien à cette ambiance conviviale avec ses places et ses terrasses arborées qui évoquent si bien l'influence méditerranéenne passée de la petite la ville, où il fait si bon se promener encore aujourd'hui !

Sur le pouce

CAFÉ DINETTE

14, rue Saint-Victor
✆ +41 22 300 17 18
Ouvert du lundi au vendredi de 7h30 à 18h30. Plat du jour : 18 CHF. Salades de 14,50 à 17,50 CHF. Crêpes salées à partir de 10 CHF. Crêpes sucrées de 6 à 8 CHF. Pâtes de 17 à 18,50 CHF. Desserts : 7 CHF.

Idéalement situé le long de la rue Saint-Victor, le Café Dinette est un lieu parfait pour se restaurer à petits prix, dans un cadre soigné faisant la part belle aux couleurs chaudes. Ainsi, Maria et Daniel Crausaz, les très sympathiques propriétaires de l'établissement, y réalisent diverses crêpes salées et sucrées, de délicieuses salades – de poulet au miel et soja ou de chèvre relevé au sirop d'érable –, des pâtes, mais aussi une formule plat du jour, et, ponctuellement, des suggestions autour des produits de saison. L'un des atouts du restaurant est sa cour intérieure, charmante et tranquille, avec son jardin fleuri et sa terrasse de bois, ombragée ! Une quinzaine de couverts peuvent en bénéficier. A la belle saison, il faut réserver pour faire partie des privilégiés !

Ô CALME

36, rue Ancienne
✆ +41 22 301 22 20
www.ocalme.com
Ouvert du lundi au dimanche de 10h à 18h. Le soir, réservation pour groupe de plus de 20 personnes possible. Soirée concert une fois par mois. Salade de 22 à 24 CHF. Tartes aux légumes : 13,50 CHF, ou 19 CHF sur lit de salade. Brunch : petit à 23 CHF, grand à 30 CHF, campagnard à 38 CHF.

Situé en plein cœur de Carouge, l'O Calme est une adresse très appréciée qui vous réserve bien des surprises. Ainsi, à peine le seuil d'entrée franchi, on se retrouve dans la cuisine de l'établissement, près de son petit bar, parfait pour patienter. On la traverse pour pénétrer dans une jolie salle à manger bourgeoise. Plafond en pente et poutres apparentes de belle couleur bordeaux, chaises et fauteuils confortables et assortis qui s'organisent autour des tables d'hôtes, petits coins salon, dont un à côté de la bibliothèque... L'endroit a beaucoup de cachet ! En été, la jolie terrasse arborée et ombragée, imperceptible depuis la rue, donne un aperçu des cours et jardins secrets populaires du quartier. On y sert des plats de qualité réalisés sur place comme les tartes végétariennes, une des spécialités, dont les parts sont copieuses ; les soupes s'accommodent selon les saisons, ainsi que les grandes salades composées. Les crumbles, moelleux au chocolat et autres douceurs se dégustent également à l'heure du thé, qui se veut original. Le week-end, les brunchs conséquents sont très courus ! Une jolie adresse pour une dégustation dans un cadre intimiste et une atmosphère détendue !

Pause gourmande

BELLAMIA

20, rue Vautier ✆ +41 22 301 19 71
www.bellamiagelateria.com
info@bellamiagelateria.it
Glacier. Ouvert de 11h à 22h en semaine et de 11h à 23h le samedi et le dimanche.

Cette boutique est la seule en Suisse à proposer les délicieuses crèmes glacées Bellamia, produites dans la région de l'Emilie, en Italie, à partir d'ingrédients 100% naturels. Plus de vingt parfums : *bacio, croccantino*, ou *stracciatella* au chocolat fondu du Venezuela... Le *fior di latte*, créé avec de la crème fraîche des Apenins, est exquis et la crème caramel au *dulce de leche* argentin est un vrai bonheur ! Sans oublier les classiques avec la vanille Bourbon de Madagascar, la cannelle de Ceylan, la noisette Tonda Gentile delle Langhe... La boutique propose aussi des *granita* citron ou café, et des milk-shakes aux parfums aussi nombreux que les glaces proposées. L'hiver, l'arcade peut se transformer en bar à soupes «maison».

GELATO MANIA

43, rue Saint-Joseph
✆ +41 22 301 12 80
www.gelato-mania.ch
Glacier. Ouvert de mars à octobre, 7j/7, de 11h à minuit. De 3,50 à 7 CHF.

Que du naturel pour ces glaces servies à la palette, comme en Italie mais produites à Genève, avec des parfums originaux (ananas-basilic, poivron-orange-wasabi) ou plus classiques, comme le fameux chocolat noir ou la délicieuse fleur de lait. Des biscuits et des gobelets bien remplis ; de trois formats différents et à des prix raisonnables. L'été, il faut souvent faire la queue !

▶ **Autres adresses :** 25, rue des Pâquis – +41 22 741 41 44 • 6, rue de l'Ecole-de-Médecine – +41 22 328 04 80 • 61, rue des Eaux-Vives – +41 22 735 48 47

GLACES ET GOURMANDISES

7, route des Acacias
✆ +41 78 736 96 99
www.pipoglaces.com
contact@pipoglaces.com

Glacier. Ouvert le mardi, le jeudi et le vendredi de 15h à 18h30, et le samedi de 10h à midi. Horaires étendus en cas de beau temps. Bac de 1 litre : 12 CHF. Gobelet 1 portion : 3 CHF.

Confiseur-pâtissier-glacier de formation, Joseph Crisafulli, le propriétaire de cette petite boutique colorée s'est remis à confectionner des glaces en étant père au foyer. Devant le succès rencontré, de simple passe-temps, sa production est devenue une activité à part entière. Il fournit plusieurs restaurants genevois, et a franchi un pas supplémentaire en ouvrant cette arcade. On y trouve ses fameuses glaces et sorbets Pipo, déclinés en une soixantaine de parfums différents, enrichis chaque année au gré de ses idées, des demandes des clients et des modes… Chaque semaine, un parfum de glace est à l'honneur. Outre les recettes classiques, on peut essayer des goûts originaux comme lavande, bière ou tomate ! Le tout avec uniquement des produits naturels. Le jeudi, on peut y déguster le «S Choc», un délicieux biscuit chocolaté, et tous les jours, un grand choix de gourmandises sucrées, de spécialités salées, mais aussi de gâteaux glacés est proposé. Difficile de résister !

MARTEL

8, rue du Marché
✆ +41 22 342 00 45

Chocolaterie et tea-room. Ouvert du lundi au vendredi de 7h30 à 19h et le samedi et le dimanche de 7h30 à 18h.

Le tea-room ferme trente minutes avant la fermeture. Accros du chocolat ou simples gourmands, on se laisse tenter par les boîtes de chocolat charmantes à l'œil, charmeuses au goût. On se repose un instant dans la petite cour aux premiers rayons de soleil ou à l'intérieur pour savourer un chocolat chaud. Succomber à la gourmande tentation d'une truffe neigeuse ou d'un pavé carougeois, c'est évacuer tous ses soucis d'une simple bouchée. Et pour les indécis, laissez-vous tenter par les délicieuses mini-tartelettes, vous pourrez ainsi goûter à tout avec modération.

Autres adresses : 25, route de l'Aéroport (niveau départs) – 1216 Cointrin Tél 022 798 30 81. • 4, rue de la Croix-d'Or – 1204 Genève – Tél 022 310 31 19. • C.Cial La Praille – 10, route des Jeunes – 1227 Carouge.

Carouge, petite ville près de Genève.

■ PHILIPPE TAILLÉ

58 rue Jacques-Dalphin
✆ +41 22 301 92 63

Boulangerie pâtisserie. Ouvert du mardi au samedi de 6h30 à 19h, le dimanche de 6h30 à 18h.

La boulangerie-pâtisserie-tea-room de Joëlle et Philippe Taillé, située à deux pas du Rondeau de Carouge et dirigée par leur charmante fille Stéphanie, a agrandi son très agréable salon de thé au design contemporain dans les tons de rouge et gris, offrant ainsi plus d'espace et de luminosité, bien apprécié pour une pause dans la journée ou pour le petit déjeuner du dimanche matin. Tout comme les autres points de vente, le magasin carougeois offre une vaste gamme de délicieuses pâtisseries, viennoiseries et pains en tout genre : de campagne, aux noix, provençal, abricot et figue, bio, croustigrains… A midi, on s'installe donc, sur la terrasse ou dans le tea-room, pour grignoter son croissant au jambon, sa quiche ou son sandwich accompagné d'une salade ou d'une soupe, et terminer en beauté par une tarte au citron meringuée, un baba au rhum, un millefeuille, par une spécialité le San Marco (à base de crème aux œufs et caramélisé au fer) ou par quelques chocolats. Depuis 2013, un excellent plat du jour est proposé soit sur place, soit à emporter. Une belle et gourmande adresse du Petit Futé.

▸ **Autres adresses :** 106, bois de la Chapelle – 1213 Onex + 41 22 793 93 15 • 20, rampe de Cologny – 1223 Cologny – +41 22 736 26 96 • 51, route de Florissant – 1206 Genève – + 41 22 346 38 18 • 72, rue de Montchoisy – 1207 Genève 022 736 26 93.

■ ROHR

La Praille, Centre Commercial
et de Loisirs
10, route des Jeunes
✆ +41 22 301 56 06
www.rohr.ch
rohr@chocolat.ch

Ouvert du lundi au mercredi de 9h à 19h, le jeudi jusqu'à 21h, le vendredi jusqu'à 18h30 et le samedi jusqu'à 18h.

Ce chocolatier établi depuis plus de 70 ans propose ici ses pralinés, truffes, pavés glacés, chocolats grand cru ou cru sauvage. La fabrique est à Carouge, et la ville de Calvin abrite trois boutiques, dont celles du Centre Commercial de la Praille. A ne pas manquer, les fameuses Poubelles genevoises, héritage d'une plaisanterie, qui déclinent des chocolats personnalisés pour des soirées ou des fêtes. On peut préférer se rendre dans la petite boutique, rue du Moulin, ouverte par l'ancêtre et fondateur de la marque Hans Rohr en 1950, ou encore dans la boutique de la rue de l'Enfer, inaugurée en 2002, tout comme le magasin de la Praille.

▸ **Autres adresses :** 3, place du Molard, Genève – Tel +41 22 311 63 03 • 4, rue d'Enfer, Genève. Tel +41 22 311 68 76

■ WOLFISBERG

5, place du Temple
✆ +41 22 342 32 19
www.wolfisberg.org
boulangerie.wolfisberg@bluewin.ch

Fermé le mercredi. Ouvert du lundi au dimanche de 6h30 à 19h. Plat du jour : 20 CHF (viande ou poisson, légumes et dessert).

On n'est jamais déçu par la qualité chez maître Wolfisberg, champion d'Europe de la boulangerie en 1999 et qui a fêté ses 50 ans d'existence en 2011. La petite boutique est aujourd'hui prolongée d'un salon de thé, avec une terrasse rue Saint-Joseph pour profiter des beaux-jours en dégustant un plat du jour raffiné accompagné de son dessert, ou pour bruncher le week-end. Ce lieu très connu et prisé des Carougeois allie luxe et convivialité, avec un coin réservé aux enfants. C'est le rendez-vous des familles chic le dimanche. On fait souvent le détour pour acheter le fameux pain aux figues ou celui aux abricots et pistaches, ou encore la baguette du temple. Difficile de les garder en entier jusqu'à la maison ! En pâtisserie, on vous recommande la tartelette aux pommes et vin blanc, la tarte aux pommes râpées ou le truffé au chocolat. A emporter, des en-cas et sandwichs, sans oublier les glaces artisanales ! Et pour les passionnés de pâtisserie et confiserie, il est possible d'apprendre au fil des saisons en s'inscrivant aux ateliers sur le site Internet : un aperçu ? La marmite en chocolat, couronne et galette des Rois, glaces et sorbets, macarons.

Autres adresses : 29, boulevard Helvétique – 1207 Genève – Tél. +41 22 700 84 00. • 6, boulevard Georges-Favon – 1204 Genève – Tél. +41 22 320 80 80. • 61, route de Florissant – 1206 Genève – Tél. +41 22 346 26 26.

Bien et pas cher

BRASSERIE DES TOURS (BDT)

18, avenue Vibert
✆ +41 22 343 00 44
www.bdt.ch
info@bdt.ch

Brasserie. Ouvert du dimanche au mercredi de 9h à minuit, jeudi, vendredi, samedi de 9h à 1h.Viande du jour : 16,50 CHF. Poisson du jour : 17,50 CHF.

Située juste sur la place des célèbres fontaines de Carouge, à l'angle de la rue Vibert et du boulevard des Promenades, cette brasserie très populaire, entièrement refaite en 2013, vos propose sa carte fraîcheur 7 jours sur 7. Le chef est exigeant ; il vient du restaurant La Fumisterie chez Ernest, qui appartient aux mêmes exploitants. Sur place, on aperçoit la salle de brassage d'où l'on extrait La Carougeoise, la seule bière artisanale de Carouge, déclinée en brune, ambrée, blonde, fraîche et non filtrée (au total 9 cuves situées sous le restaurant). Il est possible de la consommer en pression, mais aussi de l'acheter sur place ou à emporter.

LE COMPTOIR DES DÉLICES

10, rue Saint-Victor
✆ +41 22 300 03 35
www.comptoirdesdelices.ch
Tram 12, arrêt Armes ou Marché

Cuisine semi-gastronomique, bar à vins. Brasserie ouverte lundi à vendredi de 12h à 14h. Plat du jour entre 18 CHF et 22 CHF. Restauration et tapas du mardi au samedi de 17h30 à 1h.

Après Universal Café et Yvette de Marseille, Francis Noverraz, propriétaire des lieux, ouvre Le Comptoir des Délices dans le joli quartier de Carouge. Une fois la porte passée, on est chez soi. L'accueil et le service sont irréprochables, la carte est variée entre terre et mer et les desserts nous font oublier nos petits kilos en trop, le temps d'un instant ; filet de St-Pierre grillé, t-bone de bœuf, tartare de dorade, divers tagliatelles fraîches, et côté dessert, moelleux au chocolat, trio de crème brûlée ou encore *panacotta* et coulis de fruits rouges. On reconnait le style de Raphaël Jeantet, très en vogue à Genève. L'endroit fait aussi office de bar à vins et tapas, pour les amateurs d'*afterworks*. Et le cadre très cosy séduit ! Sobre et rétro, on pourrait avoir envie de chiner les objets comme au marché aux puces. Et le plus, jolie terrasse pour l'été.

LES COPAINS

36 route des Acacias
✆ +41 22 342 76 95 / +41 76 326 10 85
www.restolescopains.ch
info@restolescopains.ch
Tram 15, arrêt Industrielle

Restaurant portugais. Ouvert le lundi de 6h à 15h, du mardi à vendredi de 6h à minuit, le samedi de 4h à minuit, et dimanche de 4h à 14h. Plat du jour 17,50 CHF. Bacalhau 30 CHF, tartare de bœuf maison 26 CHF, gambas 25 CHF.

Dans ce joli restaurant familial ouvert en décembre 2012, le chef Daniel Barbosa ainsi que sa femme Linda feront tout pour satisfaire vos papilles avec une gastronomie portugaise et traditionnelle. Vous pourrez déguster la véritable cuisine du pays : *Bacalhau a braz*, *Francezinha*, *Bifanas*... ainsi que d'autres plats comme les entrecôtes de bœuf, le tartare maison ou les gambas à la provençale. Le week-end, le restaurant ouvre tôt ses portes pour les fêtards qui rentrent de soirée. Il est possible d'organiser des soirées, buffets, anniversaires et sorties d'entreprise, sur réservation.

■ **LA CUCCAGNA**
33, rue Saint-Joseph
✆ +41 22 342 08 82
Cuisine italienne. Ouvert du lundi au samedi de 10h à 15h et de 17h30 à minuit. Plat du jour : 17 CHF.
Toute la générosité de la cuisine italienne se retrouve dans ce restaurant-pizzeria du vieux Carouge : le choix de pâtes est abondant et varié mais mériterait une cuisson ajustée. Les pizzas sont bien garnies et appréciées, les portions de *risotti*, *piccata* et autres viandes sont copieuses. Des vins suisses, français et italiens accompagnent agréablement le repas. L'ambiance est chaleureuse et conviviale, bien que le service soit parfois un peu long. La place entre les tables est assez restreinte. Carte d'été et terrasse agréable sur une petite rue sans circulation. Pizzas à emporter. Réservation recommandée notamment les soirs et les fins de semaine.

■ **LE LABO**
27A, rue Vautier
✆ +41 22 343 11
www.restaurant-lelabo.ch
info@restaurant-lelabo.ch
Ouvert 7 jours/7. Lundi à jeudi de 7h à minuit, vendredi, samedi de 7h à 2h du matin et dimanche de 9h30 à 22h.
Tout nouveau à Carouge depuis l'automne 2013, ce « laboratoire de cuisine gourmande » est sorti de l'imagination d'Enzo Cianci, propriétaire de l'Evento à Genève. On y retrouve le même goût pour la recherche architecturale, mariant pierres et modernité. La carte est composée de pâtes, risottos, viandes et poissons ; et le chef Silvestro De Vito, nous propose chaque jour moult suggestions. On hésite encore entre le thon rouge en croûte de pistache et la soupe de pois-chiche, queue de gambas, émulsion à la truffe.
Belle selection de vins italiens au verre. Les tapas sont offerts le jeudi soir. Au sous-sol, un carnotzet permet d'organiser des soirées privatives.

■ **Ô5**
5, rue des Caroubiers
✆ +41 22 309 11 05
www.foyer-handicap.ch
resto5@foyer-handicap.ch
Café-restaurant. Cuisine de saison et passion. Ouvert du lundi au vendredi de 7h à 19h. Brunch le week-end. Soirées privées et brunchs jusqu'à 70 personnes. Des prix à 20 CHF maximum (hors suggestion du jour).
Situé dans une petite rue carougeoise, qui relie le quartier des Pervenches à celui de la Praille, ce café-restaurant fort convivial fait le bonheur d'une clientèle variée travaillant ou vivant dans le quartier, heureuse de se ressourcer pour une pause déjeuner couleur citron vert où se mêlent cuisine créative et savoir-être. La galette fine de pommes de terre, saumon fumé et crème acidulée fait l'unanimité. Bien évidemment, les produits du terroir sont transformés avec goût et élégance par l'équipe aux fourneaux qui dispose de produits de premier choix : bière brassée à Genève, cépages exclusivement genevois, poissons sortis du lac… même le lait et le jus de pomme n'ont parcouru que quelques kilomètres pour arriver sur la table. Laquelle ne manque pas de raffinement, si l'on s'en réfère à sa décoration centrale, composée de délicates plantes aromatiques, comme le basilic, produites par l'équipe du service horticulture de la Fondation Foyer-Handicap. Coup de cœur pour les pains, confectionnés avec des matières premières de la région, dans la Boulangerie 7Extra, attenante au café-restaurant, et dépendant elle aussi de la Fondation.

■ **LAZ'NILLO**
34, route des Acacias
✆ +41 22 342 34 34
www.laznillo.ch
restaurant@laznillo.ch

Ouvert du lundi au vendredi de 11h à 15h. Menus de 22 CHF à 41 CHF. Menu fitness de 22 à 36 CHF. Le soir sur réservation à partir de 20 personnes.
Ambiance bistrot contemporain, tables en bois foncé, nappage blanc, luminaires design. La carte, qui présente une grande variété de plats, est très appréciée par les habitués. Compte tenu que le restaurant n'est ouvert qu'à midi, le chef en profite pour vous faire plaisir et met au point ses plats chaque jour selon les arrivages ou les produits de saison. Vous avez même la possibilité de choisir un menu Fitness pour garder la ligne mais dans ce cas vous allez vous priver d'une spécialité : la terrine bressane (une recette de grand-mère) et de deux bons desserts : la tarte fine aux pommes ou le moelleux au chocolat ! Belle terrasse en été et véranda.

■ L'ÉQUINOXE

9, rue du Pont-Neuf
✆ +41 22 342 11 80
Ouvert du mardi au jeudi de 10h à minuit. Le vendredi et le samedi de 10h à 1h. A midi, 5 plats du jour à partir de 18 CHF. Sélection du jour sur l'ardoise.
Dans ce lieu à la jolie décoration, agréable pour un verre l'après-midi comme pour un début de soirée plus animée, on croise des branchés comme des Carougeois de vieille souche, et des amateurs d'araignée de bœuf ou d'entrecôte.

■ LE MARCHAND DE SABLE

4 rue Vautier
✆ +41 22 342 10 75
Ouvert du lundi au jeudi de 9h à minuit, le vendredi de 9h à 14h30 et de 17h à 2h et le samedi de 17h à 2h. Plat du jour du lundi au jeudi : de 18 à 20 CHF avec café. Carte : 45 CHF
Le Marchand de Sable est bien connu pour son ambiance, surtout en fin de semaine. Il est devenu un bistrot chic repris par l'équipe Preziuso aux fourneaux et Ador au service. On peut maintenant se restaurer midi et soir ou prendre un verre accompagné, le soir, de « pikassiettes », une façon originale et bien trouvée pour parler de tapas ! Dans la semaine une formule simple de plats du jour, et tous les soirs, salades, tartare «coupé au couteau», entrecôte avec accompagnements ou burgers «maison» avec petit pain frais du boulanger, avant le dessert du jour et de saison, comme ce parfait à la fraise en juin ! Une adresse sympathique avec sa petite terrasse, dans un quartier de Carouge qui bouge !

■ L'AIGLE D'OR

13, rue de la Filature
✆ +41 22 342 05 47
www.laigledor.ch
Angle rue Vautier.
Cuisine de terroir. Ouvert du lundi au samedi de 11h00 à 15h et de 18h à minuit. Fermé le dimanche. Plat du jour : 18,50 CHF.
Véritable vieux bistrot carougeois, légendaire par son authenticité, L'Aigle d'or vous accueille dans son cadre mis au goût du jour, depuis l'arrivée de la nouvelle direction en février 2013. Le chef André Mulato, présent aux fourneaux depuis plus de 28 ans vous le dira avec un sourire aussi généreux que sa cuisine : « ici on se sent entre Lyon et Venise ». Il puise son inspiration au marché et propose au quotidien de nouvelles suggestions, avec un poisson du jour à la plancha qui fait fureur. Le ceviche de dorade risque de vous renverser sur votre siège.... Même si la spécialité de la maison est le fameux risotto, L'Aigle d'or propose également des minutes d'agneau, un pavé de bœuf sauce marchand de vin... chers aux habitués. Coup de cœur pour la carte des vins éclectique et abordable (premiers prix à 30 CHF), en provenance d'Espagne, d'Amérique du Sud, d'Italie, de Suisse et de France. Le *Petit Futé* se souvient d'un excellent Rully, dégusté au verre. Et s'en réjouit !

LE P'TIT CAROUGEOIS

6, rue Saint-Joseph ✆ +41 22 301 91 41

Ouvert du lundi au vendredi de 9h à minuit. Cuisine de midi à 14h et de 19h à 22h. Plat du jour : 20 CHF. Filets de perche frais sauce tartare, pommes frites maison, salade panachée : sur assiette 25 CHF et sur plat 38 CHF.

C'est un petit bistrot de quartier charmant, un coin pour les habitués qui viennent dès le matin prendre leur café ou un lieu à découvrir. M. Louvrier est aux fourneaux du P'tit Carougeois, après avoir passé vingt-trois ans à L'Odéon. Les filets de perches y sont délicieux accompagnés de frites maison ! Les plats sont simples, traditionnels, régionaux et il y a une belle carte, pour les amateurs de viande. Deux petites terrasses, côté rue ou côté jardin. Possibilité de réserver le restaurant le week-end, minimum de 25-30 personnes. Ouvert le samedi soir, en novembre et décembre, pendant les nombreuses animations sur Carouge.

AU VIEUX CAROUGE

27, rue Jacques-Dalphin

✆ +41 22 342 64 98

Ouvert du mardi au samedi de 10h à 15h et de 17h à minuit. Plat du jour : 18 CHF. Fondue nature : 24 CHF, fondue moitié-moitié : 25 CHF et fondue aux bolets : 28 CHF.

A proximité de la place de Sardaigne, ce bistrot est un incontournable pour qui veut savourer une fondue dans les règles de l'art. Les Carougeois vous diront qu'on y mange la meilleure du canton mais pas toujours la moins chère, ainsi que d'autres spécialités comme la tête de veau, très demandée. La petite salle ne désemplit pas du tout l'hiver, et ce café vieillot, bruyant et animé, est plein du charme suranné des guinguettes carougeoises. Ne pas s'offusquer s'il faut partager sa tablée avec des touristes en goguette ou un groupe d'amis venus fêter et arroser des retrouvailles. La cuisine familiale offre aussi d'autres plats typiquement suisses : rösti, croûtes aux fromages ou saucisson vaudois. Le service parfois brusque reste efficace.

THE HUB

La Praille, Centre Commercial
et de Loisirs
10-12, route des Jeunes
✆ +41 22 309 50 00
www.encore-geneve.ch
info@encoregeneve.ch

Ouvert du lundi au vendredi avec un service en continu de 11h30 à 21h. Plat du jour : 19 CHF. Wifi. Fermeture du bar à 22h.

Idéalement situé dans le centre commercial de La Praille, le chaleureux restaurant The Hub, de l'hôtel Ramada Encore Genève, est un endroit parfait pour un déjeuner d'affaires ou une pause shopping, sans perdre de temps à midi. Son offre variée est complétée par une petite carte traditionnelle et ses hamburgers dont le fameux Encoreburger. A découvrir aussi, le petit déjeuner avec pâtisseries de Lenôtre, œufs à la coque, pancakes, et café moulu à l'instant ! Le bar reçoit en semaine jusqu'à 22h, et pour un petit déjeuner express à partir de 7h. Pour ceux qui souhaitent rester branchés, connection wifi. Parking offert pour les clients déjeunant au restaurant.

Bonnes tables

LE BABYLONE

40, avenue de la Praille
✆ +41 22 343 14 00
www.babylongeneve.com
reservation@babylongeneve.com

Cuisine médiévale. Ouvert du mardi au vendredi de 9h à 14h30 et de 18h30 jusqu'à 2h et le samedi de 17h à 2h. Plats du jour de 19 CHF à 20 CHF. Menus : de 42 CHF à 70 CHF. Menu découverte en tête-à-tête : 100 CHF. Carte : 50 CHF.

En découvrant l'emplacement du Babylone, sis en plein milieu des Acacias, l'on s'imagine que l'établissement s'annonce plutôt commun. Et pourtant, une fois descendues quelques marches, vous entrez dans un autre espace-temps : en sous-sol, voûtée, sertie de colonnades de pierre, la salle qui s'offre à vous a tout d'une plongée au cœur du Moyen Age. Conscient du caractère exceptionnel des lieux, l'établissement a choisi d'en renforcer l'impact : chaises d'époque au sommet triangulaire, éclairages à la bougie ou à la lumière tamisée le soir, cheminée de pierre de taille, plafonnier à la hauteur des lieux, le décor a tout pour vous dépayser et vous faire perdre la notion du temps.

Mais ce n'est pas le seul des charmes de l'établissement : outre une très belle carte de viandes et de poissons le restaurant propose sa grande spécialité : le poulet en croûte de sel (mariné ou truffé). Cuit selon ce procédé spécial qui assure une viande onctueuse, le poulet fond dans la bouche de l'amateur. Une fois par soirée, au cours d'un cérémonial étonnant, la croûte de sel sera cassée devant vous, et les poulets apprêtés par des mains expertes finiront dans votre assiette et celle de vos voisins.

Un spectacle en soi que la dextérité exceptionnelle des serveurs et du patron, et la volute de fumée qui entoure le grand plateau de volailles. Une soirée de dépaysement temporel à tenter absolument. Le week-end, en soirée, le Babylone se transforme en dancing pour prolonger ces moments de félicité.

BOUCHON

12, rue Blavignac
✆ +41 22 342 84 98
www.bouchon.ch
info@bouchon.ch

Charbonnade. Ouvert 7j/7 du lundi au jeudi de 6 à minuit (22h pour la cuisine), le vendredi et le samedi de 6h à 2h (23h pour la cuisine), le dimanche de 11h à minuit. Plat du jour (du lundi au samedi) : 18 CHF. Brunch le dimanche de 10h à 14h : 40 CHF. Menu Bouchon : 65 CHF. Carte : 40 CHF. Charbonnade à volonté : 46 CHF.

La spécialité du Bouchon est la charbonnade. Beaucoup de Genevois trouvent même que c'est la meilleure de la ville. Elle est servie avec une salade mêlée et des frites et est consommable à volonté ! Mais ce n'est pas la seule spécialité de l'établissement, qui propose également une plancha de viandes ou poissons et légumes à volonté, ainsi que des fondues, chinoise et bourguignonne, sans oublier les fondues au fromage ! En été, sur la terrasse, on peut déguster la charbonnade du pêcheur qui consiste en une grillade mixte de divers poissons et fruits de mer : rougets, saint-pierre, calamars et crevettes. On peut aussi choisir le mixed-grill de viandes qui inclut du porc, de l'agneau, des merguez, des chipolatas de veau et du bœuf. Le restaurant sert aussi des pizzas du lundi au vendredi midi, et un coin a même été prévu pour les enfants : table à langer, chaise haute et menus sont proposés afin de les recevoir au mieux ! Quant au nouveau B'club lounge, dans l'établissement, il se transforme en afterwork dès 18h, avec musique et DJ, et en night club les vendredis et samedis soirs dès 22h30 !

CAFÉ DU MARCHÉ

4, place du Marché
✆ +41 22 827 16 96
www.cafe-du-marche.ch
cafedumarchesarl@gmail.com

Ouvert du lundi au samedi de 6h30 à minuit et le dimanche de 11h30 à 23h (sauf en été). Plat du jour : 19,50 CHF. Menu du jour : 27 CHF. Carte : 55 CHF.

Ce vieux bistrot carougeois change au fil des ans mais conserve toujours le charme de son décor rétro, remis régulièrement au goût du jour. Depuis 2010, Thierry Minguez œuvre pour perpétuer tout ce qui fait le charme de ce vieux bistrot chic : à l'intérieur, le cadre est chaleureux et l'on vient facilement, à toute heure, prendre un verre ou un café ; il y a toujours cette grande table pour des repas conviviaux et une agréable terrasse l'été, donnant sur la place. Un emplacement idéal pour se reposer après ses courses au célèbre marché de Carouge (mercredi et samedi). Spécialité du Café du Marché, la côte de bœuf de 800g pour deux personnes, servie midi et soir tous les jours, et la côte de cochon de 1 kg cuite à basse température et découpée à la table. La carte est appétissante, variée et réactualisée réglièrement, avec de belles saveurs du Sud.

■ **LA BOURSE**

7, place du Marché ✆ +41 22 342 04 66
restolabourse@bluewin.ch

Ouvert du mardi au samedi. Restauration de 12h à 14h30 et de 19h à 23h. Plat du jour : 20 CHF. A la brasserie : menus du mois selon saisons (de 42 à 50 CHF, 2 ou 3 plats). Une spécialité, l'entrecôte de la Bourse avec frites maison et salade : 34 ou 42 CHF selon poids. Filets de perche frais selon arrivage. Dans les caves : menus raclettes à 43 CHF, fondues de 25 à 29.5 CHF, pierrades de 45 à 47 CHF. Vins au verre à partir de 5 CHF. Parking place de Sardaigne.

La Bourse a tout le charme des grandes brasseries parisiennes. Du style, avec ses garçons de café aux petits soins pour les clients ; des salles claires séparées par des voûtes, avec une brasserie et un restaurant ; et au sous-sol, de superbes caves du XVIIIe siècle qui abritent un carnotzet (anciennes salles de dégustation de vins et de réunion des négociants) où l'on sert raclette « du pays d'en haut », fondues et pierrades, et qui est aussi une pizzeria. Mais la Bourse, c'est surtout une ambiance et une belle carte de brasserie française avec, notamment, entrecôte et frites maison, choucroutes et fruits de mer en saison, onglet à l'échalote, rognon de veau à la moutarde, marmite de pot-au-feu de bœuf, hachis parmentier, foie de veau à la provençale, loup flambé, puis crêpes Suzette, baba au rhum, oeufs à la neige ! La liste est longue et met l'eau à la bouche. Le choix des vins est aussi très varié et peuvent être servis au décilitre (dl) – on apprécie ! L'été, la terrasse plaisante et animée donne sur la place du Marché, face aux fontaines de Blavignac ! Une adresse appréciée des Carougeois.

■ **CAFÉ DES NÉGOCIANTS**

29, rue de la Filature
✆ +41 22 300 31 30
www.negociants.ch – info@negociants.ch

Ouvert du lundi au mercredi de 9h à 22h30, jeudi et vendredi de 9h à 23h. Plat du jour : 19 CHF. Carte : 74 CHF.

Repris en 2009 par le talentueux chef du Domaine de Chateauvieux, Philippe Chevrier, ce bistrot chic a été confié à de fidèles collaborateurs : Patrick Gall et Sullivan Breton (le chef en cuisine). Ils vous accueillent au cœur de Carouge dans ce bistrot rénové, lumineux et boisé, avec un joli bar en zinc. La cuisine est savoureuse, de marché, à base de produits frais de saison. Elle fait vibrer les papilles au rythme des flots méditerranéens. A déguster avec un bon petit vin genevois (une autre spécialité de Philippe Chevrier) avec, pour les amateurs, la possibilité de dîner dans le cellier. En été, on peut profiter de l'élégante terrasse ombragée.

CHAT NOIR

13, rue Vautier ✆ +41 22 307 10 40
www.chatnoir.ch – roland@chatnoir.ch
Cuisine fusion. Plat du soir : 20 CHF. Bouchées du monde : 12 CHF. Sushis : 24 CHF. Formule plat + concert : 38 CHF. Plateau d'assortiments de 80 à 100 CHF. Cocktails de 15 à 17 CHF.

Le Chat Noir se transforme pour que le talent soit aussi dans l'assiette, avec les succulentes bouchées du monde et les délicats sushis du chef Moe, qui œuvre à domicile pour de nombreuses personnalités internationales. Ne pas manquer de goûter aux savoureuses bouchées de poulet Satay, de noix de Saint-Jacques, de keftas d'agneau, ou aux raffinés Pink Rose Rolls et Rainbow Rolls, accompagnés d'un merveilleux vin de Genève (la cave est de qualité). Derrière le barn une équipe de «mixologues» (spécialistes des cocktails) et adeptes du Flair (jonglage spectaculaire de verres et bouteilles) sont là pour préparer de sublimes cocktails. Au rez-de-chaussée, à l'entrée de la nouvelle arcade, on trouve l'espace bar, déplacé et relooké, et dans le prolongement, une salle de restauration rénovée, agrandie (passée de 40 à 200 places) et disposant d'un fumoir. A l'extérieur, côté rue, on prend place sur une terrasse d'été très agréable, et au sous-sol, l'escalier intérieur mène à la mythique salle de concert avec l'espace club (petites tables près de la scène, et long bar à l'entrée). Même les toilettes ont été revues !

LE DIX VINS

29, rue Jacques-Dalphin
✆ +41 22 342 40 10
Cuisine française. Ouvert du lundi au vendredi de 12h à 13h15 et de 19h à 21h15, et le samedi (seulement en octobre, novembre et décembre) de 19h à 21h15. Carte : 80 CHF.

Un véritable bistrot gastronomique au charme insolite où se mêlent authenticité et fantaisie. On entre dans un lieu au cachet unique : un entrelacement savamment organisé de boîtes de carton, de panneaux de direction, de plaquettes anciennes aux multiples marques, de tableaux et autres éléments divers et épars, le tout artistiquement exposé. Petites salles au charme bohême unique et à la bonne humeur communicative, ainsi qu'une terrasse d'été. Le service y est à la fois « bonhomme » et efficace ; l'humour et le caractère sont à l'honneur, tout en veillant à la perfection du service. La cuisine de René Fracheboud est excellente : française, aux saveurs à la fois traditionnelles, délicates et aventureuses comme les crevettes au curry rouge, sauce chocolat blanc, ou le poussin à la harissa ! Le chef sait varier ses propositions, et se renouveler en fonction des saisons : cocotte de lentilles au foie gras, rognons, thon rouge, bœuf-carottes, aile de raie... Sans oublier des mets raffinés comme le foie gras poêlé sur cuchaule toastée (brioche au safran de Fribourg) au vin cuit, moutarde de Bénichon et compotée de poire. La gamme de desserts est sublime, à l'image d'un must absolu proposé par la maison : le gratin de framboises et glace vanille, qui, dans un mélange de chaud-froid offre ses contrastes aux papilles avides de goûts subtils et doux. Un petit bistrot de grand talent !

LE FLACON

45, rue Vautier
✆ +41 22 342 15 20
www.leflacon.ch
contact@leflacon.ch
Restaurant bistronomique. Menu affaires (entrée, plat, dessert) à 39 CHF à midi. Menus à 69 et 89 CHF le soir. Plat du jour : 26 CHF. Menu du jour : 39 CHF. Ouvert du mardi au vendredi de 12 à 14h30 et de 19 à 11h30. Samedi de 19 à 22h30. Fermé samedi midi, dimanche et lundi.

Ouverte depuis novembre 2012, cette excellente table carougeoise laisse s'exprimer le talent du célèbre chef Serge Labrosse, que nous sommes heureux de retrouver depuis la fermeture du Buffet de la gare des Eaux-Vives de Genève. Cogéré avec Marie-Laure Chuard, exploitante du bar à vins Qu'importe, situé en vis-à-vis, Le Flacon a pour projet de proposer une restauration de qualité à un prix accessible, inspirée du soleil de la Méditerranée, où se mêlent avec audace et raffinement les matières légères et parfumées du marché. Le chef aime travailler l'huile d'olive, la tomate, l'aubergine, les poissons, le thym, le basilic... Il en résulte des suggestions aussi alléchantes que le loup infusé citron vert, pêches, navets croquants et amandes ou la dorade et seiches à l'huile de coriandre, artichaut et olives *taggiache*, soupe de poissons de roche ». *Futé* a testé en été ! Mais les suggestions dansent avec l'imagination au rythme des saisons. Un festival !

LA FUMISTERIE CHEZ ERNEST

21, rue des Noirettes ✆ +41 22 342 00 43
www.fumisterie.ch – resto@fumisterie.ch
Ouvert le lundi de 9h à 15h et du mardi au jeudi de 9h à 00h30, le vendredi de 9h à 1h30, et le samedi de 18h à 1h30. Plat du jour de 19 à 24 CHF en semaine. Carte : 45 CHF.
Une fumisterie, ce restaurant au nom si curieux ? Pas du tout ! Cette dénomination provient de la profession de fumiste, qui consiste à entretenir et réparer les cheminées. Un hommage au métier pratiqué en ces lieux autrefois par Ernest, ancêtre des actuels propriétaires. Entièrement retapé, repeint de rouge sombre et agrémenté d'œuvres d'art contemporaines, ce bel espace industriel au sol de béton et aux vastes baies vitrées est devenu le nouveau lieu animé et branché du quartier des Acacias. Cuisine aux accents méditerranéens. Un endroit idéal pour venir avec un groupe d'amis. Du lundi au vendredi, apéritif à l'italienne dès 18h. Terrasse en été.

GABRIEN

8, rue Roi-Victor-Amé
✆ +41 22 342 60 80 – www.gabrien.ch
Ouvert du mardi au samedi de 11h30 à 14h et de 18h30 à minuit. Petit menu du jour avec au choix viande ou poisson : 20 CHF. Carte : 55 CHF.
Ce chaleureux restaurant tire son nom de la contraction des prénoms Gabrielle et Adrien, les deux enfants du patron. Toujours de succulents petits plats à la carte, qui allie brasserie et gastronomie. Des spécialités à découvrir : la trilogie de Bournens (boudins, atriaux et saucisses) aux herbes, épices, vin blanc et cognac, accompagnée de rösti et de chou rouge ; le médaillon de chevreuil sauce grand veneur ; les filets de perche du Léman ; le millefeuille aux marrons... L'accueil est excellent, on y revient avec plaisir.

KUDETA

9, rondeau de Carouge ✆ +41 22 342 58 58
www.lekudeta.ch – info@lekudeta.ch
Fermé le dimanche, le samedi midi et le lundi soir. Plats du jour à partir de 19 CHF. Menu d'affaires : 48 CHF. Menus sur demande à partir de 6 personnes. Carte : 65 CHF.
Style bistrot contemporain avec terrasse en été, une belle carte qui varie au fil des saisons : gravelax à la scandinave, thon rouge au soja façon *sashimi*, magret de canard au miel... Et toujours un classique, le fameux tournedos rossini ! Grand choix de bordeaux du monde entier. C'est un lieu auquel on ne pense pas toujours à Carouge mais qui vaut le détour. Pour la petite histoire, le patron est aussi un grand amateur et connaisseur de rhums et de chartreuses avec des millésimes qui datent de 1912 !

L'ARTICHAUT

9 Quai du Cheval Blanc ✆ +41 22 301 90 91
www.artichaut-restaurant.ch/
info@artichaut-restaurant.ch
Bistrot gourmand. Ouvert du lundi au vendredi de 12h à 14h30 et de 19h à 22h30. Entrée dès 16 CHF, plats entre 38 et 42 CHF.
Dans ce bistrot gourmand, l'accent est mis sur la qualité des produits de saison. La carte se renouvelle régulièrement. *Stracciatella* de mozzarella, Granny Smith et oseille ciselée, *pluma* de Pata-Negra laquée façon *teriyaki*, ciselé de veau cru et mariné ou encore cappuccino de fraises garriguettes à la citronnelle et madeleines, vos papilles auront de quoi être satisfaites. Le cadre est joli, dans un lieu familial qui amène la chaleur.

AU LAVANDOU

54, rue Jacques-Dalphin
✆ +41 22 343 68 22
www.restaurant-lavandou.ch
contact@restaurant-lavandou.ch
tram : arrêt rue ancienne
Ouvert les soirs du mardi au samedi de 19h à minuit, le jeudi et le vendredi de midi à 14h30. Plat du jour : 20 CHF. Menus de 69 à 105 CHF. Carte : environ 80 CHF.
Une très belle carte pour ce petit, et élégant, établissement haut de gamme à la saveur toute provençale et néanmoins bien carougeoise. L'accent est mis sur les poissons (de mer et de lac) et les crustacés, mais on n'oublie pas pour autant de proposer quelques beaux mets de viande, inventifs et très élaborés. La fameuse bouillabaisse est bien garnie et sans arêtes ; le savoureux loup de ligne au gros sel de Guérande est servi généreusement. Tout ici respire la fraîcheur et les achats sont faits le matin même au marché. Le soleil est dans l'assiette et dans l'accueil. Il accompagne parfois aussi le repas sur la terrasse, côté cour !

LE LION D'OR

53, rue Ancienne ✆ +41 22 342 18 13
www.lion-dor-carouge.ch
info@lion-dor-carouge.ch
Ouvert du lundi au vendredi de 9h à 14h et de 19h à 23h, et le samedi en soirée seulement. Restauration jusqu'à 22h30. 2 plats du jour (18 et 19 CHF). Menus à partir de 38 CHF. Carte : 65 CHF.

Une cuisine aux airs du sud, une terrasse ombragée cachée dans l'arrière-cour, un accueil attentif et chaleureux : Le Lion d'or est charmant, agréable, totalement carougeois et l'on y mange si bien ! Le cuisinier puise dans les spécialités françaises et italiennes et nous fait saliver devant les douze propositions de risottos, le marbré de lapin, l'osso-buco, les quenelles de brochet maison au coulis d'étrilles. Le menu est très copieux mais toujours raffiné, avec ces petits détails qui font la différence. Salle de banquet (jusqu'à 60 personnes) au sous-sol, ou groupe de plus de 10 personnes, avec menu convenant à la bourse de chacun.

■ **L'OLIVIER DE PROVENCE**
13, rue Jacques-Dalphin
✆ +41 22 342 04 50
www.olivierdeprovence.ch
Ouvert du lundi au vendredi, midi et soir, et le samedi soir. Ouvert le samedi midi, pour les groupes et sur réservation uniquement. Plat du jour : 19,50 CHF. Menu du jour : 35 CHF. Carte bistrot : 65 CHF. Côté restaurant, menu d'affaires le midi à 50 CHF. Menus de 88 à 120 CHF.
Un établissement réputé pour son charme et sa cuisine de produits frais de saison. Le chef de cuisine Gaétan Thiron et toute l'équipe de l'Olivier de Provence met un point d'honneur à satisfaire sa clientèle. Grâce à Benjamin Marais, nouveau chef de salle arrivé en 2013, la carte des vins s'est enrichie d'une belle sélection genevoise (Pellegrin, Sophie Dugerdil...), de France, d 'Italie, du Valais... et l'on apprécie la diversité des crus au verre. La grande terrasse d'été, ombragée et calme, donne sur la place du Temple. Elle offre une note chic et contemporaine à cet établissement d'architecture typiquement carougeoise. On y déjeune ou y dîne très agréablement, et en toute intimité, au rythme des carillons. La carte est bistronomique, une cuisine française revisitée, aux couleurs du monde, et l'on raffole du loup en croûte de sel découpé en salle (pour 2 personnes) ou de la soupe de poissons... A l'intérieur, côté bistrot, une ambiance conviviale et décontractée dans un décor de pierre, avec tomettes et tables de bois dressées ; côté restaurant, une ambiance chaleureuse et intimiste, avec une mise en place soignée (nappes damassées), dans un cadre de salle à manger de maison bourgeoise, avec boiseries et drapés de tissu rouge Garance. L'accueil est attentif ; le service est efficace et souriant. Une bonne adresse.

■ LA MAISON ROUGE

17, rue des Noirettes
✆ +41 22 342 00 42
www.lamaisonrouge.ch
Tram 15, arrêt Industrielle.
Cuisine méditerranéenne et du terroir. Ouvert du lundi au vendredi de 12h à 14h et de 18h à minuit. Menu du jour de 19 CHF à 30 CHF selon choix entrée, plat, dessert. Plat du jour : 19 CHF. Tous les lundis, buffet de la Maison Rouge

Petite demeure charmante, d'un rouge éclatant, dont la terrasse discrète, dans le jardin, est un véritable atout dans ce quartier. Ce restaurant des plus spacieux, propose une sélection de vins (dont de très bons crus de la région) au verre, à la carte, à emporter, et une cuisine méditerranéenne et du terroir revisitée des plus raffinées. Sous la véranda, devant la bibliothèque, près du bar, l'ambiance est décontractée. On y déguste des plats plus savoureux les uns que les autres ; filets de Saint-Pierre et tapenade noire, pavé de thon mi-cuit au graines de sésame, souris d'agneau confite aux pruneaux, tartare de bœuf coupé au couteau ou encore le magret de canard rôti aux coings confits. Le grand gagnant des desserts, le soufflé au chocolat !

■ PAKUPAKU

43, rue Vautier
✆ +41 22 301 00 03
www.pakupaku.ch
Cuisine japonaise. Ouvert du mardi au samedi, de 12h à 14h30 et de 18h à minuit. Carte : 60 CHF.

Une table japonaise très appréciée à Carouge, que l'on doit au propriétaire de l'excellent restaurant de sushis Misuji, à Plainpalais. Ici, la cuisine est composée de petits plats à commander pour toute la table, en toute convivialité. On se croirait dans un *isakaya* (sorte de bistrot japonais), où chacun pioche selon ses goûts et ses envies et partage avec son voisin, dans un cadre contemporain et soigné. Plats végétariens, salades, sashimi (poisson cru), brochettes (poulet, anguille, crevette), dim-sum (rouleau de printemps), noodles (nouilles aux légumes ou à la viande), plats de poisson (saumon teriyaki), viandes et volailles (bœuf takaki, poulet Karaage)... Tout un assortiment de plats japonais pour découvrir une cuisine variée et parfumée. A midi, on apprécie les jolis et appétissants *bento* du jour : un plateau composé de viande, de poisson ou de noodles, servi avec 4 accompagnements variés. Et pour accompagner dignement ces mets raffinés, des vins genevois, des bières japonaises ou du sake ! En été, on apprécie la terrasse qui ajoute au charme du lieu. Réservation conseillée le soir.

■ LE MONT BLANC

59, rue Ancienne
✆ +41 22 343 38 60
Cuisine espagnole. Ouvert du lundi au vendredi de 11h30 à 14h et de 18h à minuit (cuisine jusqu'à 22h), le samedi de 11h30 à 14h. Plat du jour : 17 CHF. Carte 50 CHF.

Il n'y a vraiment rien de prétentieux dans ce sympathique restaurant. On y goûte, entre autres, des spécialités espagnoles, à commencer par le petit plat de jambon cru offert par le patron à notre arrivée. L'assiette de poulpe à la galicienne est une pure merveille. Si l'on aime les mets épicés, il faut accepter qu'on nous le corse davantage avec du piment qui donne encore plus de caractère à ce plat costaud, mais très savoureux. Pour les amateurs de viande, il y a du bœuf sous forme de filet, d'entrecôte ou de côte (350 g) qui ressemble fort à un t-bone steak. On peut choisir entre différentes sauces : morilles, poivre, café de Paris ou mexicaine. Cette dernière est un peu décevante. L'été, diverses salades à prix très raisonnable sont proposées. La terrasse sympathique, l'accueil chaleureux et le Rioja servi frais permettent de passer un excellent moment au Mont Blanc !

■ AU PETIT COLLÈGE

8, rue du Collège
✆ +41 22 300 20 98
Ouvert du mardi au samedi de 12h à 15h. Plat du jour : 20 CHF. Menu : 55 CHF.

Après avoir tenu plusieurs établissements ces trente dernières années, Eliane et Gérard Bouilloux ont fini par se faire un nom à Genève. C'est pourquoi la clientèle a suivi, lorsqu'ils ont repris le Petit Collège, à tel point que les réservations se prennent des jours à l'avance. De sa cuisine, le chef distille ses talents au gré des saisons, tandis que son épouse offre ses sourires à l'assemblée, le tout dans un cadre agréable qui sert également de lieu d'exposition à quelque peintre du cru.

Sortir

Cafés – Bars

■ BAR DU NORD – BDN

66, rue Ancienne ✆ +41 22 342 38 20
www.bardunord.ch
bar@bardunord.ch
Ouvert du lundi au mercredi de 17h à 1h, le jeudi et le vendredi de 17h à 2h et le samedi de 21h à 2h.

Une décoration très graphique et vintage donne son ton à cette valeur sûre des nuits carougeoises. Tout en crème et noir, on sent qu'il y a un fan des sixties derrière le choix des tables et des chaises dignes de collection. Beaucoup de goût dans la décoration, des boissons pas trop chères, une musique agréable, jamais trop forte, pour une clientèle de jeunes trentenaires dans le vent, décontractés et bien dans leurs baskets tendance. Un bar minimaliste, épuré et harmonieux.

■ CHAT NOIR

13, rue Vautier
✆ +41 22 307 10 40
www.chatnoir.ch
roland@chatnoir.ch
Club, bar et restaurant. Ouvert du mardi au jeudi de 18h à 4h, et les vendredis et samedis de 18h à 5h. Cocktails de 15 à 17 CHF. Majoration des boissons (2€) à partir de 2h du matin. Bouchées du monde : 12 à 15 CHF. Sushis : 24 CHF. Plat du soir : 20 CHF. Formule plat + concert : 38 CHF.

Un incontournable des nuits genevoises ! En juin 2012, ce bar, situé au-dessus de la petite salle de concerts culte à Carouge, a prolongé son arcade et s'est agrandi. Il s'est doté d'une nouvelle équipe étoffée, dynamique et créative !

Sous la houlette de Nathaniel Gilliand et Guillaume Noyé, tous deux diplômés de la prestigieuse école hôtelière de Lausanne, le Chat Noir s'est transformé pour que le talent soit aussi dans l'assiette, avec les bouchées et sushis du chef Moe, et derrière le bar, avec une équipe de « mixologues » (spécialistes des cocktails) et adeptes du Flair (jonglage spectaculaire de bouteilles).

Dans ce nouvel espace club-bar-restaurant, on sirote de fabuleux cocktails en appréciant la dextérité des *barmen* et on déguste une cuisine superbe aux saveurs du monde.

La nouvelle carte de cocktails est séduisante : le *Original Margarita* est superbe et le délicieux *Havanna Passion* a été primé lors des compétitions Havanna Club à Genève. On y vient aussi pour souper dans la nouvelle salle (avec local fumoir), ou sur la terrasse extérieure, très agréable. Une transformation réussie !

LE CHEVAL BLANC

15, place de l'Octroi ✆ +41 22 343 61 61
www.lechevalblanc.ch
Ouvert le mardi et le mercredi de 17h à minuit, le jeudi et le vendredi de 17h à 2h, le samedi de 11h à 2h, et le dimanche dès 11h. Plats du jour de 19 à 21 CHF. Tapas à partir de 18h.
Ce bar carougeois classique propose à midi 2 plats du jour, et des suggestions renouvelées régulièrement. Tapas le soir avec, le jeudi soir, une soirée spéciale cheeseburgers «maison». A la mise en valeur du lieu (pierres apparentes sur murs blanchis) s'ajoute une touche contemporaine. L'aspect bistrot est préservé grâce au mobilier. La terrasse abritée de bambous donne sur la petite place aux Platanes. La sélection de vins au verre est excellente et le bar design, aux couleurs lumineuses et changeantes, s'anime chaque soir. L'innovation ? Des concerts variés, en particulier de la chanson, et des spectacles d'improvisation (ou pour enfants) dans la salle du bas : *Le Box*, au parfum de nuit parisienne, pour que chaque soirée ait son originalité. Une équipe vraiment sympathique anime ce bel endroit plein de promesses !

CINÉMA BIO

47, rue Saint-Joseph
✆ +41 22 301 54 43
www.cinema-bio.ch
info@cinema-bio.ch
Ouvert 7j/7 de 13h45 à 23h.
Dans un décor agréablement moderne, la buvette du cinéma Bio propose bières, vins et boissons non alcoolisées ainsi que quelques grignotages tels de délicieux börek ou des biscuits faits maison. L'endroit n'est pas très grand mais très plaisant avec une petite terrasse en été bien animée qui donne sur la place du Marché.

LA PLAGE

10, rue Vautier ✆ +41 22 342 20 98
Ouvert lundi et mardi de 15h à 2h, le mercredi de 14 à 2h, les jeudi, vendredi et samedi de 15h à 2h et le dimanche de 15h à minuit.
Lieu de contrastes, c'est le moins qu'on puisse dire. La salle de devant, toute vêtue de bois, est digne d'un vieux bistrot de quartier, avec les drapeaux des cantons suisses sculptés dans les parois, tandis que la salle arrière arbore des murs en béton et pierres apparentes. Un style bien décalé. Belle terrasse en été. L'association La Teuf y organise le premier dimanche du mois des concerts de chanson française (sauf juin, juillet et août).

POINT BAR

23, rue de la Filature
✆ +41 22 343 57 98
Ouvert du jeudi au samedi de 18h à 2h. Cocktails : de 13 CHF à 22 CHF.
Grand plus : celui ou celle qui conduit a droit toute la soirée à des boissons sans alcool à moitié prix. Futé, le Point Bar ! Ambiance nocturne avec le bar éclairé de bleu, accueil chaleureux et clientèle communicative.

QU'IMPORTE

1, rue Ancienne
✆ +41 22 342 15 25
www.quimporte.ch
contact@quimporte.ch
Bar à vins. Ouvert le lundi de 17h à 23h, du mardi au jeudi de 11h à 1h, le vendredi et le samedi de 11h à 2h.
Ce bar à vins est un lieu convivial de Carouge. On aime s'y retrouver pour partager l'art de la dégustation, autour de crus au verre sélectionnés avec soin par Marie-Laure Chuard et son équipe, et accompagnés de tapas. Le moment est agréable été comme hiver, puisqu'on passe aisément de la terrasse à la cheminée selon l'humeur du ciel. A l'intérieur, les trois salles réunissent tous les ingrédients pour passer un moment savoureux : fauteuil moelleux, pierres apparentes, et même un puits... Et si ce délicieux apéritif vous a ouvert l'appétit, il vous est possible de profiter d'un délicat plat du jour ou de la carte des bruschettas le soir. Ou bien de traverser la rue pour vous installer dans le restaurant Le Flacon, pour une envie plus bistronomique. Beau tandem entre le Qu'importe et Le Flacon, qui font subtilement écho à la célèbre citation de Musset.

▸ **Autre adresse :** Le Flacon – 45, rue Vautier – Carouge – +41 22 342 15 20

VERT BOUTEILLE

7, rue Vautier
✆ +41 22 557 49 79
Bar à vins. Ouvert tous les jours de 17h à 2h, fermé le dimanche. Vins au verre à partir de 6 CHF. Tartines dès 9 CHF et planchettes à 17 CHF.
Vert Bouteille est un sympathique bar à vin qui porte bien son nom avec des murs aux tons olive et une paroi habillée de bouteilles vides. On retrouve un style « scandinave », un peu loft industriel, avec des meubles dépareillés, en bois ou Formica, un magnifique bar en zinc et des tabourets design. On vient pour prendre un verre et goûter aux vins naturels

ou aux cocktails maison, accompagnés si on le souhaite de tartines dès 9 CHF ou de « planchettes » à 17 CHF, garnies de produits « authentiques » comme la saucisse sèche du Valais. Petite terrasse extérieure.

Clubs et discothèques

■ BY PASS

1, carrefour de l'Etoile
✆ +41 22 300 65 65
www.bypass.ch
bypass@bypass-geneve.ch
Ouvert le vendredi, le samedi et les veilles de jours fériés. Entrée : 20 CHF pour les hommes. Pour les femmes : avant minuit gratuit le vendredi, avant minuit 10 CHF le samedi et 15 CHF les deux soirs après minuit.
Au rez-de-chaussée du parking du Carrefour-de-l'Etoile, une boîte branchée bien connue des noctambules mais difficile d'accès parfois pour les jeunes même avec réservation. De la musique electro, techno ou house grand public, avec des DJ confirmés et parfois, dans la salle, quelques célébrités. Une architecture design de cuir, marbre et verre fumé dans 3 espaces, sur 500 m². Carré VIP sur réservation, jeunesse branchée pour de fréquentes soirées événementielles.

■ MOTEL CAMPO

13, route des Jeunes ✆ +41 76 476 15 49
www.motelcampo.ch
Ouvert selon la programmation disponible sur le site Internet. Soirées : de 23h à 6h. Prix des soirées : 15 CHF.
Situé à deux pas du centre commercial La Praille, au cœur de la zone industrielle carougeoise, ce lieu de 600 m², géré par trois noctambules connus du milieu alternatif genevois, propose chaque semaine des concerts, des soirées thématiques – à prix modiques -, des projections, des expositions d'art contemporain et accueille également des conférences, le tout dans une ambiance décontractée et convivale. Voici un endroit que l'on apprécie, notamment par son originalité en sol genevois.

Spectacles

■ LE BOX

15 place de l'Octroi
✆ +41 22 343 61 61 / +41 76 495 09 44
www.lebox.ch
Spectacles en fin de semaine à 21h. Programme : renseignements par téléphone ou sur le site Internet.
Le Box est une asscociation de programmation musicale, et dispose d'une salle de concerts ou de spectacles au-sous sol (descendre quelques marches) du restaurant le Cheval Blanc, à Carouge. L'endroit est encore méconnu, pourtant c'est l'occasion d'assister à des spectacles de qualité : concerts de chanson française, caf-contes, pièces de théâtre dans un espace convivial, feutré avec un bar très design. Un endroit intimiste propice à la rencontre avec les artistes après le spectacle. Possibilité d'organiser des soirées privées dès 40 personnes.

■ CHAT NOIR

13, rue Vautier
✆ +41 22 307 10 40
www.chatnoir.ch
roland@chatnoir.ch
Ouvert du mardi au jeudi de 18h à 4h, et les vendredis et samedis de 18h à 5h. Concerts à partir de 21h et 22h. Soirées DJ de 23h à 5h. Concert : 24 CHF. Tarifs réduits : membres, carte 20 ans/20 CHF, étudiants. Rez-de-chaussée : salle de 40 à 200 places, bar et petite restauration (sushis, bouchées du monde). Plat du soir : 20 CHF. Formule plat + concert : 38 CHF.
Le Chat Noir est un lieu incontournable des nuits genevoises et de France voisine. Cette scène mythique est aussi un bar et un club. Au sous-sol, cette salle minuscule par sa taille mais grande par la qualité et la diversité de sa programmation (funk, jazz, rock, electro, world music, chanson…), accueille près de 120 groupes par année ! Le premier jeudi du mois, une jazz session auxquelles viennent se joindre librement d'autres musiciens en fin de partie, puis des DJ locaux, nationaux ou internationaux se chargent d'enflammer la piste de danse jusqu'au bout de la nuit. Au rez-de-chaussée, la salle avec le bar à cocktails, convivial et chaleureux, s'est déplacée et agrandie pour passer de 40 à 200 places, où l'on peut siroter un des nombreux whiskies ou bières, et une palette infinie de cocktails élaborés par les *barmen*, mixologues et adeptes du *flair*, mais aussi, depuis peu, souper d'une petite restauration de cuisine fusion, superbe. Le Chat Noir, c'est aussi une association, l'ASMV, qui programme entre autres le mythique festival «Voix de fêtes» et participe à de nombreux évènements culturels régionaux, et transfrontaliers (voir sur leur site Internet). Attention : ici, concerts et émotions !

■ CINÉMA BIO

47, rue Saint-Joseph ✆ +41 22 301 54 43
www.cinema-bio.ch
info@cinema-bio.ch

Ouvert de 13h45 à 23h. Bar et salle de cinéma. Entrée : 16,50 CHF ; enfants, étudiants, apprentis, AVS, chômeurs, AI : 13 CHF. 12 CHF le lundi, 10 CHF avec le Ciné Pass. Tarifs famille.

Sauvé par votation populaire, le cinéma Bio a pu rouvrir ses portes en 2007 grâce à une forte mobilisation. Pour la petite histoire, et aider à la rénovation, certaines entreprises ont parrainé un fauteuil. Depuis lors, le Bio programme du cinéma d'auteur populaire du monde entier ainsi que des réalisations suisses, des films politiques et engagés et des documentaires. Des classiques plus ou moins anciens sont projetés régulièrement dans le cadre de Ciné Seniors et Ciné Prim's. Le lieu accueille également des festivals et événements culturels variés. On peut aussi y prendre un verre et grignoter quelques börek et autres biscuits.

■ THEATRE ALCHIMIC

10, avenue Industrielle
✆ +41 22 301 68 38
www.alchimic.ch

Théâtre. Mardis et vendredis à 20h30 ; mercredis, jeudis, samedis et dimanches à 19h. Plein tarif : 28 CHF ; tarifs réduits pour AVS, AI, étudiants, chômeurs, jeunes et carte 20 ans/20 CHF. Le dimanche, prix unique : 15 CHF. Placement libre. Réservation par téléphone ou sur le site Internet.

Cinéma de quartier reconverti (voir son histoire passionnante sur le site Internet) en théâtre genevois, le Théâtre Alchimic entame une cinquième saison. Sous la direction enthousiaste du scénographe et metteur en scène Pierre-Alexandre Jauffret, ses mots d'ordre sont la pluridisciplinarité, le divertissement et la modernité des pièces. Sur scène, le jeu des mots et des gestes se conjugue en effet avec les images, les objets, la vidéo, les marionnettes, la musique... dans une petite salle de 100 places dont la disposition des gradins peut varier au gré des représentations. Un véritable lieu de création pour artistes et compagnies indépendantes, comme il en existe peu à Genève. Programme, dates et réservation sur le site Internet.

■ THÉÂTRE DE CAROUGE

39, rue Ancienne
✆ +41 22 343 43 43
www.tcag.ch
info@tcag.ch

Adultes : 40 CHF, réductions AVS, AI, chômeurs, étudiants. Différentes formules d'abonnement. Les mardis, mercredis, jeudis et samedis à 19h. Les vendredis à 20h. Les dimanches à 17h.

Cinema Bio à Carouge.

Le théâtre de Carouge – Atelier de Genève a fêté ses cinquante ans en 2008 – est dirigé par Jean Liermier, qui en parle comme un lieu de création, une fenêtre ouverte sur la vie et le temps. Deux salles de spectacles accueillent les représentations, la grande salle François-Simon (au 39 de la rue Ancienne), avec des places numérotées, et la petite salle Gérard-Carrat (au 57 de la même rue), au placement libre. Programme sur le site Internet.

■ **THÉÂTRE DES AMIS**
8, place du Temple
✆ +41 22 342 28 74
Abonnement 5 spectacles tarif normal 150 CHF. Tarif jeunes, moins de 20 ans : 50 CHF les 5 spectacles. Billets en vente pour chaque spectacle à l'entrée (réservation conseillée).
C'est un petit théâtre de proximité de 80 places avec un foyer pour prendre un verre et se retrouver avant ou après le spectacle, situé au cœur de Carouge avec cinq spectacles par an, très prisés.

Activités entre amis

■ **BOWLING DE LA PRAILLE**
La Praille, Centre Commercial
et de Loisirs
10, route des Jeunes
✆ +41 22 301 66 63
www.bowlingdelapraille.ch
bowlingdelapraille@bluewin.ch
Ouvert du lundi au jeudi de 11h à 1h, le vendredi de 11h à 2h, le samedi de 10h à 2h, le dimanche de 10h à 1h.
26 pistes informatisées et fluo, 8 billards, jeux vidéo, ping-pong, baby-foot, Bar PanoramiK (bar à cocktails), solarium, accès aux personnes handicapées, accès TPG. Espace climatisé capable d'accueillir jusqu'à 400 personnes. Formules entreprises, formules anniversaires (enfants, ados).

À voir – À faire

Le vieux Carouge, doté d'une architecture pittoresque, constitue un véritable musée à lui tout seul. Aux détours d'une balade, vous pourrez en effet découvrir d'étonnantes fontaines sur la place du Temple et la jolie église Sainte-Croix sur la place du Marché. Pour approfondir votre visite, n'hésitez pas à pénétrer dans le temple néoclassique qui trône sur la place du même nom, ou dans le musée de Carouge.

■ **ÉGLISE SAINTE-CROIX**
Place du Marché – www.saintecroix.ch
up@carouge-acacias.ch
Visites 7j/7, de 8h à 19h.
Construite en deux fois (avec une inversion complète du plan entre les deux !), entre 1777 et 1826, cette belle église fut au centre des luttes de religion entre catholiques et radicaux. En 1921, elle fut définitivement restituée aux catholiques romains. A l'intérieur, voir le tombeau du cardinal Mermillod (1824-1892), les statues baroques du XVIIIe siècle et une belle crucifixion de Laurent Pécheux. Attention à être le plus discret possible ! Des messes sont peut-être en cours lors des heures d'ouverture.

■ **FONDATION BRUCKNER POUR LA PROMOTION DE LA CÉRAMIQUE**
38, chemin de Grange-Collomb
✆ +41 22 300 07 18
www.ceramique-bruckner.ch
info@ceramique-bruckner.ch
Ouvert le lundi et le vendredi de 9h à midi, et le jeudi de 12h30 à 15h30, sauf les jours fériés. Permanence réduite en été.
Une fondation créée par la ville de Carouge à partir d'une donation privée pour soutenir et promouvoir le travail de la céramique. La ville renoue ainsi avec une activité historique : une importante manufacture de céramique y était en effet implantée de 1803 à 1933. Lieu d'exposition et de conférences pour la promotion de la céramique contemporaine, elle favorise la rencontre du public avec les arts céramiques, gère l'animation d'ateliers, attribue un prix annuel à des étudiants talentueux et organise un parcours céramique carougeois avec la Biennale internationale de céramique contemporaine.

■ **LES FONTAINES BLAVIGNAC**
Place du Temple
Lorsque la cité sarde installe une machine hydraulique et pose ses premiers tuyaux de plomb, J.D. Blavignac, imagine quelques fontaines monumentales qui datent des années 1867-1868 et qui sont aujourd'hui classées monuments historiques. Elles sont visibles à la place du Marché (la plus monumentale), place du Temple, rue Ancienne et rue Jacques-Dalphin. Les fontaines de Blavignac sont signées de sa marque, un escargot et sont pour partie taillées dans des roches locales agrémentées de sculptures de bronze (cygnes, lion...).

▶ **Autres adresses :** Place du Marché • Rue Ancienne • Rue J. Dalphin

■ **MUSÉE DE CAROUGE**
2, place de Sardaigne
✆ +41 22 342 33 83
www.carouge.ch
musee@carouge.ch
Ouvert tous les jours sauf le lundi, uniquement pendant les 4 expositions annuelles, de 14h à 18h. Accès facilité pour les personnes handicapées. Fonds consultable sur rendez-vous. Expositions temporaires : entrée libre.
Le musée de Carouge est installé dans une belle demeure de style Louis XVI du vieux Carouge, construit vers 1789 pour un maître horloger, avec un jardin sarde typique de l'époque. L'origine de ce Musée est une importante donation du peintre Emile Chambon et sa vocation est la préservation du patrimoine carougeois. Les expositions temporaires ponctuent quatre fois l'an la vie du musée avec notamment une exposition rattachée au Printemps de Carouge chaque année et le concours international de céramique, qui se tient tous les deux ans début octobre. But de balade charmant à l'orée de la cité, qui peut se poursuivre par la visite des artisans très nombreux à Carouge.

■ **LA PLACE DU RONDEAU**
Place du Rondeau
C'est le Quadruvium, carrefour historique, où fut couronné Sigismond et auquel la ville doit probablement son nom. Place circulaire et animée, autrefois nommée Rondeau de Chambéry, c'était également un poste de douane du bourg-franc où transitaient éleveurs et maraîchers. On peut y voir le monument des Neuf Communes réunies ; cette œuvre d'un élève de Rodin, James Vibert, date de 1925 et ses 11 figures de femmes célèbrent le rattachement de plusieurs communes (dont évidemment Carouge) au canton de Genève. Le monument était prévu pour le centenaire de l'événement, mais la Première Guerre mondiale a retardé son inauguration.

■ **LE TEMPLE**
Place du Temple
Bâti en 1818 et 1822, ce temple néoclassique mérite une visite pour ses étonnantes sculptures sur bois romano-byzantines (1919-1930) d'Ernest Christen, pasteur et artiste. Des peintures d'Eric Hermès et des vitraux du maître-verrier Charles Wasem (sur des modèles d'Eric Hermès) complètent la décoration.

Sports – Détente – Loisirs

On trouve à Carouge des équipements sportifs conviviaux pour encourager la pratique du sport, bien sûr, mais aussi pour la collectivité et les activités partagées. Avec plusieurs centres d'équipements sportifs et la proximité avec les équipements des Acacias, les Carougeois disposent de nombreuses possibilités d'activités sportives. Pour les visiteurs, on notera particulièrement les deux piscines, une intérieure (Pervenches) et l'autre extérieure (Fontenette), sans oublier la patinoire d'hiver, festive, ouverte d'octobre à février, place de Sardaigne !

■ **CENTRE SPORTIF DE LA QUEUE-D'ARVE**
12, rue François-Dussaud
Les Acacias
✆ +41 22 418 44 44
www.ville-geneve.ch
Accueil du lundi au dimanche de 8h à 18h. Ouverture : selon les sports pratiqués et la saison.
Vélodrome, rink-hockey, cours de badminton, mur d'escalade, boulodrome et jeux de quille, salle de gymnastique, terrains de volley et basket. Deux buvettes dans l'enceinte du parc.

■ **CENTRE SPORTIF DES VERNETS**
4, rue Hans-Wildorf
Les Acacias
✆ +41 22 418 40 00
Ouvert aux clubs sportifs et au grand public.
Situé à la frontière Genève-Carouge, ce centre est dédié aux sports nautiques et aux sports de glace, et est équipé de plusieurs bassins extérieurs et intérieurs et de 2 patinoires – dont une grande patinoire intérieure qui reçoit les matchs du Genève-Servette Hockey Club. Véritable cirque de glace, la patinoire des Vernets à Genève est de par sa dimension la plus grande de Suisse. En plus du patinage public, elle est un lieu de loisirs lors des soirées disco et des courses de karting sur glace.

■ **LA FONTENETTE**
51/53/57 route de Veyrier
✆ 22 343 25 20
✆ 22 343 44 10
www.carouge.ch
Piscine ouverte 7j/7 de mi-mai à mi-septembre, de 9h (7h les lundis et jeudis, et 11h les mardis) à 20h (21h en haute-saison). Entrée : 5 CHF (enfants : 2 CHF). Aquagym : le mardi de

18h15 à 19h, et les jeudis et samedis de 12h15 à 13h. Buvette avec petite restauration.
La Fontenette, c'est à la fois un stade multisports (au 51), un terrain municipal de tennis et une piscine extérieure avec sa buvette. La piscine est équipée d'un bassin olympique, ainsi que de deux bassins non nageurs, de deux plongeoirs, d'une pataugoire, d'un tobogan aquatique, dejeux... Et pour ceux qui souhaitent y rester un peu plus longtemps, il y a même un kiosque (journaux, produits solaires...) et une buvette proposant une petite restauration chaude et froide avec plat du jour.

Détente – Bien-être

■ ATTITUDE BIO

16 rue Ancienne ✆ +41 22 301 26 46
www.attitude-bio-boutique.ch
info@attitude-bio-boutique.ch
Bien-être. Ouvert du mardi au vendredi de 10h à 18h30 et le samedi de 9h à 17h.
Attitude Bio propose une vaste palette de cosmétiques biologiques et naturels et des soins du visage et du corps utilisant des produits issus de l'agriculture biologique. Les deux esthéticiennes professionnelles peuvent donner des conseils judicieux et personnalisés mais aussi proposer des massages bien-être du corps et du visage. Un espace maquillage a été aménagé pour prendre des cours ou pour se faire maquiller à l'occasion d'une fête ou d'un évènement. Les marques représentées répondent à des critères particulièrement exigeants. Odeur, texture et couleur des produits et souci éthique des marques ont été pris en compte pour leur sélection. On y trouve bien sûr Melvita pour les soins antirides ou amincissants, Couleur caramel, dont les produits sont rechargeables, et Douces Angevines pour des fluides précieux. On y trouve aussi les incontournables Fleurs de Bach !

■ AUTOUR DU BAIN

12, rue Saint-Joseph ✆ +41 22 300 52 73
www.autourdubain.com
corinneplouviez@autourdubain.com
Ouvert du mardi au vendredi de 10h30 à 18h30, et le samedi de 10h à 17h. Savon : 10 CHF les 100g. Cristaux : 4 CHF les 100g.
Une adorable boutique aux senteurs multiples qui éveillent les sens. Corinne Plouviez Resentera, la créatrice de cette ligne de soins pour le corps, ne cesse d'innover et a même créé son propre label, «Eco Skin Friendly» ! Ses produits sont fabriqués en Suisse, sans paraben et autres produits indésirables. Environ 40 parfums de savon (vendu à la coupe) sont proposés, comme par exemple : gingembre et basilic, fondant au chocolat, muguet, mûre musc, frangipane, bambou, thé noir et deux nouveautés Tonka Giroflier et Vetyver Bois de Gaiac... Des soins spécifiques sont aussi très appréciés par les peaux délicates ou pour les soins des mains : camomille et lait de brebis (sans parfum et sans colorant), avocat néroli (pour peaux sèches), tea tree... Une belle gamme de cristaux de bain sont aussi en vente au poids : cassis, pamplemousse, rose, fleur d'oranger, ambre, musc... et toujours une gamme pour les soins du corps, avec le sucre de gommage à la figue, au jojoba, ou à l'argan (très efficace, nous avons testé) et des idées cadeaux en fonction des saisons qui seront très appréciées, comme les linges en coton d'Egypte, légers et très absorbants. Une boutique où l'on revient souvent !

■ AUTRE CHOSE

17, rue Ancienne
✆ +41 22 301 12 90
Coiffeur. Ouvert du mardi au vendredi de 9h30 à 19h et le samedi de 9h30 à 17h. Pour une coupe-brushing, comptez de 85 CHF à 105 CHF, tarif étudiants.
Comment dire ? Difficile de décrire Autre Chose, car sur la porte il n'y a que l'enseigne et ici on ne vous parlera pas de coiffure mais de simplicité, de naturel, de « feeling », de mise en valeur de votre charme et de votre féminité, bien que les hommes soient aussi les bienvenus et apprécient aussi les coupes simples et cohérentes.

FACTORY COIFFEURS

25, Rue du Pont-Neuf
✆ +41 22 301 10 51
factorycoiffeurs@gmail.com
Ouvert du lundi au samedi de 10h à 19h (jusqu'à 17h le samedi). Coupe, soin et brushing : à partir de 100 CHF. Coloriste et manucure.
Gaétane et Maurizio, deux coiffeurs dynamiques et sympathiques, ont créé leur espace coiffure à Carouge. Un lieu zen aux couleurs apaisantes, où l'on se détend en se faisant dorloter. Aucun risque ! Avec une expérience de plus de 10 ans, et de nombreuses formations à Paris, Londres et Barcelone, ils savent respecter les chevelures différentes et proposer un style qui correspond à chaque client tout en étant dans la «tendance» de la saison.
Pour vos questions sur les couleurs et les mèches, Maria, la coloriste, vient renforcer l'équipe les mardi, jeudi, vendredi et sur rendez-vous si besoin. Une belle équipe à l'écoute de vos désirs...Rejoignez-les sur facebook ; la page est engageante et invite à la détente.

THAIOTOP

8 rue du Collège
✆ +41 22 301 48 60
www.thaiotop.ch
contact@thaiotop.ch
Ouvert du lundi au samedi de 10h à 20h (massage sur rendez-vous), et le dimanche sur rendez-vous.
Une boutique atypique qui propose à la fois produits et massages thaïlandais ! Des objets de décoration : vases en bois de manguier, statuettes, housses de coussin savamment décorées, livres ; mais aussi des massages des pieds et des massages traditionnels selon la prestigieuse école *Wat Po Thai Traditional Medical and Massage School*. Une découverte de la culture thaïlandaise à travers son art de vivre !

Hobbies – Activités artistiques

ASTUCE

2, place du Temple
✆ +41 22 342 50 50
www.astuce.ch
info@astuce.ch
Magasin de jeux. Ouvert le lundi de 14h à 18h30, du mardi au vendredi de 10h à 18h30 et le samedi de 10h à 17h30.
L'Astuce est le paradis des jeux. Déclinés sous toutes leurs formes, du jeu d'échec en palissandre ou en bois, au backgammon, du jeu de société au puzzle, du jeu didactique pour enfants aux défis tactiques chinois, en passant par de superbes jeux de bois... L'endroit répertorie les divertissements les plus variés pour tous les âges. On y croise Sherlock Holmes, Alfred Hitchcock, Jack l'éventreur, des constructeurs de trains, des bâtisseurs d'empire, des elfes et des gnomes... qui se partagent allégrement les plateaux autour desquels défier ses amis. Sur deux étages de bois, un très bel établissement, duquel on peut même sortir avec un traditionnel cheval à bascule sous le bras.

Visites guidées

ILLICO TRAVEL AND BUSINESS SERVICES

12, avenue Vibert
✆ +41 22 300 59 60
www.illico-travel.ch
info@illico-travel.ch

Cette agence vous propose de nombreux services dans l'organisation d'évenements et de visites guidées. Les thème proposés sortent des sentiers battus : rencontres privées avec des artisans, accès et découvertes de cours ou de jardins carougeois, visites insolites à Genève (explorations ludiques, Tram historique, par exemple) et même des excursions en France voisine. Le site internet détaille l'offre avec précision. Et si l'art de vivre carougeois vous parle, surfez sur le portail www.carougemania.ch, impulsé par cette même équipe.

Shopping

Parfois surnommé le *Greenwitch Village* de Genève, le vieux Carouge est un lieu où l'artisanat et les boutiques de créateurs s'épanouissent. L'ambiance, méditerranéeenne et mystérieuse, invite à la flânerie. Célèbres pour l'atmosphère particulière de son marché – les mercredis et les samedis matin – le charme de ses échoppes et la diversité de son artisanat, les rues de Carouge recèlent une grande variété de boutiques cadeaux, d'idées déco, d'artisans d'art et de moult antiquaires. Les Genevoises aiment venir à Carouge car elles apprécient son esprit bohème, notamment dans les boutiques *second-hand* où elles dénichent mobilier, vêtements d'enfant, et vêtements à la mode. A seulement dix minutes à vélo ou huit minutes en tramway depuis la place Neuve, elles savent conjuguer bonnes affaires et éco-responsabilité. Enfin, pour vous faire chouchouter ou faire plaisir à vos amis gourmets, découvrez au fil de cette rubrique les bons plans pour donner le sourire à votre panier gourmand.

Antiquité – Déco – Design

■ **BLEU GALERIE**
54, rue Ancienne
✆ +41 22 733 66 88
www.bleugalerie.com
bleugalerie@bluewin.ch
Ouvert du lundi au vendredi de 11h à 18h30 et le samedi de 11h à 16h.
André Chopard nous gâte avec un véritable cabinet de curiosités. Des chaises Louis-Philippe, tableaux de l'école de Barbizon, camées, estampes érotiques, statues Art nouveau, que de trésors se cachent dans sa minuscule arcade tout en longueur, pleine du charme d'une accumulation d'objets étonnants et rares. Des dessins, papiers découpés, huiles sur bois du XVIIIe siècle, scènes orientalistes, sans oublier les appliques, qui surchargent avec raffinement des murs qui débordent de toutes parts. Entre les lampes Art déco et la vaisselle, on découvre avec ravissement des vitrines de bijoux anciens en or, des bouteilles de parfums et des miniatures, des camées, des bagues, broches des années 1950, toujours très classes mais à des prix raisonnables. Et si on le lui demande, M. Chopard s'empressera d'ouvrir sa malle aux merveilles dans sa remise.

■ **MAISON DUPIN**
22, rue Eugène-Marziano
✆ +41 22 304 44 64
www.maison-dupin.ch
Ouvert du lundi au vendredi de 8h30 à midi et de 13h30 à 18h.
La maison Dupin a été fondée en 1820, c'est la plus ancienne maison de décoration de Genève. Les showrooms de la rue Marziano présentent le travail de décoration et d'architecture d'intérieur de la maison, toujours de bon goût, classique ou plus contemporain.

▸ **Autre adresse :** 6, cours de Rive – 1204 Genève Tél +41 22 310 19 83.

Visites insolites de Carouge

Le samedi de juin à octobre (et le reste de l'année sur demande), la ville de Carouge organise en partenariat avec Illico Travel des visites guidées à thèmes : 6 thèmes au total ont été proposés en 2013, comme par exemple « Carouge en zigzag » ou « Carouge de fil en aiguille ». Rendez-vous sans inscription, à 11h, à la mairie pour une balade d'1h15 à travers les rues anciennes, les jardins, les places, les fontaines et les monuments, qui se dévoilent sous un jour original et privilégié (jardins secrets, visites privées) ! Le prix s'élève à 10 CHF. Pour connaître le programme 2014, rendez-vous sur le site internet de la ville de Carouge, sur www.carougemania.ch ou www.illico-travel.ch.

■ **MOMIJI**
9, place du Temple
✆ +41 22 301 99 66
www.momiji-design.com
Ouvert du mardi au vendredi de 10h30 à 17h30, le samedi de 10h à 17h.
Dans l'ancienne arcade de la boutique des cinq sens se trouve un magasin au très poétique nom nippon, puisqu'il signifie « feuillage d'érable en automne ». Ce n'est cependant pas l'exotisme qui est ici mis en avant, mais simplement la présentation d'articles japonais de qualité rarement disponibles en Suisse. Mélange de modernité et de tradition, ces objets touchent autant au domaine de la cuisine que de la salle de bains ou de la décoration : verres, serviettes de bains, vases, boîtes, sacs, encens, couteau en céramique, thés, théières... Avec comme point commun une pureté des formes, une sobriété et une valorisation du matériau typiquement japonaises, dans un décor design. Notre attention a éte retenue notamment par les miroirs de poches, petites pochettes et vanity faites avec les motifs digitalisés des kimonos datant de plus de 200 ans, vous seriez étonné de la modernité des formes et des couleurs ! L'assortiment des articles est renouvelé très régulièrement, au gré des nouveautés et des découvertes des propriétaires. Que des belles choses pour des idées cadeaux à petit prix !

Arts de la table

■ **JEAN-VIER**
7, rue du Pont-Neuf
✆ +41 22 301 40 79
www.jean-vier.com
val@lauffenburger.ch
Ouvert du mardi au vendredi de 10h30 à 18h30 et le samedi de 10h à 17h30.
Cette jolie boutique offre de nombreuses idées cadeaux pour la maison avec le label Jean-Vier, « made in Pays basque » spécialiste du textile, du tissage haut de gamme, du linge de maison tout en couleurs facilement reconnaissable à ses rayures en dégradés de teintes très contemporaines. Pour une idée cadeau, vous avez le choix : tabliers, maniques, corbeilles à pain, gants à four, sacs de plage, linge de bain et arts de la table se déclinent en plusieurs coloris... et de la vaisselle en faïence joliment décorée avec des piments d'Espelette. La sympathique marque Tsé & Tsé donne egalement une note originale à vos cadeaux...

Artisanat – Créateurs

■ **ATELIER MIREILLE DONZE ET DJEIHNE**
31, rue Saint-Joseph
✆ +41 22 345 55 21
www.djeihne.ch
Stylistes. Ouvert mardi à vendredi de 14h à 18h30 et samedi de 10 à 17h.
Dans cet atelier, deux stylistes travaillent ensemble et proposent deux collections par année et du sur-mesure. Mireille Donzé, styliste maille, crée en utilisant des matériaux naturels, mohair, soie, chanvre, lin... Djeihne exprime ses talents avec le chanvre, le lin et les matériaux imperméables. Elles aiment jouer avec les matières et bousculent les conventions. A découvrir.

■ **C'BOS COLLECTIF**
7, rue Saint-Joseph
✆ +41 22 301 72 59
www.cbos.ch
Ouvert du mardi au vendredi de 10h à 18h30 et le samedi de 10h à 17h.
Dans son arcade, Chantal Noirjean et d'autres créateurs se sont installés pour créer un collectif d'artisans et offrir un choix de créations diverses et originales d'où le terme de C'Bos : céramiques, bijoux, objets, stylismes. Toujours des vêtements gracieux et faciles à vivre dans des tissus naturels. Soie, lin, laine dans des couleurs qui permettent de composer des ensembles d'une année sur l'autre, pour récréer éternellement ses coups de cœur. Des formes de base sur lesquelles viennent des ajouts, comme des poches, liens, petit gilet réversible, veste croisée. On peut se créer sa ligne de vêtements personnelle et surtout son propre style. Des céramiques originales ornent la jolie vitrine et glissent une touche de charme supplémentaire à l'arcade, quelques bijoux et objets uniques. Sans oublier l'accueil si souriant et avenant.

■ **COMME DANS UN RÊVE**
31, rue Ancienne
✆ +41 22 301 50 20
www.commedansunreve.ch
Mariage. Ouvert du mardi au vendredi de 10h à 18h30 et le samedi de 10h à 17h. Essayages sur rendez-vous.
Une boutique de robes de mariée sur-mesure, pour faire de cette cérémonie un véritable rêve éveillé. Poésie, matières nobles et naturelles

sont les éléments de qualité qui caractérisent les collections de la créatrice de ces robes de « princesse » ! Béatrice exauce les rêves des petites et des grandes filles qui franchissent le seuil de l'atelier boutique, au décor romantique à souhait. Un accueil et une écoute pour créer une robe sur mesure, originale et exclusive. Une collection couture avec de magnifiques tissus, comme la soie naturelle, sans crainte pourtant d'y laisser toutes ses économies car Béatrice veille à toujours respecter le budget de ses clientes. On trouve aussi dans cette jolie arcade, des robes de cocktail, et même des robes de mariée pour les futures mamans...

EPSETERA

29, rue Saint-Joseph
✆ +41 22 949 02 63
www.epsetera.ch
Ouvert le lundi de 13h à 18h, du mardi au vendredi de 9h à 18h et le samedi de 9h à 16h.
Des produits artisanaux de qualité made in Geneva et de très beaux jouets en bois pour tout-petits et plus grands ainsi que des peluches et des puzzles, mais surtout le plaisir de faire une bonne action puisque tout est vendu au profit des Etablissements publics pour l'intégration dont la mission est l'intégration et la réinsertion professionnelle des personnes handicapées ou en difficulté d'insertion, en favorisant leur insertion sociale et professionnelle. L'accueil est de plus vraiment sympa alors pourquoi s'en priver ?

Autre adresse : Boutique : Epsetera Grand-Pré – 64-66, rue du Grand-Pré – Genève – Tél +41 22 949 02 99.

L'ANTRE-PEAUX

43, rue Ancienne
✆ +41 22 342 72 25
www.chrismurner.ch
info@chrismurner.ch
Maroquinerie. Boutique ouverte le lundi de 13h30 à 18h30, du mardi au vendredi de 10h à 12h et de 13h30 à 18h30, et le samedi de 10h à 17h.
Artiste de la maroquinerie, Chris Murner s'aventure à créer des sacs au modèle unique : un véritable tour du monde en sac à mains ! Chaque collection est prétexte à une nouvelle aventure de création personnelle ou en collaboration avec d'autres artistes. Inspirée par des thèmes poétiques et variés, la créatrice innove constamment : « les intemporelles », « les Eco'llections », « Chic et choc », etc... Les thèmes sont à eux seuls une invitation au voyage, à l'instar de sa collection « la ville dans le sac » créée en novembre 2013 pour célébrer ses 30 ans de créativité. L'aventurière a capturé des images dans 30 villes (Venise, Rome New-York...) et les a sublimées sur ses modèles. Chaque modèle est unique et réalisé dans son atelier à l'arrière de la boutique qu'il ne faut pas hésiter à visiter. Chris Murner est la dernière maroquinière et formatrice aujourd'hui en Suisse.
✆ +41 22 301 10 24
www.miremmanuelle.com

ON STAGE

11, rue Saint-Victor
✆ +41 22 343 02 93
www.onstage-createurs.ch
on-stage@bluewin.ch
Ouvert le lundi de 14h à 18h30, du mardi au vendredi de 10h à 18h30 et le samedi de 10h jusqu'à 18h.
Des créateurs inventifs, jeunes, inconnus en Suisse pour la plupart, ont trouvé ici une arcade superbe, avec beaucoup d'espace qui met en valeur leurs modèles. Des coupes amples, de belles matières telles que la soie, soie sauvage, laine et maille et des couleurs du noir au mauve, du gris au grenat. Côté prix, ça ne rigole pas ! Les jupes mordorées de Marie Meunier sont de 400 CHF à 915 CHF, les tuniques en lin de Calderara avoisinent les 500 CHF, tandis que chez Hélène Clément, les manteaux sont au-delà de 1 000 CHF.

PRINCESSE PETIT POIS

20, rue Saint-Victor
✆ +41 22 300 25 76
www.princesse-petit-pois.ch
ppp@bluemail.ch

Concept store. Ouvert du mardi au vendredi de 10h à 18h30. Samedi jusqu'à 17h.

Difficile de classer ce concept store dans une catégorie ! On y trouve aussi bien des objets de décoration que des accessoires et des vêtements... Un point commun : ils ont été choisis par l'initiatrice de la boutique Maîth Prod'hom, en quête de petits créateurs imaginatifs. Elle met en scène toutes ces créations dans son concept-store, et c'est le coup de cœur assuré. Ici, un sac de la marque canadienne *m0851,* là un châle italien, un tapis pakistanais,... Toute flânerie carougeoise passe forcémment par cet établissement, tout sauf commun.

A SHOP WITH NO NAME

45, rue Jacques-Dalphin
✆ +41 22 300 69 69
www.ashopwithnoname.ch
contact@ashopwithnoname.ch

Peinture sur soie. Ouvert du mardi au vendredi de 14h à 18h, surtout sur rendez-vous.

Un peu à l'écart du centre de Carouge, dans une rue connue pour ses restaurants, il ne faut pas manquer de découvrir cette boutique originale et chaleureuse. Deux créatrices et amies de surcroît ont ouvert cet endroit atypique : à la fois boutique et atelier pour vous présenter quelques pièces de leur collection. La spécialité ici, c'est la peinture sur soie.

Chaque pièce est unique et réalisée sur mesure. Robes, foulards, paréos, jupes, chemisiers, tout est très coloré, à la fois léger et raffiné. L'accueil est vraiment adorable, Fatti et Mylène sont à l'écoute de vos envies tout en insufflant leur style très personnel. Et si l'on ne sait comment assortir sa tenue avec les nouvelles pièces de la collection, les créatrices sauront réaliser sur place une pièce à votre intention !

LE TROISIÈME ACTE

27, rue Ancienne
✆ +41 22 794 05 03
www.letroisiemeacte.ch
info@letroisiemeacte.ch

Ouvert du mardi au vendredi de 10h à 12h15 et de 13h30 à 18h45, le samedi de 10h à 17h et le 1er dimanche du mois de 11h à 17h.

Romantique et bohème, baroque et contemporain, rigolo et joyeux, plusieurs adjectifs sont nécessaires pour décrire cette adorable boutique de prêt-à-porter femmes au cœur de Carouge. Rachel, la maîtresse des lieux, a été costumière et habilleuse au Grand Théâtre, autant dire qu'elle connaît la mise en scène et sait parfaitement magnifier les créations présentées sur les mannequins qui vous guident vers le fond de la boutique où se trouve l'atelier de création des « rêves » exposés. Parmi les marques, Myrine, Krista Larson, Aurea Vita, Ewa i Walla, Suki et bien d'autres... Deux collections par an et souvent des pièces uniques. C'est aussi un lieu d'exploration, d'observation des tendances, des styles. Sur place également accessoires, bijoux, sacs... Un lieu ouvert qui nous réserve bien des surprises et aussi un bel accueil.

ZABO

31, rue Saint-Joseph
✆ +41 22 301 75 76
www.zabo.ch

Chapeaux. Ouvert le mardi de 10h à 12h30, le mercredi et le vendredi de 14h à 18h30, le jeudi de midi à 16h, le samedi de 11h à 17h.

Bienvenue dans cet atelier-boutique où Zabo excelle dans son art pour confectionner des chapeaux, pratiques, pliables, transformables, lavables et fantaisistes. Il y en a ainsi pour tous les goûts et tous les styles et ceci en petites séries. La boutique vaut le détour, un brin de causette permet de comprendre un peu mieux cet artisanat et ce savoir-faire si particulier. Le chapeau c'est tendance et c'est tellement agréable d'avoir chaud en hiver.

Bijouterie

BALTHAZAR

4, rue Ancienne
✆ +41 22 557 43 44
www.balthazar.ch

Ouvert du lundi au vendredi de 11h30 à 19h. Le samedi de 10h à 18h.

C'est une petite boutique qui fera tout d'abord le bonheur des créatrices de bijoux car ce qui attire notre regard au premier abord, ce sont les perles et les apprêts en vente au détail. Sur place aussi, quelques foulards, châles, bijoux, petits meubles et objets pour des idées cadeaux.

GALERIE ANNICK ZUFFEREY

1, place des Charmettes
✆ +41 22 343 03 05
www.galerie-annickzufferey.com
annick@galerie-annickzufferey.com
Ouvert du mardi au vendredi de 14h à 18h30, le samedi de 13h à 17h et sur rendez-vous.
Cette galerie très design accueille des bijoutiers créateurs contemporains suisses et internationaux, dont quelques exclusivités comme la marque Niessing qui propose des bijoux aux lignes pures et modernes avec des pierres non serties tenues simplement par la pression du métal ou des bagues avec une pierre roulant sur un rail. Quatre expositions par an sont organisées et elles valent le coup d'œil, ne serait-ce que pour le plaisir des yeux !

LES INSOLITES

22, rue Ancienne
✆ +41 22 300 34 38 / +41 79 286 98 91
www.les-insolites.ch
lesinsolites@bluewin.ch
Ouvert du mardi au vendredi de 14h à 18h30, le samedi de 11h à 17h et sur rendez-vous.
Dans une belle et grande arcade située rue Ancienne, Nina nous propose des insolites de toutes sortes : créations uniques d'inspiration végétale, colliers aux courbes animales, boucles aux allures de graines ou de fruits. Les lignes sont simples et très contemporaines. La vitrine présente élégamment la collection de Nina et laisse entrevoir l'atelier où la créatrice réalise ses modèles et dispense, sur demande, des cours personnalisés en petits groupes de trois personnes maximum. Possibilité de transformation de bijoux.

LILI CAILLOUX

13, Rue du Pont-Neuf
Ouvert le lundi de 14h30 à 18H30 (sauf en janvier février), du mardi au vendredi de 10h30 à 18h30 et le samedi de 10h30 à 17h30
Lili crée des bijoux depuis l'an 2000. Après Lyon et Annecy, c'est à Carouge que ses petits cailloux l'ont conduite, aux commandes d'une magnifique arcade depuis octobre 2012, juste en face de l'arrêt Tram : Armes. Pratique ! Lili observe. Ses yeux se posent sur une matière ; elle ne sait pas ce qu'elle va en faire, et c'est le cœur qui agit. Elle mélange les éléments au gré de ses humeurs et donne naissance à des bijoux d'une grande sensibilité. Regardez cet accord parfait entre cuir et passementerie... et ce mélange entre dentelle et métal ! PVC, agneau, broderie anglaise.... matières inédites, insolites, caractérielles : les bijoux de Lili Cailloux ont du tempérament. On peut porter ces articles en toutes circonstances, même pour son mariage, pour lequel le cœur de Lili sait s'exprimer. Et pour couronner le tout, les prix sont accessibles. Nombreux coups de cœur en dessous de 50 CHF. Nombreux accessoires tout aussi originaux que ses créations, comme par exemple des mitaines, bonnets, foulards, cabas, pochettes, tours de cou.

LINDSEYMARIE

45 rue Saint-Joseph
✆ +41 22 300 02 45
www.lindseymarie.com
info@lindseymarie.com
Ouvert du mardi au samedi de 10h à 18h.
La talentueuse créatrice Lindsey Marie Wendler ne se contente pas du succès, elle vise l'excellence ! Après avoir créé sa marque de bijoux en 2005, être devenue la coqueluche des stars d'Hollywood et avoir ouvert 40 points de vente aux Etats-Unis et en Angleterre, elle acquiert un master de joaillerie au Royal College of Art de Londres. Elle a choisi Carouge pour ouvrir sa boutique Suisse. A l'image de ces créations foisonnantes et élégantes, cette arcade présente ses collections de bijoux d'argent, vermeil et or, ponctués de pierres semi-précieuses et de perles de Keshi (perles plates ayant la forme curieuse d'un pétale de fleur) qu'elle réinterprète avec talent et fantaisie. La boutique propose aussi les créations de la milanaise Daniela De Marchi, les bijoux en cuir et argent massif de la créatrice andorrane Laia Fiter et une nouvelle créatrice new-yorkaise Sara Designs qui mêle cuir et métal avec talent. Et toujours, les bijoux délicats et précieux de la marque Les Rêveries d'Eve, d'une créatrice genevoise. Une adresse à ne pas manquer !

PATRICIA D.

8, rue Saint-Joseph
✆ +41 22 300 48 00
www.patricia-d.com
Ouvert du mardi au vendredi de 11h à 19h et le samedi de 10h à 18h.
On pourrait se parer de la tête aux doigts uniquement de ces créations venues d'ailleurs avec leurs pierres semi-précieuses, aux mille couleurs, montées sur des assemblages originaux en argent et faites en Inde. Raffinés et élégants, les boucles, colliers et bracelets se marient avec les *kurta pashminas* et châles en provenance de New Dehli et parfois du Népal.

RAM'DAME

10, rue Ancienne
✆ +41 22 700 79 39
www.ramdame.ch
hello@ramdame.ch
Ouvert le lundi de 14h à 19h, du mardi au vendredi de 10h à 19h, et le samedi de 10h à 18h. Boutique en ligne.
La boutique Ram'Dame propose à la fois des bijoux et des accessoires. Béatrice choisit ses collections de bijoux et d'étoles lors de ses voyages en Inde. Il y a une très belle diversité de bijoux montés sur argent et vermeil avec des pierres semi-précieuses aux couleurs chatoyantes, des étoles en soie, cachemire et pashminas, tandis que les chaussures et pochettes semblent tout droit sorties d'un conte des *Mille et Une Nuits*. L'endroit se prête aux essayages, nous sommes souvent surpris de repartir avec une couleur de boucles d'oreilles à laquelle nous n'aurions jamais pensé ! Il faut dire que l'on prend le temps et le conseil est toujours là.
Ce lieu est aussi un « patchwork » de cultures à l'image de la propriétaire, qui côtoie l'Orient et l'Occident au quotidien. La rencontre commence ou se termine souvent par une discussion autour d'une tasse de thé entre « filles » dans la douce atmosphère qui règne chez Ram'Dame. Découvrez la toute nouvelle ligne de vêtements, confectionnés en pur coton selon un savoir-faire indien. Les impressions à base de teintures naturelles y sont appliquées à la main à l'aide de blocs en bois sculptés. Boutique en ligne : www.ramdame.ch

Cadeaux

ART ET CRISTAL

18, rue Saint-Victor
✆ +41 22 301 46 32
www.art-et-cristal.ch
Ouvert du mardi au vendredi de 10h30 à 18h30 et le samedi de 10h à 16h.
Il est difficile de passer devant la vitrine d'Art et Cristal, sans s'arrêter, car il y a toujours un objet, une forme, une couleur, pour attirer votre attention. A l'intérieur, une belle table toute décorée présente avec goût et couleurs les arts de la table. Sur les étagères, un espace senteur avec la marque MilleFiori, un endroit pour les assiettes en verre de la marque, Love Plates, avec tout un dégradé de couleurs acidulées (qui passent au lave-vaisselle). De la même marque, photophores, ramequins, coupelles, toute une gamme pour égayer votre table et ravir vos convives. Pour des cadeaux utiles et pratiques à petits prix, la marque Easylife, qui porte bien son nom, avec des kits pour la vie quotidienne comme le kit à tapas, le plateau petit déjeuner, le service à glaces… Et toujours des objets en couleur, des sets, des grands plats, des pichets, de quoi égayer la maison et donner le sourire à vos invités. Au fond de la boutique, changement de décor, plus cosy, ambiance cocooning, avec de magnifiques pièces réalisées par des maîtres verriers. Quelques petits meubles, des plaids et des senteurs de Mathilde M, pour les armoires, la maison, la salle de bains, dont la présentation en fait des cadeaux très appréciés. Il est agréable de venir chez Art et Cristal pour le plaisir

des yeux et aussi parce que les prix sont très raisonnables.

L'ENVIE D'EN FACE

6 bis, rue du Pont-Neuf
✆ +41 22 301 91 80
✆ +41 22 301 68 58
Ouvert le lundi de midi à 18h30, du mardi au vendredi de 10h à 18h30 et le samedi de 10h à 17h30. Également ouvert chaque premier dimanche du mois de 10h à 17h, le dernier dimanche de novembre et les dimanches de décembre. En face se trouve la première boutique de la propriétaire, Envie De.
Vraiment trop à l'étroit dans sa petite boutique cadeaux de la rue Saint-Joseph, L'Envie De a investi l'arcade d'En Face, d'où le nom de ce nouveau magasin. La gamme de l'enseigne s'est élargie en conséquence, et l'Envie d'en Face offre sur deux niveaux un vaste choix de cartes, d'articles de papeterie, de boîtes à messages, de cadres, de vaisselle et de produits pour le corps, mais aussi des objets plus conséquents comme des sacs, des paniers, des meubles... De quoi faire le plein de couleur, de gaieté et de fantaisie ! Ce bric à brac est le lieu parfait pour les cadeaux et souvenirs décalés et originaux.

Autre adresse : Rue St-Joseph 2, 1227 Carouge

PERCHO

6, rue Ancienne
✆ +41 79 759 48 26
www.percho.ch
Ouvert le mardi, le jeudi et le vendredi de 14h à 18h, le samedi de 10h à 17h et sur rendez-vous.
Une multitude de petits personnages et d'animaux gais et colorés, nés de l'imagination fertile de l'illustratrice carougeoise Percho, habitent cette jolie boutique de la rue Ancienne. Faits d'acrylique, d'aquarelle, d'encre, de peinture en relief, sur verre ou sur porcelaine, ils ornent tantôt des cartes de vœux, tantôt des tasses, des verres, des boîtes ou des tableaux. Certains semblent même avoir pris vie sous forme de charmantes figurines et de mobiles en fil de fer. Tout est fait à la main suivant l'inspiration de l'artiste et chaque réalisation est une pièce unique à offrir ou à s'offrir. Les cartes peuvent même être personnalisées, ou plutôt « percho-nalisées » selon le mot de leur auteur, par exemple avec un prénom et un message particuliers.

Cadeaux du monde – Commerce équitable

BOUTIQUE JAPONAISE

36, rue Ancienne
✆ +41 22 343 73 81
Ouvert du mardi au vendredi de 12h30 à 18h30, le samedi de 10h30 à 17h.
Il faut vraiment être attentif pour remarquer ce discret petit magasin établi depuis trente ans rue Ancienne. Et pourtant, la Boutique Japonaise recèle de véritables trésors pour tous les amoureux du Japon. On y trouve de tout, du plus général au plus spécialisé, en provenance directe de l'Empire du Soleil-Levant. Papiers origami, cartes, tableaux et estampes y voisinent avec des meubles, de la vaisselle, des livres ou des sculptures. N'hésitez pas à vous faire ouvrir les tiroirs, ils cachent une gamme d'objets nippons beaucoup plus large que ce qui est présenté dans les vitrines. Le petit espace à l'étage sert de lieu d'exposition d'art et d'artisanat japonais, dont les thèmes varient régulièrement. Dommage que l'accueil manque parfois de chaleur.

KARAVAN-SERAY

22, rue Saint-Joseph
✆ +41 22 343 96 11
karavanseray.wordpress.com
karavan-seray@bluewin.ch
Ouvert du lundi au vendredi de 13h à 19h et le samedi de 10h à 17h.
Ici, c'est toujours l'art et l'artisanat du Maghreb qui est à l'honneur. Vaisselles, bijoux, vases, céramique d'art, boîtes en cuir ou en bois, poterie, petits meubles, tout est fait à la main et vient du Maroc, de la Tunisie et surtout, plus rare, d'Algérie avec notamment de la vaisselle décorée avec les décors rupestres de Tassili, également des coussins de soie, des plateaux travaillés par les artisans dinandiers. Amusant et astucieux aussi les poufs à deux places, la selle de chameaux pliable qui sert de siège d'appoint. Des céramiques, pièces uniques, de l'artiste Bacha.
Ici il faut prendre le temps de « voir » les objets et de discuter avec la maîtresse des lieux qui vous expliquera ses choix et l'histoire de ces objets. Une belle rencontre. Voilà encore une jolie arcade qui invite au voyage pour trouver des idées de cadeaux ou décorer son intérieur.

TROPICOLOR

12, rue Ancienne
✆ +41 22 342 44 14
Ouvert le lundi de 13h à 19h, du mardi au vendredi de 10h30 à 12h30 et de 14h à 19h, le samedi de 10h à 18h.
Le patron de cette petite boutique sur deux étages est un féru d'art malgache. Ici, ne cherchez pas autre chose, mais penchez-vous sur cet artisanat méconnu aux mille et une facettes. Les amateurs d'eau salée seront séduits par les reconstitutions de phares de mer pour appartement, qui font office de lampes d'ambiance, et par les maquettes de vaisseaux datant de la grande époque de la flibusterie jusqu'aux années 1920. Les paysages, maisons et personnages dans une bouteille ajoutent à la poétique du lieu. S'y ajoutent de superbes sculptures de bois ou de fer qui sont achetées sur les terres malgaches à des artisans choisis. Le patron, styliste passionné, termine et peaufine lui-même le travail artisanal en Suisse. Le tout dans le plus grand respect. Un très joli endroit.

Centres commerciaux – Grands magasins

CENTRE COMMERCIAL CAROUGE

36, avenue Cardinal-Mermillod
✆ +41 22 301 33 33
18 commerces. Ouvert du lundi au samedi de 9h à 19h, le jeudi jusqu'à 20h et le samedi jusqu'à 18h. Parking et station-service.
Un agréable centre commercial dédié à la famille permet aux Carougeois de se fournir en divers produits et services, à proximité. Au premier étage, King Jouet, le spécialiste du jouet d'enfant et à côté tout ce qu'il faut pour les bébés avec le magasin Aubert, au rez-de-chaussée, un supermarché Coop, une enseigne La Halle aux vêtements, un magasin de chaussures et articles de sport, une cafétéria et de multiples services avec notamment une pharmacie, Orange communication, un opticien, une agence de voyages, un salon de coiffure et un bancomat.
Au sous-sol, vous trouverez un cordonnier doublé d'un service clé-minute et gravure, un teinturier, une enseigne spécialisée dans l'impression personnalisée sur tissu, Cats&Dogs pour dorloter nos animaux, de l'électroménager chez Fust, une boutique cadeaux Madeco, qui propose aussi le développement photos et tout pour le bricolage chez Bricoville. Livraison de vos achats à domicile avec Caddie-Service !

Dépôts-vente

AFFAIRES A SUIVRE

6, rue Saint-Joseph
✆ +41 22 556 33 34
Dépôt-vente. Ouvert mardi, jeudi, vendredi de 11h30 à 19h. Mercredi de 10h30 à 18h30. Samedi de 10h30 à 17h.
Dans cette joile boutique de la rue Saint-Joseph, située juste à côté du P'tit Carougeois, les amatrices de bonnes affaires sont ravies de trouver plusieurs pièces en prêt-à-porter en destockage, mais aussi un choix très sympa de vêtements de seconde-main. Vanessa Breitschmid les a soigneusement choisis pour vous, préférant les belles manières naturelles et agréables à porter, qu'il est réjouissant de pouvoir acquérir à des prix plus modestes.
Et si on se bouscule dans cette boutique, c'est que l'accueil y est chaleureux et que les produits sont sans cesse renouvelés. Qu'on se le dise !

La Praille, un centre commercial et de loisirs accueillant pour les enfants

Ce centre commercial est un paradis pour les enfants et leurs mamans. Il ne désemplit pas le mercredi. Les mamans confient leurs bambins à la halte-garderie Orchestra Land, située au dernier étage, le temps de faire leurs emplettes. Consoles de jeux Wii, piscines à boules, toboggan, home cinéma, coloriages, jeux, maquillages, il est aussi possible d'organiser l'anniversaire des 4-10 ans. Les mamans peuvent même se poser dans l'espace allaitement situé au premier étage. Ci-dessous, une sélection d'adresses qui font leur bonheur.

IMAGINARIUM

La Praille, Centre Commercial et de Loisirs
10 route des Jeunes ✆ +41 22 301 66 85
www.imaginarium.fr
Ouvert du lundi au mercredi de 9h à 19h, le jeudi de 9h à 21h, le vendredi de 9h à 19h30, le samedi de 9h à 18h.
Voilà une boutique qui plaît aux enfants comme aux parents. A l'entrée déjà, on est séduit par la double porte qui invite les petits et les grands à entrer sous une myriade d'étoiles lumineuses. A l'intérieur, jouets, livres, déguisements, marionnettes, jeux de plein air font envie aux petits et séduisent les parents de par leur caractère éducatif.

- **Autre adresse :** Globus 48, rue du Rhône – Tel 022 310 64 49.

LIBRAIRIE DES LIVRES ET VOUS

La Praille, Centre Commercial et de Loisirs
10, route des Jeunes ✆ +41 22 301 55 67
www.deslivresetvous.ch
Ouvert du lundi au mercredi de 9h à 19h, le jeudi de 9h à 21h, le vendredi de 9h à 19h30 et le samedi de 9h à 18h.
Les livres sont là pour nous délivrer d'un quotidien auquel on souhaite échapper. Jolie formule qui s'applique aux nombreux rayonnages de cette librairie, dotée d'une impressionnante sélection de titres pour la jeunesse, comme par exemple des énigmes et contes de Genève. Les amoureux de la Suisse feront leur marché pour dénicher des recettes du pays. Sans compter les guides, livres de photos du monde, BD, romans policiers, science-fiction, ésotérisme, beaux-arts ou littérature étrangère. L'accueil est toujours aussi agréable et un coin de lecture muni de fauteuils nous invite même à faire une pause. Plus d'excuse pour ne pas se laisser emporter par les mots !

MA PETITE PRINCESSE

La Praille, Centre Commercial et de Loisirs
10, route des Jeunes ✆ +41 22 301 54 50
www.mapetiteprincesse.com
contact@mapetiteprincesse.com
Mode enfantine. Ouvert du lundi au mercredi de 9h à 19h, le jeudi de 9h à 21h, le vendredi de 9h à 19h30 et le samedi de 9h à 18h.
Ici, vous trouverez pour vos petites filles des robes de princesse, et des complets pour jeunes garçons. Un choix d'accessoires aussi, chaussures, bijoux... Il n'y a que l'embarras du choix pour habiller vos juniors de 3 mois à seize ans, à l'occasion d'un mariage, anniversaire ou autre événement de la vie.

LA PRAILLE, CENTRE COMMERCIAL ET DE LOISIRS

10, route des Jeunes ✆ +41 22 304 80 00
www.la-praille.ch – info@la-praille.ch
Ouvert du lundi au samedi dès 8h30 pour La Coop, autrement, de 9h à 19h, le jeudi jusqu'à 21h, le vendredi jusqu'à 19h30, le samedi jusqu'à 18h. Le dimanche le deuxième étage est ouvert de 11h à minuit. Parking payant.
Avec plus de 65 enseignes, le plus grand hypermarché Coop du canton de Genève, un espace loisirs, La Praille, est un centre d'une nouvelle génération, très clair, destiné à être un lieu de vie, d'achats et de services, avec même un espace allaitement pour les mamans au premier étage, juste à côté de Dosenbach. Sur place, de nombreuses boutiques de mode, un salon de coiffure, un barbier, un institut de beauté, une banque, Caddie-service (livraisons de courses), il y a de quoi explorer. Au deuxième étage le centre offre un large éventail d'activités pour petits et grands, dont le plus grand bowling de Suisse (26 pistes), un cinéma multiplexe (prévu en juin 2014), une halte-garderie, un fitness haut de gamme, un solarium et un espace restauration multiethnique. De quoi flâner, les soirs et le dimanche compris.

Invitation à la flânerie : découvrez l'esprit bohème de Carouge !

Les touristes apprécient Carouge pour son esprit bohème, et sont attirés par ses boutiques *second-hand* : on y déniche mobilier, vêtements d'enfant, prêt-à-porter, jusqu'aux très grandes tailles. A seulement dix minutes à vélo ou huit minutes en tramway depuis la place Neuve de Genève, découvrez le charme de ses créateurs et ses nombreux dépôts-ventes.

Nous vous proposons le circuit suivant. Départ, place de l'Octroi (arrêt Tram «Armes»), prenez la rue Saint-Joseph jusqu'à la place du Temple, puis la rue Saint-Victor. Envie d'une pause café sur la Place du Marché ? (mercredi et samedi matin, c'est le marché !). Rejoignez la magnifique et surprenante cour du Triangle. Vous arrivez dans la rue Ancienne. Prenez le temps de vous arrêter dans les charmantes boutiques de créateurs (bijoux, maroquinerie, feutre, et même robes de mariées...). Puis rejoignez le Rondeau de Carouge. Revenez par le boulevard des Promenades, la rue du Collège, la rue Jacques-Dalphin (vous êtes tout près du Musée !). Enfin, reprenez la rue de la Filature, la rue Saint-Joseph, la rue du Pont-Neuf et retour à la place de l'Octroi.

AU BONHEUR DES RONDES

9, rue Saint-Victor ✆ +41 22 732 24 43
www.aubonheurdesrondes.ch
info@aubonheurdesrondes.ch
Ouvert du mardi au vendredi de 10h à 18h et le samedi de 10h à 17h.
Située à la rue Saint-Victor à Carouge, la boutique Au bonheur des rondes fait la joie des rondes. La propriétaire de la boutique n'a qu'une idée : faire plaisir à ses clientes. Elle veut qu'elles se sentent bien accueillies, dans une ambiance conviviale, qu'elles puissent bénéficier de conseils sans se sentir gênées, jugées et ce, sans contrainte d'achat. Cette boutique de prêt-à-porter propose des vêtements pour femmes dans de grandes tailles (à partir du 46). A l'été 2012, la boutique s'est transformée pour devenir un dépôt-vente, pour les rondes bien sûr !

COCO&CO

7, rue Saint-Victor ✆ +41 22 300 51 27
Ouvert du lundi au vendredi de midi à 18h30 et le samedi de 10h à 18h.
Toujours aussi charmantes Geneviève et Elisabeth et toujours très professionnelles car elles proposent dans leur boutique les dernières tendances et des marques de qualité qui allègent notre porte-monnaie et nous permettent de rester dans le « vent ». Des vêtements impeccables, du choix, des marques telles que Marithé et François Girbaud, Chanel, Rykiel... à de très petits prix. Ici on sélectionne l'originalité, les petits créateurs et le choix change toutes les semaines. Sur place aussi chaussures et accessoires... et sourire !

EMMAÜS

5, route de Drize ✆ +41 22 301 57 57
www.emmaus-ge.ch
ramassage@emmaus-ge.ch
Ouvert du lundi au vendredi de 13h30 à 17h30 et le samedi de 9h à 16h30.
Dans l'édifice rénové de l'ancien dépôt Taggini, sur une belle façade jaune, se détache l'enseigne rouge de la communauté Emmaüs, fondée par l'abbé Pierre. Dans ces locaux de la rue Ancienne, on trouve des habits de seconde main, et tout est géré par des personnes en difficulté auxquelles la communauté fournit un toit et du travail. Juste au-dessus, après le Rondeau de Carouge, se trouvent d'autres espaces pour une brocante élargie à tout type d'objets : meubles, bibelots, accessoires, électroménager...

GARDE À VUE

19, rue Jacques-Dalphin ✆ +41 22 300 17 71
Ouvert du mardi au vendredi de 13h à 19h et le samedi de 10h à 14h.
Si vous souhaitez changer votre garde de robe et vous offrir des vêtements et accessoires de marque sans trop vous ruiner, c'est une belle adresse pour trouver des marques prestigieuses comme Prada, Armani ou Gaultier. Certains vêtements sont neufs ou à peine portés, en tout cas impeccables. Il ne faut pas trop hésiter car la boutique n'est pas très grande et les bonnes affaires partent très vite. Sur place aussi, accessoires, sacs, chaussures... Accueil charmant.

L'ARMOIRE A 2 PORTES

15, rue Saint-Victor ✆ +41 22 300 64 54
Dépôt-vente. Ouvert du mardi au vendredi de 12 à 18h. Le samedi de 10 à 14h.

Ouvert en juin 2012, ce dépôt-vente *Elegance* propose une sélection d'acticles neufs (ou presque !), des dernières collections des plus grandes marques de mode féminine (Chanel notamment). Décoratrice de formation, Laura Ravano soigne les pièces référencées. Une porte d'entrée, une porte de sortie... Les coups de cœur valsent au rythme de vos envies ! Attention aux horaires.

■ L'ÉCHAPPÉE BELLE

1, rue Saint-Victor ✆ +41 22 301 81 35
www.lechappee-belle.ch
info@lechappee-belle.ch
Ouvert du mardi au vendredi de 10h à 18h30 et le samedi de 10h à 18h.
A l'origine de cette boutique deux jeunes femmes, Anne Chevalier et Mélanie Philipp, qui ont souhaité mêler la décoration d'intérieur avec la mode enfantine. Ainsi, dans cette très jolie arcade carougeoise à la déco soignée, vous découvrirez de nombreux articles déco parfaits pour un cadeau, tels que des savons, bougies ou encore les bijoux fantaisies de Lili Porte Bonheur, créatrice carougeoise. L'espace déco enfantine comporte quant à lui de magnifiques malles de rangement, des doudous et de très jolis tableaux. Mais la particularité de la boutique réside surtout dans son concept dépôt-vente de prêt-à-porter pour enfants de 0 à 12 ans ; les articles, des vestes aux pulls en passant par de ravissantes robes et quelques chaussures, y sont en effet particulièrement soignés et de toute beauté, pour un prix tout à fait raisonnable. Pratique, la boutique vous accueille certains dimanches. Faites un tour sur le site internet pour connaître les dates.

■ NUMÉRO 6

6, rue Saint-Victor ✆ +41 22 342 21 30
www.numero6.ch
info@numero6.ch
Ouvert le lundi de 14h à 19h du mardi au vendredi de 10h30 à 19h et le samedi de 10h30 à 15h.
Un lieu d'élégance où les vêtements seconde main de marque sont de premier choix et mis en valeur dans un environnement qui fait aussi penser à une galerie. Quelques accessoires pour hommes.

■ ZAZA BOUTIC

44, rue Ancienne ✆ +41 22 342 38 73
Ouvert du mardi au vendredi de 9h30 à 17h et le samedi de 10h à midi.
Il s'agit d'une boutique de vêtements qui fonctionne à la fois comme dépôt-vente et comme magasin traditionnel avec des articles neufs. On y trouve des habits pour femmes et pour enfants, des sacs et toutes sortes d'accessoires. La sélection propose des pièces pleines d'originalité. Il y en a pour tous les âges et pour tous les goûts !

Fleurs – Plantes

■ LES FLEURS DE MINAMOUNE

30, rue de la Filature ✆ +41 22 301 71 44
Ouvert du mardi au vendredi de 9h à 19h, le samedi de 9h à 17h.
Difficile de passer sans s'arrêter devant la charmante boutique-atelier de Marina. C'est un ravissement pour les yeux et toujours un plaisir de découvrir les magnifiques arrangements de fleurs de toutes saisons mais aussi de bonnes idées déco : coussins, plaids, lanternes, bougeoirs, fleurs en soie.... une mine d'or pour habiller votre maison. Marina est spécialisée dans les décorations personnalisées car elle sait écouter et comprendre les attentes de ses clients, particulièrement exigeants mais reconnaissants aussi quant à la qualité et la fraîcheur des fleurs. Marina est une véritable artiste et ses compositions florales reflètent tout son art. La qualité des fleurs est vantée par les clients qui reviennent enchantés par la longévité de leur bouquet et des conseils prodigués ! Dès le 25 novembre, le sous-sol de la boutique est ouvert et se transforme en véritable show-room de Noël avec un grand choix de couronnes, de sujets de décoration pour décorer votre sapin de façon harmonieuse. Service de livraison à domicile et commande par téléphone.

Librairies – Papeteries

■ LA LIBELLULE

10, rue Saint-Victor ✆ +41 22 342 41 40
www.la-libellule.ch
natchristin@la-libellule.ch
Ouvert du mardi au vendredi de 10h30 à 18h30 et le samedi de 10h à 17h.
Après avoir développé un site web de faire-part personnalisés, Nathalie Christin a ouvert La Libellule, une papeterie et carterie sur mesure située le long des rails du tram, au cœur de Carouge. Ici, vous apprécierez les grands classiques de la papeterie, tels que les instruments d'écriture Caran d'Ache et Montblanc, les indémodables carnets et agendas Moleskine, ainsi que les papiers d'emballages, à la feuille ou au rouleau, Jean Rouget. Mais vous découvrirez aussi des marques plus confidentielles, comme Semikolon, une griffe canadienne de boîtes de rangements, Miniséri et ses cartables en cuir un brin rétro ou encore Bakker. Quant aux faire-part de mariage, de baptême ou de naissance créés par Nathalie, ils mêlent originalité et élégance. En bref, une super adresse !

■ LIBRERIT

1 bis, place du Marché
✆ +41 22 343 97 71 – lalibrerit@bluewin.ch
Librairie jeunesse. Ouvert le lundi de 14h à 18h30, du mardi au vendredi de 9h30 à 18h30 et le samedi de 9h30 à 18h.
Une librairie qui se divise en deux : à l'étage du dessous, tout ce qui concerne la pédagogie, et donc l'initiation aux arts picturaux, musicaux, à la photo… et au sport, entre autres. Tout ce qu'on peut enseigner à nos chères têtes blondes, brunes, rousses ou noiraudes. Au rez-de-chaussée, des ouvrages de contes, des romans, des histoires échelonnées par rayons pour tous les âges, du bébé à l'adolescent. Elles raviront chérubins et petits monstres de récits attrayants et variés. Une librairie qui s'intéresse à tous les âges, de la plus tendre enfance à la plus turbulente adolescence.

■ NOUVELLES PAGES

15, rue Saint-Joseph ✆ +41 22 343 22 33
www.nouvellespages.ch
librairie@nouvellespages.ch
Ouvert du mardi au vendredi de 10h à 13h et de 14h à 18h30, et le samedi de 10h à 17h.
Dans cette jolie arcade de la rue Saint-Joseph, une librairie généraliste tenue par la dynamique Véronique Rossier. Elle sélectionne pour ses clients et les fidèles lecteurs une proposition de romans, livres de poésie et polars qui côtoient avec bonheur des ouvrages consacrés aux sciences humaines, à l'art et à la cuisine ou des bandes dessinées. La littérature romande est également à l'honneur, tandis que les enfants ont leur propre coin. Bref, une librairie de quartier qui se veut proche des Carougeois, et qui favorise l'échange à travers des rencontres d'auteurs. Nouvelles Pages est devenue un arrêt obligatoire de la visite guidée thématique «Carouge, la littérature à vivre», et participe en outre à des manifestations culturelles locales comme le Parcours Céramique carougeois ou la Fureur de lire. Véronique partage également ses coups de cœur dans le nouveau magazine trimestriel des TPG, «*Où bien !* «.

Mode

■ ATELIER MIREILLE DONZE ET DJEIHNE

31, rue Saint-Joseph
✆ +41 22 345 55 21
Voir page 334.

■ POSA'T GUAPA

26, rue Saint-Victor
✆ +41 22 301 28 90
Ouvert du mardi au vendredi de 11h à 18h30 et le samedi de 11h à 17h.
D'abord une petite traduction de l'enseigne s'impose : « Fais-toi belle » en catalan, car Mercédès, originaire de Barcelone, maîtresse des lieux, a entendu cette phrase bien souvent durant son enfance. Là-bas, les femmes aiment s'habiller, se faire belle, plaire et dans cette charmante petite boutique pleine de charme et de douceur, on devient coquette, sexy juste ce qu'il faut ! C'est une mode très féminine, des cache-cœurs où se mélangent lainages et soies, des chemises avec de la dentelle, des petites robes très seyantes, des vestes en cuir très souples, de coupe parfaite. Le choix est régulièrement renouvelé, en petite quantité donc pas de risque de se retrouver avec la même tenue que sa voisine de travail ou de table ! Sur place, aussi des accessoires, bijoux, sacs… Et en prime le sourire du Sud et le bon goût de Mercédès.

■ PRUNELLE

3, place du Marché
✆ +41 22 301 25 45
www.prunelle.ch
info@prunelle.ch
Ouvert du mardi au vendredi de 10h à 19h00, le samedi de 10h à 17h et le 1er dimanche du mois.

C'est une boutique de prêt-à-porter femmes, claire, spacieuse, lumineuse où les vêtements sont harmonieusement présentés par coloris avec des marques connues et d'autres un peu moins mais toujours appréciées pour leur originalité et leur qualité comme One Step, Jeans Angels, R95th, Sandwich, Aventures des Toiles (peintures d'artistes reproduites sur tissu), Yaya ou encore Penny Black... Le choix est vaste et d'ailleurs on aime bien aller chez Prunelle avec des copines ou entre mère et fille à partir de 20 ans, car le lieu se prête aux bavardages, aux essayages et l'on prend plaisir à partager ses envies et ses coups de cœur. Il faut dire que Catherine qui tient boutique a vraiment bon goût. Chaque collection amène son lot d'originalité, de modernité dans la continuité d'une ligne de vêtements toujours très agréable à porter, très féminine. Les vêtements peuvent être personnalisés avec les bijoux de la marque Scooter, Art & Kraft ou accessoirisés avec sacs, foulards, ceintures également en vente. Une adresse sympathique au cœur de Carouge.

■ SAM & LUNA

6, rue Ancienne
✆ +41 22 300 09 42
www.samandluna.com
info@samandluna.com
Ouvert lundis et mercredis de 14h à 19h, mardis, jeudis et vendredis de 10h à 19h, et le samedi de 10h à 18h.

Cette boutique de mode est un lieu douillet pour habiller confortablement les enfants de moins de 6 ans et les mamans. Elle est composée de deux étages. On est accueilli chaleureusement dans l'espace destiné aux 0 à 6 ans par la propriétaire, qui nous transmet sa passion pour les belles matières et le savoir-faire scandinave. Les vêtements, très colorés et gais, sont d'une excellente qualité et réalisés à partir de fibres naturelles telles que le coton, le lin et la laine, sans mélange. On apprécie le large choix de vêtements Mérinos bébé et enfant. Le stock est renouvelé en permanence. Les marques représentées sont scandinaves et l'esprit du magasin, spacieux et lumineux, reflète ce choix. On vient de loin pour la douceur des plaids pure laine Roros Tweeds et les authentiques sabots norvégiens, fabriqués entièrement à la main ! Au sous-sol, on découvre un espace dédié à la mode féminine où se mêlent des collections chic et élégantes, des sabots suédois Calou, mais aussi plus décontractée avec des chemises et des tuniques. Et pendant tout le mois de décembre, on se laisse bercer par la magie de noël, en choisissant des décorations faites main aux motifs scandinaves. Des idées pour habiller la maison de manière originale.

■ VOLUPTÉ

50, rue Ancienne
✆ +41 22 300 10 02
mode-volupte@vtx.ch
Prêt à porter et créateurs. Espace Feutres. Ouvert du mardi au vendredi de 11h à 19h et le samedi de 10h à 17h. Ouvert le 1er dimanche du mois.

De la taille 40 à la taille 52, Volupté habille les femmes avant tout en fonction de leur personnalité. Prêt-à-porter et pièces de créateurs sont choisis avec goût pour magnifier les silhouettes et faire des rondeurs un atout de charme. Classique ou tendance, casual ou chic, tous les styles sont ici. Marika Benkze saura vous conseiller et vous proposer des tenues et des accessoires qui vous mettront en valeur. D'autre part, Volupté dispose d'un espace feutres, où elle laisse s'exprimer les talents de Carolina Véliz, feutrière, qui propose de transmettre son art lors de stages. Avis aux doigts de fées !

Panier gourmand

■ 20G VINS RARES

3, rue Roi-Victor-Amé
✆ + 41 78 689 50 50
www.20g.ch
Caviste. Ouvert du lundi au samedi de 10h à 19h et vente en ligne. Vins naturels : entre 15 et 50 CHF. Dégustations le jeudi toute la journée et le samedi jusqu'à 21h. Dégustation privée (10 personnes) : à partir de 50 CHF, sur rendez-vous.

C'est un commerce de grands vins, de vins rares et de prestige, tenu par Gilles Bogaerts, un spécialiste et passionné qui souhaite faire partager son engouement pour l'exception. Après plus de vingt ans de carrière au service d'anciens hommes d'Etat et de grandes fortunes, a ouvert son arcade en parallèle du site Internet déjà existant. Côté grands vins, c'est toujours un moment d'émotion lorsque l'on a devant les yeux un Château-Lafitte, un Petrus, un Romanée-Conti ou un Château Yquem. Plus de 200 références sont à disposition et entre 700 et 800 sur le site Internet et, si certains prix sont inimaginables, on peut trouver un excellent grand vin à prix presque raisonnable. Gilles Bogaerts est aussi un ardent défenseur des vins « nature », ces vins naturels sans aucun soufre ajouté (les vins issus de la biodynamie en contiennent au plus 6 g/l) et ce passionné milite pour une traçabilité totale de ses vins et un excellent rapport qualité/prix : plus de 30 références sont à disposition. Sur place, des dégustations sont proposées tous les jeudis et samedis.

■ CHOCOLATERIE DE L'ARVE

13, place de l'Octroi
✆ +41 22 343 45 00
Chocolatier. Ouvert le lundi de 14h à 18h30, du mardi au vendredi de 8h30 à 12h30 et de 14h à 18h30 et le samedi de 9h30 à 13h.

Chez Yves Gianetti, artisan chocolatier, rien n'endigue la gourmandise. Sur la place de l'Octroi, on découvrira un petit salon de thé classique, doublé d'un charmant jardin carougeois à l'arrière avec trois tables à l'abri du vent. Entreprise familiale installée depuis vingt-cinq ans à Carouge, ce spécialiste du pavé glacé nous les propose dans trois parfums : nature, moka et orange. Assortiment complété par 36 sortes de pralinés différents. Glaces maison en été à en oublier le maillot de bain…

■ BETJEMAN AND BARTON

35, rue Saint-Joseph
✆ +41 22 301 20 30
www.barton.ch
info@barton.ch
Boutique de thés. Ouvert le lundi de 14h à 18h30, le mardi et le jeudi de 9h30 à 12h30 et de 14h à 18h30, le mercredi et le vendredi 9h30 à 18h30 et le samedi de 9h à 17h30. Soirée dégustation (4h) : 70 CHF.

Le temple du thé, sans aucun doute ! Les vitrines changent de décoration au fil du temps et subliment l'assortiment des thés proposés : thés noirs, thés verts et bleu-vert, thés rouges (pu-ehr), thé blanc, de Ceylan, d'Inde, de Chine, de Formose, du Japon, du Rwanda... Certains noms sont des évocations merveilleuses : « Le Gentleman à Deauville », « C'est une belle histoire », « Wulong Shui Tsien de M. Lin », « le Thé des Amours » ou encore le Hanami, pour un thé glacé d'été. Cent trente thés différents que l'on peut apprivoiser lors des deux dégustations annuelles d'une vingtaine de thés dans les règles de l'Art du Thé. Une longue soirée de dégustation ponctuée de délicieuses bouchées. Une belle initiation ! Et depuis 2007, Véronique Gallais, avec la complicité de Dominique Ryser (fromager des Halles de Rive), propose des soirées «Accords fromages et thés», pour montrer que leur mariage n'est pas de raison mais bien de réel plaisir. La charmante et chaleureuse boutique décline sirops, confitures, caramel au beurre salé, miel, bonbons, théières des quatre coins du monde et mille petits objets qui tournent autour du thé. L'accueil y est chaleureux et souriant. Un marchand de thé d'exception !

FINE & MORE

15, place du Marché ✆ + 41 22 300 68 58
www.fine-and-more.com
info@fine-and-more.com
Ouvert du mardi au vendredi de 10h à 19h et le samedi de 9h30 à 17h.
Cette boutique de Carouge vend au débit des huiles d'olive, de noix, de graines, de vinaigres... liqueurs fruitées et originales, de spiritueux d'ici et d'ailleurs ainsi qu'un large choix de whiskys. Vous choisissez votre bouteille, qui sera remplie avec les délicieuses spécialités Fine & More, et si vous le souhaitez, personnalisée par une écriture à main levée. Plaisir d'offrir...ou simplement se faire plaisir.

HISTOIRE DE VINS

35, rue Saint-Joseph
✆ +41 22 301 25 48
Ouvert du mardi au vendredi de 9h30 à 12h30 et de 14h à 19h, le samedi de 9h30 à 18h.
La réplique d'une cave qu'on aimerait bien avoir chez soi, avec un large choix de vins suisses, du champagne et des bordeaux. Synonyme d'art de vivre et convivialité, un bon vin est indispensable pour accompagner une bonne table, vous ne repartirez sûrement pas sans un bon conseil de Michel et/ou une bonne bouteille. Des petites idées de cadeaux pour les amateurs du breuvage. Un lieu paisible où l'on aime prendre son temps. Possibilité d'organiser des dégustations sur rendez-vous.

MADEMOISELLE ZIZOU

Place du Marché
www.mllezizou.ch
Vente en ligne sur le site Internet ou sur les marchés. Le vendredi matin à la plaine de Plainpalais, et le samedi matin au marché de Carouge.
C'est la chocolatière des marchés. Elle propose à l'étal ses truffes fraîches et ses chocolats en poudre maison (pour de divins chocolats chauds), mais aussi des cakes, des biscuits, des jus de fruits du Valais... Une belle dose de bonne humeur et de gourmandise sur les marchés de pays.

MARTEL

8, rue du Marché
✆ +41 22 342 00 45
Voir page 313.

MIZZICA

5, rue du Pont-Neuf
✆ +41 22 321 24 78
www.mizzicaepicerie.com
info@mizzicaepicerie.com
Produits italiens. Ouvert le mardi, jeudi et vendredi de 9h à 20h, le mercredi de 9h à 18h30 et le samedi de 9h à 17h.
Devant le succès de son concept et la qualité de ses produits siciliens, Mizzica (Mince alors !) a traversé la rue pour s'agrandir et proposer un espace plus vaste avec un coin café, apéros et petite restauration. L'espace épicerie fine propose toujours des produits artisanaux directement importés de Sicile. Dans un décor de vert olive et de bois, Giuseppe et Pierangela nous font découvrir avec le sourire les délices de leur île, provenant de la terre ou de la mer. Filets de thon ou d'espadon, sauces traditionnelles diverses, grande variété de pâtés, aux olives, aux câpres ou aux piments, huile d'olive extra-vierge, vins bio... Sans oublier les chocolats, biscuits et autres crèmes d'amandes. Un petit espace dégustation permet de goûter à quelques-unes des saveurs cachées dans les bocaux. Les différentes spécialités siciliennes faites maison à emporter ou à déguster sur place, comme les *arancini*, la *caponata* ou encore les *cannoli* sont délicieuses. Un bel endroit apprécié.

PHILIPPE PASCOET CHOCOLATIER

12 rue Saint-Joseph
✆ +41 22 301 20 58
www.philippe-pascoet.ch
Chocolatier. Ouvert le lundi de 13h à 18h, du mardi au vendredi de 10h30 à 19h, et le samedi de 10h à 17h45. De 100 à 125 CHF le kilo de chocolats. Expédition possible.
Ce maître-chocolatier d'origine bretonne qui accumule les prix et les distinctions s'est installé en Suisse au milieu des années 2000, avec une première boutique à Carouge. Le talentueux Philippe Pascoët étonne nos papilles et transcende le chocolat de notes aromatiques, osant l'alliance avec le romarin, la sauge, le basilic, la menthe, la coriandre ; s'invitent aussi à la fête la tendre noix de coco, le chaleureux safran.... En bonbons ou en tablette, noir ou au lait, on a le choix des saveurs. Et pour les amateurs du fameux moelleux au cœur fondant de chocolat, six nouvelles saveurs : passion, pistache, cassis, praliné-noisette, ganache au thé et caramel à la fleur de sel !

▸ **Autres adresses :** Bon Génie – 34 rue du Marché – 1204 Genève – Tél. +41 22 818 11 40 • Passage des Lions – 5 rue de la Confédération – Genève – Tél. +41 22 810 07 15

ROHR

La Praille, Centre Commercial
et de Loisirs
10, route des Jeunes
✆ +41 22 301 56 06
Voir page 314.

WOLFISBERG

5, place du Temple
✆ +41 22 342 32 19
Voir page 314.

Sport

CACTUS SPORTS

4-6, rue du Pont-Neuf
✆ +41 22 300 30 01
www.cactus-sports.ch
Ouvert du lundi au vendredi de 9h à 19h et le samedi de 10h à 16h.
Passionnés d'alpinisme, de randonnée ou de varappe ? Rendez-vous chez Bernard Wietslisbach. Son accueil personnalisé et ses précieux conseils ne déçoivent pas, avec de bonnes affaires en prime. Il vend des cordes, des sacs à dos, des tentes de camping ou de trekking, des mousquetons, des sweat-shirts, des raquettes. Il fabrique des sacs de montagne et des habits sur mesure, sans parler du service réparation : coutures, rivets, qui n'ont plus de secret pour le Cactus. On peut également louer du matériel juste à côté, au numéro 6.

LOCASKI

M-Parc
34, avenue Vibert
✆ +41 22 307 29 80
www.locaski.ch
locaski@gmge.migros.ch
Prendre à gauche quand on arrive
sur le parking M-Parc.
Ouvert d'octobre à fin avril, du lundi au mercredi de 8h30 à 19h, le jeudi et le vendredi de 8h30 à 19h30 (21h d'octobre à décembre) et le samedi de 8h à 18h.
Dans ce magasin de Migros, on trouve tout le matériel de ski alpin, randonnée, telemark, free style, free ride, ski de fond, snowboard ou encore luges, patins de loisirs ou de hockey sur glace, toute la glisse à disposition. La location-vente est également possible pour tout le matériel neuf loué à la saison. Une grande gamme d'accessoires est aussi proposée : casques, masques, gants, bâtons, ARVA, divers sacs à dos, à chaussures, de voyage ainsi que produits de fartage et services d'entretien de votre matériel personnel. Près de 30 000 articles sont proposés à la location journalière, pour un week-end, une semaine ou même une saison si besoin. Les prix sont dégressifs et très abordables.

NEW CONCEPT SPORTS

4, Rue du Pont-Neuf
✆ +41 22 342 03 33
www.ncsports.ch
info@ncsports.ch
Boutique running et nordic walking. Ouvert de mardi à vendredi de 10H à 18h30. Samedi de 9h à 17h.
Également présente à Epalinges et Sion, cette boutique appartient à Pierre Morath, coureur de fond et entraineur réputé dans le monde de l'athlétisme. Fort de son expérience dans le domaine de la podologie, le technicien qui s'occupe de vous vous prend en charge de manière personnalisée, afin d'analyser votre pied de manière statique (podoscopie), mais aussi dynamique, en vous filmant sur vos appuis. Que vous soyez coureur, traileur ou *nordic walker*, il est judicieux de prendre conseil auprès de ces passionnés, lesquels sauront répondre à vos questions sur le matériel, mais vous aideront également à vous entraîner. Belle boutique carougeoise, très bien placée, juste devant l'arrêt de tram Armes.

SOLD

50, avenue Cardinal-Mermillod
✆ +41 22 301 80 71
www.sold-sports.ch
Vélos. Ouvert du mardi au vendredi de 10h30 à 18h30, le samedi de 10h à 17h.
Des vélos en tout genre, ville, électrique, sur mesure, neufs, occasions, dépôt-vente et même des trotinettes.

▸ **Autre adresse :** 27, rue du Grand Pré – 1202 Genève – Tél. +41 22 734 39 00.

Retrouvez le sommaire en début de guide

Les environs de Genève

Après avoir découvert et apprécié les charmes de Genève et ses quartiers, rien de tel qu'une escapade dans ses environs. Au fil de cette rubrique quelques-unes des meilleures adresses des quarante-cinq communes du canton de Genève (excepté Carouge, traitée précédemment dans le guide) à moins de 10 km du centre-ville. Parmi elles, la charmante commune de Cologny, la petite cité médiévale d'Hermance, Dardagny, célèbre pour ses domaines viticoles, Bardonnex, dont la commanderie de Compesières a fait la renommée, ou encore Bellevue et Genthod, deux communes principalement résidentielles, jouissant d'une superbe vue sur le lac Léman. Toutefois, nombre de communes répertoriées ne présentent que peu d'intérêts touristiques. Ainsi, alors que Meyrin mérite un détour culturel, pour visiter le CERN (voir notre article dans Genève) ou pour se rendre au Forum Meyrin par exemple, son panorama urbanistique, constitué d'immeubles bétonnés et de réseaux routiers omniprésents, risque d'en décevoir plus d'un. Il en va de même pour Thônex, Chêne-Bourg et Chêne-Bougeries, trois communes situées à 20 minutes environ du centre-ville qui, outre quelques bonnes adresses pour se restaurer, constituent avant tout une voie d'accès à la frontière française toute proche, une étape au cours de votre voyage, plutôt qu'une destination.

Pour vous guider dans votre découverte des environs agricoles et viticoles de Genève, pensez à la carte Le Campagnon, coréalisé par espace-terroir.ch et l'OPAGE (Office de promotion des produits agricoles de Genève). Découvrez également la toute nouvelle balade viticole, composée de trois itinéraires, jalonnés de bornes explicatives présentant les variétés de cépages genevois. L'itinéraire « Rive Droite » traverse Satigny, plus grande commune viticole de Suisse, et offre une vue exceptionnelle sur le Salève. La balade « Entre Arve et Rhône » vous plonge au cœur de la région « Champagne » où de nombreux restaurants proposent des produits locaux. Pour finir, l'itinéraire « Entre Arve et Lac » parcourt la rive gauche du Rhône et ses charmants villages historiques

AIRE-LA-VILLE

Limitrophe de Satigny, Bernex, Cartigny et Russin, Aire-la-Ville est une commune tranquille, proche du barrage de Verbois, exploité par les Services industriels de la ville de Genève, mais aussi lieu d'accostage des bateaux de la «croisière du Rhône» de Swissboat. De sympathiques balades au cœur de la campagne genevoise peuvent être envisagées dans cette commune, qui comporte également un charmant bistrot, le Café du Levant.

Nouveauté ; une balade viticole de 70 km !

Déployée sur plus de 70 km, la balade se compose de 3 itinéraires pédestres qui traversent 23 communes du canton de Genève. Elle invite le promeneur à admirer les panoramas imprenables de la campagne genevoise, à apprécier les richesses du patrimoine viticole et à savourer la diversité des produits du terroir. 67 bornes explicatives ont été érigées le long des chemins balisés. Elles présentent, en français, en anglais et en allemand, les principaux cépages du vignoble genevois et leurs caractéristiques. Le voyage œnologique peut aussi se découvrir sur le réseau de SuisseMobile et sur l'application pour smartphone (iPhone et Android) « Terroir », prévus pour fournir au randonneur des informations complémentaires telles que la présence de gites, de restaurateurs, de viticulteurs et d'agriculteurs tout au long de sa promenade.

Pour en savoir plus : www.geneveterroir.ch

Se restaurer

Bonnes tables

CAFÉ DU LEVANT
53, rue du Vieux-Four ✆ +41 22 757 71 50
www.cafedulevant.ch
contact@cafedulevant.ch
Fermé dimanche et lundi. Plat du jour : 20 CHF. Formule du jour (plat avec entrée ou dessert) : 30 CHF. Menu du jour : 40 CHF. Menu : à partir de 64 CHF. Menu «Bonne conduite» à partir de 76 CHF. Menu « accord mets et vins » à partir de 90 CHF. Grand parking à disposition. Terrasse en été.
Le Café du Levant est un charmant bistrot de campagne, situé dans le cadre bucolique du petit village d'Aire-la-Ville, à proximité de Satigny. Le décor est soigné, lumineux avec une belle véranda, une terrasse en été et un service attentionné. Le chef, Stéphane Taffonneau, offre à nos papilles le meilleur de sa cuisine. La carte est renouvelée toutes les six semaines, au fil des des saisons et fait la part belle aux produits du terroir comme la longeole, la farine genevoise, le vacherin Mont d'Or. Les producteurs locaux ne sont pas oubliés avec par exemple les huiles d'Aire-la-Ville de V.et C. Bosson. Les crus au verre nous invitent à découvrir les meilleurs vins genevois, comme les domaines Grand'Cour ou Sophie Dugerdil… mais aussi de subtils vins de Loire (région d'origine de Stéphane). Les plats du menu du jour sont élaborés selon les produits frais de saison. Et les menus «accords mets et vins» font la part belle aux suggestions du moment, comme le menu truffe de mi-janvier à début mars ou bien la fantaisie de homard en période soleil ! Pour les gourmands, ardoise de fromages de la région, raisins et mendiants, et la douceur gourmande inspirée au chef par la saison. Des suggestions ? Déclinaison de pêches de Russin, sablé breton, tartare et sorbet ou bien giboulées de cerises burlat, mousseline légère et tuiles croustillantes… Une belle adresse futée pour les gastronomes en escapade dans le vignoble !

ANIÈRES

Bordée par le lac, Anières est une charmante commune genevoise, proche d'Hermance, de Corsier et de la France voisine. Elle comprend le village d'Anières et deux hameaux, Chevrens et Bassy. La commune est un lieu idéal pour une escapade gourmande à *L'Auberge de Floris,* ou pour une virée viticole au domaine des Champs-Lingot.

DOMAINE DES CHAMPS-LINGOT
158-160, route de Chevrens
✆ +41 22 751 07 25
www.champs-lingot.ch
domaine.des.champs.lingot@gmail.com
Cave ouverte tous les samedis et du lundi au vendredi sur rendez-vous.
Claude-Alain Chollet est passionné par sa vigne, et ses vins le lui rendent bien. Il produit aussi bien du chasselas et du viognier qu'un intéressant assemblage de chardonnay et de sauvignon, le chardvignon. Le rouge et le rosé sont également à l'honneur avec du gamay, du pinot noir et l'assemblage lingot noir. Egalement un vin doux, les Larmes de Bacchus.

Carte des communes du canton de Genève

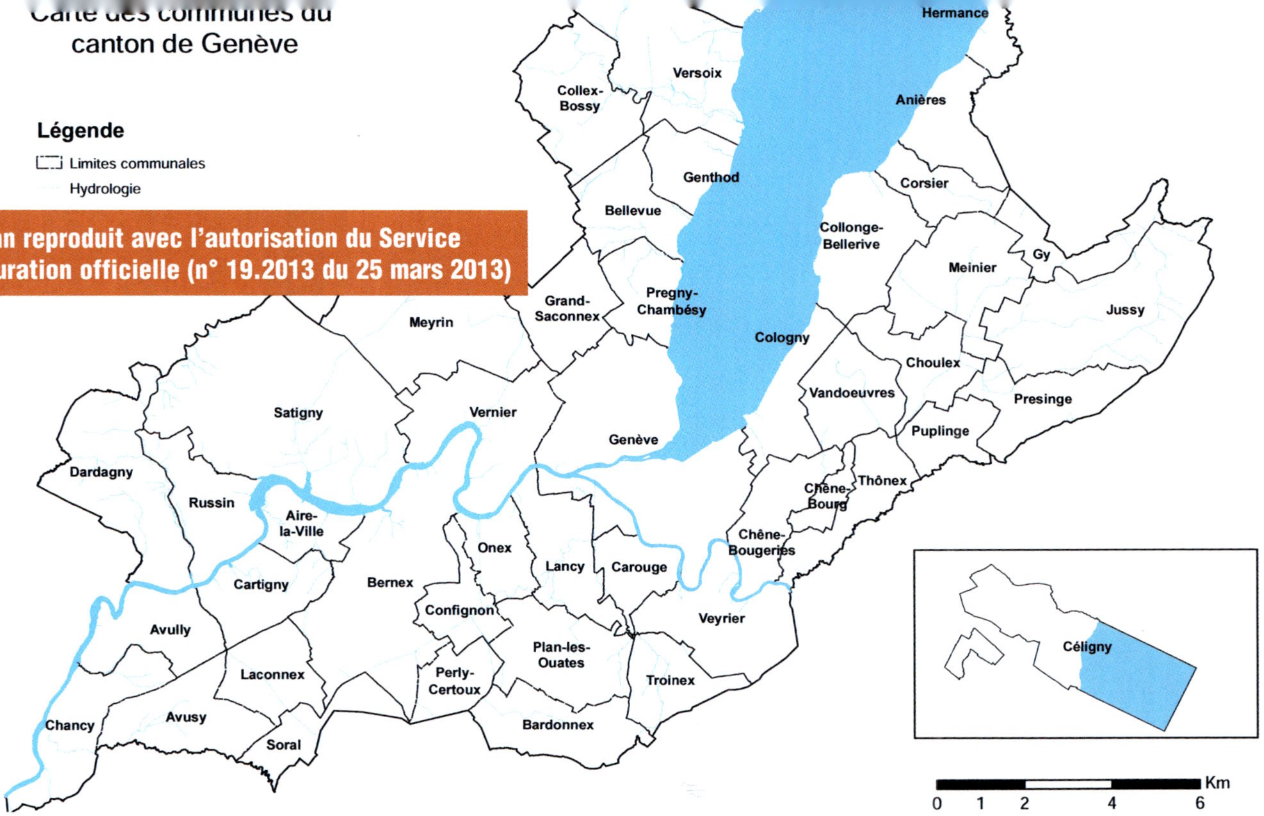

Fond de plan reproduit avec l'autorisation du Service de la mensuration officielle (n° 19.2013 du 25 mars 2013)

A la découverte de la campagne et du terroir agricole et viticole genevois !

Une campagne genevoise préservée grâce à la mobilisation des acteurs du monde agricole. Avec l'OPAGE (Office de la Promotion des Produits Agricoles de Genève), une fondation créée en 1995 et soutenue par l'Etat de Genève, les acteurs et les défenseurs d'une production agricole de qualité, issue du terroir genevois, mènent une campagne active pour valoriser auprès des consommateurs les produits viticoles, maraîchers, fruitiers et floraux caractéristiques de ce canton. La Maison du Terroir (située à Bernex/Lully, au cœur du vignoble de l'Etat de Genève) organise toute l'année des cours d'initiation à l'œnologie et de découverte des produits genevois. L'application gratuite «Genève Terroir» permet de s'informer sur l'agriculture genevoise, son actualité et ses principaux évènements dans l'année ; et de situer les producteurs qui pratiquent la vente directe, les restaurateurs et hôteliers du label «Ambassadeur du Terroir Genevois», un répertoire des chambres d'hôtes et des balades dans la campagne genevoise. Des évènements sont organisés toute l'année dans le canton : Caves Ouvertes, Fête de la tomate à Carouge, Fête des vendanges à Russin, Saint-Martin à Peissy... L'OPAGE coproduit également, avec espace-terroir.ch, la carte touristique (gratuite) de la campagne genevoise, « Le Campagnon » : les fermes à visiter, les gîtes, chambres et tables d'hôtes, les cafés et restaurants du terroir genevois, les parcours Vita, des suggestions de balades... Elle est disponible dans les agences de Genève Tourisme & Congrès, des TPG, de la Banque Cantonale de Genève, ainsi que dans les mairies du canton genevois et de la Maison du Terroir (OPAGE). Pour découvrir les trésors du terroir genevois et le tourisme de proximité !
Renseignements : OPAGE et Maison du Terroir – 93, route de Soral – 1233 Bernex/Lully – Tél : +41 22 388 71 55 – terroir@opage.ch – www.opage.ch – www.campagnon.ch – www.geneve-tourisme.ch

■ LE FLORIS

287, route d'Hermance
✆ +41 22 751 20 20
www.lefloris.com
resa@lefloris.com
Ouvert du mardi au samedi, midi et soir. Carte : 75 CHF.

Le Floris dispose d'un côté gastronomique et d'un côté bistrot, où les prix sont beaucoup plus abordables, ce qui permet de se délecter de la merveilleuse cuisine de Claude Legras sans se ruiner. Les tables sont celles des cafés traditionnels en bois, avec un dressage décontracté. En été, c'est sur la terrasse, avec une vue magnifique sur le Léman et le massif du Jura au loin, que l'on déguste cette cuisine délicate. Le soir, romantisme garanti ! L'art culinaire de Claude Legras émerveille autant par son esthétique que par le raffinement de ses mets. Les fleurs de courgettes farcies, la chartreuse de tomates et tartare de thon rivalisent de beauté et de saveurs avec les gambas et calamars aux artichauts, ou les sot-l'y-laisse aux fèves fraîches, et la tarte aux fraises et au chocolat le dispute à la crème brûlée avec sa brioche Saint-Genis. On atteint ici une dimension artistique dans l'assiette qui fait de ce moment culinaire une véritable expérience gastronomique, même côté bistrot !

■ LE FLORIS GASTRONOMIQUE

287, route d'Hermance
✆ +41 22 751 20 20
www.lefloris.com
resa@lefloris.com
Restaurant gastronomique. Cuisine française. Ouvert du mardi au samedi midi et soir. Menu gourmand : 100 CHF. Menu végétarien : 110 CHF. Menu plaisir : 149 CHF. Menu émotion 220 CHF. Service traiteur.

A un petit quart d'heure du centre-ville, dans le charmant village d'Anières, une belle bâtisse villageoise sert d'écrin aux créations culinaires du meilleur ouvrier de France, Claude Legras, lequel nous étonne chaque année avec de nouvelles recettes. Un lieu magique où rien n'est laissé au hasard. La carte est inventive, raffinée et renouvelée au fil des saisons. Quatre menus autant créatifs que différents sauront ravir les plus exigeants, et combleront même les végétariens. Pour une version bistrot plus abordable on ira au Floris, côté bistrot, avec la même vue sur le lac.

AVULLY

Située juste à côté de La Plaine, accessible par le train toutes les 20 minutes depuis Genève, Avully regorge de magnifiques balades, entre forêts et Rhône, entre champs et vignes. On peut également s'y rendre à pied depuis la gare et profiter des paysages bucoliques. L'occasion de faire connaissance avec ses producteurs de vins, comme par exemple le Domaine de la Printanière, situé en bordure de la Route d'Avully.

■ DOMAINE DE LA PRINTANIERE

104, route d'Avully
✆ +41 22 756 25 22
www.la-printaniere.ch
la-printaniere@bluewin.ch
On repère facilement cette cave grâce à sa vache rose située juste devant, lorsque l'on passe en bordure du Rhône à la limite de la rive droite et de la rive gauche sur la commune d'Avully. Le domaine est exploité par Céline & Laurent Dugerdil, Frédérik Serdaly (compagnon de Céline) et leur chef de culture José Vasquez. Leur production s'étend sur trois communes : Avully, Dardagny et Choully. Ils y cultivent treize cépages dans le respect de l'environnement (production intégrée). Depuis quelques années, leur philosophie a rejoint l'école de la biodynamie, et ils l'appliquent sur certaines de leurs parcelles. Leur carte est donc très diversifiée, avec des noms aussi variés que les traditionnels monocépages (chasselas, pinots blanc, gris, noir, gamay, merlot...), mais aussi des assemblages avec des noms aussi sympatiques que le «Sybillus», le Rassembleur», le «Camerlot»... et même le «Gridou» (vin doux) et le «Barjak» (mousseux). Une belle équipe, des beaux projets.

BELLEVUE

Le village de Bellevue, enserré entre une ville, un lac et une frontière, offre une campagne généreuse aux promeneurs. Que ce soit dans les Bois d'Avault ou les méandres secrets du Gobé, vous ne manquerez pas de vous émerveiller devant le Mont-Blanc dans cette charmante ville.

Se loger

■ LA RÉSERVE*****

Le Spa
301, route de Lausanne
Hôtel La Réserve
✆ +41 22 959 59 59
www.lareserve.ch
info@lareserve.ch
De Genève, prendre la route du lac vers Lausanne. Au feu indiquant Palexpo, Arena et Tuileries, prendre à gauche, et l'entrée de l'hôtel est la première à droite.
85 chambres, de 550 à 990 CHF, et 17 suites de 1 120 à 7 500 CHF (selon catégorie et période). Promotion en week-end pendant l'année. Parking sur place.
A deux pas du lac, nous voici dans une véritable réserve de luxe refaite par Jacques Garcia. Les chambres, toutes différentes, donnent sur le lac, la piscine ou le parc. Les enfants ont, eux, droit à leur Petite Réserve : une garderie pleine de jeux et avec une véritable cabane de Robinson perchée dans les arbres. Pour déjeuner ou dîner, Le Loti fait partie des très bonnes tables genevoises ainsi que le Tsé Fung, réputé pour sa cuisine asiatique si l'on veut vraiment jouer la carte de l'évasion... On se repose ensuite au bar lounge ou dans la bibliothèque où de nombreux ouvrages d'art et des ordinateurs sont mis à notre disposition, sans oublier le Spa. L'hôtel est également doté d'un port privé pour prendre de Genève le bateau de l'hôtel à disposition.

La bière Calvinus, brassée par les frères Papinot, est une bière artisanale bio non filtrée..

Se restaurer

■ LE CADRAN SOLAIRE

Country Club de Genève
47, route de Collex
✆ +41 22 959 79 00
www.countryclubgeneva.ch
restauration@countryclubgeneva.ch
Ouvert 7j/7 de 8h à 22h du lundi au vendredi, de 9h à 21h le week-end. Entrée dès 25 CHF, plats dès 30 CHF.

Une cuisine d'inspiration méditerranéenne pour ce restaurant tout clair et joliment décoré design. Les plats sont magnifiquement présentés, et leur saveur à la hauteur de leur présentation. Tartare de saumon aux petits légumes, raviolis à la roquette et tartare de veau aux artichauts, croustillant de loup de mer aux olives, coquelet Al mattone ou encore *stracciatella* de mascarpone aux abricots tièdes, voici une carte des plus séduisantes pour vos papilles. Très couru pour les repas d'affaires, il est donc conseillé de réserver.

■ KUTCHI

325, route de Lausanne
✆ +41 22 774 01 00
www.kutchi.ch
contact@kutchi.ch
Cuisine afghane. Ouvert du mardi au vendredi midi et soir, et le samedi soir. 3 plats du jour : 17 CHF, 20 CHF et 23 CHF. Menu Kutchi (assiette de dégustation) : 45 CHF. Carte : 45 CHF.

Un nom qui veut dire « nomade » en dari, l'une des langues de l'Afghanistan. Et, effectivement, la cuisine n'a rien de sédentaire ici ! C'est déjà une balade hors de la ville qui nous entraîne en voyage vers les saveurs de l'Orient. Inde et Iran sont aussi sur la route des mets raffinés à apprécier dans un décor élégant de tables basses et de mobilier traditionnel. Mélange de parfums et d'épices exotiques à essayer grâce au menu Kutchi, une expédition culinaire à prix tout doux.

■ LE LOTI

Hôtel La Réserve
301, route de Lausanne
✆ +41 22 959 59 59
www.lareserve.ch
infogeneve@lareserve.ch
Cuisine française et méditerranéenne. Ouvert 7j/7. A partir de 12 personnes, menus de 100 CHF à 170 CHF. Carte : 100 CHF. Parking privé. Accès facilité pour les personnes handicapées.

Bambou, taffetas, cuivre, boiseries, cheminée en fer forgé, les couleurs profondes et naturelles constituent un cadre splendide pour ce restaurant de la Réserve avec vue sur le Léman. « Simplicité des goûts et excellence des produits » est le slogan du chef, qui propose carré d'agneau du Limousin, purée à l'huile d'olive de la terre Bormane, poisson du lac selon la pêche, risotto aux truffes, aux cèpes et ricotta selon les saisons et, pour les desserts, un délicieux fondant au chocolat, un véritable baba au rhum ou une tarte fine. Repos et délices du palais valent largement le détour.

■ TSE FUNG

Hôtel La Réserve
301, route de Lausanne
✆ +41 22 959 58 88
Cuisine chinoise. Ouvert tous les jours de midi à 15h et de 19h à 23h. Menus de 90 CHF à 160 CHF. Carte : 90 CHF.

A l'instar de La Réserve dont il est l'un des restaurants, le Tsé Fung allie luxe, design et élégance dans un décor de bois précieux et de laque vermeil qui invite à l'évasion. La carte est un véritable voyage culinaire avec des mets fins et créatifs qui font honneur à la gastronomie chinoise. Soupe de papaye aux fruits de mer, filets de lotte à la sauce aigre-douce ou homard frais au gingembre et ciboulette chinoise sont les synthèses réussies d'un art culinaire ancestral, de produits d'excellence et d'une modernité rare.

À voir – À faire

■ PARC D'ACCUEIL PIERRE CHALLANDES

33, route de Valavran
✆ +41 22 774 38 08
www.parc-challandes.ch
info@parc-challandes.ch
Ouvert 7j/7 de 9h à midi. Entrée gratuite pour la première visite, ensuite il faut être membre (30 CHF par an).

C'est un véritable amoureux des bêtes qui recueille les animaux dont on ne peut plus s'occuper ou les blessés, abandonnés, perdus. Près de 75 mammifères et 200 oiseaux : lynx, servals, léopards, pumas, singes, sangliers, chats du Bengale, paons, perroquets, chouette hulotte…

Le but pour Pierre Challandes est de leur faire retrouver le chemin de la liberté lorsque c'est possible.

Sports – Détente – Loisirs

■ ESPACE SANTÉ

1A, chemin des Limites
✆ +41 22 959 70 70
www.espace-sante-bellevue.ch
info@espace-sante-bellevue.ch
Centre de bien-être. Ouvert du lundi au vendredi de 7h à 22h, le samedi de 9h à 14h et le dimanche de 10h à 14h.

Il s'agit d'un centre de santé où quantité de spécialistes en tous genres œuvrent afin de nous aider à garder ou à retrouver la forme. On peut aussi bien faire de l'exercice collectivement ou avec un coach, se prélasser au hammam, au sauna, se faire masser, se faire conseiller par une diététicienne-nutritionniste ou encore faire de la rééducation auprès de physiothérapeutes diplômés. Evidemment, l'espace est parfaitement équipé. On l'aura compris, avec Espace Santé, on n'a plus aucune excuse pour ne pas être au meilleur de ses capacités !

■ LA RÉSERVE

Le Spa
301, route de Lausanne
Hôtel La Réserve ✆ +41 22 959 59 59
www.lareserve.ch – info@lareserve.ch
De Genève, prendre la route du lac vers Lausanne. Au feu indiquant Palexpo, Arena et Tuileries, prendre à gauche, et l'entrée de l'hôtel est la première à droite.
Spa. Ouvert de 6h à 22h, soins de 8h30 à 20h.

Dans ce Spa luxueux décoré par Jacques Garcia, les soins sont de véritables invitations au voyage : Bali, Java, Brésil ou même la Suisse, grâce aux soins Cinq Mondes et La Prairie. Pour profiter pleinement de ce lieu de détente et de dépaysement, la Réserve propose des soins combinés avec massage, gommage et enveloppement, ainsi que différents forfaits pour la journée ou même pour le week-end. L'évasion commence depuis le centre-ville avec le bateau gracieux qui nous y mène sur demande… Une garderie accueille les enfants et on peut faire un déjeuner léger sur place.

BERNEX

La commune de Bernex est située à l'ouest de la ville de Genève. Le village compte près de 6 000 habitants. Outre le village, la commune contient les villages de Lully, Sézenove, Chèvres, et Loëx. La majeure partie du territoire communal est dédié à l'agriculture.

Se restaurer

■ LES CURIADES

Lully-Bernex
10, route du Vieux-Lully
✆ +41 22 757 40 40
www.restaurantlescuriades.ch
info@restaurantlescuriades.ch
Cuisine du terroir. Ouvert du mardi au samedi midi et soir. Plat du jour : 19,50 CHF. Menu de la semaine à 32 CHF avec 3 plats. Menu « Terroir » : 48 CHF et menu « Curiades » : 61 CHF. Menu enfant : 19 CHF. Carte : 70 CHF. Parking.

Le chef Pascal Cloetens propose de délicieux menus aux saveurs du terroir. Sauces expressives, cuissons surveillées, touches d'originalité et des recettes qui plaisent ! Et, pour accompagner : les superbes vins du domaine des Curiades ! Le chardonnay Passerillé est le plus indiqué avec la tarte aux pommes des gastronomes. Chaque troisième samedi du mois, une soirée à thème est organisée – à l'automne, ne manquez pas les soirées consacrées aux produits de la chasse – et en été, une jolie terrasse ombragée est à votre disposition. Il vous est également possible de jouer à l'apprenti cuisinier en participant aux cours de cuisine privés, et en invitant vos amis à votre table, dans le petit salon par exemple.

■ LE RESTAURANT DU VILLAGE

242, rue de Bernex ✆ +41 22 757 12 28
Ouvert du mercredi au dimanche de 11h45 à 14h30 et de 18h45 à 23h, attention dernière commande à 21h30 ! Plat du jour : 18 CHF. Carte : 50 CHF. Menu : 72 CHF.

Dans un cadre très modeste, une savoureuse cuisine est servie au Restaurant du village. La carte est réduite, pour les plats principaux, quasiment à deux mets de poisson et quatre de viande, mais ces plats sont succulents. Le filet de bœuf, garni de moelle, est fondant et merveilleux avec sa sauce au vin et à l'échalotte. Le dos de cabillaud cuit sur peau avec sa compotée de légumes provençaux est un pur régal. Les entrées sont soignées et de saison, ainsi découvrira-t-on aux beaux jours, un sublime gaspacho aux écrevisses et une terrine d'aubergine à la menthe fraîche accompagnée d'une vinaigrette de tomates. Le sabayon glacé à l'eau-de-vie d'abricots est gourmand à souhait et le fondant au chocolat noir et café avec sa crème vanille ressemble plus à une mousse au chocolat qu'à un gâteau. Le restaurant dispose d'une agréable terrasse en été.

À voir – À faire

MAISON DU TERROIR
Lully-Bernex
93 route de Soral
✆ +41 22 388 71 55
www.geneveterroir.ch
info@opage.ch
La Maison du Terroir est nichée au cœur du vignoble de l'Etat de Genève. L'OPAGE (Office de Promotion des produits agricoles de Genève) y organise toute l'année, plusieurs sessions de cours d'initiation à la dégustation de vin et des soirées de découverte des produits du terroir, animées par des producteurs. Une application «Genève Terroir», astucieuse et gratuite, a été créée pour Smartphone.
Elle permet de repérer les quelques 200 producteurs sur le canton qui pratiquent la vente directe ou les marchés à la ferme, mais aussi, les restaurants labellisés « Ambassadeur du Terroir », des chambres d'hôtes et des balades dans la campagne genevoise avec notamment les trois balades viticoles inaugurées en 2013 ! Enfin, de nombreuses manifestations sont organisées dans le canton : la journée Caves ouvertes en mai, la Fête de la tomate à Carouge en juillet, la Fête des vendanges de Russin en septembre ou encore la St-Martin à Peissy en novembre. De belles occasions d'aller à la rencontre des producteurs genevois et de déguster leurs produits !

Shopping

DOMAINE DES CURIADES
49, chemin des Curiades
✆ +41 22 757 28 15
www.curiades.ch
info@curiades.ch
Ouvert le lundi, le mardi, le jeudi, le vendredi de 9h à 11h et de 16h30 à 18h30 ; le samedi de 8h à 11h. Fermé le mercredi.
Dans ce domaine on produit treize vins différents avec onze cépages. Il faut absolument goûter le Marquis de Coudrée, rouge AOC Côteau de Lully 1er cru, assemblage de merlot et de cabernet, magnifique sur un coq au vin ou un plat de gibier en sauce, ou encore L'Esprit de Genève, assemblage de gamay et de gamaret, sans oublier leur nouveauté, un rouge liquoreux élevé en barrique, L'Essentiel.

CÉLIGNY

A un peu plus de 18 kilomètres de Genève, sur la rive droite du lac, la commune de Céligny est formée de deux parties enclavées sur le canton de Vaud, si bien que beaucoup de gens le prennent pour un village vaudois.

CHÊNE-BOUGERIES

Chêne-Bougeries est une commune du canton de Genève, qui englobe plusieurs quartiers à la périphérie est de la ville de Genève.

Un grand centre de marques

A Aubonne, près de Lausanne, le centre OUTLET AUBONNE propose, dans une cinquantaine de boutiques, les principales marques de mode, de vêtements et équipements de sport, de bijoux ou d'articles ménagers. Un très bon plan !

OUTLET AUBONNE
CH-1170
Chemin d'Es-Bons 14
✆ +41 58 853 75 20
www.outlet-aubonne.ch
outlet.aubonne@ikea.com
Ouvert du lundi au mercredi de 10h à 19h, le jeudi et vendredi de 10h à 21h et le samedi de 9h à 18h.
OUTLET AUBONNE a ouvert ses portes en 2007 et est le plus grand centre de marques de Suisse romande, idéalement situé entre Genève et Lausanne. 40 boutiques proposent un grand choix d'articles de mode, de vêtements et équipements de sport, de bijoux ou encore d'articles ménagers.

3alade viticole

rois itinéraires pédestres pour partir
la découverte du terroir genevois

78 km de balades
68 bornes d'information sur la viticulture
3 tables panoramiques

NTRE
RVE ET LAC

BALADE VITICOLE
ENTRE
ARVE ET RHÔNE

BALADE VITICOLE
RIVE
DROITE

Application smartphone:
GE Terroir
Sites internet:
www.suissemobile.ch
www.geneveterroir.ch

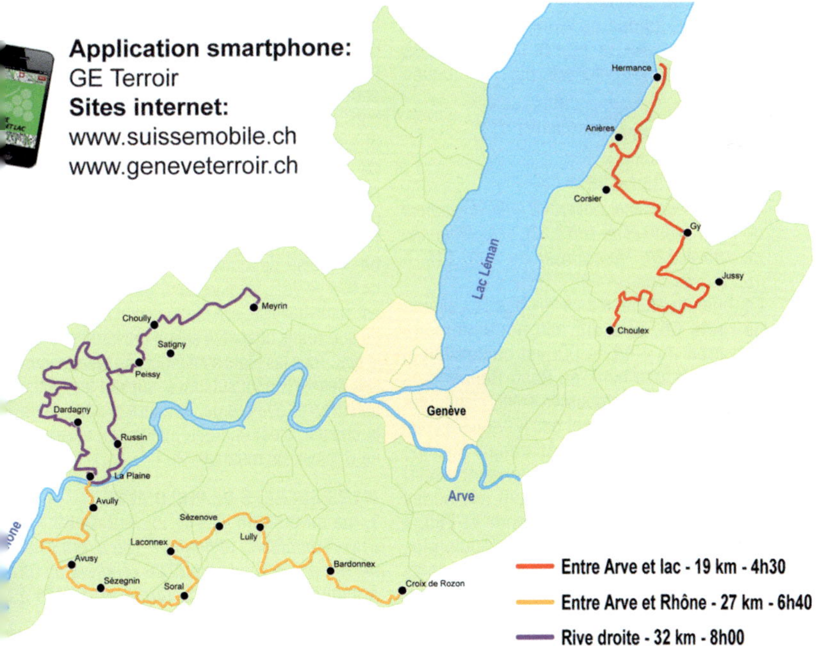

LE GRUYÉRIEN

2, rue de Chêne-Bougeries
✆ +41 22 349 10 12
www.le-gruyerien.ch
info@le-gruyerien.ch
Spécialités fribourgeoises. Ouvert tous les jours sauf lundi midi et dimanche midi. Fondues entre 24 CHF et 26 CHF, avec champagne : 38 CHF. Carte : 50 CHF.

Le Gruyérien est, comme son nom l'indique, un établissement qui se consacre aux spécialités fribourgeoises et aux produits de la Gruyère. Tous les produits cuisinés dans l'établissement proviennent d'ailleurs de petits cultivateurs, fromagers, et autres artisans des terres gruyériennes. Dans une salle à la décoration typiquement évocatrice de la montagne, l'on vous sert ici des mets de viande (filets mignons flambés au cognac, jambon de la borne froid, servi avec pommes rissolées) mais aussi et surtout des mets au fromage. Les fondues du lieu y sont en effet considérées comme les meilleures de Genève. Les différentes offres de caquelons vont de la fondue moitié-moitié, (mêlant fromage de gruyère et vacherin fribourgeois) à la fondue au fromage de chèvre, en passant par la merveilleuse fondue fribourgeoise (au vacherin pur), onctueuse à souhait.

ROAD RUNNER

63, route de Chêne
✆ +41 22 735 64 20
Cuisine américaine. Ouvert du lundi au samedi de 11h à 14h30 et de 18h à 22h et le dimanche de 18h à 22h. Hamburger de 5,80 CHF à 16,70 CHF.

La route de Chêne n'a certes pas des allures de route 66, cela dit, elle nous emmène tout droit du côté de l'Ouest californien si vous faites une halte au Road Runner. Les hamburgers – mexicoburger, californianburger ou texanburger – ne sont pas les seuls à vous inviter à une virée outre-Atlantique puisque décor, photos d'Indiens, flipper sont autant de touches qui nous rappellent nos séries préférées. Les patrons, Kaspar et Eliane Kramis tiennent le restaurant depuis plus de trente ans et nous offrent de la viande de qualité avec des steaks hachés faits maison. Servi dans des petits paniers à la mode américaine, cela plaît beaucoup aux enfants. Les difficiles ne s'embêteront plus à trier oignons ou salades, puisque chacun peut ajouter à son hamburger les ingrédients et sauces de son choix.

CHÊNE-BOURG

LE BORGIA

26, rue François-Grison ✆ +41 22 348 58 31
Cuisine italienne. Ouvert du mardi au samedi de 11h30 à 14h et de 18h30 à minuit et le dimanche de 18h30 à minuit.

Le Borgia, c'est une institution depuis plus de trente ans. Ici, il faut réserver, surtout le week-end, car, été comme hiver, l'adresse, bien qu'excentrée, affiche souvent complet. Il faut dire qu'on s'y régale aussi avec les yeux : les pizzaïolos sont de vrais artistes qui jonglent avec leurs disques de pâte, le tout dans un décor très italien et pas du tout surfait. Le restaurant propose un vaste choix de pizzas et de pâtes. Les mets sont d'excellente qualité et l'accueil des patrons fort sympathique.

LA DILIGENCE

20, rue du Gothard ✆ +41 22 349 02 54
www.restaurant-diligence.ch
Cuisine française. Ouvert du lundi au vendredi de 11h à 14h30 et de 19h à 22h30. Ouvert le samedi soir du mois d'octobre au mois de décembre. Plat du jour : 18 CHF. Carte : 45 CHF.

Il est impossible de ne pas s'émerveiller devant les mets concoctés par le duo magnifique formé par Annie, la charismatique et sympathique patronne de la Diligence, et Isabelle, sa cuisinère hors pair. Attention, végétariens, végétaliens et autres fans de macrobiotiques s'abstenir, car la carte propose surtout de bons petits plats d'antan. La terrine de foie de volaille est aussi légère qu'une mousse au chocolat. On se régalera d'un énorme cordon bleu maison, d'un bœuf braisé, de rognons de veau au madère ou de tête de veau vinaigrette. Comme la patronne est saint-galloise, elle met un point d'honneur à ce que röstis et spätzli soient parfaits, et c'est le cas. Tous les plats sont préparés avec amour. Les desserts sont sublimes, surtout les tartes au citron et à la crème. Pendant la période de la chasse, c'est une des meilleures adresses de Genève, un must absolu !

LES SECRETS DE PHILOMÈNE

1, rue du Gothard ✆ +41 22 349 49 69
Ouvert dimanche et lundi de 12h à 14h30 et de 19h à 22h30, du mardi au vendredi de 8h à minuit, samedi 12h à 14h30 et de 17h à minuit. Menus à 35 € et 40 €.

Plusieurs univers composent cet endroit charmant au cœur de Chêne-Bourg, où Valérie Devaud officie en cuisine. A la carte, des plats tels que le Tartare de Saumon à la pomme granny et emulsion au thé vert, le Pavé de Coeur de rumpsteak, sauce philomène, minutes d'agneau et risotto au safran... S'il vous reste de l'appétit, les desserts maison valent le détour, notamment le cheese cake et fraises marinées. Parking à proximité, pratique.

CHOULEX

CAFÉ DES AMIS

132, route de Choulex
✆ +41 22 750 13 39
www.cafe-des-amis.ch

Cuisine française et suisse. Ouvert du lundi au dimanche 7j/7 de 8h30 à minuit. Cuisine de midi à 13h45 et de 19h15 à 22h. Plat du jour (du lundi au vendredi) : 20 CHF. Menu des amis : 58 CHF. Menu de saison : 54 CHF. Carte : 55 CHF.

Le Café des Amis propose une cuisine française traditionnelle agrémentée de spécialités suisses telles que les filets de perche, les roestis, l'émincé de veau à la zurichoise ou encore la longeole. Attention, si certaines spécialités demeurent à l'année, d'autres varient en fonction des saisons. La carte des mets, bien que réduite et assez classique, propose de quoi satisfaire les gourmets et les partisans de la tradition, grâce à son marbré de foie gras de canard ou à sa fondue moitié-moitié. Si certains habitués ont de la peine à se faire au cadre assez minimaliste qui change considérablement de l'ambiance précédente, l'endroit est agréable et aménagé avec goût pour qui aime la décoration au design un peu industriel. La terrasse est très plaisante en été. En bref, il n'y a pas de grande surprise, mais ce restaurant, ouvert tous les jours, peut être l'occasion d'une jolie excursion dans la campagne genevoise.

LE PÉCHÉ MIGNON

115, route de Choulex
✆ +41 22 750 15 62
www.pechemignon.ch

Ouvert du mardi au dimanche de 7h à 19h. Plat du jour : 18 CHF. Carte : 30 CHF. Parking en face.

A la sortie du village de Choulex, sur la droite, direction lac, se découvre un petit *tea-room*, qui fait aussi de la restauration toute l'année pour une clientèle variée des environs. Ainsi, outre les gâteaux et pâtisseries maison, on déguste un excellent steak tartare, des tortellinis, des tagliatelles au saumon, des crevettes au curry, un pavé de bœuf pour 26 CHF et diverses salades. Simplicité villageoise pour une cuisine légère sans prétention. L'occasion de faire une halte dans ce ravissant site des environs de Genève, entouré d'une multitude de promenades agréables. Et en dessert, des glaces Mövenpick !

COLLEX-BOSSY

AUBERGE DE COLLEX-BOSSY

195, route de Collex
✆ +41 22 774 15 15
www.aubergecollex-bossy.com
auberge.collex-bossy@bluewin.ch

Cuisine française. Fermé le dimanche et le lundi. Plat du jour : 17 CHF. Menus de 65 CHF à 85 CHF. Carte : 80 CHF. Salle de banquets et salle privative pour 25 convives avec wifi. Service traiteur. Parking.

Depuis plus de 12 ans, l'Auberge communale de Collex-Bossy est toujours une référence de qualité, située à deux pas de Genève au cœur du village bucolique de Collex-Bossy. A la carte, il y a toujours à l'honneur la viande de bison. Le troupeau n'est pas très loin, on l'aperçoit en revenant de Lausanne, donc fraîcheur garantie. A l'auberge, l'accueil est parfait et pour le décor vous avez le choix du style avec le côté bistrot ou la salle de restaurant. La carte varie en fonction des saisons. Egalement, M. Bazzi assure un service traiteur pour les particuliers ou entreprises, du sur-mesure, un bon moyen pour étonner vos amis. Il nous recommande aussi comme lieu de réception le domaine viticole du château de Collex, à deux pas de l'auberge. Un bon tandem pour un événement d'exception.

■ **DOMAINE DU CHÂTEAU DE COLLEX**
33 - 35 chemin des Chaumets
✆ +41 78 866 52 48 / +41 79 418 01 34
www.domaineduchateau.ch
Dégustation et vente de vin tous les samedis matin de 9h à midi ou sur rendez-vous. Livraison possible. Location toute l'année, le dimanche compris. Le traiteur est au choix.
Le domaine du Château de Collex propose diverses formules (location et boissons) pour organiser des réceptions : une soirée d'entreprise, un anniversaire ou un repas de mariage. Le magnifique verger est idéal pour des cocktails de mariage. L'ensemble des espaces intérieurs et extérieurs permet d'accueillir jusqu'à 2 000 personnes, grâce à la possibilité d'installer des structures sur la vaste étendue gazonnée. Le domaine comprend onze cépages de vin produit et vinifié sur place. Il y a des vins rouges, blancs et rosés. Le domaine compte au moins 25 000 bouteilles !

COLLONGE-BELLERIVE

■ **CAFÉ DES MARRONNIERS**
123, route d'Hermance
✆ +41 22 752 59 57
www.cafedesmarronniers.com
mail@cafedesmarronniers.com
Cuisine française et italienne. Ouvert tous les jours de 7h30 à minuit, le week-end dès 9h. Cuisine chaude de 11h à 14h30 et de 18h à 23h. Plat du jour : 20 CHF. Menu : 54 CHF. Parking.
A proximité de l'église de Collonge-Bellerive, il y a bien deux marronniers qui abritent de leur verdoyant feuillage un restaurant à la fois classique, type guinguette, doublé d'un restaurant italien.
Les perches et filets de féra sont réputés dans le canton – cuisson parfaite, tout frais sortis du lac – mais aussi les pizzas cuites au feu de bois, que l'on agrémente de l'un des trois vins du mois venus de Suisse et d'Italie. Le service plus que parfait nous émerveille toujours.

COLOGNY

Cologny est une charmante commune résidentielle, qui prolonge le parc des Eaux-Vives en direction de Vésenaz et Collonge-Bellerive, où séjournent de nombreuses personnalités suisses et internationales.
Il fait bon se promener sur les coteaux, au chemin des Fourches, jusqu'à son rocher en lisière du chemin de Ruth, d'où l'on contemple Genève, avec le Jura en toile de fond – ou encore le long des quais, de Port-Noir à la Belotte.

Genève vue depuis Cologny.

Se restaurer

Pause gourmande

PHILIPPE TAILLÉ
20 rampe de Cologny
✆ 41 22 736 26 96
www.boulangerie-philippe-taille.ch
Boulangerie-pâtisserie. Ouvert du mardi au samedi de 6h à 19h et le dimanche de 6h à 18h.
Joëlle et Philippe Taillé, ont repris en 1989 cette boulangerie existante depuis deux siècles à Cologny. Ils en ont fait le siège fondateur de leur entreprise, et le symbole de la qualité et du savoir-faire de leurs boulangeries-pâtisseries de Cologny, Onex, Carouge, et Genève (Florissant et Montchoisy), qu'ils transmettront à leur unique enfant Stéphanie, qui gère déjà deux des cinq boutiques. Philippe Taillé a reçu 3 fois le prix du Label et Qualité, trois étoiles de la Confrérie des Chevaliers du Bon pain, ainsi que le prix du club Prosper Montagné. Il est actuellement expert et responsable de la formation professionnelle pour le canton de Genève.

Autres adresses : 106, bois de la Chapelle – 1213 Onex + 41 22 793 93 15 • 51, route de Florissant – 1206 Genève – + 41 22 346 38 18 • 58, rue Jacques-Dalphin – 1227 Carouge – ✆ +41 22 301 92 63 • 72, rue de Montchoisy – 1207 Genève – +41 22 736 26 93

Bonnes tables

LA CLOSERIE
14, place du Manoir
✆ +41 22 736 13 55
www.lacloserie.ch
restaurant@lacloserie.ch
Cuisine italienne. Ouvert tous les jours du matin au soir, sauf lundi toute la journée et mardi matin. Plats du jour : 22 CHF, 24 CHF et 26 CHF. Menus de midi : 39 CHF et 44 CHF. Menu du soir pour 2 personnes minimum : 98 CHF. Carte : 80 CHF. Parking.
Quelques pas après le manoir de Cologny, près d'une fontaine de village, voici une ravissante adresse pour de la cuisine italienne délicate et raffinée. Tagliata de bœuf à la rucola, loup de mer rôti entier, veau au safran, risotto divers et de bonnes bouteilles pour que ce moment passé sur la fameuse colline genevoise soit un vrai délice. Les saveurs se mêlent sans s'emmêler, les petits pains, servis encore chauds, sont des pêchés de

gourmandise, et les sauces se déposent doucement dans le palais. Des cravateux et des élégantes dans une ambiance chic, mais pas trop, et même décontractée en été sur la terrasse.

Luxe

AUBERGE DU LION D'OR
5, place Pierre-Gautier
✆ +41 22 736 44 32
www.liondor.ch
info@liondor.ch
Fermeture annuelle 3 semaines à Noël. Ouvert du lundi au vendredi et les fins de semaine pour les réceptions et banquets. Bistrot, plat du jour : 25 CHF. Restaurant, menu découverte : 195 CHF. Service traiteur.
Le cadre idyllique du Lion d'Or, au cœur de Cologny, avec vue sur le Léman, est un atout incontestable à cette table gourmande bien connue des Genevois. La cuisine, autour de délicates inventions culinaires de Tommy Byrne et Gilles Dupont, varie avec les saisons à la recherche du plaisir gourmand. Le Côté Bistrot, annexe de l'Auberge, permet de goûter ces alliances savantes en comptant environ 80 CHF à la carte.

Sortir

■ THÉÂTRE DU CRÈVE-CŒUR

16, chemin de Ruth ✆ +41 22 786 86 00
www.theatreducrevecoeur.ch
Adultes : 30 CHF. Réductions étudiants, AVS, chômeurs, apprentis, collégiens et enfants entre 12 et 24 CHF.
Ce petit théâtre a plus de cinquante ans d'existence. En effet, c'est en 1959 que cet ancien pressoir fut transformé en lieu de représentation théâtrale, lieu d'échange et de promotion aussi d'auteurs peu connus du public ou de textes qui n'ont jamais été entendus. Cette Maison-Théâtre offre une proximité avec le public, un accueil très apprécié surtout par le fait que l'on peut aussi après le spectacle retrouver les comédiens au foyer et partager ses impressions avec eux autour d'un verre ou d'une petite restauration. A découvrir aussi les rencontres d'auteurs et les « brunchs du philosophe » du dimanche matin et toujours l'une des plus belles vues de Genève, installé sur le banc du Pré Byron !

À voir – À faire

■ DOMAINE DE LA VIGNE BLANCHE

13 route de Vandoeuvres
✆ +41 22 736 80 34
www.lavigneblanche.ch
Viticulture/vigneron.
A seulement deux pas de Genève, le Domaine de la Vigne Blanche offre une large gamme (19 au total !) de vins suisses de haute qualité : blancs, rosés ou rouges. A noter que le domaine, qui possède au total 25 hectars de grandes cultures, produit diverses céréales et oléagineux. Parmi les vins célèbres du domaine, La Vigne Blanche, La Réserve de la Commune de Cologny, La Tour Pressy et La Cardamone, sont à leur image, proches de la nature et du terroir. Solides, généreux, fins et authentiques, ils ont tous une Appellation d'Origine Contrôlée et portent le label Vinatura.

■ FONDATION MARTIN BODMER

19-21, route du Guignard
✆ +41 22 707 44 33 / +41 22 707 44 36
www.fondationbodmer.org
info@fondationbodmer.ch
Bus A, arrêt Cologny-Temple, bus 33 arrêt Croisée de Cologny.
Ouvert du mardi au dimanche de 14h à 18h. Fermé le lundi. Entrée : 15 CHF ; tarif réduit : 10 CHF. Nocturnes culturelles chaque 1er mercredi du mois jusqu'à 21h chaque premier mercredi du mois (visite guidée offerte à 19h). Visite guidée sur demande à réserver au +41 22 707 44 36. Accès facilité pour les personnes handicapées.
La fondation Martin Bodmer, créée en 1971, est à la fois un musée et une bibliothèque exceptionnelle. C'est l'œuvre d'une vie, celle de Martin Bodmer (1899-1971), collectionneur érudit de Zürich et vice-président du CICR. Le nouveau musée (2003), conçu par Mario Botta, présente les témoins de la création de l'esprit, à travers tous les âges et dans toutes les parties du monde. Il rassemble une collection constituée de papyrus, de manuscrits, d'incunables, d'éditions originales, de pièces uniques ou rares, d'autographes, mais aussi de pièces archéologiques, sculptures, peintures, tapisseries et partitions musicales. Toutes ces œuvres retracent l'évolution des grandes avancées intellectuelles et spirituelles de l'humanité, chacun de ces objets étant le témoin d'un moment clé dans l'histoire des civilisations. Parmi les 200 pièces originales exposées : le premier traité de paix au monde ; la Déclaration des droits de l'homme ; deux livres des Morts des anciens Egyptiens, guides de l'au-delà ; Shakespeare ; une partition manuscrite de Mozart ; les feuilles sur lesquelles Einstein a griffonné la théorie de la relativité ; un des seuls exemplaires au monde de la Bible de Gutenberg ; L'Evangile de Judas (découvert dans les sables du désert Egyptien) ; un exemplaire des Thèses de Lüther (un des trois exemplaires conservés dans le monde). Expositions sur le site. Possibilité d'organiser une soirée culturelle avec visite privée et location de la salle historique pour un cocktail, buffet dînatoire, banquet.

CONCHES

■ RESTAURANT LE VALLON

Conches
182, route de Florissant
✆ +41 22 347 11 04
www.restaurant-vallon.com
reservation@levallon.ch
Cuisine française. Ouvert du lundi au vendredi de 12h à 14h et de 19h à 22h. Parking.
Une maison aux allures d'ancienne brasserie familiale. Un lieu aussi charmant que les mets proposés par le chef Antonio Calo. Vous pourrez également déguster votre plat sur une terrasse rafraîchissante au milieu de la verdure. Situé à l'entrée de Conches, vous profiterez du calme de ce restaurant, rendez-

vous des habitants fortunés de la commune. Un service de garçons vraiment à la hauteur du lieu vous fera la meilleure des impressions. Large carte de vins du monde.

CONFIGNON

BAINS DE CRESSY
99, route de Loëx ✆ +41 22 727 15 15
www.bainsdecressy.ch
cressy-sante@hcuge.ch
22 CHF l'entrée. Tarifs réduits pour les enfants, seniors et AI. Possibilité d'abonnement.
En dehors de Genève mais très facilement accessibles en transport à partir du centre-ville, les Bains de Cressy proposent, en plus des bains chauffés situés sous une verrière lumineuse, différentes infrastructures dédiées à la détente. Hammam, bains bouillonnants, sauna, odorium et espace de relaxation permettent aux visiteurs de se ressourcer dans un cadre agréable. Massages, gommages, balnéothérapie, soins esthétiques sont également dispensés sur rendez-vous.

CROIX-DE-ROZON

AUBERGE DE COMPESIÈRES
75 route de Cugny ✆ +41 22 771 50 30
www.aubergedecompesieres.ch
Cuisine française. Ouvert du mercredi au dimanche midi et soir. Plat du jour : 18 CHF. Spécialité Charbonnade : 45 CHF. Terrasse et parking.
Cette auberge de campagne, située à côté de la Commanderie de Compesières, offre une halte agréable après une promenade dans les environs ou l'occasion de se retrouver dans un décor reposant à deux pas de Genève. La spécialité du lieu c'est avant tout la charbonnade, chinoise, bourguignonne et rosbeef. D'autres plats plus traditionnels sont proposés à la carte. Le cadre du restaurant est simple, spacieux avec la possibilité de recevoir des banquets, des anniversaires ou des soirées d'entreprises. Le lieu est aussi desservi par le bus 46. En été, la grande terrasse extérieure est fort appréciée.

DARDAGNY

Dardagny entre dans la République de Genève en 1536. Le village affirme encore aujourd'hui sa vocation agricole et viticole. Deux maisons fortes du Moyen Age, se font face, abritant aujourd'hui l'école et la mairie. On y admire la salle des Chevaliers, décorée de fresques à l'italienne et ornée d'un orgue, ainsi que le fronton triangulaire aux armes des Vasserot, propriétaires des lieux au XVIIIe siècle.

Se loger

BERSIER-RAMU
440, Route du Mandement
✆ +41 22 754 13 95
christine_bersier@yahoo.fr
Sur rendez-vous
Domaine viticole proposant des chambres d'hôtes : réservations. +41 79 661 44 03. Hébergement en chambre, gîte rural – 3 chambres 45 CHF par personne, petit déjeuner 10 CHF par personneVente de vin

GENÈVE

La commanderie de Compesières

La commanderie de Compesières est une maison forte qui a appartenu à l'ordre des Hospitaliers de Saint-Jean-de-Jérusalem, ou ordre de Malte. La première mention de la commanderie (alors simple église romane construite sur des fondations romaines et dédiée à saint Sylvestre) remonte à 1270, lorsque l'évêque de Genève Aymon de Cruseilles en fait don à l'ordre de Malte qui y installa un hospice. Entre la fin du XIVe siècle et le début du XVe siècle, l'ordre construit, à côté de l'église, une maison forte qui devient le chef-lieu de la commanderie du Genevois. Lors des guerres de la fin du XVIe siècle entre le duché de Savoie et Genève, Henri IV de France intervient pour protéger et sauvegarder le bâtiment, menacé de destruction par les belligérants. C'est de cette époque que date le plafond de la salle des chevaliers, qui contient 165 caissons peints de symboles religieux et héraldiques, répartis en 5 travées par les poutres maîtresses de la nef. A partir de 1617, l'ordre de Malte reprend possession de la commanderie et, jusqu'à la révolution française, procède à plusieurs agrandissements de la maison forte et de l'église. La commanderie est par la suite vendue à des particuliers, puis à la commune. Depuis 1955, celle-ci met à disposition une pièce du château pour y ouvrir un musée de l'Ordre de Malte (ouvert uniquement sur rendez-vous, renseignements au ✆ + 41 79 202 55 64).

Shopping

CLOS DES PINS
458, route du Mandement
✆ +41 22 754 14 57
Marc Ramu. Rive droite. Ouvert du lundi au vendredi de 17h30 à 18h30, le samedi de 9h à midi et sur rendez-vous. Caveau de dégustation de dix places.
Des vins blancs : chasselas clos-des-pins, aligoté, pinot blanc et gris, muscat, sauvignon, bec à miel mistelle de muscat et le sublime chardonnay bout du monde. Des vins rosés et rouges : rosé gamay, gamay, pinot noir, gamaret mandragore, syrah, la part des anges mistelle de Gamaret. Des vins élevés en fûts de chêne : pinot blanc, pinot noir, cabernet-sauvignon.

DOMAINE DU CENTAURE
480, route du Mandement
✆ +41 22 754 15 09
www.domaine-du-centaure.ch
info@domaine-du-centaure.ch
Claude Ramu. Rive droite. Ouvert du lundi au vendredi de 16h30 à 19h, le samedi de 9h30 à 13h et sur rendez-vous. Caveau de dégustation 15 places.
Essentiellement un grand choix de vins blancs : grand crédéry chasselas, aligoté, sphinx findling, pinot blanc et pinot gris, chardonnay, saturnale kerner, gewürztraminer, muscat. Des vins rouges et rosés : la bacholle gamay, pinot noir. Des vins élevés en fûts de chêne : minotaure pinot blanc, centaure pinot noir, merlot, garanoir et encore le chant des sirènes, vin doux.

DOMAINE DUGERDIL DARDAGNY
452 route du Mandement
✆ +41 22 754 02 90 / +41 79 766 93 60
www.domaine-dugerdil.ch
sophie@domaine-dugerdil.ch
Domaine viticole. Ouverture de la cave vendredi 17h à 19h. Samedi de 10 à 12h. Ou sur rendez-vous.
En arrivant dans le village de Dardagny, on baigne ses yeux dans ce domaine de 9 hectares, lequel maîtrise la culture de la vigne depuis plus de 100 ans. Pourtant, c'est seulement depuis 2004 que Sophie Dugerdil a décidé de mettre ses connaissances acquises lors de sa formation d'œnologue à l'école de Changins, au service du domaine familial. Et le résultat est là ! On entend parler de ce phénomène sur les grandes tables, mais aussi dans les bars à vins. Attachée à son terroir, à ses racines et à l'humanisme, cette vigneronne produit des vins laissant s'exprimer le fruit, en privilégiant les méthodes dites « naturelles ». La préférence est donnée aux macérations préfermentaires, laissant les monocépages ou les assemblages exprimer leur personnalité. Audace, générosité, charme... Les amateurs de vins de caractères, vifs, et charpentés se reconnaissent dans sa créativité, retrouvée également dans les noms, aussi évocateurs que « Amicalement Vôtre » ou « Typiquement Vôtre », respectivement assemblages de syrah-garanoir et merlot-cabernet sauvignon.

DOMAINE LES HUTINS
8, chemin de Brive
✆ +41 22 754 12 05
www.domaineleshutins.ch
domaine-les-hutins@bluewin.ch
Pierre et Jean Hutin. Rive droite. Ouvert le vendredi de 17h à 18h30, le samedi de 9h à midi et sur rendez-vous. Caveau de dégustation de 10 places.
Des vins de Dardagny renommés avec des vins blancs : chasselas, chasselas bertholier, pinot gris, chardonnay, riesling, sylvaner et sauvignon. Vins rosés et rouges : rosé de gamay, gamay, rosé de pinot noir, pinot noir. Vins élevés en fûts de chêne : pinot noir, bertholier (gamaret et cabernet-sauvignon).

STEPHANE GROS
10, chemin du Bertholier
✆ +41 22 754 00 18 / +41 79 516 26 42
www.stephane-gros.ch
sg@stephane-gros.ch
Le viticulteur propose des dégustations sur rendez-vous avec exposition, projection et explications de la vinification. On découvrira que ses crus vieillissent deux ans en fûts de chêne, des vins de cépage ; côté blanc, du chasselas, du pinot blanc, gris, chardonnay, viognier, sauvignon et une première récolte de riesling en 2005. Côté rouge : gamay, pinot noir, merlot, cabernet, sauvignon, gamaret et garanoir. Stéphane a créé aussi les sentiers didactiques pour découvrir cépages et vignobles avoisinants (renseignements sur le site Internet).

GENTHOD

LE CREUX DE GENTHOD
29, route du Creux-de-Genthod
✆ +41 22 774 10 06
www.creuxdegenthod.com
creux@creuxdegenthod.com

Cuisine française. Ouvert 7j/7 midi et soir du 1er mars à décembre. Menu de midi du lundi au samedi : 38 CHF (avec entrée et plat ou plat et dessert) et 45 CHF. Carte : 70 CHF.
En contrebas de la route qui va de Genève à Versoix, à quelques pas du lac, on se sent tout de suite en vacances sur cette vaste terrasse de gravier aux parasols et au mobilier bleu et blanc, avec vue sur les bateaux et le mont Blanc. Familles, couples et amis s'y rassemblent autour des incontournables et fort bons filets de perches à la sauce tartare avec frites et salade, dans un cadre paisible qui n'est que très peu troublé par le fréquent passage des avions. On peut aussi choisir des poissons d'eau douce déclinés sur un mode plus original comme le fera du Léman au jus verveine-citronnelle. La carte comporte également des entrées raffinées comme la terrine de cailles au calvados, quelques suggestions, des viandes tel le filet de canette en croûte de sésame et une proposition végétarienne, à accompagner d'un bon vin. Réservation indispensable l'été.

GRAND-SACONNEX

LE CAFÉ DE LA MAIRIE

48, Ancienne-Route
✆ +41 22 798 07 27
www.cafedelamairie.ch
Ouvert du lundi au vendredi de 10h à 23h, restauration de midi à 14h et de 19h à 22h. Le samedi soir ouvert sur réservation à partir de 20 personnes. Plat du jour : 19 CHF. Carte : 50 CHF.
Perché sur le haut du village du Grand-Saconnex, dans une ancienne maison rénovée, le Café de la Mairie surfe sur la vague du « bistrot moderne » convivial à la cuisine inventive. Plutôt sobres, les trois salles ornées de quelques œuvres contemporaines s'agencent autour de la cuisine ouverte où officie le jeune chef Reto Laterza. Sur la carte qui varie régulièrement, les plats de viandes, poissons, fruits de mer, pâtes, risotto et salades mêlent délicatement tradition et originalité, avec les touches méditerranéenne et exotique de rigueur. Les gourmands ne manqueront pas le délicieux moelleux au chocolat au cœur chaud et fondant. L'été, le restaurant bénéficie de deux agréables terrasses, l'une sur la rue et l'autre dans la cour intérieure à l'ombre de la vigne vierge.

GY

CAVE DE LA CHENA

100, route de Bellebouche
✆ +41 22 759 12 18
Daniel Fonjallaz. Rive gauche. Ouvert le vendredi de 17h à 19h, le samedi de 10h à midi et sur rendez-vous.
Vins blancs : aligoté, chardonnay, chasselas, pinot blanc et gris. Vins rosé et rouge : gamay rosé, œil-de-perdrix, gamay, pinot noir et gamaret. Vins élevés en fûts de chêne : pinot noir, pinot blanc et chardonnay.

FERME DE MERLINGE

85, route de Gy ✆ +41 22 759 15 92
www.fermedemerlinge.ch
Le marché est ouvert les mercredis de 8h30 à 18h30, lundis et vendredis de 8h à 12h et les samedis de 9h à 14h. Les brunchs ont lieu le samedi de 9h à 13h. Activités pour les enfants : 20 CHF. Pour des informations concernant la cueillette : +41 22 759 18 73. Dégustation de vins les samedis de 11h à 12h30.
Envie d'évasion ? Bienvenue à la ferme de Merlinge, qui saura vous faire découvrir les bienfaits du grand air et les charmes de la vie rustique. La charmante ferme de Thérèse et Jean-Jacques Chollet propose en effet diverses activités, dont un marché, composé de fruits et légumes de saison, de confitures, de fromages mais aussi d'huiles et de vinaigres, des brunchs à thèmes sur inscriptions, généralement organisés le samedi, des activités pour les enfants, dont une qui leur permettra de découvrir les animaux de la ferme dans un original petit train rouge, mais aussi des cueillettes de fruits, en fonction des saisons.

HERMANCE

Petite cité médiévale au bord du lac, Hermance est l'un des villages les plus pittoresques du canton. Le site a été occupé dès l'âge de la pierre taillée ; des traces de différentes époques y ont été retrouvées. En 1471, Isabelle de Menthon fait bâtir la chapelle de la Visitation de la Vierge, dite chapelle Sainte-Catherine, petit bijou gothique reconstitué aujourd'hui à côté de l'église. Après le premier coup porté par l'occupation bernoise de 1536, Hermance ne se relèvera pas et demeurera un modeste village dont une partie est rattachée au canton de Genève en 1816. Dans le prolongement d'Asnière, en direction d'Yvoire, le charmant village d'Hermance est aujourd'hui un lieu de promenade prisé des Genevois, avec ses ruines et ses maisons villageoises du XVe siècle.

ALLIANCE FRANCAISE DE GENÈVE
20-22, rue Centrale
✆ +41 22 751 20 50
www.alliancefrancaise.ch/geneve
alliancefrancaisegeneve@gmail.com
L'Alliance propose plusieurs types d'activités : expositions, co-organisation de conférences, atelier d´écriture, coopération avec le milieu scolaire, etc.

AUBERGE D'HERMANCE
12, rue du Midi
✆ +41 22 751 13 68
www.hotel-hermance.ch
info@hotel-hermance.ch
Chambre double, petit-déjeuner inclus : 280 CHF. Navette hôtel par bateau. Restaurant et terrasse. Plat du jour : 20 CHF. Menu du jour : 42 CHF. Menus dégustation : à partir de 76 CHF.
Une auberge de charme et un restaurant à la cuisine réputée dans le charmant village d'Hermance. Une ambiance intime et douillette en hiver, une terrasse ombragée et tendance dès l'été, et quelques chambres pour prolonger le plaisir d'une escapade (une navette par bateau est possible pour les clients, en été).

AUBERGE D'HERMANCE
12, rue du Midi
✆ +41 22 751 13 68
www.hotel-hermance.ch
info@hotel-hermance.ch
Cuisine française. Ouvert tous les jours de midi à 13h45 et de 19h à 21h45. Plat du jour : 20 CHF. Menu du jour à midi uniquement du lundi au vendredi : 42 CHF. Menus de 76 CHF à 160 CHF. Carte : 70 CHF. Chambre à partir de 280 CHF, petit déjeuner inclus.
Au cœur du pittoresque village médiéval d'Hermance, l'élégance rustique s'associe à la cuisine classique aux saveurs parfois exotiques de l'auberge. Une ambiance intime et douillette en hiver, une terrasse ombragée et tendance dès l'été et quelques chambres pour prolonger le plaisir d'une escapade (une navette par bateau est possible pour les clients, en été). Cheminée, poutres apparentes, tons chauds, Franz Wehren sait accueillir ses hôtes et ce depuis plus de trente ans. Le poulet de Perly en croûte au gros sel, les filets de perche du lac Léman ainsi que le loup en croûte au gros sel, côtoient sur la carte des poissons et viandes variés accompagnés par exemple de risotto aux chanterelles, de compotée de poivrons et pommes de terre rôties ou encore de pommes paille et spaghettis de légumes.

JUSSY

DOMAINE DU CHÂTEAU DU CREST
40, route du Château-du-Crest
✆ +41 22 759 11 23
www.domaineducrest.ch
info@domaineducrest.ch
Ouvert du lundi au vendredi de 17h à 19h et le samedi de 10h à midi.
Situé aux confins de la campagne genevoise, les 15 hectares du domaine produisent du chasselas, du chardonnay, du pinot blanc, de l'aligoté et aussi du sauvignon et du viognier pour les blancs. Les rouges sont des gamay, pinot noir, gamaret, garanoir, merlot ou cabernet. On peut aussi louer le pressoir.

LANCY

Transports

TRANSPORTS PUBLICS GENEVOIS
1, route de la Chapelle
Grand-Lancy
✆ +41 90 002 20 21
Voir page 78.

Se loger

HOSTELLERIE DE LA VENDÉE****
28, chemin de la Vendée
✆ +41 22 792 04 11
www.vendee.ch
info@vendee.ch
34 chambres claires, spacieuses et non-fumeur de 190 CHF à 390 CHF en semaine et de 155 CHF à 285 CHF le week-end. Petit déjeuner 23 CHF. Parking privé.
Situé à 15 minutes de l'aéroport de Genève Cointrin et du centre-ville, cet hôtel bénéficie d'un emplacement privilégié. Le changement de direction a apporté une atmosphère plus conviviale, les clients se sentent bien accueillis et à l'aise. Les chambres non-fumeur sont claires et spacieuses. L'hôtel est équipé de salles de réunions et d'une salle de banquets avec piste de danse. Sur place, se trouvent également trois ambiances de restaurant avec pour spécialité le poisson entier (daurade, bar grillé ou turbot au champagne).

Se restaurer

■ CAFÉ ZINETTE

45, route du Grand-Lancy
✆ +41 22 743 12 00
Ouvert lundi midi, du mardi au vendredi midi et soir et samedi soir. Carte environ 60 CHF.
A proximité de la mairie de Lancy, une jolie maisonnette invite à l'exploration. Après une première terrasse entourée de bambous, on traverse un petit bistrot pour découvrir une autre terrasse intérieure, cachée et pleine de charme, et à l'étage, une salle ravissante, suivie d'une autre plus intime, réservée à seulement dix chanceux convives. Le soir, la magie des bougies opère pour rendre l'endroit encore plus spécial, très intime. La carte, qui change toutes les six semaines, offre le choix entre cinq entrées, cinq plats et cinq desserts, sans oublier les suggestions du chef, toujours en quête d'innovations. Réservation impérative.

■ HOSTELLERIE DE LA VENDÉE

28, chemin de la Vendée
✆ +41 22 792 04 11
www.vendee.ch
info@vendee.ch
Ouvert du lundi au vendredi. Plat du jour : 21 CHF. Menu : 41 CHF. Menu d'affaires : 59 CHF (midi). Carte : 80 CHF.
Changement de direction pour cet hôtel-restaurant, situé sur la colline du Petit-Lancy, à seulement quinze minutes de l'aéroport. Le restaurant offre trois styles différents avec le jardin d'hiver, la salle à manger et le bistrot. Vous pouvez choisir votre décor, la carte est la même. L'endroit est devenu plus convivial, plus chaleureux, moins guindé. Le poisson entier à la découpe reste toujours une spécialité.

■ LE MARIGNAC

32, avenue Eugène-Lance
✆ +41 22 884 92 15
www.lemarignac.ch
marignac@theillard-traiteur.com
Ouvert du lundi au vendredi de midi à 14h. Fermé le soir et le week-end, sauf lors des événements. Menus de 40 CHF à 82 CHF.
Dans une jolie maison entourée de verdure, Le Marignac nous accueille dans un cadre convivial décoré avec goût. L'été, il est possible de profiter de la charmante terrasse, écrin de nature dans la ville. La carte change régulièrement au fil des saisons et propose une cuisine imaginative et délicate, mélangeant tradition et originalité. Une excellente adresse, certes, un peu loin mais qui, incontestablement, vaut le déplacement. L'endroit est idéal pour y organiser des événements professionnels ou privés.

LANDECY

■ AUBERGE DE LANDECY

37, route de Prieur
✆ +41 22 771 41 41
www.auberge-de-landecy.ch
info@auberge-de-landecy.ch
Cuisine française. Ouvert du mardi au samedi midi et soir. Plat du jour : 19 CHF à 22 CHF. Carte : 65 CHF.
Dans le charmant village de Landecy, une auberge du XVIIIe siècle tout en charme et séduction, avec sa terrasse verdoyante et fleurie, concocte une cuisine du marché, d'inspiration méditerranéenne, fraîche et créative, qui varie au gré des saisons : filet de loup piqué au thym avec tian de légumes grillés, risotto carnaroli aux morilles et pointes d'asperges vertes, épaule d'agneau du plateau de Vessy confite au serpolet. Attention, il faut réserver une place pour le dessert, notamment pour le moelleux au chocolat, délicieux ! Belle vinothèque. Une salle pour des réunions et organisation de réceptions. En prime, un petit jardin où joueront les enfants.

MEINIER

■ AUBERGE DU CHEVAL BLANC

44, route des Carres – Carre d'Aval
✆ +41 22 750 13 43
www.cheval-blanc-du-carre.com
info@cheval-blanc-du-carre.com
Cuisine française. Ouvert du mardi au samedi de 9h à minuit. Plats du jour (poisson ou viande avec entrée et dessert) : 19 CHF. Menus : 54 CHF et 58 CHF. Carte : 60 CHF.
Au cœur du petit village du Carre d'Aval, entre Vandœuvres et Meinier, apparaît l'une des plus jolies terrasses du canton, en gravier et platanes. Ce cadre campagnard constitue une halte reposante dans la charmante auberge dont la cuisine française s'améliore à chaque fois. Très bon rapport qualité-prix pour les poissons, les risottos ou la chasse en saison : goûteux et savoureux. A essayer, parmi les bons crus : les Corés du domaine des Ménades ou un muscadet sec du domaine de Miolan.

MEYRIN

AÉRO-CLUB DE GENÈVE

Route H.-C.-Forestier
✆ +41 22 798 65 08
www.aeroclub-geneve.com

Ouvert du lundi au vendredi, sauf le mardi, de 10h à 12h30 et de 13h30 à 17h, et le samedi de 9h à 13h. Cours brevet : 297 CHF l'heure tout compris. Vol initiation : 220 CHF. Baptême 1h : premier passager 420 CHF, le deuxième passager 190 CHF, et le troisième 130 CHF.

Depuis 1909, l'aéro-club loue ses avions à ses membres, enseigne et fait passer les brevets de pilote. Pour pouvoir voler seul, il faut s'inscrire, avoir un certificat médical, suivre les cours théoriques et pratiques. Une fois breveté, on louera le 6 places ou l'un des 18 biplaces de l'aéro-club ou le petit hélicoptère. Par ailleurs, l'aéro-club organise des vols de plaisance d'un à trois passagers pour survoler le Mont Blanc et le Petit Lac. Un vol d'initiation, un baptême de l'air avec survol du Mont Blanc en une heure (il vaut mieux venir à trois pour partager les frais). Si le ciel est dégagé, possibilité de faire le tour du lac en 25 minutes, toute l'année.

FORUM MEYRIN

1, place des Cinq-Continents
✆ +41 22 989 34 34
www.forum-meyrin.ch

Location sur place ou par téléphone du lundi au vendredi de 14h à 18h, ou sur Internet. Egalement au Service culturel Migros-Genève (Tél 022 319 61 11) et au Stand Info Balexert (Tél 022 979 02 01). De 5 CHF à 54 CHF selon l'emplacement et le spectacle. Réductions AVS, AI, enfants, étudiants et chômeurs. Différentes formules d'abonnements.

Ce centre culturel présente une programmation de qualité, variée et foisonnante, pleine de poésie, d'humour et de petits bijoux de spectacles : musique, théâtre, danse, jeune public, humour dans un espace agréable et contemporain avec bar et restauration.

LA RENFILE

19, rue Alphonse-Large
✆ +41 22 341 13 02 / +41 22 884 38 00
www.csp.ch

Ouvert du lundi au samedi de 10h à 17h. Ramassage à domicile sur rendez-vous.

La Renfile, ce sont les brocantes du centre social protestant, le CSP. On y déniche tout : du mobilier et de l'électroménager, de la literie et des jouets pour enfants, des livres et de la hi-fi. Non seulement on fait de très bonnes affaires, mais, en plus, cela permet le recyclage et l'équipement à moindres frais des personnes aux revenus modestes. En plus des deux brocantes, il existe quatre boutiques d'habits et de bibelots de seconde main dans les quartiers des Pâquis, Eaux-Vives, Jonction et à Plainpalais.

▶ **Autre adresse :** 7-9, chemin de la Cartouchière – tél +41 22 884 38 00 – Plan-Les-Ouates.

ONEX

CENTRE SPORTIF INTERCOMMUNAL DES EVAUX

110, chemin François-Chavaz
✆ +41 22 879 85 85

Ouvert du lundi au vendredi de 8h à 22h, le samedi et le dimanche de 8h à 21h.

Terrains de football, stade d'athlétisme, courts de tennis, tennis de table, terrains de pétanque, aire de jeux et aire de pique-nique.

LES FOURNEAUX DU MANÈGE

127, rue de Chancy
✆ +41 22 870 03 90
www.fourneauxdumanege.ch
info@foumeauxdumanege.ch

Ouvert du mardi au vendredi de 11h45 à 15h et de 18h45 à minuit, le samedi de 18h45 à minuit et le dimanche de 11h45 à 15h30. Plat du jour entre 19 CHF et 30 CHF dans la partie bistrot.

Au cœur d'Onex, le restaurant Les Fourneaux du Manège vous accueille dans une ancienne ferme restaurée du XIXe siècle. Cette demeure de charme, entourée de verdure, se divise en deux parties, une salle petit bouchon de type bistrot et une salle plus traditionnelle pour déguster les spécialités du restaurant. Le poisson est à l'honneur ici avec une carte rare et variée de poissons du lac que le chef prépare savamment et découpe à la table. Omble, féra, brochet, perche ou boya, une grosse perche du lac, seront cuisinés selon des recettes typiques des régions lémaniques. D'autres mets sont également à la carte, mais il serait vraiment dommage de ne pas s'initier aux délices du lac que le chef réussit à merveille.

LE MANÈGE

127, route de Chancy – 1213
✆ +41 22 879 59 89
www.lemanege.ch
lemanege@onex.ch

Le bâtiment ancien à côté du théâtre a été restauré par un groupe de jeunes architectes, qui ont créé un joli auditorium de 200 places. Les trois niveaux permettent de moduler.

■ **RÉCRÉS SPECTACLES**
127, route de Chancy – 1213
✆ +41 22 879 59 99
www.spectaclesonesiens.ch
spectaclesonesiens@onex.ch
Plusieurs fois dans l'année, les Spectacles Onésiens proposent une programmation destinée aux enfants de 4 à 7 ans le mercredi et le dimanche après-midi : danse, contes, chanson, musique, marionnettes, magie… Les billets coûtent de 8 CHF (4 CHF avec le Pass-futé de dix entrées, qui coûte 20 CHF) et 12 CHF (adultes). Réservation conseillée.

PERLY-CERTOUX

■ **CAFÉ DE CERTOUX**
133, route de Certoux
✆ +41 22 771 10 32
www.cafe-certoux.ch
b.livron@cafe-certoux.ch
Cuisine française. Ouvert du mardi au samedi, midi et soir. Plat du jour : 25 CHF. Menus le midi, à partir de 2 personnes : 52 CHF et 65 CHF. Menus du soir à partir de 2 personnes : 88 CHF et 93 CHF. Carte : 85 CHF.
Dans la campagne genevoise, une petite pinte de village, le Café de Certoux, est un véritable rendez-vous gastronomique. Le chef Bernard Livron offre toute la fraîcheur de son jardin, pour des repas d'affaires, de familles ou des mariages d'une grande élégance que ne laisserait pas supposer le cadre simple et rustique. On s'émerveille devant la carte et voici quelques suggestions : filet de thon albacore en deux façons, fricassée de cuisses de grenouilles fraîches en persillade, filet de pagre en écailles de pommes de terre ou filet de rouget poêlé, petite niçoise et kadaïf avec brandade de pomme de terre au chorizo ou encore la selle d'agneau d'Ecosse en croûte de piquillos, ou le traditionnel contre-filet de bœuf du pays rôti, moelle de bœuf et fleur de sel. La carte des dessert de saison et les petites gourmandises servies sur ardoise sont un pur délice pour les yeux et les papilles. Des plats sublimés par la qualité exceptionnelle des produits utilisés. Une très belle adresse à découvrir pour les amateurs de bonnes tables.

PLAN-LES-OUATES

Se loger

■ **HÔTEL DES HORLOGERS*****
135, route de Saint-Julien
✆ +41 22 884 08 33
www.horlogers-ge.ch
info@horlogers-ge.ch
32 chambres de 110 CHF à 350 CHF, avec des tarifs spéciaux le week-end. Petit déjeuner inclus.
Bien qu'un peu éloigné de la ville, cet hôtel offre une atmosphère tout indiquée pour la Suisse puisque la décoration tourne autour du thème des outils utilisés par les maîtres horlogers à travers les siècles. Il est situé à Plan-les-Ouates et à quelques minutes des principales manufactures horlogères suisses. Rénové et agrandi en 2008, il est parsemé d'objets insolites qui ajoutent à son charme. Les chambres sont équipées de TV écran LCD, accès wi-fi, coffre-fort, mini-bar et d'un plateau de courtoisie (café-thé).

Se restaurer

■ CAFÉ DE LA PLACE

143, route de Saint-Julien
✆ +41 22 794 96 98
www.restaurant-laplace.ch
Restaurant gastronomique. Fermé le samedi et le dimanche. Plat du jour : 29 CHF. Menu à partir de 39 CHF. Menu « La Place » : 68 CHF. Menu dégustation : 90 CHF et 140 CHF avec vins. Carte : 100 CHF. Parking public à proximité.
Le Café de la Place situé dans une maison de village, est toujours une valeur sûre et une table gourmande à deux pas de Genève. Les chefs Vincenzo De Rosa, propriétaire des lieux, et Domingos Ribeiro composent les plats au gré des produits de saison avec une tonalité du sud pour une belle cuisine française. Sur la carte, il y a toujours les incontournables comme le risotto de riz Venere ou les ravioles de homard aux saveurs thaïlandaises, le cœur de filet de bœuf d'origine suisse qui se cuisine au goût des saisons et le fameux moelleux au chocolat. Les tables sont espacées, le cadre reposant et l'accueil chaleureux grâce à Cristina De Rosa, secondée par Jean-Philippe Calvo, maître d'hôtel et sommelier. Cette bonne adresse est très prisée et connue, nous vous conseillons de réserver.

Shopping

■ LA RENFILE

7-9 chemin de la Cartouchière
✆ +41 22 794 55 40 / +41 22 884 38 00
Ouvert du lundi au samedi inclus de 10h à 17h. Ramassage à domicile sur rendez-vous.
La Renfile, ce sont les brocantes du centre social protestant, le CSP. On y déniche tout : des chapeaux anciens aux vases en désuétude, des canapés, du mobilier, des livres et de la hi-fi. Non seulement on fait de très bonnes affaires, mais, en plus, cela permet le recyclage et l'équipement à moindres frais des personnes aux revenus modestes. En plus des deux brocantes, il existe quatre boutiques d'habits et de bibelots de seconde main dans les quartiers des Pâquis, Eaux-Vives, Jonction et à Plainpalais.

▶ **Autre adresse :** 19, rue Alphonse-Large – Meyrin – Tél +41 22 341 13 02

■ SCHILLIGER

25, chemin des Charrotons
✆ +41 22 794 77 47
www.schilliger.com
Ouvert du lundi au vendredi de 9h à 18h30 non-stop et le samedi de 8h30 à 18h.
Depuis 60 ans, la famille Schilliger s'occupe de nous procurer des fleurs à planter de toute beauté. Des géraniums aux couleurs étonnantes, aux senteurs exacerbées, des roses de collection, une pépinière qui recèle des trésors de verdure, 20 000 références pour l'un des producteurs les plus prolifiques d'Europe. Mais aussi des poteries, une collection de chaises longues et des objets de décoration pour la maison. Service de réparation et carte de fidélité gratuite qui donne droit à des bons cadeaux.

▶ **Autres adresses :** 1, avenue Krieg – 1208 Genève Tél 022 840 46 97. • 40, route Suisse – 1196 Gland – Tél 022 354 44 44. • Centre commercial La Praille 10, route des Jeunes – 1227 Carouge – Tél 022 301 24 10.

PREGNY-CHAMBÉSY

Cette commune résidentielle se situe sur la rive droite du lac, aux portes de Genève, tout près des Musées de la Genève Internationale. Sa population est composée de très nombreux étrangers, notamment des fonctionnaires internationaux. Par ailleurs, elle abrite plusieurs missions diplomatiques. Le cadre de vie est exceptionnel : il suffit de se balader dans le Domaine de Penthes pour en apprécier la quiétude.

Se restaurer

■ AU P'TIT BONHEUR

4, chemin des Cornillons
✆ +41 22 758 08 48
www.auptitbonheur.ch
info@auptitbonheur.ch
Ouvert du lundi au vendredi midi et soir et le dimanche pour le brunch de 10h à 15h. Parking privé. Belle terrasse ombragée en été. Plat du jour avec salade : 19,50 CHF. Menu déjeuner avec entrée, plat et dessert : 27 CHF. Brunch du dimanche : dès 28 CHF.

Le restaurant porte bien son nom car quel bonheur d'arriver dans ce lieu bucolique et de se retrouver en été sur cette terrasse paisible et ombragée, grâce à un magnifique platane. A deux pas de la Genève internationale, c'est l'endroit idéal pour une pause à midi ou une soirée entre amis. La spécialité du restaurant est le poisson entier grillé où en croûte de sel (excellent) et découpé par les soins du patron. Ainsi, vous aurez le choix selon l'arrivage entre la daurade royale, le loup de Mer, le turbot ou l'omble chevalier. Plusieurs plats sont aussi présentés sur la carte pour les végétariens ou amateurs de viande. C'est également une bonne adresse pour un brunch le dimanche à la campagne avec un buffet et un large choix à la carte, à base d'œufs, de salades et de viennoiseries.

■ LE RELAIS DE CHAMBESY

8, place de Chambésy
✆ +41 22 758 11 05
www.relaisdechambesy.ch
info@relaisdechambesy.ch
Cuisine française. Ouvert du lundi au samedi, midi et soir. Plat du jour : 26 CHF. Formule du jour : 32 CHF. Menus : 62 CHF et 82 CHF. Carte : 80 CHF environ.

Cadre enchanteur pour une cuisine pleine de bonheur ! A quelques minutes en voiture des organisations internationales, voici une petite oasis de paix, sous le tilleul centenaire, qui accueille les gourmands et les gourmets. Repris en 2008 par Philippe Chevrier, avec, aux fourneaux le chef Jean-Luc Boquet, une cuisine savoureuse et subtile à base de produits authentiques autour de poissons d'ici ou d'ailleurs, de cuisses de grenouille ou de viandes appétissantes : blanc de turbot poché, émulsion à la vanille, mousseline de patate douce, tomates cerises confites, suprême de pintade rôti à l'ail, jus au pistou, légumes niçois farcis, millefeuille aux framboises, sorbet litchi-framboise... Tout en se délectant de l'un des vins français ou genevois de la très belle sélection. Une clientèle internationale se presse dans ces espaces clairs et élégants, et sur la terrasse fleurie.

■ RESTAURANT DU CHÂTEAU DE PENTHES

Domaine de penthes
18, chemin de l'Impératrice
✆ +41 22 734 48 65
www.penthes.ch
events@penthes.ch
Ouvert tous les jours à midi. Ouvert le soir du mercredi au vendredi de mars à décembre. Plat du jour : 20 CHF. Menu d'affaires : 49 CHF. Menus dès 66 CHF. Menu enfant : 30 CHF. Carte : 80/100 CHF. Parking gratuit.

Le Restaurant du Château de Penthes ravit les gourmets dans un décor moderne entièrement vitré et habillé de couleurs chaudes propice à l'évasion et aux découvertes gustatives. Dès les beaux jours, les parois de verre s'ouvrent entièrement sur le calme et l'intimité d'une très belle terrasse. Sandro Haroutunian et son équipe y proposent leur interprétation des produits du marché pour une cuisine qui se renouvelle au fil des saisons. On y déguste des cubes de foie gras pané au Läckerli ou encore des filets de rouget à la crème de chou-fleur et beurre d'anchois. Le Restaurant du Château de Penthes dispose de plusieurs salles de réception dans un grand parc de neuf hectares avec vue sur le Léman et le Mont-Blanc – cadre exceptionnel pour des banquets de 20 à 250 personnes et jusqu'à 350 personnes pour les cocktails.

À voir – À faire

■ DOMAINE DE PENTHES

18, chemin de l' Impératrice
✆ +41 22 734 90 21
✆ +41 22 734 48 65
www.penthes.ch
Ouvert au public 7j/7 de 9h à 19h. Salon de thé : tous les jours de 9h à 19h30 (17h30 en hiver). Restaurant : tous les jours à midi, et les jeudis et vendredis le soir, jusqu'à 21h30 de janvier à juin (et les mercredis de juillet à décembre). Musée : du mardi au dimanche, de 10h à 12h et de 13h à 17h.

Au cœur de la Genève internationale se niche un havre de verdure. Le domaine de Penthes s'étale en pente douce sur le flanc d'une colline, dévoilant au gré de la promenade des vues spectaculaires sur le lac Léman, et par beau temps, sur les Alpes et le Mont-Blanc.

Au centre de cet espace vert renaturalisé se dresse le château de Penthes, maison de maître du XIXe siècle qui abrite aujourd'hui le musée des Suisses dans le monde. Entre tradition et modernité, le Restaurant du Château de Penthes permet une halte rafraîchissante sur le parcours. Structure moderne dont le toit semble flotter, l'Espace Piccard éveille la curiosité tandis que la cuisine du chef éveille les papilles. Le domaine de Penthes accueille également mariages et séminaires dans ses pavillons annexes au caractère authentique. Entre gastronomie, culture et verdure, le domaine de Penthes mérite le détour et s'intègre parfaitement dans l'itinéraire de la Genève internationale.

Sports – Détente – Loisirs

COUNTRY CLUB GENEVA

47 route de Collex ✆ +41 22 959 79 00
www.countryclubgeneva.ch
g.lindt@countryclubgeneva.ch
Ouvert du lundi au vendredi de 8h à 22h et de 9h à 21h le week-end.

Pour trouver la route de Collex en venant de Genève, on longe le lac par la route de Lausanne, on tourne à gauche à la hauteur de Bellevue, puis c'est indiqué. Parking sur place. Dans un parc, un club de sport complet, élégant, dans un décor épuré, qui comporte dix courts de tennis couverts, trois en extérieur, deux courts de squash et une école de compétition pour les jeunes. Au sous-sol, il y a une piscine avec des jets d'hydro-massage, et au premier étage, c'est le fitness avec des massages. Les petits peuvent aller à la garderie. Les golfeurs trouveront une académie et ses installations. Et après tant d'efforts, le Cadran Solaire permet de se refaire en mangeant une cuisine méditerranéenne.

RAFTING LOISIRS – LOCATION CANOE ET KAYAK

Esplanade du Vengeron
284, route de Lausanne
✆ +41 79 275 67 94
www.rafting-loisirs.ch
vengeron@rafting-loisirs.ch
A partir de 15 CHF/heure. De Pâques à octobre. Accès par bus TPG lignes V et Z, arrêt : Chambésy place. Par Train arrêt : Chambésy ou Tuileries, à environ 500 m.

Rafting Loisirs propose un service de locations à l'heure pour les particuliers : canoë-kayak monoplace, 2, 3, 4 places et kayak. Départ sur la plage du Vengeron. N'oubliez-pas de réserver.

PUPLINGE

MON IDÉE

24, route de Mon-Idée
✆ +41 22 349 12 16
www.monideerestolounge.com
info@monideerestolounge.com
Cuisine française. Ouvert du mardi au vendredi de 10h à 15h et de 16h30 à minuit, le samedi de 18h à 2h et le dimanche de midi à 15h. Brunch : de 11h à 15h. Plats du jour : de 20 à 25 CHF. Pâtes du jour : 18 CHF. Carte : 52 CHF.

Le restaurant Mon Idée a été repris par Maud et Loïc en 2008. Le changement est radical car le bistrot vieillot s'est transformé avec quelques idées ingénieuses et inventives en bistrot contemporain chic et décontracté à la décoration « baroque revisité » : rouge et noir pour le lounge-bar et l'une des salles de restaurant, et parme et blanc pour l'autre salle où les luminaires se retrouvent accrochés au plafond la tête en bas ! La carte offre des plats où se mélangent l'Occident et l'Orient, le sucré et le salé ainsi que des variations autour de classiques tels que le hamburger réinventé. A midi et le dimanche soir, c'est la plancha, tandis que le dimanche, en fin de matinée, on peut choisir entre différentes formules de brunchs. La terrasse est accueillante, très gaie avec des couleurs vives, un espace « bar estival » où il fait bon pendant l'été de passer un moment de détente à deux pas de Genève ! Et surtout, accueil avec le sourire et la bonne humeur !

RUSSIN

DOMAINE DES MOLARDS

21 route des Molards
✆ +41 22 754 15 40
www.molards.ch
info@molards.ch
Domaine viticole, vente au domaine de vins et fruits. Caveau ouvert du lundi au samedi de 16 à 19h. Présent sur le marché de Carouge de 8h à 13h le mercredi et le samedi. Egalement sur rendez-vous.

La famille Desbaillet exploite 20 hectares de vignes et 5 hectares d'arbres fruitiers. Une grande variété de cépages est cultivé sur un sol graveleux, propice à la culture de la vigne. Une des particularités du domaine est sa parcelle dite « la Chaumaz » dont la pente de 50 % est impressionnante. Le Gamay et le Chasselas y sont traités comme des spécialités, et c'est la qualité qui en est extraite plutôt que le rendement. Résultat : les vins gagnent en concentration et en arômes. Cette recherche de l'excellence a permis aux Desbaillet d'obtenir plusieurs médailles dans divers concours en Suisse et en France. Le superbe caveau du XVIIIe siècle, avec sa cuisine attenante, reçoit les groupes, (40 personnes) pour une réception. A moins que l'on opte pour la grange (100 personnes) ou pour le jardin s'il fait beau (200 personnes). Insolite et sympathique.

LA FERME PITTET

Pittet Fernand
34, chemin de la Croix-de-Plomb
✆ +41 22 754 12 37
www.lafermeenchantee.ch
info@lafermeenchantee.ch

Ouvert de lundi à samedi de 8h à 18h. Chambres d'hôte et organisation d' événements. Vins de la Cave de Genève, fruits (pommes, autres selon saison), pommes de terre et fritures. Chambre avec deux lits : 55 CHF par personne.

Voici un lieu bien sympatique, où l'on peut profiter de la vue sur la campagne genevoise, au cœur de ce village du vignoble, et se reveiller en dégustant thé ou café, pain maison, fromage et la délicieuse confiture à l'ancienne de Lisette...

PAVILLON DE L'ENERGIE SIG

31 route de l'usine de Verbois
✆ +41 22 420 75 75
www.sig-ge.ch

Visite guidée de groupe (minimum 10 personnes). Du lundi au vendredi entre 8h et 16h. Visite : 1h30.

Un espace de 300 m² consacré à la grande aventure de l'électricité, les mystères de sa production, l'ingéniosité de sa distribution et son impact sur l'environnement. Comment transforme-t'on l'énergie en électricité, quel est son parcours depuis le barrage jusqu'à la prise de la maison ? Qu'est-ce que les énergies renouvelables et pourquoi prennent-elles de l'importance ? Autant de questions auxquelles répond cette exposition concrète, animée, colorée et pédagogique. Le pavillon de l'énergie SIG est installé à Verbois, lieu emblématique de l'histoire de l'énergie à Genève, le plus grand site de production hydroélectrique du canton (avec le barrage de Verbois et la centrale photovoltaïque SIG Solar 3). La visite guidée propose de coupler les 3 sites.

SATIGNY

Satigny est la plus grande commune viticole de Suisse. Elle regroupe six villages et hameaux voués à l'agriculture ou à la viticulture : Satigny, «la capitale», Bourdigny, Choully, Montfleury, Peissy et Peney. Ils sont très réputés pour leurs nombreux vignobles et leurs beaux domaines, mais aussi pour leurs restaurants gastronomiques. Chaque année, le samedi qui précède la Saint-Martin, une fête se déroule dans le village de Peissy. C'est l'occasion de découvrir le vin nouveau, le «bourru» (vin encore trouble), que l'on peut déguster à cette occasion.

Se loger

DOMAINE DE CHÂTEAUVIEUX****

16, chemin de Châteauvieux
✆ +41 22 753 15 11
www.chateauvieux.ch
reservation@chateauvieux.ch

12 chambres et une suite duplex, de 220 CHF à 700 CHF. Petit déjeuner : 20 CHF. Le soir, menus à 210 et 290 CHF.

Au cœur d'une bâtisse du XIVe siècle, la table gastronomique du talentueux chef Philippe Chevrier est une adresse réputée bien connue de tous les Genevois. Lorsque l'on parle de Châteauvieux, c'est un poème gastronomique qui vient à l'esprit. Et pour l'occasion, pourquoi ne pas prolonger ce merveilleux dîner avec un séjour dans la chambre « romantique » donnant à perte de vue sur la vallée du Rhône ? Le petit déjeuner est servi dans une salle où trône l'ancien puits. La terrasse d'été est romantique à souhait et surplombe le Rhône avec vue sur le Salève. Une très belle adresse !

DOMAINE DES VIGNOLLES

Bourdigny
6, Route de Champvigny
✆ +41 22 753 10 85 / +41 79 345 85 79
www.vignolles.ch – vulliez@vignolles.ch

Chambres d'hôte à partir de 110 CHF pour 2 personnes. Caveau : dégustation sur demande (maximum 20 pers). Vins de la Cave de Genève. Produits labellisés. Sur Rendez-Vous.

Florence et Bernard Vulliez vous accueillent dans leur petit village situé au cœur des vignes. Si vous êtes tenté par la balade viticole, c'est l'endroit idéal pour poser vos valises ! Attention, il n'y a que quatre chambres ; aussi est-il préférable de vous y prendre à l'avance. Les amis à 4 pattes sont admis, avec un petit supplément.

■ MICHEL ROSET
Bourdigny
48, Chemin de la Vieille-Servette
✆ +41 22 753 14 52
michel.roset@bluewin.ch
Appartement de vacances : 450 CHF la semaine. Vins de la Cave de Genève. Sur Rendez-Vous.
Cet appartement de 3 pièces se situe au second étage d'une maison, située dans le petit village de Bourdigny, tout près de Satigny. Pour découvrir la campagne genevoise et la richesse de son terroir, c'est pratique ! Et si vous avez la chance de déguster le «trousseau» élevé en barrique par Michel Roset, vous apprécierez certainement ce producteur, passionné par le terroir jurassien.

Se restaurer

Bonnes tables

■ CAFÉ DE PENEY
130 route d'Aire-la-Ville ✆ +41 22 753 17 55
www.cafedepeney.ch
reservation@cafedepeney.ch
Cuisine française. Ouvert tous les jours dès 9h. Cuisine de 12h à 14h et de 19h à 21h30. A midi seulement, du lundi au vendredi : plat du jour à 27 CHF. Menu bistronomique (3 ou 4 plats) : à partir de 65 CHF. Carte : 120 CHF. wi-fi. Salle de conférence (maximum 16 personnes). Forfait sur demande. Croisière Rives du Rhône : www.swissboat.com
A 10 min de Genève, en plein cœur du vignoble, le Café de Peney a conservé l'atmosphère des vieux bistrots genevois d'antan et un décor plein de charme. Un endroit privilégié en toutes saisons. En hiver on apprécie son ambiance chaleureuse et, en été, on aime profiter de la magnifique terrasse ombragée ou du cadre plus intimiste de la véranda. Propriété du chef talentueux Philippe Chevrier, qui lui a insufflé son style et son exigence de qualité à prix abordable, le Café de Peney est géré avec succès depuis 2008, par Alain Gaudin. Aux fourneaux, le fabuleux chef Romain Tournissoux qui nous fait partager son goût pour une cuisine généreuse, de saison et des recettes inventives et riches en saveurs. On se laisse séduire par le marbré de foie gras maison, compote de rhubarbe et pain anglais toasté, le pavé de bar sauvage poêlé, méli-mélo de coquillages, émulsion au champagne et tombée d'épinards, ou le filet mignon de veau rôti, jus corsé, poêlée de champignons des sous-bois et pour fondre de plaisir, en douceur, le biscuit coulant au chocolat et la glace à la vanille de Tahaa. Un poème aux mille parfums ! Pour une dégustation insolite et romantique, il est possible, en journée, de se rendre au Café de Peney, en bateau, par le Rhône. Le départ se situe Quai des Moulins en l'Ile et l'arrivée, juste en face du Café !

Luxe

■ DOMAINE DE CHÂTEAUVIEUX
16, chemin de Châteauvieux
✆ +41 22 753 15 11 – www.chateauvieux.ch
reservation@chateauvieux.ch
Cuisine gastronomique. Ouvert du mardi au samedi midi et soir. A midi, du mardi au vendredi, menu du marché à 96 CHF. Le soir, menus à 210 et 290 CHF. 12 chambres et une

suite duplex, de 220 CHF à 700 CHF. Petit déjeuner : 20 CHF.
Au cœur d'une bâtisse du XIVe siècle, la table gastronomique du talentueux chef Philippe Chevrier séduit le convive à plus d'un titre. Adresse réputée bien connue de tous les Genevois, lorsque l'on parle de Châteauvieux, c'est un poème gastronomique qui vient à l'esprit. Dans une vaste demeure, des mets raffinés, un service parfait et un chef de haut niveau qui sait allier la plus pure tradition à la modernité. C'est le défi quotidien de Philippe Chevrier, doublement étoilé au Michelin. Sa cuisine est inventive et sublime des produits de grande qualité (c'est aussi un ardent défenseur des produits agricoles genevois) qu'accompagne une sélection exigeante de vins de Genève et de grands crus du monde. Le cellier peut même recevoir une table de passionnés, dans son salon privé avec vue sur la cave à vins ! En plein vignoble genevois, dans les dépendances du château de Peney, on dîne dans la majestueuse salle du château et son impressionnante cheminée ou sur la terrasse d'été ; on peut aussi être reçu à la table d'hôte pour un menu surprise, dans les coulisses de la cuisine. Le voyage gastronomique débute par le délicat tartare de langoustines aux condiments, caviar Zwyer, ambre de crustacés au citron myrte, pain toasté au beurre d'algues, suivi du pavé de bar de ligne, fricassée de couteaux et petits pois à la verveine et citron confit, à la cuisson nacrée parfaite. S'ensuit un cœur de filet de veau du pays poêlé au beurre de moelle, carpaccio de cèpes à l'huile de noisettes et croustillant au foie gras aux saveurs élaborées, pour terminer par une exquise pêche pochée au jus, crémeux au citron jaune de Menton, glace à la verveine. Les grands crus choisis accompagnent harmonieusement ce moment de pur ravissement. Un repas exceptionnel, dans un lieu exceptionnel ! Et pour l'occasion pourquoi ne pas prolonger ce merveilleux dîner avec un séjour dans la chambre «romantique» donnant à perte de vue sur la vallée du Rhône ? Le petit déjeuner est servi dans une salle où trône l'ancien puits. La terrasse d'été est romantique à souhait et surplombe le Rhône avec vue sur le Salève. Une très belle adresse !

Shopping

■ CHÂTEAU DES BOIS

10, chemin de la Combe-d'Ornex
✆ +41 22 341 30 50
www.chateaudesbois.ch
info@chateaudesbois.ch
Domaine viticole, vente à la propriété et visite des salles sur Rendez-vous exclusivement. Lieu pour organiser des événements.
Demander Matthias Jäger. Réceptions du lundi au vendredi. Tout y est organisé pour accueillir au mieux les réceptions , il y a même un ascenceur et une installation sophistiquée pour les conférences.
On peut choisir entre l'Orangerie toute de pierres blondes ou la Grande Salle à l'étage et son incroyable fenêtre en demi-lune qui donne sur les vignes. Le Carnotzet et le Caveau vous rapprocheront encore plus des vins du domaine, que l'on ne découvre que sur réservation.

■ DOMAINE DE CHOULLY

Philippe Chevrier – Le Traiteur S.A.
34-36, route du Crêt-de-Choully
✆ +41 22 753 93 32
www.chevrier-traiteur.ch
info@chevrier-traiteur.ch
2 salles à manger et 7 salles de conférences équipées (jusqu'à 100 personnes). Cocktails, séminaires, mariage... Service traiteur avec personnel. Privatisation du domaine possible. En saison estivale, possibilité de réserver des repas à midi : 60 CHF par personne (dès 10 pers) : un amuse-bouche, une entrée, un plat et un dessert. Du lundi au vendredi, sur réservation. Hors boissons.
Dans un magnifique parc de 9 000 m^2 planté d'arbres centenaires, Philippe Chevrier et Frédéric Condouret ont investi un lieu d'exception : le Domaine de Choully, une demeure classée du patrimoine genevois, restaurée avec goût. Dans cette demeure campagnarde du début du XVIIe siècle, les maîtres des lieux proposent de nombreux espaces pour organiser conférences, brunchs, cocktails, réceptions, mariages... Un havre de paix à proximité de la ville de Genève ! Un panorama embrassant la rade de Genève et son jet d'eau, la campagne genevoise et le Salève ! Le bâtiment abrite deux salles à manger rustiques et chaleureuses, des salles de conférences, et le parc peut également recevoir, sous une toile chauffée ou en plein air à l'ombrée des feuillages, les convives enchantés. On peut même, exceptionnellement, privatiser le domaine ! Et pour loger les invités, le Domaine de Châteauvieux est à deux pas. L'offre traiteur est raffinée, comme l'exige un tel environnement. Le domaine de Choully est un des lieux d'exception dans lesquels œuvre la société de traiteur Philippe Chevrier.

DOMAINE DES BALISIERS

12, route de Peney-Dessus
✆ +41 22 753 19 58
www.balisiers.ch
mail@balisiers.ch
Ouvert pour la dégustation au cellier le samedi de 11h à 13h et sur rendez-vous.

Ce domaine porte le nom d'une fleur tropicale dont le parfum se retrouve dans les notes de terroir de ses vins. C'est le plus grand domaine de vins biologiques de suisse, 25 hectares et 13 cépages, fondé en 1982 après la rencontre et l'amitié entre deux passionnés, Gérard Pillon et Jean-Daniel Schlaepfer qui s'engagent dans une démarche de qualité sans compromis (bio, vendange manuelle, bas rendement) et le succès récompense ces efforts, les vins des Balisiers se retrouvent sur les cartes des plus grands restaurants de Genève et s'exportent vers l'Europe, l'Asie et les Etats-Unis. Toujours en quête de nouveauté et dans le but d'améliorer la qualité, l'équipe des Balisiers ne cesse d'innover. Parmi les crus du Domaine, on peut citer dans les vins rouges : la dame noire ou le comte de peney et en blanc, l'aligoté ou le pinot blanc.

DOMAINE DU CLOS DU CHATEAU

Choully
29 route du Crêt-de-Choully
✆ +41 79 642 56 32
www.closduchateau.ch
info@closduchateau.ch
Dégustation le vendredi de 17h à 19h30, le samedi de 9h30 à 12h30.

Lionel Dugerdil, accompagné de son épouse Nathalie et de ses enfants, a repris avec passion le domaine familial exploité autrefois par son grand-père. Les vins sont excellents, issus de vignobles cultivés en production intégrée. La nature est respectée, les travaux viticoles sont principalement effectués à la main Tous les coteaux du domaine sont en AOC 1er cru, et les vins sont mûrs et concentrés. Les sauvignons sont fruités, les merlots barriqués. Et plusieurs cépages rouges sont élevés en fûts de chêne. Formé à l'œnologie, ce viticulteur élève ses vins comme il conduit ses dégustations, avec compétence et passion. Une magnifique salle de réception a été entièrement rénovée, en pierre de taille, pour accueillir jusqu'à 150 personnes lors d'évènements avec dégustation ou encore de séminaires d'entreprises (connexion Internet).

DOMAINE DU PARADIS

275, route de Mandement
✆ +41 22 753 18 55
www.domaine-du-paradis.ch
info@domaine-du-paradis.ch
Roger Burgdorfer. Rive droite. Ouvert le samedi de 9h à 17h et sur rendez-vous.

Vins blancs de Choully et Peissy : chasselas, aligoté, pinot blanc, chardonnay de Peissy, sauvignon, chassenote blanche et paradidoux (vin doux). Vins rosé et rouge de Choully : gamay, rosé de gamay, pinot noir, pont des soupirs (cabernet-sauvignon, gamaret, cabernet franc et merlot) et chassenote noire. Vins élevés en fûts de chêne : pinot blanc, chardonnay, pour vous, Madame, pinot blanc, pinot noir, diable rouge (syrah), pont des soupirs blanc (viognier et sémillons) et diable blanc (merlot). Ce caveau de dégustation original emmène en enfer pour mieux goûter le paradis.

DOMAINE GRAND'COUR

PEISSY
48 route de Peissy
✆ +41 22 753 15 00
dom.grandcour@bluewin.ch
Domaine viticole. Sur rendez-vous.

Amis gastronomes, si vous avez la chance de dîner dans un restaurant proposant l'un des vins du Domaine Grand'Cour, recevez-le avec délicatesse car c'est avec le plus grand soin et respect que ce vin aura été imaginé par le Genevois Jean-Pierre Pellegrin, vigneron artisan et œnologue. Et si vous préférez vous rendre sur place dans le charmant village de Peissy, il sera prudent de prendre rendez-vous, car le Domaine ne reçoit le grand public que deux fois par an ; la première au mois de mai au moment des portes ouvertes, la seconde en novembre lors des festivités villageoises de la fête du vin bourru. Le chai tout en vieilles pierres vaut le détour avec sa centaine de barriques en fûts de chêne, en provenance de la tonnellerie François Frères et ses 9 amphores. Et c'est ici que l'artisan du vin puise son inspiration, recherchant à extraire de ses 15 hectares de subtils mélanges portant l'empreinte de la qualité : « je ne cherche pas le rendement, mais le plaisir ». Le créateur cultive sur des coteaux vallonnés plus de 25 cépages : chardonnay, pinot blanc et gris, auxerrois, kerner, sauvignon blanc, viognier, gamay, pinot noir, merlot, cabernet franc et sauvignon, gamaret, syrah... Qu'ils soient assemblés ou en monocépage, ces raisins raviront les palais les plus sensibles, à l'instar du Grand'Cour Rouge (70 % cabernet franc et 30 % cabernet sauvignon), lequel compte parmi les assemblages de type bordelais les plus souples du canton.

ÉPICERIE DE CHÂTEAUVIEUX

Peney-Dessus
✆ +41 22 753 92 18
www.chateauvieux.ch
epicerie@chateauvieux.ch
Ouvert du mardi au samedi inclus de 9h à 21h.
Afin de prolonger les plaisirs de la table de Philippe Chevrier, toute la gamme des produits artisanaux du domaine est disponible dans l'épicerie. Epices, moutardes et vinaigres mais aussi confitures, chocolats, biscuits, terrines, pâtés et foie gras. De plus, on trouve sur place une sélection de vins, d'alcools et d'eaux-de-vie dont les «vins Chevrier». Des vins genevois élaborés avec le vigneron Nicolas Bonnet et les vignerons de la Cave de Genève. Corner chez Globus, dans toute la Suisse romande et chez Manor Genève.

SORAL

Avec une grande et majorité de surfaces agricoles, le village de Soral offre un cadre idylique pour les promeneurs du dimanche. Situé au sud de Genève, il ne manque pas de petits producteurs locaux où vous pourrez vous fournir en produits directement à la ferme.

CAFÉ FONTAINE

59, route de Rougemont
✆ +41 22 756 14 21
Cuisine française. Ouvert du mardi au samedi, midi et soir. Plat du jour : 19 CHF. Menu du Marché : 60 CHF. Carte : 70 CHF. Terrasse en été. Parking à proximité.
A quinze minutes de Genève, le Café Fontaine est un charmant bistrot de campagne dirigé par Philippe Lehmann, qui a officié « aux fourneaux » d'établissements prestigieux dans la Cité et aux environs. Le cadre est authentique, joliment décoré avec pierres apparentes, tables et chaises en bois. Une salle annexe permet de recevoir quelques grandes tablées. La terrasse extérieure est très prisée en été, ombragée par un vieux platane. Chaque mois, un menu à thème est proposé selon les saisons : cochonailles, cardons, morilles, courge, poissons, chanterelles… C'est une occasion de découvertes et de déclinaisons culinaires. Pour débuter votre repas, un joli blanc est servi à l'apéritif. A la carte, on retient les noix de Saint-Jacques au beurre de noisette et salade croquante de fenouil avec sa vinaigrette d'agrumes ou le filet de « Skrei », proposé seulement de janvier à mars, au jus de coquillages et tagliatelles de carottes à l'huile d'olive de Toscane. Pour les desserts, la mousse au chocolat Toblerone et glace à la fraise Tagada !

L'ÉCU DE GENÈVE

65, route de Rougemont
✆ +41 22 756 33 50
www.chezmijo.info
chez.mijo@gmail.com
Cuisine française. Ouvert 7j/7 midi et soir. Plat du jour : 18 CHF. Menu poisson : 45 CHF, menu viande : 46 CHF. Pavé de cheval sauce morilles et chanterelles : 39 CHF.
Petit restaurant bien sympathique au cœur de Soral. Son steak de cheval gigantesque avec sa sauce forestière est connu jusqu'au centre-ville. Terrasse en été.

THÔNEX

CENTRE COMMERCIAL THONEX

106 rue de Genève
✆ +41 22 301 33 33
www.thonex-centre.ch
info@thonex-centre.ch
23 commerces. Ouvert du lundi au mercredi de 9h à 19h, le jeudi de 9h à 20h, le vendredi de 9h à 19h30 et le samedi de 9h à 18h. La Coop est ouverte dès 8h et le restaurant Molino de 8h à 23h du lundi au samedi et le dimanche de 9h à 23h. Parking couvert de 200 places.
C'est en septembre 2008 que ce centre commercial très bien situé a ouvert ses portes, sur cet axe très fréquenté de la rue de Genève, à proximité de la douane de Moillesulaz. Sur place, vous trouverez des commerces et services. Parmi les grandes enseignes du centre, un supermarché Coop, un magasin C&A et en terme de service très pratique : La Poste. Sur place, aussi des enseignes de prêt-à-porter pour hommes et femmes, accessoires de mode, magasin de chaussures, pharmacie, de l'électroménager, de l'informatique et de la téléphonie, un pressing, bijouterie, opticien, kiosque à journaux, un cordonnier et clés-minute, pâtisserie, et lavage de voiture. Le restaurant Molino, bien connu pour ses spécialités italiennes, est ouvert 7j/7 et bénéficie en été d'une très belle terrasse, tranquille car située à l'arrière du centre commercial. Au total, 23 commerces et services de proximité réunis en un même lieu pour vous faciliter la vie.

CENTRE SPORTIF SOUS MOULIN

39, route de Sous-Moulin
Parking Sous-Moulin
✆ +41 22 305 00 00
✆ +41 22 305 00 99
www.cssm.ch
info@cssm.ch

Bâtiment emblématique de l'unification des trois communes de Chêne-Bougeries, Chêne-Bourg et Thônex, le centre sportif de Sous-Moulin propose un terrain de pétanque devant le restaurant, ainsi que deux salles de réunions de 20 et 30 places équipées pour des séminaires sportifs. On trouvera également sur 96 000 m², cinq terrains de football, cinq courts de tennis, un anneau d'athlétisme, des aires de sauts et de lancer du boulet, deux terrains de beach-volley et à l'intérieur une salle omnisports, une salle d'arts martiaux, une salle de musculation.

LE CIGALON

39, route d'Ambilly
✆ +41 22 349 97 33
www.le-cigalon.ch
jmbessire@le-cigalon.ch

Restaurant gastronomique. Ouvert du mardi au samedi. Menus : 54 CHF (midi) ou 60 CHF avec fromage, 65 CHF, 120 CHF et 145 CHF. Menu Carte blanche au chef, selon saison et arrivage. Quatre menus banquets au choix, dès 6 personnes. Réservation conseillée.

A deux pas de Genève, il est un restaurant étoilé et renommé Le Cigalon tenu par Corinne et Jean-Marc Bessire où les produits de la mer nobles et raffinés sont à l'honneur. Jean-Marc et sa brigade nous régalent d'une cuisine iodée, goûteuse, délicate et inventive. Corinne associe mets et vins avec une grande finesse et nous dévoile sa carte de grands crus. Son sourire en salle est aussi fort apprécié. La carte change au gré des saisons et propose toujours des mets inventifs ou incontournables comme : le retour de pêche… selon l'arrivage du jour, le Black Cod d'Alaska mariné au vinaigre japonais et glacé au four, le saumon en trois verrines gourmandes, ou en dessert le soufflé chaud à l'absinthe. Un cadre élégant et chaleureux pour une adresse d'exception. Une table d'hôte située dans la cuisine offre à quelques privilégiés la possibilité d'assister au spectacle de la préparation en mangeant. En été, une jolie terrasse permet de découvrir le « jardin des sens » du propriétaire et de profiter de la douceur des beaux jours.

HOSTARIA DE VILLETTE

55, route de Villette
✆ +41 22 789 04 70
www.hostariadevillette.com

Ouverte tous les jours sauf le samedi à midi. Carte : 55 CHF.

Le chef tessinois Gabriele Martinoli et son équipe ont repris en 2010, ce lieu plein de charme à Thônex. Entièrement refait, le restaurant a été sobrement habillé de blanc, de beige et de bois, et possède une jolie terrasse en été. Côté assiette, on retrouve les plats italiens et tessinois qui ont fait le succès du restaurateur, de délicates variations autour des pâtes, des risotti, des viandes et des poissons. Difficile de choisir entre le risotto aux myrtilles et gorgonzola, les gnocchi à la courge, les rognons de veau braisés au four ou l'aile de raie au beurre salé et aux câpres… Egalement quelques belles entrées. La carte des vins n'est pas en reste, avec un grand choix de crus tessinois et italiens.

TROINEX

LA CHAUMIÈRE

16, chemin de la Fondelle
✆ +41 22 784 30 66
www.lachaumiere.ch
info@lachaumiere.ch

Cuisine française. Ouvert du mardi au samedi midi et soir. Menu semaine 32 CHF. Menu carte dès 69 CHF. Accès pour personnes handicapées. Parking.

Une belle chaumière accueillante et lieu de rencontre des gourmets. Au fil des saisons, le chef Patrice Mièvre vous invite à découvrir des saveurs, obtenues en respectant le produit, qu'il aura sélectionné avec soin auprès des producteurs locaux et sur les marchés. Une cuisine inventive et subtile. Plusieurs salles sont à disposition pour des séminaires et sous la véranda, l'auberge de campagne est encore plus jolie.

VANDŒUVRES

Vandoeuvres est une petite commune comprenant les hameaux de Chougny, Crête et Pressy. Elle offre des chemins et des bocages parmi les plus remarquables et caractéristiques du canton, notamment dans le secteur de Chougny, avec ses chênes centenaires. La tradition veut d'ailleurs qu'il y ait un chêne par habitant de la commune (soit 2 400 arbres !). Le bocage de Vandoeuvres offre de véritables tunnels verts au détour desquels on peut voir quelques belles propriétés. La mairie, ancienne maison de maître du XVIIIe siècle, offre un exemple rare dans la région de Genève de construction en pisé sous le mortier, et son parc au charme agreste est des plus agréables.

■ AUBERGE DE VANDOEUVRES

2, route de Choulex
✆ +41 22 750 18 64
www.aubergedevandoeuvres.com
di.jacquet@aubergedevandoeuvres.com
Cuisine française. Ouvert le lundi midi et soir, le mardi à midi, du jeudi au samedi midi et soir et le dimanche à midi. Côté bistrot, plat du jour avec dessert en semaine : 22 CHF. Menu «Vandoeuvres» : 55 CHF, menu «Découverte» : 87 CHF. Carte : 65 CHF. Bar toute la journée.
Spécialités de poissons de mer et de gibier en saison pour une cuisine d'inspiration française dans un cadre charmant, et ce depuis trente ans. Raffinement des saisons avec le foie gras chaud aux pommes et coulis de cidre, le loup de mer en croûte de sel marin, la souris d'agneau braisée à la badiane ou le panaché de poissons de mer façon bouillabaisse. Une belle carte de vins suisses et français avec quelques bouteilles millésimées complète le tableau. Côté bistrot, rien à redire, on se régale à moindre prix. Très belle terrasse fleurie et calme. Salle de banquet pour 80 personnes assises. Egalement un service traiteur.

■ RESTAURANT DU CHEVAL BLANC

1, route de Meinier
✆ +41 22 750 14 01
www.restaurant-chevalblanc.ch
restchevalblanc@bluewin.ch
Cuisine italienne. Ouvert du mardi au samedi. Cuisine de midi à 14h et de 19h à 22h. Carte : 80 CHF.
C'est une magnifique maison située au cœur du bucolique village de Vandœuvres. Le cadre intérieur est chaleureux et la carte aux plats typiques italiens présente aussi des créations du chef ou quelques spécialités que nous pouvons vous recommander comme la piccata de veau au citron ou le *misto di pasta* (4 sortes de pâtes). En automne, on y déguste la chasse à la mode transalpine. Belle carte de vins italiens et de Bordeaux. A l'étage, des salles de banquets permettent d'organiser anniversaires, mariages ou des expositions temporaires d'œuvres d'art. L'été, le restaurant bénéficie d'une magnifique terrasse très prisée.

VERNIER

Transports

■ EASY-PARK

8, chemin de l'Emeraude
✆ +41 22 341 31 25
Voir page 76.

Se loger

■ FERME DES GRANDS BOIS

82, route de Peney ✆ +41 22 341 05 19
www.ferme-des-grands-bois.ch
contact@ferme-des-grands-bois.ch
Vins de la Cave de Genève et confiture de lait. Ecole à la ferme, chambres d'hôte. Sur rendez-vous
Ecole à la ferme, chambres d'hôte. Vins de la Cave de Genève et confiture de lait

Se restaurer

■ LA GRANGE

64A, rue du Village ✆ +41 22 341 42 20
www.restolagrange.ch
info@restolagrange.ch
Cuisine française. Ouvert du lundi au vendredi midi et soir. Plat du jour : 19 CHF, avec entrée : 30 CHF. Menu d'été 2 plats (café inclus) : 58 CHF. Menu : 80 CHF. Carte : 70 CHF. Parking.
Avec Serge aux fourneaux et Marianne en salle, on est assuré de bien manger ! Dans le centre du vieux Vernier, à trois cents mètres de la mairie, une ferme restaurée abrite désormais un très bon restaurant de spécialités françaises et de produits de la mer : tartare de loup aux écrevisses, foie gras maison, dorade en papillon, risotto aux chanterelles et jambon de parme et une incontournable tartelette au citron. Des prix un peu élevés mais un cadre des plus charmants, avec cheminée en hiver et terrasse en été. Vins suisses et français.

Sports – Détente – Loisirs

■ PARCOURS MESURÉS DU BOIS-DES-FRÈRES

VERNIER
30 rue du Bois-des-Frères
✆ +41 22 306 07 70
www.vernier.ch
mairie@vernier.ch
Les horaires et les activités proposées sont consultables sur leur site Internet.

La commune de Vernier offre aux enfants et aux jeunes de 7 à 77 ans des installations très complètes.
Ces parcours mesurés, réalisés en collaboration avec la Fédération Suisse d'Athlétisme, offrent à la population la possibilité de courir selon son plaisir et son humeur, de se détendre et de «recharger les batteries» loin du bruit et de l'agitation (parcours vert de 5,7 km). Mais la communes propose aussi : piscines intérieures et extérieures dont un bassin olympique de 50 m, un superbe mini-golf, des tennis (couverts à Aïre et à Vernier), des terrains de badminton, tennis de table, jeux pour enfants, un parc et des pelouses... Bon à savoir, des activités plongée en piscine : cours, baptême, stage....

■ YATOULAND

22, chemin des Batailles
✆ +41 22 341 40 00
www.yatouland.com
Premier parc de loisirs intérieur pour les enfants de 0 à 10 ans à Genève. Ouvert mercredi, samedi et dimanche de 11h à 18h et pendant les vacances genevoises de 11h à 18h. L'espace anniversaire accueille vos enfants pour célébrer cet événement. Réservations au +41 (0) 22 341 40 00 du lundi au vendredi de 9h à 12h. Accès au Baby Parc pour moins de 3 ans. Tarifs : – de 3 ans : 8 CHF, plus de 3 ans : 12 CHF, accès gratuit pour les adultes accompagnant.
Yatouland, c'est un univers de jeux couverts, unique sur Genève. Accompagnés des parents et sous leur surveillance, les enfants de 0 à 10 ans pourront profiter des infrastructures de Yatouland dont des châteaux gonflables, un parcours d'obstacles, un parcours découverte en hauteur, une arche de Noé, un espace pour les tout-petits avec des jeux éducatifs à disposition, un toboggan ou de gros trampoline. Des formules anniversaires à partir de 8 enfants sont disponibles. Au même endroit, paint-ball et lasergame occuperont les plus grands (renseignements sur le site Internet).

Shopping

■ ARCENTER

Les Crêts
2-4 route de Peney
✆ +41 22 307 57 47
www.arcenter.ch
Du lundi au mercredi de 8h à 19h, le jeudi et le vendredi de 8h à 19h30, et le samedi de 8h à 18h.
Ce nouveau centre commercial a privilégié une architecture futuriste pour loger de nouveaux commerces dans un secteur géographique à l'urbanisme en profonde mutation : nouvelles constructions, nouveaux aménagements, nouvelles offres de logements, bureaux et commerces. ARCenter est un centre fonctionnel et agréable : une galerie marchande en forme d'arc dont les baies vitrées privilégient la lumière du jour ; elle possède un agréable patio, ainsi qu'une verrière intérieure que l'on rejoint par des passerelles. L'accessibilité des visiteurs a été facilitée avec des arrêts de bus à proximité, un parking réservé aux cyclistes et un autre en sous-sol pour les automobilistes, ainsi que des places prévues à proximité. ARCenter répond aux nouvelles normes énergétiques en privilégiant les économies et la récupération d'énergies qui lui permettent de produire, en autonomie, l'eau chaude sanitaire et le chauffage nécessaires. Ce bâtiment reçoit un centre commercial Migros (avec un marché) et 10 commerces complémentaires ainsi que des bureaux. Ce nouveau centre a mis en place une équipe efficace et élargie et a ainsi permis de créer, déjà, 60 nouveaux emplois !

■ IKEA

156, route de Vernier
www.ikea.ch
Ouvert du lundi au mercredi de 9h à 19h, le jeudi de 9h à 21h, le vendredi de 9h à 19h30 et le samedi de 9h à 18h.
Depuis peu, l'enseigne IKEA s'est installée non loin de Genève, à Vernier. Comme à son habitude, la célèbre marque offre aux Genevois une vaste gamme de produits d'ameublement design et pratiques à des prix accessibles au plus grand nombre. S'il faut le rappeler, IKEA c'est entre autres de la vaisselle jolie et peu fragile, des objets décoratifs pour rendre la vie plus agréable, des luminaires à bas prix, des meubles fonctionnels et esthétiques et aussi une gestion intelligente de l'espace grâce à ses rangements qui optimalisent l'utilisation des volumes habitables.

■ INTERIO

171, route de Meyrin
✆ +41 22 306 60 60
www.interio.ch
Ouvert du lundi au mercredi de 9h à 19h, le jeudi de 9h à 21h, le vendredi de 9h à 19h30 et le samedi de 9h à 18h. Parking gratuit.
Un magasin de décoration d'intérieur en libre-service présente des meubles à monter soi-même pour toutes les pièces

de la maison. Une foule d'objets pratiques, ravissants et utiles allant du linge de bain au coussin en passant par les lampes en papier ou l'encens, sont disposés sur deux amples étages. Evidemment, les prix sont raisonnables, c'est pourquoi il est difficile de résister à ce mobilier aux lignes contemporaines, très apprécié des jeunes étudiants à petit budget comme des familles nombreuses.

MIGROS ARCENTER

ARCenter
2-4 route de Peney
✆ +41 22 307 22 50
www.migros.ch
Ouvert du lundi au mercredi de 8h à 19h, le jeudi et vendredi de 8h à 19h30, le samedi de 8h à 18h.

Dans le nouveau centre à l'architecture futuriste ARCenter, qui accueille un centre commercial et des bureaux, Migros vient d'ouvrir une nouvelle enseigne de produits alimentaires et manufacturés, une boulangerie, un service de photocopies et de développement photo, une boutique Florissimo ainsi qu'un bureau de change.

VERSOIX

LE RESTAURANT DU LAC

1, quai de Versoix
✆ +41 22 779 31 00
www.restaurant-du-lac-versoix.ch
michaux@bluewin.ch
Cuisine française. Ouvert du mardi au samedi midi et soir. Plat du jour : 21 CHF. Carte : 60 CHF. Parking.

Bénéficiant d'une vaste terrasse avec vue sur le Léman, Le Restaurant du Lac tenu par Elin et Laurent Michaux mérite bien son nom. C'est également du lac que proviennent les filets de perche, spécialité du lieu, accompagnés de frites maison et de petits légumes. Le reste de la carte, plutôt réduite, comprend autant des classiques comme le tartare de bœuf que des plats plus sophistiqués tels la marinade de Saint-Jacques et saumon confit à la crème acidulée ou le loup de mer piqué aux zestes de citron et thym frais, sans compter quelques savoureux desserts. Quant au cadre, il se distingue par son élégance et sa sobriété toute contemporaine. Belle carte des vins, notamment genevois comme le Domaine du Paradis, également au verre. Possibilité d'organiser des réceptions et des banquets. Réservation conseillée.

UCHINO

66, route de Suisse ✆ +41 22 755 10 32
Cuisine japonaise. Ouvert de midi à 14h et de 19h à 21h30 du mardi au samedi. Plat du jour : 27 CHF. Menus de 65 CHF à 95 CHF. Carte : 65 CHF. Pas de paiement par cartes de crédit.

Pour ceux qui aiment la culture nippone dans toute sa splendeur ou pour les curieux néophytes dans ce domaine, voilà un endroit authentiquement japonais fréquenté par les Japonais. Dans un cadre tout de sobriété, on y sert une cuisine très fine et élaborée : soupe impériale, poulet grillé, toute une gamme de poissons crus et des poissons grillés marinés. Le thé vert est offert, comme au Japon !

VÉSENAZ

Vésenaz est une bourgade dans la périphérie de Genève, située à cheval sur les communces de Cologny et Collonge-Bellerive. A ne pas manquer de visiter, le château de Vésenaz, qui est en fait une maison forte, inscrite comme bien culturel d'importance régionale.

AQUA-DIVING

La Pallanterie
146 route de Thonon
✆ +41 22 752 56 26 / + 41 79 606 25 06
www.aqua-diving.ch
info@aqua-diving.ch
Sur rendez-vous.

Aqua-Diving est un Centre de sport et de plongée PADI CMAS, le plus ancien centre de plongée encore professionnel de Genève (1992). C'est aussi une école de plongée en milieu naturel, en mer, et en piscine privée, spécialisée en plongée enfant dès 6 ans. Il organise aussi bien des formations pour les enfants que les instructeurs, en cours semi-privés, toute l'année. Des cours de plongée en piscine et camps multiactivités sont organisés pour les enfants et ados, avec entre autres : tour en bateau avec les Mouettes Genevoise (explication de l'énergie solaire), visite de la police du lac, cours de biologie, protection environnement, etc. et plongée ! Mais aussi des cours de natation, nage avec palmes et mono palme. Les cours sont multilangues, et peuvent être privatisés et réservés aux VIP. Pour tous les plongeurs, le club propose des entraînements toutes les semaines, ainsi que de nombreuses sorties et voyages.

▸ **Autre adresse :** La Pallanterie-Capite, 82 chemin de la Montagne – 1224 Chêne-Bougeries – Tél : +41 22 348 25 06 - + 41 79 606 25 06

BRUAND

52, route de Thonon ✆ +41 22 752 53 17
www.fromage-bruand.ch

Dominique et Carole Ryser sont une référence à Genève pour les amateurs de fromage, qui les retrouvent dans leur magasin basé à la Halle de Rive depuis plus de 15 ans. 300 références, un partenariat avec Hervé Mons, 6 Roqueforts différents, une collection complète de raclettes pour tous les goûts (vraiment tous !) qui viennent de Fey, Nandaz, Conches et Bagnes entre autres, et la fameuse raclette « Bruand » fabriquée vers Saanen et affinée à Gruyère (Fribourg) et de la charcuterie de terroir. Une seconde enseigne est née en septembre 2012 à Vésenaz (environ 7 kilomètres de Genève en direction de Thonon). Pratique !

Autre adresse : Les Halles de Rive, Genève. Tél. +41 22 736 93 50

NA VILLAGE

82, route de Thonon
✆ +41 22 777 30 70 – www.navillage.ch

Cuisine thaïlandaise. Fermé le samedi midi et le dimanche. Plat du jour : 18 CHF. Menu dégustation : environ 70 CHF. Carte : 45 CHF.

Poussez la lourde porte en bois et entrez dans le décor féerique, feutré du NA Village, une invitation au voyage, à la détente où chaque détail est étudié pour votre bien-être. Vous apprécierez le choix et l'originalité des plats aux saveurs exotiques et aux goûts subtils. Sur place, également, une cave à vins avec possibilité d'organiser des apéritifs privés. En été, belle terrasse aux meubles exotiques.

VEYRIER

RAFTING LOISIRS

52, chemin des Marais ✆ +41 22 784 02 05
www.rafting-loisirs.ch – info@rafting-loisirs.ch

Inscriptions en groupe ou individuel sur le site Internet

Depuis 1994, Jean-Pierre Golay vous propose des activités de pleine nature avec ses équipes d'accompagnateurs brevetés. Sorties VTT, Raquette et motoneige en hiver, mais aussi la pratique des sports en eau vive accessible au plus grand nombre. Pour les amateurs de descentes, celle de l'Arve est proposée en raft, canoraft et kayakraft. Les dates et inscriptions sont accessibles sur le site Internet. Les amoureux de la nature peuvent aussi glisser sur les marais de la Versoix en canoë, profitant de la nature depuis le pont de Divonne, toute l'année. Il existe aussi des randonnées kayak sur le Lac Léman, pour essayer par exemple la nouvelle génération de kayaks *sit on top*. Rafting Loisirs propose également un service de locations à l'heure de Pâques à octobre pour les particuliers : canoë-kayak monoplace, 2, 3, 4 places et kayak. Pour cela, il suffit de se rendre sur la commune de Chambésy, plage du Vengeron. Il est conseillé de réserver au +41 79 275 67 94.

LA RÉUNION

2, chemin Sous-Balme ✆ +41 22 784 07 98
www.restaurant-reunion.ch

Ouvert du lundi au vendredi de midi à 14h et de 19h à 21h30, samedi de 19h à 21h30. Plat du jour : 22 CHF. Menu du jour : 51 CHF (3 plats). Carte : 110 CHF.

Dans un cadre contemporain, complètement rénové, le restaurant La Réunion propose une délicate cuisine contemporaine. Il est possible de choisir entre diverses formules. Le menu du jour comprenant une entrée, un plat et un dessert change quotidiennement. La carte est renouvelée chaque semaine et s'inspire des produits du marché. C'est le propriétaire, Patrick Laporte, qui est aux fourneaux. Son tajine de turbot en couscous à l'huile de pistache et petits légumes est un délice. Si l'on est très gourmand, l'on pourra aussi essayer les bonbons de foie gras infusés dans un bouillon parfumé à la truffe. Les bricelets farcis à la crème de Gruyère et petits fruits rouges accompagnés de sorbet à la fraise sont également redoutables.

SKI CLUB DE GENÈVE

154, route de Marais ✆ + 41 22 784 08 54
www.skiclubgeneve.ch

Cotisation annuelle : jeune 40 CHF, adulte 75 CHF. Renseignements et inscriptions sur le site Internet.

Le Ski Club de Genève existe depuis 1917 et a bien évolué tout en conservant l'enthousiasme du début grâce à son président Bernard Schneider, son équipe et ses nombreux membres. Une belle aventure qui se perpétue et perdure pour communiquer le goût et la pratique du ski à tout âge, de 1 à 90 ans ! Les plus jeunes ont des cours le mercredi et le samedi. Ceux-ci se déroulent toute la journée dans les stations françaises. En février, un camp de ski et snowboard est organisé en suisse. Les adultes peuvent s'inscrire à des week-ends et des séjours organisés à Zermatt, dans les Dolomites… Et des sorties randonnées. Bonne ambiance, souvenirs et bon air garantis !

FRANCE VOISINE

L'église d'Yvoire, dédiée à saint Pancrace.

Ain – Pays de Gex

Marchés du Pays de Gex

Renommés pour leur diversité et la qualité de leurs produits, les marchés du pays Gessien sont à découvrir :

- **Bellegarde-sur-Valserine,** le jeudi de 7h à 14h.
- **Divonne-les Bains,** le vendredi de 8h à 12h30 et le dimanche de 8h à 13h.
- **Gex et Ferney-Voltaire,** le samedi de 8h à 13h.
- **Ferney-Voltaire,** le marché des délices tous les mercredis matins (sauf en janvier).
- **Prevessin-Moens et Thoiry,** le dimanche de 7h à 14h. D'autres marchés ponctuels sont organisés dans l'année. Renseignements : Office de tourisme de Saint-Genis-Pouilly (04 50 42 29 37).

Au nord-est du département de l'Ain, le Pays de Gex s'étend de Léaz à Divonne-les-Bains et de la jolie vallée de la Valserine à celle du Léman. Les Monts Jura, point culminant de la réserve naturelle nationale de la Haute-Chaîne du Jura, en font une destination privilégiée pour les skieurs et les randonneurs qui aiment fréquenter des petites stations familiales. Les villes principales sont : Divonne-les-Bains, avec son casino et ses thermes, Ferney-Voltaire, qui doit son nom au célèbre philosophe qui y a vécu de nombreuses années, Saint-Genis-Pouilly et Gex. Cette ancienne région historique du Duché de Savoie (alors à cheval sur la France et la Suisse), à deux pas de Genève, est un véritable « jardin ouvert sur le monde » avec le Parc naturel régional du Haut-Jura : thermes, pêche, balades à pied ou à vélo. Son patrimoine culturel est chargé d'histoire : Fort l'Ecluse, un ancien fort militaire de plus de 2 000 ans d'histoire, le château de Voltaire et la ville de Ferney-Voltaire, la seule ville jamais construite par un philosophe des Lumières. Le Pays de Gex, c'est aussi un patrimoine culinaire et viticole : le village de Challex (avec son vignoble bien sûr, qui fait sa réputation), son Bleu de Gex (AOC) ainsi que les mets locaux dans les différents restaurants du territoire, le verger Tiocan (pour sa sélection de fruits de variétés anciennes), et l'école de cuisine de Divonne-les-Bains, qui contribue au savoir-faire bistronomique.

Communauté de communes du Pays de Gex

Situé à 5 minutes de Genève, entre Jura et Léman, le Pays de Gex mérite un large détour touristique. On y découvre des panoramas uniques sur le Léman, le Jura et le Mont-Blanc (depuis le col de la Faucille). On peut pratiquer les sports de plein air dans des environnements préservés : randonnées pédestres sur le Balcon du Léman, VTT, golf, ski de piste ou nordique dans les montagnes du Jura... Son patrimoine est riche sur le plan historique : château de Voltaire, Fort-l'Ecluse... Le bien-être et la détente ne sont pas oubliés sur le site prestigieux des thermes de Divonne-les-Bains. De nombreux thèmes de randonnées sont proposées par les offices de tourisme. La rivière Valserine, trait d'union entre les villages et les hommes, a façonné les paysages depuis sa source jusqu'à sa confluence avec le Rhône. Une belle région, marquée par le passé et les empreintes de l'histoire, qui n'a pas oublié de s'ouvrir au progrès et à l'ingéniosité avec la présence du CERN et les expériences du Laboratoire de physique des particules !

COMMUNAUTE DE COMMUNES DU PAYS DE GEX
Service Développement Touristique
135, rue de Genève
✆ 04 50 99 30 55
www.paysdegex.org
Publications gratuites disponibles dans les offices de tourisme du Pays de Gex. Topoguide « Du Jura au Léman, balades en Pays de Gex » : 12 €. Carte « Promenades et randonnées entre Jura et Léman » : 7 €.

Quelle escapade vous inspire ?

PAYS DE GEX

◆ Les sources de la Divonne

◆ Evasion sur les crêtes jurassiennes

◆ Sur les pas de Voltaire à Ferney-Voltaire

◆ Découvrez le Microcosm

◆ Parcours historique de Gex

◆ Autour de Fort l'Ecluse

Dans l'Ain, entre Jura et Léman,

les Offices de Tourisme du Pays de Gex vous accueillent…

- Collonges et sa région
  Tél. 00 33 (0) 4 50 59 40 78
- Divonne-les-Bains
  Tél. 00 33 (0) 4 50 20 01 22
- Maison du tourisme Monts Jura
  Tél. 00 33 (0) 4 50 20 91 43
- Mijoux-la-Faucille
  Tél. 00 33 (0) 4 50 41 30 28
- Pays de Gex - La Faucille
  Tél. 00 33 (0) 4 50 41 53 85
- Pays de Voltaire
  Tél. 00 33 (0) 4 50 28 09 16
- Saint-Genis-Pouilly
  Tél. 00 33 (0) 4 50 42 29 37

www.pays-de-gex.org

CHALLEX

La colline de Challex est un véritable balcon sur le Rhône, offrant des panoramas splendides sur les Alpes et le Jura. Son histoire est riche, traversée de personnages célèbres, comme Monseigneur Bonnaz, né à Challex en 1812, et devenu prince évêque de Temeswar en Hongrie (aujourd'hui Timisoara, intégrée à la Roumanie), ou Jean-Antoine Lépine, né à Challex en 1720, devenu horloger du roi et dont l'invention a révolutionné l'horlogerie en permettant de fabriquer des montres plates. Village essentiellement agricole, comme tous les villages du Pays de Gex, Challex est le seul a posséder encore un vignoble. Des coteaux bien situés, produisant un vin blanc issu du chasselas, ainsi que des rouges et des rosés à partir de gamay ou de pinot noir. Un réseau de sentiers balisés permet de découvrir ses paysages aux vues superbes, ses maisons fortes, ses fontaines et son vignoble.

■ DOMAINE DE MUCELLE

180, route de Mucelle ✆ 04 50 56 40 29
fl.pericard@wanadoo.fr
Visites sur rendez-vous. Challex est le dernier village viticole du Pays de Gex. Frédéric Péricard y exploite, sur 10 hectares, gamay, pinot noir et chasselas. Au domaine de Mucelle, le viticulteur accueille volontiers touristes et autochtones pour une dégustation de crus qui possèdent l'appellation IGP «vin des coteaux de l'Ain». Depuis 2011, la récolte est certifiée «issue de l'agriculture biologique» (dans une environnement de cultures céréalières labellisées «Agriculture Biologique» depuis 2000) ; la vendange est faite «à la main».

Challex : une balade dans le vignoble «franco-suisse»

Promenade entre Challex en France et Dardagny en Suisse, à la découverte des vignobles et du patrimoine bâti, tout près du verger Tiocan et des viticulteurs genevois. 2h30 de balade au départ de la Mairie de Challex (altitude : 500 m). Renseignements : www.challex.fr – Tél : 04 50 56 30 10. Offices de tourisme du Pays de Gex – Tél : 04 50 99 30 55 - www.pays-de-gex.org. Carte des sentiers et topoguide en vente dans les offices de tourisme, les librairies et maisons de la presse. Topoguide «Du Jura au Léman, balades en Pays de Gex – Bellegarde».

COLLONGES

Par sa situation géographique, entre Rhône et Jura, Collonges est souvent nommée au fil de l'histoire « Porte de France », se terminant du côté sud par une vallée encaissée, le passage de l'Ecluse, où le fort éponyme monte la garde. Elle est le chef-lieu du canton de Collonges, composé des communes de Farges, Saint-Jean-de-Gonville, Pougny, Péron, Challex, Lancrans, Confort, Chézery et Léaz, pour une population totale de 8431 habitants. Leurs visites sont chargées d'histoire et de traditions : fort de l'Ecluse à Léaz, verger Tiocan à Péron, fromagerie de l'Abbaye à Chésery, domaine de Mucelle à Challex, défilé de Fort-l'Ecluse traversant les communes de Collonges, Léaz et Chevrier (74), marais de l'Etournel s'étendant sur les communes de Collonges, Pougny, Chevrier (74) et Vulbens (74), réserve naturelle de la Haute Chaîne du Jura, Parc naturel régional du Haut-Jura... En toute saison, on bénéficie d'une nature préservée et d'activités sportives multiples : randonnée pédestre, en raquette, golf, via ferrata, équitation, parapente, etc. – un large choix pour tous les goûts !

■ LA FONTAINE RÉMOLAN

Collonges et ses hameaux possèdent un joli patrimoine de fontaines. A Collonges, découvrez la fontaine de Rémolan : cette agréable fontaine est constituée d'un bassin rectangulaire en pierre calcaire enfoui sous une toiture à quatre pans avec un pourtour pavé en pierre calcaire. Jusqu'au XIXe siècle, les bassins de ces fontaines étaient en bois, ils furent ensuite remplacés par de la pierre calcaire du Jura. Il en fut ainsi pour les fontaines d'Ecorans, de la place et celle du Plateau.

■ LE MALASSIS

71, Grand'Rue ✆ 04 50 48 11 37
lemal-assis@orange.fr
Lundi soir, mercredi soir et samedi midi. Menus de 15 € à 22 €.
Le Malassis vous acceuille dans un cadre moderne et chaleureux au cœur du village de Collonges. Vous y dégusterez de délicieuses pizzas et une cuisine traditionnelle de qualité.

CROZET

■ HOTEL RESTAURANT LE JOLY BOIS

Route de la Télécabine ✆ 04 50 41 01 96
www.boisjoly.com – contact@boisjoly.com
Ouvert du lundi au jeudi le soir ; le week-end le midi. Carte : 15 € environ. Menu enfant : 9 €. 36 chambres. Chambres doubles : 69 €.

Balades dans Collonges et ses environs

Défilé de Fort-l'Ecluse : site classé et protégé, le défilé couvre une superficie de 1844 hectares qui traverse Collonges, Léaz et Chevrier (74). Ses atouts sont, entre autres, la migration des oiseaux (lieu d'observation privilégié), l'hivernage des chauves-souris, la faune et la flore de ses pelouses et falaises exposés au sud, et les paysages du haut Rhône. On retrouve différents types de milieux, qui font la richesse de ce site : les falaises, les pelouses, les chênaies pubescentes, les souterrains et le milieu fluvial (Rhône). Un sentier longe le fort supérieur.

Fort-l'Ecluse, à Léaz : porte d'entrée du Pays de Gex, les origines de Fort-l'Ecluse datent de 58 avant J.-C. Au Moyen Age, une maison forte servant de péage à marchandises est installée en ce lieu stratégique. Cette maison forte est ensuite modifiée, et renforcée pour faire face aux attaques savoyardes puis autrichiennes. L'aspect actuel du fort date des années 1840. Il est aujourd'hui un lieu touristique et culturel ouvert aux visiteurs en saison estivale.

Les communaux : randonnée assez longue en sous-bois à travers les «basmonts» et les « communaux », par des sentiers chargés d'histoire. Départ à l'église de Farges (518 m), dénivelé 1120 m, durée 6h ; pour les sportifs amateurs de dénivelé, à 2 km de Collonges. *In* «du Jura au Léman, balades en Pays de Gex – Bellegarde», topoguide de l'office de tourisme du Pays de Gex.
Renseignements : www.collonges.ot.cc-pays-de-gex.fr

■ FORT L'ÉCLUSE
Longeray, Route de Genève ✆ 04 50 56 73 63

Demi-pension pour 2 personnes : 114 €. Petit déjeuner : 8,90 €. Terrasse.
Implanté au centre du pays de Gex, face au bassin du Léman et des Alpes, cet établissement familial vous accueille depuis trois générations. A la carte du restaurant, une cuisine traditionnelle avec filet de féra du lac Léman aux écrevisses, poêlée de gambas non décortiquées à la provençale ou flambées au cognac ainsi que pâtes, omelettes et fondues. Les desserts raviront petits et grands avec biscuit de Savoie aux amandes, nougatine glacée, omelette norvégienne, chaud-froid de fruits rouges et sa boule de glace vanille... Une belle terrasse avec vue s'ouvre aux beaux jours. Sur place de jolies chambres spacieuses de 56 € (1 personne) à 65 € (4 personnes).

■ HOTEL RESTAURANT LE RELAIS CROZATI**
1421, route de la Télécabine
✆ 04 50 42 00 00
www.relaiscrozati.fr
relaiscrozati@orange.fr
Ouvert toute l'année. 15 chambres. Chambre double : 59 € à 69 €. Petit déjeuner : 6,50 €. Restauration : ouvert tous les jours (sauf les lundis et mardis midis ainsi que le dimanche soir). Formule du jour : 17 €. Menus de 17 à 41 €.
Un cadre agréable avec un superbe panorama sur la chaîne des Alpes et tout le bassin lémanique. Au pied de la télécabine de Crozet (Mont-Jura, 1 680 m). Son atout est son restaurant sur place, dont la cuisine est simple et naturelle, à base de produits frais (les champignons sont cueillis du matin).

■ JIVAHILL*****
Route d'Harée ✆ 04 50 28 48 48
www.jivahill.com
welcome@jivahill.com
Ouvert à l'année. 28 chambres avec terrasse et 6 pavillons indépendants avec jardin et jacuzzi. Tarifs en fonction des saisons, voir sur le site Internet. Chambre Deluxe : 355 €. Suite Junior : 520 CHF.
Il est surprenant de trouver dans cette belle campagne du Pays de Gex, le Jiva Hill Park Hotel, un magnifique hôtel de luxe dans le style lodge intégré parfaitement dans l'environnement grâce à ses extérieurs en bois, ses grandes baies vitrées et l'aménagement végétal. A 15 minutes de l'aéroport de Genève et de Palexpo, l'hôtel est une oasis de luxe, d'intimité et de discrétion au milieu d'un parc naturel de 35 hectares. L'hôtel propose 28 chambres de Luxe avec terrasse, et 6 pavillons indépendants disposant chacun de son propre jardin et de son jacuzzi et du maximum de confort et avec toutes les dernières technologies pour rester connecter. Les prix diffèrent selon les périodes et les salons sur Genève.

DIVONNE-LES-BAINS

Une station thermale réputée depuis 1850 pour ses sources – Diva Onda – déjà connues des Romains : une eau riche en fluor, en calcium et en magnésium. Outre ses eaux thermales, la ville est prisée pour sa proximité avec Genève (20 km) à l'extrémité du Pays de Gex, à la frontière du Jura suisse et du lac Léman. Elle offre de nombreuses sources de distraction, sur le lac notamment, et aux alentours : golfs, piscine olympique, station thermale, courses de chevaux, un parc aventure, une salle de spectacles... A noter aussi, le casino, qui attire par ses lumières et ses machines à sous.

Pratique

■ **OFFICE DE TOURISME**
4, rue des Bains
✆ 04 50 20 01 22 / 04 50 20 51 65
www.divonnelesbains.com
accueil@divonnelesbains.com
En été, d'avril à octobre, ouvert du lundi au samedi de 9h à 12h30 et de 14h à 18h30 et le dimanche et jours fériés de 10h à 13h. En hiver, de novembre à mars, ouvert du lundi au samedi de 9h30 à midi et de 14h à 18h et le dimanche et jours fériés de 10h à 13h. Publibike en vente à l'Office de tourisme. Daypass : 8 €.
L'office de tourisme de Divonne-les-Bains organise des excursions, balades et visites guidées, dont celles des sources de la Divonne. Sa centrale de réservation vend des séjours et propose un choix d'hébergements. Chaque hébergeur délivre gratuitement une carte d'hôte à leurs résidents : réductions, facilités d'accès à des sites touristiques ou à des activités (visites des sources à Divonne, musée de Nyon, etc.). Pour les adeptes du vélo, une carte *Publibike* permet de louer, en libre service, des vélos dans 13 stations réparties sur Nyon, Prangins, Gland et Divonne-les-Bains : le réseau la Côte. La station est installée place de l'Office de tourisme et accueille 10 vélos dont des vélos électriques. Des animations originales ont lieu chaque année, notamment le Gourmandiv en octobre (festival culture et gastronomie) et la Christmas Family Run en fin d'année. Il est également possible d'acheter sa vignette pour l'autoroute suisse au pôle billetterie de cet office de tourisme.

Se loger

Bien et pas cher

■ **HÔTEL RESTAURANT DE LA TRUITE**
203, Grande Rue
✆ 04 50 20 04 41
www.hotelrestaurantlatruite.com
boiret.andre@orange.fr
23 chambres équipées de salle de bains, dont 1 chambre familiale. Chambre double : 55 €. wi-fi gratuit. Buffet petit-déjeuner : 7 €. Restauration. Plat du jour : 11, 50 €. Menus : de 16,50 à 38 €. Menu enfant : 10 €. Terrasse.
Une batisse de 1881, avec un hôtel entièrement rénové. Certaines des chambres donnent sur le parc. Un parc au calme, un joli bassin où s'épanouissent les truites, et que l'on traverse pour rejoindre la terrasse du restaurant, très agréable et fraîche en été. Ici, la truite est à l'honneur : bleu, meunière, aux amandes, au vin jaune... Mais aussi des plats traditionnels de viande et poissons. Bon rapport qualité/prix. L'adresse se prête parfaitement à l'organisation de banquets (terrasse de 100 places).

Confort ou charme

■ **LE BEAUREGARD**
347, avenue des Thermes
✆ 04 50 20 04 35
www.hotel-lebeauregard.com
hotel-lebeauregard@orange.fr
Fermé du 15 décembre au 15 janvier. 18 chambres. Chambre simple de 46 € à 63 € ; chambre double à partir de 58 €. Petit déjeuner : 8 €. Demi-pension : 71 € à 81 €. Animaux acceptés (5,50 €/nuit). Wifi gratuit.
Cet établissement à la façade remarquable, vous ne pourrez pas le manquer) est situé en plein cœur de Divonnes à deux pas du Casino. Le lac est à 2 min à pied. Complètement transformé cette année, l'établissement dispose d'une situation idéale. Les chambres sont jolies, et confortables et vont de la chambre simple à l'appartement tout confort. L'accueil des propriétaires est famillial. Le forfait curiste (3 semaines) va de 1 218 € à 1 470 € en demi-pension. La maison accueille également les repas de groupes (anniversaire, mariage...). Une jolie adresse.

CONVENTION | SÉMINAIRE | INCENTIVE | SÉJOUR PROFESSIONNEL
À 15 mn de Genève
Divonne-les-Bains
Détente et mieux-être
La pause séminaire
Pamplemousse.com - Crédit photos : Office de Tourisme Divonne-les-Bains, Domaine de Divonne, STTH, Fotolia, La Villa du Lac, Esplanade du Lac, x.
l'Ain
un luxe au naturel
INFORMATION : Tél. +33 (0)4 50 20 01 22
accueil@divonnelesbains.com | www.divonnelesbains.com

■ LA VILLA DU LAC***
93, chemin du Châtelard
✆ 04 50 20 90 00
www.lavilladulac.com
villadulac@vacancesbleues.fr
102 appartements. 90 chambres de 108 € à 150 €. Petit-déjeuner : 14,50 €. Accès Wifi gratuit. Piscine. Spa avec Jacuzzi, hammam, soins du corps et du visage. Salle de fitness.

Au pied du Jura, aux portes des Alpes, à proximité immédiate de Genève et du lac Léman, voici un véritable «resort» aux lignes contemporaines absolument magnifiques pour un séjour de rêve selon des formules adaptées à vos envies. Formule hôtel, avec des chambres équipées luxueusement et un service parfait. Formule résidence hôtelière avec des appartements spacieux à vivre en toute autonomie. C'est le lieu idéal pour un séjour détente, mais aussi un lieu magique pour organiser séminaires et autres réunions professionnelles ou familiales. Le grand «plus» de la Villa, c'est bien entendu son Spa grandiose, un lieu moderne où l'on prend soin de soi. Nager dans la piscine ludique s'ouvrant sur la chaîne des Alpes est un pur bonheur. De même que les soins Decléor procurent le plus grand bien être. Autre bonheur, le restaurant marie art de vivre et gastronomie du terroir au rythme des saisons. Une Villa que l'on aimerait habiter à l'année tellement on s'y sent bien !

Luxe

■ LE CHATEAU DE DIVONNE****
115, rue des Bains
✆ 04 50 20 00 32
www.chateau-divonne.com
divone@grandesetapes.fr
Ouvert toute l'année. 30 chambres (dont 6 suites). Chambre double de 145 € à 380 € ; suite à partir de 480 €. Petit déjeuner : 23 €. Parking fermé. Demi pension (petit déjeuner, dîner hors boissons) : 89€ par pers. Wifi gratuit. Restauration. Tv satellite.

Sur les hauteurs de Divonne, dans un parc magnifique de 22 hectares, l'hôtel a une vue splendide sur le lac de Divonne, le lac Léman et le Mont-Blanc. Cet élégant château du XIXe siècle est idéal pour une escapade romanesque. Les chambres sont raffinées, la décoration soignée, le service impeccable. La terrasse où on prend ses repas possède une vue dont on se souvient longtemps. On vient au château également pour le restaurant. Des menus spéciaux sont élaborées pour chaque fête (fête de Saint-Valentin, fête de Paques...). Un moment unique dans un cadre à couper le souffle.

■ DOMAINE DE DIVONNE****
Avenue des Thermes
✆ 04 50 40 34 34
www.domainedivonne.com
Ouvert tous les jours de l'année. Chambres et suites : de 149 € à 1 195 €. Piscine extérieure, parc.

L'hôtel se trouve à la suite du Casino, dans le parc du Domaine de Divonne. Avec ses cent trente-quatre chambres et suites, ses dix-sept salons de réception et conférences, l'hôtel fait partie de la chaîne Leading Hotels of the World, gage incontestable de qualité. Repris par le groupe Partouche, il s'agit d'un ensemble de luxe : casino, centre de bien-être, cinéma-théâtre, golf, restaurants, salle de spectacle. En outre, au fitness, à la salle de gymnastique, aux tennis, au golf, au business center, au restaurant Le Léman, il faut ajouter des activités organisées pour les enfants et les adultes permettant de visiter la région et de se divertir.

Se restaurer

■ LE RECTILIGNE
Face au port
2981, route du Tour du Lac
✆ 04 50 20 06 13
www.lerectiligne.fr
lerectiligne@residencedulac.fr
Ouvert tous les jours, de mai à septembre, midi et soir. De septembre à mai, ouvert du mardi au samedi, midi et soir. Formule du jour 2 plats : 32 €. Menu du jour 3 plats : 37 €. Menus de 49 à 96 €. Résidence du Lac ouverte 7j/7, toute l'année.

Un cadre d'exception pour ce restaurant, Le Rectiligne, de la Résidence du Lac : à fleur d'eau avec une vue sur le Léman, le Jura et les Alpes. Un panorama magnifique sur lequel s'ouvre une salle à la décoration résolument contemporaine, réchauffée de tapis Red Violet, d'un parquet acajou et f'étoffe grège, aux tables soigneusement dressées. Le tout sert d'écrin à une cave vitrée qui s'installe en toute transparence près du mur d'eau. Une cuisine qui joue avec les techniques culinaires les plus modernes : cuisson à basse température et cuisson à l'azote, sans jamais dénaturer les saveurs. Des mets délicats aux harmonies saisonnières, qui privilégient la nature du produit sélectionné avec soin auprès des producteurs locaux ou même dans le jardin aromatique et fleuri de la Résidence. Le chef Bruno Pucheu s'inspire de ses voyages, notamment au Japon, et transmet ses goûts l'esthétique et la sublimation des parfums que l'on retrouve dans l'assiette. Ses menus « Géographie des produits », « Au fil de l'eau », « Eveil des sens » sont des voyages et ne cessent de se renouveler. Il suffit de se rendre sur le site internet pour en découvrir toute la magie.

Sortir

■ CASINO DE DIVONNE

Avenue des Thermes
✆ 04 50 40 34 37
www.domainedivonne.com
Ouvert tous les jours de 10h à 4h. Entrée libre dès 18 ans. La salle est ouverte tous les jours de 20h à 4h. Restaurant : ouvert jusqu'à 3h du matin.

Il s'agit d'un des tout premiers casinos de France, récemment repris par le groupe Partouche. Côté machines à sous, décor Las Vegas : le parc des 250 machines s'est renouvelé. De petites mises pour les machines et des tables de jeux ouvertes dès le début de soirée. Côté jeux traditionnels : roulettes, punto banco, stud poker, black jack, chemin de fer, boule. S'y est ajouté un restaurant, Le Magic. Le restaurant Les Quatre Saisons sert une cuisine libanaise tard dans la nuit.

■ ESPLANADE DU LAC

181, allée de la Plage
✆ 04 50 99 17 70
www.esplanadedulac.fr
infos.esplanade@divonne.fr
Billet sur place ou à l'office de tourisme. Programme en ligne.

En arrivant de Genève, après avoir passé la douane, prendre sur la droite l'avenue des Alpes, suivre ensuite les panneaux. Parking. L'Esplanade du Lac se trouve au bord du lac, comme son nom l'indique. Ce grand bâtiment très contemporain accueille 459 spectateurs assis ou 1 000 debout pour écouter de la musique, voir une pièce de théâtre, écouter une conférence... L'Esplanade participe au festival de La Bâtie, à la fête de la Science, et se joint ainsi à la vie culturelle genevoise. Les séminaires sont les bienvenus dans deux salles à louer.

■ HIPPODROME ANDRE LONGCHAMP

Bord du lac, côté douane de Chavannes
La petite Allée
✆ 04 50 20 03 72 / 06 03 00 67 14 / 06 10 88 04 73
societedescourses.divonne@orange.fr
Courses de galop, meeting de trot et courses nationales. Début des opérations à 14h en juillet, août et septembre. Courses programmées plusieurs fois par semaine à 14h00 (voir calendrier sur le site Internet).

Créé en 1965, l'hippodrome de Divonne-les-Bains est le seul hippodrome du bassin lémanique ! Il appartient au patrimoine de la ville. Il existe deux pistes : la première en herbe pour le galop, la seconde en pouzzolane pour le trot. Elles ont été rénovées en 2012. Affilié à la Fédération des courses du Centre-Est, il est le rendez-vous des amateurs de courses hippiques (trotteurs et galopeurs participants de renommée internationale) venant du Pays de Gex bien sûr, mais aussi de Suisse lémanique, du Jura suisse et français, de Rhône-Alpes et de Franche-Comté. En 2013, deux réunions nationales « premium » seront programmées pendant le meeting de trot (deuxième quinzaine du mois d'août). Une situation privilégiée au bord du lac, à proximité d'équipements de loisirs familiaux et d'un golf 9-trous, avec une vue panoramique, des évènements attractifs... Des atouts sérieux pour cet hippodrome !

Sports – Détente – Loisirs

■ CENTRE NAUTIQUE

Lac de Divonne
✆ 04 50 20 03 81
Ouvert de mai à septembre. Entrée adulte : 4 €, entrée enfant : 2,50 €

Avec sa piscine olympique chauffée, son bassin profond avec plongeoir, un bassin réservé aux enfants, une pataugeoire pour les tout-petits, le centre nautique vous promet de bons moments de plaisir. Un toboggan de 67 mètres de longueur posséde un dénivelé de 7,30 m : de quoi s'assurer de bonnes frayeurs ! En attendant, certains pourront profiter de la plage située tout à côté. En face, un restaurant-bar dont vous aurez un regard sur le centre de la terrasse.

Randonnée sur un sommet suisse : la Dôle

Départ Baraque de Divonne (1200 m). Une longue et belle randonnée en direction du célèbre sommet suisse, la Dôle, qui offre au visiteur un panorama à 360°. Attention, se renseigner auprès de la réserve naturelle de la Haute Chaîne du Jura pour connaître les périodes d'ouverture des routes forestières.
Une balade de 5h, proposée *in* «Du Jura au Léman, balades en Pays de Gex – Bellegarde». Renseignements : offices de tourismes du Pays de Gex.

■ **THERMES DE DIVONNE-LES-BAINS**
Groupe Valvital
235, avenue des Thermes
✆ 04 50 20 27 70
www.valvital.fr
divonne@valvital.fr
Ouvert le lundi et le mercredi de 9h à 21h30 ; le mardi, le jeudi et le vendredi de 9h à 20h30 ; le samedi de 9h à 18h ; le dimanche de 9h à 14h. Fermeture annuelle première quinzaine de janvier. Ouvert le dimanche. Escale 1 ou 2 journées de 55 € à 196 €, 2 à 3 jours sérénité hors hébergement dès 220 €, 5 jours retour aux sources dès 374 € hors hébergement.
A 17 kilomètres de Genève, les Thermes de Divonne-les-Bains, ville d'eau, soignent avec succès les affections psychosomatiques depuis plus de 150 ans. Le cadre est privilégié : plus de 8 000 m², à proximité du centre-ville, avec vue sur les greens. Les amoureux de bien-être se retrouvent également pour profiter de la piscine, du jacuzzi, du sauna et hammam. Découvrez le programme de cours collectifs d'aquagym, fitness, séances de yoga et relaxation.

Shopping

■ **KIDS LOVE DESIGN**
114, rue Fontaine
www.kidslovedesign.com
Mobilier design, décoration contemporaine et jouets de qualité pour bébés et enfants, voilà les multiples objets et services que vous rendront cette enseigne. Des marques tendances et respectueuses de l'environnement vous seront ainsi proposées et vous pourrez craquer pour le petit dernier. C'est que vous ne saurez plus où donner de la tête et vous profiterez de multiples petites perles. C'est beau et plein d'astuces.

FERNEY-VOLTAIRE

Pratique

■ **OFFICE DE TOURISME DU PAYS DE VOLTAIRE**
26, Grande'Rue
✆ 04 50 28 09 16
www.paysdevoltaire.com
info@paysdevoltaire.com
Ouvert du lundi au vendredi de 10h à 12h30 et de 14h à 18h30 (19h du 2 mai à mi-septembre), le samedi de 9h30 à 13h et de 14h à 17h. Dimanche (en juillet et août uniquement) de 9h30 à 13h30.De mi-septembre au 30 avril : du lundi au vendredi de 10h à 12h30 et de 14h30 à 18h, le samedi de 10h à 12h30 et de 14h30 à 17h.
Visites guidées en juillet et août : découverte de la ville, de l'atelier du livre, de l'église et de l'exposition « La poterie à Ferney », visites nocturnes animées et visites guidées sur réservation pour un minimum de 5 personnes ; location de vélos de mai à septembre ; boutique souvenirs autour de Voltaire ; vente des abonnements mensuels (et annuels sur demande) des lignes F de Gex–Ferney–Genève et Y de Ferney–Aéroport–Val-Thoiry ; vente de billetteries spectacles à Ferney-Voltaire (Comédie de Ferney, service culturel, associations locales) ; vente des permis de pêche pour l'Est gessien.

Se restaurer

■ **LE PIRATE**
Chemin de la Brunette
✆ 04 50 40 63 52
www.lepirate.fr
Ouvert du mardi au samedi, midi et soir. Menu du jour : 28 € avec entrée et plat ou plat et dessert. Menu complet avec une demi-bouteille de vin du pays et café : 39 €. Menu Fruits de mer : 59 € et menu Phare (gastronomie-poissons) : 63 €.
Juste aux portes de Genève et le passage de la douane pour aller à Ferney-Voltaire, le restaurant Le Pirate est une adresse toute indiquée pour les amateurs de poissons et fruits de mer. Le cadre environnant n'est pas très bucolique mais l'ambiance, la carte, le service, la terrasse en été et le jardin d'hiver

font vite oublier route et voisinage commercial, d'autant que l'accès est très rapide de Genève. Les livraisons quotidiennes assurent des plats de poissons de première fraîcheur et il est agréable de déguster un bon bar sauvage en croûte de sel, ou un homard breton ou des huîtres en saison. La carte est très variée avec 15 entrées et 15 suites au choix et les habitués ne se lassent pas. Le restaurant gère aussi un service traiteur et compose des plateaux de fruits de mer à emporter.

■ RESTAURANT DE LA TRUITE

2, grande rue
✆ 04 50 40 65 35
www.restaurant-latruite.com
Ouvert toute l'année. Du lundi au samedi. Salon de thé. Menus de 14 € à 23 € (en semaine uniquement). Vin au verre. Terrasse.
Depuis 1976, la famille Regad est à la tête de cet établissement alliant, bar en terrasse, restaurant et salon de thé. Chaleureux et charmant, il vous fera passer un agréable moment en admirant toutes les théières, mugs, thés, cafés, chocolats et autres produits en présentation à la vente pour affiner votre connaissance. Plus de 90 essences de thés sont présentées, dont le thé des rois mages, le thé blanc... Les gourmands seront séduits par le chocolat aux épices, caramel, amaretto, cannelle, orange. Sur place également à l'heure du déjeuner, mais en semaine uniquement, vous pourrez apprécier des viandes, bœuf, volailles, agneau, cuites au feu de bois, mais également les spécialités lyonnaises de chez Bobosse. Pour accompagner vos mets, les Regad vous proposent une sélection de vins de différentes régions vinicoles de France, à partir de 10 cl, du Val de Loire au Bordelais en passant par la Provence. Bref, un endroit où il fait bon s'arrêter. Installé au début de la rue piétonne, vous pourrez le samedi matin profitez dans la foulée d'un excellent marché de produits du terroir et d'accessoires, idéal pour improviser un pique-nique !

À voir – À faire

■ CHÂTEAU DE VOLTAIRE

Allée du Château
✆ 04 50 40 53 21
http : //voltaire.monuments-nationaux.fr
Ouvert tous les jours d'avril à octobre de 10h à 13 et de 14h à 18h. Visites à 10h30, 11h30, 14h30, 15h30, 16h30. Réservation conseillée au 04 50 40 53 21. Adultes : 5,50 €. Gratuit pour les moins de 26 ans (ressortissants de l'UE). Durée de la visite : 55 min. Visite libre du jardin.
Parcourir le château de Voltaire où il vécut les vingt dernières années de sa vie, c'est aller à la rencontre du dramaturge, du philosophe engagé, de l'esprit vif et généreux, provocateur et tolérant, doté d'un humour parfois féroce. La collection d'œuvres et d'objets voltairiens est présentée dans un décor qui garde la mémoire de sa présence de 1759 à 1778. Un parcours de découverte de la vie du grand homme occupe le premier niveau. Dans le parc, un détour s'impose sous la charmille où Voltaire aimait à se promener avec ses invités. La terrasse offre un beau panorama sur les Alpes.

■ L'ATELIER DU LIVRE

26, Grande Rue
✆ 04 50 28 06 08
atelier@c18.net
Toute l'année du lundi au vendredi de 10h à 12h30 et de 14h30 à 18h, (19h du 2 mai au 30 septembre) le samedi de 9h30 à 12h30 et de 14h à 17h. L'entrée est libre. Sur réservation, visité guidée pour les groupes.
Pour s'immerger dans l'univers du livre, il n'y a pas meilleur moyen que de visiter cet atelier du livre. Très bien réalisé, il est accessible même aux plus petits. Sur place, vous aurez la possibilité d'acheter des petits livres confectionnés à l'atelier, des affiches, des feuilles de papier avec textes et citations de Voltaire.

Statue de Voltaire à Ferney.

FRANCE VOISINE

Shopping

■ **FROMAGERIE MICHELIN**
15, Grande Rue (piétonne)
© +33 4 50 40 78 22
www.fromages-michelin.com
info@fromages-michelin.com
Le mardi de 15h à 19h, le mercredi de 8h30 à 12h30 et de 15h à 19h, le jeudi de 9h à 12h30 et de 15h à 19h, le vendredi en non-stop de 9h à 19h, et le samedi en non-stop de 8h à 17h30. Vente sur les marchés à Gex le samedi matin, et à Divonne les vendredis et dimanches matins.
Les meilleurs crus des fromages de la région se trouvent dans cette boutique et même certaines raretés ! Fils d'une famille de fromagers, les Michelin, et fort de cette expérience et de celle acquise au contact des producteurs régionaux, et dans les différentes coopératives dont il a eu la charge, le propriétaire travaille avec les producteurs régionaux de la France entière, où il a déniché les meilleurs produits qu'il conserve et affine (pour ses spécialités jurassiennes) dans ses propres caves, situées à Grilly. Coup de cœur assuré pour le Petit-Saint-Point, le floranis, la tomme du Jura, le cailloux, le montagnon, le comté... présentés dans la jolie boutique, aux allures d'ancienne ferme du Jura. Côté caves, d'impressionnants travaux laissent entrevoir un projet, où il est question de mettre le fromage à l'honneur par des présentations pédagogiques, des dégutations. Affaire à suivre...

▶ **Autre adresse :** Rue du Vieux Bourg – 01170 Segny – Tel. 04 50 42 35 83

■ **VINOTHEQUE DU LEMAN**
Zone artisanale de la Poterie
© 04 50 40 76 44 / 06 16 39 76 67
www.vinothequeduleman.com
jc@vinothequeduleman.com
Ouvert du mardi au vendredi de 9h15 à 12h15 et de 14h30 à 19h et le samedi de 9h15 à 19h. Dégustations du mardi soir (sur réservation) : 55 € (repas compris).
Choisir un vin, c'est comme choisir un livre. Chaque bouteille a son histoire, raconte son terroir. Chaque bouteille a son style, son viticulteur. Chaque bouteille doit pouvoir nous offrir des instants de plaisir, des sensations que l'on va partager avec ses amis autour de la table. Alors, comme il faut se rendre chez un libraire pour aller à la découverte des livres, il faut absolument entrer à la Vinothèque du Léman, car le caviste est un véritable passionné du vin qui met tout son savoir à notre service. Jean-Christophe Boudot est tout simplement le vainqueur du concours du Meilleur caviste du monde en 2001. Lui qui fut viticulteur pendant 12 ans avant d'être caviste connaît mieux que quiconque le travail de la vigne et les particularités de chaque vin. Ce que l'on apprécie, c'est que Jean-Christophe Boudot ne cherche pas à nous en mettre plein la vue, mais « plein le goût, plein l'odorat », pour nous faire partager sa passion en découvrant sa sélection – à tous les prix – de vins de petits et grands propriétaires. Conseils personnalisés pour des accords mets et vins parfaits. Le mardi soir, à partir de 19h30, soirées dégustation sur réservation (55 € par personne, repas compris).

▶ **Autres adresses :** 2, rue de Gex – Saint-Genis-Pouilly © 04 50 42 34 79. • Zone artisanale de l'Allondon – Saint-Genis-Pouilly © 04 50 20 61 00.

Retrouvez l'index général en fin de guide

PREVESSIN-MOËNS

LE PHYSALIS

70, rue de Chapeaurouge
© 04 50 40 46 12
www.restaurant-pays-de-gex.biz
contact@le-physalis.com

Ouvert du mardi au samedi le midi et le soir. Menus de 30 € à 50 €. Formule du midi : 19 €. Formule entrée, dessert ou plat, dessert : 14 €. Formule entrée, plat : 17 €.

Dans ce pays de Cocagne où la campagne borde la ville, où les grands axes routiers (Ferney/Saint-Genis) mènent à de jolis villages comme Prévessin-Moëns, Futé vous invite à savourer le bonheur d'une authentique table gourmande. Non loin de l'église, au cœur d'un magnifique ensemble urbain devant lequel on se gare aisément, le Physalis offre un agréable visage moderne pour nous présenter le meilleur d'une cuisine de tradition en « re-création », surprise par des senteurs venues d'ailleurs. Superbe terrasse ombragée aux tables de bistrot et aux chaises colorées où l'on peut déjeuner en toute quiétude. Couleurs chaudes et sobriété d'une salle qui développe le thème du physalis, fruit que l'on appelle encore « Amour en cage ». L'amour, c'est celui de Karen et de Sylvain, un charmant couple de trentenaires qui a lancé le restaurant en 2008. La passion, c'est celle qu'ils montrent au quotidien pour leur métier. Karen en salle, toujours souriante et de bon conseil ; Sylvain en cuisine, formé dans d'excellentes maison de la région de Genève, travaille avec des produits de qualité et de saison. A la carte cet hiver : foie gras de canard du Sud-Ouest mi-cuit au magret fumé, compotée du moment ou un plus surprenant sushi de crabe, mascarpone et saumon fumé, crème légère au wasabi. A suivre, des saveurs exquises avec une brochette de noix de Saint-Jacques, légumes et nouilles façon wok ou un succulent pavé de filet de bœuf poêlé, fricassée de rattes du Touquet et champignons, sauce moutarde à l'ancienne. Mélanges subtils, variations réussies jusqu'au dessert avec une crème brûlée au vin jaune et aux noix. La grande salle permet de recevoir jusqu'à 60 personnes, pour organiser vos repas de groupes. Une adresse gourmande qui ne se laisse pas enfermer dans une cage, Futé adore et recommande.

GEX

■ COMMUNAUTE DE COMMUNES DU PAYS DE GEX

Service Développement Touristique
135, rue de Genève ✆ 04 50 99 30 55
Voir page 372.

■ LE NID ROSE

Dominique Lenglart – 627, route de Tutegny
✆ 04 50 28 30 24 / 06 37 68 54 06
www.lenidrose.fr – d.lenglart@orange.fr
Ouvert toute l'année. 2 chambres (+ un gite 2/5personnes). Chambre double de 75 € à 85 €. Petit déjeuner inclus. Parking. Prix du gite : 400€ la semaine, 200€ les 2 jours. Animaux acceptés. Service de ménage.
Située sur la petite route qui relie Cessy à Grilly, cette maison neuve, moderne et toute rose, est idéale pour découvrir tous les points d'intérêt du Pays de Gex : Ferney-Voltaire à 10 km, lac Léman à 15 km, à 20 minutes de Genève, à une heure d'Annecy. On apprécie le point de vue sur le Mont Blanc. Dominique, la propriétaire, propose 3 chambres d'hôtes et un studio pouvant recevoir une famille de 5 personnes. Très accueillante et dévouée, elle chouchoute ses hôtes qui apprécient la luminosité de sa demeure et se sentent comme à la maison. Sur place, les animaux sont acceptés, et on apprécie le confort : wi-fi gratuit, TV, climatisation, réfrigérateur, hammam dans 1 chambre, billard, ping-pong, jardin avec des chaises longues à la belle saison, et ménage compris dans le prix.

Gex.

■ OFFICE DE TOURISME PAYS DE GEX-LA FAUCILLE

Square Jean-Clerc ✆ 04 50 41 53 85
www.paysdegex-lafaucille.com
info@paysdegex-lafaucille.com
Ouvert du lundi au samedi de 9h30 à midi et de 14h30 à 18h, le samedi en basse saison de 9h30 à 12h30. Ouvert le samedi après-midi en haute saison hiver et été. Point d'information au col de la Faucille : 00 33 (0) 4 50 41 94 67.
L'office de tourisme renseigne sur toute la région. Visites guidées de la ville de Gex mais aussi des villages de Crozet et Vesancy, pour des groupes et sur réservation. Vente des tickets pour la ligne de bus F, des places de spectacle du programme Art'Music de la ville de Gex. De novembre à mars, vente de forfaits de ski pour la station Monts Jura.

LEAZ

■ FORT L'ÉCLUSE

Longeray, Route de Genève
✆ 04 50 56 73 63 / 04 50 42 65 57
www.cc-pays-de-gex.fr
fortlecluse@ccpg.fr
Ouvert de mi-juin à mi-septembre. Ouvert tous les jours de 10h00 à 18h30. De mi-avril à mi-juin : ouverture les week-end. Sur réservation le reste de l'année. Visites guidées du vendredi au lundi à 10h30, 13h30, 15h00 et 16h30 (inclus dans le prix d'entrée). Adultes : 5 €
Le Fort l'Ecluse doit son nom et son existence à sa situation géographique : à la croisée des frontières françaises, savoyardes et suisses. Il est à l'origine une maison forte construite au XIIIe siècle : type parfait d'un fort de cluse. Au fil des guerres, il deviendra une forteresse, qui perdit son intérêt stratégique après la Seconde guerre mondiale. Il est aujourd'hui un élément majeur du patrimoine du Pays de Gex. Accroché au flanc de la montagne dominant le Rhône, le fort l'Ecluse est un véritable témoin de l'architecture militaire liée à la frontière. Des parties anciennes, il ne reste que peu d'éléments. Un escalier souterrain (1 165 marches taillées dans le rocher !) permet de relier cette partie au fort supérieur d'où le panorama est exceptionnel. La visite nous fait découvrir la vie des soldats, la diversité du système de défense ainsi qu'une partie de l'histoire du pays de Gex tandis qu'une projection nous conte l'histoire du fort. Le public peut le visiter l'été et y découvrir des expositions temporaires et un parcours aventure au Fort supérieur, aménagé par Varappe Evolution, utilisant tyroliennes, passages aériens et passerelles.

© FORT L'ÉCLUSE

Fort l'Ecluse, porte de France.

MONTS-JURA

Dans la Haute Chaîne du Jura, les monts Jura sont un ensemble de hauts sommets, parmi lesquels le Crêt de la Neige (1 717 m), à la plus haute altitude, et le Colomby de Gex (1 689 m), protégés par le Parc naturel régional du Haut-Jura, au cœur de la Réserve naturelle nationale du Haut-Jura. Ces hauts sommets forment un anticlinal (pli convexe) entre la vallée de Valserine et la vallée du Léman. On le traverse par le col de la Faucille (1 313 m). Bien que leurs altitudes ne rivalisent en rien avec les hauts sommets de la chaîne des Alpes, ces hautes crêtes offrent une vue superbe sur la région de Genève et les sommets des Alpes et bénéficient d'un bon enneigement pour le ski de moyenne montagne (ski alpin et ski de fond, randonnées à ski, en raquettes, etc.). Les Monts du Jura, c'est aussi une station de moyenne montagne composée de deux villages, Mijoux et Lélex, et de la fusion de 4 domaines skiables : depuis 1999, la Faucille et Lélex-Crozet pour le ski alpin, et Vatallay pour le ski de fond ; et depuis peu, le site de Menthières s'ajoute à l'offre de la station avec un stade d'initiation au ski alpin et nordique et à la pratique des raquettes. La station propose de nombreuses activités sportives de montagne, en toute saison. L'été, on y pratique la randonnée, la luge quatre saisons, l'escalade, le VTT (les télécabines vous aideront à atteindre les sommets), le golf, le parcours aventure... Pour les moins sportifs, la visite des églises de Mijoux et de Lélex s'impose, ainsi que, à Mijoux, la découverte des fresques murales de Robert Bessard, qui illustrent les métiers d'autrefois. A Lélex, le lapidaire (tailleur et polisseur de pierres fines et précieuses) et la chantourneuse (qui pratique la scie à chantourner le bois) proposent des démonstrations gratuites.

Grande traversée du Jura !

Les montagnes du Jura se traversent intégralement à pied, à VTT ou à vélo sur des itinéraires balisés et distincts. Un réseau d'hébergements permet de prévoir des étapes adaptées au rythme de chacun. Les Grandes Traversées du Jura (GTJ) se situent à cheval sur les frontières de l'Ain et du Jura avec des incursions près de la frontière suisse et des vues magnifiques sur le massif du Jura et ses monts, les environs de Genève et les sommets des Alpes. L'hiver, 175 km de traversée nordique à travers le massif du Jura, le long de la frontière suisse, permettent de relier le val de Morteau (dans le Doubs) à Giron (dans l'Ain), en passant par les Monts Jura. Trois tronçons ont été balisés pour la pratique de la raquette itinérante. En été, à pied, le sentier de Grande Randonnée (400 km), permet de relier Montbéliard (Doubs) à Culoz (Ain), en faisant une incursion près de la frontière suisse, en 2 à 3 jours (adapté aux familles). Au printemps 2013, une GTJ à cheval devrait être accessible. D'autres sentiers de randonnées proposés par les offices de tourismes du Pays de Gex et de l'Ain, se limitent à un territoire ou au département.
Renseignements : www.pays-de-gex.org – Tél : 04 50 99 30 55. Pour les GTJ, www.gtj.asso.fr (association située dans le Jura) – Tél : 03 84 51 51 51. Pour les randonnées dans l'Ain, www.ain-tourisme.com (à Bourg en Bresse) – Tél : 04 74 32 31 30

Pratique

MAISON DU TOURISME MONTS JURA
Le village
Lélex ✆ 04 50 20 91 43
www.monts-jura.com
infotourisme@monts-jura.com
Le bureau d'accueil est ouvert tous les jours en saison hivernale et estivale. Hors saisons, le bureau est ouvert du lundi au vendredi de 9h à midi et de 14h à 17h.
Toutes les informations sur la station, et les activités pratiquées en hiver comme en été. En hiver, le ski alpin réparti sur trois domaines : Lélex-Crozet, Mijoux-la-Faucille et Menthières vous offriront un beau panorama sur la chaîne des Alpes et le bassin du Léman. Le ski nordique, 160 km de pistes de ski de fond réparties sur les domaines de La Vattay, de la Valserine (dans la vallée) et de Menthières, avec tous les niveaux de difficulté. Pour relier les différents domaines et villages, un ski bus gratuit fonctionne toute la saison d'hiver. L'été, on y pratique la randonnée à pied et à vélo, le VTT, l'escalade, le golf, un parcours aventure et la luge sur trails (quatre saisons) au col de la Faucille. Lélex a été labellisée Station Verte. Pour les moins sportifs, la visite des églises de Mijoux et de Lélex s'impose, ainsi que, à Mijoux, la découverte des fresques murales de Robert Bessard, qui illustrent les métiers d'autrefois. A Lélex, le lapidaire (qui taille et polit des pierres fines et précieuses) et la chantourneuse (qui sculpte le bois à la scie à chantourner) proposent des démonstrations gratuites et des stages.

À voir – À faire

Sports – Détente – Loisirs

STATION MONTS JURA
Bâtiment de la télécabine La Catheline
Lélex ✆ 04 50 20 91 43
www.mont-jura.com
infotourisme@monts-jura.com
En hiver : Forfait ski alpin : 24 € (adultes). Forfait ski de fond La Vattay : 8 € (adultes). En été : Forfait télécabines aller-retour piéton, 7 € (adulte). Maison du tourisme ouverte tous les jours en période de vacances scolaires d'hiver, de 9h à 18h. Hors vacances scolaires d'hiver et en été, de 9h à 12h30.

Des sites préservés

La réserve naturelle régionale de la Haute Chaîne du Jura, est délimitée au nord, par la frontière franco-suisse, au pied de la Dôle (Jura vaudois), et au sud, par la cluse du Rhône (Pays de Gex). Sa superficie couvre 10 909 ha sur 18 communes. Les plus hauts sommets du massif du Jura, les Monts Jura, avec le Crêt de la Neige (1718 m), le Reculet (1717 m), le Colomby de Gex (1688 m) et le Grand Crêt d'Eau (1584 m) en font partie. La réserve s'étage de 500 m à 1718 m d'altitude, un refuge pour plantes et animaux. Des paysages façonnés depuis des siècles par les activités humaines traditionnelles. 950 plantes à fleurs, dont 7 espèces protégées à l'échelon national. On peut se rendre à la Maison de la Réserve naturelle de la Haute Chaîne du Jura, à Gex, pour des expositions programmées toute l'année.
Maison de la Réserve naturelle de la Haute Chaîne du Jura : 135, rue de Genève – 01170 Gex – Tél : 04 50 41 29 65 – www.haute.chaine.jura.reserves-naturelles.org – haute.chaine.jura@espaces-naturels.fr. Ouverture : du 2 janvier au 31 décembre, du dimanche au vendredi de 8h30 à midi et de 13h30 à 18h (le vendredi, fermeture à 16h.)

Le Parc naturel régional du Haut-Jura se situe dans le sud-ouest du massif du Jura, en France, en bordure de la frontière avec la Suisse. Il s'étend sur une superficie de 178 000 ha et comprend 122 communes de l'Ain, du Doubs et du Jura. La maison du Jura à Lajoux (Monts-Jura), propose une exposition permanente, «Haut-Jura, terre vivante», qui permet de découvrir le Parc sous toutes ses facettes : des expositions temporaires s'y succèdent tout au long de l'année. Un spectacle sonore et a visite d'un grenier fort, élément remarquable du petit patrimoine rural haut-jurassien, complètent la visite. La boutique présente des ouvrages locaux et des produits issus de l'artisanat local.

Maison du Parc du Haut Jura – 39310 LAJOUX (Jura) – Tél. 03 84 34 12 30 – www.parc-haut-jura.fr – parc@parc-haut-jura.fr – Accueil exposition, Tél. 03 84 34 12 30

La station Monts Jura est une station de ski de moyenne montagne, créée en 1988 et composée de deux villages, Mijoux et Lélex. C'est la fusion de 4 sites qui compose le domaine skiable : depuis 1999, la Faucille et Lélex-Crozet, pour le ski alpin, Vatallay pour le ski de fond ; et depuis peu, le site de Menthières s'ajoute à l'offre de la station avec un stade d'initiation au ski alpin et nordique et à la pratique des raquettes. Station Monts Jura propose aussi de nombreuses activités sportives de montagne, en toute saison. En hiver, 60 km de pistes de ski alpin réparties sur trois domaines : Lélex-Crozet, Mijoux-la-Faucille et Menthières vous offriront un beau panorama sur la chaîne des Alpes et le bassin du Léman. Pour les assoiffés de nature, 160 km de pistes de ski de fond sont réparties sur les domaines de la Vattay, de la Valserine (dans la vallée) et de Menthières, avec tous les niveaux de difficulté. Pour relier les différents domaines et villages, un ski bus gratuit fonctionne toute la saison d'hiver. L'été, s'y pratiquent la randonnée, la luge quatre saisons (sur trail au col de la Faucille), l'escalade, le VTT (les télécabines vous aideront à atteindre les sommets).

SAINT-GENIS-POUILLY

LE COQ ROUGE

1, place de la Fontaine
✆ 04 50 42 20 50
www.restaurantlecoqrouge.fr
Ouvert lundi soir, du mardi au vendredi midi et soir et samedi soir. Plat du jour : 11 €. Menu affaires avec entrée, plat et dessert : 23 €. Menu à composer à la carte de 34 € à 52 €. Menu terroir : 30 € et menu dégustation : 64 €. Terrasse extérieure. Parking à proximité.

C'est un restaurant bien sympathique situé sur la place principale de Saint-Genis-Pouilly et aux portes de Genève. Vous entrez tout d'abord dans un charmant salon d'accueil avec une amusante collection de poules et de coqs en bois, métal, céramique, poterie, peinture...Ce salon est agréable pour prendre un verre en attendant sa table ou pour le café en fin de repas. Le restaurant à la décoration classique comporte une immense fresque murale originale et inattendue. Sur la carte du chef Christian WIATR, uniquement élaborée à partir de produits frais, les saveurs se mélangent dans une belle harmonie, comme la terrine de lapereau au Bleu de Gex. Il ne faut pas passer à côté du foie gras maison en torchon, à la Fleur de sel ou poêlé ou pour les amateurs : le croquant aux cuisses de grenouille. Une adresse chaleureuse du pays de Gex.

OFFICE DE TOURISME DE SAINT-GENIS-POUILLY

11, rue de Gex-Centre culturel Jean Monnet
✆ 04 50 42 29 37
www.-saintgenispouillytourisme.fr
office.tourisme@saint-genis-pouilly.fr
Ouvert du lundi au vendredi de 9h à midi et de 14h30 à 18h30. Le samedi de 10h à midi.

L'office de tourisme est à votre entière disposition pour tout renseignement sur Saint-Genis-Pouilly et la région. Un large espace documentation ainsi qu'une borne Internet multimédia sont à votre disposition au sein du centre culturel Jean Monnet, ancienne ferme gessienne rénovée, qui témoigne du patrimoine culturel fort de Saint-Genis-Pouilly. L'office de tourisme est votre revendeur privilégié pour divers spectacles, concerts, repas dansants, se déroulant à Saint-Genis-Pouilly. Permis de pêche, topo-guides, souvenirs sont également en vente.

VINOTHÈQUE DU LÉMAN

Zone Artisanale de l'Allondon
✆ 04 50 20 61 00
www.vinothequeduleman.com
ludwig@vinothequeduleman.com
Ouvert du mardi au samedi de 9h30 à 12h15 et de 15h à 19h.

Des trois adresses de la Vinothèque du Léman (l'une située dans le centre de Saint-Genis-Pouilly, l'autre à Ferney-Voltaire), celle située dans la Zone Artisanale de l'Allondon offre une merveilleuse sélection de près de 1 200 références de vins, champagnes et spiritueux, mais avant tout les conseils d'un caviste passionné et passionnant, Ludwig Cordelier. Cet ancien sommelier et élève de l'école hôtelière de Dardilly, bourguignon d'origine – ce qui ne gâte rien quand on partage cet amour pour le pinot noir et le chardonnay –, nous présente de superbes découvertes, des vins de petits vignerons, comme des grands crus. Selon vos envies, les mets que vous allez cuisiner, l'occasion que vous allez fêter et votre budget, Ludwig Cordelier vous proposera la meilleure bouteille.

Et pour se faire plaisir avant et après le repas, cette Vinothèque intègre dans ses rayons une large gamme de whiskys, environ 300 références, et une quarantaine de rhums. Une idée Futé, venez le samedi lors d'une porte ouverte en présence de vignerons pour découvrir un viticulteur et ses vins.

Autres adresses : 2 bis, rue de Gex à Saint-Genis-Pouilly (tél.) 04 50 42 34 79 • ZA de la Poterie à Ferney-Voltaire (tél.) 04 50 40 76 44

VINOTHÈQUE DU LEMAN

2 bis, rue de Gex
✆ 04 50 42 34 79
www.vinothequeduleman.com
marianne@vinothequeduleman.com
Horaires à partir du 1er septembre 2013. Ouvert du mercredi au vendredi de 9h30 à 12h30 et de 15h à 19h. Samedi de 9h30 à 18h.
Des trois adresses signées Vinothèque du Léman, celle-ci est intitulée World Wide Wines. Ouverte sur le monde, cette cave présente une sélection incroyable de vins du monde entier pour le plus grand bonheur des amoureux curieux de ces nectars en provenance de toute la planète. La sélection, elle est établie par l'adorable Marianne Fredriksson, une sommelière suédoise d'origine parmi les plus talentueuses. Dès la porte franchie, elle vous fait partager avec bonne humeur et professionnalisme sa passion des vins. Quel plaisir de se laisser guider de pays en pays, de cépage en cépage au milieu de quelque 750 vins de 23 pays différents, du Liban à l'Argentine, de la Nouvelle-Zélande à l'Italie, en passant par le surprenant Japon et les Etats-Unis. Futé aime aussi les animations qui ont lieu régulièrement pour faire découvrir à la fois des pays et des vins, notamment lors d'une fête nationale, et les soirées dégustation mensuelles. Et pour compléter son panier gourmand, des produits d'épicerie fine italienne. Une adresse Futé qui nous emmène loin.

Autres adresses : Zone artisanale de l'Allondon – Saint-Genis-Pouilly (tél.) 04 50 20 61 00. • Zone artisanale de la Poterie – Ferney-Voltaire (tél) 04 50 40 76 44.

SEGNY

FROMAGERIE MICHELIN

route du Vieux Bourg
✆ 04 50 42 35 83
www.fromages-michelin.com
info@fromages-michelin.com
Mardi de 15h à 19h, mercredi de 8h30 à 12h30 et de 15h à 19h, jeudi de 9h à 12h30 et de 15h à 19h, vendredi de 9h à 19h, samedi de 8h à 17h30. Vente sur les marchés à Gex le samedi matin et à Divonne le vendredi matin et dimanche matin.
La réputation de la Fromagerie Michelin n'est plus à faire tant sa notoriété est grande à la fois dans le pays de Gex et du côté suisse. Il est vrai que Daniel Michelin est issu d'une famille de fromagers et donc plus qu'un métier, c'est une passion et une vocation. Dans ses boutiques de Ségny ou Ferney-Voltaire et sur les marchés de Gex et Divonne, sont présentés les meilleurs crus en fromages de régions ainsi que des raretés et des spécialités créées à sa demande ou des productions typiques et toujours dans la plus pure tradition fromagère jurassienne. Les produits fabriqués par la fruitière Michelin sont uniquement le comté AOC fruité ou salé, le morbier fabriqué dans l'atelier de Saint-Point avec le lait des vaches montbéliardes du Village, le mont-d'or, la raclette, le Petit Saint-Point, la tomme de Montagnon et la Floranis (tomme à l'anis) mais également le fromage blanc et la crème fraîche. Cependant des nouveautés en fonction des saisons sont aussi à goûter comme le brie à l'ail des ours au printemps. Vous pouvez également commander des plateaux à emporter pour des soirée vins et fromages entre amis.

Autre adresse : 15 Grand-Rue à Ferney-Voltaire (tél.) 04 50 40 78 22

CHEZ VOUS

615, route Blanche
✆ 04 50 28 32 08
chezvous01@sfr.fr
Ouvert du mardi au samedi le midi et le soir. Menus de 11 € à 18,10 €. Terrasse.
Bienvenue Chez vous ! Le nom de ce restaurant est bien nommé car l'accueil d'entrée vous invite à passer un bon moment de détente gourmande. M. Philippe Guérin, ancien élève du lycée hôtelier de Toulouse prend grand soin de tous les détails : nappage en tissu des tables, décoration soignée avec un espace de jeux pour les petits, un coin cheminée et un piano ouvert avec une partition de Chopin prête à être jouée ! Dans l'assiette, une très bonne cuisine régionale avec des plats à l'ancienne pour le plus grand plaisir des clients qui n'hésitent pas à faire des kilomètres pour une salade de tête de veau au vinaigre balsamique, des pieds de porc à la dijonnaise, une truite au vin du Jura ou un faux-filet de bœuf au bleu de Gex... Sur

la carte est présenté, également un choix important d'eaux minérales comme l'eau de Chateldon, de cafés et de digestifs ainsi qu'une belle carte des vins de France. L'endroit se prête à l'organisation de banquets ou de fêtes de famille. Une belle adresse à découvrir dans le Pays de Gex.

THOIRY

BERGERIE DE BAIZENAS

Ferme-auberge du Pré-Velard
500, chemin Baizenas
✆ 04 50 41 26 55
www.prevelard.com
ferme.auberge.pre.velard@wanadoo.fr
Ouvert le lundi et le jeudi de 8h à 12h et de 14h à 17h30 ; le mardi et le mercredi de 9h à 12h ; le vendredi et le samedi de 14h à 17h30. Renseignements 04 50 20 30 40. CB non acceptée.

Cécile et Denis Rouph ont suivi le chemin de leurs parents Christian et Carmela, en reprenant le flambeau de l'entreprise familiale, composée de multiples savoir-faire : ferme-auberge, bergerie, élevage de brebis laitières (de race lacaune), et même café-théâtre en fin de semaine sous l'appellation de « Ferme Auberge du Pré Velard » (voir sous la rubrique « se restaurer »). Grâce à leur 300 brebis, ils produisent des fromages, comme la petite tomme du berger, des yaourts nature ou aux fruits, des flancs, tous fabriqués avec des arômes naturels. On peut se ravitailler à la bergerie, mais aussi dans plusieurs supermarchés et petits commerces du Pays de Gex ou de haute-Savoie. On ne peut pas passer à côté !

LES CÉPAGES

465, rue Briand Stresemann
✆ 04 50 20 83 85
www.lescepages.com
contact@lescepages.com
Ouvert du mercredi midi au dimanche midi. Menu déjeuner à partir de 39 € en semaine. Menus de saison avec 2, 3, 4 ou 5 plats à partir de 59 €. Carte : 70 €.

A 15 minutes de Genève, le restaurant Les Cépages vous accueille avec simplicité et générosité dans sa majestueuse bâtisse de 1830, au cœur de Thoiry. Le cachet de la pierre cohabite avec l'élégance et le raffinement des tons rouge et noir. Cette adresse est une référence gastronomique bien connue dans le pays de Gex. M. et Mme Delesderrier et leur équipe vous initient à de très belles découvertes gastronomiques avec les spécialités régionales ou selon les saisons ; la carte est modifiée tous les deux mois et le chef vous suggère chaque semaine ses sélections du marché. Côté fromages, le chariot est présenté avec amour par le chef de rang, lequel aura la délicatesse de s'intéresser à vos goûts, puis vous suggèrera quelques pièces tout en vous laissant le soin de choisir. Sans oublier la palette de desserts, elle aussi agrémentée par la sélection du jour. Carte exceptionnelle de vins français (1200 références...). En été, la terrasse fleurie dans un cadre verdoyant invite à prolonger le temps, à l'ombre des séquoias. La carte des thés nous transporte dans un voyage aromatique, pour donner à cet instant la magie de la perfection. Une adresse coup de cœur recommandée par Futé gourmand.

FERME AUBERGE DU PRÉ VELARD

500, chemin de Baizenas
✆ 04 50 20 30 40
www.aubergeprevelard.com
ferme.auberge.pre.velard@wanadoo.fr
Ferme Auberge et Spectacle. Ouvert d'octobre à fin juin, le vendredi et samedi à 19h avec spectacle à 21h30 et le dimanche à 12h30 avec spectacle à 15h. Repas avec spectacle 45 € – spectacle sans repas juste avec le dessert et une boisson sans alcool : 25 € par personne. Pas de Carte Bancaire.

On apprécie cette Ferme Auberge pour son confit d'agneau, son gratin, ses fromages de brebis et son flan à la vanille... Mais ce n'est pas tout : on vient aussi pour s'amuser, le temps d'un spectacle de théâtre de boulevard d'inspiration parisienne ou de variété. L'idée est née dans les années 90, de cette passion pour la scène de Christian Rouph, bien connu dans l'univers du spectacle, partagée avec son épouse Carmela, qui a mis ses talents culinaires au service de la Ferme Auberge. Depuis le restaurant, on aperçoit la bergerie de Baizenas qui appartient aussi à la famille. Les produits passent directement du producteur à l'assiette. Deux des trois enfants sont aussi de l'aventure : Cécile s'affaire en cuisine et à la fromagerie. Formé en agroalimentaire, Denis s'occupe des animaux le jour et vient aider au service. Et puis tout le monde monte sur scène ! Une aventure familiale pilotée par les enfants depuis 2012, où se mêlent complicité et passions. Ici, on conjugue convivialité, bonne humeur, et créativité : regardez la fresque peinte par Carmela le long de la scène ! ces peintures rustiques nous emmènent sur le chemin de la transhumance. Un moment hors du temps !

Haute-Savoie

L'histoire de la Haute-Savoie est intimement liée à Genève et aux comtes de Genève. Nombre de communes, aujourd'hui hautes-savoyardes, ont appartenu au comté de Genève (de l'Albanais jusqu'à Annecy, qui en était la capitale politique et traditionnelle), puis à la Maison de Savoie (comtes de Nemours), pour être vendues au Duché de Savoie (qui comprend alors seulement la «Savoie propre», les terres de la région de Chambéry et le vieux-Chablais) en 1402. C'est en 1602, alors que François de Sâles, symbole de la Contre-Réforme, est évêque de Genève (il a gardé son siège épiscopal à Annecy), que les Savoyards tentent de reprendre l'indépendante Genève : c'est la tentative manquée de l'Escalade, fêtée depuis chaque année à Genève. Entre 1798 et 1815, Genève deviendra même française sous Napoléon, avant de s'unir à la Confédération helvétique. En 1816, Carouge intègrera le canton de Genève ainsi que 31 communes du royaume de Piémont-Sardaigne. En 1860, lors de l'annexion de la Savoie à la France, l'ancien Duché sera partagé en 2 départements : la Savoie avec l'ancienne «Savoie propre» et la Haute-Savoie, composée du gGenevois savoyard, de l'Albanais, du Chablais et du Faucigny.

Ce département se situe aux limites de deux pays et deux départements français : à l'ouest, l'Ain séparé par le Rhône naissant dans sa partie française ; au sud, la Savoie à laquelle il a été rattaché jusqu'en 1860, mais aussi la Suisse, au nord, par le lac Léman et les montagnes, et l'Italie, à l'est, par les Alpes. D'une superficie de 4 828 km^2, la Haute-Savoie présente une altitude moyenne supérieure à 1 000 m (1 160 m pour être précis), mais son relief alterne de 230 m à 4 810 m. Sa géographie est avant tout, marquée par la Haute Chaîne des Alpes et ses massifs pré-alpins. C'est une région riche en activités variées souvent liées à son environnement naturel. Ainsi randonnées pédestres et cyclistes, ascensions, activités nautiques et aéronautiques en été, glisse ou ski et randonnées en hiver, pour les amoureux de la nature et les sportifs, la Haute-Savoie est la région idéale.

Cette rubrique se limitera volontairement à quelques communes à proximité des frontières du canton genevois et quelques sites remarquables, la Haute-Savoie faisant l'objet d'un guide à part entière. Parmi les immanquables : Le Mont-Blanc, Chamonix et l'Aiguille du Midi, Megève, Avoriaz, Morzine, ses stations de skis de moyenne montagne réputées, Annecy « la Perle de la Haute-Savoie » et son magnifique lac, le plus pur d'Europe, Yvoire pittoresque bourg médiéval ou encore Thonon et Evian avec les thermes et la vue imprenable sur le lac Léman.
Les amateurs de sorties culturelles ne sont pas en reste, car son passé sous influences multiples, lui a permis de forger une identité forte empreinte de cette histoire mouvementée (157 monuments sont protégés et sa culture locale est riche).

ANNEMASSE

Se restaurer

Bien et pas cher

L'ANTRE-METS
14 bis, rue du Commerce
Galerie Pasteur ✆ 04 50 49 16 85
Ouvert toute l'année. Du lundi au samedi le midi. Menu unique à 15,50 €. Carte : 20 € environ. Accueil des groupes.
Tout au bout de la galerie commerçante Pasteur, on découvre ce petit restaurant sans prétention. La salle permet d'accueillir de 30 à 35 personnes dans une ambiance bleu et jaune qui joue sur deux tableaux : la Provence et la Savoie. Ici on compose soi-même ses menus grâce à une carte traditionnelle mais originale : tête de veau, beignets de pommes de terre, entrecôtes d'Aubrac, steaks de fromage. Tous les desserts sont faits maison. Un restaurant convivial où l'on est accueilli comme dans la famille.

Bonnes tables

LA TAVERNE DE MAÎTRE KANTER
10, place de l'Hôtel-de-Ville
✆ 04 50 84 46 80
Ouvert tous les jours de midi à minuit. Plat du jour : 9,20 €. Formules de 14,40 à 21,90 €. Menu enfants : 6,70 €.
Une enseigne bien connue qui réserve pourtant bien des surprises. A croire que d'une Taverne à l'autre – suivez-nous vers les Pas Futés de l'année à Annecy... –, on se fait deux idées très différentes de la restauration. Ici, sur la belle place de l'Hôtel de Ville où l'on aime se détendre en terrasse, on ne triche pas avec la qualité des produits et l'on nous propose un

authentique voyage gourmand dans le cadre superbe d'une grande brasserie parisienne. Et tout commence par l'accueil, souriant, charmant et un service qui met tout en œuvre pour faire de notre repas un moment de pur bonheur. Ensuite, il y a la cuisine, avec les spécialités de la maison : choucroutes traditionnelles, au jarret, au confit ; les flammenküches gratinées... On se délecte de plateaux de fruits de mer somptueux avec d'excellents coquillages : huîtres, crevettes, palourdes, bigorneaux... La cocotte de moules spéciale Taverne arrosée de Grimbergen vaut le détour, à moins d'opter pour les pâtes de la mer à la manière du général Rapp, Alsace oblige ! Et si vous préférez déguster les plateaux de fruits de mer entre amis, l'écailler les prépare, il ne vous reste qu'à passer à son banc. Les amateurs de tartare et grillades (bœuf, cochon, canard...) ne sont pas oubliés. Des plats copieux, très bien cuisinés et variables selon les envies. Qualité, générosité, des vertus qui font le succès jamais démenti de ce lieu. Une taverne qui ne ressemble à aucune autre : produits de qualité, du fait maison... et un service attentif et souriant ! Non loin de Genève, une adresse Futé de référence qui fait aussi notre bonheur le dimanche.

Sortir

■ **L'EXCLUSIF**
2, rue Docteur-Coquand
✆ 04 50 04 85 41
www.lexclusif.net
Ouvert tous les jours de 18h à 3h. Restaurant ouvert du mardi au dimanche de 19h à 1h.
Le lieu tendance qui fait d'Annemasse une ville qui bouge. C'est bien ici que l'on aime se retrouver pour siroter un verre, du cocktail au verre de vin parmi une belle sélection en écoutant de la bonne musique – afterwork tous les mardis dès 18h et karaoké tous les dimanches dès 20h – dans un cadre contemporain aux lignes douces et aux lumières chaudes. Soirées thématiques, ambiance festive, l'Exclusif the only place to be !

Shopping

■ **CAVE DUVERNAY**
12, rue du Capitaine-Charles-Dupraz
✆ 04 50 92 20 20
Ouvert du lundi au vendredi de 9h à 12h30 et de 14h30 à 19h15 ; le samedi de 9h à 12h30 et de 14h à 19h15.
Que dire à part que dans cet établissement, l'amateur et professionnel du cognac se sentira comme un poisson dans... l'eau ? C'est le bonheur, la caverne d'Ali Baba pour le passionné de ce spiritueux charentais ! Une énorme gamme de cognacs vous y attendent : la liste est très longue, mais voici un petit aperçu de ce que vous dénicherez dans cet empire du spiritueux : cognac XO carafe Odyssey-Hennessy, 70 cl et 40° ; cognac XO grande champagne, domaine du Château de Fontpinot-Frapin, 70 cl et 41° ; cognac XO Paradis-Hennessy, 70 cl et 40° HENNESSY ; cognac VSOP de la Maison Lheraud, 70 cl et 40° ; cognac VSOP Privilège-Hennessy, 70 cl et 40° ; cognac Couvoisier V S O P Escusif, 70 cl et 40°...et tant d'autres... La Cave Duvernay reste une des meilleures adresses depuis des lustres avec des alcools exceptionnels et des conseils introuvables ailleurs.

BERNEX

■ CHEZ TANTE MARIE**

Langin
✆ 04 50 73 60 35
www.chez-tante-marie.com
chez-tante-marie@wanadoo.fr

Fermé en avril et du 15 octobre au 15 décembre. 27 chambres. Chambre double de 80 € à 87 € ; chambre triple 110 €. Pension complète : 80 € (à 87 €). Demi-pension : 70 € (à 77 €). Petit déjeuner : 10 €. Réduction de 10 % hors vacances scolaires. Séminaires. Restauration (menus de 19,50 € à 40 €). Tv satellite.

On arrive ici pour goûter le calme des montagnes et on y trouve tellement plus que ça qu'on ne veut plus repartir ! En été, le chalet surgit au beau milieu d'un écrin de verdure de 6000 m² à mi-chemin entre le village et les pistes du Pré Richard. En hiver, la neige revêt son blanc manteau pour recouvrir l'hôtel-restaurant situé à 1000 mètres d'altitude. Un paysage de carte postale qui donne du baume au cœur. Chez Tante Marie, l'ambiance familiale est une seconde nature. Vos hôtes Béatrice et Patrick Perrot se feront un plaisir de vous faire découvrir leur cuisine généreuse qui fait honneur aux traditions : lapin sauté à l'ancienne, truite belle meunière aux amandes, filet de féra, fondue savoyarde et bien d'autres. A dîner convivial, nuit seigneuriale. En suite ou en duplex, la beauté du bois et le goût du détail envelopperont chaleureusement vos nuits pour que vous soyez d'aplomb le lendemain afin attaquer les pistes en luges, en raquettes ou à ski ou encore pour partir en randonnée. Reconnu comme exceptionnel par nos lecteurs !

■ ECOLE DU SKI FRANÇAIS

La Fouly
✆ 04 50 73 62 80
www.esf-bernex.com
esf-bernex@wanadoo.fr

6 cours adultes : 101 €, 6 cours enfant : 95 €.

Du club piou-piou à la compétition – préparation aux tests Flèche et Chamois – en passant par les cours individuels et les cours collectifs, l'ESF Bernex apprend aux enfants et aux adultes les rudiments du ski et ses techniques les plus abouties. Des cours de snowboard, de ski de fond ou encore de biathlon sont aussi proposés depuis cette année. Les tests et la validation des niveaux se déroulent pendant les cours. Le rendez-vous pour le départ du cours est fixé en haut du télésiège du Pré Richard. Découvrez toute l'équipe sur le site web !

■ RELAIS DE LA CHEVRETTE

Le Maupas
✆ 04 50 73 60 27
www.lachevrette.fr
info@lachevrette.fr

Menus de 20 € à 29 €. Menu enfant : 10 €. Terrasse.

Et l'on passerait le repas à détailler la décoration : sur la cheminée, sur les murs : des nounours par dizaines, des cœurs à foison, la luge et sa corde, objets anciens et plus récents… un vrai palais de déco de montagne. Même « la princesse d'Olga » trône à côté de la cheminée… Mais passons à table : c'est quand même pour cela que nous sommes venus ! Ici, n'hésitons pas et dégustons les spécialités montagnardes : la douce saveur du berthoud, la tartiflette ou le délice de Chevrette qui est à la hauteur de son titre : beignets de pomme de terre accompagnés d'une succulente charcuterie. Et cette belle cruche savoyarde, chaque table possède la sienne : différente et unique ! Revenons à nos « chevrettes » : la truite du vivier préparée au bleu ou meunière aux amandes est aussi un bon choix. Il ne nous reste plus qu'à faire une bonne randonnée dans la montagne environnante ou descendre quelques pistes afin de pouvoir revenir pour un bon goûter ! Le service est chaleureux et prévenant, Elodie et Jean-Philippe sont tout sourire et organisent aussi de chaleureuses soirées musicales. Mais la déco nous poursuit jusqu'au splendide bar tout en bois et jusqu'aux endroits les plus improbables.

CLUSES

■ MARY SAM

8, place des Allobroges
✆ 04 50 98 64 51

Ouvert toute l'année. Tous les jours le midi et le soir. Le vendredi soir ouvert sur réservation. Menu unique à 13 € (entrée + plat + café ou plat + dessert + café). Carte : 30 € environ. Menu enfant : 9,80 €. Plat du jour : 9,80 €. Terrasse.

Situé en lieu et place de l'ancien Bar des Boules, le MarySam affiche une toute nouvelle ambiance, moderne et tendance. Les murs orange et brique créent une atmosphère chaleureuse, ils remontent le temps au rez-de-chaussée avec des affiches de cinéma en noir et blanc et font monter la vitesse à l'étage avec des cadres de voitures de sport rutilantes, en matériau d'absorption acoustique. Eté comme hiver, profitez de la terrasse qui vous offre un bain de soleil, une vue sur la patinoire extérieure (de novembre à mars) et sur la montagne. Côté carte, le restaurant jongle savoureusement avec les burgers au pain maison, les pâtes, les salades, les spécialités savoyardes et les crêpes. Il propose quotidiennement un menu du jour ainsi qu'une sélection de viandes et de poissons. Futé a testé la cassolette de fruits de mer au curry avec son riz vapeur. La balade exotique comble nos papilles, curieuses de connaître les douceurs. Entre le tiramisu aux spéculoos, la crème renversée, le riz au lait et le café gourmand, difficile de faire son choix. Les desserts ne lésinent pas sur la générosité, il y avait peut-être un peu trop de mascarpone dans le tiramisu, mais le rapport qualité-prix est une réelle invitation à revenir.

OFFICE DE TOURISME

100, place du 11-Novembre
✆ 04 50 96 69 69
www.cluses.com – ot@cluses.fr
Ouvert du lundi au vendredi de 9h à 12h et de 13h30 à 18h. Basse saison : le samedi de 10h à 12h et de 13h30 à 17h30. Haute saison : le week-end de 10h à 12h et de 13h30 à 17h30.
On vous aidera à découvrir une ville agréable avec ses rues aérées et ses traces du passé : le pont Vieux, l'hôtel de ville, la place des Allobroges et sa fontaine du XVIIIe siècle... On se promène sur les berges de l'Arve depuis l'office de tourisme jusqu'au lac de Thyez où l'on fait une petite randonnée (accessible à tous, 20 minutes de marche, chemin situé entre l'hôtel 4C et la clinique) en direction de la cascade de l'Englennaz. Cluses ne manque pas de centres d'intérêt et les villages du Faucigny alentour proposent de nombreuses activités.

CRUSEILLES

CENTRE NAUTIQUE DE L'ESPACE BERNARD PELLARIN AUX DRONIÈRES

Parc des Dronières
✆ 04 50 44 12 68
Ouvert du 2 juin au 2 septembre. Du lundi au vendredi, de 11h15 à 19h ; le samedi, de 11h5 à 20h ; le dimanche, de 9h30 à 19h. Tarifs : 4, 20 € (adulte) ; 2,90 € (enfant de 4 ans à 16 ans).
Dans le superbe Parc des Dronières, près du lac, le Centre nautique, ouvert depuis 2009, propose des animations nautiques adaptées aux différents publics, chaque jour, en plus des cours de natation et d'aquagym. Il possède un espace détente original où l'on profite d'une séance de modelage assis et habillé ! Un festival, Les Musikeaux, débute le 22 juin pour se terminer le 31 août : une animation musicale tous les vendredis soir à 19h30. Une piscine, mais aussi un véritable centre de loisirs nautiques au bord du joli lac des Dronières !

PARCOURS AVENTURE TACTIQ

Parc des Dronières
✆ 04 50 32 91 85 / 06 87 31 90 65
www.tactiqaventure.com
info@tactiqaventure.com
Fermé de décembre à avril. Haute saison : ouvert tous les jours de 10h à 19h. Hors juillet-août : ouvert tous les jours pendant les vacances scolaires, de 13h30 à 19h. Hors vacances scolaires : les mercredis, samedis et dimanches et jours fériés. Parcours découverte : 14 €. Parcours vertige : 22 € (adulte) ; 18 € (moins de 16 ans). CB non acceptée.
Un parcours aventure aux équipements les plus modernes – parfaitement intégrés à l'environnement – ouvert au milieu d'une forêt splendide du parc des Dronières. Dans un cadre magnifique, voici l'un des plus sympathiques et des plus acrobatiques des parcs de loisirs d'arbre en arbre, bénéficiant de la passion et de la gentillesse d'animateurs tous diplômés d'Etat – pour notre plus grande sécurité. Un parc extraordinaire – tous les aménagements sont bien pensés et très progressifs – où l'on peut s'aventurer sur deux parcours. Le Parcours découverte, avec 25 ateliers, des difficultés adaptées aux enfants – à partir de 5 ans il faut mesurer au minimum 1,05 mètres – et l'installation d'une ligne de vie continue, en 2013, pour débuter en toute sécurité. Le parcours vertige où l'on prend de l'altitude – 17 mètres... – et où l'on découvre tous les plaisirs – et les craintes – de jouer à Tarzan, avec 10 nouveaux ateliers en 2013 ! Les enfants de moins de 16 ans doivent être accompagnés d'un adulte. On profite de toutes les installations annexes – barbecue, plan d'eau, enclos à biches... – pour passer une journée entière dans les arbres, et en famille à explorer de nouveaux mondes !

ÉTREMBIÈRES

■ TÉLÉPHÉRIQUE DU SALÈVE

Le Pas de l'Echelle ✆ +33 4 50 39 86 86
www.telepheriquedusaleve.com
Accès depuis Genève par le bus n° 8, arrêt Veyrier-douane.
En janvier, février et mars : ouvert tous les vendredis, samedis et dimanches de 9h30 à 17h30. A partir du 1er avril, ouvert du mardi au dimanche et le lundi de Pâques de 9h30 à 18h. A partir du 1er mai, ouvert 7j/7 de 9h30 à 19h les lundis, mardis et mercredis, et de 9h30 à 23h les jeudis. Ouvert de janvier à octobre. Du 1er mai au 30 septembre, ouvert 7j/7 de 9h30 à 19h (vendredi et samedi : 23h). En octobre et avril, ouvert du mardi au dimanche de 9h30 à 18h. De janvier à mars, ouvert vendredi, samedi et dimanche de 9h30 à 17h30 (sauf conditions météo défavorables). Tarifs adultes, aller-retour : 10,80 €. Séniors (à partir de 65 ans) et étudiants (jusqu'à 26 ans), aller-retour : 7,60 €. Enfants, aller-retour : 5,40 €. Tarif famille (2 adultes et 2 enfants de moins de 17 ans), aller-retour : 21,50 €. Liaison de bus des Transports publics genevois (entre la gare de Cornavin à Genève et Veyrier), à 5 minutes à pied du Pas de l'Echelle.
Inauguré en 1932, le téléphérique remplaça le petit train qui emmenait les Genevois sur le Salève depuis 1890. A ses débuts, des centaines de personnes se pressaient tous les dimanches à la station de départ. Entièrement rénové dans les années 1980 après plusieurs années d'arrêt, il suscite de nos jours un intérêt grandissant, mais toutefois bien loin de la passion d'antan. La cabine conduit les promeneurs à 1 100 m d'altitude en quelques minutes. En haut, la vue est saisissante avec, d'un côté, Genève, le Jura et une partie du bassin lémanique, et de l'autre, les Alpes, dominées par le mont Blanc, et le lac d'Annecy.

■ WOWO

366, rue du 18-Août-1944
✆ 04 50 31 20 20
Ouvert du mardi au dimanche de 12h à 14h et de 19h à 22h. Carte : 20 € environ. Buffet à volonté : 21,80 €. Vente à emporter.
L'agglomération d'Annemasse est considérée comme le berceau départemental des restaurants asiatiques mais tous ne sont pas à classer à la même enseigne. Wowo, bien situé à cinq minutes du centre commercial d'Etrembières, dispose d'un vaste parking et d'une grande salle de restauration accueillante. La végétation y est omniprésente, et quoiqu'artificiel, l'érable central n'est pas sans rappeler la sérénité des jardins japonais. La décoration évolue en fonction du calendrier chinois, qui célèbre, depuis février 2013, l'année du Serpent. Si vous choisissez à emportez, vous pourrez faire votre choix à la carte parmi les spécialisé chinoises et vietnamiennes alors que si vous mangez sur place, vous bénéficierez du buffet à volonté. Les plats changent chaque semaine selon les produits du marché mais vous retrouverez régulièrement les nems au porc ou au poulet, les beignets de crevettes, les travers de porc sauce aigre douce, les seiches à la sauce saté, les nouilles sautées ou encore les rouleaux de printemps. Le week-end, des cuisses de grenouille, du canard laqué ou encore des noix de Saint-Jacques s'ajouteront aux spécialités proposées. En mode douceurs sucrées et acidulées, les kumquats, les perles de coco et les beignets aux pommes enchanteront un peu plus vos papilles dans ce voyage exotique.

ÉVIAN

Pratique

■ OFFICE DE TOURISME

Place d'Allinges ✆ 04 50 75 04 26
www.eviantourism.com
info@eviantourism.com
Accueil gracieux de ces dames dans un espace climatisé tout en transparence et vue sur le lac pour vous renseigner sur les multiples activités d'Evian et de sa région. On apprécie les larges fauteuils dans lesquels on peut parcourir les différents documents d'informations disponibles tout en gardant un œil sur… le lac. N'oubliez pas de demander le plan de la ville avec circuit historique très complet, et bien utile pour rendre visite à la vedette numéro 1 : la source Cachat et son griffon, et emprunter, en été, le funiculaire. Comme nombre des 8 064 Evianais permanents, vous pourrez aller remplir gratuitement quelques bonnes bouteilles d'eau… et disposer de la borne Internet gratuite. Il existe bien sûr des visites organisées de l'usine de production et d'embouteillage.

Se loger

■ HÔTEL ERMITAGE****

Rive Sud du lac de Genève
✆ 04 50 26 85 00
reservation@evianresort.com
Ouvert toute l'année. 80 chambres. A partir de 237 € chambre et petit déjeuner (en occupation double par jour pour 2 personnes). Wifi. Restauration. Hammam, bain bouillonnant, sauna.

Niché au cœur d'un écrin de verdure, cette maison de vacances est un véritable havre de paix autour duquel loisirs et détente s'organisent. Vous séjournez dans l'une des 80 chambres et suites de l'hôtel et profitez d'un service de restauration qui répond à toutes vos envies. Envie d'une cuisine raffinée ? La Table vous accueille, le soir, dans une ambiance feutrée. Son service attentionné et la qualité de ses mets placent vos dîners sous le signe du prestige. A la Bibliothèque règne une atmosphère conviviale, idéale pour les déjeuners et goûters. Installé au bar jazzy le Birdie, on se laisse captiver par les notes de piano au swing communicatif. Pendant tout l'été, The Pool, le bar de la piscine, propose boissons et petite restauration. Les moments de détente se prolongent également à l'intérieur, dans la seconde piscine de l'hôtel et au Spa, pour des rendez-vous bien-être hors-du-temps. Adapté à l'organisation de séminaires, l'hôtel dispose également de 11 salles de réunion. Une adresse parfaite pour se ressourcer en famille ou travailler en toute quiétude.

HÔTEL ROYAL***

Rive Sud du lac de Genève
✆ 04 50 26 85 00
www.evianresort.com
reservation@evianresort.com

Ouvert toute l'année. 148 chambres. Chambre double. A partir de 356 € avec petit déjeuner (occupation double par jour pour 2 personnes). Hammam, bain bouillonnant, sauna. Animations.

A l'hôtel Royal, l'accueil que l'on vous réserve est bien au-delà de vos espérances. Tout est pensé pour votre bien-être, le personnel – réceptionniste, bagagiste, voiturier – à votre service fait preuve d'une infinie bienveillance et d'une gentillesse inégalable. Quant au cadre, le parc de 19 hectares surplombant le lac Léman constitue l'essence même de la sérénité. Les 148 chambres et suites sont agencées selon une définition du luxe qui s'inspire autant de la délicatesse que du respect des traditions de la ville d'Evian. Charme, intimité et volupté vous accompagnent tout au long de votre séjour à la carte. Dans ce lieu d'exception, vous disposez de cinq restaurants, dont le gastronomique Edouard VII. La Brasserie de luxe, Les Fresques, vous propose de découvrir sa cuisine du monde. Au bord de la piscine, en été, vous pourrez profiter de L'Oliveraie et de sa cuisine ensoleillée. Sous La Véranda, la rôtisserie et les buffets de grillades sont à l'honneur. Pour une restauration plus légère, rejoignez Le Jardin des Lys et le Tony's bar. Pour vos moments de détente, Spa, piscines intérieure et extérieure, parcours hydro-contact sont mis à votre service. Le cadre convient également aux séminaires grâce à la présence de 10 salles de réunions d'une capacité d'accueil de 10 à 200 personnes. Evian Resort, c'est encore un parcours de golf 18 trous qui rouvrira le 1er juillet 2013, après une complète rénovation, un casino qui vous transporte dans l'univers de l'Afrique australe à quelques minutes de l'hôtel, un passage par les Thermes d'Evian, rénovés en 2012, et une gamme complète de services allant des navettes gratuites sur le site de l'Evian Resort au Kid's Resort en passant par un programme étoffé d'animations pendant les vacances. En famille ou entre amis, des séjours 100 % douceur de vivre.

L'Evian Masters Training Center.

Se restaurer

LA FOURCHETTE DE L'ÉGLISE

5, rue Bugnet ✆ 04 50 79 93 43
www.lafourchettedeleglise.fr
lafourchettedeleglise@gmail.com
Ouvert du mardi au samedi le midi et le soir. Réservation recommandée. Menus de 24 € à 29 €. Formule du midi : 14 € (entrée + plat + dessert).
Frédéric Rassat nous fait découvrir sa cuisine dans un petit coin bien caché, derrière l'église Saint-André, mais ce n'est que pour mieux réserver à ses convives un accueil chaleureux et prévenant ainsi qu'un menu du jour concocté avec beaucoup de soin. Chaque midi, il propose un unique menu du marché réalisé avec des produits frais et de saison. Ce midi-là, la salade de saumon gravelax avec ses petits radis avait tout pour célébrer le printemps. La blanquette de veau accompagnée d'un riz parfumé de petits poireaux aurait pu rivaliser aisément dans un concours gastronomique tant sa cuisson était parfaite. Pour finir cette farandole de saveurs exquises, un financier aux deux chocolats venait fermer cette parenthèse enchantée. Pour dire un mot sur le service, grâce au menu unique du midi, il s'enchaîne au bon rythme, avec beaucoup d'attentions. Le soir, les propositions à la carte permettent de composer soi-même son menu. Si la carte est minimaliste, sa composition est un hymne à la fraîcheur. Chapeau bas à ce petit restaurant d'une vingtaine de couverts qui a su miser sur son savoir-faire pour se tailler une belle réputation !

Le port de plaisance d'Evian-les-Bains.

LA VERNIAZ

Neuvecelle-Eglise ✆ 04 50 75 04 90
www.verniaz.com – contact@verniaz.com
Fermé du 7 novembre au 28 mars. Menus de 38 € à 85 €. Menu enfant : 25 €. Du lundi au vendredi. American Express. Accueil des groupes. Terrasse.
A ambiance cossue, cuisine classique. Dans ce cadre bourgeois, on se délecte de plats intemporels comme le foie gras de canard des Landes mi-cuit et sa purée de prune et de noix ou les classiques noisettes de chevreuil rôties (en saison) sauce poivrade et garniture chasse sans oublier la salade de homard breton. La rôtisserie est à elle seule un spectacle dont on ne se lasse pas. Patientent, léchés par les flammes un filet de bœuf Simmental pour 2 personnes minimum, un carré d'agneau parfumé au thym également pour 2 personnes ou une volaille de Bresse « Miéral » entière pour laquelle il faut faire preuve de patience car la cuisson dure une heure. On termine par un soufflé chaud au Kirsch de ferme et griottes ou une tartelette maison aux figues, crème brûlée pralinée et nougatine avant de rejoindre le très beau bar où les amateurs apprécieront de découvrir une très belle carte de whiskies. Et dès que pointent les doux rayons du soleil de mai, la jolie terrasse s'impose comme une évidence.

Sortir

LE CASINO D'EVIAN

Quai Baron-de-Blonay ✆ 04 50 26 87 87
www.casino-evian.com
casino@evianresort.com
Basse saison : ouvert du dimanche au jeudi de 10h à 2h ; le vendredi et le samedi de 10h à 3h. Haute saison : tous les jours de 10h à 3h. Restauration. Boutique.
Un établissement face au lac Léman, un lieu magique superbement mis en valeur ces dernières années, jusqu'à devenir le plus grand casino à thème d'Europe, destination phare des amoureux du jeu et de la fête. Un casino qui a belle allure, surtout quand il brille de mille feux, et qui s'adapte à merveille à toutes nos envies de folies. Bien sûr, il y a les 250 machines à sous qui profitent d'une installation unique et d'un décor exotique qui nous ferait presque oublier d'avoir les yeux fixés sur les rouleaux dernière génération des multiples jeux ! Pour se restaurer, 3 restaurants – le Savana, le Baccara et le Liberté -, un bar – l'Urban – et un pub - Au Bureau – pour se rafraîchir et faire une pause dans une ambiance de fête. Atmosphère plus feutrée aux jeux de table avec tous les jeux traditionnels (roulette, black-jack)

et des jeux de prestige comme le stud poker. La chaleur, et les gains, montent ? Les attractions et spectacles aux saveurs tropicales sont là pour vous divertir et vous invitent au voyage. Le Casino d'Evian est bien plus qu'un simple casino, c'est du rêve et de l'évasion.

À voir – À faire

■ HALL D'EXPOSITION DES EAUX MINERALES D'EVIAN

19, rue nationale ✆ 04 50 84 80 29
✆ 04 50 84 86 54 (réservation groupe)
www.eviantourism.com
visite-usine-evian@danone.com
Visite de groupe : du lundi au vendredi à 9h, 10h30, 14h et 15h30 sur réservation au 04 50 84 86 54. Visite individuelle : de juin à septembre sur réservation au hall d'information de la SAEME rue Nationale ou au 04 50 84 80 29. Gratuit. Durée de visite : 90 min debout.

Evian ne serait pas Evian sans ses eaux minérales expédiées dans le monde entier. Alors, que l'on soit curieux de savoir si l'eau traverse bien les montagnes pendant des années, comme nous le dit la réclame, ou bien que l'on soit fan des bouteilles collector de la marque, il faut se rendre à cette exposition permanente où de multiples panneaux détaillent la fabrication des bouteilles, le soutirage, le conditionnement et l'expédition. Vous pourrez bien sûr vous ressourcer directement à la source avant de faire un petit tour à la boutique.

■ MAISON GRIBALDI

Rue du Port (à l'arrière du Palais Lumière)
✆ 04 50 83 15 94
Du 30 mars au 3 novembre 2013. Tous les jours 14h-18h. Tarifs : 3 € adulte, + 2 € la visite guidée, gratuit pour les moins de 10 ans.

A l'occasion de l'inauguration de la Maison Gribaldi, une exposition de plus de 200 photos inédites d'Evian et de sa région est présentée au public du 30 mars au 3 novembre 2013. Ces archives conservées jusqu'alors dans les collections municipales sont issues de plaques stéréoscopiques. En quelques mots, il s'agit d'un procédé qui permet de donner l'illusion d'un relief grâce à la superposition de deux images visionnées à travers un appareil à double optique. Cet ancêtre de la 3D permet d'offrir un regard vivant et émouvant sur l'Evian des premières années du XXe siècle. La visite rend compte de l'évolution du paysage urbain et de l'affluence touristique grandissante. Le visiteur peut lui-même faire l'expéricence de ce visionnage en 3D dans un espace dédié à la technique du stéréoscope. Un autre volet de l'exposition présente des films des frères Lumière tournés à Evian entre 1896 et 1898. Une visite en noir et blanc qui ne manque pas de contraste !

Sports – Détente – Loisirs

■ LES THERMES D'EVIAN

Place de la libération
Royal Parc-Evian ✆ 04 50 75 02 30
www.lesthermesevian.com
Ouvert du lundi au vendredi de 9h à 20h ; le samedi de 9h à 18h30. Séjour minceur 6 jours 800 €, séjour future maman 3 jours 350 €, séjour sportif confirmé 3 jours : 380 € (hors hébergement). Boutique.

C'est dans un établissement entièrement rénové que les thermes d'Evian vous accueillent avec un programme fondé sur trois objectifs : régénérer, tonifier, relaxer. Au pied des Alpes et du Lac de Genève, Evian est une station réputée dont l'eau minérale naturelle jouit d'un équilibre minéral exceptionnel et d'une grande pureté. Aux Thermes d'Evian, on s'occupe enfin de soi grâce aux soins prodigués par des spécialistes. Les cures médicalisées sont indiquées en cas de pathologies chroniques en rhumatologie, de maladies digestives ou encore d'affections urinaires. Mais on y vient aussi à la journée, sur des séjours de 3 à 6 jours – future maman, sportif confirmé, beauté, minceur – pour profiter des bienfaits de l'eau d'Evian. A chacun sa cure, il y en a pour tous les goûts et surtout pour répondre à tous les besoins. Du soin du visage au cours de body combat ou de zumba en passant par l'aquabiking, chacun se constitue son séjour à la carte avec une offre des plus étoffée. Alors pourquoi ne pas profiter de son séjour à Evian, et s'offrir « sa journée de vacances » en profitant de la piscine thermale avec jets, des massages en duo et de l'espace fitness. Evacuer le stress, oxygéner son corps, oublier les soucis, chasser la fatigue... On respire mieux, non ?

Visites guidées

■ SOLEIL DU LEMAN

Renseignements au ponton du Casino
✆ 04 50 26 35 35 / 06250760 60
soleil.du.leman@veolia-transport.fr
Fermé du 1er octobre au 30 avril. Haute saison : ouvert tous les jours de 10h à 18h. Gratuit jusqu'à 6 ans. Adulte : 11 €. Enfant : 6,50 €. Tarif famille (2 adultes + 2 enfants) : 28 €.

Et pourquoi ne pas goûter à la quiétude d'une croisière silencieuse sur les flots du lac Léman à bord de ce catamaran solaire aux moteurs électriques ! Trois points d'embarquement – Pré-Curieux, Ponton du Casino et place Bonnaz – et trois circuits de 30 à 45 minutes pour découvrir Evian sous un autre jour.

LA CLUSAZ

Se loger

BEAUREGARD****

Le Bossonnet
✆ 04 50 32 68 00
www.hotel-beauregard.fr
info@hotel-beauregard.fr

Chambres de 2 à 4 personnes. Chambres doubles de 85 € à 400 €, demi-pension de 78 € à 238 €. Attention en hiver, séjours de 7 nuits minimum selon période. Petit déjeuner : 15 €. Accès libre : espace forme, sauna, hammam, bain à remous et piscine intérieure chauffée. Terrasse. Garage fermé : 10 €. Bar. Restaurant Le Symphonie, chef Régis Brugière label Maître Restaurateur.

Alliant tous les plaisirs de la montagne et de l'hôtellerie, cet établissement de belle allure mérite d'être classé parmi les meilleurs de la station. Au pied des pistes du Bossonnet, à proximité du centre-ville et offrant sur place tout le confort nécessaire à votre bien-être (espace forme avec une grande piscine couverte de 7x18 !), le Beauregard attire tous les regards. D'autant que la table, bien dressée dans une salle lumineuse de pierre et de boiseries, n'est pas en reste grâce à un chef qui maîtrise parfaitement ses classiques et les restitue avec enthousiasme. Côté chambres, confortables et spacieuses, on n'oublie pas les familles avec des possibilités d'hébergement qui leur sont spécialement dédiées. Un établissement de charme qui rallie à lui, aussi bien les sportifs (skieurs et randonneurs) amoureux de la montagne que ceux qui veulent profiter d'un séjour reposant. Accueil et service aussi délicieux que l'ensemble.

CHALET ALPAGE***

1 872, route du Col-de-la-Croix-Fry
✆ 04 50 02 63 28
www.chalet-alpage.com
info@chalet-alpage.com

Chambre double : 90 à 195 €. Demi-pension : 90 € à 175 € (enfant : 50 € à 65 €). Petit déjeuner : 12 € à 15 €. Piscine couverte chauffée. Spa, sauna. Restaurant, bar. Terrasse.

Un peu en contrebas de la route qui monte au col de la Croix-Fry, voici une ancienne ferme rénovée avec beaucoup de goût. Le chalet l'Alpage porte bien son nom. Dominant le village de La Clusaz, il est situé à quelques mètres du téléski des Laquais et ouvre à tout le domaine skiable (on peut descendre au village skis aux pieds depuis le chalet par une piste verte) et aux randonnées estivales. Bien entendu, les boiseries dominent et l'on peut faire du cocooning dans un intérieur chaleureux. Mais il serait dommage de ne pas profiter de la montagne et de des loisirs proposés. Si l'hiver, le ski s'impose. En été, on se promènera allègrement dans l'alpage. Ici, la détente est de rigueur dans la piscine fermée ou découverte en fonction du temps, dans le spa extérieur ou au sauna ! L'été, on profite du barbecue, et en toutes saisons des spécialités savoyardes bien préparées. Un établissement trois étoiles au charme indéniable qui bénéficie d'une belle situation.

LA FERME

1078, route des Aravis
✆ 04 50 02 50 50
www.lesfermiers.com
laferme@lesfermiers.com

Ouvert toute l'année. Chambre double de 65 € à 115 €. Demi-pension : 58 € (à 118 €). Jeux pour enfants. Wifi. Restauration (formules de 13 € à 37,50 €). Bain bouillonnant.

A la Ferme, tout est plus grand. Dominant la village de La Clusaz, s'ouvrant sur les pentes de la piste du Crêt du Merle, la Ferme offre un spectacle naturel grandiose. Comme suspendue loin de l'agitation de la station, et pourtant si proche, la Ferme est une superbe maison tenue par la même famille depuis deux générations. A la Ferme, petits et grands se sentent comme à la maison, se reposant dans un esprit familial autour du maître des lieux, Stéphen Requet, et de son équipe des plus conviviales. Les enfants sont traités comme des rois et les parents profitent toujours d'une grande attention pour un séjour mêlant repos, détente et activités sportives, sans oublier la gourmandise avec l'excellent restaurant de l'établissement (à retrouver dans notre rubrique dédiée). Les chambres sont douillettes, chaleureuses et confortables, aménagées avec soin, équipées de double à l'italienne et pourvues, le plus souvent, d'un balcon. L'été, on contemple depuis la terrasse les sentiers où l'on va randonner. L'hiver, les pistes que l'on peut descendre en direct, avant de plonger dans un bain nordique chauffé (sur réservation) sur cette même terrasse. En toute saison, le bonheur d'être à la Ferme -grande adresse Futé- est immense.

LA SENCE

510, route de La Sence ✆ 04 50 02 42 81
www.lasence.fr
Chambre et petit déjeuner : de 50 € à 56 €
Un ancien chalet de bois sombre, au cœur des alpages de la vallée des Aravis. L'accueil sympathique de Patricia Suize, qui partage le chalet familial habité depuis 4 générations avec ses hôtes, participe au bien-être ressenti dans ce lieu de pleine nature. Chambres avec balcon ou véranda, cuisine à disposition, terrasse et jardin. En hiver, l'accès au télésiège de la Combe des Juments est tout proche, et l'accès au chalet est direct. Un hébergement à petits prix, pour bien profiter de la saison d'hiver ou d'été, à deux pas de la station !

Se restaurer

Bien et pas cher

AU COCHON DES NEIGES

21, route des Confins
✆ 04 50 02 62 62
Fermé du 21 avril au 23 mai et du 15 octobre au 15 décembre. Vacances scolaires : ouvert tous les jours. Hors vacances scolaires : fermé le mardi soir et le mercredi toute la journée. Ouvert du jeudi au mardi le midi et le soir. Menus de 13 € à 24,50 €. Carte : 25 € environ. Menu enfant : 8,50 € (plat enfant -8 ans : 6 €). Formule du midi : 15,90 € (verre de vin et café compris). Chaises bébé. Terrasse.
Cochon qui s'en dédit, cette adresse est La perle Futé de La Clusaz. Sur les premières hauteurs de la station, comme il est bon de s'installer à la terrasse ensoleillée ou dans une salle aux joyeuses références porcines pour savourer le bonheur d'être dans les Aravis, chez Anne et Franck Hudry. Depuis 14 ans, ce couple charmant nous accueille pour le meilleur... et uniquement le meilleur ! A table, où les petites attentions ne manquent pas et où le service se montre toujours souriant, on redécouvre non seulement le sens de l'hospitalité, mais encore la bonne cuisine de nos grand-mères. Recettes et traditions culinaires savoyardes garanties avec des spécialités aux doux noms de : farçon savoyard maison avec ses diots de Savoie, une excellente fondue aux girolles au vin rouge, les pierrades, la raclette du Brézain au feu de bois, une excellente tartiflette accompagnée de sa généreuse salade verte et du dessert du jour pour seulement 16 €, une reblochonnade fumée au feu de bois, une Pêla façon tartiflette, une croziflette ou des spécialités gratinées... Sans oublier le fameux Coin de Montagne fumé et ses spécialités fermières, des salades pleines de fraîcheur, pour terminer avec des pâtisseries maison. Grande nouveauté de l'année et exclusivité de la station qui connaît déjà un franc succès, le chamois ! Franck est un chasseur qui a obtenu l'agrément de cuisiner le gibier qu'il rapporte. A commencer par le chamois, viande d'exception qu'il prépare en blanquette ou en tajine. La carte des vins et autres boissons, comme les bières régionales, permet d'accompagner le repas le plus agréablement du monde. Ce Cochon des Neiges est incontestablement l'un des fleurons gourmands de la station et l'une des adresses les plus Futés que l'on connaisse.

La Clusaz.

Bonnes tables

LE BISTRO

77, route du Col des Aravis
✆ 04 50 02 64 37 / 04 50 02 60 60
www.hotel-christiania.fr
contact@hotelchristiania.fr
Ouvert tous les jours de 7h à 23h. Service en continu de 9h à 22h. Carte : 35 € environ. Menu enfant : 10 €. Formule du midi : 25 € (entrée-plat ou plat-dessert, boisson, expresso inclus). Omelette : de 8 € à 11 € ; spécialités savoyardes : de 14 € à 19,50 €.

C'est vraiment un très joli restaurant brasserie qui s'est ouvert au cœur du village de La Clusaz ! On adore les salles intérieures à la décoration tendance nordique branchée : tables de bistrot en bois clair, sièges confortables de cuir gris garnis de peaux de mouton blanc, tacheté ou rayé ; luminaires et objets de décoration design sur le thème du cerf, à l'image des bois qui habillent son logo et ornent chacune des salles, et même le bar en zinc et bois. L'ensemble est absolument réussi ! La terrasse est tout aussi agréable et très ensoleillée. L'accueil est souriant, attentionné ; l'ambiance est décontractée et la cuisine est de qualité bistronomique. Il faut absolument y déguster poissons et crustacés frais (assiette du pêcheur, filet de féra, wok de Saint-Jacques... selon les arrivages et la saison), revisités dans un esprit cuisine fusion, car c'est la spécialité du lieu ! L'Ecailler est sur place et propose de la vente à emporter. Egalement, de classiques plats de brasserie (salade de magret et foie gras, tartare de bœuf, bavette à l'échalote confite...), ou de cuisine italienne et savoyarde, et des desserts à la hauteur : île flottante à la praline de Saint-Genis, baba bouchons avec café whisky... Une belle adresse au pied de l'hôtel Christiania !

LA CORDÉE

140, route des Grandes-Alpes
✆ 04 50 02 46 18
www.clusaz-restaurant.fr
restaurantlacordee@orange.fr
Ouvert toute l'année. Fermé en juin et de mi-septembre aux vacances de la Toussaint. Menus de 21 € à 27 €. Menu enfant : 7,50 €. Formule du midi : 13,50 € (menu à partir de 16 €, le midi en semaine). Vente à emporter.

Tout près de la place de la Perrière, comme il est bon d'être en tête de cordée. Une adresse pas comme les autres à La Clusaz, voilà qui mérite de monter la route des Alpes pour découvrir un adorable restaurant pizzéria à la façade boisée. Si la terrasse est enneigée, l'intérieur dévoile un décor montagnard avec toute la chaleur du bois, notamment une belle charpente apparente, et beaucoup de chaleur humaine. Si l'on peut emporter une délicieuse pizza maison, Futé conseille de s'arrêter à la Cordée et de prendre le temps de savourer les spécialités préparées par Seb et Jean-Luc, deux figures bien connues de la station. Le service se fait toujours dans la bonne humeur et les repas offrent des moments aussi gourmands que plaisants. L'été, les salades tiennent la vedette dans leurs plats originaux. Composées de produits du terroir, comme la Tête de Moine (fromage suisse) ou de reblochon, elles remportent tous les suffrages. Autres «hits» de la maison, le foie gras ou les burgers, comme celui des Aravis ou le spécial La Cordée. L'hiver, les spécialités fromagères des Alpes s'invitent naturellement à notre table : fondue, tartiflette, berthoud... que l'on accompagne d'une excellente charcuterie. Enfin, si la cuisine traditionnelle du pays est remarquable, les desserts ne le sont pas moins ! Présentés dans de belles verrines, ils concluent le repas avec brio et si le tiramisu est excellent, la tarte Tatin de Florent est unique. Une adresse qui nous fait grimper vers les sommets du plaisir.

LA FERME

1078, route des Aravis
✆ 04 50 02 50 50
www.lesfermiers.com
laferme@lesfermiers.com
Ouvert toute l'année. Tous les jours le midi et le soir. Sauf les mardis et mercredis, en octobre, en novembre, en mai et en juin. Menu enfant : 9,50 €. Formule : 13 € (à 35 €). Menu du jour : 15 €. Chaises bébé. Terrasse.

Quand le succès couronne le talent, quand l'exigence de qualité se marie au respect des produits du terroir, quand on sait prendre la vie du bon côté et quand le Futé classe cette adresse en tête de son palmarès, c'est bien à La Ferme que l'on se trouve. Sur les hauteurs de La Clusaz, s'ouvrant sur les pentes de la piste du Crêt du Merle et offrant une vue panoramique sur les montagnes en toute saison, cette Ferme donne toutes les raisons de tomber sous ses charmes. Cadre exceptionnel, décor ravissant, service adorable des «fermiers» qui chouchoutent tous les convives, même les enfants qui adorent ce lieu... Ici, on ne triche pas, ni avec la sincérité de l'accueil, ni avec les produits que l'on utilise en cuisine. D'ailleurs, la Ferme a signé la charte du label des Aravis et le chef mériterait bien d'être «Maître Restaurateur». Avec les produits de la ferme, des produits de saison, les spécialités locales se déclinent sur une carte où l'on apprend quelques mots et expressions de patois local. A la Ferme, on peut «avé lou zu pe grou ke l'vientro» (les yeux plus gros que le ventre) pour savourer fondues, raclettes, reblochon braisé, braserade, belles assiettes gourmandes, une généreuse côte de bœuf, une truite aux amandes, pour finir avec un délicieux fromage blanc à la crème et aux myrtilles. Une adresse Futé qui tient toutes ses promesses.

■ LE GRENIER

16, place de l'Eglise ✆ 04 50 32 36 06
Ouvert toute l'année.
Nouveau propriétaire – le même que celui de l'Ecluse, à quelque pas – pour ce bar restaurant le Bonnet d'Ane, devenu Le Grenier.

■ LE RELAIS DE L'AIGUILLE

Le Crêt du Loup
✆ 04 50 02 41 84 / 06 59 30 62 48
www.relais-aiguille.com
relais.aiguille@gmail.com
Accessible par le télésiège du Crêt du Merle, puis celui du Crêt du Loup.
Fermé de mai au 19 décembre. Ouvert tous les jours de 9h à 17h. Menu unique à 49 € (soirée sur réservation les mercredis et jeudis ; aller-retour en dameuse). Carte : 30 € environ (à midi en self-service). Accueil des groupes (soirée sur réservation le week-end). Terrasse.
Un chalet d'altitude (1900 m) qui nous offre l'une des plus grandes terrasses de la station, bien exposée pour le farniente, mais encore une cuisine qui plaît. Accès obligatoire par télésièges et par les pistes, quelques efforts largement récompensés par un accueil sympathique, une vue imprenable, une salle typiquement montagnarde et une bonne cuisine familiale et traditionnelle. À midi, les plats sont choisis et emportés en self-service pour plus de rapidité, ou même sans déchausser, en choisissant la formule snack avec buffet d'entrée et de solides plats savoyards. En fin d'après-midi, ne pas manquer les «Après-m' au soleil», avec DJ, vue panoramique et pain perdu offert avec la consommation. Lors des soirées organisées les mercredis et jeudis, on viendra vous chercher à votre hôtel en minibus puis le trajet se fera sur les pistes en dameuse. Un grand moment dans le silence et la nuit, souvent étoilée. Près de la cheminée, on déguste le wok de Saint-Jacques et gambas, le magret de canard ou le foie gras... Autre atout de cette adresse, la carte des vins est établie avec à-propos, par un sommelier connaisseur. Pour une pause conviviale et festive, ou une soirée insolite.

Sports – Détente – Loisirs

■ FULL MOON PARTY

Ouvert de 21h à 1h. Fin janvier, ou début février, le jour de la pleine lune : se renseigner. Entrée : 20 € (forfait Full Moon). Enfant : 7 €. Forfait journée + Full Moon : 38,50 €.
Skier au clair de lune ! Le domaine skiable de La Clusaz ouvre exceptionnellement certaines pistes, une à deux fois dans la saison, les soirs de pleine lune. Une longue soirée sur les pistes et le snowpark, et, bien plus tard dans les pubs et restaurants du village ! De nombreux jeunes skieurs apprécient ce style à la fois sportif et gentiment farfelu de La Clusaz ; ils viennent spécialement pour cette fête. Sur une partie des pistes éclairées et sonorisées, on skie sous l'unique éclairage de la bienveillante lune au disque plein. Mais la Full Moon Party, la plus festive, a lieu la nuit de pleine lune de janvier. Et là ! C'est l'ensemble de la station qui fait la fête ! Animations sur les pistes : Ice Bars, vin chaud, ambiances musicales, animations dans les restaurants d'altitude... Au village : bain chaud et à bulles, sauna, hammam à l'espace aquatique qui ouvre en nocturne... La nuit fantastique de la glisse, des vertes aux noires, et sur les espaces dévolus au freestyle. Une expérience très festive !

Shopping

■ LA CHEMINÉE SAVOYARDE

18, place de la Perrière
✆ 04 50 02 47 49
www.lachemineesavoyarde.com
Ouvert tous les jours de 9h à 13h et de 15h30 à 19h30. Haute saison : de 9h à 19h30. Ouvert du 10 décembre au 30 avril et du 15 juin au 15 septembre. Livraison possible (vente directe et en ligne).
Depuis 2008, Philippe Roullier érige la qualité et l'authenticité du produit du terroir, comme exigence et condition d'exclusivité dans ses épiceries des Aravis (La Clusaz, Le Grand-Bornand). Une passion qui le mène dans les alpages à la rencontre des meilleurs producteurs de fromages fermiers avec, entre autres, une sélection rigoureuse de reblochons de très belle qualité – à petits prix – de tomme, de raclette et de beaufort d'été.

Il parcourt le département et les salons de la gastronomie à la découverte des meilleurs artisans : visites d'installations, contrôles du respect des processus de fabrication, tests gustatifs... Le «fruit» de ses trouvailles est le reflet d'une production variée et gourmande : des charcuteries, des aliments «Croix de Savoie» ou produits du «Dahu», des soupes... et une meule de la Tarentaise pour une fondue atypique. Des vignerons sont mêmes invités régulièrement à proposer des dégustations ! L'accueil y est convivial, professionnel et les conseils sont dispensés avec le sourire ! Un magasin bien agréable où l'on remplit son panier, de spécialités, en toute confiance, dans un environnement sympathique. Une adresse de qualité et de confiance, que nous sommes heureux de vous faire partager !

Autres adresses : Au Vieux Savoyard – Résidence du Centre – La Clusaz • Chez Prosper – 193, place de l'Eglise – La Clusaz • Chez Prosper – Place de l'Eglise – Le Grand Bornand • Le Terroir Montagnard – Les Arces – Le Grand-Bornand

CRÈMERIE DES ARAVIS

Chez Jean
6, place du Petit Casino
✆ 04 50 02 60 93
www.cremeriedesaravis.com
cremeriedesaravis@orange.fr
Ouverture en haute saison. De décembre à avril : de 9hà 12h30 et de 14h30 à 19h30. De juin à septembre : de 9h30 à 12h et de 14h30 à 19h.

C'est la seule véritable crèmerie de La Clusaz ! La crème fraîche à utiliser pour les chantilly, et autres nappages, est véritablement délicieuse ; le reblochon savoureux, parfumé, et onctueux à souhait ! Jean Heuzé soigne la sélection de ses produits locaux et régionaux : crèmerie, fromagerie, charcuterie artisanale de pays, vins de Savoie, miel et confiture... Cette boutique, au cœur du village, pense aussi aux vacanciers ou aux plus pressés des consommateurs qui souhaitent emporter : leur fondue maison prête à l'emploi (c'est la spécialité de la crèmerie), avec la possibilité d'emprunter l'appareil adéquat gracieusement ; ainsi que pour d'autres spécialités, comme la raclette et son accompagnement de charcuteries, la reblochonnade... Les fromages peuvent-être emballés sous vide pour pouvoir les emporter au loin, dans ses bagages, dans les meilleures conditions. L'accueil de ce professionnel est agréable ; il est attentif aux besoins et aux questionnements de ses clients. Une adresse incontournable !

SKI – SKI REPUBLIC

222, route des Grandes Alpes
✆ +33 04 50 02 49 58
info@ski-republic.com
En arrivant dans la station de la Clusaz, Traversez les deux premiers ronds-points puis au troisième rond-point prenez la dernière sortie et descendre la rue. Le magasin de location de ski et situé à 300 m sur la droite.
Ouvert du 01/11/12 au 30/04/13. Ouvert tous les jours. De 8h30 à 19h30.

LA VERNAZ

GORGES DU PONT-DU-DIABLE

Le Jotty,
entre Thonon et Morzine
La Vernaz
✆ 04 50 72 10 39
www.lepontdudiable.com
info@lepontdudiable.com
Depuis Thonon suivre Morzine. Depuis Morgins et Châtel prendre à gauche à Bioge. Depuis la Vallée Verte suivre Boëge, Habère-Poche, Lullin, Vailly, La Vernaz.A 15 minutes de Thonon-les-Bains, et de Morzine.
Fermé du 1er octobre au 30 avril. Ouvert tous les jours de 9h30 à 18h. Adultes : 5,90 €. Enfant (de 6 à 15 ans) : 3,90 €. Jeunes (16 ans à 20 ans) : 4,90 €. Visite guidée (50 min environ).

La visite débute en traversant une forêt de hêtres pour arriver 70 m plus bas à l'entrée des gorges. Vous parcourez les gorges par le biais de rampes ou d'escaliers ancrés dans la roche. Une fois à l'entrée des gorges, vous découvrirez pourquoi tant de curiosité autour de ce site. La Dranse coule à près de 50 m sous nos pieds, au fond d'un véritable gouffre... Quel spectacle ! La force des tourbillons du torrent a créé une véritable œuvre d'art aux couleurs époustouflantes, aux formes sculptées improbables, aux draperies tombantes, aux grottes creusées par le temps... Le clou du spectacle est le Pont du Diable : à la suite d'un énorme éboulement venu obstruer une partie du site, un bloc imposant forme un pont naturel à plus de 30 m au-dessus du torrent. Petit conseil d'ami, la visite aux alentours de 10h est la plus époustouflante, avec les rayons du soleil qui magnifient les lieux. Ce site classé dispose, à proximité, d'hôtels, d'un restaurant et d'une aire de pique-nique.

MACHILLY

■ LE REFUGE DES GOURMETS

90, route des Framboises ✆ 04 50 43 53 87
www.refugedesgourmets.com
chanove@refugedesgourmets.com
Fermeture du 15 août à la première semaine de septembre. Menu du Marché (servi à midi) : 28 €. Menu Apprenti Gourmet (servi jusqu'à 10 ans) : 23 €. Menus de 40 € à 48 €.
Ôde à la gourmandise. Futé vous emmène partager une passion. Non loin de la frontière Suisse et du Léman, il faut suivre la route des Framboises pour faire une rencontre extraordinaire avec la cuisine du chef Jean-Marie Chanove. Le lieu est de toute beauté, près d'un petit lac, s'ouvrant vers les montagnes. La terrasse ombragée, avec ses toiles tendues, est une aubaine pour profiter de la belle saison. La salle, raffinée, s'illumine du sourire de Florence, qui nous présente les meilleurs accords mets et vins. On peut également se retrouver autour de la nouvelle table d'hôtes pour partager le plaisir d'un excellent repas ou dans un salon privatif pour plus d'intimité. Côté cuisine, le chef continue son remarquable travail, réalisé à partir de produits nobles, de produits du terroir et de saison. Chaque année, chaque saison, de nouveaux thèmes apparaissent sur la carte. Après le homard, vedette en 2012, les morilles et les gibiers à l'automne, c'est au tour de la truffe noire en janvier et février, alors que les poissons de lac arrivent mi-mars, avant les fameuses framboises du pays au printemps. Pour vous assurer que vous ne rêvez pas, quelques plats : Pot au feu de homard, consommé de citronnelle et gingembre ; Poitrine de cannette aux myrtilles, polenta crémeuse aux noisettes, racines de saison laquées au jus de viande ; Poire pochée au muscat, cœur croustillant mousseux au chocolat, sorbet William. Des plaisirs que l'on partage aussi lors de cours de cuisine (un samedi par mois), autour d'un produit de saison, ou en lisant la Gazette du restaurant. Le Refuge des Gourmets : quand la gourmandise devient une vertu.

MARGENCEL

LES CYGNES – «CHEZ JULES»

4 route des Mouettes ✆ 04 50 72 63 10
www.restaurant-les-cygnes.fr
chezjules@wanadoo.fr
Fermeture annuelle mi-décembre à mi-février. Fermé le mercredi de février à avril et de mi-septembre à décembre et le dimanche soir en novembre, décembre, février et mars. 8 chambres à 64 €. Demi-pension : 68 €/ pers. en chambre double. Pension complète à 82 €. Petit-déjeuner : 8,50 €. Menus de 24 à 37 €. Terrasse. Wifi gratuit. Port privé réservé à la clientèle.
Depuis quatre générations, cet hôtel-restaurant perpétue la tradition familiale initiée par Jules & Louisa. Fifi le patron, embarque chaque jour sur son bateau accompagné de son petit-fils Ludo pour rapporter la pêche du Lac servie le midi. En cuisine, Georgette son épouse et Yannick, son fils mettent tout leur savoir-faire à cuisiner brochets, truites, féras, perches, lottes pour enchanter les fines bouches. Lors de votre séjour les pieds dans l'eau, vous gouterez à la sérénité de l'une des huit chambres de l'hôtel dont trois offrent une belle vue sur le lac Léman. Animé d'un véritable esprit familial, Fifi propose si vous le souhaitez de l'accompagner durant sa pêche. Le large ouvre l'appétit, vous apprécierez d'autant plus les fameux filets de féra meunière cuisinés divinement. Le retour de cette pêche artisanale reste aléatoire, mais la féra et la perche sont encore reines du Lac. A noter que la pêche à la féra est fermée de mi-octobre à mi-janvier durant la période de frai. Dès que les beaux jours arrivent, la terrasse se présente comme le lieu idéal pour se sustenter allégrement tout en contemplant les ondulations du lac et les oiseaux marins. La terrasse accueille jusqu'à 200 couverts, un bel espace pour organiser un repas de famille ou un anniversaire. Retrouvez les fidèles soirées thématiques animées par Jo Musique et les « filets à gogo », ces filets à volonté et à toutes les sauces qui rassasient même les plus gros appétits. Une belle manière de sortir de l'hiver et de renouer avec les plaisirs printaniers le sourire aux lèvres.

NEYDENS

MACUMBA

403, route d'Annecy
✆ 04 50 49 23 50
www.macumba.net
Ouvert tous les jours, horaires selon les clubs. Entrée : 7 € et 10 € les fins de semaine.
Incontournable. Avec 6 dance floors, 6 clubs, 6 ambiances, 7 DJ's et 12 bars, difficile de ne pas trouver club à son goût ! Le cœur, c'est le Macumba, sa musique électronique, ses nombreux concerts et animations. Pour résumer la situation et se perdre dans ses préférences, le GK cartonne avec l'électro-dance, le Lounge passe du New-Disco-Funk, le Divino est le club des musiques Rn'B et Reggaeton, la Villa plutôt latino, le New Roger's club fait dans le thé dansant avec authentiques Taxis boys, le 30/40 Glam Club donne dans le bien-être dansant et l'Irish Pub Karaoké nous fait chanter. Un véritable « centre de loisirs » où l'on s'amuse jour et nuit.

MERE MARIE

Centre de Loisirs Macumba
403, route d'Annecy
✆ 04 50 49 16 26 / 04 50 49 23 50
www.macumba.net
marc@macumba.net

Ouvert le vendredi et le samedi de 20h à 23h. Ouvert également les veilles de fête. Menus de 25 € à 29 €.
Impossible en soirée, d'ignorer l'offre proposée par les cinq restaurants d'ambiance du Macumba. Avant d'aller danser, on appréciera une cuisine traditionnelle avec ses mijotés, ses spécialités savoyardes comme la marmite du père Roger, la bouchée à la reine au saucisson chaud, le filet de bœuf Rossini sauce aux morilles et les traditionnelles fondues, tartiflettes et autres raclettes. Une belle carte des vins permet de trouver parmi un large choix des prix abordables.

■ VITAM'PARC – CENTRE AQUATIQUE

500, route des Envignes
✆ 04 50 84 66 66
www.vitamparc.fr – info@vitamparc.fr
Ouvert le week-end de 10h à 20h. Basse saison : le lundi, le mercredi et le vendredi de 10h à 21h ; le mardi et le jeudi de 12h à 21h. Haute saison : du lundi au vendredi de 10h à 21h. Centre de loisirs sportifs et galerie commerciale.
Un centre de loisirs Migros, avec des baies vitrées qui ouvrent sur un espace aquatique et un spa, une galerie marchande et un espace de loisirs sportifs de 1 600 m² – équipé de cent soixante voies d'escalade pour tous les niveaux – 3 à 8 – et d'un bloc de 250 m². Eclairé grâce à la lumière naturelle, sous un dôme à l'architecture audacieuse de verre et de bois, l'espace aquatique (interdit au -de 12 ans non accompagnés) de 4 500 m² est innovant : toboggans multipistes, pataugeoires ludiques, bassins et rivière à contre-courant... Pour les sportifs, le bassin de 25 m est propice aux longueurs. A la saison estivale, l'oasis de verdure ouvre ses 10 000 m² pour la joie de tous. Côté détente : on se prélasse dans l'espace balnéoforme de 500 m² chauffé à 32 °C, avec jets d'eau, banquettes à bulles... qui s'ouvre sur un magnifique jardin méditerranéen. Tandis que nous attendent encore les terrains dédiés aux sports de raquettes – squash et badminton –, les salles de gymnastiques et leurs professeurs, l'espace de bien-être et forme avec tous les plaisirs des saunas et hammams, l'original parcours romano-irlandais et un choix de cours d'aquagym.

SCIEZ

■ LE CHATELET***

658, chemin des Hutins Vieux
✆ 04 50 72 52 60
www.camping-chatelet.com
info@camping-chatelet.com
À 7 km à l'ouest de Thonon-les-Bains. Direction Port de Sciez
Fermé du 1er décembre au 29 février. Aire de service pour les camping-cars : 4 €. 1 chalet pour personnes à mobilité réduite de 421 € à 749 € la semaine. Terrain de 3,2 ha. Label Camping Qualité. Exposition : ombragé. Sol : herbeux. Relief : plat. Emplacements pour caravanes : 52. Emplacement + véhicule + 1 personne de 13 € à 18 €. Chalets pour 3 à 6 personnes de 368 € à 658 € la semaine. Chèque Vacances. Jeux pour enfants. Salle de bain pour bébés. Animaux acceptés. Aire pour camping-cars. Connexion Internet. Wifi. Animation. Location de body boomers.
Le Chatelet est une belle preuve que le camping peut se conjuguer au mode propreté et remporter la palme de l'organisation. Le label Camping Qualité se mérite et pour preuve les emplacements qui s'étendent sur 3,5 hectares jouissent d'un bel espace, plat et arboré, les sanitaires équipés d'un système de production d'eau chaude par capteur solaire sont parfaitement entretenus. Rien ne manque à votre confort : des lave-linges, des sèche-linges mais également une salle de bains pour bébé. Pour vous détendre sur place, vous trouverez une aire de jeux, des animations pour enfants, un terrain de pétanque ou encore des VTT en location pour visiter les bords du Lac. Cette année, vous pourrez aussi vous adonner aux body boomers, ces appareils de fitness ludiques à utiliser en plein air ! Aux alentours, les aficionados de la pêche, de la plongée, du canyoning, du rafting, des randonnées, ou encore de l'escalade trouveront de brochures touristiques pour satisfaire leurs envies. Que vous optiez pour un emplacement camping (tente ou caravane), un emplacement résidentiel (mobil-home) ou pour une location de chalet équipé pour 3 à 6 personnes, vous bénéficierez d'un cadre d'exception et de l'accueil on ne peut plus serviable d'Alain et Marie-Christine.

Retrouvez l'index général en fin de guide

■ **LES AIGLES DU LEMAN**
Domaine de Guidou
Route Nationale 5 ✆ 04 50 72 72 26
www.lesaiglesduleman.fr
Fermé de septembre à mai. Ouvert tous les jours de 10h à 18h. Spectacles 10h30 : Les oiseaux aquatiques, 11h30 : Fauconnerie équestre, 14h15 : Mandrin, capitaine des contrebandiers, 15h : Le seigneur des cieux, 16h : Chevalerie, 17h : Le berger et ses chiens. Gratuit jusqu'à 3 ans. Adulte : 16 €. Enfant (de 4 à 14 ans) : 12 €. Tarifs en matinée (de 10h à 14h) : 8 € /adulte, 8 € /enfant de 4 à 14 ans, gratuit jusqu'à 4 ans. Tarifs en après-midi (de 14h à 18h) : 12 €/adulte, 10 € /enfant de 4 à 14 ans, gratuit jusqu'à 3 ans. Restauration (pique-niques autorisés). Interdit aux chiens.
Le parc réouvrira le 28 mai 2012. Il ne faut pas manquer de venir le visiter car il est unique en Europe (plus de 600 animaux), pour découvrir notamment les grands prédateurs des Alpes ! Mais ce qui impressionne le plus, ce sont les spectacles commentés où l'on apprend, sans s'en rendre compte, les secrets de ces animaux. Ainsi aigles et chevaux étaient dressés à travailler ensemble : un apprentissage époustouflant. Les plus jeunes restent quant à eux les yeux ébahis devant ces tournois chevaleresques surgis du passé ! Par ailleurs, un campement amérindien initie petits et grands à la vie de ce peuple en harmonie avec la nature. On soutient également l'audacieux projet des Ailes de la Liberté qui réapprend aux rapaces, nés en captivité, à voler en « compagnie » d'un parapente !

■ **WEEK-END ŒNOLOGIQUE**
14, La Tuillière ✆ 04 50 72 72 71
www.week-end-oenologique.fr/
contact@week-end-oenologique.fr
Tarifs : de 350 à 580 €/pers. A la découverte de la route des Grands Crus : Beaune, Pommard, Volnay, Meursault, Nuits-Saint-Georges, Vosne-Romannée, Vougeot… Pour cette destination, vous avez le choix entre deux formules :

- **Week-end en «Exclusivité» pour 4 personnes** (famille ou amis) lors d'un week-end à choisir dans l'année
- **Week-end «Plaisirs Partagés»** en petit groupe de maximum 6-8 personnes pour plus de convivialité.

Les Grands Avantages de votre week-end : hébergement de charme au cœur du vignoble, prise en charge avec chauffeur dès votre arrivée, guide (sommelier, œnologue) à votre disposition, visites des Domaines et Châteaux, visites des lieux incontournables, dégustations, séance d'initiation à la dégustation, petit déjeuner, déjeuner et dîner, cadeaux souvenirs.

THONON

Se restaurer

■ **LA TASSE À MOUSTACHE**
Chateau de Ripaille, quai de Ripaille
✆ 06 70 54 34 93 – www.ripaille.fr
Fermé du 22 septembre au 28 mars. Ouvert le midi de 11h à 18h. Menu unique à 16 €.
Loin de l'agitation citadine, idéalement situé entre le lac Léman, les vignes et la forêt de Ripaille, la Tasse à Moustache, le petit restaurant du château de Ripaille, offre un véritable moment hors du temps. On y vient se ressourcer, dans un cadre oh ! combien emblématique dans la région, et profiter de la cuisine du marché de Rémi. Si le temps le permet, la terrasse renaît dans le « Jardin des cellules », alors que la brise du lac et les rayons de soleil offrent une douce caresse. Pour la petite histoire, la Tasse à Moustache est un clin d'œil aux dandys, pour qui, à la fin du XIXe siècle, a été inventée cette tasse qui dispose d'un pont de porcelaine afin que ceux-ci puissent boire leur breuvage tout en gardant leur moustache au sec. Tout un art au service de l'élégance... A l'entrée du restaurant, vous pourrez admirer une jolie collection de tasses à moustache. A table vous sera servi un unique menu du marché, composé d'un trio d'entrées, d'un plat et de trois mignardises que l'on peut allégrement accompagner d'un vin de Ripaille pour que le bonheur soit absolu. Ce jour-là, Futé a pu apprécier une entrée en matière avec rillettes de maquereau, crème d'asperges et diots marinées au vin blanc, suivies d'un filet de porc à l'échalotte avec ses légumes croquants, et terminer par une crème caramel au beurre salé, un crumble aux pommes et une boule de glace vanille avec fraises fraîches. Somme toute, une excellente entrée en matière avant de visiter le château ou de se promener dans les jardins à la française. Pensez à réserver, le nombre de places est limité.

À voir – À faire

■ **CHATEAU DE RIPAILLE**
Avenue de Ripaille ✆ 04 50 26 64 44
www.ripaille.fr – fondation@ripaille.fr
Fermé du 10 novembre au 29 mars. Basse saison : ouvert tous les jours de 11h à 17h. Haute saison : tous les jours de 10h à 18h. Adulte : 7 €. Enfant (de 7 à 15 ans) : 3,50 €. Tarif réduit : 5 €, Pass famille 18 € (2 adultes et 2 enfants et plus) Tarif de la visite guidée (du 30 juin au 1er septembre) : 4 € pour les adultes, 2 € pour les enfants. Visite guidée (tous les jours en haute-saison à 11h, 15h et 17h). Boutique.

Sans nul doute, Ripaille est un site unique et grandiose qu'il faut absolument visiter. En effet, à Ripaille on rencontre l'histoire, l'architecture, la nature et l'âme de notre pays qui se transmet à travers les murs, les arbres et l'esprit des lieux. On entre dans le domaine ceinturé de murs pour découvrir des pins parasols et des magnolias qui profitent, comme la vigne, d'un microclimat exceptionnel. L'expression « faire Ripaille » est attribuée à Voltaire, qui ironisait sur la vie austère que menait au château de Ripaille le duc Amédée VIII de Savoie. En 1619, Saint-François de Sales installera au château les chartreux qui restèrent dans ces murs jusqu'à la Révolution. Le domaine tombe peu à peu en ruines et c'est en 1892 qu'il est racheté par l'industriel et amateur d'art Frédéric Engel-Gros qui le fera restaurer dans ce style si caractéristique mêlant architecture médiévale et Art Nouveau. Ripaille, site remarquable du goût, reste synonyme de bien vivre, notamment grâce à ses vignes de grande réputation qui s'alignent sagement en direction du lac. Les pieds de chasselas donnent un vin blanc exceptionnel. Il est possible de déjeuner à la Tasse à Moustache, le restaurant du château (voir rubrique Le couvert), ou encore d'organiser des anniversaires d'enfants dans ce lieu chargé d'histoires (120 €). A découvrir cette année, l'offre comprenant le déjeuner au restaurant du château de Ripaille (sauf le samedi) pour deux personnnes ainsi que l'accès au château de Ripaille, le parcours de la visite incluant trois expositions et deux films (65 € pour deux personnes).

■ **MUSEE DU CHABLAIS**
2, rue Michaud
Château de Sonnaz ✆ 04 50 70 69 49
Fermé du 10 novembre au 29 mars. Basse saison : ouvert du mercredi au dimanche de 14h30 à 18h. Haute saison : tous les jours de 10h à 12h et de 15h à 18h30. Gratuit jusqu'à 11 ans. Adulte : 2,20 €. Tarif réduit : 1,80 €. Espèces et chèques culture acceptés. CB et chèques non acceptés.
Surplombant le lac, dans un cadre agréable et fleuri le petit château des Comtes de Sonnaz abrite le musée des Traditions du Chablais. Les salles d'exposition permanentes sont consacrées aux stratagèmes des contrebandiers, à l'histoire des barques à voile latine et à la sculptrice Marguerite Peltzer. Des expositions temporaires complètent cette offre avec, cette année, une carte blanche donnée à l'illustre Gérard Collin-Thiébaut qui se chargera d'apporter un regard neuf sur les collections du musée qui fête ses 150 ans ! L'artiste a déjà collaboré avec le musée du Louvre, le Mamco de Genève ou encore le musée des Beaux-Arts de Nantes.

Sports – Détente – Loisirs

■ **COMPAGNIE GENERALE DE NAVIGATION SUISSE**
✆ 00 41 848 811 848
www.cgn.ch – info@cgn.ch
Gratuit jusqu'à 6 ans. Demi-tarif pour les jeunes de 6 à 16 ans.
Différentes croisières sont proposées d'avril à octobre au départ de Thonon. Cette année, gourmandise et culture vous offrent une belle programmation de croisières gourmandes avec le chef étoilée Philippe Chevrier : croisières « buffet asiatique », croisières « Lavaux et Château de Chillon »... La compagnie de navigation est aussi un bon moyen, grâce aux lignes qui fonctionnent toute l'année, d'aller visiter Yvoire en s'affranchissant de sa voiture (22,70 € aller-retour de Nyon) ou de se rendre à Lausanne (41,80 € aller-retour de Thonon). Un conseil toutefois : respectez bien les différentes classes à bord du bateau, un peu déroutantes il est vrai, pour nous Français, sur de tels trajets.

Visites guidées

■ **PROMENADE EN BATEAU SUR L'ALBRAN**
Quai de Rives ✆ 04 50 81 00 02
http : //lacompagniedesbateaux.com
Ouvert toute l'année, tous les jours. Tarifs : 13 € adulte, 10 € (de 5 à 13 ans), 11 € groupe.
Pour visiter la baie de Thonon et admirer le panorama sur les Alpes, le bateau croisière L'Albran vous emmène dans un monde où les vacances durent toute l'année. Plusieurs visites sont organisées sur différents thèmes. Partez à la découverte du patrimoine, de faune et de flore, sur les traces des pêcheurs. Découvrez les richesses culturelles du Léman en faisant escale lors de votre croisière au Château de Ripaille, à l'écomusée de la pêche, au domaine de Rovorée, au Jardin des cinq sens... Les croisières se font aussi gourmandes en offrant une pause déjeuner en bord de lac dans l'un des restaurants les pieds dans l'eau. Ressentez-vous la « mole » du lac, cette douceur indéfinissable qui vous laisse songeur à la fin de la journée ? L'Albran peut aussi être mis à votre disposition pour vos événements : anniversaires, mariages...

Shopping

■ CAVE VINOTHÈQUE

8, rue Granges
✆ 04 50 71 25 30
Ouverture : du mardi au jeudi de 9h30 à 12h et de 15h à 19h les vendredi et samedi de 9h à 12h et de 14h à 19h
La Vinothèque vous accueille à Thonon depuis plus de 20 ans maintenant. Elle vous propose une vaste gamme de vins de la plupart des AOC de France mais aussi de tous les autres pays : en Italie, Espagne, Allemagne, Autriche, Hongrie, Roumanie, Maroc, Grèce, Afrique du Sud, Argentine, Chili, Nouvelle-Zélande.. Venez découvrir une sélection des plus grandes maisons, un ravissement pour les amateurs de fines bulles et des grands alcools. Armagnac, cognac... Vous trouverez des sélections qui s'élargissent à d'autres grandes eaux de vies. Ici, partage et passion sont les mots d'ordre !

■ DOMAINE DE RIPAILLE

✆ 04 50 71 75 12
www.ripaille.fr/domaine.php
domaine@ripaille.fr
Prendre la route pour la ville de Thonon-les-Bains et suivre la route qui longe le lac pour arriver à la plage de Thonon. Le château de Ripaille est juste à côté.
Ouvert du lundi au vendredi de 10h à 12h et de 14h à 18h ; le samedi de 10h à 12h.
Un véritable joyau dans un écrin de verdure et une pluie de récompenses pour un cru d'exception élaboré avec passion et savoir-faire, reconnu en 1994, comme l'un des 100 sites remarquables du « Goût en France ». Il faut dire que le domaine de ce château du XVe siècle bénéficie d'une situation privilégiée attestée depuis des temps anciens puisque la vigne était déjà mentionnée à l'époque gallo-romaine. Le vignoble occupe 22 hectares. Terroir et climat adouci par le voisinage du lac Léman s'allient pour que le chasselas confère au vin toute sa finesse et son originalité. La vinification est conduite selon des méthodes rigoureuses et naturelles. Le vin blanc château Ripaille est parfumé, élégant, sec, friand, fruité au nez, frais au palais. Le 26 avril 2010, le comité interprofessionnel des vins de Savoie a décerné, pour la septième fois, la médaille d'or au vin de Ripaille dans la catégorie cépage chasselas. Des bouteilles peuvent être achetées directement au domaine, à la loge du château.

VAULX

■ LES JARDINS SECRETS

Hameau de Lagnat
✆ 04 50 60 53 18
www.jardins-secrets.com
contact@jardins-secrets.com
Ouvert de début avril au 13 octobre. Ouvert tous les jours. De début avril à mi juillet de 14h à 17h ; week-end et jours fériés de 13h30 à 17h30. De mi juillet à fin août de 10h30 à 17h30. De fin août à début septembre de 13h30 à 17h. De début septembre à mi octobre : sur rdv en semaine ; week-end de 13h30 à 17h. Gratuit jusqu'à 6 ans. Adulte : 8 €. Enfant (de 6 à 12 ans) : 4 €. Tarif réduit : 7 €. CB non acceptée. Restauration (de mi juillet à fin août). Boutique.
Quels secrets peuvent bien contenir ces jardins qui amènent, depuis plus de seize ans maintenant, dans la belle campagne de l'Albanais, des visiteurs du monde entier ? A 2 kilomètres du chef-lieu, dans le hameau de Lagnat, c'est sans doute le bonheur que l'on vient chercher dans ces jardins façonnés au fil des ans par une famille de passionnés. Ce n'est pas la mode des jardins qui a conduit à la réalisation de ceux-ci, mais bel et bien une véritable passion pour la décoration et la création. Avec audace, passion et opiniâtreté Alain et Nicole ont transformé une vieille ferme savoyarde en ces Jardins Secrets que l'on découvre en franchissant la porte. Alors pour une fois, on ne vous en dira pas plus pour laisser place à la surprise et au bonheur de la découverte comme nous l'avons connu ce jour où nous avons franchi pour la première fois ce pas de porte. Juste quelques noms pour vous faire rêver : le jardin andalou, le petit Riad, le salon aux babouches... Et la visite terminée, on s'attarde avec paresse auprès du clapotis des fontaines pour savourer l'indispensable thé à la menthe accompagné de son beignet tunisien... Puis on y revient pour rêver de nouveau dans ce lieu hors du commun. Visite apaisante dont on savoure tous les instants.

■ PAR MONTS ET PAR VAULX

Chef-lieu
✆ 04 50 60 57 20
www.restaurant-vaulx.com
pmpv@sfr.fr
Ouverture le midi : lundi, mardi, jeudi, vendredi, samedi et dimanche Ouverture le soir : jeudi, vendredi et samedi. Menus du jour à midi en

semaine : 13,5 € – 1/4 de vin rouge compris – et 18 €. Menus bistrot gourmand de 29 € à 40 €. Menus enfants de 8 € à 18 €. Vente produits du terroir.

Situé à 20 minutes d'Annecy et 15 minutes de Rumilly, l'auberge Par Monts et par Vaulx a su épouser les charmes et le cadre de ce paisible village de l'Albanais. Toute l'ambiance chaleureuse et unique des auberges de campagne d'autrefois, qui faisait partie intégrante de la vie du village, et où l'on aimait trouver refuge, à toutes occasions de la journée. De superbes toiles de l'artiste Guy Lejeune décorent les murs des salles colorées du restaurant, propices aux repas en tête à tête tout comme aux déjeuners en famille. La carte convie des plaisirs de circonstance, qui flattent le palais d'une clientèle déjà convaincue et régale les fins gourmets. Il faut dire que Jérôme, le jeune chef invente à l'envie, selon les marchés, composant entre les bons arrivages et ses coups de cœur du moment, une cuisine « bistronomique ». Elle revisite celle des bistrots d'autrefois, sur une base classique qui ne fait pas l'impasse sur les grands standards du terroir : la traditionnelle tête de veau sauce gribiche et le filet de féra sauvage du Léman au noilly... et des desserts de même gabarit comme ce biscuit coulant au chocolat Weiss et son sorbet mandarine. Malgré une sélection rigoureuse des produits frais, le menu du midi – 1/4 de vin compris – reste proposé au prix de 13,50 €, et les formules et menus proposés à la carte se positionnent dans des fourchettes de prix plus que corrects, garantissant un excellent rapport qualité prix. Futé : On peut aussi emporter des plats, sur commande...

YVOIRE

HOTEL-RESTAURANT DU PORT

Rue du Port
✆ 04 50 72 80 17
www.hotelrestaurantduport-yvoire.org
Maître Restaurateur. Fermé du 15 octobre au 1er mars. Menus de 27 € à 56 €.

A peine débarqué du navire de la CGN, cet établissement se pose comme une évidence sur le chemin montant en direction du village médiéval. Entre vieilles pierres et multitudes de fleurs, avec sa terrasse en surplomb du lac, il faut reconnaître que le site ne manque pas de charme, tandis que l'on découvre des chambres douillettes tout à fait dans le ton. L'autre grand mérite de l'établissement, c'est de nous offrir une table de qualité où sont proposées les spécialités de poissons du lac, avec les traditionnels filets de perches frits, sauce citron, pommes frites et salades, mais encore une cuisine raffinée, cigarillos de truite rose, purée de raitfort, salade de jeunes pousses ; ou pavé de filet de bœuf Black Angus, rôti avec ses échalotes confites et son os à moëlle, pour terminer sur une assiette gourmande, à l'image du service ou de l'accueil. Belle carte des vins.

Le château d'Yvoire.

LABYRINTHE – JARDIN DES CINQ SENS ®

Rue du Lac ✆ 04 50 72 88 80
www.jardin5sens.net – mail@jardin5sens.net
Ouvert tous les jours du 12 avril au 13 octobre tous les jours à partir de 10h. Adulte : 10 €, enfant de 4 à 16 ans : 6 €, étudiant : 8 €, personne handicapée ou son accompagnateur : 7 € ; tarif famille (2 adultes + 2 enfants) : 26 €. Label Jardin remarquable. Visite guidée à 11h tous les jours sans supplément tarifaire.

C'est à l'emplacement de l'un des anciens potagers du château dont le plan est conservé avec ses allées et ses bassins, qu'a été créé en 1986 ce jardin classé « Remarquable » en 2004 par le ministère de la Culture. Ce jardin, aux murs végétaux composés de charmille et de pommiers palissés, offre aux visiteurs quatre lieux de réflexion, de méditation, d'émerveillement sur le thème des cinq sens : dans le salon du goût, les pommiers prennent des formes incongrues, tandis que les légumes sont sagement alignés, le salon des senteurs nous laisse deviner ses parfums et le salon du toucher nous invite à le caresser, le salon des couleurs attire irrésistiblement l'œil... Un pigeon paon tout blanc se pose dans le cloître, le bruit de l'eau et le chant des oiseaux éveille notre dernier sens, l'ouïe. Dans ce paradis retrouvé, chacun trouve son bonheur : admiration devant le travail accompli par des jardiniers d'exception, éblouissement devant ce tableau vivant, sentiments profonds d'apaisement et de vitalité. Pour les enfants, un questionnaire-découverte – différent en fonction de l'âge – permet d'aller à la rencontre du jardin et à la découverte de leurs sens. Du 12 avril au 31 août, un concours de photos est organisé pour capter l'essence de ce Jardin.

LE PRÉ DE LA CURE

Place de la Mairie ✆ 04 50 72 83 58
www.pre-delacure.com
lepredelacure@wanadoo.fr
Fermé du 4 novembre au 7 mars. 25 chambres. Chambres doubles de 88 € à 120 €. Demi-pension de 86 € à 92 €. Petit déjeuner : 10 €. Parking. Séminaires. Réceptions. Wifi. Restauration (menus de 20 € à 50 €). Tv satellite. Chaînes satellites. Bain bouillonnant.

Futé va vous prescrire la seule cure qui puisse vraiment vous faire du bien ! Un repas au Pré de la Cure. Si possible, en terrasse, devant le spectacle grandiose du lac Léman, les remparts d'Yvoire et les montagnes du Jura à l'horizon. Toutes les saisons sont belles dans cette maison d'exception tenue par la famille Magnin et toutes les occasions méritent que l'on s'attable au Pré de la Cure, pour savourer l'excellente cuisine d'Olivier Magnin, Maître Restaurateur. A seule la table gastronomique d'Yvoire, où les prix doux permettent à tous les gourmands de se faire plaisir, on s'installe dans un cadre élégant où la convivialité est de mise. Derrière ses fourneaux, le chef prépare des produits de saison et de grande qualité. Une parfaite maîtrise de son métier lui permet d'imaginer des plats où l'innovation se révèle toujours du meilleur goût : Rouleau de lentilles et foie gras, magret fumé et artichauts barigoules ; Brochettes d'écrevisses du Léman, timbale de champignons au jus de carcasses ; les filets de perches du Léman juste poêlés au beurre servis avec des épinards frais en cocotte ou des saint-jacques, également poêlées, servies avec des légumes au curry rouge ; souris d'agneau confite en cocotte lutée, légumes au jus et gratin savoyard ; pour terminer avec un moelleux au chocolat amer et sa crème glacée vanille. Le menu Chasse en automne livre des plats délicieux, comme ce perdreau rôti au four. L'hôtel permet quant à lui de prolonger notre séjour pour goûter à tous les plaisirs d'une cure à suivre de mars à début novembre. Adresse parmi les plus Futés des Alpes.

LA VIEILLE PORTE

2, place de la Mairie ✆ 04 50 72 80 14
www.la-vieille-porte.com
Fermé du 17 novembre au 8 février. Basse saison : ouvert du mardi au dimanche le midi de 12h à 14h30 et le soir de 19h à 21h. Haute saison : tous les jours. Menus de 27 € à 40 €. Carte : 40 € environ. Menu enfant : 11,50 €. Vin au verre. Accueil des groupes. Terrasse.

A l'entrée d'Yvoire, ce restaurant semble faire partie des murs d'enceinte de la vieille ville. Un charme médiéval en diable que l'on retrouve dans une salle charmante où l'on écoute crépiter le feu de la cheminée tout en admirant l'agencement et la décoration raffinée des lieux. En été, on choisira de s'installer sur la grande terrasse qui offre une vue sur le Léman et la Vieille Porte. La carte nous emmène d'ailleurs sur les rives du lac, nous proposant un voyage en Lémanie avec notamment un filet de féra à l'émulsion de citron gingembre, écrevisses sautées aux herbes ou un suprême de volaille farci aux écrevisses sauce Nantua, gnocchis maisons et nems de légumes. Le chef, Joris Chenaux, propose à sa carte cet été un risotto crémeux aux gambas et Saint-Jacques juste saisies, « beurre de sucs » ou encore un carré d'agneau rôti aux herbes, jus corsé adouci au miel et gratin dauphinois, pour terminer sur une feuilletine pralinée, crémeux à l'orange et glace passion. Futé conseille de venir hors saison, l'affluence estivale nuisant parfois à la qualité du service.

ORGANISER SON SÉJOUR

Tour du Molard.

Pense futé

ARGENT

Monnaie

- **L'unité monétaire est le franc suisse (CHF).**
- **Les coupures vont de 10 à 1 000 CHF**, avec des couleurs et des personnalités différentes : 10 CHF (jaune/Le Corbusier), 20 CHF (rouge/Honegger), 50 CHF (vert/Taeuber-Arp), 100 CHF (bleu/Giacometti), 200 CHF (orange/Ramuz), 1 000 CHF (violet/Burckhardt). 11 mm de longueur différencient chaque coupure de la précédente. Les billets de 200 CH ont été mis en circulation dans les années 80, en remplacement du billet de 500 CHF. Ce dernier n'était guère apprécié du public, étant donné que sa valeur était trop élevée pour les paiements courants et trop faible pour servir de réserve de valeur.
- **Les pièces ont les valeurs suivantes** : 5 centimes (parfois appelé « 1 sou »), 10 centimes (« 2 sous » ou « 1 batz »), 20 centimes (« 4 sous »), 50 centimes, 1 CHF, 2 CHF, 5 CHF (« 100 sous » ou « 1 thune »).
- **S'il est possible de payer en euros dans la majorité des cas**, il est préférable d'avoir des francs suisses sur soi (que l'on pourra tirer à un distributeur). Cela sera plus apprécié et vous reviendra surtout moins cher. En effet, les commerçants ne se fient pas forcément au taux de change et il arrive parfois que l'on vous fasse payer au taux fantaisiste de 1 CHF = 1 €.

Taux de change

- **En octobre 2013 :** 1 CHF = 0,81 €. 1 € = 1,23 CHF.

Coût de la vie

Avec une différence de salaire entre le brut et le net moins importante qu'en France (environ 13 à 17 %), moins d'impôts à payer et un taux de chômage faible, les Suisses bénéficient d'un niveau de vie plus confortable que leurs voisins des autres pays européens (même s'il faut y ajouter le coût de l'assurance santé obligatoire, certaines autres taxes et un coût du logement prohibitif pour Genève). En 2010 (dernières informations données par l'OFS – Office Fédéral de la Statistique, novembre 2011), le salaire moyen des Suisses atteignait 5 979 CHF brut, et pour les Genevois, 6 083 CHF brut. En revanche, pour les étrangers, la ville paraîtra relativement chère pour ceux qui n'auraient pas joué au préalable avec les offres régulièrement proposées par l'office du tourisme ou qui n'auraient pas déniché, notamment grâce à ce guide ou au net, les bonnes petites adresses qui, pourtant, fourmillent.

Budget

Quelques idées de prix :

- **Expresso (café) :** 3,50 CHF.
- **Bière :** 5 CHF.
- **Plat du jour :** de 15 à 22 CHF.
- **Ticket de bus :** 3,50 CHF.
- **Cinéma :** 19 CHF.

Banques et change

- **La plupart des banques** sont ouvertes du lundi au vendredi, de 8h30 à 16h30. Elles offrent les meilleurs taux de change pour l'argent liquide et les chèques de voyage. Elles n'acceptent toutefois que les billets de banque.
- **On trouve des bureaux de change** à l'aéroport de Genève, à la gare Cornavin, à la gare routière et très facilement en ville. Il est possible de faire du change dans les grands hôtels, avec une commission plus importante.

NATIONAL CHANGE
✆ 01 42 66 65 64
www.nationalchange.com
info@nationalchange.com
N'hésitez pas à contacter notre partenaire en mentionnant le code PF06 ou en consultant le site Internet. Vos devises et chèques de voyage vous seront envoyés à domicile.

Moyens de paiement

- **Nous vous conseillons de changer des euros en francs suisses avant votre départ.** En effet, bien que le retrait d'espèces aux distributeurs automatiques (appelés « bancomat » ou « postomat ») soit le plus simple, n'oubliez pas que vous êtes hors zone euro et qu'une commission fixe s'ajoutera systématiquement aux frais de change lors de votre retrait.

Pour les paiements par carte bancaire, la carte bleue internationale type Visa est la plus répandue. Viennent ensuite les cartes Eurocard/MasterCard, American Express et Diners Club.

Pour les dépenses comme les taxis ou les transports publics, prévoyez un peu d'argent liquide.

Cash

Faites doublement attention.

D'abord, les commerçants ne se fient pas forcément au taux de change en vigueur : il arrive ainsi parfois que l'on vous fasse payer au taux fantaisiste de 1 CHF = 1 €.

Ensuite, à chaque retrait à l'étranger avec votre carte, hors zone euro, une commission est retenue à la fois par la banque du distributeur et par votre banque. Les tarifs qui s'appliquent se composent d'une commission fixe et de frais proportionnels au montant retiré ou payé. Pour éviter de multiplier les frais, pensez à grouper vos retraits d'argent ou à prendre des Traveler's Cheques.

Transfert d'argent

Avec ce système, on peut envoyer et recevoir de l'argent de n'importe où dans le monde en quelques minutes. Le principe est simple : un de vos proches se rend dans un point MoneyGram® ou Western Union® (poste, banque, station-service, épicerie...), il donne votre nom et verse une somme à son interlocuteur. De votre côté de la planète, vous vous rendez dans un point de la même filiale. Sur simple présentation d'une pièce d'identité avec photo et de la référence du transfert, on vous remettra aussitôt l'argent.

Carte de crédit

Avant votre départ, pensez à vérifier avec votre conseiller bancaire la limitation de votre plafond de paiement et de retrait. Demandez, si besoin est, une autorisation exceptionnelle pour la période de votre voyage.

En cas de perte ou de vol de votre carte de paiement, appelez le serveur vocal du groupement des cartes bancaires Visa® et MasterCard® au (00 33) 892 705 705 ou (00 33) 836 690 880. Il est accessible 7j/7 et 24h/24. Si vous connaissez le numéro de votre carte bancaire, l'opposition est immédiate et confirmée. Dans le cas contraire, l'opposition est enregistrée mais vous devez confirmer l'annulation à votre banque par fax ou lettre recommandée.

En cas de dysfonctionnement de votre carte de paiement ou si vous avez atteint votre plafond de retrait, vous pouvez bénéficier d'un *cash advance*. Proposé dans la plupart des grandes banques, ce service permet de retirer du liquide sur simple présentation de votre carte au guichet d'un établissement bancaire, que ce soit le vôtre ou non. On vous demandera souvent une pièce d'identité. En général, le plafond du *cash advance* est identique à celui des retraits, et les deux se cumulent (si votre plafond est fixé à 500 €, vous pouvez retirer 1 000 € : 500 € au distributeur, 500 € en *cash advance*). Quant au coût de l'opération, c'est celui d'un retrait à l'étranger.

Traveler's Cheques

Ce sont des chèques prépayés émis par une banque, valables partout, et qui permettent d'obtenir des espèces dans un établissement bancaire ou de payer directement ses achats auprès de très nombreux lieux affiliés (boutiques, hôtels, restaurants...). Ils sont valables à vie. Leur avantage principal est l'inviolabilité : un système de double signature (la deuxième étant faite par vous devant le commerçant) empêche toute utilisation frauduleuse. A la fin de votre séjour, s'il vous en reste, vous pourrez les changer contre des euros ou les restituer à votre banque qui les imputera à votre compte courant. A noter que le paiement par chèque classique est rarement possible à l'étranger. Lorsque c'est le cas, l'utilisation est compliquée et très coûteuse.

Pourboires, marchandage et taxes

Pourboire

Les prix incluent toujours le service, mais les Suisses laissent facilement 10 % dans les restaurants, les taxis et les bars.

Marchandage

On ne marchande pas en Suisse !

Taxes

Les taxes sont définies par le taux de TVA, qui se décline en trois catégories : le taux normal, le taux spécial (hébergement), le taux réduit (produits alimentaires, livres, journaux et médicaments)
Depuis le 1er janvier 2011, le taux de TVA en Suisse est passé :

- **de 7,6% à 8%** pour le taux normal,
- **de 3,6% à 3,8%** pour les le taux spécial,
- **et de 2,4% à 2,5%** pour le taux réduit.

Duty Free

Puisque votre destination finale est hors de l'Union européenne, vous pouvez bénéficier du Duty Free (achats exonérés de taxes). Vous pourrez également en bénéficier à votre arrivée à Genève, à l'aéroport. Attention, si vous faites escale au sein de l'Union européenne, vous en profiterez dans tous les aéroports à l'aller, mais pas au retour. Par exemple, pour un vol aller avec une escale, vous pourrez faire du shopping en Duty Free dans les trois aéroports, mais seulement dans celui de votre lieu de séjour au retour. Vos achats en Duty Free en Suisse vous permettront de réaliser des économies allant de 20 à 30% sur les parfums et les cosmétiques, jusqu'à 30% sur les alcools et jusqu'à 50% sur le tabac et les cigarettes.

BAGAGES

Matériel de voyage

INUKA

www.inuka.com

Ce site vous permet de commander en ligne tous les produits nécessaires à votre voyage, du matériel de survie à celui d'observation en passant par les gourdes ou la nourriture lyophilisée.

Que mettre dans ses bagages ?

Un séjour à Genève n'amène pas de recommandations particulières. Prenez toutefois des vêtements chauds du début de l'hiver jusqu'à la fin du printemps.

DÉCALAGE HORAIRE

Il n'y a pas de décalage horaire par rapport à la France, à la Belgique ou au Luxembourg. Comptez 6 heures de plus par rapport au Québec.

ÉLECTRICITÉ, POIDS ET MESURES

- **L'électricité** est de 220 volts AC et 50 Hz. Les prises électriques diffèrent des prises françaises. Vous pouvez toutefois y brancher vos prises « plates ». Pour les prises de terre, vous trouverez des adaptateurs dans la plupart des centres commerciaux.
- **Poids et mesure.** En Suisse, on pèse en grammes et on mesure en mètres.

FORMALITÉS, VISA ET DOUANES

- **Pour un séjour de moins de trois mois,** une carte d'identité valable ou un passeport sont indispensables pour les ressortissants européens, d'Amérique du Nord, du Japon, d'Australie, de Nouvelle-Zélande et de certains pays d'Amérique latine. Au-delà de trois mois, un visa est nécessaire.
- **Avant de partir,** pensez à photocopier tous les documents que vous comptez emporter avec vous. Emportez un exemplaire et laissez l'autre à quelqu'un dans votre pays de résidence. En cas de perte ou de vol, les démarches de renouvellement de vos papiers auprès des autorités consulaires en seront simplifiées.
- **Attention aux conditions d'entrée pour vos animaux de compagnie.** Renseignez-vous avant votre départ pour savoir comment ils pourront vous accompagner.

Obtention du passeport

Les passeports délivrés en France sont désormais biométriques. Ils comportent votre photo, vos empreintes digitales et une puce sécurisée. Pour l'obtenir, rendez-vous en mairie muni d'un timbre fiscal, d'un justificatif de domicile, d'une pièce d'identité et de deux photos d'identité. Le passeport est délivré sous trois semaines environ. Il est valable dix ans. Les enfants doivent disposer d'un passeport personnel (valable cinq ans).

Conseil futé. Avant de partir, pensez à photocopier tous les documents que vous emportez avec vous. Vous emporterez un exemplaire de chaque document et laisserez l'autre à quelqu'un en France. En cas de perte ou de vol, les démarches de renouvellement seront ainsi beaucoup plus simples auprès des autorités consulaires. Vous pouvez également conserver des copies sur le site Internet officiel mon.service-public.fr – Il vous suffit de créer un compte et de scanner toutes vos pièces d'identité et autres documents importants dans l'espace confidentiel.

Formalités et visa

ACTION-VISAS
10-12, rue du Moulin des Prés (13e)
Paris
✆ 01 45 88 56 70
www.action-visas.com
Une agence qui s'occupe de tous vos visas. Le site Internet présente une fiche explicative par pays. Très utile.

RAPIDEVISA
36, rue Scheffer
Paris
✆ 01 82 88 48 98
www.rapidevisa.fr
Si vous projetez de voyager en Chine, Inde, Russie, Thaïlande, Vietnam, Cameroun ou d'autres pays, vous aurez besoin d'un visa pour entrer dans ces pays. RapideVisa est une société qui accomplit à distance les formalités de visas dans les ambassades étrangères situées à Paris, pour le compte de particuliers et professionnels. Il est ainsi possible d'obtenir un visa sans se déplacer en ambassade en commandant sur le site internet.

VISA CHRONO
3, rue Richard Lenoir (11e)
Paris
✆ 01 40 09 00 04
www.visachrono.fr
Visa Chrono s'occupe de l'intégralité de vos démarches pour l'obtention de vos visas d'affaires ou touristiques, dans des délais parfois très courts. En outre, l'organisme effectue les démarches relatives à l'exportation temporaire ou définitive (carnet ATA et CO), ainsi que les légalisations de tout autre document (certificat de mariage, naissance, adoption.......).

VISA PLUS
✆ 01 45 69 52 49 / 06 73 79 23 62
www.visa-plus.fr
Visa Plus est un organisme qui vous aidera à obtenir votre visa plus rapidement. Le site internet fournit des renseignements précis et la demande de document, pays par pays. En outre, l'organisme propose de vous faire gagner temps et énergie en proposant les services d'un coursier qui fera la queue à votre place dans les files d'attente !

VSI
19-21, avenue Joffre
Epinay-sur-Seine
✆ 0 826 46 79 19
www.vsi-visa.com
Spécialiste des visas d'affaires, touristiques et de groupe, VSI se charge des vos formalités à votre place, y compris dans l'urgence. VSI facilite ainsi le voyage de chacun et garantit de partir dans le pays indiqué.

Douanes

Entrée en Suisse

Argent liquide. Lors de l'importation, du transit et de l'exportation d'argent liquide (espèces, papiers-valeurs, etc.) d'une valeur supérieure à 10 000 CHF, des renseignements devront être fournis à la demande sur l'origine, l'affectation prévue et l'ayant droit économique de cet argent.

Nourriture et boissons non alcoolisées. Pour autant qu'elles soient importées personnellement dans le trafic touristique, les denrées alimentaires (boissons alcooliques exceptées) destinées à la consommation privée dans le propre ménage sont en principe exonérées de redevances au titre de la franchise-valeur de 300 CHF.
Des quantités maximales sont cependant applicables aux produits agricoles sensibles

Boissons alcoolisées et tabac en franchise. Les personnes âgées d'au moins 17 ans peuvent importer une fois par jour : 2 litres pour les alcools titrant jusqu'à 15 % et 1 litre pour les alcools titrant plus de 15 % ; 200 cigarettes ou 50 cigares ou 250 grammes de tabac coupé (inclus tabac à mâcher, tabac en rouleaux et tabac à priser).

Quelques informations douanières supplémentaires concernant votre arrivée en Suisse !

Et oui, la Suisse est un petit pays au rayonnement international qui a pour habitude de garder quelques particularités par rapport à ses voisins européens. Notamment si vous entrez en Suisse en voiture, vous devrez vous acquitter d'une vignette pour circuler sur les autoroutes à coller sur votre pare-brise qui vous coûtera 40 CHF (si vous oubliez, l'amende est de 100 CHF). Bon à savoir aussi en Suisse, les panneaux autoroutiers sont en vert et non en bleu ! Lors de votre passage à la douane, n'oubliez pas votre pièce d'identité ou votre passeport car le contrôle des marchandises est toujours de vigueur, la Suisse n'étant pas membre de l'union douanière mise en place par l'Union européenne et de ce fait vous pouvez être conduit à présenter vos papiers. Les marchandises dépassant la limite des franchises sont soumises à la TVA et en partie aux droits de douane. A l'aéroport si vous vous déplacez à l'intérieur de l'espace Schengen, sauf soupçon particulier vous ne serez pas soumis à un contrôle d'identité. Enfin si vous ne faites que traverser en voiture la Suisse et que vous êtes donc en transit, attention à ce que vous transportez dans votre coffre, la contrefaçon et le piratage dont interdits ! Donc à la douane, n'oubliez pas de ralentir et bienvenue en Suisse !

▸ **Lors du franchissement de la frontière,** vous pouvez contribuer à accélérer le placement sous régime douanier si vous tenez à portée de main les documents de voyage nécessaires, reconnus et valables et déclarez les marchandises et animaux emportés. Celui qui n'a rien à déclarer peut emprunter la voie verte, par exemple dans les aéroports en voiture, apposer derrière le pare-brise la déclaration à vue verte.

Retour en France

Si vous voyagez avec 10 000 € de devises ou plus, vous devez impérativement le signaler à la douane. En dehors de ce cas, vous n'avez rien à déclarer lors de votre retour en France. Vous êtes autorisé à acheter pour vos besoins personnels des biens dans un autre Etat sans limitation de quantité ou de valeur mais vous devrez acquitter la différence de TVA. Seules exceptions : tabac et alcool pour l'achat desquels, au-delà des franchises indiquées, vous devez acquitter les droits de douane et la TVA. Les franchises ne sont pas cumulatives. Contactez la douane pour en savoir plus.

▸ **Tabac.** Jusqu'à 5 cartouches de cigarettes (soit 1 kg de tabac) sans aucune formalité. De 6 à 10 cartouches, vous devez produire un document simplifié d'accompagnement (DSA) à obtenir auprès de la douane.
Ramener plus de 10 cartouches de cigarettes (ou 2 kg de tabac) est interdit dans tous les cas. Saisie et pénalité sont alors à prévoir.
Attention, les quantités ci-dessus s'appliquent par moyen de transport, pour les véhicules particuliers et les camions, quel que soit le nombre de passagers à bord. Si le transport s'effectue en moyen de transport collectif (car, train, bateau, avion) ces quantités s'appliquent par passager adulte.

HORAIRES D'OUVERTURE

Les magasins sont généralement ouverts de 9h à 19h avec parfois une ouverture jusqu' à 21h le jeudi, mais au maximum jusqu'à 18h seulement le samedi. Les supermarchés ferment en semaine à 19h. Le dimanche, très peu d'enseignes sont ouvertes sauf à Genève Aéroport. Les administrations sont ouvertes de 9h à 16h.

INTERNET

On trouve des cybercafés assez facilement à Genève, ainsi que plusieurs points polyvalents comme des laveries hébergeant un poste pour accéder au Web, ou un salon-lavoir avec spot wi-fi intégré. Bref, pas besoin de chercher partout, entre wi-fi gratuit dans les cafés ou bars et cyber, et dans de nombreux lieux publics, on ne perd pas le contact à Genève.

JOURS FÉRIÉS

Seule la fête nationale, le 1er août, est inscrite dans la Constitution. Chaque canton est ensuite libre de fixer jusqu'à huit jours fériés dans l'année. Ces jours varient donc d'un canton à l'autre. Ces fêtes sont principalement religieuses (catholiques ou protestantes). Seules les fêtes de Noël, du nouvel an et du 1er août sont communes à tous.

Pour Genève, les jours fériés sont au nombre de 9 :

- **Jour de l'An** – 1er janvier
- **Vendredi-Saint** (le vendredi précédant le dimanche de Pâques)
- **Lundi de Pâques** (entre le 22 mars et le 25 avril)
- **Jeudi de l'Ascension** (6e semaine après Pâques)
- **Lundi de Pentecôte** (7e dimanche après Pâques)
- **Fête nationale Suisse** – 1er août
- **Jeûne genevois** (le jeudi suivant le premier dimanche de septembre)
- **Noël** – 25 décembre
- **Restauration genevoise** – 31 décembre

LANGUES PARLÉES

Si la Constitution fédérale reconnaît l'allemand, le français, l'italien et le romanche comme langues officielles de la Confédération (avec l'allemand comme langue majoritaire dans le pays), ce sont, en revanche, les cantons qui déterminent les langues officielles cantonales.

Le canton de Genève fait partie, avec ceux de Vaud, Neuchâtel et du Jura, des quatre cantons francophones de la Confédération.

D'après une étude menée en 2000, la répartition des langues dans le canton de Genève est la suivante :

- **Le français : 75,8 %.**
- **L'allemand : 3,9 %.**
- **L'italien : 3,7 %.**
- **Le romanche : 0,1 %.**
- **Les autres langues non nationales** (dont l'anglais, le portugais et l'espagnol) représentent 16,6 %.

Aujourd'hui encore, l'identité savoyarde imprègne avec force toute la région.

POSTE

Les postes sont, en majorité, ouvertes en semaine de 7h30 à 18h et, pour certaines, le samedi matin, voire l'après-midi.

▶ **Le service rapide se nomme le « courrier A » et le service économique le « courrier B ».**

Les lettres en courrier A doivent être déposées à l'office de poste au plus tard à 18 h 30 pour arriver le lendemain, y compris le samedi. Exemple courrier A : lettre standard (jusqu'à B5 = 250 x 176 mm ; jusqu'à 20 mm) ne dépassant pas 100 g = 1 CHF.
Les envois du courrier B sont distribués au plus tard le troisième jour ouvrable qui suit le dépôt, samedi excepté. Exemple courrier B : lettre standard (jusqu'à B5 = 250 x 176 mm ; jusqu'à 20 mm) ne dépassant pas 100 g = 0,85 CHF.

▶ **Le prix d'une carte postale pour l'Europe est de 1,30 CHF.**

LA POSTE SUISSE

www.poste.ch
Le site permet, entre autres, de connaitre l'adresse de tous les bureaux de poste et de calculer le coût d'un envoi en fonction du poids.

QUAND PARTIR ?

Climat

L'hiver est froid et généralement peu ensoleillé avec des températures minimales pouvant être très basses. Dès le mois de mars, les températures augmentent et sont presque estivales fin mai. Les étés sont pour leur part chauds et humides, avec des précipitations orageuses assez fréquentes. Les températures se refroidissent ensuite rapidement à partir de septembre et les premiers brouillards apparaissent en octobre. La saison hivernale commence dès novembre avec les premières gelées matinales.

▶ **Températures moyennes :** hiver 10 °C, été 23 °C (une moyenne tempérée due à l'influence du lac).

Haute et basse saisons touristiques

La haute saison touristique à Genève s'étale du 1er mai au 30 septembre, avec des pics en juillet et août. La basse saison s'étale du 1er octobre au 30 avril. A noter que le Salon de l'automobile, qui a lieu chaque année entre le 1er et le 15 mars, draine un nombre non négligeable de visiteurs : 702 014 visiteurs en 2012.

SANTÉ

Vous ne courez aucun risque sanitaire en Suisse. Vérifiez simplement que vos vaccins sont à jour (DT Polio, etc.). La Suisse a une très bonne réputation en matière de soins. Evidemment, les prix ne sont pas les mêmes qu'en France… La plupart des médicaments qui s'obtiennent sans ordonnance en France sont aussi délivrés sans ordonnance en Suisse. Il y a bien sûr des exceptions mais qui ne concernent pas les médicaments usuels ; pour les autres et les traitements, prenez ce dont vous avez besoin avec vous et munissez-vous de votre ordonnance.

Centres de vaccination

Pour plus d'informations, vous pouvez consulter le site Internet du ministère de la Santé (www.sante.gouv.fr) pour connaître les centres de vaccination proches de chez vous.

CENTRE DE VACCINATIONS INTERNATIONALES AIR FRANCE

148, rue de l'Université (7e)
Paris ✆ 01 43 17 22 00
vaccinations@airfrance.fr
Ouvert du lundi au vendredi de 8h45 à 18h – nocturne le jeudi jusqu'à 20h – le samedi de 8h45 à 16h. Fermeture les dimanches et jours fériés uniquement.

▶ **Autre adresse :** 3, place Londres, bâtiment Uranus 95703 Roissy Charles-de-Gaulle. Tel : 01 74 29 32 36 ou 01 48 64 98 03. Ouvert de 13h30 à 16h du lundi au vendredi, uniquement sur rendez-vous.

■ **INSTITUT PASTEUR**
209, rue de Vaugirard (15e) Paris
✆ 0 890 710 811 / 03 20 87 78 00
www.pasteur.fr
L'Institut Pasteur, créé en 1888 par Louis Pasteur, est une fondation privée à but non lucratif dont la mission est de contribuer à la prévention et au traitement des maladies, en priorité infectieuses, par la recherche, l'enseignement, et des actions de santé publique. out en restant fidèle à l'esprit humaniste de son fondateur Louis Pasteur, le centre de recherche biomédicale s'est toujours situé à l'avant garde de la science, et a été la source de plusieurs disciplines majeures : berceau de la microbiologie, il a aussi contribué à poser les bases de l'immunologie et de la biologie moléculaire. Le réseau des Instituts Pasteur, situé sur les 5 continents et fort de 8500 collaborateurs fait de cette institution une structure unique au monde. Sur le site internet, vous pouvez consulter la liste des vaccins obligatoires pays par pays.

▸ **Autre adresse :** 1, rue du Professeur Calmette 59019 Lille.

En cas de maladie

Les hôpitaux et le système de soins suisses sont irréprochables et des conventions de prise en charge existent avec la caisse d'assurance maladie française.

▸ **Pour les cas graves, et en dehors de votre assureur,** vous pouvez contacter le consulat français. Il se chargera de vous aider, de vous accompagner et, en cas de nécessité, pourra également prévenir la famille et décider d'un rapatriement.

■ **CONSULAT DE FRANCE**
2 cours des Bastions ✆ +41 22 319 00 00
Voir page 93.

Assistance rapatriement – Assistance médicale

▸ **Assurance – Assistance médicale.** Sachez tout d'abord qu'il est possible de bénéficier des avantages de la Sécurité sociale, même à l'étranger. À l'international, des garanties de sécurité sociale s'appliquent et sont mises en œuvre par le Centre des liaisons européennes et internationales de Sécurité sociale (www.cleiss.fr) chargé d'aiguiller les ressortissants dans leurs démarches. Mais cette prise en charge a ses limites. C'est pourquoi souscrire à une assurance maladie peut s'avérer très utile. Les prestations comprennent la plupart du temps le rapatriement, les frais médicaux et d'hospitalisation, le paiement des examens de recherche ou le transport du corps en cas de décès.

▸ **Rapatriement sanitaire par les opérateurs de cartes bancaires.** Si vous possédez une carte bancaire Visa® et MasterCard®, vous bénéficiez automatiquement d'une assurance médicale et d'une assistance rapatriement sanitaire valables pour tout déplacement à l'étranger de moins de 90 jours (le paiement de votre voyage avec la carte n'est pas nécessaire pour être couvert, la simple détention d'une carte valide vous assure une couverture). Renseignez-vous auprès de votre banque et vérifiez attentivement le montant global de la couverture et des franchises ainsi que les conditions de prise en charge et les clauses d'exclusion. Si vous n'êtes pas couvert par l'une de ces cartes, n'oubliez surtout pas de souscrire une assistance médicale avant de partir.

■ **SÉCURITÉ SOCIALE**
11, rue de la Tour des Dames Cedex 09
75436 Paris
✆ 01 45 26 33 41
www.cleiss.fr
Plus d'informations sur l'assistance médicale à l'étranger au Centre des Liaisons Européennes et Internationales de la Sécurité sociale (Cleiss).

Trousse à pharmacie

Inutile en dehors de vos traitements spécifiques.

Médecins parlant français

Le canton de Genève étant francophone, tous les médecins parlent français.

Urgences

■ **NUMÉRO D'URGENCE COMMUN**
✆ 112
Voir page 96.

■ **TCS – SECOURS ROUTIER SUISSE**
4, chemin de Blandonnet
Vernier
✆ 140 / 0800 140 140 / +41 22 417 22 20
www.tcs.ch
Le Touring Club Suisse assure un service de dépannage routier d'urgence et d'assistance 24/24h auprès de ses membres ainsi que de leur famille.

SÉCURITÉ ET ACCESSIBILITÉ

Dangers potentiels et conseils

Pour connaître les dernières informations sur la sécurité sur place, consultez la rubrique « Conseils aux voyageurs » du site du ministère des Affaires étrangères français. Quoi qu'il en soit, la Suisse demeure un pays extrêmement sûr.

SITE DU MINISTÈRE DES AFFAIRES ÉTRANGÈRES FRANÇAIS

www.diplomatie.gouv.fr

▶ **Avant votre départ**, rendez-vous sur la page «Fiche pays» ou «Conseils aux voyageurs» pour connaître les dernières recommandations du gouvernement français sur votre pays de destination.

▶ **Pendant votre voyage**, recevez les alertes du Ministère en vous enregistrant sur le portail Ariane (alerte SMS).

Femme seule en voyage

Une femme n'aura aucun problème à voyager seule en Suisse.

Voyager avec des enfants

Les enfants sont presque toujours pris en considération dans les musées et autres lieux culturels ainsi qu'à bord des moyens de transports, à travers diverses réductions et autres petites attentions telles que des programmes de visites adaptés ou des coins jeux (notamment dans certains restaurants).

GENÈVE FAMILLE

www.genevefamille.ch
info@genevefamille.ch
Un site destiné à répondre aux besoins des familles, quel que soit le domaine concerné.

Voyageur handicapé

La Suisse est un véritable modèle en matière de structures adaptées aux voyageurs handicapés. Depuis les transports en commun à l'accès aux musées, en passant par les restaurants et autres excursions, une personne handicapée pourra voyager dans des conditions confortables.

▶ **En voiture,** les visiteurs handicapés étrangers peuvent stationner sur les places de parking réservées. Il faut alors placer son macaron ou sa carte derrière le pare-brise ou à un autre endroit bien visible. Des véhicules spécialement adaptés aux besoins des personnes handicapées peuvent être loués auprès de différentes sociétés de location de voiture et organisations.

▶ **Pour les voyages en train,** il suffit de téléphoner au Centre d'appel pour handicapés des CFF une heure avant le départ du train. Une aide à l'embarquement et/ou au débarquement sera assurée. Pour les voyages internationaux, prévenir 48h à l'avance. Ce service est gratuit pour tous les voyageurs en fauteuil roulant, personnes à mobilité réduite, aveugles ou malvoyantes ainsi que les handicapés mentaux.
Pour en savoir davantage, vous pouvez consulter la brochure « Voyageurs avec un handicap », disponible dans les gares et téléchargeable sur le site Internet des CFF en format PDF. Les passagers qui ont besoin d'une assistance particulière à la gare peuvent bénéficier du service bénévole Compagna, présent dans toutes les grandes gares.

ASSOCIATION DES PARALYSÉS DE FRANCE

www.apf.asso.fr
Informations, conseils et propositions de séjours, en partenariat avec Événements et Voyages.

CENTRE D'APPEL POUR HANDICAPÉS DES CFF

✆ 0800 007 102 / +41 51 225 71 50
www.cff.ch
Tous les jours de 6 à 22h
Le centre d'appel pour les voyages en train en Suisse avec une personne handicapée. Le numéro 0800 est gratuit.

COMPAGNA – REISEBEGLEITUNG

1 Eschenstrasse
SAINT-GALL
✆ +41 71 220 16 07
www.compagna-reisebegleitung.ch
info@compagna-reisebegleitung.ch
Une association destinée à vous aider lors d'un voyage en transports en commun en Suisse si vous présentez un handicap ou que vous partiez avec une personne dans cette situation.

Voyageur gay ou lesbien

L'homosexualité est très bien acceptée en Suisse. Il existe, depuis 2007, un régime de partenariat légal communément appelé « PACS ». Toutefois, le mariage homosexuel et l'adoption d'enfants restent interdits.
Première ville de suisse romande à avoir accueilli en 1997 la Lesbian & Gay Pride, aujourd'hui la « Pride », qui se déplace d'année en année de ville en ville (la Pride 2012 sera organisée à Delémont, la capitale du canton du Jura), Genève organise également chaque année la Lake Parade. Avec de nombreux lieux de rencontres et plusieurs associations très actives, la ville s'affiche comme une destination gay friendly reconnue, même si Zurich et Lausanne la devancent légèrement.

TÉLÉPHONE

Les principaux opérateurs suisses sont VTX, E-fon, Sipcall, UPC Cablecom, Colt, Netstream, Swisscom, Orange et Sunrise.

Comment téléphoner ?

- **Indicatif de la Suisse pour l'international** : 41.
- **Les numéros sont à 10 chiffres**. 3 chiffres pour l'indicatif régional (022 pour le canton de Genève) 7 chiffres pour le numéro local, présentés en trois groupes de 3, 2 et encore 2 chiffres (ex : 123 45 67).
- **Appeler de France en Suisse.** Code appel international + code pays + indicatif régional sans le 0 + numéro local à 7 chiffres. Par exemple, pour appeler de Grenoble à Genève : 00 + 41 + 22 (indicatif sans le 0) + 123 45 67.
- **Appeler de Suisse vers l'étranger.** Comme en France, le code d'appel international est le 00. Donc 00 + code pays (33 pour la France, 32 pour la Belgique) + indicatif régional ou indicatif de portable sans le 0 + numéro local. Par exemple, pour appeler de Genève vers la Bretagne : 00 + 33 + 2 + 12 34 56 78 ; et de Genève vers un portable français : 00 + 33 + 6 + 12 34 56 78.
- **Appels à l'intérieur de la Suisse.** D'où que vous appeliez en Suisse vers n'importe quel autre point du pays, composez l'indicatif complet suivi du numéro à 7 chiffres. Ainsi, pour appeler Montreux depuis Genève : 021 999 99 99. Pour Genève en étant à Genève, faites le 022 avant les 7 autres chiffres.
- **Appeler depuis un portable français en Suisse (si votre abonnement vous le permet).** Composer le N° avec les mêmes codes et indicatifs que si vous appeliez depuis la France (ex : 00 +41 +22 +123 45 67)

Téléphone mobile

Plusieurs opérateurs suisses proposent des cartes sim (une carte coûte en général 20 CHF, crédit de communication compris). Cela peut être une bonne solution si vous comptez appeler souvent sur place ou avoir un numéro suisse pour être joignable sans passer par votre opérateur habituel.
A savoir : le téléphone mobile est communément appelé « Natel » en Suisse (mais c'est avant tout une marque).

Utiliser son téléphone mobile

- **Si vous avez un téléphone portable et une carte sim français,** sachez que si vous vous rapprochez du lac (et donc d'Evian), vous pourrez très bien capter les réseaux français sans apporter aucune modification à votre appareil.
- **Si vous souhaitez conservez votre forfait français en passant par les émetteurs suisses,** il faudra avant de partir, activer l'option internationale (généralement gratuite) en appelant le service clients de votre opérateur.
- **Qui paie quoi ?** La règle est la même chez tous les opérateurs. Lorsque vous utilisez votre téléphone français à l'étranger, vous payez la communication, que vous émettiez l'appel ou que vous le receviez. Dans le cas d'un appel reçu, votre correspondant paie lui aussi, mais seulement le prix d'une communication locale. Tous les appels passés depuis ou vers l'étranger sont hors forfait, y compris ceux vers la boîte vocale.

Les indicatifs des téléphones portables suisses sont les suivants : 076, 077, 078 ou 079.

- **Pour appeler depuis la France vers un portable suisse :** 0041 + l'indicatif sans le 0 (soit 76, 77, 78 ou 79) + 7 numéros.

S'informer

À VOIR – À LIRE

Cartographie et bibliographie

Cartographie

Pour préparer au mieux votre itinéraire, les cartes suisses Hallwag, éditées par Kümmerly et Frey, (www.swisstravelcenter.ch) proposent d'excellentes cartes routières et régionales, des plans de villes, ainsi que des cartes précises de randonnées pédestres et cyclistes...

Histoire et société

- **Binz (Louis)**, *Brève histoire de Genève*, Chancellerie d'Etat Genève, 2000.
- **Dufour (Alfred)**, *Histoire de Genève*, Collection Que Sais-Je ? , Presses universitaires de France (P.U.F.), juillet 2004.
- **Bouquet (Jean-Jacques),** *Histoire de la Suisse,* Presses universitaires de France (P.U.F.), mai 2007.
- **Kuntz (Joëlle),** *L'Histoire suisse en un clin d'œil,* Editions Zoé, mai 2007.

Tourisme

- **Levy (Bertrand)**, *Le Goût de Genève*, Mercure de France, décembre 2005.
- **Levy (Bertrand)**, Matos-Wasen (Rafael), Sven (Raffestin), *Le Tourisme à Genève*, Les éditions Métropolis, 2002.
- **Matos-Wasem (Rafael)**, *Genève à pied – 10 parcours à thèmes*, guide publié par la ville de Genève, Editions Slatkine, 2008.
- **Vellas (Christian)**, *Genève insolite et secrète*, éditions Jonglez, avril 2010.

Économie

- **Garçon (François),** *Le Modèle suisse : pourquoi ils s'en sortent beaucoup mieux que les autres,* Perrin, septembre 2008.
- **Talerman (David),** *Travailler et vivre en Suisse : guide pratique pour les résidents et frontaliers,* Gualino, mai 2008.

Littérature

- **Levy (Bertrand)**, *Le Voyage à Genève, une géographie littéraire*, éditions Métropolis, juin 2001.
- **Lord Byron,** *Le Prisonnier de Chillon et autres poèmes,* Sulliver.
- **Hildebrand (Rémy)**, *Portraits et postures rousseauistes*, éditions transversales, décembre 2008.
- **Rousseau (Jean-Jacques),** *Julie, ou la Nouvelle Héloïse,* Gallimard. Roman épistolaire écrit en 1761 et intitulé à l'origine *Lettres de deux amants, habitants d'une petite ville au pied des Alpes.*

Sports et loisirs

- **Staffelbach (Heinz),** *Paradis sauvages de Suisse : les plus belles randonnées dans l'univers féerique de la montagne,* Rossolis, mai 2006.

AVANT SON DÉPART

Le rôle principal de l'ambassade est de s'occuper des relations entre les États, tandis que la section consulaire est responsable de sa communauté de ressortissants. Ainsi, pour tout problème concernant les papiers d'identité, la santé, le vote, la justice ou l'emploi, il faut s'adresser à la section consulaire de son pays. En cas de perte ou de vol de papiers d'identité, le consulat délivre un laissez-passer pour permettre uniquement le retour dans le pays d'origine, par le chemin le plus court. Il faut, bien entendu, avoir préalablement déclaré la perte ou le vol auprès des autorités locales.

CONSULATS SUISSES

A Paris, les fonctions consulaires sont assurées à l'ambassade.

- **Annecy :** 06 03 99 82 27
- **Ajaccio :** 04 95 21 28 43 / 06 08 03 36 46

- **Besançon :** 03 81 81 04 85
- **Dijon :** 03 80 67 30 10
- **Le Lamentin :** 0 596 50 12 43
- **Le Havre :** 02 35 42 22 35
- **Lille :** 03 20 52 65 26
- **Lyon :** 04 72 75 79 10
- **Marseille :** 04 96 10 14 10 / 14 11
- **Montpellier :** 04 67 54 98 18
- **Mulhouse :** 03 89 57 80 22 / 06 74 97 03 96
- **Nantes :** 02 40 95 00 50
- **Nice :** 04 93 87 15 93
- **Nouméa :** 00 687 27 43 27
- **Saint-Paul-de-la-Réunion :** 0 262 45 55 74
- **Strasbourg :** 03 88 35 00 70
- **Toulouse :** 05 61 40 45 33

SUR PLACE

ALLIANCE FRANCAISE DE GENÈVE
20-22, rue Centrale
HERMANCE
✆ +41 22 751 20 50
Voir page 366.

MAGAZINES ET ÉMISSIONS

Télévision

ESCALES
✆ 01 49 22 20 01
www.escalestv.fr
escales@groupe-ab.fr
Chaîne thématique.
Depuis avril 1996, Escales est une des chaînes dédiées à l'évasion et de la découverte par le voyage. Rattachée au groupe AB, la programmation est constituée de séries documentaires et de rediffusions d'émissions axées aussi bien sur le national et ses régions, que des destinations lointaines à travers de nombreux thèmes (agenda, bons plans, art de vivre, bien-être, aventure, croisière mais aussi gastronomie, loisirs, nature, patrimoine, culture, etc.). Escales s'est entre autres donné pour objectif de servir de guide aux touristes voyageurs ; objectif largement atteint.

© FORT L'ÉCLUSE
Galerie des marches.

FRANCE 24
www.france24.com
Chaîne d'information en continu, France 24 apporte 24h/24 et 7j/7, un regard nouveau à l'actualité internationale. Diffusée en 3 langues (français, anglais, arabe) dans plus de 160 pays, la chaîne est également disponible sur internet (www.france24.com) et les mobiles, pour vous accompagner tout au long de vos voyages.

Sites Internet

FONDUE, LA SUISSE ?
http://blog.lefigaro.fr/suisse
Le blog du Figaro.fr, d'une journaliste française installée en Suisse. Afin de mieux comprendre la culture helvète et de dépasser les a priori franco-français sur le pays, ces *Chroniques helvètes* reviennent sur l'actualité suisse de manière limpide et parfois drôle.

TRAVAILLER EN SUISSE
http://blog.travailler-en-suisse.ch
Le site actualisé et le blog d'un spécialiste de l'installation en terre helvète.

escales
escales
IL N'Y A PAS DE GRANDS VOYAGES SANS ESCALES
www.escalestv.fr
DISPONIBLE SUR :
CANALSAT
CANAL 93
BIS
CANAL 32
orange
CANAL 33
numericable
CANAL 143
free
CANAL 155
SFR
CANAL 203
Bouygues
CANAL 210
iOS
UNE
AÎNE
OUPE

Comment partir ?

PARTIR EN VOYAGE ORGANISÉ

Voyagistes

Spécialistes

Vous trouverez ici les tour-opérateurs spécialisés dans votre destination. Ils produisent eux-mêmes leurs voyages et sont généralement de très bon conseil car ils connaissent la région sur le bout des doigts. À noter que leurs tarifs se révèlent souvent un peu plus élevés que ceux des généralistes.

■ INTERMÈDES
60, rue La Boétie (8e)
Paris
✆ 01 45 61 90 90
www.intermedes.com
info@intermedes.com
Intermèdes propose des voyages d'exception et des circuits culturels sur des thèmes très variés : architecture, histoire de l'art, événements musicaux. Intermèdes est à la fois tour-opérateur et agence de voyages. Les voyages proposés sont accompagnés de conférenciers, historiens ou historiens d'art. Plusieurs circuits et séjours sont organisés en Suisse et à Genève.

■ I.S.A. TOURISME
10, Vieille Rue
Orphin
✆ 06 08 53 65 75
www.isa-tourisme.com
isa.tourisme@free.fr
Depuis 2005, ce tour-opérateur propose de découvrir de nombreux pays d'Europe en minibus (8 personnes). Fort d'une excellente connaissance des destinations qui sont sur le catalogue, Robert Barbe, fondateur de l'entreprise, fait à la fois office de chauffeur et de guide. Il organise des départs de toutes les villes de France et de Belgique à partir du moment où 8 personnes peuvent être regroupées dans la région. Cette formule, très confortable, permet de gagner plusieurs heures de tourisme par jour par rapport à des voyages organisés en plus grand nombre. Séjours à la carte possibles. France, Allemagne, Andorre, Autriche, Benelux, Irlande, Italie du Nord, Iles Anglo-Normandes, Portugal, République Tchèque, Scandinavie, Suisse et Slovaquie sont sur le catalogue de I.S.A Tourisme.

■ MONDORAMAS VOYAGES
ZI Athelia 4
375, avenue du Mistral
La Ciotat
✆ 04 42 36 03 60
www.mondoramas.com
mondoramas@mondoramas.com
Spécialiste des voyages de groupe sur mesure, Mondoramas propose notamment deux séjours de trois jours autour de Genève et du lac Léman. Visite et découverte de la ville, de ses charmes, de ses trésors et de ses commerces, parade navale sur le lac Léman... voici ce qui vous attend durant trois jours.

■ TRANSEUROPE – CITYTRIPS
5-7, place de la Gare
Lille
✆ 03 28 36 54 80
www.transeurope.com
Spécialiste des séjours citadins, Transeurope propose une large sélection d'hôtels à Genève. Le tour-opérateur propose également de s'occuper des réservations pour le transport à des prix intéressants.

Généralistes

Vous trouverez ici les tour-opérateurs dits « généralistes ». Ils produisent des offres et revendent le plus souvent des produits packagés par d'autres sur un large panel de destinations.
S'ils délivrent des conseils moins pointus que les spécialistes, ils proposent des tarifs généralement plus attractifs.

■ ABCVOYAGE
www.abcvoyage.com
Regroupe les soldes de tous les voyagistes avec des descriptifs complets pour éviter les surprises. Les dernières offres saisies sont accessibles immédiatement à partir des listes de dernière minute. Le serveur est couplé au

site www.airway.net qui propose des vols réguliers à prix réduits, ainsi que toutes les promotions et nouveautés des compagnies aériennes.

AUCHAN VOYAGES

✆ 0825 001 825
www.voyages-auchan.com
Locations, week-ends, séjours, thalassothérapies, circuits découvertes, croisières fluviales et maritimes en France et dans le monde sont sur le catalogue de Auchan Voyages. Des conseillers vous conseilleront dans l'une des nombreuses agences du réseau. Un service de vente en ligne et un call center sont également mis à disposition des futurs voyageurs.

AZUREVER

5 rue Daunou (2e)
Paris
✆ 01 73 75 89 63
www.azurever.com
Azurever est un site internet dédié au tourisme et plus particulièrement aux activités que vous pouvez faire, lors de vos voyages ou chez vous. C'est un catalogue de plus de 7000 activités variées à faire partout dans le monde. Ces activités sont dénichées, comparées et sélectionnées par des spécialistes pour vous faire profiter au maximum des trésors cachés de chaque destination.

CARREFOUR VOYAGES

✆ 0 826 822 822
voyages.carrefour.fr
Partir sans dépenser trop ? C'est la proposition faite par Carrefour Voyages dans les 115 agences du réseau. Les conseillers vous proposeront croisières, circuits organisés, des séjours (ski, bien-être, plage), week-ends et voyages sur mesure. Promotions et départs de dernière minute sont également au menu ! France, Espagne, Sénégal, Émirats Arabe, Cuba, Croatie... Le catalogue est vaste.

CASINO VACANCES

✆ 0820 841 841
www.casinovacances.com
Avec Casino Vacances, souriez, les smiles que vous avez obtenu en voyageant se transformeront en cadeau. Les formules sont adaptées aux envies de chaque voyageur, qui pourra choisir entre un circuit en Chine, la location d'une résidence dans le Midi de la France ou une formule tout compris au Mexique.

CLUB MED

✆ 08 200 200 08
www.clubmed.fr
Des vacances à la carte qui feront la joie de petits et grands. Avec 80 villages dans le monde, vous avez la possibilité de partir dans l'endroit dont vous rêvez. Avec des formules en demi-pension, vous pouvez profiter au mieux de vos vacances. Des villages écolos sont à votre disposition pour les plus verts d'entre vous.

E. LECLERC VOYAGES

✆ 0825 884 620
www.leclercvoyages.com
E.Leclerc a sélectionné pour vous les offres des meilleurs voyagistes. Un grand choix de formules, vous pouvez payer en plusieurs fois, l'agence s'adapte à votre statut, allant de monoparental, à jeunes mariés, ou encore à spécial enfant. Des conseillers vous aident pour voyager, et petit plus : un carnet de voyages vous sera donné avant le départ pour vos vacances. S'adaptant à chaque voyageur, il vous est proposé des destinations partout dans le monde.

EXPEDIA FRANCE

✆ 0 892 301300 – www.expedia.fr
Expedia est le site français n° 1 mondial du voyage en ligne. Un large choix de 500 compagnies aériennes, 105 000 hôtels, plus de 5 000 stations de prise en charge pour la location de voitures et la possibilité de réserver parmi 5 000 activités sur votre lieu de vacances. Cette approche sur mesure du voyage est enrichie par une offre très complète comprenant prix réduits, séjours tout compris, départs à la dernière minute...

GALERIES LAFAYETTE VOYAGES

✆ 01 42 82 30 83
www.galeries-lafayette-voyages.com
Lafayette Voyages vous ouvre le monde à travers de somptueux voyages et des croisières autour des thèmes « grands espaces », « escapades romantiques », « culture et civilisation » ou encore « La fête continue ». Associées au service mariage du BHV, les Galeries proposent des séjours avec un accueil personnalisé, des circuits individuels, des combinés, des croisières, 10 % de réduction selon les hôtels, des excursions ainsi que de nombreux présents. Un questionnaire classique sur le site Internet vous permet d'être contacté par un conseiller en voyages dans les 72 heures.

■ **GO VOYAGES**

✆ 0 899 651 951

www.govoyages.com

Go Voyages propose le plus grand choix de vols secs, charters et réguliers, au meilleur prix, au départ et à destination des plus grandes villes. Possibilité également d'acheter des packages sur mesure « vol + hôtel » et des coffrets cadeaux. Grand choix de promotions sur tous les produits sans oublier la location de voitures. La réservation est simple et rapide, le choix multiple et les prix très compétitifs.

■ **HAVAS VOYAGES**

✆ 0 826 081 020

www.havas-voyages.fr

Avec plus de 500 agences, c'est le troisième réseau français d'agences de voyages. Havas voyages propose des séjours avec un bon rapport qualité prix. Des promotions toute l'année, l'exception de ce réseau est l'offre de « premières minutes ». Des conseillers sont à votre écoute pour des séjours exceptionnels.

■ **LASTMINUTE**

✆ 04 66 92 30 29

www.lastminute.fr

Des vols secs à prix négociés, dégriffés ou publics sont disponibles sur Lastminute. On y trouve également des week-ends, des séjours, de la location de voiture... Mais surtout, Lastminute est le spécialiste des offres de dernière minute permettant ainsi aux vacanciers de voyager à petits prix. Que ce soit pour un week-end ou une semaine, une croisière ou simplement un vol, des promos sont proposées et renouvelées très régulièrement.

■ **NOUVELLES FRONTIÈRES**

✆ 0 892 237 700

www.nouvelles-frontieres.fr

Nouvelles Frontières, un savoir faire incomparable depuis 45 ans. Des propositions de circuits, d'itinéraires à la carte, des séjours balnéaires et d'escapades imaginés et construits par des spécialistes de chaque destination. Des agences expertes.

■ **OPODO**

✆ 0 899 653 656 – www.opodo.fr

Pour préparer votre voyage, Opodo vous permet de réserver au meilleur prix des vols de plus de 500 compagnies aériennes, des chambres d'hôtels parmi plus de 45 000 établissements et des locations de voitures partout dans le monde. Vous pouvez également y trouver des locations saisonnières ou des milliers de séjours tout prêts ou sur mesure ! Des conseillers voyages à votre écoute 7 jours/7 de 8h à 23h du lundi au vendredi, de 9h à 19h le samedi et de 11h à 19h le dimanche.

■ **PROMOVACANCES**

✆ 0 899 654 850

www.promovacances.com

Promovacances propose de nombreux séjours touristiques, des week-ends, ainsi qu'un très large choix de billets d'avion à tarifs négociés sur vols charters et réguliers, des locations, des hôtels à prix réduits. Également, des promotions de dernière minute, les bons plans du jour. Informations pratiques pour préparer son voyage : pays, santé, formalités, aéroports, voyagistes, compagnies aériennes.

■ **SELECTOUR AFAT**

✆ 01 78 42 78 43

www.selectour-afat.com

Voyagez l'esprit libre, telle est la devise de l'agence. Les vendeurs de Selectour Afat vous accueilleront dans l'une des 850 agences de voyages et mettront tout en œuvre pour satisfaire vos envies. Des options de voyages variées, des promotions, des dernières minutes tout a fait remarquables dans des lieux idylliques avec des formules tout compris. Un point important, vous pouvez vous appuyer sur des avis d'experts pour chaque destination sur le site internet.

■ **THOMAS COOK**

✆ 0 826 826 777

www.thomascook.fr

Tout un éventail de produits pour composer son voyage : billets d'avion, location de voitures, chambres d'hôtel... Thomas Cook propose aussi des séjours dans ses villages-vacances et les « 24 heures de folies » : une journée de promos exceptionnelles tous les vendredis. Leurs conseillers vous donneront des conseils utiles sur les diverses prestations des voyagistes.

Sites comparateurs et enchères

Plusieurs sites permettent de comparer les offres de voyages (packages, vols secs, etc.) et d'avoir ainsi un panel des possibilités et donc des prix. Ils renvoient ensuite l'internaute directement sur le site où est proposée l'offre sélectionnée.

■ **EASYVOYAGE**

www.easyvoyage.com

contact@easyvoyage.fr

Le concept d'Easyvoyage.com peut se résumer en trois mots : s'informer, comparer et réserver. Des infos pratiques sur quelque 255 destinations en ligne (saisonnalité, visa, agenda...) vous permettent de penser plus efficacement votre voyage. Après avoir choisi votre destination de départ selon votre profil (famille, budget...), Easyvoyage.com vous offre la possibilité d'interroger plusieurs sites à la fois concernant les vols, les séjours ou les circuits. Enfin grâce à ce méta-moteur performant, vous pouvez réserver directement sur plusieurs bases de réservation (Lastminute, Go Voyages, Directours... et bien d'autres).

■ ILLICOTRAVEL

www.illicotravel.com
commercial@illicotravel.com
Illicotravel permet de trouver le meilleur prix pour organiser vos voyages autour du monde. Vous y comparerez les billets d'avion, hôtels, locations de voitures et séjours. Ce site très simple offre des fonctionnalités très utiles comme le baromètre des prix pour connaître les meilleurs prix sur les vols à plus ou moins 8 jours. Le site propose également des filtres permettant de trouver facilement le produit qui répond à tous vos souhaits (escales, aéroport de départ, circuit, voyagiste...).

■ JETCOST

www.jetcost.com
Jetcost compare les prix des billets d'avion et trouve le vol le moins cher parmi les offres et les promotions des compagnies aériennes régulières et low cost. Le site est également un comparateur d'hébergements, de loueurs d'automobiles et de séjours, circuits et croisières.

■ KELKOO

www.kelkoo.fr
Ce site vous offre la possibilité de comparer les tarifs de vos vacances. Vols secs, hôtels, séjours, campings, circuits, croisières, ferries, locations, thalassos : vous trouverez les prix des nombreux voyagistes et pourrez y accéder en ligne grâce à Kelkoo.

■ LILIGO

www.liligo.com
Liligo interroge agences de voyage, compagnies aériennes (régulières et low cost), trains (TGV, Eurostar...), loueurs de voiture mais aussi 250 000 hôtels à travers le monde pour vous proposer les offres les plus intéressantes du moment. Les prix sont donnés TTC et incluent donc les frais de dossier, d'agence... Le site comprend aussi deux thématiques : « week-end » et « ski ».

■ LOCATIONDEVOITURE.FR

✆ 0 800 73 33 33
✆ 01 73 79 33 33
www.locationdevoiture.fr
Les comparaisons de prix entre loueurs de voitures : Avis, Budget, Auto Europe, Drive FTI, Enterprise, VacAuto, Sunny Car, Holiday Car, Car Del Mar et Autoescape. Appel sur un numéro gratuit.
Voici notre coup de cœur côté location de voitures ! Car sur ce site Internet, les différents champs de renseignements vous permettent de louer dans un premier temps, une voiture quel que soit l'endroit où vous vous trouvez en vacances ou voyage d'affaires, et d'y comparer les offres de 10 courtiers dans le domaine (Avis, Budget, Auto Europe, Drive FTI, Enterprise, VacAuto, Sunny Car, Holiday Car, Car Del Mar et Autoescape) ! Un large choix de voitures citadines, monospaces, cabriolets, 4x4... En plus du prix, l'évaluation de l'assurance et les avis clients sont affichés pour chacune des offres. Des services comme votre carnet de voyage, la location en gare ou en aéroport. Plus qu'un simple comparateur, vous pouvez réserver en ligne ou par téléphone (appel gratuit !). De plus, vous pourrez annuler sans frais jusqu'à 24h avant la location ! C'est la garantie du prix et du service !

■ PRIX DES VOYAGES

www.prixdesvoyages.com
Ce site est un comparateur de prix de voyages, permettant aux internautes d'avoir une vue d'ensemble sur les diverses offres de séjours proposées par des partenaires selon plusieurs critères (nombre de nuits, catégories d'hôtel, prix, etc.). Les internautes souhaitant avoir plus d'informations ou réserver un produit sont ensuite mis en relation avec le site du partenaire commercialisant la prestation. Sur Prix des Voyages, vous trouverez des billets d'avion, des hôtels et des séjours.

■ VOYAGER MOINS CHER

www.voyagermoinscher.com
contact@voyagermoinscher.com
Ce site référence les offres de près de 100 agences de voyages et tour-opérateurs parmi les plus réputés du marché et donne ainsi accès à un large choix de voyages, de vols, de forfaits « vol + hôtel », de locations, etc. Il est également possible d'affiner sa recherche grâce au classement par thèmes : thalasso, randonnée, plongée, All Inclusive, voyages en famille, voyages de rêve, golf ou encore départs de province.

PARTIR SEUL

En avion

▶ **La Suisse dispose de trois aéroports internationaux :** Zurich (le plus grand), Bâle-Mulhouse (aéroport partagé entre la Suisse, l'Allemagne et la France) et Genève-Cointrin. Ceux-ci sont reliés entre eux principalement par les avions de la compagnie Swiss International Air Lines.
Il faut ajouter à ceux-là 12 aéroports régionaux dont les plus importants sont ceux de Berne-Belp, Saint Gall-Altenrhein et Lugano.

▶ **L'aéroport International de Genève-Cointrin** se situe à une vingtaine de minutes du centre-ville en bus ou en voiture, ou 6 minutes avec le train.

▶ **Prix moyen d'un vol Paris-Genève-Paris :** entre 150 et 200 €. Plus vous réservez tôt et moins le billet vous coûtera. Le prix peut alors descendre à 50 € et moins, aller et retour. A noter que la variation de prix dépend aussi de la compagnie empruntée.

Principales compagnies desservant la destination

▶ **Pour connaître le degré de sécurité** de la compagnie aérienne que vous envisagez d'emprunter, rendez-vous sur le site Internet www.securvol.fr ou sur celui de la Direction générale de l'aviation civile : www.dgac.fr

■ **AIR CANADA**
11 bis, rue Scribe (9e)
Paris ✆ 0 825 880 881
www.aircanada.com
Genève est desservie depuis les principales villes du Canada. Attention, le trajet est long et nécessite souvent une ou deux escales en Amérique (Canada, Etats-Unis) ou en Europe (Francfort, Zurich, Munich).

■ **EASYJET**
✆ 0 826 10 26 11
www.easyjet.com

■ **AIR FRANCE**
✆ 36 54 – www.airfrance.fr
Air France propose 9 vols directs et quotidiens de Paris à Genève. 1 heure 10 de vol pour une centaine d'euros. Départs de province via Paris.

■ **DARWIN AIRLINE**
✆ +41 848 177 177
www.darwinairline.com
Darwin Airline (compagnie régionale suisse basée à Lugano) a repris en 2011 la compagnie Baboo (anciennement Flybaboo, basée à Genève). Les vols continuent d'être proposés vers une quinzaine de destinations, principalement dans le sud de l'Europe (Nice, Marseille, Lugano, Venise, Florence, Naples, Valence, ainsi que Saint-Tropez, Olbia et Ibiza en été, etc.). Réservation par Internet avec des billets électroniques.

■ **LUFTHANSA**
✆ 0 892 231 690
www.lufthansa.fr
La compagnie allemande assure 8 vols quotidiens entre Paris et Genève via Francfort, Düsseldorf ou Munich, à partir de 170 €. Près de 3 heures de trajet.

■ **SWISS**
✆ 0 892 232 501
www.swiss.com/fr
Membre de Star Alliance.
La compagnie helvétique propose 9 vols directs par jour entre Paris CDG et Genève. Le trajet durera 1 heure 10 pour un tarif de 200 € environ. Départs également possibles depuis Lyon via Zurich.

Aéroports

■ **BEAUVAIS**
✆ 08 92 68 20 66
www.aeroportbeauvais.com
service.clients@aeroportbeauvais.com

BORDEAUX
✆ 05 56 34 50 00
www.bordeaux.aeroport.fr

BRUXELLES
✆ +32 2 753 77 53 / +32 9 007 00 00
www.brusselsairport.be

GENÈVE
✆ +41 22 717 71 11
www.gva.ch

LILLE-LESQUIN
✆ 0 891 67 32 10
www.lille.aeroport.fr

LYON SAINT-EXUPÉRY
✆ 08 26 80 08 26
www.lyon.aeroport.fr
communication@lyonaeroports.com

MARSEILLE-PROVENCE
✆ 04 42 14 14 14
www.marseille.aeroport.fr
contact@airportcom.com

MONTPELLIER-MÉDITERRANÉE
✆ 04 67 20 85 00
www.montpellier.aeroport.fr
rh@montpellier.aeroport.fr

MONTRÉAL-TRUDEAU
✆ +1 514 394 7377 / +1 800 465 1213
www.admtl.com

NANTES-ATLANTIQUE
✆ 02 40 84 80 00
www.nantes.aeroport.fr

PARIS ORLY
✆ 39 50 / 0 892 56 39 50
www.aeroportsdeparis.fr

PARIS ROISSY – CHARLES-DE-GAULLE
✆ 39 50 / +33 1 70 36 39 50
www.aeroportsdeparis.fr

QUÉBEC – JEAN-LESAGE
✆ +1 418 640 3300 / +1 877 769 2700
www.aeroportdequebec.com

STRASBOURG
✆ 03 88 64 67 67
www.strasbourg.aeroport.fr
information@strasbourg.aeroport.fr

Sites comparateurs

Ces sites vous aideront à trouver des billets d'avion au meilleur prix. Certains d'entre eux comparent les prix des compagnies régulières et *low cost*. Vous trouverez des vols secs (transport aérien vendu seul, sans autres prestations) au meilleur prix.

BILLETSDISCOUNT
www.billetsdiscount.com
contact@cercledesvacances.com

EASY VOLS
www.easyvols.fr
contact@easyvoyage.fr

PARTIRPASCHER
www.partirpascher.com

En train

Départ de Paris gare de Lyon pour Genève. Comptez 3 heures minimum de trajet avec le TGV Lyria.

CAPITAINE TRAIN
www.capitainetrain.com
Capitaine Train ? Un bon plan qui facilitera la vie d'un grand nombre de voyageurs et qui permet d'acheter un billet de train en moins d'une minute. Il suffit de créer une première fois son profil de voyageur (nom, prénom, âge, carte SNCF) qui sera enregistré pour les recherches suivantes. La recherche/réservation du billet se fait ensuite très rapidement et regroupe les offres de la SNCF et d'autres compagnies européennes (Thalys, Eurostar, IDTGV, Deutsche Bahn, Renfe, Trenitalia...).

ELIPSOS
✆ 36 35 – www.elipsos.com
Elipsos dessert Genève à partir de l'Espagne via Perpignan. Une alternative intéressante pour ceux logés dans le Sud-Ouest de la France.

KELBILLET
www.kelbillet.com
Trouver un billet de train pas cher ? Acheter un billet à un autre voyageur ? Revendre un billet que vous ne pouvez utiliser ou vous faire rembourser ? KelBillet.com est un très bon plan. Ce site propose de nombreux billets pour voyager en France et en Europe.

SNCF
www.voyages-sncf.com
Les TGV Lyria assurent 9 allers-retours entre Paris et genève. Temps de trajet : un peu plus de 3 heures. Se rendre en train à Genève est possible depuis plusieurs villes de France via Lyon Part-Dieu. Comptez 1 heure 50 entre Lyon et Genève.

TROC DES TRAINS

http://trocdestrains.com

Troc des Trains est un site consacré aux annonces pour l'achat de billets de train à petits prix, ni échangeables ni remboursables. Garanti sans enchères, sans frais et sans commission ! Le site contrôle la validité des billets de train proposés à la vente et l'indique par une fiabilité du billet.

ZEPASS

www.zepass.com

Zepass.com est un site qui propose à tous d'acheter ou de revendre des billets de train. L'achat de billet d'occasion permet de trouver des billets Prem's à la dernière minute pas cher. En outre, vous pouvez aussi revendre un billet de train. Il suffit de déposer son annonce : le billet est en vente en quelques minutes.

Places de concerts, de théâtre, de spectacles ou de manifestations sportives sont également vendues ou déposées sur ce site.

En bus

Genève se rejoint en bus depuis Paris ou Lille. Comptez environ 8 heures de trajet depuis la capitale.

En voiture

L'accès à Genève par l'autoroute depuis la France peut se faire par l'A 40 (l'autoroute Blanche) depuis Bourg-en-Bresse ou par l'A 41 depuis Chambéry.

AUTOROUTES ET TUNNEL DU MONT BLANC (ATMB)

✆ 0 800 074 100

www.atmb.com

reception.crm@atmb.net

ATMB est concessionnaire des 110 km de l'Autoroute Blanche (A 40), qui relie Châtillon-en-Michaille (Ain) et Le Fayet (Haute Savoie), et de ses deux ramifications vers la Suisse (A401 A411).

L'Autoroute Blanche relie une trentaine de communes et constitue une voie d'accès privilégiée vers les stations.

MYSWITZERLAND.COM

www.myswitzerland.com

Le site de l'office du tourisme Suisse vous permet, entre autres, d'acheter à l'avance la vignette nécessaire pour circuler avec votre véhicule dans le pays.

Location de voitures

ALAMO – RENT A CAR

✆ 08 05 54 25 10 – www.alamo.fr

Avec 40 ans d'expérience, Alamo possède actuellement plus de 1 million de véhicules au service de 15 millions de voyageurs chaque année, répartis dans 1 248 agences implantées dans 43 pays dont 280 aux États-Unis. Des tarifs spécifiques sont proposés, comme Alamo Gold aux États-Unis, le forfait de location de voiture tout compris incluant les assurances, les taxes, les frais d'aéroport, un plein d'essence et les conducteurs supplémentaires. Alamo met tout en œuvre pour une location de voiture sans soucis.

AUTO ESCAPE

✆ 0 892 46 46 10 / 04 90 09 51 87

www.autoescape.com

relation-clients@autoescape.com

En ville, à la gare ou dès votre descente d'avion. Cette compagnie qui réserve de gros volumes auprès des grandes compagnies de location de voitures vous fait bénéficier de ses tarifs négociés. Grande flexibilité. Pas de frais de dossier, pas de frais d'annulation, même à la dernière minute. Des informations et des conseils précieux, en particulier sur les assurances.

AUTO EUROPE

✆ 0 800 940 557 – www.autoeurope.fr

reservations@autoeurope.fr

Auto Europe négocie toute l'année des tarifs privilégiés auprès des loueurs internationaux et locaux afin de proposer à ses clients des prix compétitifs. Les conditions Auto Europe : le kilométrage illimité, les assurances et taxes incluses dans de tout petits prix et des surclassements gratuits pour certaines destinations.

AVIS

✆ 0821 230 760 – www.avis.fr

Avis est un loueur de voiture. Mais pas seulement ! Au-delà de la seule location de voiture, les agents d'Avis conseillent et renseignent sur le choix du véhicule, sur les services, les accessoires... De la simple réservation d'une journée à plus d'une semaine, Avis s'engage sur plusieurs critères, sans doute les plus importants. Proposition d'assurance, large choix de véhicules de l'économique au prestige (petites citadines, berlines équipée, 4x4, cabriolets, minibus, prestige etc...) avec un système de réservation rapide et efficace.

■ **BSP AUTO**
✆ 01 43 46 20 74 – www.bsp-auto.com
Ouvert tous les jours de 9h à 22h. Devis gratuit. À partir de 28 € par jour pour une durée de 7 jours en catégorie A.
La plus importante sélection de grands loueurs dans les gares, aéroports et centres-villes. Les prix proposés sont les plus compétitifs du marché. Les tarifs comprennent toujours le kilométrage illimité et les assurances. Les bonus BSP : réservez dès maintenant et payez seulement 5 jours avant la prise de votre véhicule, pas de frais de dossier ni d'annulation, la moins chère des options zéro franchise.

■ **BUDGET**
✆ 0825 00 35 64 – www.budget.fr
service.client@budget-emea.com
Budget France est l'un des principaux loueurs mondiaux, et il propose certainement le meilleur rapport qualité/prix. Les réservations peuvent se faire sur le site www.budget.fr, qui propose également des promotions temporaires. En agence, vous trouverez le véhicule de la catégorie choisie (citadine, ludospace économique ou monospace familial...) avec un faible kilométrage et équipé des options réservées (sièges bébé, porte skis, GPS...).

■ **DEGRIFAUTO**
✆ 01 45 19 76 45
www.degrifauto.fr
Dégriftour – Location de voiture est une marque du groupe Last Minute Network Limited, spécialisé dans la location de voiture à prix dégriffé partout dans le monde.

■ **HERTZ**
✆ 0 810 347 347
www.hertz.com
Vous pouvez obtenir différentes réductions si vous possédez la carte Hertz ou celle d'un partenaire Hertz. Le prix de la location comprend un kilométrage illimité, des assurances en option, ainsi que des frais si vous êtes jeune conducteur. Toutes les gammes de voitures sont représentées.

■ **HOLIDAY AUTOS FRANCE**
✆ 0 892 39 02 02
www.holidayautos.fr
Avec plus de 4 500 stations dans 87 pays, Holiday Autos vous offre une large gamme de véhicules allant de la petite voiture économique au grand break. Holiday Autos dispose également de voitures plus ludiques telles que les 4x4 et les décapotables.

SÉJOURNER

Se loger

Hôtels

Les tarifs hôteliers sont, à prestation égale, presque deux fois plus élevés ici qu'en France. Pas de chambre double agréable à moins de 180 CHF. Se loger en Suisse coûte donc cher mais les hôtels sont, de manière générale, très bien tenus et de qualité. Du reste, la présence de nombreuses écoles hôtelières dans la région lémanique, témoigne de cette vieille tradition locale, et notamment en matière de service, quasiment irréprochable.

■ **SWISS BUDGET HOTELS**
Monbijoustrasse 130
✆ +41 84 880 55 08
www.rooms.ch – info@rooms.ch
Avec 200 hôtels disséminés aux quatre coins de la Suisse, Swiss Budget Hotels est le plus grand groupement hôtelier suisse. Il s'agit d'une association, constituée de petits hôtels, pensions et lieux d'hébergement suisses, qui englobe des établissements au confort simple et rustique, gérés selon la tradition hôtelière suisse. Certains d'entre eux n'ont que des chambres avec eau courante ou des dortoirs, d'autres ont des chambres avec tout le confort nécessaire. Dans un grand nombre de ces hôtels et pensions, c'est le propriétaire lui-même qui est au service de la clientèle, ce qui ajoute une dimension familiale.

Chambres d'hôtes

Les chambres d'hôtes commencent à avoir un certain succès en Suisse. Voici un site utile répertoriant les chambres d'hôtes et les Bed and Breakfast dans le pays.

■ **BNB – BED AND BREAKFAST SWITZERLAND**
www.bnb.ch/
francais@bnb.ch
Le site de BnB permet d'effectuer la recherche d'une chambre d'hôte ou d'un bed and breakfast (BnB) de trois manières : avec une carte, avec une liste alphabétique par canton ou par lieu, avec un moteur de recherche.

Auberges de jeunesse

■ **WWW.YOUTHHOSTEL.CH**
www.youthhostel.ch
contact@youthhostel.ch
Le site de l'organisation des auberges de jeunesse suisses.

Campings

Attention, le camping sauvage est interdit en Suisse. Pour les environs de Genève référez-vous aux adresses de l'office de tourisme de Genève.

Tourisme rural – Agritourisme

Pour les environs de Genève référez-vous aux adresses de l'officie de tourisme de Genève et à sa publication téléchargeable « Tourisme Rural ». Le site Campagnon.ch peut également vous être d'une grande aide.

■ **CAMPAGNON.CH**
www.campagnon.ch
Le site de campagnon.ch propose une carte interactive de la région de Genève répertoriant aussi bien les hébergements à la ferme, les campings, les gites ruraux... que les parcours cyclistes ou pédestres, les aires de pique-nique, les parcours Vita.... La carte «Le Campagnon» est disponible dans les agences de Genève Tourisme & Congrès et TPG.

■ **TOURISME RURAL**
Avenue des Jordils 3 CH – 1006 Lausanne
www.tourisme-rural.ch
info@tourisme-rural.ch
Des exploitants agricoles proposent des chambres et appartements à louer, dans une atmosphère chaleureuse.

Se déplacer

Pour vos déplacement en Suisse (hors avion et transports privés), la CFF Railways et le Swiss pass de Swiss Travel System. La CFF est un réseau public de trains régionaux, nationaux et internationaux. Le Swiss Pass se révèle être un moyen très économique pour découvrir la Suisse aussi bien en train, qu'en bus ou en bateau, pour des trajets s'échelonnant de quelques jours à un mois. La carte permet également de visiter gratuitement environ 400 musées et d'obtenir d'importantes réductions.

Les transports publics sont extrêmement bien développés dans la ville et le canton de Genève. Ils se composent du train, du tram, du bus ou de bateaux (Mouettes genevoises), utilisables avec un même billet UNIRESO. A savoir, chaque visiteur qui loge à Genève reçoit une carte de transport public gratuite (Geneva Transport Card) valable pour tout son séjour.

La Geneva Transport Card : la gratuité des transports publics « Tout Genève »

Tous les clients des hôtels, auberges de jeunesse et campings du canton de Genève peuvent bénéficier, sans coût supplémentaire, de la Geneva Transport Card délivrée par l'établissement en question. Elle permet à son titulaire d'utiliser, sans restriction, le réseau genevois UNIRESO des transports publics (TPG, CFF et Mouettes Genevoises), sur la zone «Tout Genève» (canton de Genève), pour toute la durée de son séjour, et ce, jusqu'au jour du départ inclus. Une économie substantielle !

■ **SWISS TRAVEL SYSTEM**
23 Limmatstrasse, Zurich
www.swisstravelsystem.ch
Swiss Pass : dès 200 CHF. Swiss Travel System regroupe toutes les offres des transports publics suisses pour les voyageurs étrangers en Suisse (trains, cars postaux, bateaux sur les lacs et les fleuves ainsi que le transport de proximité en bus et en tram des villes). Point de vente Genève Tourisme & Congrès.

Avion

La Suisse dispose de trois aéroports internationaux : Zurich (le plus grand), Bâle-Mulhouse (aéroport partagé entre la Suisse, l'Allemagne et la France) et Genève-Cointrin. Ceux-ci sont reliés entre eux principalement par les avions de la compagnie Swiss International Air Lines.
Il faut ajouter à ceux-là 12 aéroports régionaux dont les plus importants sont ceux de Berne-Belp, Saint Gall-Altenrhein et Lugano.

L'aéroport International Genève Aéroport se situe à une vingtaine de minutes du centre-ville en bus ou en voiture, ou 7 minutes avec le train express depuis la gare CFF de Cornavin. Bon à savoir, à l'arrivée, un billet UNIRESO offert par Genève Aéroport permet de circuler gratuitement pendant 80 min sur les bus 10, 5 (pour rejoindre l'ONU) et 28.

■ **DARWIN AIRLINE**
✆ +41 848 177 177
Voir page 442.

Bateau

▶ **Genève ne possède pas de port mais plusieurs débarcadères.** Eaux-Vives, Pâquis, Molard, Genève-plage, Châteaubriand. Les Mouettes (SMGN) sont les bateaux taxis de couleur jaune qui relient les deux rives entre elles.

▶ **Des croisières sur le lac Léman** partent sur la rive droite, quai du Mont Blanc (en face de l'hôtel Beau-Rivage).

▶ **Une croisière sur le Rhône**, part du Quai du Moulin de l'Ile, au centre de Genève, sur le Rhône.

■ **CGN – COMPAGNIE GÉNÉRALE DE NAVIGATION SUR LE LAC LÉMAN**
Quai du Mont-Blanc
✆ +41 84 881 18 48
Voir page 202.

Bus

▶ **La Suisse est bien desservie**, notamment avec les nombreuses lignes de cars Carpostal en relais des lignes ferroviaires dans les gares CFF.

▶ **La gare routière de Genève** se situe plein centre-ville, place Dorcière, entre la gare ferroviaire de Cornavin et le lac. Elle propose de nombreuses excursions régionales et internationales, ainsi que vers les stations alpines.

■ **CARPOSTAL**
Gares CFF
Berne ✆ +41 848 888 888
www.carpostal.ch
La plus importante société de transports par cars. En Suisse romande, elle dessert le canton de Vaud et le Valais.

■ **GARE ROUTIÈRE DE GENÈVE**
Place Dorcière
✆ +41 90 032 02 30 / +41 22 732 02 30
www.gare-routiere.com
info@gare-routiere.com
Renseignements, réservations et paiement en cinq langues sur Internet. Ouvert tous les jours, de 6h45 à 20h.
La gare routière propose de nombreuses liaisons régulières avec la France, ainsi que des liaisons internationales avec notamment l'Espagne, le Portugal, l'Italie, la Pologne, la République tchèque, la Slovaquie, la Croatie, la Bosnie-Herzégovine, la Bulgarie et la Roumanie. Les autocars emmènent les vacanciers tous les jours et même plusieurs fois par jour vers les stations de ski alpines : Val-d'Isère, Tignes, Courchevel entre autres, et trois allers-retours quotidiens pour Chambéry (comptez 2h30), en partant soit de l'aéroport soit de la gare routière. On peut acheter des forfaits comprenant le transport et les remontées mécaniques. L'aller-retour est valable deux mois.

▶ **Autre adresse :** Genève Aéroport. Arrivée, face à la sortie des passagers. Ouvert 7j/7 de 9h à 19h.

Train

▶ **En Suisse, le réseau ferroviaire est bien desservi,** les trains sont nombreux, confortables, et leurs horaires sont fiables (des départs à heure fixe) et de grande précision. Les petits trains à crémaillère font aussi partie du charme du pays.

▶ **Il est assez facile de vous repérer dans les gares.** Vous y trouverez de grands panneaux (un jaune pour les départs, un blanc pour les arrivées) indiquant tous les horaires et le numéro de voie correspondant à votre train. Sachez qu'en Suisse le numéro des voies ne change pas selon les jours. Une voie pour un train, quel que soit le jour. Cependant, tous les arrêts ne sont pas indiqués sur les panneaux, ni sur les titres de transport. Lorsque vous faites un trajet avec des correspondances, pensez à demander plus de détails au guichet ou directement au contrôleur.

▶ **La gare de Genève est la gare CFF** à Cornavin, au centre-ville.

Voiture

Ce qu'il faut savoir pour bien circuler en Suisse.

Limitations de vitesse :

▶ **Agglomération :** 50 km/h

▶ **Hors agglomération** : route à une chaussée : 80 km/h ; semi-autoroutes : 100 km/h ; autoroutes : 120 km/h.

Amendes

▶ **20 à 40 CHF,** pour les excès de 1 à 5 km/h.

▶ **60 à 120 CHF,** pour les excès de 6 à 10 km/h.

▶ **120 à 250 CHF,** pour les excès de 11 à 15 km/h.

La vignette en Suisse

En Suisse, l'utilisation des autoroutes ou semi-autoroutes avec des véhicules à moteur et des remorques d'un poids n'excédant pas 3,5 tonnes fait l'objet d'une redevance depuis 1985.
Avec la vignette, vous pouvez rentrer en Suisse plusieurs fois. Les vignettes sont valables du 1er décembre de l'année précédente au 31 janvier de l'année suivante (imprimé sur la vignette). Si vous avez une remorque ou une caravane, il est nécessaire d'acheter une vignette supplémentaire.
Elle peut être obtenue à l'entrée en Suisse auprès du bureau de douane, d'un bureau de poste ou d'une station-service. Il est également possible de se procurer cette vignette en France auprès des clubs automobiles ou de Suisse tourisme.
Le prix des vignettes n'est pas remboursable.

A savoir : acheter la vignette autoroutière en avance vous fait économiser du temps à la frontière. Si vous entrez en Suisse par un poste frontalier situé sur une autoroute, une voie de circulation est réservée aux détenteurs de la vignette pour permettre un passage rapide. Le fait de rouler sur une route nationale de première ou deuxième classe sans vignette valable ou avec une vignette utilisée de façon abusive est passible d'une amende de 100 CHF. De plus, une vignette doit alors être achetée et apposée sur le véhicule.

MYSWITZERLAND.COM
www.myswitzerland.com
Le site de l'office du tourisme Suisse vous permet, entre autres, d'acheter à l'avance la vignette nécessaire pour circuler avec votre véhicule dans le pays.

- **180 à 240 CHF,** pour les excès de 16 à 20 km/h.

Pour les excès de 21 à 25 km/h, l'amende est de 260 CHF.

Port des ceintures de sécurité

Le port de la ceinture de sécurité est obligatoire à l'avant comme à l'arrière.
Les enfants de moins de 7 ans ne sont pas autorisés à voyager sur le siège avant sans utiliser un système de retenue adapté.
Les enfants de 7 à 12 ans doivent utiliser la ceinture de sécurité ou un système de retenue adapté à leur taille lorsqu'ils voyagent sur les sièges avant ou arrière.

Triangle de pré-signalisation

Le triangle de pré-signalisation est obligatoire. Il doit être placé à au moins 100 m en arrière d'un véhicule sur une route à circulation rapide et à au moins 50 m sur les autres routes.

Conduite sous l'influence de l'alcool

Taux d'alcoolémie maximum autorisé : 0,5 g/l.

Croisement

Lorsqu'à un carrefour deux véhicules circulant en sens opposés veulent tourner à gauche, ils doivent se croiser « à l'indonésienne » (croisement par l'avant, en général marqué au sol), et non se contourner.

L'usage du téléphone au volant

Seule l'utilisation du téléphone de type mains libres est tolérée, mais déconseillée.
En cas d'infraction à la législation, l'amende est de 100 CHF.

Les spécificités suisses

Pour pouvoir circuler sur les autoroutes ou semi-autoroutes, il est nécessaire d'acheter une vignette de 40 CHF (valable 14 mois au maximum du 1er décembre au 31 janvier).
Dans certaines zones, il est obligatoire d'éteindre votre moteur lorsque vous attendez à un feu tricolore ou à un croisement.
La non utilisation des feux ou leur mauvaise utilisation sont passibles de sanctions allant jusqu'à 60 CHF.
De jour, les motocyclistes doivent utiliser leurs feux de route.
Un triangle de pré-signalisation est obligatoire.
Un disque de stationnement est obligatoire.
Usage des parcmètres, avec enregistrement du N° d'immatriculation du véhicule et du temps de stationnement préalablement payé.
Les panneaux de signalisation de direction sont de couleur différente : panneau vert sur les autoroutes, panneau bleu sur les routes nationales, panneau blanc sur les autres routes.

Législation concernant les feux

Les feux de croisement ou les feux de circulation doivent être allumés même de jour. Circuler en feux de brouillard est interdit sauf en cas de visibilité réduite due au brouillard, aux fortes averses ou bourrasques de neige... La non utilisation des feux ou leur mauvaise utilisation sont passibles de sanctions allant jusqu'à 60 CHF.

■ **AUTO-SECOURS**
Rive gauche
70 rue de Montchoisy
✆ +41 22 735 22 25
Voir page 76.

■ **TCS – SECOURS ROUTIER SUISSE**
4, chemin de Blandonnet
Vernier
✆ 140
Voir page 431.

Taxi

- **Les taxis à Genève peuvent être hélés** dans la rue et se trouvent sur quelque 60 aires de stationnement, en ville, à l'aéroport et aux gares.
- **Les tarifs entre l'aéroport et la ville** varient de 30 CHF à 35 CHF et dépendent de la densité du trafic, de l'heure et du nombre de passagers.
- **Un supplément est demandé pour les bagages et les animaux.** Le pourboire et la TVA sont compris.
Charge de base : 6,30 CHF + 3,20 CHF par kilomètre.
Prix du kilomètre : Hors du canton et nuits, dimanches et jours fériés, 4 passagers ou plus : 3,80 CHF.
Prix d'attente, par heure : 60 CHF.
Bagage/animal : 1,50 CHF.
- **En cas de difficultés**, notez le numéro de médaillon du taxi et demandez un reçu.

Deux-roues

Moto

Le port du casque est obligatoire. De jour, les motocyclistes doivent utiliser leurs feux de route.

Vélo

Les cyclistes doivent, pour circuler sur la voie publique, être assurés en responsabilité civile.

- **La Ville de Genève, sans déclivité et très facile d'accès aux cyclistes novices,** encourage vivement le vélo. Le site Internet de la ville propose plusieurs adresses pour emprunter ou louer un vélo, telles Geneveroule ou Rent-a-bike.
- **Pour le reste de la Suisse,** de nombreuses pistes balisées et des itinéraires entièrement tracés d'une ville à l'autre permettent de traverser pratiquement tout le pays sur plus de 3 300 km de pistes cyclables signalisées. Vous pouvez aussi combiner votre tour confortablement avec les transports publics, grâce aux horaires des parcours-relais recommandés.
- **Si vous ne possédez pas de vélo,** il existe plusieurs services de location et de prêt dans plus de 200 gares, ainsi que des services de prêt grâce au programme Suisse Roule (dont dépend Geneveroule).
- **En ce qui concerne les itinéraires,** vous obtiendrez des brochures dans les offices du tourisme, et le site Internet La Suisse à vélo est très bien fait. Vous trouverez également plusieurs guides dans les librairies. Le site Campagnon.ch indique, entre autres, les circuits Cyclévasions et Cyclo-tourisme TCS au départ de Genève.

Auto-stop

Sans être dans les habitudes du pays, l'auto-stop fonctionne relativement bien en Suisse, notamment autour du lac Léman.

Vers le vélo électrique à Genève

Pour la Suisse, en dehors de l'offre privée, seul PubliBike propose une offre couvrant trois cantons (Bâle, Berne et Zürich). A Genève, l'offre de vélos électriques est privée et se limite au canton de Genève.

■ **PUBLIBIKE**
www.publibike.ch
CarPostal, CFF et Rent A Bike, 3 partenaires nationaux, ont créé une offre de location de vélos électriques : le bikesharing. Depuis l'été 2011, certaines gares de Suisse ont été équipées par Publibike de vélos et de vélos électriques en location en borne service (abonnement ou paiement par carte de crédit). A ce jour, seule la région de Zuirch et de Bâle sont équipées ou en cours d'équipement.

Index

N

O

P

Quai du Général-Guisan.

CERN
Route de Meyrin
1211 Geneve 23
Tél : +41 (0)22 767 61 11

Vendeur : Carole 04.09.2014 11:40
ticket : 0130464 01-01

STYLO JOLIE VIOLET NACRE	3.50
No art : 92.33.01.014.4	
PIN'S CERN BLEU CARRE	2.00
No art : 92.20.01.001.4	

Total CHF 5.50

Payé ESPECES CHF 5.50

Merci de votre visite, à bientôt!

Collaborez à la prochaine édition

Genève